U0817269

孟子文獻集成

孟子文獻集成編纂委員會 編纂

山東人民出版社

圖書在版編目（CIP）數據

孟子文獻集成. 第一六八卷 / 《孟子文獻集成》編纂委員會編. --濟南：山東人民出版社, 2020.1
ISBN 978-7-209-12473-7

Ⅰ. ①孟… Ⅱ. ①孟… Ⅲ. ①儒家 ②《孟子》－研究資料－匯編 Ⅳ. ①B222.55

中國版本圖書館CIP數據核字(2019)第243468號

項目統籌: 胡長青
責任編輯: 孫　姣
裝幀設計: 武　斌
項目完成: 文化藝術編輯室

孟子文獻集成（第一六八卷）
《孟子文獻集成》編纂委員會 編

主管單位　山東出版傳媒股份有限公司
出版發行　山東人民出版社
社　　址　濟南市英雄山路165號
郵　　編　250002
電　　話　總編室（0531）82098914
　　　　　市場部（0531）82098027
網　　址　http://www.sd-book.com.cn
印　　裝　山東新華印務有限責任公司
經　　銷　新華書店

規　　格　16開（210mm×285mm）
印　　張　68
字　　數　540千字
版　　次　2020年1月第1版
印　　次　2020年1月第1次
印　　數　1-200
ISBN 978-7-209-12473-7
定　　價　900.00圓
如有印裝質量問題，請與出版社總編室聯繫調換。

《孟子文獻集成》編纂委員會

學術顧問 杜維明 張豈之 李學勤 牟鍾鑒

學術委員會

主　　任 陳　來

副 主 任 郭齊勇 李存山

委　　員 王　傑 王中江 王志民 王其俊 王鈞林 王漢東 孔德立 杜澤遜 李存山
李景林 吴　靖 袁汝旭 徐洪興 高兆波 郭齊勇 陳　來 孫明霞 梁　樞
梁　濤 董洪利 曾振宇 楊海文 楊朝明 趙　勇 鄭傑文 劉瑾輝 顔世安
顔炳罡 龔鵬程

（按姓氏筆畫排序）

編纂委員會

主　　編 王志民

副 主 編 杜澤遜 梁　濤 胡長青 李梅訓

委　　員 王　路 王恒柱 李西寧 李振聚 李國慶 黄顯功 張　勇 張志清 趙永和
趙紅彦 劉　晨

（按姓氏筆畫排序）

編　　務　劉　晨　楊雲雲　孫　姣　李　濤　劉嬌嬌　張艷艷
趙　菲　呂士遠

組織實施
中國孟子研究院
山東人民出版社

序

《孟子文獻集成》是在孟子故里鄒城市委市政府鼎力支持下，由中國孟子研究院、山東人民出版社協同合作，共同致力完成的一項大型儒家文獻的搜集、整理、出版學術工程。

一

孟子是中國歷史上偉大的思想家、政治家、教育家，是僅次於孔子的儒家學派重要代表人物。戰國時期，戰争頻仍，『角戰英雄，六經泥蟠，百家飆駭』（《文心雕龍·時序》），孔學既黜，儒道中衰。孟子遵夫子之道，批邪説，正人心，發揚光大孔子學説，復興儒學，成爲孔子之後最重要的儒家傳人和先秦原始儒學理論體系的主要奠基人。韓愈論儒家道統由堯、舜、禹、湯、文、武、周公代代相傳，言及『文、武、周公傳之孔子，孔子傳之孟軻。軻之死，不得其傳焉』（《原道》），又説『自孔子没，群弟子莫不有書，獨孟軻氏之傳得其宗』（《送王塤秀才序》）。可見，後世尊孟子爲『亞聖』，稱儒學爲『孔孟之道』，實爲孟子歷史地位使然！

《孟子》一書，是孟子及其弟子編著的全面反映孟子思想的儒家經典著作。漢文帝時，即曾設立《孟子》學博士，全國推闡。六朝時期，玄學、佛學興盛，儒學式微，《孟子》亦受冷落，但唐宋以後，隨着孟子地位的大幅提昇，《孟子》一書越來越受到統治者和學者文人的廣泛重視。唐代大儒韓愈倡論中國文化道統，其《原道》之説，影響甚大，已掀『孟子熱』；北宋時期，《孟子》與《論語》俱列入『十三經』之數；南宋朱熹作《四書章句集注》，將《孟子》列『四書』之中。南宋統治者更將其正式列入官方之學，設爲科舉考試科目，欽定爲必讀經典，學孟子、讀《孟子》，蔚然而成社會風氣。此後，孟子地位進一步提昇：元文宗封孟子爲『亞聖公』，尊其爲『百世之師』；明清兩朝更大推『四書』，地位儼然超越『五經』。《孟子》與《論語》並行，上自帝王，下至百姓，家有之，户誦之，『所研究者惟「四書」，所辨訂者亦惟「四書」』（《四庫全書總目·四書大全提要》語）。孟子思想，深入人心；《孟子》之學，遍佈各地；《孟子》

文獻，汗牛充棟。

根據我們的初步調查，歷代《孟子》文獻有兩千種之多。這些文獻，依孟子學史的發展，大致形成了以下幾点較鮮明的時代特徵：宋元文獻多義理闡發，以朱熹《孟子章句集注》爲代表；明代以王夫之《讀四書大全説》爲代表，多從心性之學挖掘孟子豐富的思想内涵；清代孟子學最盛，不僅産生了以乾嘉學者戴震《孟子字義疏證》、崔述《孟子事實録》爲代表的大量考據、辨僞著作，還出現了集前人研究成果之大成的焦循《孟子正義》。大致可以説，以東漢趙岐《孟子章句》爲發端，歷代學者多所闡釋研究。尤其宋元以來，孟學實爲千年『顯學』。《孟子》文獻内容所涉注釋訓詁、義理闡發、思想挖掘、考證辨僞等所有方面，其對孟子及《孟子》文本的研究廣度、深度可謂前無古人，後難爲繼。尤爲重要的是，歷代學者秉持儒家人生理念，一生所繫，立德立言，以『爲往聖繼絶學』爲生命追求之本，往往傾一生之力終注一經。孟子文獻不僅真實地展示了孟學及儒學發展的歷史，也留下了代代學者治學的心路，實在是應該认真进行挖掘整理的傳統文化瑰寶。

然而，毋庸諱言，孟子文獻的收集整理向未受到應有的重視。這固然與二十世紀以來，儒學命運多舛有關：批孔之時，孟子亦受其累；近數十年來，『孔子熱』不斷升温，孟子受冷落的現象却未有大的改觀，歷代孟子文獻迄未收集整理即是一例。據我們不完全統計，包括臺灣在内的中國圖書館，現存宋元至清代的刻本與鈔本計有一千二百餘種之多。由於各種原因，百分之九十餘未曾整理出版，而百分之七十以上仍處於人所罕见的塵封狀態。歷史的責任，現實的需要，未來的期盼，都在呼唤能有一套《孟子文献集成》的編纂出版。

二

二〇一三年四月底，孟子研究院在孟子故里山東省鄒城市正式成立。時值一年一度的『孟母文化節』，同時進行的還有由鄒城市、《光明日報》國學版、山東師範大學山東省齊魯文化研究院共同策劃主辦的『孟子公開課』開講儀式。來自國内各著名高校的部分主講學者和與會專家對孟子研究院成立後的學術規劃提出了許多建設性意見，多位專家提出了編纂《孟子文獻集成》的建議。

同年十月二十九日至三十日，孟子研究院學術委員會第二次會議在主任陳來先生主持下於鄒城召開。會議就《集成》的立項和編纂事宜進行了認真深入地討論，參閲審查了初選孟子文獻書目，形成了以下四點共識：一是孟子文獻的搜集、整理向稱薄弱，絶大多數迄未面世，影響了孟學研究的深度和廣度。編纂《集成》，填補空白，意義重大。二是要在廣泛搜集、精心選編的基礎上，力求將《集成》做成收羅全、質量高、權威性强的精品學術工程。三是应制定具体工作規劃，選編文獻时代可由遠及近；文獻收集範圍，宜先國内後國外，分段完成，穩步推進，確保質量。四是在孟子研究院學術委員會基礎上，应增加部分孟子研究專家，充實到《集成》學術委員會；選聘孟學研究、版本目録、館藏出版等方面專家，組建高層次、有效率的編纂部和工作班子，扎實有效開展工作。

在經過編纂部四次召開籌備會議和系列籌備工作基礎上，二〇一四年五月，在濟南召開了特邀專家選目審查論證會。來自北京大學、中國人民大學、山東大學等全國各地的十餘位孟子和孟學史專家就編纂部提供的《集成》選編總目（國内）進行了認真研析、讨论審查。這次會議的召開更堅定了大家对編纂《集成》的信心和認識，許多專家從長期孟學研究的切身感受中充分肯定編纂《集成》的重大意義，一致認爲：這是一項立足當前又澤被後世的重大學術工程；目前国内編成的經典文獻集成中唯獨没有孟子文獻集成，这不僅是文化建設的一种缺憾，也从多个方面影響了孟子研究的深入和拓展，从这个意義上説，該項目的实施确是一項填補空白、意義深遠的學術工程。專家們特别指出，這項重大學術工程，由山東，特别是孟子故里鄒城市支持，由孟子研究院、山東省齊魯文化研究院牽頭承擔，正是歷史責任與當前文化建設的最佳選擇。相信《集成》的出版，對於提昇孟學研究、促進孟子研究院發展、推动山東文化强省建設，贡獻巨大，意義深遠。會議還就選目原則形成以下共識：一是《集成》應當是一套研究孟子文獻的集大成之作，所收以獨立成書的研究《孟子》專書爲主，兼顧其他，儘量收全。對孟子文獻的含義可以放得寬一些，對書名没有『孟子』的，例如以『四書』『諸子』爲書名的，也要注意在考察辨析基礎上做好，要高標準、高質量。二是《集成》應兼顧古籍的重要性與稀見性，做到常見書精選善本，重要文獻不遺漏。三是海外孟子文獻應作爲一個工作目標，與海外學者合作，广匯博收，規劃編纂。四是時代大致截止到清末，現代部分可作爲『附編』或單獨列編收集出版，部分難以收入文獻應附列存目。這次專家會議的意見，得到二〇一四年六月五日召開的孟子研究院第二次學術委員會的重視和確認。

在籌備、啓動《集成》的整個過程中，得到鄒城市主要領導及社會各界鼎力支持。山東人民出版社主動、積極地參與了各項工作。二〇一四年八月二十八日，在山東省第五届文博會上，省有關領導和衆多媒體記者見證了孟子研究院與山東人民出版社共同簽訂《〈孟子文獻集成〉編纂出版協議書》的过程。

經過編纂委員會及有關方面的共同努力和各相關圖書館的大力支持，宋元時期傳世文獻已基本全部收録，共四十八種，分裝十四册，已於二〇一六年初首批出版發行。其中，收録宋元刻本十四種，海外善本四種，第一次影印的即有十六種，屬於披沙揀金的珍本，將爲孟子文獻及思想研究提供寶貴資料。

第二輯精選明代孟子文獻八十一種，分裝爲三十二册影印，已經於二〇一七年三月出版。

第三輯爲明代文獻的第二批，共收入著作四十五種，分裝爲二十册影印，其中五種來自日本，三種來自美國；其他部分也多爲稀見的珍本和善本，已經於二〇一八年三月出版。

第四輯，共收録著作六十二種。其中，明代著作四十八種，分裝爲二十四册；清代著作十四種，分裝爲十册。共出版三十四册。底本皆爲精選珍本善本，其中，明代刻本四十種，清代刻本二十二種。又有二十三種來自日本，多爲國内未見，彌足珍貴。

本次出版爲《孟子文獻集成》第五輯，清代文獻之第二部分，也是《集成》編纂以來，收録文獻最多的一輯。共收入著作三百六十八種，分裝爲一百册；至此，自康熙朝至清末絶大部分與《孟子》相關文獻已基本囊括。其中：來自日本的珍稀文獻八種；稿抄本二十六種；孤本二十二種，國内未出版者達三分之二以上。

編纂出版《孟子文獻集成》，既有利於深入挖掘孟子思想精髓，洞見《孟子》世代傳承的歷史場景，又有利於珍貴文獻的保護、傳承和共享、共用，是惠及當代、澤被後世的文化善舉。值此共出版二百册之際，我們對國内外各有關圖書館和學界同仁的鼎力支持與真誠合作表達崇高的敬意和誠摯的感謝！

讓我們黽勉同心，共同努力，以期這一重大學術工程的圓滿完成。

王志民

二〇一五年四月十二日第一稿
二〇一八年三月八日修改第二稿
二〇一八年十二月十二日修改第三稿
二〇一九年十月六日修改第四稿

凡例

一、《孟子文獻集成》匯聚歷代關於《孟子》之著述，要其旨歸，不外經學之考證、義理之推闡、文章之批點，故舉凡注釋、析義、批點等書皆酌加收録，大致以著者時代先後爲次，俾經學之大，義理之善與夫文章之美，庶幾由此而知。

二、《孟子文獻集成》選用底本多未經整理，或孤傳海外，或秘庋深閣，學者既不能徧歷中外而窺其概貌，又不能盡探二酉而知其大略，不能無憾焉。今集爲一編，則學者循覽而知《孟子》一經之本末，歷代著述之昇沉。

三、各書或得自日本、美國，或攝自國家圖書館、天津圖書館、上海圖書館、浙江圖書館、山東大學圖書館等。底本皆經選擇，其存世孤秘，列爲首選，而後出佳槧，流佈稀少，亦資採摭。

四、諸書著録書名、卷數、著者時代、姓名、撰著方式及版本，覽者便焉。

五、著者真僞，學者所重，凡有歧異，均於著者前加『題』字，略示區別。

六、諸家解《孟》之作，或爲獨立成書者，或爲總集内別裁而出者，或以『四書』著述總題者，今所匯集，以能獨立析出者爲斷。其單篇零什，概所不收。

七、裁出之書，凡原有題名者，概依原題，而於版本項注其從來；凡無獨立題名者，則仍用大題，而括注『孟子』二字；其不能析離者，則全書收録。

八、是編博訪廣蒐，固難周徧，續有所得，拟輯《補編》，庶免遺珠之憾。伏望博雅君子，匡其不逮，補其未備，是所幸焉。

目録

孟子外書補證一卷

清　林春溥撰

清咸豐四年竹柏山房刻本

孟子外書

補證

咸豐甲寅竹柏山房刊

孟子外書補證序

古書之亡者多矣其亡也後人以不見爲恨其出也後人又以晚見爲疑疑之不已一唱而百和焉則其書將終亡矣孟子外書四篇趙氏謂其不能洪深不與內篇相似疑爲依託則其存亡宜無足重而王伯厚困學紀聞劉昌詩蘆浦筆記乃眷眷於是孫弈示兒編云昔嘗聞前輩於館閣中親見之直如斷珪碎璧不勝寶貴者今麻沙附刊四篇具在馬氏廷鸞序而存之姚氏士粦得自濟南胡氏震亨識其緣起雖以涪翁親受業於朱子之門亦不敢輕議誠幸其得見也 溥 少讀趙注未見外書晚得綿州李氏函海一書始得見姚本而讀之乃知趙氏所言爲不誣然其中實有可採者因博引傳記爲之旁證而此外尚有逸文

最後會稽孟君經國以所輯閑道集見示其外書卒同姚本惟爲正多其九章則逸文往往在焉詢所自來蓋孟氏世傳北宋本也茲刻一仍姚本之舊爲正殘闕則以孟本依次補之加圈別之旁證亦同此例末附孟君答書以示傳信至後人指其僞迹有八驗三證之疑亦一一爲之辨正於後云咸豐二年八月晦日三山林春溥敘

原序

坊間有四家孟子注曰揚子雲也韓文公也李習之也熙時子也中興史志以爲依託信也然三家者依託而熙時子非依託也乃熙時子依託三家也熙時子者誰相傳即公非先生劉貢父也貢父因李泰伯不喜孟子爲此以示之也注中往往用泰伯語也熙時者曉然也讔也越絕參同契之流也孟子外書四篇趙臺卿不取也故不顯於世賴四家注附刊於後而熙時子且注之也是以傳也則熙時子之功不淺也四家注依託不足傳而孟子外書四篇不可不傳也遂序而存之也碧梧老人馬廷鸞書

附錄

麻沙新刊四家孟子注僞作無疑也至其附外書四篇

頗有精義且流傳已久似非全僞者先師蒙齋無從就正耿耿於懷莫能自決云涪翁晏淵謹記淵四川涪州人朱子門人

孟子題辭又有外書四篇性善辨文說孝經爲正予鄉新喻謝氏多藏古書有性善辨一帙則知與文說孝經爲正是謂四篇右廬浦筆記一條

吾友叔祥客濟南得孟子外書見寄惜第四篇爲正殘闕不全眞秘册也案劉昌詩筆記云新喻謝氏多藏古書異本有性善辨一帙蓋卽是書自宋以來流傳絶少雖斷珪碎璧尤當寶貴之昔趙氏斥外書爲不能閎深與內篇弗類故其書遂不顯於世然漢時引孟子者謂之博文則內外篇均在博文之列何可存內而佚外哉

武原胡震亨跋

孟子外書四篇

宋　熙時子　注　　閩　林春溥　補證

性善辨第一

○王充論衡曰孟子作性善篇凡十五章

孫卿子自楚至齊見孟子而論性荀卿名況楚人避漢諱易荀爲孫見奚遍反

孟子曰有善無惡天也有善有惡人也言天之賦性但有善而無惡其有善惡乃人後起之私

孫卿子曰有善有惡天也有善無惡人也言性本有善惡聖人以學勝之方能有善無惡

孟子曰率天下之人而逆性本者必自此始矣

孟子曰虎狼知父子蠭蟻知君臣而況於人乎故人之性善○荀子性惡篇引作人之學者其性善也今人之性不善皆失喪其性故也喪息浪反○荀子性惡篇引

孟子曰性善也堯舜不勝其美習不善也桀紂不勝其惡

勝平聲○風俗通義正失篇引云堯舜不勝其美桀紂不勝其惡**性無不善而欲害之**○許慎淮南子注引欲上多情字論衡本性篇引云人性皆善及其不善物亂之也**水無不清而物污之是豈水性也哉**

曼丘不擇問於孟子曰夫子焉學曼丘姓不擇名齊人曼音萬○廣韻丘字下注曰孟子齊有曼丘不擇**孟子曰魯有聖人曰孔子曾子學於孔子子思學於曾子子思孔子之孫伯魚之子也子思之子曰子上軻嘗學焉是以得聖人之傳也**子上名白

孟子曰舜生於姚墟禹生於石紐○史記六國表索隱引皇甫謐曰孟子稱禹生石紐西夷人也**湯生於蒲南文王生於台璽千年一聖猶旦暮也**姚墟石紐蒲南台璽並地名○宋書臨川王義慶傳錄鮑照河清頌序引云千載一聖是旦暮也又拾遺記引云千年一聖謂之連步

孟子曰太山之高參天入雲○文選江淹別賦注引**而瞽者莫之見**

也黃河之濤衝擊如雷而聾者莫之聞也甚矣人不可不學也此章戒人不學面牆一如聾瞽也

孟子三歲而孤孟母賢攜孟子以居始舍近墓孟子幼嬉戲爲墓間事踴躍築埋孟母曰此非所以居我子也乃去舍市又嬉戲爲賈衒事孟母曰此亦非所以居我子也徙學旁乃設俎豆揖讓進退孟母曰此眞可以居我子矣此即世俗所傳孟母三遷事○亦見列女傳又太平御覽引孟子曰軻少貧從母在墓間識葬埋事又徙在市則輒知市井之利又徙在習學所遂盡識禮儀與此稍異

孟子幼誦其母方織孟子輟乃復誦母知其諠也呼而問之曰何爲輟對曰如有失復得母乃引刀斷其織以此戒之自後孟子不復諠矣輟中止也諠諱也○亦見韓詩外傳

孟子妻獨居踞孟子入戶視之白其母曰婦無禮請去之

母曰何也曰踞母曰何以知之曰我親見之母曰乃汝無禮也禮不云乎將入門言必聞將上堂聲必揚將入戶視必下不掩人不備今汝往燕私之室入戶不有聲令人踞而視之是汝之無禮也非婦無禮也孟子自責不敢去婦踞列女傳作袒亦見韓詩外傳○

孟子處齊爲客卿居常有憂色擁楹而歎孟母見曰子擁楹而歎若有憂色何也對曰軻聞之君子稱身而正位不爲苟得而受賞不貪榮祿今道不用於齊願行而母老是以憂也孟母曰婦人之禮精五飯冪酒漿縫衣裳而已故有閨內之修而無境外之志易曰无攸遂在中饋詩曰無非無儀惟酒食是議以言婦人無擅制之義而有三從之道也故幼則從乎父母嫁則從乎夫夫死

則從乎子禮也今子成人也而我老矣子行乎子義吾行乎吾禮子何憂也（五飯稻黍稷麥菽五種之飯羃幕彌筆反○亦見列女傳）

孟子遊於莒有曾子講堂焉孟子登堂彈琴而歌二三子和之莒老父曰久矣夫不聞此音也聖人之徒也（和去聲夫吾扶切）

孟子曰人皆知以食愈飢莫知以學愈愚人皆知糞其田莫知糞其心糞田莫過利苗得粟糞心易行而得所欲何謂糞心博學多聞何謂易行一性止淫也（專一其性禁止其淫行去聲○說苑建本篇引）

孟子謂子石曰卯有毛信乎（公孫龍字子石趙人為堅白同異之辯者○史記仲尼弟子傳公孫龍下正義引孟子曰趙人）子石曰信孟子曰何為其然也子石曰卯無毛雞無翼孟子曰雞而烹人可食然則子腹亦

有雞與此章孟子之闕邪說與音余

孟子曰筦敬仲仁故齊威公亦仁筦敬仲義故齊威公亦義吾於河廣知德之至也河廣宋威夫人所作此章言齊威公存衞亡國之德○吾於河廣句鹽鐵論執務章引

徐辟將之秦孟子曰秦虎狼之國也子何遊焉辟音璧徐辟對曰山東之國無可與者蘇子來招故將必往蘇子蘇秦也孟子曰夫蘇子天下之至無信人也天下之大不義人也子何交焉夫音扶徐辟對曰辟之祖自南州遷於郯鄏今五世矣於蘇爲睦且辟蘇之自出也南州徐國也郯鄏洛陽也自出謂蘇氏之甥孟子曰然則姑贈子以言不約縱不連橫不爲威屈不爲利疚以守子義以全子生斯可矣縱音宗

凡十五章

文說第二

孟子曰文其說不若文其心文勝者不陋質勝者可久言人徒騁才辨而文其說不若篤實好學而文其心不陋文采可觀也可久經久不敝也

孟子曰士貴立志志不立則無成

孟子曰君子爲已小人爲人爲已者逸而泰爲人者勞而危爲去聲

孟子曰人不可以不知天凡事可以對天則知天矣

孟子問於子上曰敢問聖人之教聖人謂孔子也子上曰言仁不言暴言義不言利言禮不言邪言信不言詐此聖人之教也

子上謂孟子曰舜之誥禹曰人心惟危道心惟微惟精惟一允執厥中子其識之此心傳也識音志

公明高問於孟子曰詩云不敢暴虎不敢馮河又云如臨深淵如履薄冰何謂也公明高孟子門人馮皮冰反孟子曰君子之學敬而已矣

孟子曰言不可不愼也言巧則天刑之言肆或改作刻則人害之大雅云無言不讎無德不報此章補金人銘所未及

梁襄王問戰於孟子孟子曰戰危事也〇本句北堂書鈔引臣未之聞也

孟子去梁梁襄王追之及諸東桑孟子曰爲吾謝梁王勿忘先王之禮遇也再拜登車而去東桑地名未詳所在爲去聲

萬章從遊於牛山之上孟子喟然歎曰此齊景公流涕之所也而其骨已朽矣萬章曰古之人何以不朽孟子曰太上有立德其次有立功其次有立言此之謂三不朽

古之人皆有死君子雖死而求其不死者若小人則未死而已死矣

陳仲子卒孟子誄之曰吁嗟仲子廉潔以保貞兮求名而得名兮數齊國之高士舍仲子其誰稱兮惟山高而水流千古一於陵兮吁嗟仲子名長存兮可慰於九泉兮數舍竝上聲於音烏

⿱氏黽鼃隱於萊丁氏公著云⿱氏黽古蚳字萊國名後屬齊今萊州也隱居當在致爲臣而去之後○丁公著唐太常卿吳人有孟子手音一卷孟子使人問之以書且遺之粟曰介士也使遺竝去聲

蔿章問曰子庚何人也子庚泄柳字孟子曰古之高人也上不臣天子下不事諸侯易曰不事王侯高尚其志

子叔問曰文王囚於羑里孔子厄於陳蔡何以繫易也子叔

孟子門人○趙岐注亦云弟子孟子曰夫易憂患之書也安樂而不知易君子吉小人凶憂患而不知易小人吉君子凶是以君子不可以不知易也夫音扶樂音洛

孟子去齊宿於晝王蠋請見孟子見之蠋晝邑人請見奚遍反王蠋曰夫子何以久於齊也孟子曰久於齊非我志也蠋曰我固知非夫子之志也齊王外好善而心不好夫子去國亂將至矣蠋是以憂也孟子去數年而齊國果亂好去聲

滕文公卒葬有日矣天大雨雪及牛目羣臣請弛期太子不許惠子諫曰昔者王季葬渦山之尾欒水齧其墓見棺之前和文王曰先君欲見羣臣百姓矣乃出爲帳三日後葬今先公欲小留而撫社稷故使雪甚弛期而更

爲曰此文王之志也孟子曰禮也弛緩也惠子名施澠山欒水未詳所在他書亦有此文大同小異雨去聲更平聲○藝文類聚雪部引

凡十七章

孝經第三

孟子曰孝經者曾子傳於孔子諸弟子不得而聞也

孟子曰曾子之孝士之孝也故孔子先以事親事君立身告之

孟子曰天子之孝文王也諸侯之孝魯釐公也卿大夫之孝孟莊子也士之孝曾子輿也庶人之孝大連小連也魯釐公之孝無考豈以詩有壽母之文而稱之歟釐僖同少去聲

孟子曰舜生五十而不失其孺子之心綦毋氏邃曰鄭氏禮記注引之○見坊記注隋經籍志有梁綦毋邃孟子注九卷

孟子曰孝者順德也父子親兄弟睦夫婦和人人齊其家而天下平矣

孟子曰樂正子春生孝也萎亶死孝也劉氏熙曰萎亶騶大夫喪母哀毀而死○隋經籍志載劉熙孟子注七卷文選景福殿賦騶虞承獻注引劉熙孟子注曰獻猶軒軒在物上之稱也又郭有道碑隱括足以矯時注引劉熙孟子注曰隱度也括猶量也皆未知所注何句則外書所逸者多矣

樂正子春年九十矣使其孫克學於孟子告之曰昔者聖人之門顏子以仁曾子以孝季路以勇伯顏以智各以所得聞於天下傳於後世汝往矣庶幾其有一得乎綦毋氏遂曰伯顏端木賜也

孟母之喪門弟子各治其事陳臻治貨季孫郊治車咸丘蒙治器萬章治縗充虞治櫬公都或治餼陳代治牲樂正克治儀公孫丑治賓客治平聲孟子三日不食哭不止

門弟子請曰古者五十不毀孟子曰五十也乎哉吾母死吾猶孺子也記孟子居母喪之孝盡禮盡哀貒子弔見之流涕自責曰今而知聖人之道遂棄墨而歸儒貒子爲墨子之學者貒他端反

孟子曰傳言失指圖景失形○風俗通正失卷引言治者尚覈實此乃循名責實之義景影同

梁惠王曰先王用李悝盡地利至於今賴之先王謂文侯孟子曰非古也古莫善於莇莇者殷法雖周亦莇也地有餘利則民有餘地無餘利則君有餘損下以益上非古也綦毋氏邃曰莇讀如藉陸氏德明曰與助同

孟子三見齊宣王而不言事丑子曰夫子何以三見齊王而不言高氏誘曰丑子郎公孫丑世本云齊末公子公子朝之子字子景以字爲氏亦曰景丑○高誘呂氏春秋序曰誘正孟子章句孟子曰我先攻其邪心○以上荀子大略篇引邪

心去則無不正矣書曰格其非心

孟子去齊子敖餞於塋門子敖王驩字程氏曾曰塋門齊南門塋力傳反○後漢儒林傳程曾字秀升作孟子章句再舉觴孟子辭而去子敖曰夫子盍賦詩

孟子曰子大夫欲我賦詩乎不曰堅乎磨而不磷不曰白乎涅而不緇磷讀如連與堅爲韻白讀如裴緇讀如哉爲韻四語本孔子之辭孟子以其類詩故以爲詩而賦之此章見孟子之待小人不惡而嚴涅乃結反

屋廬子曰無爲而治何如孟子曰有心於無爲非無爲也虞舜先勞而後逸者也屋廬子初爲黃老之學故以清靜無爲爲問孟子恐其有流弊也舉虞舜以告之

孟子曰矯枉不可過直此章即不爲已甚之意○後漢書朱浮景丹等傳注引作矯枉者過其正又黨錮傳敘注引作正枉必過其直

孟子曰天下有道諸侯有王東遷以後天下無王五伯之

罪也綦毋氏遂曰諸侯有王鄭氏周禮注引之○見大行人注伯音霸

孟子曰有遠慮者無遺策○文選王仲宣誄注引作計及下者無遺策無深謀者有敗機○鹽鐵論刺議篇曰故謀及下者無失策舉及衆者無頓功似亦本此

孟子曰敬老愛幼推心於民天下如運掌中也○意林引

齊人伐趙桃應將問於孟子孟子曰毋嗜殺將心也勿爭功將才也與士卒同甘苦將道也將去聲毋音無

孟子說齊宣王而不說淳于髡侍孟子曰今日說公之君公之君不說意者未知善之爲善乎說齊說公並音稅不說音悅淳于髡曰夫子亦誠無善耳昔者瓠巴鼓瑟而潛魚出聽伯牙鼓琴而六馬仰秣魚馬猶知善之爲善而況君人者也孟子曰夫雷電之起也破竹析木震驚天下而不能使聾者卒有聞日月之明徧照天下而不能使盲者卒

有見今公之君若此也夫音扶卒音猝淳于髡曰不然昔者揖封生高商而齊人好歌杞梁之妻悲哭而莒人稱詠夫聲無細而不聞行無隱而不形夫子苟賢居魯而魯國之削何也揖封生齊善歌人高商商調之高者好行竝去聲夫音扶孟子曰不用賢削何有也吞舟之魚不居潛澤度量之士不居汙世夫埶冬至必彫吾亦時矣詩曰不自我先不自我後非遭彫世者歟埶樹埶五穀也夫音扶度徒洛反○亦見韓詩外傳

鄒衍請受業於孟子孟子曰吾老矣不能偕子遊於九州之外也以衍好爲大言且多荒誕不經之說故孟子拒之如此

凡二十章

爲正第四

孟子曰爲正以心爲邪以心心之所之邪正因之故君子

存心而不放

孟子曰：道不遠人，人之爲道而遠人，不可以爲道。堯舜之道非遠人也，人不自思之爾。○堯舜已下，鹽鐵論執務章引。

○孟子曰：夫有意而不至者有之矣，未有無意而至者也。見揚子法言。

孟子曰：人謂孟嘗君好士，吾不信也。孟子言孟嘗君不過好名，非眞好士也。好，去聲。

高子問於孟仲子曰：詩曰「維天之命，於穆不已」，何謂也？孟仲子曰：大哉天命之無極，而美周之禮也。孟子曰：否。不然。「維天之命，於穆不已」，蓋曰天之所以爲天也；「於乎不顯，文王之德之純」，蓋曰文王之所以爲文也，純亦不已。於穆，音烏。於乎，音嗚呼。

高子問於孟子曰夫嫁者非己所自親也衛女何以得編於詩也（夫音扶）孟子曰有衛女之志則可無衛女之志則舛夫道二常謂之經變謂之權懷其常道而挾其變乃得爲賢夫衛女行中孝慮中聖權如之何（夫音扶行中竝去聲○亦見韓詩外傳）

邾婁繆公問政於孟子曰爲政之道奚先孟子曰省刑罰薄稅斂愛民之政也非是則無所爲政也君其勿信倖臣之言

○秦攻梁惠王謂孟子曰秦攻梁何以禦乎孟子對曰昔太王居邠狄人攻之太王不欲傷其民乃去邠之岐今王奚不去梁乎惠王不說（見劉晝新論○史本傳亦引梁惠王謀欲攻趙孟軻稱太王去邠）

孟子過鄒見鄒莊公鄒國名高氏誘曰世本鄒莊公名顛孟子道性善言必稱文王道去聲莊公曰聞夫子之言昭然若發矇矣

○孟子曰有道吾善者是吾賊也道吾惡者是吾師也馬驌繹史述文選註

○孟子曰今人之於爵祿得之若其生失之若其死見梁書處士傳序

孟子老於騶燕昭王使樂閒迎之孟子不往或問曰夫子何以不往孟子曰以吾受齊王之知是以不往也且燕王霸才也亦非王天下之主也使王並去聲

○孟子曰紂貴爲天子而死曾不若匹夫是紂先自絕久矣非死之日天去之也見漢書伍被傳○史淮南王傳伍被引作紂先自絕於天下久矣非死之日而天下去之荀悅漢紀亦作自絕於天下

○孟子曰今之士大夫皆罪人也逢君意以順其惡見鹽鐵論

○魯平公與齊宣王會於鳧繹樂正克道孟子於平公曰孟子私淑仲尼其德輔世長民其道發政施仁君何爲不見乎見廣文選

○孟子曰以直矯枉若以曲何以正人見馬總意林

○孟子謂齊宣王曰王無好知無好勇勇知之過禍患所遵當以仁義爲本見宏明集文宣王子良與中丞孔稚圭釋惑書

舊凡八章以下闕今從會稽孟經國閑道集本補入以圈別之凡十七章經國爲孟子七十數世孫與余善嘗輯閑道集首外書四篇按之姚本爲正多其九章大抵皆旁見他書其餘字句增減間有不同注則更畧詢所從來據云前曾過豫謁遊梁祠得諸祠右孟老人枕中秘本云其先世自北宋由鄒挾而遷汴者傳此己二十餘世矣孟君好古不妄者故識此以爲信

附録孟經國答書

蒙詢孟子外書來歷其說甚長經國先於嘉慶甲戌至
庚辰就聘申陽觀察署解館後積誠赴梁苑謁　先亞
聖於遊梁祠曾遇老人詢與經國同姓籍隸祥符年登
大耋有奇而無子嗣隻身居於祠右半椽促膝短褐不
完叩其世系先人曾膺顯宦品格清高言詞淹雅視經
國若舊相識者能知上古結繩之法且能空谷傳聲架
上惟劉熙釋名劉向說苑孔叢子白虎通及埤雅廣雅
等數帙餘無長物不特無擔食之儲抑且半菽莫飽即
與席地而談古今詢及　先亞聖外書一節曰遺稿存
於吾家者已二千餘世矣經國乞借敬閱老人乃拆開
臥一枕取有破損油紙一包內用綢絹十數層捲裹得外
書一本付閱謂從前閻中丞與邦撫豫曾以重價來購
先祖公云此非真買主欲留後人發刻迄傳於吾茲且
二餬不給追能繼先人志乎彼時經國尚餘傭値八十
餘金即囬寓取出傾囊而贈爲備目前饔飧與身後壽
具需用方擬是晚借居其室手鈔老人曰嘻爾得非真
買主乎姑持去吾待識者數十年於茲矣今爾爲亞
聖裔吾亦爲　亞聖裔爾能表章與吾表章何異惟能
不沒　亞聖手澤幸矣當時經國又問此本何時所獲
曰北宋時祖公由鄒挾而遷汴者翼日居停北上促之
偕行惜倉皇登程不及問老人名號迄猶耿然於懷所
呈鈔本乃經國手書披對更番並未錯訛隻字其傳自

何代老人亦
未盡悉也

外書考

風俗通義窮通卷曰孟子序詩書仲尼之意作書中外十一篇

章句題辭曰孟子著書七篇史記本傳亦云七篇又爲外書四篇性善辯文說孝經爲正其文不能洪深不與內篇相似似非孟子本真後世依放而託之者也

疏曰凡此外書四篇趙岐不尚以故非之漢中劉歆九種孟子有十一卷漢藝文志亦云十一篇時合此四篇

困學紀聞曰漢七略所錄若齊論之問王知道孟子之外書四篇今皆無傳

孫奕履齋示兒編曰昔嘗聞前輩有云親見館閣中有孟子外書四篇曰性善辯曰文說曰孝經曰爲政則時人以

性善辨文爲一句說孝經爲正爲一句甚乖旨趣古文辯辨正政通用

周廣業孟子四考曰今孟子外書眞贗誠不可知朱氏經義考削而不錄是也

丁杰孟子外書疏證曰此書雜採他書引孟子文兼及其不云孟子者綴輯敷衍往往氣不貫穿人名事蹟譌繆甚多後人徵引或由傳聞失實豈有身接其人目擊其事與其徒著書而紀錄不眞者乎姚叔祥好造僞書此爲叔祥僞造無疑錢遵王云宋時館閣有此書而崇文總目無文即中興藝文志亦不言附刊四注孟子後馬氏序不敢爲信惟蘆浦筆記確有謝氏藏本一說是又姚氏所據以作僞者也劉貢父博洽不讓其兄此注地學茫然其亦僞託

可知

翟灝四書考異曰此書之僞敗迹顯然約略舉之其驗有八内書每篇俱五千餘字篇内多長展之章今此四篇每不及千字章之略長展者惟襲韓詩外傳淳于髡一條餘悉勉強支綴淹淹無生氣不但不能宏深而已僞迹之可驗一也孟子頗薄齊桓管仲此以至德稱之孟子再斥陳仲子此以千古高士誄之樂正偶從子敖孟子深責此謂徐辟因依蘇秦而贈之以言均於孟子之意旨背戾僞迹之可驗二也趙氏但不爲外書章句非不見外書也趙云孟子師子思此謂學於子上孟子嘗自言之趙注徐辟不云何國人此謂辟之祖自南州遷於郲鄒今五世矣若古外書有如是文趙氏何不節取僞迹之可驗三也書雖有

內外之別所記言事不應重出也今因綴索隱及鮑照頌序文而與舜生諸馮章犯重因襲韓詩外傳文而與先名實章犯重貪攜拾而不暇旁顧僞迹之可驗四也周禮注引孟子諸侯有王此春秋莊公二十三年傳曹劌諫觀社語顏氏家訓引孟子圖景失形藝文類聚引孟子滕文公卒此見戰國魏策及呂覽開春論俱作魏惠王卒皆顯係疏舛考工記注引七十而助祇一字偶誤坊記注引舜五十二語即萬章篇文小異意林錄敬老慈幼三語即梁惠篇文稍節而此悉冒昧編列僞迹之可驗五也列女傳所載三遷出妻等事本不謂孟子言蓋其事祇應他人記載孟子著書立敎必無自述之理今亦雜湊篇中且仍彼書文稱母曰孟母曰其母繆戾殊甚僞迹之可驗六也因充虞敦匠事泛濫及諸弟子杜撰其名曰季孫

郊公都或又稱公孫丑曰丑子竝注云丑字子景以字爲氏亦曰景丑於他藉悉無可徵特有意眩亂以欺不學之人宋以前無此習僞迹之可驗七也荀況爲孟仲子再傳門人後孟子約五六十年齊襄王時自趙至齊與孟子不相值後自齊適楚爲卿此乃云孫卿子自楚至齊見孟子字子石之公孫龍孔子弟子孟子不及見之其持堅白異同公孫龍字曰子秉乃平原君門客不及見孟子此乃云孟子以卵有毛問子石田嬰於齊湣王三年封薛嬰卒文代立是爲孟嘗君其立當在孟子卒後樂閒於燕惠王元年始用燕乃周赧王四十四年也時孟子卒已久此謂孟子論孟嘗君燕使樂閒迎孟子時代事蹟盡難檢點僞迹之可驗八也其僞旣有此八驗其作僞人甚晚近不當劉

貢父注復有三證趙氏章指有云計及下者無遺策舉及衆者無廢功選注引上一句誤題孟子曰字邵武士人作疏刪去章指此遂不知其下句而漫易其文則此書必出邵武士人後矣荀子稱孟子三見齊王不言事集註取以註格君心之非句此遂以尚書格其非心連屬之則此書必出朱子後矣鹽鐵論引孔子曰吾於河廣知德之至也明李詡誤以孔字爲孟類舉爲孟子逸文而此遂捃入篇中則此書更出李詡後矣然則此書究孰所僞哉吾友歸安丁小山杰斷之爲姚叔祥當未誣枉姚名士粦說者謂今存後梁春秋於陵子等書並叔祥所僞此書旣出叔祥家誠不嫌於堅斷也今休寧吳君騫偶刊問世丁君爲之疏證屬草稿未定承借觀乃爲引伸其說陳右八驗三證

以副還其書

案外書四篇趙氏固謂其文不能宏深不與內篇相似則篇章長短之異固不足疑又謂其非孟子本眞後世依託則孟子學於子上與徐辟遷於郯鄒之說趙氏皆不之信其不取均不足怪然以季孫子叔爲孟子弟子安知非本此書蓋外書當是孟子卒後門弟子相與傳其遺事綴其緒論故與內篇別異三遷出妻等事孟母其母等稱自門人記之故自無礙不然韓嬰劉向又何所聞而傳之耶五霸桓公爲盛管仲學然後臣仲子齊之巨擘孟子未嘗不稱之君子不沒人善至德高士之語不爲甚戾也徐辟蘇秦之甥非樂克子敖之比且贈以言曰不約縱不連衡辭亦嚴矣伯夷伊尹柳下惠之

出處湯武之放伐五畝之宅百畝之田內篇不厭重複其間大同小異者往往而有何獨於外書而疑之諸書引孟子其內篇所無者自出外書今外書幸存可相印證反以爲綴緝敷衍否則舉他書之相似者指爲誤引深文巧詆必欲廢棄滅絶之而後已是誠何心哉季孫公都子內篇不見其名今有季孫邾公都或二人之名賴以有考孟子弟子多稱子公孫丑稱丑子亦猶臣章之稱章子耳而皆以爲杜撰何由知之史稱荀卿年五十始來遊學於齊（風俗通曰齊威宣之時孫卿有秀才年十五始來遊學）齊襄王時而荀卿最爲老師則湣王時荀卿已在齊矣史表孟嘗君相齊平原公相趙在周赧王十七年樂間樂毅之子其爲昌國公雖在燕惠王初年安知不早見用於昭

王之世譜稱孟子卒於周赧王二十六年則以上數人均所及見此又不足以相難也至以三證斷注之僞尤屬臆說邇注引孟子計及下者無遺策外書有之但上三字稍異而以爲出於趙氏章指鹽鐵論引孟子吾於河廣知德之至也外書有之戒菴漫筆日知錄引同而反據今本以疑明李詡之誤甚至指格其非心爲龔集註捕風捉影刻意吹求是不可以不辨

北京圖書館藏

四書字詁（孟子）二十卷

清 段諤廷撰

清咸豐刻本

四書字詁卷五十九

湖南黔陽縣歲貢生段諤廷訒菴原稿
本縣教諭寧鄉黄本驥虎癡編訂

上孟一 梁惠王上

計四十字

叟 穌后切音藪說文老也孟子集注叟長老之稱吳氏程曰叟非絶句當連下文 又先侯切潄平聲義同正韻尊老之稱劉琨贈盧諶詩惟彼太公望昔是渭賢叟鄧生何感激千里來相求 又疏鳩切音搜集韻叟叜淅米聲詩生民釋之叜叟傳釋淅米也叟叟聲也集韻通作溲 又穌遭切音騷同搜集韻搜搜動皃或省作叟

饜 於豔切音厭玉篇飽也足也左襄十六年以險徼幸者其求無饜孟子不奪不饜注足也 又則必饜酒肉注飽也 又於鹽切音懨義同 又通作厭史記叔孫通傳知上益饜吳棫韻補左傳序饜而飫之孟子饜酒肉或作猒書洛誥饜于乃德注飫也飽也亦作懕通作厭周官

大司徒注饜服于十二政疏謂厭飫服行又賈山傳好善無饜無音孟子不奪不饜左傳貪惏無饜有平去二音舊韻猒厭饜三字訓解不同許於經傳有明音卽依本音無明音卽平仄皆通毛氏曰孟子不奪不饜有二音饜酒肉饜足乃獨去聲其說未嘗按孟子饜字其義絕同朱子無音想平去皆可讀不應中孟者獨去聲一音也

沼

之少切昭上聲說文池也一說圓曰池曲曰沼詩采蘩于沼于沚左隱三年澗谿沼沚之毛孟子謂其沼曰靈沼　又之笑切音照義同　又叶之若切音灼詩正月魚在于沼沼下炤切音灼

鴻

戶工切音洪說文鴻鵠也玉篇鴻雁也詩傳大曰鴻小曰雁陸璣疏鴻羽毛光澤純白似鶴而大長頸肉美于雁又有小鴻如鳧色白今人直謂之鴻人物備考博物志云鴻鴈大略相類仲秋來賓一同也鳴如家鵝二同也進有漸飛有序三同也雁色蒼鴻色白一異也雁多羣鴻寡侶二異也雁飛不過高山鴻薄雲表三異也詩九罭鴻飛遵渚易漸卦鴻漸于干傳漸諸爻皆取鴻象鴻之為物至有時而羣有序不失其時序乃為漸也中溪張氏曰鴻水鳥也

水落南翔冰泮北徂其往來也有時其先後也有序漸之象也

又禮曲禮前有車騎則載飛鴻疏鴻鴈也鴈行列與車騎相似故前有車騎則畫鴻旌首而載之陸氏佃曰載謂活剝皮毛舉之竿首若所謂以鴻脰韜杠者　又通作洪大也史記河渠書禹抑洪水楚辭天問不任汩鴻何以尚之注汩治也鴻大水也考工記梓人小首而長摶身而鴻若是者謂之鱗屬以爲筍集注言圜且鉅也又矢人撓之以眡其鴻殺之稱也疏鴻即上文強是也殺即上文弱是也集說趙氏曰撓其幹而屈之則強弱之稱可知又八方一曰八鴻東方朔竇巍銘覩八鴻如縈帶

又九方一曰九鴻謂八方及中央也鶡冠子泰錄篇天有九鴻

又泰鴻鶡冠子篇名又官名前漢百官志鴻臚卿注鴻聲也臚傳也所以傳聲贊道九賓也又地名左昭二十一年齊師宋師敗吳師于鴻口注梁國睢陽縣東有鴻口亭彙纂今在河南歸德府商邱虞城二縣界又史記蘇秦傳大王之地南有鴻溝注在滎陽又項羽紀與沛公會于鴻門注在新豐又蟲名周本紀蜚鴻滿野注蠛蠓也又姓衛大夫鴻駵魋見左傳鴻安邱見後

漢書又人名大鴻堯臣名梁鴻漢人　又戶孔切音汞鴻濛元氣也淮南子俶眞訓以鴻濛爲景注鴻濛東方日所出地　又胡貢切音哄集韻鴻洞深遠皃一曰相連次皃　又古送切音貢淮南子精神訓澒濛鴻洞注鴻讀如子贛之贛　又叶胡光切音黃呂氏春秋彭祖以壽三代以昌五帝以昭神農以鴻

鴈　五晏切顏去聲說文雁鵝也廣雅鴚鵝鶬鵝雁也禮月令孟春鴻雁來注雁自南方來將北反其居又季秋鴻雁來賓注言其客止未去也朱氏軾曰仲秋言鴻雁來來而未有止也來而賓則居停矣夏小正正月雁北鄉先言雁而後言鄉者見雁而後數其鄉也鄉者鄉其居也雁以北方爲居生且長者爾九月遰鴻雁遰往也先言遰而後言鴻雁者見遰而後數之則鴻雁也爾雅釋鳥鳧雁醜其足蹼其踵企郭璞以爲鴻雁指間有幕蹼屬相著故曰其足蹼也今鳧雁之行皆前幕布地後踵企故曰踵企也雁行斜步側身莊子士成綺雁行避影而問老子禮王制兄之齒雁行史氏儋曰如雁飛之次行在其側而斜退也詩大叔于田兩驂雁行傳驂少次服馬如雁行也周官

大宗伯以禽作六摯大夫執雁注取其候時而行陸氏佃曰大夫執雁以知保身又欲有去就之義而不失其序故執雁也雁夜泊河渚令雁奴圍而警察飛則銜蘆而翔以避矰繳有遠害之道非特取其有去就而已方氏苞曰雁非家禽不時得又不可畜蓋舒雁也取其安舒而潔白膳夫受以爲膳則皆恒用之物可知爾雅釋鳥舒雁鵝儀禮士昏禮納采用雁昏之夕親迎奠雁疏雁順陰陽往來不再偶也禮曲禮飾羔雁者以繢又星名天雁地雁弁星也晉書天文志若小流星色青赤名曰地雁長二三丈名曰天雁又地名左成十六年衛侯伐鄭至于鳴鴈注在陳留雍丘縣西北彙纂後漢志雍丘有鳴雁亭今自鴈亭在杞縣北四十里屬河南開封府又前漢地理志有雁門郡雁門關班超傳但願生入雁門關又山名雁門山在高柳北山海經注山有天池雁集其中曰雁塞喬宇雁門山記雁門山在代州北三十五里志以雁出其門故名又雁宕山屬浙江温州府又衡山旁有回雁峰在今清泉縣舊傳雁至此輒回亦曰山形迴翔似雁故名又塔名長安志唐貞觀三年長安城南建大慈

恩寺造甎浮圖名雁塔韋肇及第偶題名塔中遂爲故事又【正字通】流肅謂之雁戶唐編民有雁戶謂如雁去來無恒也又木名【唐書地理志】雅州廬山郡土貢落雁木又草名【管子地員篇】五殖之狀甚澤以疏其種雁膳【注】草名又姓見【姓苑】　又通作鴈【韓非子說林篇】齊伐魯索讒鼎魯以其雁往齊人曰雁也魯人曰眞也　【按】鴈雁並五晏切【說文】鴈鵝也雁鳥也【注】鴈知時鳥大夫以爲摯昏禮用之是義別也今相承二字竝用

麋

武悲切音眉【說文】鹿屬冬至解其角【釋名】澤獸也【埤雅】水獸也青黑色肉蹄一牡能乘十牝鹿屬也故从鹿从米从米以麋性善迷故也【爾雅釋獸】麋牡麔牝麎其子麇其跡躔絕有力狄【疏】此釋麋之種類【司馬相如上林賦】沈牛麈麋【注】麋似水牛【孟子】顧鴻鴈麋鹿【注】麋鹿之大者【左僖二十三年】吾子取其麋鹿以閒敝邑【周官獸人】冬獻狼夏獻麋【注】狼膏聚則涼散則溫麋膏聚則溫散則涼【春秋莊十七年】冬多麋范氏甯曰京房易傳曰廢正作淫爲火不明則國多麋【胡傳】麋魯所有也多則爲異以其又害稼也故書陸氏佃曰麋善迷而害稼故周官大夫

供麋侯言討惑除害也大夫以智帥人故所射如此又云冬獻狼夏獻麋者冬物成之時狼殘物之尤者夏稼生之時麋害稼之衆者春秋書多麋爲是故也禮月令仲冬麋角解仲夏鹿角解夏小正十一月十二月皆曰隕麋角隕卽解也埤雅鹿以夏至隕角而應陰麋以冬至隕角而應陽又麋茸利補陽鹿茸利補陰又韡麋醜人也左思魏都賦韡麋之與子都又姓麋竺見蜀志　又通作湄爾雅釋水水草交謂之湄詩巧言居河之麋左傳二十八年余賜女孟諸之麋釋文通作湄　又與眉同大戴主言篇孔子愀然揚麋荀子非十二子篇伊尹之狀面無鬚麋　又通作蘪楚辭九歌秋蘭蘪蕪注蘪或從草蘪蕪芎藭葉名似蛇牀而香其苗四五月間生葉作叢而莖細其葉倍香七八月間開白花

鹿 盧谷切音祿說文獸也象頭角四足之形玉篇麤麤爾雅釋獸鹿牡麚牝麀其子麛其跡速絕有力麉埤雅字統云鹿性警防分背而食食則相呼羣居則環其角外向以備人物之害舊說鹿者仙獸至六十年必懷瓊于角下角有斑痕紫色如點行或有涎出於口不復能急走也人物備

考方氏曰鹿好羣而相比陽類也故夏至感陰氣而角解麋多慾而善迷陰類也故冬至感陽氣而角解熊氏曰鹿孕子於仲秋而生於春麋孕子於仲春而生於秋格物論鹿黃質斑斑有白點性多驚烈能别諸毒走必山岡一千年爲蒼鹿又五百年爲白鹿又五百年爲元鹿易屯卦即鹿无虞詩東山町曈鹿場列子周穆王篇鄭人薪於野得鹿覆之以蕉俄而失其處遂以爲夢又小雅篇名序鹿鳴燕羣臣嘉賓也既飲食之又實幣帛筐篚以將其厚意然後忠臣嘉賓得盡其歡心矣又獸名山海經杻陽之山有獸焉其狀如馬其文如虎名曰鹿蜀又郡名前漢地理志鉅鹿即禹貢大陸蔡傳孫炎曰鉅鹿北廣阿澤河所經也字典今屬順德府史記項羽紀章邯令王離涉閒圍鉅鹿又縣名唐書地理志隋鹿泉唐改獲鹿隋應城唐改東鹿又地名左桓八年楚子合諸侯于鹿沈注楚地彙纂今湖廣安陸府鍾祥縣東六十里有鹿湖池深不可測即其地也春秋僖二十一年盟于鹿上注宋地汝陰有原鹿縣彙纂今江南鳳陽府潁川太和縣西有原鹿城左僖二十三年出于五鹿注衛地衛縣

西北有地名五鹿陽平原城縣亦有五鹿【彙纂】今直隸大名府五鹿城二屬原城縣者即沙鹿城此屬開州者又諸侯之師侵陳至于鳴鹿【注】陳國武平縣西有鹿邑【彙纂】今鹿邑縣西南有古鹿邑城屬河南歸德府【左】昭十七年陸渾子奔楚其衆奔甘鹿【彙纂】今河南河南府宜陽縣有鹿蹄山甘水所出疑甘鹿以此得名【水經注】鹿蹄山在陸渾故城西北以傳文證之似亦可據又山名春秋僖十四年沙鹿崩【注】山名平陽元城縣東有沙鹿土山【彙纂】今沙鹿山在大名府元城縣東四十五里其西有沙鹿城【穀梁傳】林屬於山爲鹿沙山名也又【廣輿記】北直保安州秦屬上谷郡漢曰涿鹿城西南有涿鹿山又白鹿山在荆州鹿門山舊名蘇嶺山在襄陽又門名【左】襄二十五年臧紇斬鹿門之關以出【注】魯南城東門又臺名【書】武成散鹿臺之財薛瓚曰在朝歌城又官名【夏小正】鹿人從【注】鹿人虞官從從禽也【左】昭二十年山林之木衡鹿守之【釋文】鹿麓通又白鹿洞朱子講學之處【續通攷】書院之制昉於石鼓嶽麓白鹿睢陽世所稱四大書院者是也又倉也【吳語】市無赤米而囷鹿空虛【注】先儒以

圓曰囷方曰鹿囷聚也亦散也鹿善聚善散故囷亦謂之庀俗作簏又小車也風俗通鹿車小裁容一鹿又酒器也韓勅修孔廟禮器碑雷洗觴觚爵鹿柤梪又爾雅釋草蔨鹿藿注今鹿豆也又活鹿鹿蹄鹿腸鹿首鹿麻茈草名見本草綱目又篇海鹿葱一名萱草又姓正字通漢鹿旗明鹿麟又複姓漢有五鹿充宗　又通作麓詩旱麓周語作鹿　又與碌錄同前漢蕭曹傳贊錄錄未有奇節注猶鹿鹿言在凡庶之中也亦作碌碌

營

又借作鏤荀子成相篇剄以獨鹿棄之江注與屬鏤同

余傾切音瑩說文市居也从宮熒省聲又玉篇度也廣韻造也韻會東西爲經周迴爲營詩靈臺經之營之傳經度也營表也箋營表其位孟子注營謀爲也詩黍苗召伯營之箋治也易繫辭四營而成易疏四度經營蓍策乃成一易之變也又詩青蠅傳營營往來兒朱傳往來飛聲釋文說文作營小聲也又禮禮運冬則居營窟疏地高則穴地下則營壘其土爲窟纂言士處以避寒也又韻會軍壘曰營史記黃帝紀以師兵爲營衛正義環繞軍兵爲營以自衛又道德經載營魄抱一能無離乎注營

魂也一名衛也又星名【星經】營室二星主軍糧一名宮一名室
【晉書天文志】營室二星一曰元宮二曰清廟又爲土功事【詩】定
之方中【傳】定北方之宿營室星也此星昏而正中夏正十月也
於是時可以營制宫室故謂之營室安成劉氏曰夏正十月建
亥春秋時十二月也農事已畢可以興作而人君居必南面故
亥月昏時見定星當南方之午位因記此星爲每歲營作之候
因號爲營室【禮月令】孟春日在營室又【晉書王濬傳】惶怖征營
無地自厝【後漢蔡邕傳】臣征營怖悸【前漢王莽傳】人民正營【注】
師古曰惶恐不安之意也又【後漢清河王慶傳】夙夜屏營【注】屏
營彷徨也又【前漢劉向傳】所以營惑耳目【注】師古曰營謂迴繞
之又【敘傳】營信巫史【注】鄧展曰營惑也又【廣韻】州名舜分青州
爲營州【爾雅釋地】齊曰營州【注】自岱山東至海【疏】博物志云齊
有營邱豈是名乎又【釋邱】水出其左營邱【注】今齊之營邱淄水
過其南及東【禮檀弓】太公封於營邱又縣名【前漢地理志】北海
郡營陵【注】或曰營邱又營道營浦皆屬零陵郡又營漢侯國在
濟南見史記惠景閒侯者年表又地名【前漢李陵傳】遮鉤營之

道又姓風俗通周成王卿士營伯之後漢有京兆營郃　又懸扃切音熒集韻辯解也莊子人間世口將營之郭注自救解不暇也　又叶於方切音王張籍祭韓昌黎詩薦侍於救切皆寒癃但取其才良親朋有孤稚姻婚有辦營

囿　音右說文苑有垣也从口有聲一曰禽獸曰囿初學記囿猶有也有藩曰園有牆曰囿周官囿人注古謂之囿漢謂之苑詩靈臺王在靈囿傳靈囿臺之下有囿所以域養禽獸也疏囿者築牆爲界域而禽獸在其中也孟子文王之囿方七十里注古者四時之田皆於農隙以講武事不欲馳騁於稼穡場圃之中故度閒曠之地以爲囿也周官掌戮刖者使守囿注斷足驅衛禽獸無急行集說囿以蓄鳥獸但禁非時入者又官名周官囿人掌囿游之獸禁又通鑑外紀人皇氏依山川土地之勢財度爲九州謂之九囿按囿有界域九州亦有界域也猶商頌之九圍也又司馬相如封禪書遊集乎文雅之囿翱翔乎禮樂之場又左思魏都賦聊爲吾子復玩德音以釋二客競於辨囿也又識不通廣曰囿猶拘墟也尸子廣擇篇列子貴虛楊子貴別囿其學之相

非也皆弇於私也　又於九切音有義同　又於六切音郁玉
在靈囿與下伏爲韻劉向九歎莞芎棄於澤洲兮瓟蠡蠹於筐
簏麒麟奔於九皋兮熊羆羣而逸囿　又叶於詭切音委
司馬相如頌般般之獸樂我君囿黑質白章其儀可喜

麀

於尤切音憂說文牝鹿也詩靈臺麀鹿攸伏吉日
麀鹿麌麌禮曲禮夫惟禽獸無禮故父子聚麀

攸

以周切
音由說
文行水也从攴从人水省徐鍇曰攴入水所杖也秦刻石嶧山
文作汥孟子攸然而逝注趙岐曰攸然迅走趨水深處也又爾
雅釋言所也易坤卦君子攸行詩韓奕爲韓姞相攸注擇可嫁
之所也又左哀三年鬱攸從之注火氣也又前漢敘傳攸攸外
寓注攸攸遠皃又語助詞書洪範彝倫攸敘詩文王有聲四方
攸同　又以九切音酉左昭十二年湫乎攸乎注攸懸危之皃
正義詩攸攸旆旌故以攸爲懸危
之皃又姓急就篇北燕有攸邁

濯

直角切音泃說文澣也
禮禮器澣衣濯冠以朝
詩泂酌可以濯罍傳滌也儀禮特牲饋食反告濯具注溉也又
心亦曰洒濯左襄二十一年洒濯其心又爾雅釋詁大也詩文

王有聲王公伊濯宋傳公功也濯著明也又崧高鉤膺濯濯傳光明皃又博雅濯濯肥也一曰娛遊也詩靈臺麀鹿濯濯傳濯濯肥澤皃又山無草木之皃孟子是以若彼濯濯也注光潔之皃又湖名廣輿記濯湖在江西瑞州府新昌縣　又式灼切音爍集韻水皃　又直教切音棹博雅消濯滫也一曰澣衣也　又通作櫂前漢元后傳輯濯越歌注與楫櫂同公孫宏傳發輯濯士百官志上林苑有輯濯丞　又叶廚玉切音逐陶潛詩洋洋平津乃瀫乃濯遡遡遐景載欣載矚

鶴　下各切音涸說文从鳥隺聲圖經鶴似鵠長頸高腳丹頂白身頸翅有黑埤雅鶴行狀如鵝青腳素翼常夜半鳴淮南子鶴知夜半其鳴高亮聞八九里雌者聲差下此鳥性警至八月白露降流於草上點滴有聲因即高鳴相警移徙所宿處慮有變害也蓋鶴體潔白舉則高至鳴則遠聞性又善警行必依洲嶼止必集林木故詩易以為君子言行之象始生二年落子毛三年產伏七年飛薄雲漢後七年學舞後七年應節後七年晝夜十二鳴中律後六十年不食生物大毛落茸毛生色雪白泥水不能汚百六

十年雌雄相視目睛不轉而孕千六百年飲而不食聖人在上則與鳳凰翔於甸其精神氣應相故古者相鶴有經蓋鶴陽物也而游於陰因金氣依火精以自養火數七金數九故七年小變十六年大變六十年變止千六百年形定而色白食於水故喙長肝於前故後短棲於陸故足高而尾凋翔於雲故毛豐而肉疏大喉以吐故脩頸以納新故壽凡鶴之上相隆鼻短口則少眠高腳疏節則多力露眼赤睛則視遠亞膺則體輕鳳翼雀毛則善飛龜背鼈腹則能產輕前重後則善舞鴻髀纖趾則能行禽經鶴以聲交而孕張華云雄鳴上風雌承下風則孕古今注鶴千年則變蒼二千年則變黑所謂元鶴也古謂之仙禽亦謂之露禽又或謂之陰羽易中孚鳴鶴在陰詩鶴鳴于九皐形狀大如鵝長三尺腳青黑高三尺餘赤頂赤目喙長四寸餘多純白亦有蒼色蒼色者又謂之赤頰今吳人園囿中及士大夫家多畜之又詩白華有鶴在林左閔二年衛懿公好鶴鶴有乘軒者又莊子徐無鬼君必無盛鶴列於麗譙之間郭注鶴列陳兵也又鶴膝矛名鶴之膝隆起故吳矛骹大者爲鶴膝左思吳

都賦家有鶴膝戶有犀渠又姓鶴壽見金史又詩鶴鳴小雅篇名序誨宣王也又山名江夏圖經黃鶴山在縣東九里齊諧志黃鶴山者仙人子安乘黃鶴過此上有黃鶴樓　又與鶴同孟子白鳥鶴鶴注潔白皃詩作翯　又叶胡沃切音斛嵇康琴賦下逮謠俗蔡氏五曲王昭楚妃千里別鶴

牣而振切音仞說文滿也小爾雅牣實充牣塞也實牣滿也詩靈臺於牣魚躍傳滿也又玉篇溢也又呂氏春秋白所以爲堅也黃所以爲牣也黃白雜則堅且牣良劍也

歡呼官切音讙說文喜動聲氣故从欠孟子文王以民力爲臺爲沼而民歡樂之禮樂記欣喜歡愛樂之官也檀弓啜菽飲水盡其歡斯之謂孝或作懽驩又殿名三輔黃圖武帝時後宮八區有昭陽飛翔增成合歡又樹名古今注合歡樹似梧桐枝葉繁互相交結樹之階庭使人不分心又竹名僧贊寧筍譜雙梢竹出九疑山筍長獨莖及生枝葉即分爲兩梢謂之合歡竹又橘名廣輿記荆州江陵有合歡橘又酒名易林酒爲歡伯除憂來樂　又叶許元切音暄魏韋誕親蠶頌同頤慶於生民發三靈之永歡苞蘩蔽於萬

國卷福釐以言旋

偕 古諧切音皆說文強也一曰俱也徐曰能同於人是強有力也詩北山偕偕士子傳強壯皃又孟子古之人與民偕樂又詩鄘風序君子偕老刺衛夫人也傳言偕生而偕死也又前漢武帝紀帝徵吏民有明當世之務習先王之制者縣次續食令與計偕師古注計者上計簿也令所徵之人與上計者俱來而縣次給之食　又叶舉里切音几詩陟岵夙夜必偕下死叶音洗傳必偕言與儕偶同作同止不得自如也　又叶堅兮切音嵇顏延之和謝靈運詩采茨葺昔宇窮棘開舊畦特謝時既晏年往志不偕

池 陳知切音馳說文沼也本作沱徐曰沱沼之沱通用此字今俗别作池非是孔安國曰停水曰池一說圓曰池方曰沼周官雍氏掌溝瀆澮池之禁注池陂障之水道也禮月令仲春毋漉陂池注穿地通水曰池孟子數罟不入洿池又城塹曰溝池禮禮運城郭溝池以爲固孟子鑿斯池也班固西都賦呀周池而成淵注城有水曰池又枚乘諫吳王書游曲臺臨上路不知朝夕之池注蘇林曰以海水朝夕爲池又咸池天神名東方朔七諫屬天命而

委之咸池又樂名【周官大司樂】舞咸池以祭地示【注】咸池堯樂也【禮樂記】大章章之也咸池備矣【注】大章堯樂名咸池黃帝樂名【疏】咸皆也池施也言德皆施被於天下也又海名【莊子逍遙遊】南冥者天池也又星名【楚辭九歌】與余沐兮咸池【注】星名蓋天池也【星經】天池六星在元武北主度迎送之事又地名【離騷】飲余馬於咸池【注】日落處也又【白帖】琴長三尺六寸廣六寸上圓下方上曰池下曰賓【爾雅釋樂注】琴上曰池言其平下曰賓言其服又【三禮圖】琴越長者龍池短者鳳沼又棺飾也【禮檀弓】池視重霤【疏】池者柳車之飾也死時柳車亦象宮室而於車覆鼈甲之下牆帷之上織竹爲之形如籠衣青布以承鼈甲名之爲池以象重霤方面之數【又】魚躍拂池【疏】凡池必有魚故此車池懸振容又懸銅魚於振容間若車行則魚跳躍上拂池也又【小爾雅】埋柩謂之肂肂坎謂之池又銅池承霤也【前漢宣帝紀】金芝九莖産於函德殿銅池中又道家以腎中偃月爐爲玉池【黃庭經】玉池清水灌靈根又心名中池【黃庭經】中池有士衣赤衣田下三寸神所居又裝潢以卷縫罅處爲玉池【楊升庵】墐戶

〔錄〕古裝褫卷軸引首後以綾黏者曰贉唐人謂之玉池又差池飛皃〔詩〕燕燕差池其羽〔傳〕不齊皃〔折中〕差池分飛也又地名〔春秋〕桓十二〔年〕盟于曲池〔注〕魯地魯國汶陽縣北有曲水亭〔彙纂〕在今曲阜縣東北四十里源出石門山〔公羊〕作歐沱又〔哀〕十三〔年〕會于黃池〔注〕陳留封邱縣南有黃亭近濟水〔彙纂〕今黃池在河南開封府封邱縣西南又〔左〕桓十〔年〕虞公出奔共池〔彙纂〕今山西平陽府平陸縣西有共池即虞公出奔地去縣四十里許與讓畔城相近又天池山名在南陽又州名〔廣輿記〕池州府漢屬丹陽三國吳爲石城侯邑隋曰秋浦曰池陽唐宋曰池州又姓〔風俗通〕漢中牟令池瑗　又徒河切音駝虖池水名在幷州界〔周官〕職方氏其川虖池〔注〕出鹵城〔集注〕虖池水出太原代州繁畤縣東北秦戲山至北直河間府靜海北小直沽入海〔禮〕器晉人將有事於河必先有事於惡池　又直列切音徹〔禮〕檀〔弓〕主人既祖塡池〔注〕塡池爲奠徹聲之誤也奠徹謂徹遣奠設祖奠也〔纂言〕胡氏曰池以竹爲之衣以靑布喪行之飾也塡謂懸銅魚以實之謂將行也鄭讀爲奠徹未詳吳氏澄曰胡氏不

改塡池二字則塡當讀爲陟刃切塡猶云安頓也謂已安頓棺飾之池而將行也但考之士禮塡池在朝祖後階下載柩之時今二字在旣祖之下則亦可疑未敢必以不改字爲是

塡　徒年切音田說文塞也博物志炎帝女溺死東海中化爲鳥曰精衛常取西山木石以塡東海白帖鳥銜木而塡海又順也班固東都賦塡流泉而爲沼又鼓聲孟子塡然鼓之楚詞九歌雷塡塡兮雨冥冥又入名大塡黄帝師見前漢古今人表　又知鄰切音珍義同一曰定也　又池鄰切音陳集韻久也詩桑柔倉兄塡兮朱傳舊說與陳塵同蓋言久也或疑與瘨字同爲病之義但召旻篇內二字並出又恐未然今姑闕之又大雅孔塡不寧傳久也　又徒偃切音鷏塡塡厚重皃莊子馬蹄篇至德之世其行塡塡注遲重皃　又徒典切音飻盡也病也詩小宛哀我塡寡朱注音顚與瘨病同也　又與鎭同定也前漢高帝紀塡國家五行志塡星曰中央季夏土信也思心也仁義禮智以信爲主貌言視聽以心爲政故四星皆失塡乃爲之動塡行一宿二十八歲而周天　又堂鍊切音電禮塡池見上注

又同𥳑前漢貢禹傳武帝又多取好女以塡後宮又冋正淮南子兵略訓不擊塡塡之旂注塡塡旂立牢端兒

曳

余制切音跇說文曳曳也从申丿聲今省作曳廣韻言也引也詩山有樞疏衣裳在身行必曳之易睽卦見輿曳其牛掣傳輿曳牽于後也牛掣阻於前也述義離爲見坎爲輿爲曳離爲牛四當八位掣牛者也詩山有樞子有衣裳弗曳弗婁禮玉藻舉前曳踵纂言郎不舉足之義但更加敬愼耳曲禮車輪曳踵疏曳拽也踵脚後也執器行時不得舉足但起前拽後使踵如車輪拽地而行之又河名類篇西戎有河名曳陘

走

子苟切奏上聲說文趨也从天止天止者屈也徐鍇曰走則足屈故从天止五經文字今經典相承作走又儀禮士相見將走注走猶去也又走猶僕也自稱曰走曰下走曰牛馬走皆卑辭也班固賓戲走亦不任厕技於彼列前漢蕭望之傳下走將歸延陵之皋司馬遷報任安書太史公牛馬走太史公遷父談也牛馬走掌牧牛馬之僕也 又則候切音奏釋名疾趨曰走走奏也促有所奏至也羣經音辨趨向曰奏書武成駿奔走詩清廟駿

奔走在廟 又叶子與切沮上聲左昭七年一命而僂再命而傴三命而俯循牆而走 又叶養里切音以論語讖殷惑姐已玉馬走

步

薄故切音捕說文行也从止少相背書武成王朝步自周傳行也正義爾雅釋宮堂上謂之行堂下謂之步彼相對爲名散則可以通故步爲行也禮玉藻君與尸相接武大夫繼武士中武鄭注尊者尚徐接武蹈半跡繼武跡相及中武跡閒容跡是步不同也楚辭招魂步騎羅些注乘馬爲騎徒行爲步司馬法馳車一乘甲士三人步卒七十二人淮南子地形訓禹乃使大章步自東極至於西極使豎亥步自北極至於南極又小爾雅跬一舉足也倍跬謂之步白虎通人踐三尺法天地人再舉步足備陰陽也周官射人以貍步張三侯注鄭司農云貍步謂一舉足爲步於今爲半步集注量器六尺曰步刻貍形於上以爲識故云貍步貍善搏擬步而行其發必獲故法以張步又司馬法六尺爲步步百爲畝禮王制古者以周尺八尺爲步今以周尺六尺四寸爲步正義古者八寸爲尺周尺八尺爲步則一步六尺四寸史記秦始皇紀數以六爲紀六尺

為步注索隱曰管子司馬法皆云六尺為步非獨秦制又輦行曰步韻會世稱輦車曰步輦謂人荷而行不駕也又徐行曰步離騷步余馬於蘭皐說苑建本篇走者之速步者之遲又促行曰趨闊行曰步莊子田子方步亦步趨亦趨又左定五年改步改玉注昭公之出季孫行君事珮璵璠祭宗廟今定公立復臣位改君步則亦當去璵璠又師行曰步左僖三十三年寡君聞吾子將步師出於敝邑釋文步猶行也又馬行曰步禮曲禮步路馬必中道注步猶行也謂車牽君馬行時必在中道正路為敬也左襄二十六年左師見夫人之步馬者注步馬習馬也又行爵曰步禮少儀未步爵不嘗羞注行爵也又人才特出謂之步晉書王坦之傳江東獨步王文度又後漢曹褒傳三王步驟優劣殊軌孝經鉤命決三皇步五帝驟三王馳宋均注步謂道隆德盛用日月為步時事彌順日月亦驟勤思不已日月乃馳是優劣也又推律曰步歷左文元年疏日月轉運於天猶人之行步故推步謂之步歷後漢楊厚傳就同郡鄭伯山受河洛書及天文推步之術陸機演連珠儀天步晷而修短可量又國運

曰國步天運曰天步詩桑柔國步蔑資白華天步艱難朱傳步行也猶時運也又任昉述異記水際謂之步上虞縣有石驪步吳中有瓜步吳江中有魚步龜步湘中有靈妃步按吳楚閒謂浦爲步語之譌耳水經注贛水逕豫章郡北爲津步步郎水渚也靑緗雜記嶺南謂村市爲墟水津爲步又柳宗元鐵爐步志江之滸凡舟可縻而上下者曰步韓愈孔戣墓志蕃舶至泊步有下碇之稅又爾雅釋樂徒擊鼓謂之步又神名周官校人冬祭馬步注馬步神爲災害者又人物裁害之神皆曰步校人疏元冥之步人鬼之步又姓廣韻晉有步揚食采於步後因氏焉孔子弟子有步叔乘闕里志字子中齊人又三國吳相步隲又三字姓後魏有步六孤氏後改爲陸氏又西方步鹿根氏後改爲步氏又北齊書有步大汗氏又溪名廣輿記百步溪在台州臨海縣一名惡溪又草名任昉述異記南海山出千步香佩之香聞千步今海隅有千步草是其種也又劍名越絕書帶步光之劍又步搖婦人首飾詩副笄六珈疏步搖副之遺象前漢江充傳冠禪纚步搖注冠禪纚故行步則搖白居易長恨歌雲鬢

花顏金步搖

洿 哀都切音烏【說文】水濁不流也一曰窊下【孟子】數罟不入洿池【注】洿窊下之地水所聚也又【禮檀弓】洿其宮而豬焉豬是聚水之名洿其宮謂掘其宮使水聚積也　又侯古切音戶【集韻】水深謂之洿又穢也【左文六年】治舊洿【注】治理洿穢又漫也【成公綏嘯賦】大而不洿又洿染也【前漢王莽傳】以墨洿色其周垣　又荒故切誇去聲【集韻】抒水也　又叶古不切音科【楊方合歡詩】爾根深且固余根淺且洿福植良無期歎息將如何　又叶胡故切音互【楚辭天問】九州安錯川谷何洿

斧 方矩切音甫【說文】斫也【釋名】甫也甫始也凡將制器始用斧伐木已乃制之也【廣韻】神農作斤斧【易旅卦】得其資斧【注】斧所以斫除荆棘以安其舍者也雲峰胡氏曰四以剛居柔而在上卦之下猶爲能用柔而下於人者故得其資足以自利得其斧足以自防也【巽卦】喪其資斧進齋徐氏曰或曰資當作齋【按】漢書王莽遣王尋屯洛陽將發亡其黃鉞其士房揚曰此經所謂喪其齋斧者也應劭曰齋利也讀如齊衰之齊齋資音同誤作資又【詩墓門】斧以斯之【孟子】斧斤以時入山

四書字詁　卷五十七　上孟一

林又竹書紀年孔甲田於萯山天大風晦盲迷惑入于民室主人方乳或曰后來見良日之子必大吉或曰不勝也之子必有殃孔甲聞之曰以爲余一人子夫誰殃之乃取其子以歸既長爲斧所戕乃作破斧之歌是爲東音詩七月取彼斧斨傳斧隋銎斨方銎釋文銎斧孔也隋者孔形狹而長又豳風篇序破斧美周公也周大夫以惡四國焉又左思魏都賦蕭斧戢柯以押刃說文注蕭斧芟艾之斧也又鉞斧今儀仗中有之其形圓如月又凡以斧斫物亦曰斧古詩苦寒歌擔囊行取薪斧冰持作糜又爾雅釋器斧謂之黼疏半白半黑似斧刃白而身黑又儀禮覲禮天子設斧依于戶牖之閒禮明堂位天子負斧依南鄉而立注負之言背也斧爲斧文屏風於戶牖之閒集說依如今綈素屏風也有繡斧文所以示威也又仙名左思蜀都賦山圖采而得道亦斧服而不朽注亦斧列仙服丹砂不死也又與黼同揚子法言吾未見斧藻其德若斧藻其楶者

斤

舉欣切音筋說文斫木也考工記宋之斤正字通以鐵爲之曲木爲柄剞劂之總稱又權衡輕重之名草廬吳氏曰衡之稱輕

重者五銖兩斤鈞石書舜典同律度量衡傳黃鍾之龠所容千二百黍其重十二銖兩龠則二十四銖爲兩十六兩爲斤三十斤爲鈞四鈞爲石前漢律歷志斤者明也三百八十四銖易二篇之爻陰陽變動之象十六兩成斤者四時乘四方之象也小爾雅二鍰四兩謂之斤注六兩爲鍰　又居欣切音靳爾雅釋訓明明斤斤察也詩執競斤斤其明傳明察也　又許斤切音欣集韻斤斤仁也

宅

直格切音澤說文宅所執也孟子五畝之宅周官載師宅不毛者有里布注宅不毛不樹桑麻也又孟子仁人之安宅也爾雅釋言居也疏謂居處也皇極經世氣者神之宅也體者氣之宅也釋名宅擇也擇吉處而營之也書禹貢四隩既宅召誥太保朝至于洛卜宅又周官大司徒以土宜之法相民宅又所居之位亦曰宅書舜典使宅百揆又立政克用三宅三俊注宅以位言俊以德言三宅謂居常伯常任準人之位也又禮郊特牲土反其宅又定也書康誥亦惟助王宅天命傳安定天命也又宅兆亦曰宅禮雜記大夫卜宅與葬日　又叶徒洛切音鐸詩鴻鴈其究安宅叶上作又皇矣此

維與宅叶

狗

古后切音茍說文孔子曰狗叩也叩氣吠以守
上鄘莫　埤雅狗从茍韓子曰蠅營狗茍故从茍也今並
作狗爾雅釋畜未成毫狗注狗子未生乾毛者易說卦艮為狗
疏艮為靜止狗能善守禁止外人故為狗張南軒曰艮為狗言
其止於人而能止人也臨川吳氏曰外剛能止物而內中柔媚
者狗也莊子徐無鬼狗不以善吠為良人不以善言為賢左昭
二十三年注吏人之與叔孫居於箕者請其吠狗正義狗有吠守
者有主獵者主獵者貴吠守者賤又禮曲禮尊客之前不叱狗
注叱狗言若譴之朱氏軾曰尊客之前肅容柔聲安得有叱不
叱狗謂雖狗不叱敬之至也檀弓仲尼之畜狗死使子貢埋之
齊策先君好馬王亦好馬先君好狗王亦好狗又跖之狗吠堯
非貴跖而賤堯也狗固吠非其主也又莊子天運篇芻狗之未
陳也盛以篋衍巾以文繡尸祝齋戒以將之及其已陳也行者
踐其首脊蘇者取而爨之今而夫子亦取先王已陳芻狗聚弟
子遊居寢臥其下故伐木於宋削迹於衛窮於商周是非其夢
耶又星名史記天官書天狗奔星有聲所墮其地方千里破軍

殺將韓愈詩天狗墮地聲如雷又國名周書王會解正西崑崙狗國五代史狗國人身狗首長毛不衣語爲犬嘷其妻皆人生男爲狗生女爲人自相婚嫁穴居食生又官名前漢司馬相如傳楊得意爲狗監又鳥名爾雅釋鳥鴗天狗注小鳥也青似翠食魚江東呼爲水狗又獸名熊太古冀越集木狗生廣東左右江山中形如黑狗能登木皮爲衣褥能運動腳氣元世祖足疾取其皮爲袴又蟲名正字通陳藏器曰溪狗生南方溪澗卑濕處狀如蝦蟆尾長三四寸沿溪劫遊蟲又草名爾雅釋草繁狗壽又地名齊語以燕爲主反其侵地柴夫吠狗注燕之二邑又姓漢狗未央見印藪又人名左襄二十九年吳公子札適衛說蘧瑗史狗　又許候切音詬爾雅釋獸熊虎醜其子狗注律曰捕虎一購錢三千其狗半之疏郭引當時之律以證虎子名狗之義也馬援誡兄子書畫虎不成反類狗也

彘直例切音滯說文豕也後蹏廢謂之彘从彑矢聲从二匕彘足與鹿足同玉篇豬也禮月令孟夏天子乃以彘嘗麥注彘水畜史記貨殖傳澤中千足彘其人與千戶侯等孟子五母雞二母彘又

狗鼠食人食又草名本草葪蘵一名鼠顚又國名山海經流沙之東黑水之西有司鼠之國又地名前漢地理志河東郡鼠縣順帝改曰永安又姓廣韻左傳有鼠

田

徒年切音塡說文陳也樹穀曰田象四口十阡陌之制也玉篇土也地也正韻土已耕曰田釋名田塡也五穀塡滿其中也孟子百畝之田金仁山曰古者六尺爲步步百爲畝一夫受田百畝九百畝爲一井八面皆百畝爲私田八家受之內一百畝爲公田又於公田之內除二十畝爲廬舍每家得二畝半邑屋所受亦如之古所謂畝卽今田畛其廣六尺其長六百尺是爲一畝若以今大步計之則古百畝當今四十一畝古者一畝半當今六畝十步通攷朱子井田說曰班志言者建步立畝六尺爲步步百爲畝畝百爲夫夫井方一里是爲九夫八家共之一夫一婦受私田百畝公田十畝是爲八百八十畝餘二十畝以爲廬舍民受田上田夫百畝中田夫二百畝下田夫三百畝歲更耕之換易其處注何休曰司空謹別田之高下善惡分爲三品上田一歲一墾中田二歲一墾下田三歲一

墾肥饒不得獨樂磽埆不得獨苦三年一換土易居其家衆男爲餘夫亦以口受田士工商受田五口乃當農夫一人民年二十受田六十歸田種穀必雜五種以備災害環廬種桑菜茹有畦瓜瓠果蓏植於疆畔又【通典】圭田者祿外之田以供祭祀孟子卿以下必有圭田圭田五十畝【趙注】圭潔也士田故謂之圭田所以奉祭祀治圭田者不稅所以厚賢趙氏悳曰圭潔白也德行潔白始與之田此殷法也又【左傳】十五年晉於是作爰田【注】分公田之稅應入公者爰之於所賞之衆【杜注】爰易也舊入公者改易與所賞之衆【晉語】作轅田【前漢地理志】商鞅作轅田又【詩采芑】于彼新田【傳】一歲曰菑二歲曰新田【疏】新田新成柔田也【韻會】一歲曰菑始反草也二歲曰畬漸和柔也三歲曰新田已成田而尚新也四歲則曰田矣又【食貨志】歲耕種者爲不易上田休一歲者爲一易中田休二歲者爲再易下田三歲更耕之自爰其處農民戶人已受田其家衆男爲餘夫以口受田如比【注】師古曰爰更互也比例也又【董仲舒傳】古井田法雖難立行宜少近古限民名田以贍不足【通典】名田古田也各爲

立限不使富者過制則貧弱之家可足也又漢武征和三年以趙過爲搜粟都尉過能爲代田一晦三𤰝歲易其處每耨必附根根深能水旱一歲之收常過縵田一斛以上用力少而得穀多又(正字通)漢晉率兵長領以帥唐率民長領以官米率營田領以民漢趙充國於金城留步士萬人長田擊先零條上長田十二事宣帝從之明初兼行官長民長兵長商長腹長邊長諸法永樂時著令每一都司另撥旗軍十一名耕種號樣田據所收子粒多寡以辨別歲之豐凶軍之勤惰雖養軍百萬不費民間一粒兵法所謂長田一石可當轉輸二十石也(文獻通考)唐元和中振武軍飢宰相李絳請開營田可省支漕運及絶和糴欺隱憲宗稱善乃以韓重華爲振武京西營田和糴水運使又曰長田因兵長得名因以兵耕之而分里築室以居其人略如晁錯田塞之制故以營名又隋開皇中始給職田又給公廨田唐貞觀以職田給逃還貧戶每畝給粟二斗謂之地子十八年復給職田永泰元年百官請納職田充軍糧宋眞宗興復職官慶歷均公田復限職田紹興復職田金元志官皆有職田又後

魏孝文九年下詔均給天下人田先是李安世上疏曰井税之興其來日久田萊之數制之以限蓋欲使土不曠功人罔遊力雄擅之家不獨膏腴之美單陋之夫亦有頃畝之分帝深納之均田之制始於此矣又(通典)宋熙寧五年重修方田法元豐罷之郭諮攝肥鄉令以千步方田法四出量括遂得其數收逋賦八十萬又(氾勝之書)湯有七年之旱伊尹作區田法教民糞種負水澆稼賈思勰曰區田以糞爲美不必皆良田不耕旁地庶盡地力又(禮祭義)天子爲藉千畝諸侯爲藉百畝(詩疏)藉之言借也借民力制之故謂之藉田(五經要義)天子藉田以供上帝之粢盛所以先百姓而致孝享也藉蹈也言親蹈履於田而耕之也(前漢文帝紀)開藉田(昭帝紀)上耕於鈎盾弄田(注)師古曰謂宴游之田天子所戲弄又(文獻通攷)諸男夫十五以上受露田四十畝(注)不栽樹者謂之露田又一井爲田(魯語)季康子欲以田賦(注)田一井也(管子乘馬篇)五制爲一田二田爲一夫又書無逸即康功田功(注)康者安民之功田者養民之功言文王不侈服飾專養斯民也又(易乾卦)見龍在田(傳)田地上也又(禮

禮運禮義以爲器人情以爲田注器所以操事田人所捊治也疏執禮義爲器用以耕於人情如田得耒耜之耕也又詩篇名序鄭風叔于田大叔于田皆刺莊公也齊風甫田大夫刺襄公也小雅甫田大田皆刺幽王也又官名詩七月田畯至喜傳田畯田大夫也左昭二十九年稷田正也疏稷爲田官之長又周官田僕掌馭田路以田以鄙又星名蒼龍左角曰天田星經天田二星在角北主天子畿內地又天田九星在牛東南主畿內田苗之職又神名詩甫田以御田祖傳田祖先嗇也謂治耕田者即神農也周官大司徒設其社稷之壝而樹之田主注田祖田神后土田正之所依也又鼓名詩有瞽應田縣鼓傳田大鼓也箋田當作朄小鼓也疏以經傳皆無鼓之名而大師職云奏鼓朄注云爲大鼓先引故知田當作朄釋文田如字又車名周官田僕掌馭田路注田路木路也又地名爾雅釋地鄭有圃田周官職方氏豫州其澤藪曰圃田集注在開封府中牟縣西北又左隱八年注鄭伯請釋泰山之祀而祀周公以泰山之祊易許田疏許田魯國朝宿之邑杜注近許之田彙纂今開封府許州

西南有曾城本許田後置邑寰宇志謂在許昌城南四十里者是也又僖二年疏公敗戎于桑田注虢地在宏農陝縣東北彙纂桑田今河南陝州靈寶縣西三十五里稠桑邑即其地也又成六年晉遷于新田注今平陽絳邑縣是也又後漢郡國志京兆藍田出美玉又州名韻會廣南化外唐開蠻洞置又草名爾雅釋草皇守田注似燕麥子如彫胡米可食生廢田中又何晏景福殿賦駢田胥附注羅列相著也又禮奔喪殷殷田田如壞牆然疏言將欲倒也又蓮葉皃江南曲江南可採蓮蓮葉何田田又姓史記田齊世家注敬仲奔齊以田陳二字聲相近為田氏　又通作畋獵也易恒卦田无禽疏田者獵也詩叔于田傳田取禽也禮王制天子諸侯無事則歲三田無事而不田曰不敬田不以禮曰暴天物疏獵在田中又為田除害故稱田也

又堂練切音電與畋同說文平田也詩甫田無田甫田傳田謂耕治之也釋文無佃音　又叶池鄰切音陳晉語侯之見侯果喪其田釋文音與陳同詩倬彼甫田朱注叶地因反下千叶倉新反年叶尼因反又韓愈越裳操孰荒于門孰治于田四海既

均越裳是臣又【易林】邪徑賊田惡政傷民夫婦咒詛泰山覆顛顛音丁

飢　居夷切音肌【說文】餓也【書舜典】黎民阻飢【孟子】黎民不飢不寒【又】飢餓不能出門戶又【正字通】國名西伯伐飢國滅之又姓【左定四年】封康叔以殷民七族有饑氏一作飢又漢有大豪飢恬【字典】說文飢居夷切餓也饑居依切穀不熟也注來虞云饑饉从幾飢渴从几韻書分列支微兩韻【集韻】飢或从饑經傳頗通用爾雅穀不熟爲飢當由傳寫者趨簡便故也說文長箋云近代喜茂密者通作饑趨簡便者通作飢遂成兩謬【按】孟子數口之家可以無飢矣汲古閣十三經誤刻作饑辨見下論饑字注

庠　似陽切音祥【說文】禮官養老處也【禮王制】有虞氏養國老於上庠養庶老於下庠【注】上庠右學大學也在西郊下庠左學小學也在國中王宮之東【學記】黨有庠術有序【疏】庠序皆學名於黨中立學教閭中所升也於遂中立學教黨中所升也吳氏澄曰鄉飲酒迎賓於庠門之外則鄉學亦稱庠州長言射於州序黨正言飲酒於序則州黨之學亦稱序【孟子】殷曰序周曰庠則不分所設之地然則曰庠曰序蓋

鄉遂州縣黨鄙之學可通稱也孟子設爲庠序學校以教之庠者養也校者教也序者射也夏曰校殷曰序周曰庠學則三代共之皆所以明人倫也注庠以養老爲義校以教民爲義序以習射爲義皆鄉學也

悌 大計切音第說文善兄弟也从心弟聲經典通用弟孟子申之以孝悌之義注善事父母爲孝善事兄長爲悌 又徒禮切音娣玉篇愷悌也與詩豈弟同豈樂弟易也

頒 布還切音班說文大首也一曰鬢也正韻頒兩旁曰頒孟子頒白者朱注與班同老人頭半黑白者也又廣韻在也賜也禮明堂位頒度量而天下大服周官大宰以九式均節財用八曰匪頒之式注匪分也班讀爲班布之班謂班賜也集注王所分班羣臣書洛誥頒朕不暇傳我爲政常若不暇汝小子當分取我之不暇而行之蔡傳或曰成王當頒布我汲汲不暇者聽我教汝所以輔民常性之道釋文音班又甫云反 又符分切音汾廣韻魚大首亦衆皃詩魚藻有頒其首朱注符云反 又毗連切音邊蘇軾澄泥硯石詩長安新硯石同堅不待書來遂許頒

戴 都代切音帶說文分物得增益

曰戴一曰首戴也〔廣韻〕荷戴也〔書大禹謨〕衆非元后何戴〔傳〕衆非君則何所奉戴〔孟子〕不負戴於道路〔注〕負任在背戴任在首又〔爾雅釋地〕途出其前戴邱〔疏〕道逼邱南若爲道負戴〔又〕戴日爲丹穴〔注〕値也〔疏〕値日之下其處名丹穴〔禮喪大記〕君纁戴六〔注〕戴之爲言値也又〔謚法〕典禮無愆曰戴又姓出濟北〔統譜〕宋戴公之後以謚爲氏〔孟子注〕戴不勝宋臣也盈之亦宋大夫也又鳥名〔爾雅釋鳥〕鵖鴔戴鵀〔郭注〕鵀即頭上勝今呼爲戴勝〔埤雅〕頭上有毛花成勝故曰戴勝師古曰或謂之戴勝或謂之戴頒〔禮月令〕季春戴勝降于桑〔注〕戴勝織紝之鳥　又作代切音再地名〔春秋隱十年〕宋人蔡人衛人伐戴〔注〕戴國今陳留外黃縣東南有戴城〔彙纂〕今河南歸德府考城縣東南五里考城故城是也公穀作載

檢 居奄切兼上聲〔說文〕書署也徐曰書函之蓋三刻其上繩緘之然後塡以泥題書其上而印之也〔周官司市注〕璽節印章如今斗檢封又玉檢以玉爲檢也〔前漢武帝紀〕封禪注金泥玉檢又書表之籤曰檢〔後漢公孫瓚傳〕阜囊施檢〔類篇〕俗謂之燕毛又謂之排又檢制也〔孟子〕狗彘食

人食而不知檢又【爾雅釋詁】同也【注】模範同等又妄利也【揚子法言】天下有三檢衆人用家檢賢人用國檢聖人用天下檢又檢式也【淮南子主術訓】人主立法先自為檢式儀表故令行於天下又【韻會】俗謂文書藁曰檢子又官名【文獻通攷】宋初有都點檢副都點檢入則侍衛殿廷出則扈從乘輿石林葉氏曰周世宗時詔天下選募壯士擇其武藝精高者為殿前諸班而置都檢點太祖實由此受禪又【續通攷】翰林院屬官有檢討四人【留青集】檢討從七品三甲進士散館授此職又巡檢從九品又姓也漢句章尉檢其

莩 芳無切音孚【說文】草也【爾雅釋草】莩麻母【注】苴麻盛子者【儀禮喪服傳】小功布衰裳澡麻帶絰【注】澡者治去莩垢不絕其本也又中山靖王聞樂對今臣非葭莩之親【注】葭蘆也莩其筩中白皮至薄者也　又房尤切音浮【集韻】草名　又平表切與殍同【孟子】野有餓莩【注】莩餓死人也【前漢食貨志贊】野有餓莩【鄭注】莩音蔈有梅之蔈莩零落也人有餓死零落者不知發倉廩貸之也師古曰莩或作殍音義同　又通作摽【王應麟詩攷】莩有梅莩零落也

刺 七賜

切此去聲說文君殺大夫曰刺刺直傷也从刀从朿朿亦聲也爾雅釋詁殺也春秋僖二十八年公子買戍衛不卒戍刺之公羊傳刺之者何殺之也又儀禮士相見庶人則曰刺草之臣注刺猶剗除之也又前漢郊祀志刺六經中作王制注刺采取之也又廣韻針刺也以針黹物曰刺史記貨殖傳刺繡文不如倚市門又韻會刺芒也前漢霍光傳若芒刺在背又釋名書姓名於奏白曰刺後漢禰衡傳建安初遊洛下始達潁川陰懷一刺既而無所之至刺字漫滅又詩瞻卬天何以刺傳責也又周官司刺壹刺曰訊羣臣再刺曰訊羣吏三刺曰訊萬民注刺訊決也又刺史官名韻會漢武帝初置刺史掌奉詔察州成帝更名牧哀帝復爲刺史文獻通考文帝十三年以御史不奉法下失其職乃使丞相史出刺武帝元封元年乃置部刺史成帝綏和元年以爲刺史位下大夫而臨二千石輕重不相準更爲州牧秩眞二千石位次九卿光武建武十八年復爲刺史外十二州各一人後魏天錫二年又制諸州置三刺史皇室一人異姓二人隋雍州置牧餘州並置刺史唐武德元年置郡置州改太守

爲刺史【晉】居書蕭倣傳昔庾亮答郭豫書別駕舊與刺史別乘同宣王化于萬里其任居刺史之半【杜甫詩】平刺已躕翔又【史記】有刺客傳 又七迹切音磧穿也傷也【增韻】刃之也【孟子】刺人而殺之又偵伺也【前漢燕王旦傳】燕王旦遣幸臣之長安問禮儀陰刺候朝廷事又【韻會】點也又撐也【史記陳丞相世家】平乃解衣裸而佐刺船又刺刺多言皃【管子心術篇】能去刺刺爲咢咢乎【韓愈送殷員外序】丁寧顧婉子語刺刺不能休 又七計切音砌【詩葛屨】是以爲刺【瞻卬】天何以刺下富叶方味反

【按】字从朿音賜與从約束之束者不同从朿者音辣跋刺乖刺

梃

徒頂切音挺【說文】一枚也徐曰梃者獨也徒然勁直之皃【魏書李孝伯傳】武陵王駿獻酒二器甘蔗百梃又【孟子】可使制梃【注】杖也【前漢諸侯王表】奮其白梃又縣名【地理志】屬膠東國【類篇】梃音廷

庖

蒲交切音鉋【說文】廚也【詩車攻】大庖不盈【傳】大庖君庖也【禮王制】天子諸侯無事則歲三田一爲乾豆二爲賓客三爲充君之庖【注】庖今之廚也【周官庖人注】庖之爲言苞也裹肉曰苞苴【疏】言庖者今之廚轉作苞者

欲取庖人主六獸六禽有裹肉之意也史記三皇本紀太皞庖犧氏養犧牲以充庖廚故曰庖犧禮玉藻君子遠庖廚又官名周官序庖人中士四人下士八人莊子逍遙遊庖人雖不治庖尸祝不越俎而代之又養生主良庖歲更刀割也族庖月更刀折也又通作炮庖犧前漢律歷作炮犧

俑

他紅切音通說文痛也又余隴切音勇從葬木偶人也古之葬者束草爲人以爲從衞謂之芻靈略似人形而已古中易之以俑則有面目機發而大似人矣故孔子惡其不仁而言其必無後也禮檀弓孔子謂爲芻靈者善謂爲俑者不仁今倡端不善曰作俑

象

徐兩切詳上聲說文長鼻牙南越大獸三年一乳象耳牙四足之形春秋運斗樞搖光之精散而爲象爾雅釋地南方之美者有梁山之犀象焉疏犀象二獸皮角牙骨材之美者也埤雅象行孕肉兼十牛命在其鼻其所食物皆以鼻取之蓋獸之象以鼻致用而不以口天之象以氣致用而不以言故天象與獸之象同一字且今服馴巨象以小斧刃斵之其僉齊見星月即合又若與乖象冥應其理亦有不可得而推者嘗讀象

三

能浮水出沒體具十二肖肉唯鼻是其本肉膽不附肝隨月轉在諸肉假令正月建寅即膽在虎肉酉陽雜俎膽隨四時在四足春前左夏前右秋後左冬後右格物論象長丈餘高稱之猪目睛黑惡犬聲獵者裹糧登高樹劇熊巢伺之有羣過則爲犬聲悉舉首吼叫循守不去經五六日因倒下乃潛殺之虞衡志象出交趾山谷惟雄者有兩長牙頭不可俯頸不可回口隱於頤去地尚遠運逼以鼻爲用一軀之力皆在鼻將行先以鼻拄地乃移足如其足力劣於鼻也鼻端甚深可以開合取物中有小肉夾可以拾芥子每以鼻取食即就爪甲擊去泥垢而後捲以入口飲水亦以鼻吸四足如柱無指而有爪甲登高山下峻坂涉深水形擁腫而甚捷交趾出象處曰象山有石室周遭皆壁惟通一路先置芻豆於中驅一馴雌入專布甘蔗於道旁以誘野象象來食蔗則縱馴雌入野象羣誘以歸石室隨以巨石窒門象飢人緣石壁飼馴雌野象見雌得食亦狎而來求食益狎則鞭之少馴則騎而制之久則漸解人意又爲立名字呼之則應牧者謂之象奴范成大桂海虞衡志象形雖大而不勝痛

故得數寸之鉤馴爲馴之久者見象奴來則低跽前左膝人踏之以登則奮而起行〔蔣一暎長安客話〕象房在宣武門城北每歲六月初伏官校用旗鼓迎象出宣武門濠内洗濯〔姚旅露書〕朝廷午門外立仗及乘輿鹵簿皆用象以先後爲翼侍序皆有位號食幾品料每朝則立午門之左右鐘鼓響應則肅然其牙生花必因雷聲故古者以爲器飾〔字說〕象齒感雷莫之爲而文生天象亦感氣莫之爲而文生人於象齒也服而象焉於天象也亦服而象焉像之也〔詩泮水〕元龜象齒〔左〕襄二十四年象有齒以焚其身〔禮〕玉藻笏諸侯以象士竹本象可也〔注〕陸氏曰士以竹本爲正若或用象亦許故曰象可也〔韓〕非子解老篇人希見生象也而得死象之骨按其圖以想其生也故諸人之所以意想者皆謂之象也〔易〕繫辭在天成象〔本義〕象者日月星辰之屬〔又〕懸象著明莫大乎日月〔又〕象也者像此者也〔疏〕言象此物之形象也〔又〕〔程子〕乾卦傳卦下象解一卦之象爻下象解一爻之象〔本義〕象者卦之上下兩象及兩象之六爻周公所繫之辭也〔又〕〔左〕桓六年名有五以類命爲象〔注〕若孔子首象尼丘〔疏〕

官大卜以邦事作龜之八命二曰象注謂災變雲物如衆赤烏之屬有所象似易曰天垂象春秋傳曰占事恒象又書堯典歷象日月星辰傳所以觀天之器如下篇璣衡之屬是也又舜典象以典刑傳法用常刑用不越法蔡傳象如天之垂象以示人常典也示人以常刑所謂墨劓剕宮大辟五刑之正也所以待夫元惡大憝殺人傷人穿窬淫放凡罪之不可宥者也又儀禮士冠禮繼世以立諸侯象賢也注象德也又象魏門闕也一曰書名周官大宰縣治象之灋於象魏集注象魏闕也曰象者非惟書其事且揭其圖使觀者易辨也不曰治法之象而曰治象之法者曰治法之象則似專懸其象曰治象之法然後知並書其法也左哀三年命藏象魏疏由其懸于象魏故謂其書爲象魏又象尊酒器左定十年犧象不出門疏象尊以象鳳凰或曰以象骨飾尊阮諶三禮圖犧尊書牛象尊書象皆於尊腹上王鼎以爲牛象之形而背上負尊未詳孰是禮明堂位犧象周尊也又通傳言語之官周官象胥注通四裔之言者東方曰寄南方曰象西方曰狄鞮北方曰譯今總名象者周之德先致南方

也又舞名詩周頌序維清奏象舞也正義文王時有擊刺之法
武王作樂象而爲舞號其舞曰象舞禮内則成童舞象疏勺文
舞象武舞以年幼習文武之小舞也左襄二十九年見舞象箾
南籥者注象箾舞所執南籥以籥舞也皆文王之樂正義象箾
南籥各是一舞南籥既是文舞則象箾當是武舞也又象人木
偶也莊子田子方當是時猶象人也又象人若今戲蝦魚獅子
者也前漢禮樂志郊祭常從象人四人又水怪名史記孔子世
家水之怪龍罔象注罔象食人亦名沐腫又藥名本草盧會一
名象膽以其味如膽也又郡名州名山名史記秦本紀二十三
年爲象郡注今日南郡又百越地陳置象郡因象山名隋平陳
置象州又姓姓苑潁州望族今南昌有此姓　又徐羊切音詳
晉樂志地郊饗神歌祇之體無形象潛泰幽洞忽荒易剝卦剝
剝也柔變剛也不利有攸往小人長也順而止之觀象也長叶
平聲　正字通象有平上去三聲諸韻書收入養韻漾韻不收
六書有一字具四聲者有轉數十音者獨至象
必限以一音此古今分韻之謬也今讀去聲

四書字詁卷六十

湖南黔陽縣歲貢生段諤廷訒庵原稿
本縣教諭寧鄉黃本驥虎癡編訂

上孟二 梁惠王二 計五十五字

稅 舒芮切，音蛻。說文：租也。廣韻：斂也。禮王制：古者公田藉而不稅，市廛而不稅。孟子：耕者助而不稅。又：王如施仁政於民，省刑罰，薄稅斂。春秋宣十五年：初稅畝。公羊：稅畝者何？履畝而稅也。趙氏匡曰：公田之外又履步其田，十又稅其一。論語曰：二，吾猶不足，是也。周官司書：凡稅斂，掌事者受法焉。前漢食貨志：有賦有稅。稅謂公田什一及工商虞衡之入也。賦共兵車士徒之役，充實府庫錫予之用。稅給郊社宗廟百神之祀，天子奉養百官祿食庶事之費。又爾雅釋詁：舍也。注：舍，放置也。史記李斯傳：我未知所稅駕。猶解駕，言休息也。又韻會：以物遺人曰稅。禮檀弓：未仕者不稅人，如稅人則以父兄之命。注：稅謂遺與人又姓〔盛宏之荆州記〕建州信陵縣有稅氏〔千家姓〕河間朱有進士稅梴　又吐外切音駾〔禮檀弓〕曾子曰小功不稅則是遠兄弟終無服也而可乎〔注〕日月已過乃聞喪而服曰稅〔喪服小記〕降而在緦小功者則稅之〔疏〕此廣釋檀弓中曾子所說也曾子所云小功不稅是正小功爾若本大功以上降而在緦小功者則爲稅之本親重故也又〔服問〕小功之麻不變大功之葛以有本爲稅〔注〕稅亦變易也〔疏〕以有本爲稅者大功以上麻絰有本者得稅變前喪緦與小功麻絰既無本不合稅變前喪也又終喪之月算而及三年之葛是非重麻而爲其無卒哭之稅〔疏〕言服殤長中之麻不改是非重此麻也以殤服初死服麻以後無卒哭稅麻服葛之法以其質略無文飾之繁數故也　又吐玩切音彖〔禮雜記〕夫人稅衣揄狄狄稅素沙〔注〕言其招魂用稅衣上至揄狄也狄稅素沙言皆以白紗縠爲裏朱氏軾曰稅卽褖也　又它括切與脫同〔禮服問〕惟公門有稅齊衰〔孟子〕不稅冕而行〔左成九年〕鄭人所獻楚囚也使稅之〔注〕解也　又輸爇切音說〔集韻〕田賦也　又與悅通〔史記禮書〕凡禮始乎脫成乎文

終乎梲注梲作悅言禮終卒和悅人情　又與襚通史記陸賈傳平原君朱建母喪辟陽侯乃奉百金往稅注稅贈終服也又叶大蕭切音說王筠詩九沸翻成綏六輔夏爲切烟霞華易親鼂紐詎成稅

耨

奴豆切耨去聲說文薅器也从木从辱或从金今文作耨纂文耨如鏟柄長三尺刃廣二寸以刺地除草字詁頭長六寸柄長六尺以芸田也釋名耨以鋤耨禾也易繫辭耒耨之利　又玉篇耘也左傳三十三年見冀缺耨注鉏也釋文鉏田也晉語注休也或作薅拔田草也周官甸師掌帥其屬而耕耨王藉　又奴沃切音耨類篇治草也

撻

它達切音闥說文鄉飲酒罰不敬撻其背集韻打也抶也書益稷撻以記之傳扑也即扑作教刑者蓋懲之使記而不忘也說命若撻於市周官閭胥掌其比觵撻罰之事注扑也疏有失禮輕者以觵酒罰之重者以楚撻之孟子可使制梃以撻秦楚之堅甲利兵矣　又疾也詩撻彼殷武傳撻疾兒疏撻是疾速之意釋文韓詩云達也　又拊側切失道也以韋爲之儀禮士喪禮設依撻焉注今文撻爲銛　又古今注蛺蝶江東呼爲撻末也

凍 多貢切東去聲說文冰也風俗通冰壯曰凍禮月令孟冬地始凍孟春東風解凍夏小正寒日滌凍塗滌也者變也變而後也凍塗者凍下而澤上多也又病寒曰凍孟子父母凍餓　又德紅切音東義同

敵 徒歷切音狄說文仇也从攴啻聲今文作敵書微子相爲敵讎又爾雅釋詁當也疏仇匹相當也易同人伏戎于莽敵剛也左文六年敵惠敵怨不在後嗣宣二年殺敵爲果書武成罔有敵於我師又爾雅釋詁匹也博雅輩也玉篇對也禮曲禮雖貴賤不敵又增韻拒也管子兵法篇明理而勝敵又博雅上也廣韻主也　又通作適大戴千乘篇強適在前

嗜 常利切音視說文嗜欲喜之也書五子之歌甘酒嗜音詩楚茨神嗜飲食孟子不嗜殺人者能一之注甘也　又通作耆孟子耆秦人之炙

旱 乎旰切音翰說文不雨也書說命若歲大旱詩雲漢旱既大甚孟子七八月之間旱則苗槁矣又鬼名詩雲漢旱魃爲虐疏神異經云南方有人長二三尺袒身而目在頂上走行如風名魃所出之國大旱一名旱母蓋是鬼魅之物又山名大雅篇名傳旱山名麓

山足[注]旱麓受祖也周之先祖世修后稷公劉之業大王王季申以百福干祿焉　又下罕切音悍義同[春秋考異郵]旱之爲言悍也陽驕蹇所致也　又與悍通[賈誼服賦]水激則旱[注]旱與悍通　又叶彤甸切音現[蘇轍沂山祈雨詩]宿雪雖盈尺不救春夏旱吁嗟徧野天不聞歌舞通宵龍一戰

槁　苦浩切音考[說文]木枯也本作槀今作槁[易說卦]離卦其於木也爲科上槁[注]草木空中者必枯槁也[孟子]則苗槁矣[禮曲禮]槀魚曰商祭[注]乾也　又與犒通[大戴朝事篇]師役則犒禬之　又口到切音靠古老切音縞義並同[按]槀槁本一字經書並用俗作稿非

油　以周切音由[說文]水出武陵孱陵西東南入江[水經注]孱陵縣有白石山油水所出　又油水出乎春縣西南油溪　又膏也[博物志]積油滿萬石自然生火　又[夢溪筆談]鄜延出石油[廣輿記]石油出肅州南山　又[昨夢錄]猛火油出高麗東數千里盛夏日力烘石極熱則出液他物遇之卽爲火惟眞琉璃器可貯之　又橘名[韓彥直橘錄]油橘皮似以油飾之中堅而外黑　又[孟子]天油然作雲[注]雲盛皃　又[禮樂記]致樂以治心

則易直子諒之心油然生矣【疏】潤澤之皃又油油和謹皃【禮玉藻】三爵而油油以退【注】說敬皃又禾黍光悅皃【東晳補亡詩】厥草油油　又余救切音狖浩油地名【公羊定四年】公及諸侯盟于浩油【注】音由一音羊又反【左傳】作皋鼬詳論語皋字注　又通作由【大戴官人篇】喜色由然以生

雨

王矩切音羽【說文】水从雲下也一象天冂象雲水霝其間也【春秋元命苞】陰陽和爲雨【埤雅】天地之氣怒而爲風和而爲雨故凡易稱雨者皆和之象【釋名】雨輔也言輔時生養也【爾雅釋天】暴雨謂之涷小雨謂之霢霂久雨謂之淫【埤雅】瑞應圖曰靈雨瑞雨也降而應物謂之靈雨傳曰疾雨曰驟雨徐雨曰零雨久雨曰苦雨又曰愁霖雨晴曰霽雨而晝晴曰啓雨水曰潦時雨曰澍【左隱九年】凡雨自三日以往爲霖【易乾卦】雲行雨施【書洪範】八庶徵曰雨休徵曰肅時雨若咎徵曰狂恒雨若【傳】雨屬水吳仁傑曰易以坎爲水北方之卦也又曰雨以潤之則雨屬水矣又【書洪範】星有好風星有好雨【傳】好風者箕星好雨者畢星【漢志】言軫星亦好雨意者星宿皆有所好也月行東北入於箕則多風月行西

南入於畢則多雨所謂月之從星則以風雨也又埤雅今之五月謂之分龍雨曰隔轍言夏雨多暴至龍各有分域雨暘往往隔一轍而異也又小雅篇名序雨無正大夫刺幽王也雨自上下者也衆多如雨而非所以爲政也元城劉氏曰嘗讀韓詩有雨無極篇序云雨無極正大夫刺幽王也篇首有雨無其極傷我稼穡八字折中雨當作兩兩無正傷無還也當是時正大夫離居不從還也在西周者也三事大夫邦君諸侯在東周者也在東周者覆出爲惡而莫肯用訊在西周者託言無室而實不勤王兩處皆無正人故曰兩無正也又穀雨二十四氣之一見後漢律歷志又鳥名禽經雨舞則雨注雨一足鳥商羊也又蟲名遁甲開山圖霍山有雨虎狀如蠶長七八寸在石內雲雨則出可炙食或曰石蠶之類　又歐許切音撫義同　又王遇切羽去聲自上而下曰雨韻會風雨之雨上聲雨下之雨去聲詩北風雨雪其雱注雨去聲信南山雨雪雰雰又大田雨我公田釋文于付反禮月令仲春始雨水注漢始以雨水爲二月節說苑管子曰吾不能以春風風人夏雨雨人吾窮必矣注下風雨

字皆去聲　又叶羽軌切音以易林積陰不已雲作淫雨

浡　蒲沒切音孛爾雅釋詁作也孟子則苗浡然興之矣注浡然興起皃又博雅盛也又蓬浡煩鬱也左思吳都賦歊霧蓬浡又滂浡憤鬱皃馮衍顯志賦氣滂浡而雲披又浡海外國名見馬觀瀛海勝覽　又通作渤勃

牧　莫卜切音目說文養牛人也从攴从牛詩曰牧人乃夢今經典相承作牧詩無羊爾牧來思周官牧人長牧六畜而阜蕃其物以共祭祀之牲牷充人注牧人養牲於野田充人養牲於國中左哀元年少康爲仍牧正又周官校人夏祭先牧注始養馬者又書禹貢萊夷作牧傳萊夷地名可以放牧左僖二十八年不有行者誰扞牧圉注牛曰牧馬曰圉孟子今有受人之牛羊而爲之牧之者則必爲之求牧與芻矣注牧之養之也牧牧地也芻草也又爾雅釋地郊外謂之牧疏言可放牧也書牧誓王朝至于商郊牧野傳紂近郊三十里地名牧又易謙卦謙謙君子卑以自牧也傳自牧自處也張南軒曰卑以自牧如牧牛羊然使之馴服方可以言謙建安邱氏曰牧養也養德之地未有不甚於至卑所養者至

則愈卑而愈不卑矣又小爾雅牧臨也韻會治也書舜典四岳羣牧蔡傳羣牧九州之牧伯也又周官外有州牧侯伯傳州牧各總其州者侯伯次州牧而總諸侯者也禮曲禮九州之長入天子之國曰牧疏每州之中選賢侯一人加一命使主一州爲牧若入天子之國則自稱曰牧牧養也言其養一州之人也周官大宰以九兩繫邦國之民一曰牧以地得民集注牧者侯伯有土之君故曰以地得民書呂刑非爾惟作天牧傳非爾諸侯爲天牧養斯民乎孟子今夫天下之人牧注謂牧民之君也前漢成帝紀罷部刺史官更置州牧又詩靜女自牧歸荑傳牧田官也朱傳牧外野也又禮月令季春命舟牧覆舟注主舟之官

又周官小司徒井牧其田野注臯隰之地九夫爲牧二牧而當一井今造都鄙授民田有不易有一易有再易通率二而當一是之謂井牧集注井牧其田野者有井則有牧井牧相間然後六畜有所養而不傷稼穡也又遂師經牧其田野注經牧制田界與井也又廣韻使也又爾雅釋畜黑腹牧疏牛黑腹者名牧又邑名左隱五年鄭人侵衛牧注衛邑彙纂今汲縣地屬河南

衛輝府又地名書篇名序武王戎車三百兩虎賁三百人與受戰於牧野作牧誓傳牧地名在朝歌南即今衛州治之南也又廣牧縣屬朔方郡見前漢地理志又姓孟子有牧皮牧仲漢有牧根又人名史記黃帝紀舉風后力牧注力牧黃帝相　又莫候切音茂地名尚書大傳牧之野劉昌宗讀又一曰畜牧禹貢萊夷作牧周書及牧誓釋文徐云一音茂　又叶莫狄切音覓詩出車于彼牧矣下來叶六直反載叶節力反

引

以忍切音蚓說文開弓注象引弓之形考工記弓人引之中參孟子君子引而不發史記絳侯世家材官引彊注如今挽彊司馬又廣韻演也易繫辭引而伸之又爾雅釋詁長也釋訓子子孫孫引無極也書梓材引養引恬蔡傳亦惟引掖斯民於生養安全之地而已又相牽曰引禮檀弓兄弟之子猶子也蓋引而進之也疏牽引進之同於己子史記秦本紀諸生轉相告引又集韻導也史記韓長孺傳奉引導車駕注爲天子導引而導車駕又郤也禮玉藻侍坐則必退席不退則必引而去君之黨注引郤也世史文帝紀上所幸愼夫人在禁中常與皇后同席坐及幸

上林有廁盎引卻愼夫人坐又相薦達曰引史記魏其侯傳兩人相為引重注相薦達為聲勢又拔擢人材曰汲引言如汲水上引繩使之伸也劉向條災異封事禹稷與皐陶轉相汲引不為比周又服氣曰道引莊子刻意篇道引之士史記留侯世家道引不食五穀又治疾法有撟引史記扁鵲傳鑱石撟引注謂之按摩之法夭撟引身如熊顧鳥伸也又孟子人皆引領而望之矣集說引領猶伸頸也又十丈曰引前漢律歷志其法用竹為引高一分廣六分長十丈引者信也又集韻曲一曰引蔡邕琴操有思歸引 又與紖通集韻牽牛紖也禮檀弓弔於葬者必執引注示助之以力車曰引柩曰紼弔葬本為助執事故必相助引柩車也方氏曰引在前屬之於車以道柩東山何氏曰執引天子千人諸侯五百人大夫三百人士五十人

領

良郢切音嶺說文項也孟子人皆引領注領頸也禮檀弓是全要領詩桑扈有鶯其領節南山四牡項領左隱三年若以大夫之靈得保首領以沒又釋名以壅頸也言總領衣體為端首也荀子勸學篇若挈裘領又交領謂之曲袷禮深衣注深衣之領

右襟之末斜交于左脇左襟之末斜交于右脇二領既斜則領不直垂而兩領交會謂之交領又廣韻理也韻會承上令下謂之領禮祭義先王之教因而勿改所以領天下國家也纂言如衣之揭其領而衣無不隨順也又樂記領父子君臣之節注治理也又仲尼燕居敢問禮也者領惡而全好者與注領猶治也應氏曰領謂總覽收拾之也惡者收斂而無餘則好者渾全而無虧矣吳氏澄曰上言以禮制中損其過益其不及蓋因其氣質之偏而除治之所謂領惡也下言仁鬼神至仁賓客善因其德性之善而充周之所謂全好也又前漢魏相傳總領庶職又廣韻錄也劉楨詩泝遲薄領書注領錄又官名左昭二十七年鄢將師爲右領晉書職官志中領軍將軍魏官也左昭二十二年樊頃子奉王以追單子及領注周地前漢王子侯表蒲領侯嘉　又與嶺通前漢嚴助傳輿轎而踰領王羲之蘭亭敘此處有崇山峻領又正字通受也　又叶離貞切音鄰韓愈田氏廟碑業業魏土嬰兒弄兵吏戎愁毒莫保首領

亘　須緣切音瑄說文注从回風回轉所以宣陰陽也又爾雅釋言徧也

詩公劉旣順迺宣傳順安宣徧也折中布也又有他國之歸順者宣布散處皆悅公劉之德而無愁歎之聲又詩雝篇宣哲維人傳宣通哲智也又布也散也書臯陶謨曰宣三德蔡傳宣明也詩江漢來旬來宣傳旬徧宣布也禮月令季秋會天地之藏無有宣出注物皆收斂無有宣露出散也又爾雅釋言緩也又增韻召也包佶詩隔屛初聽玉音宣又盡也明也示也周語爲川者決之使導爲民者宣之使言又左成十三年是用宣之以懲不一又詔書別錄唐故事中書舍人掌詔誥皆寫兩本一爲底一爲宣在中書可檢覆謂之正宣又謚法善聞周達聖善周聞竝曰宣又考工記車人之事半矩謂之宣集注頭髮皓落曰宣尺三寸三分寸之一人頭之長也又易說卦巽爲宣髮注髮早白也一曰宣當作寡又爾雅釋器璧大六寸謂之宣注漢書瑄玉是也瑄宣同又殿名前漢賈誼傳受釐坐宣室又州名吳宣城郡唐改宣州又姓東漢人宣秉　又叶相倫切音荀徐幹齊都賦曰不遷暑元澤普宣鵠火南飛我居來迎

齕　下沒切音紇說文齧也禮曲禮庶人齕之注不橫斷也前漢田

僭〔傳〕秦後得志於天下則齮齕用事者墳墓矣〔注〕齮齕猶齚齧
也〔莊子駢拇篇〕枝於手者齕之則啼又人名〔孟子注〕胡齕齊臣
又戶骨切音搰胡結切
音纈下扢切音麧義竝同

牽

苦堅切音岍〔說文〕引前也从牛
象引牛之縻也〔易夬卦〕牽羊悔
亡〔傳〕牽者挽拽之義〔書酒誥〕肇牽車牛〔禮曲禮〕效馬效羊者右
牽之效犬者左牽之又〔周官小宰〕掌其牢禮委積膳獻飲食賓
賜之飧牽〔注〕飧夕食也牽牲牢可牽而行者〔左僖三十三年〕惟
是脯資餼牽竭矣〔注〕牽謂牛羊豕〔釋文〕牲腥曰餼生曰牽又〔玉
篇〕挽也〔左襄十年〕牽帥老夫以至於此又〔玉篇〕連也〔易小畜〕牽
復〔疏〕牽謂牽連又〔玉篇〕速也〔禮學記〕君子之教喻也道而弗牽
〔纂言〕牽猶挽也言引道使之自進而不力挽之以速其進又〔管
子法法篇〕令出而不行謂之牽又拘也〔史記六國表〕學者牽於
所聞又星名〔星經〕牽牛六星主關梁上星主道路中主牛〔文獻
通考〕牛六星天之關梁日月五星之中道主犧牲上二星主道
路次二星主關梁次二星主南裔〔爾雅釋天〕何鼓謂之牽牛〔詩
大東〕睆彼牽牛〔禮月令〕季春旦牽牛中又地名〔春秋定十四年〕

公會齊侯衛侯于牽〔注〕魏郡黎陽縣東北有牽城〔路史〕內黃西
南三十里有故牽城〔彙纂〕今故牽城在黃之西南濬縣之北二
縣屬直隸大名府濬縣爲漢黎陽與內黃接壤又人名〔左〕成十
七年鮑牽見之〔注〕鮑叔牙曾孫又姓〔後漢〕皇甫規傳賓賴兗州
刺史牽顥之清猛　又苦甸切音欠〔廣韻〕牽挽也〔增韻〕挽舟索
一名百丈牽　又叶詳均切音近〔急就章〕盜賊繫囚搒笞臀
朋黨謀害相引牽

釁 虛振切興去聲〔說文〕血祭也象祭竈也
欺誣詁狀還反眞　从爨省从酉酉所以祭也从分分亦聲
臣鉉等曰分布也〔廣雅〕牲血塗器祭也〔禮〕月令孟冬命大史釁
龜筴〔疏〕謂殺牲以血塗釁其龜及筴又〔雜記〕廟成則釁之〔疏〕謂
宗廟初成則殺牲取血以釁之尊而神之也〔大戴〕諸侯釁廟篇
成廟釁之以羊雍人舉羊升屋自升中屋南面刲羊血流於前
乃降門以雞雍人割雞屋下當門郟室割雞於室中又〔孟子〕將
以釁鐘〔注〕新鑄鐘成而殺牲取血以塗其釁郄也〔史記〕高帝紀
祭蚩尤于沛庭而釁鼓〔注〕釁祭也殺牲以血塗鼓曰釁〔左〕昭五
年〔注〕虐執使臣將以釁鼓又〔齊語〕比至三釁三浴之〔注〕以香塗身

曰釁〔周官女巫〕掌歲時祓除釁浴〔注〕謂以香薰草藥沐浴又〔鬯人〕共其釁鬯〔注〕以鬯塗尸使之美也又〔前漢賈誼傳〕釁面吞炭〔注〕漆面以易貌一曰薰也以毒薰入之又罪也〔左宣十二年〕觀釁而動〔注〕罪也服云間也〔正義〕今人謂瓦裂龜裂爲釁既有間釁故得爲罪也又瑕也〔桓八年〕讎有釁〔注〕瑕隙也無德者寵國之釁也〔史記李斯傳〕成大功者在因瑕釁而遂忍之〔注〕索隱曰言因諸侯有瑕釁則忍心而翦除也又兆也〔魯語〕若鮑氏有釁吾不圖矣〔注〕兆也〔陸機答賈長淵詩〕天厭霸德黃祚告釁又〔左定六年〕魯人患陽虎矣孟孫知其釁又〔襄二十八年〕小人之性釁於勇嗇於禍〔注〕釁動嗇貪也言鄭之欲與楚戰者皆動勇貪名之人〔正義〕王肅云釁謂自矜奮以夸人又〔爾雅釋獸〕獸曰釁〔疏〕獸之自奮迅動作名釁　亦作衅〔禮樂記〕車甲衅而藏之〔周官大卜〕〔注〕兆者灼龜發于火其象似玉瓦原之疊罅

觳　胡谷切音斛〔說文〕盛觵卮也一曰射具〔類篇〕觳觻器名又〔玉篇〕族也又薄也〔管子地員篇〕五粟之狀剛而不觳〔唐書薛苹傳〕治身觳薄〔音義〕又音確又〔孟子〕吾不忍其觳觫〔注〕觳觫恐懼皃〔集

說言牛將就屠而體搯縮戰慄也　又通作斛考工記陶人爲甗實五觳庾實二觳旊人爲簋實一觳豆實三而成觳注讀爲斛　又古祿切音谷器名受三斗　又嗃覺切音學類篇射具所以盛椎又爾雅釋詁盡也注音學史記李斯傳雖監門之養不觳於此注索隱曰言監門下人飯猶不盡此徐廣曰觳言罄推也又足跗也儀禮既夕有前後裳不辟長及觳注長及足尖又獸蹄也特牲饋食主婦俎觳折注折牲蹄爲俎也鄭氏曰觳後足也又音確　又苦角切音確廣韻盛脂器又正韻無潤也莊子天下篇其生也勤其死也薄其道大觳郭注義與瘠同又音覺　又古岳切音覺與角同校也競也斛也韓非子用人篇強弱不觳力史記大宛傳大觳抵出奇戲前漢武帝紀作角抵

觫　穌谷切音速義詳上

褊　方沔切音惼說文衣小也又狹也孟子齊國雖褊小史記禮書褊陋之人入焉而嗛又廣韻急也詩葛屨維是褊心　又蒲眠切音蹁類篇褊𧝬衣皃　又叶彼忍切音臏陸機詩軌迹未及安長巒忽已整道遐覺日短憂深使心褊

術　食律切音秫說文邑中道也管

子度地篇百家爲里里十爲術術十爲州左思蜀都賦亦有甲第當衢向術又廣韻技術也人物志思通造化策謀奇妙是爲術家又漢書注師古曰術道徑也心之所由也禮樂記感應起物而動然後心術形焉注術所由也形猶見也朱氏軾曰術道徑也所形不一如道徑之分歧又淫樂慝禮不接心術又道也晏子雜下篇言有文章術有條理又業也禮儒行營道同術疏方法也經營道藝同齊於術術則方也晏氏曰方謂趨向之地術言修爲之業士志於道是志必在道而修爲者一致矣又禮王制樂正崇四術春秋教以禮樂冬夏教以詩書集說術者道路之名言詩書禮樂四者乃入德之路故言術也又前漢霍光傳贊然光不學亡術闇於大理　又與遂同禮月令孟春審端經術集說步道曰徑術與遂同　田之溝洫也審而端之使無迂壅又學記術有序　又與述通禮祭義結諸心形諸色而術省之注術當爲述陳注述省猶云循省也謂每事思省滙參葉氏曰謹是三者而固守之則曰結發是三者於色則曰形發是三者不失其行則曰術此先王所謂孝也又學記蛾子時術之陳

注蛾子蟲之微者時時述學銜土之事而成大垤喻學者由積學而成大道也　又與沭通史記建元以來侯者年表術陽侯建德索隱注在下邳前漢地理志琅邪郡東莞縣術水南至下邳入泗

廚　直株切音除說文庖屋也帝王世紀太皞取犧牲以供庖廚孟子是以君子遠庖廚又燕策廚人進斟羹又世說補韋陟廚中飲食香味錯雜時人語曰人欲不厭筋骨舒夤緣須入郇公廚又玉篇主也後漢黨錮傳度向張邈王孝劉翊胡母班秦周蕃嚮王章爲八廚廚者言能以財救人也又櫝也晉書顧愷之傳愷之嘗以一廚畫寄桓元南史齊陸澄傳王儉戲之曰陸公書廚也又馗廚蕈也爾雅釋草中馗菌注地蕈也一曰馗廚又木名集韻斯條國有廚木汁肥可用之煮餅又邑名左昭二十一年廚人濮以裳裹首而荷以走注濮宋廚邑大夫

忖　倉本切音刌說文度也廣韻思也詩巧言予忖度之又與刌通禮玉藻瓜祭上環注上環頭忖也疏忖切也

鈞　居勻切音均說文三十斤也孟康曰萬一千五百二十銖書五子之歌關石和鈞疏二十斤爲鈞四鈞爲石鈞

石所以一天下之重輕而立民信也孟子吾力足以舉百鈞又集韻陶旊輪也正字通陶人模下圓轉者爲鈞前漢董仲舒傳猶泥之在鈞惟甄者之所爲賈誼傳注師古曰陶家名轉者爲鈞蓋取周回調均之義又大鈞天也賈誼服賦大鈞播物坱北無垠注造瓦者謂所轉爲鈞言造化爲人亦猶陶之造瓦故謂之大鈞如淳曰此以造物爲大鈞也杜甫詩一氣轉鴻鈞又樂名張衡西京賦昔者大帝說穆公而覲之饗以鈞天廣樂又劍名淮南子覽冥訓淳鈞之器成注古劍名又地名左昭四年夏啓有鈞臺之享注河南陽翟縣南有鈞臺陂蓋啓享諸侯於此彙纂金置鈞州以鈞臺得名今河南開封府禹州是也州城北關外有鈞臺遺址又獄名禮月令疏周獄曰圜土殷曰羑里夏曰鈞臺又水名前漢霍去病傳涉鈞耆注鈞耆水名又姓風俗通楚大夫元鈞之後漢有侍中鈞喜　又與均同平也詩行葦四鍭既鈞傳矢鏃羽輕必參亭而三分之一在前二在後得平均也集傳鈞參亭也謂三分之一在前二在後三訂之而平者前有鐵重也禮月令仲春鈞衡石纂言吳氏澄曰鈞亦謂均平

之也非三十斤為鈞之鈞同鈞角正四字共一義又等也同也左成六年善鈞從衆注等也昭元年德鈞以年又襄二十六年多鼓鈞聲注鈞同其聲

毫乎刀切音豪說文豕鬣如筆管者出南郡从帀高聲籀文从豕臣鉉等曰今俗別作毫非是按今經典相承二字分用毫氂毫末用毫豪傑豪華用豪間有通用者道德經合抱之木生於毫末前漢鮑宣傳有益毫毛孟子思以一毫挫於人又物細曰秋毫孟子明足以察秋毫之末注毛至秋而末銳小而難見也莊子知北遊秋毫為小待之成體前漢高帝紀秋毫無所犯又謝察微算經十條曰毫十毫曰釐禮經解差若毫釐謬以千里又筆謂之毫周武王筆銘毫毛末末陸機文賦或含毫而渺然唐書劉知幾傳每記載言則閣筆相視含毫不斷又蘸筆曰濡毫落筆曰揮毫又姓漢毫康封安陽侯又狗名西京雜記李亨好馳駿狗有修毫氂白望青曹之名

薪息鄰切音新說文蕘也孟子毀傷其薪木趙注恐其傷我薪草樹木也又柴也詩小弁析薪杝矣無羊以薪以蒸傳麤曰薪細曰蒸左昭二十年藪之薪蒸虞候守之周

官甸師師其徒以薪蒸役外內饔之事注大木曰薪小木曰蒸禮月令季秋草木黃落乃伐薪爲炭曲禮問庶人之子長曰能負薪矣又孟子而不見輿薪注以車載薪又有采薪之憂注言病不能采薪謙辭也禮曲禮君使士射不能則辭以疾言曰某有負薪之憂又晉書荀勗傳帝賜勳食進飯曰此勞薪所炊問之果故車腳又史記汲黯傳陛下用人如積薪後來者居上又前漢霍光傳曲突徙薪無恩澤又罪名前漢刑法志罪人獄已決完爲城旦舂滿三歲爲鬼薪世史漢成帝紀注取薪以給宗廟謂之鬼薪

許

虛呂切許上聲說文聽也廣韻與也玉篇從也廣韻可也增韻約與之也書金縢爾之許我史記高帝紀始常欲奇此女與貴人何自妄許與劉季又博雅進也詩下武昭茲來許傳進也疏禮法既許而後得進故以許爲進也朱傳來後世也許所也又信也孟子則王許之乎注猶可也又猶與也期也又管仲晏子之功可復許乎注猶期也輔氏曰觀其語意恐孟子不敢以二人自許也又邑名詩閟宮居常與許箋許許田也魯朝宿之邑左隱八年鄭以泰山之祊易許田注

近許之田[彙纂]今開封府西南有魯城本許田後置邑[寰宇志]謂在許昌城南四十里者是也又國名縣名州名[春秋]隱十一[年]公及齊侯鄭伯入許[注]潁州許昌縣[疏]譜云許姜姓與齊同祖堯四岳伯夷之後周武王封其苗裔文叔於許[地理志]潁川郡許縣故許國漢名許縣魏武改曰許昌後周又改爲許州[彙][纂]今河南開封府故許城在州東北四十里又邑名[左]襄十一[年]荀罃至于南郊東侵舊許[注]許之舊國鄭新邑[正義]蓋許南遷而鄭得之[彙纂]成十五年許遷於葉則許之舊國爲鄭所有故謂之舊許　又姓[廣韻]出高陽汝南本自姜姓炎帝之後大嶽之裔其後故封爲氏　又火五切音虎[詩]伐木[傳]許許柹皃八衆共力之聲[淮南子道應訓]舉大木者前呼邪許後亦應之此舉重勸力之歌也

恩

烏痕切音蒽[說文]惠也從心因聲徐曰因者有所因也因心爲恩又愛也澤也[孟子]今恩足以及禽獸又[廣韻]隱也私也又州名漢合浦郡唐立恩州又河南恩州本漢清河郡地宋改恩州又姓前漢燕祭酒恩茂[風俗通]陳大夫陳恩之後　又叶衣延切音烟[趙壹]窮鳥賦鳥也雖頑

猶識舊恩內以書心外以告天

挾 胡頰切音協[說文]俾持也[增韻]帶也掖也一曰輔也[詩]行葦既挾四鍭[朱傳]射禮搢三挾一既挾四鍭則徧釋矣[儀禮]鄉射禮兼挾乘矢[注]方持弦矢曰挾[齊語]挾其搶刈耨鎛[注]在掖曰挾[孟子]挾太山[注]挾以腋持物也又藏也[前漢]惠帝紀除挾書律[注]秦律敢有挾書者族又[廣韻]懷也護也[孟子]不可以有挾也[又]挾貴而問挾賢而問挾長而問挾有勳勞而問[注]挾者兼有而持之之稱又人名[春秋]隱九年挾卒[注]魯大夫未賜族者　又戶牒切音蝶[集韻]亦持也[左]宣十二年三軍之士皆如挾纊陸氏讀如字　又古洽切與夾同亦持也　又子洽切音啑吉協切音頰即涉切音接作答切音帀義並同　又即協切與浹通[詩]大明使不挾四方[傳]達也[疏]挾者周帀之義故為達[周官]大宰挾日而斂之[注]從甲至甲謂之挾日[荀子]禮論篇方皇周挾[注]讀為浹帀也

太 他蓋切音汰與大泰並同[說文]滑也一曰大也通也[孟子]挾太山[按]太字惟書太甲作太他經作大太山惟孟子此條作太詩雅論語皆作泰

超 敕宵切音怊[說文]跳也[博

雅度也釋名卓卓也舉腳有所卓越也玉篇出前也左傳二十八年距躍三百注超越也疏距地向前跳而越物過也三十三年超乘者三百乘孟子以超北海注躍而過也史記王翦傳投石超距注索隱曰超距猶跳躍也楚辭卜居寧超然高舉以保眞乎又姓廣韻漢有太卜超喜又人名班超見前漢書　又丑小切怊上聲集韻輕走皃　又他弔切音糶超越也　又叶抽廟切怊去聲陸雲陸丞相誄光被旣淳逸軌爰超宏綱包荒景靈握耀

枝

章移切音支說文木別生條也徐曰本作支故曰別生會意廣韻枝柯也詩詁木旁生曰枝正出曰幹史記范雎傳木實繁者披其枝灌夫傳枝大於本不折必披孟子為長者折枝注以長者之命折草木之枝言不難也又冗官曰枝官韓非子和氏篇損不急之枝官又散也易繫辭中心疑者其辭枝朱子曰中心疑故不敢說殺其辭枝者如木之有枝開兩歧云　又與支通左莊六年不知其本不謀知本之不枝弗強詩云本枝百世文王作支傳本宗子支庶子又支持也史記項羽紀諸將慴服莫敢枝梧臣瓚曰小柱為枝斜柱為梧今通作支

吾又前漢地理志注夫枝枉注抵枉不順從也又干支亦作榦枝博雅甲乙爲榦榦者日之神也寅卯爲枝枝者月之靈也又手節曰枝孟子折枝趙注折枝按摩手節也又支解一作枝解韓非子和氏篇吳起枝解于楚又管子度地篇水別於他水入於大水及海者命曰枝水又枝江縣名前漢地理志屬南郡又姓姓苑楚大夫枝如子躬之後後爲氏　又翹移切音祇集韻枝指多指也莊子駢拇篇駢拇枝指　又渠羈切音奇字林横首枝也　又居僞切音䞈集韻祭山名　與从攴異

運

禹慍切音韻玉篇轉也孟子天下可運於掌注天下可轉之掌上言其易也又亦運而已矣注如其所患益甚則亦運行犇走而去矣朱注則民將轉而望救於他人矣按此運字趙注訓行不如朱注訓轉爲當又玉篇動也禮曲禮君子欠伸運笏注運動也又說文移徙也莊子逍遙遊海運則將徙於南溟注海氣動也又正韻行也用也易繫辭日月運行書大禹謨帝德廣運注行之不息也又持也史記高祖紀運籌帷幄之中決勝千里之外又廣韻轉輸也後漢百官志尉曹主卒徒轉運事又官名

職官表唐設都轉運使又鹽運司運同知運副使運判官並金設又漕河曰運河又正韻天造曰運渾天儀天運如車轂又韻會五運五行氣化流轉之名又運祚歷數也史記高帝贊漢承堯運按令詔敕用奉天承運字本此又天官書天運三變三十年一小變百年中變五百年大變又集韻地南北謂之運越語廣運百里東西爲廣南北爲運又東都事略宋徽宗作艮嶽宦官朱勔輩爲督運華石綱名曰神運又於艮嶽立神運峰廣百圍高六仞　又于分切音云蔡邕遠行賦彌信宿而後閿鄉威遺以東運陽光見之顥顥兮懷少弭之有欣　又叶于願切音阮阮瑀琴歌奕奕天門開大魏應期運青蓋巡九州在西東人怨

推　他回切退平聲說文排也增韻盪也擠也孟子若己推而內之溝中又進之也禮月令孟春天子三推三公五推鄉諸侯九推左襄十四年或輓之或推之注前牽爲輓後送爲推又移也詩雲漢則不可推疏不可令移去矣推是遠離之辭朱傳推去也禮檀弓嫂叔之無服也蓋推而遠之也又讓所有以予人也史記淮陰侯傳解衣衣我推食食我後漢光武帝

紀推赤心置人腹中又卻也諉也　又昌錐切音推韻會順遷也易繫辭日月相推而明生焉寒暑相推而歲成焉又孟子善推其所爲而已矣又增韻擇也獎也奉也亦進之也書周官推賢讓能禮儒行上弗援下弗推注推猶進也疏不爲民下所薦舉也前漢韓信傳家貧無行不得推擇爲吏注無善行可推舉選擇也又尋繹也前漢劉向傳贊有意其推本之也注言其究極根本深有意也一曰窮詰也史記酷吏傳天水駱璧推減注直追反謂推繫之以成獄也

構　古候切音遘說文蓋也从木冓聲杜林以爲椽桷字玉篇架屋也書大誥厥子乃弗肯堂矧肯構又廣韻合也易繫辭男女構精詩四月我日構禍傳合也又結也孟子構怨於諸侯又成也前漢黥布傳事已構矣唐書楊師道傳詩賦如宿構又附會以成之曰構左桓十六年宣姜與公子朔構急子注構會其過惡又結起也前漢陳勝傳夜構火又閒隙也後漢隗囂傳勿用旁人解構之言又楮木別名物類相感志構膠可以塗丹砂酉陽雜俎葉有瓣曰楮無曰構　又古慕切音故荀子勸學篇彊自取柱柔自取束邪穢

在身戀之所
構束音絜

快

苦夬切音塊說文喜也廣韻稱心也可也易
旅卦喪其資斧我心不快孟子然後快於心
與後漢蓋勳傳欲得快司隸校尉誰可作者又增韻爽快也急
疾也又國策恭於教而不快注快謂縱逸也又輟耕錄世謂有
病曰不快後漢華佗傳體有不快又姓　又
叶窺貴切音隗易旅卦心未快也叶上位

煖

況袁切音萱
說文溫也廣
韻本作暄集韻或作愃又人名齊策齊人有煖者　又乃管
切音餪與煗同亦溫也禮王制七十非帛不煖又樂記煖之以
日月疏萬物之生必須日月煖煦之釋文許袁切又孫緯三月
三日詩嘉氣蔞蔞溫風煖煖又廣韻火氣也　又叶乃卷切音
稬蘇轍詩江流日益深民語漸
已變慘慘瘴氣清薄薄寒風煖

采

倉宰切音採說文捋取也
詩卷耳傳采采非一采也
又芣苢薄言采之傳始求之也又關雎左右采之傳取而擇之
也又納采昏禮六禮之一禮昏義疏納采者謂采擇之禮史記
秦本紀采上古帝位號班固西都賦奚斯同見采於孔氏又書
益稷以五采張施於五色傳采者青黃赤白黑也色者言施之

於繪帛也禮曲禮孤子當室冠衣不純采孟子抑爲采色不足
於目與史記項羽紀吾令人望其氣皆爲龍虎成五采此天子
氣也又左隱五年取材以章物采謂之物疏取鳥獸之材以章
明物色采飾謂之爲物文六年分之采物疏采物謂采章文物
也杜注旌旗衣服各有分制又晉語天子大采朝日少采夕月
注大采衮職也少采黼衣也又左思蜀都賦符采彪炳注符采
玉橫文也又事也史記司馬相如傳使獲燿日月之末光絕炎
以展采錯事注采官也展其官職設厝其事業也又官也書堯
典疇咨若予采傳事也一云官也皐陶謨載采采蔡傳總言其
人有德必言其行某事某事爲可信驗也禮明堂位九采之國
疏各掌當州諸侯之事又飾也前漢嚴助傳樂失而淫禮失而
采注如淳曰采飾也師古曰采者文過其實又前漢霍光傳天
下想聞其風采左思魏都賦極風采之異觀又詩蒹葭傳采采
猶萋萋盛也折中采采摧折也又蜉蝣采采衣服傳衆多也朱
傳華飾也謝靈運緩歌行采采彤雲浮又司空表聖詩品采采
流水蓬蓬遠春又幣也史記周本紀召公奭贊采注正義曰幣

也又詩篇名禮玉藻趨以采齊注路門之樂節又姓風俗通漢度遼將軍采皓又地名左傳八年以敗狄于采桑注平陽北屈縣西南有采桑澤彙纂在今山西平陽府寧鄉縣西大河津濟處也又玉名司馬相如上林賦晁采琬琰和氏出焉注晁采玉名又木名史記秦本紀堯舜采椽不刮注采木名卽今之櫟也又草名博雅采藁采也　又蒼代切音菜食邑也周官大宰以八則治都鄙注都鄙公卿大夫采地王子弟食采在畿內者以有邑故曰都在國之鄙曰鄙禮禮運大夫有采以處其子孫疏諸侯子孫封爲卿大夫若有功德者亦有采地大夫雖不得割其采地以與子孫然亦以采地之祿養其子孫耳孟子元士受地視子男注所受采地之制竝音菜前漢食貨志注采官也因官食地故曰采地地理志大夫韓武子食采於韓原　又與菜同周官大胥春入學舍采合舞注鄭康成曰舍卽釋也采讀爲菜始入學必舍菜禮先師也菜蘋蘩之屬　又子苟切音走五音集韻採取也　又叶此禮切音泚詩關雎左右采之下友叶羽已切

音　於今切音陰說文聲也生於心有節於外

謂之音宮商角徵羽聲絲竹金石匏土革木音也从言含一書
【舜典】八音克諧【禮樂記】變成方謂之音【疏】方謂文章聲既變轉
和合次序成就文章謂之音音則今之歌曲也朱氏軾曰成方
者謂以辭作爲詩歌使叶五音不可增損改易是以變又成方
體成文不亂也故謂之音【周官大師】以六律爲之音【疏】以大師
吹律爲聲又使其人作聲而合之聽人聲與律呂之聲合謂之
爲音【詩序】情發於聲聲成文謂之音【疏】此言聲成文謂之音則
聲與音別樂記注雜比曰音單出曰聲記又曰審聲以知音審
音以知樂則聲音樂三者不同以聲變乃成音音和乃成樂故
別爲三名對文則別散則可以通季札見歌秦曰此之謂夏聲
公羊傳曰什一而稅頌聲作聲即音也下云治世之音音即樂
也是聲與音樂各得相通也又【樂記】夫樂者與聲相近而不同
【注】鏗鏘之類皆爲音應律乃爲樂【又】凡音者生人心者也情動
於中故形於聲聲成文謂之音是故治世之音安以樂其政和
亂世之音怨以怒其政乖亡國之音哀以思其民困聲音之道
與政通矣鄭衛之音亂世之音也桑間濮上之音亡國之音也

是故志微噍殺之音作而民思憂嘽諧慢易繁文簡節之音作而民康樂粗厲猛起奮末廣賁之音作而民剛毅廉直勁正莊誠之音作而民肅敬寬裕肉好順成和動之音作而民慈愛流辟邪散狄成滌濫之音作而民淫亂又竹書帝廑四年作西音帝孔甲五年作東音又詩日月德音無良傳德音美辭也又狼跋德音不瑕傳猶令聞也又鹿鳴德音孔昭折中德音善言也又禽獸曰音禮曲禮雉曰翰音易小過飛鳥遺之音左文十六年鹿死不擇音注莊子獸死不擇音郭象注曰野獸蹴之窮地意急情盡則和聲不至是也又姓見姓苑　又於禁切與蔭通左傳不擇音杜注音所茠蔭之處古字聲同皆相假借釋文於鳴反不作去聲讀。

嬖　博計切音閉說文便嬖愛也增韻便幸左右近習者也春秋傳賤而得幸曰嬖左莊二十八年賂外嬖梁五與關東嬖五昭三年燕簡公多嬖寵九年又飲外嬖嬖叔注外都大夫之嬖者按以上皆言外嬖又隱三年公子州吁嬖人之子也僖十七年內嬖如夫人者六人又官名左昭元年子皙上大夫女嬖大夫而弟下之不尊貴也七年宣子爲

子産之敏也使從嬖大夫【注】下大夫也　又卑義切音臂義同

供 九容切音恭【說文】設也从人共聲一曰供給【書無逸】文王不敢盤于遊田以庶邦惟正之供【禮檀弓】蕢宰夫也非刀七是供【孟子】王之諸臣皆足以供之【又】孔子先簿正祭器不以四方之食供簿正又姓明供仲序廣東人　又居用切音貢義同【廣韻】供養也

莅 力玉切音利【韻會】臨也【易明夷】君子以莅衆【書周官】不學牆面莅事惟煩【孟子】莅中國【注】臨也　又與涖同詳下論涖字注　又力質切音栗【司馬相如上林賦】藰莅卉歙【注】師古曰林木鼓動之聲【曹植禹贊】避陰商山示不敢莅諸侯向己乃奉天秩

撫 芳武切音捬【說文】安也一曰循也【增韻】慰勉也【禮文王世子】西方有九國焉君王其終撫諸【注】猶有也【疏】撫爲鷹撫故爲有也【左文十二年】鎮撫其社稷【桓十三年】其君撫小民以信　又【書臯陶謨】撫于五辰【傳】循也【蔡傳】順也　又【廣韻】持也又按也【禮曲禮】君撫僕之手【又】客跪撫席而辭【疏】以手按止之【又】國君撫式【注】猶據也【孟子】撫劍疾視　又拍也【儀禮鄉射】左右撫矢而乘之　又州名撫州屬豫章郡　又

蒙通切

與搴同

緣

以絹切音願說文衣純也禮深衣純袂緣純邊廣各半寸注緣緆也純袂緣謂其口也純邊衣裳側廣各半寸則表裏共三寸矣疏謂深衣下緣也檀弓練衣黃裏縓緣注緣袂口也賈誼陳政事疏今民賣僮者爲之繡衣絲履偏諸緣內之閑中又天子之后以緣其領庶人嬖妾緣其履又前漢公孫宏傳緣飾以儒術注譬之於衣加純緣者又地名春秋僖十四年諸侯城緣陵注杞邑後漢地理志北海郡有營陵縣注臣瓚曰春秋謂之緣陵箋纂緣陵故城在樂昌縣東南七十里今屬山東青州府　又與專同音沿玉篇因也又循也孟子緣木求魚注順也莊子養生主緣督以爲經又寅緣連絡也韓愈詩青壁無路難夤緣又因賄干進曰夤緣　又吐亂切與褖同周官內司服緣衣素沙注當作褖御于王所之服亦以燕居

災

祖才切音哉說文天火曰烖从火𢦏聲或从宀火古文从才籀文从巛春秋桓十四年御廩災僖二十年西宮災成三年新宮災定二年雉門及兩觀災哀三年僖宮災四年亳社災又左宣十六年凡火人火曰火天火曰災又玉篇害也

書舜典眚災肆赦傳過而有害當緩赦之蔡傳肆縱也眚謂過誤災謂不幸若有人如此而入于刑則又不待流宥金贖而直赦之也又歲饑曰災左僖十三年天災流行國家代有救災恤鄰道也　又叶子之切音淄史記龜筴傳十有二月日至爲期聖人徹焉身乃無災　又叶將侯切走平聲班固幽通賦震鱗漦于夏庭兮帀三正而滅周巽羽化于宣宮兮彌五辟而成災　按菑裁災三字經傳通用大學作菑中庸作裁孟子作災菑裁詳見前注說文又與灾通

鄒

側鳩切音騶說文魯縣古邾婁國帝顓頊之後徐曰孟子題辭邾國至孟子時魯穆公改曰鄒又姓漢有鄒陽　又與騶通史記孟子傳孟軻騶人也　又從聚切音聚史記孔子世家如顏濁鄒之徒正義音聚

弱

而勺切音若說文橈也上象橈曲彡象毛氂橈弱也弱物幷故從二弓今文省作弱玉篇尫劣也釋名委也增韻懦也書洪範六極六曰弱傳尫劣疏尫劣竝是弱事爲筋力弱亦爲志氣弱鄭康成云愚懦不毅曰弱也蔡傳弱者柔之過也又釋名二十曰弱言柔弱也禮曲禮疏二十成人初加冠體猶未

壯故曰弱至二十九通名弱又孅弱體柔皃司馬相如子虛賦
嫵媚孅弱又足跛曰弱左昭七年孟縶之足不良弱行又弱足
者居注跛也跛則偏弱居其家不能行又衰也左昭三年姜族
弱矣而嬀將始昌又喪也又弱一个焉姜其危哉又敗也釋名
衂也左襄二十六年頡遇王子弱焉注敗也言爲王子所得又
水名書禹貢雍州導弱水蔡傳柳宗元曰西海之山有水焉散
渙無力不能負芥投之則委靡墊沒及底而後止故名曰弱地
志云在張掖郡刪丹縣薛氏曰弱水出土谷渾界窮石山自刪
丹西至合黎山與張掖縣河合又按通鑑魏太武擊柔然至栗
水西行至菟園水分軍搜討又循弱水西行至涿邪山則弱水
在菟園水之西涿邪山之東矣北史載太武至菟園水分軍搜
討東至瀚海西接張掖水北渡燕然山與通鑑水異豈瀚海張
掖水於弱水爲近乎程氏據西域傳以弱水爲在條支援引甚
悉然長安西行一萬二千二百里又百餘日方至條支其去雍
州如此之遠禹豈應窮荒而導其流也哉其說非是山海經崐
崘之墟弱水出西南隅史記大宛傳安息長老聞條支有弱水

西王母而未嘗見注索隱曰魏略云弱水在大秦西元中記云天下之弱者有崑崙之弱水鴻毛不能載也又弓名左定四年封父之繁弱注大弓名孔叢子公孫龍篇楚王張繁弱之弓司馬相如子虛賦彎蕃弱滿白羽注文穎曰蕃弱夏后氏之良弓名

彊 巨良切音強與強字音義並同說文弓有力也史記絳侯世家材官引彊注能引彊弓官如今挽彊司馬也又玉篇堅也書臯陶謨彊而義傳彊無所屈撓也蔡傳彊勇而好義也又廣韻健也易乾卦君子以自彊不息又集韻勝也爾雅釋詁當也注彊者好與相當史記自勝之謂彊又增韻壯盛也書洪範身其康彊又力有餘也詩載芟侯彊侯以傳彊彊力也朱傳彊民之有餘力而來助者遂人所謂以彊予任甿者也疏謂其人彊壯治一夫之田有餘力能佐助他事者也按周官遂人注彊當作疆古者疆埸有瓜口衆者多子之今集傳侯彊下引此似未安又勢盛也左昭五年羊舌四族皆彊家也孟子弱固不可以敵彊天下固畏齊之彊也又爾雅釋言暴也注彊梁淩暴書洪範彊弗友剛克傳彊禦弗順以剛能治之詩蕩篇曾

是彊禦傳彊梁禦善也疏彊梁者任威使氣之皃朱傳彊禦暴虐之臣也又神名山海經北海之渚有神人面鳥身名禺彊郭注莊子大宗師禺彊得之立乎北極又山海經北極天櫃有神名彊良 又其兩切強上聲類篇勉也孟子彊爲善而已矣前漢董仲舒傳彊勉學問則聞見博而知益明彊勉行道其德日起而大有功又抑之使然日彊孟子彊而後可 又其亮切音弶史記絳侯世家勃爲人木彊敦厚陸賈傳乃欲以新集未造之越屈彊於此 又居良切音姜詩鶉之奔奔鵲之彊彊箋居有常匹飛則相隨之皃 又與疆通集韻疆或作彊賈誼審微篇昔衛侯朝于天子行人問其名曰辟彊行人還之曰啓彊天子之號也諸侯弗敢用衛侯更名燬

赴 芳遇切音仆說文趨也从走仆省聲注春秋傳赴告用此字今俗作訃非是爾雅釋詁赴至也疏趨而至也左隱三年赴以庚戌又君氏卒聲子也不赴于諸侯不反哭于寢不附于姑故不曰薨 又叶敷救切音副傅咸燕賦逝來春而復旋意眷眷而懷舊一委身乃無二豈改適而更赴

惛 呼昆切音昏說文不憭也孟子吾惛注與

昏同　又與殙同列子以黃金摳者惛莊子作以黃金注者殙

又莫奔切音門義同　又莫困切與悶同後漢張衡應閒文不見是而不惛注猶悶也

侈

尺氏切音恥說文掩脅也一曰奢也正韻泰也六書故好廣也書周官祿不期侈詩巷伯哆兮侈兮傳哆侈微張之皃考工記鳧氏侈弇之所由興集注聲之淸濁又或興于形之侈弇輿人棧車欲弇飾車欲侈注士乘棧車無革鞔易坼壞故車箱微向內爲之所謂弇也大夫以上加飾以革鞔故向外所謂侈也又孟子放辟邪侈撮言放始遂於道辟則偏陂邪則浸淫成惡侈則蕩張無節矣　又以支切音移儀禮少牢饋食主婦被錫衣侈袂　又昌者切音撦公羊傳二十六年其言至嶲弗及何侈也注昌爾反又昌者反又叶充豉切音郗左思魏都賦繆默語之常倫牽膠言而踰侈飾華離以矜然假倔彊而攘臂

俯

方矩切音府說文低頭也从頁逃省或从人免今俗作俯非是韻會小補今皆作俯而頫音兆俛音免不復音俯矣禮樂記習其俯仰屈伸孔又進俯退俯注曲也不齊一也月令季秋蟄蟲咸俯

苦

五

切音苦說文大苦苓也詩采苦采苦首陽之下傳苦苦菜也爾雅[illegible]及山澤中得霜甜脆而美謝靈運山居賦二箭齊葉四苦齊味自注青苦白苦紫苦黃苦又味也書洪範炎上作苦詩谷風誰謂荼苦又集韻勤也孟子必先苦其心志又患也前漢賈誼傳又苦跛盭又類篇急也又傳雅悵也　又苦故切估去聲正韻困也西溪叢話今人不善乘船謂之苦船北人謂之苦車又姓晉大夫苦成叔見國語又通志世族略漢有會稽太守苦灼又果五切音古惡也周官典婦功及秋獻功辨其苦良注苦讀爲鹽觕也槀人及獻功受苦功齊語辨其功苦注功牢也苦脆也史記五帝紀器不苦窳注苦麤也　又侯古切音怙地名史記老莊列傳老子者楚苦縣厲鄉曲仁里人也

贍 時念切苦去聲說文給也玉篇周也假助也孟子救死而恐不贍趙注恐凍餓而不給宋傳足也又後漢李王鄧來傳贊李鄧豪贍注鄧晨代以吏二千石爲豪李通家富爲贍也又班固論傳固文贍而事詳　又通作澹前漢食貨志猶不足澹其欲也

四書字詁卷六十一

湖南黔陽縣歲貢生段諤廷訒庵原稿
本縣教諭章鄉黃本驥虎癡編訂

上孟三 梁惠王三計三十四字

俗 似足切音續說文習也徐曰俗之言續也轉相習也正韻上所化曰風下所習曰俗釋名俗欲也人所欲也禮曲禮使從俗周官大宰以八則治都鄙六曰禮俗以馭其民禮學記君子如欲化民成俗其必由學乎又雅之對也孟子寡人非能好先王之樂也直好世俗之樂耳

籥 以約切音藥說文書僮竹笘又廣韻樂器似笛爾雅釋樂大籥謂之產其中謂之仲小者謂之箹注籥如笛三孔而短小廣雅籥七孔釋名籥躍也氣躍出也詩簡兮左手執籥集傳籥如笛而六孔或曰三孔周官笙師掌教龡籥注如笛三孔其中則中聲其上下二孔則聲之淸濁所由生也籥師掌教國子舞羽龡籥祭祀則鼓羽

籥之舞【注】文舞有持羽吹籥者所謂籥舞也【籥章】掌土鼓豳籥【注】豳籥豳人吹籥之聲章【禮文王世子】秋冬學羽籥【明堂位】葦籥伊耆氏之樂也【孟子】管籥之音　又與鑰同【書金縢】啓籥見書【疏】籥開藏之管【蔡傳】與鑰通【禮月令】孟冬慎管籥吳氏澄曰管者鎖之牝籥者鑰之牡【鄭注】誤以鍵閉爲鎖之牝牡遂別釋管籥爲搏鍵器是以徒費辭而義愈不明也【道德經】天地之道其猶橐籥乎【注】橐者外之櫝所以受籥也籥者內之管所以鼓橐也又星名【星經】天籥七星在斗杓第二星北主關籥開閉【周天大象賦】天籥司其啓閉

蹙 子六切音蹴【說文】迫也【詩大雅】今也日蹙國百里【傳】促也蹙國蓋大戎內侵諸侯外畔也【禮禮器】三辭三讓而至不然則已蹙【注】蹙感皃又【曲禮】以足蹙路馬芻【疏】芻食馬草也蹙謂以足蹙蹋之又【廣韻】蹙近也又【孟子】疾首蹙頞【注】蹙聚也　又倉歷切音戚【詩節南山】蹙蹙靡所騁【箋】蹙蹙縮小之皃【朱注】音蹴又【爾雅釋訓】蹙蹙鞠也一作蹴【左成十五年】南國蹴

頞 烏割切音遏【說文】鼻莖也【孟子】蹙頞【注】頞額也人憂戚則蹙其額【莊子至樂篇】深矉蹙頞　又【釋

名頭也又[廣雅]頞鞍也偃折如鞍也又獸名[山海經]幽頞[贊]幽頞似猴俾思作智觸物則笑見人佯睡好用小慧終是嬰縈又烏旰切音案[史記西南夷傳]秦時常頞畧通五尺道[注]頞音案字遠曰常頞疑人姓名

獵 良涉切音列[說文]放獵逐禽也[廣韻]取獸也[白虎通]四時之田總名爲獵爲田除害也[尸子]虙羲氏之世天下多獸故教人以獵也[爾雅釋言]虐也[疏]謂從禽也[釋天]春獵爲蒐夏獵爲苗秋獵爲獮冬獵爲狩[詩伐檀]不狩不獵[禮王制]豺祭獸然後田獵[月令]季冬天子乃教田獵以習五戎[蔡邕月令章句]獵者捷取之名[正字通]獵以供俎豆習兵戎皆國家重事也又[吳語]今大夫國子興其眾庶以犯獵吳國之師徒又龜名[爾雅釋魚]後弇諸獵[疏]謂甲後弇覆者名獵[周官龜人]南龜曰獵屬[注]後弇獵又山名[淮南子地形訓]路出獵山又小車名[前漢宣帝紀]以軨獵車奉迎曾孫

旄 莫袍切音毛[說文]幢也从㫃从毛[書泰誓]右秉白旄以麾[釋文]白旄旄牛尾[蔡傳]旄軍中指麾白則見遠麾非右手不能故右秉白旄也[詩]干旄[傳]注旄於干首大夫之旃也[疏]注旄于首凡

旗皆然朱傳以旄牛尾注于旗干之首而建之車後也周官旄人注旄旄牛尾舞者所持以麾又孟子見羽旄之美趙注春秋傳范甯假羽旄於齊晉人假羽旄於鄭注析羽爲旄爲王者旍車之所建也又詩鄘風篇名序干旄美好善也衛文公臣子多好善賢者樂告以善道也又官名周官序官旄人注下士四人舞者衆寡無數又邱名爾雅釋邱前高旄邱詩旄邱傳前高後下曰旄邱又詩篇名序旄邱責衛伯也狄人迫逐黎侯黎侯寓于衛衛不能修方伯連率之職黎之臣子以責于衛也又木名爾雅釋木旄冬桃又星名史記天官書昴曰旄頭又騎名後漢光武紀賜東海王旄頭注秦文公時梓木化爲牛以騎擊之騎不勝或墮地髻解被髮牛畏之入水秦因是置旄頭騎　又廣韻莫報切音冒集韻鬣毛犛長也　又與耄通周官司刺再赦曰老旄孟子反其旄倪注旄老人也倪小兒也　又叶蒙晡切音扶傳毅洛神賦昆山美玉濤海明珠金銀璆琳翠罼貂旄

欣 許斤切音訢說文笑喜也禮月令孟夏慶賜遂行無不欣說周語事神保民莫不欣喜又欣欣喜兒楚辭九歌君欣

欣兮樂康陶潛歸去來辭木欣欣以向榮孟子舉欣欣然有喜色又爾雅釋獸兎絶有力欣又釋畜牛絶有力欣犌又州名廣韻本漢陽曲縣地隋置欣州因欣口得名　又叶虛言切音軒陸雲贈顧尚書詩華英已耀餘光難延會淺别速哀以紹欣

芻楚徂切音初說文刈草也詩板篇詢于芻蕘疏芻者飼牛馬之草左昭十三年叔鮒求貨於衛淫芻蕘者孟子芻蕘者往焉注芻草也蕘薪也又芻豢之悅我口趙注飼牲曰芻韻會牛羊曰芻犬豕曰豢皆以所食得名禮曲禮以足蹙路馬芻有誅又祭統士執芻注藁也詩白駒生芻一束箋薍草刈取以用故曰生芻又草名爾雅釋草菉王芻注菉蓐也今呼鴟脚莎詩采綠箋綠王芻也又鳥名許彥周詩話嘗作七夕詩押潘尼字衆人和韻無成詩者後讀藏經呼喜鵲為芻尼乃知讀書不厭多　又蒭尤切音鄒韓愈鴛鴦詩力小若易制價微良易酬渴飲一斗水飢食一束芻　俗作蒭

蕘如招切音饒說文草薪也詳上注又藥名本草蕘花注蕘者饒也其花繁饒也又尼交切音鐃集韻菜名傳雅蕪精也爾雅疏葑也須也蕪

菁也蔓菁也蕵蕪也蕘也芥也七者一物也

兔

土故切吐去聲〔說文〕獸名象踞後其尾形〔春秋運斗樞〕玉衡之精散爲兔〔韻會〕歐陽氏曰兔從兔字加一點陸佃曰說文無兔字以兔爲兔兔生自口出宜有留難吐而後免故字又通爲兔今產乳曰娩亦或謂之分娩且兔足前卑後倨其形俛故俛又從兔也〔埤雅〕兔口有缺吐而生子故謂之兔兔吐也舊說兔者明月之精視月而孕故楚辭曰顧兔在腹顧兔居月之腹而天下之兔望焉於是感氣〔禮〕曰兔曰明視其以此歟蓋咀嚼者九竅而胎生獨兔雌雄八竅故陶氏書云兔舐雄毫而孕五月而吐子〔爾雅釋獸〕兔子嬎其跡迒絕有力欣〔齊策〕狡兔有三窟〔埤雅〕兔營窟必背邱相通所謂狡兔三穴也〔禮曲禮〕兔曰明視〔疏〕兔肥則目開而明視也〔內則〕兔去尻〔纂言〕兔尻有九孔〔詩瓠葉傳〕有兔斯首首兔也猶數魚以尾也又〔埤雅〕主物簿云孕環之兔懷於左腋毛有文彩間色至百五十年當轉環於腦能隱形人不復見矣又周南篇名〔序〕兔罝后妃之化也關雎之化行則莫不好德賢人衆多也又取兔曰兔〔孟子〕雉兔者往焉〔撮言〕芻蕘雉

兔四字死字活用言往取芻蕘雉兔也無點爲兔有點爲兔作兎兎者皆非

境　居飲切音景〔說文〕疆也一曰竟也疆土至此而竟也〔齊語〕外臣之言不越境〔史記諸侯王表〕諸侯比境〔注〕地相接次也〔前漢地理志〕開地斥境〔孟子〕臣始至於境又與竟通〔禮曲禮〕入竟而問禁〔左宣二年〕亡不越竟〔又〕越竟乃免

禁　居蔭切今去聲〔說文〕吉凶之忌也又〔韻會〕制也勝也戒也謹也止也〔易繫辭〕禁民爲非又天子所居曰禁〔蔡邕獨斷〕漢制天子所居門閤有禁非侍御之臣不得妄入稱禁中避元后父名政省中又〔禮曲禮〕入竟而問禁〔注〕禁謂政教〔孟子〕問國之大禁又承酒尊之器〔禮禮器〕天子諸侯廢禁大夫士棜禁〔注〕禁如今方案隋長局足高三寸〔疏〕禁長四寸廣二尺四寸通局足高三寸漆赤中畫青雲蔆苕華爲飾刻其足爲褰帷之形〔集說〕承尊者命之爲禁所以禁之也曰棜則欲其不流曰禁則欲其不犯合而言之棜亦禁也又樂名〔周官〕鞮鞻氏掌四夷之樂〔注〕北方曰禁又〔小爾雅〕錄也　又居吟切音今力所勝也當也劫持也〔前漢〕咸宣傳猶弗能禁　又同紟帶也〔荀子〕非十

二子篇其纓禁緌

葛

古達切音蛤〔說文〕絺綌草也〔詩葛覃傳〕草名蔓生可爲絺綌者〔周官掌葛疏〕以時徵絺綌之材于山澤之農〔易困卦〕困于葛藟〔注〕引蔓纏繞之草〔埤雅〕葛性柔韌蔓生可衣女事之煩縟者又瓜葛皆延蔓相及故族屬之緜遠者取譬瓜葛〔蔡邕獨斷〕凡與先帝先后有瓜葛者又詩篇名周南葛覃〔序〕后妃之本也后妃在父母家則志在於女功之事恭儉節用服澣濯之衣尊敬師傅則可以歸寧父母化天下以婦道也詩王風葛藟〔序〕王族刺平王也周室衰微棄其九族焉又采葛〔序〕懼讒也唐風葛生〔序〕刺晉獻公也好攻戰則國人多喪矣又〔楚辭〕遠遊騎膠葛以雜亂〔注〕膠葛雜亂之皃一曰交加也或曰如膠之黏滯如葛之蔓延〔司馬相如大人賦〕雜還膠葛以方馳〔注〕膠葛馳騖也又國名〔書仲虺之誥〕乃葛伯仇餉〔傳〕葛國名伯爵也〔春秋桓十五年〕邾人牟人葛人來朝〔注〕葛國在梁國寧陵縣東北〔彙纂〕今河南歸德府寧陵縣有葛城在汴河之南僖十七年傳齊桓夫人葛嬴則葛國嬴姓〔孟子〕是故湯事葛又地名〔春秋隱五年〕宋人圍長葛〔注〕潁川長社縣北有長葛城

在今河南開封府許州長葛縣北十二里又水名水經注沭水又南與葛陂相會又山名山海經葛山之首無草木又姓通志氏族畧葛氏有三嬴氏之後以國爲氏又諸葛有熊氏之後爲詹葛氏齊人語譌以詹葛爲諸葛　又居謁切音結詩旄邱旄邱之葛兮叶下節馬融圍棋賦作緩作急兮上且未別黑白紛亂兮於約如葛　又唐韻古音路史葛天氏葛音葢字典古本葛與葢通

智

知義切音置說文識詞也从白从亏从知隸省作智今經典或通用知釋名智知也無所不知也荀子正名篇知而有所合謂之智孟子是非之心智之端也

獯

許云切音薰廣韻夏曰獯鬻周曰獫狁漢曰匈奴孟子太王事獯鬻亦作葷粥史記匈奴傳唐虞以上有山戎獫狁葷粥

鬻

武悲切同糜說文健也注今俗作粥音之六切　又之六切音祝爾雅釋言糜也注淖糜儀禮士喪禮鬻餘飯注以飯尸餘米爲鬻也左昭七年饘於是鬻於是注餬屬　又余六切音育左昭三年有鬻踊者注賣也又莊子德充符四者天鬻也天鬻也者天食也音義鬻養也又姓前漢藝文志鬻子名熊爲周

師自文王以下問焉封爲楚祖又鬻熊鬻見上　又居六切音鞠〔詩〕鴟鴞鬻子之閔斯〔傳〕稚也〔朱傳〕養也〔釋文〕由六反　又叶職律切音拙〔蘇轍〕鍾山詩老僧一身泉上住十年掃盡人間迹客到惟燒柏子香晨飢坐食山前鬻

句　古侯切　音溝〔說文〕曲也俗作勾〔禮月令〕季春句者畢出〔注〕句屈也〔左哀十七年〕越子爲左右句卒〔注〕鉤伍相著别爲左右屯〔前漢趙充國傳〕入鮮水北句廉上〔注〕謂水岸曲而有廉稜也又神名〔禮月令〕其神句芒〔注〕句芒少皞氏之子曰重爲木官〔左昭二十九年〕木正曰句芒〔注〕取木生句曲而有芒角也〔又〕共工氏有子曰句龍爲后土后土爲社〔注〕共工在太皞後神農前以水名官者其子句龍能平水土故死而見祀又國名〔左僖二十一年〕任宿須句風姓也〔注〕須句在東平須昌縣西北〔彙纂〕今山東兖州府東平縣東南有須句故城又城名〔春秋哀二年〕盟于句繹〔注〕邾地〔彙纂〕在今山東兖州鄒縣境〔左襄十九年〕執公子牙於句瀆之邱〔彙纂〕地名襄九年執公子買于句瀆之邱即此前漢地理志濟陰郡句陽縣〔注〕左傳句瀆之邱也又縣名〔前漢地理志〕會稽郡句章

縣濟陰郡宛句縣[注]師古曰句音鉤又交趾有句漏縣又國名[史]記吳世家自號句吳[注]吳言句者發聲也猶言於越耳又姓[史]記仲尼弟子傳句井疆　又古侯切音溝[廣]韻句當宋史曹彬[傳]江南句當公事回又姓[華]陽國志王平句扶張翼廖化並爲將詩人曰前有王句後有張廖　又與彀同詩行葦敦弓既句[釋]文句說文作彀張弓曰彀　又九遇切音屨[玉]篇止也言語章句也[詩]關雎[疏]句古謂之言秦漢以來衆儒各爲訓詁乃有句稱句必聯字而言句者局也聯字分疆所以局言者也又僂句地名龜所出也[左]昭二十五年[注]莊會竊其寶龜僂句又[禮]樂記句中鉤[疏]謂大屈也言音聲大屈曲感動人心如中鉤也又[考]工記廬人句兵欲無彈[注]句兵戈戟屬[釋]文俱具反又音鉤又[史]記叔孫通[傳]臚句[注]上傳語告下爲臚下告上爲句又遼東國名縣名[前]漢地理志元菟郡高句驪[又]丹陽郡句容縣　又其俱切音劬地名[春]秋文七年[注]公伐邾取須句公羊作朐　又縣名[前]漢地理志牂牁郡句町縣[注]音劬挺　又與絇同屨頭飾也[周]官屨人青句[注]句當爲絇[前]漢王莽[傳]句履[注]師古

曰其形歧頭　又參于切音俱史記孝文帝紀故楚相蘇意爲將軍軍句注注應劭曰山險名也索隱曰句音俱包愷音鉤又與矩同方也莊子曰子方履句履者知地形陸氏讀矩徐云其俱反李云方也　又古有切音九淮南子地形訓自東北至西北方有歧踵民句瞿民注句讀爲九

劍居欠切檢去聲說文人所帶兵也从刀僉聲籀文从刀仐文或从刂釋名劍檢也所以防檢非常也管子地數篇昔葛天盧之山發而出金蚩尤受而制之以爲劍鎧考工記桃氏爲劍莊子說劍篇有天子劍有諸侯劍有庶人劍孟子撫劍疾視荀子性惡篇鉅闕辟閭古之良劍也又操劍殺人亦曰劍潘岳汧督馬敦誄序漢明帝時有司馬叔持者白日于市手劍父讐又禮曲禮負劍辟咡朱氏軾曰負劍之義舊注謂負子於背挾童子於脅劉氏謂長者俯從童子背後如童子負長者劍黃氏則謂長者負劍不便屈身故俯臨而語之愚謂義俱難通竊負當爲俯劍字有誤負劍辟咡或是低語恐聽不真故俯首偏向耳邊言之又開元因革禮漢制朝服帶劍晉代之以木謂之班劍又城名州名閣

名〔樂史寰宇記〕劍城在利州益昌縣西南五十里〔水經注〕益昌有小劍城去大劍城三十里連山接險飛閣通衢故謂之劍閣也劍州劍門縣諸葛武侯相蜀于此立劍門以大劍山至此有隘束之路故曰劍門又池名〔吳越春秋〕闔廬葬虎邱鑿池四周池廣六十步水深丈餘〔圖經〕秦皇經此山欲發墳求劍地裂爲池或名秦皇試劍池〔范成大吳郡志〕劍池闔廬葬其下以扁諸魚腸等劍各三千殉焉故以劍名池葬之三日有白虎踞其上又劍器武舞曲名見〔文獻通考〕杜甫有觀公孫大娘弟子舞劍器行或以爲刀劍之劍誤也

爰

于元切音袁〔說文〕引也从𠬪从于籒文以爲車轅字〔集韻〕謂引辭也〔爾雅釋詁〕粵于爰曰也爰粵于也〔注〕轉相訓〔書咸有一德〕爰革夏正〔傳〕於也〔詩鴻鴈〕爰及矜人〔箋〕曰也〔皇矣〕爰整其旅〔孟子注〕於也〔詩兔爰傳〕爰爰緩意〔序〕兔爰閔周也桓王失信諸侯背叛構怨連禍王師喪敗君子不樂其生焉又〔廣韻〕哀也又〔左僖十五年〕晉於是乎作爰田〔注〕分公田之稅舊入公者爰之於所賞之衆〔疏〕爰易也謂舊入公者乃改易於所賞之衆又〔史記張湯傳〕劾鼠掠治傳

爰書注爰換也古者重刑嫌有愛惠故換獄書使他官考實之又鳥名爾雅釋鳥疏爰居大如馬駒一名雜縣魯語海鳥曰爰居止於魯東門之外二日臧文仲使國人祭之又姓廣韻袁或作爰出濮陽舜胡公之後又作轅陳大夫爰濤塗左傳作轅又與奚通詩四月奚其適歸左傳作爰

整 之郢切征上聲說文齊也从攴从束从正注束之又小繫之使正也詩皇矣爰整其旅又左昭十三年夫禮所以整民也疏整理天下之民又增韻飭也

遏 烏割切音閼說文微止也讀若桑蟲之蝎爾雅釋詁止也注以逆相止曰遏廣韻絕也易大有君子以遏惡揚善書武成以遏亂畧注遏絕亂謀也又釋詁逮也又與按通詩皇矣以按徂旅孟子作遏注止也又叶于歇切音謁崔駰反都賦勃威赫斯果秉其鉞如川之流動不可遏

徂 昨胡切祚平聲說文往也从辵且聲或从彳書大禹謨汝徂征詩東山我徂東山孟子以遏徂旅注徂往也又爾雅釋詁存也注以徂爲存猶以亂爲治以曩爲曏以故爲今反覆旁通美惡不嫌同名又國名詩皇矣侵阮徂共箋阮也徂也共

也三國犯周而文王伐之〔按〕箋說與朱傳異又山名詩閟宮徂來之松〔地理考〕異徂來亦曰尤來在兗州乾封縣

祜 候古切音戶〔說文〕福也〔爾雅釋詁〕厚也〔詩桑扈〕受天之祜〔傳〕福也〔皇矣〕以篤周祜〔禮禮運〕是謂承天之祜　俗讀去聲者誤

寵 丑壟切冲上聲〔說文〕尊居也一曰愛也恩也又〔增韻〕尊榮也〔易師卦〕承天寵也〔書泰誓〕寵綏四方〔傳〕愛也〔孟子注〕寵異之于四方也〔書周官〕居寵思危〔蔡傳〕居寵盛則思危辱〔說命〕毋啟寵納侮〔蔡傳〕毋開寵幸而納人之侮又姓〔正字通〕蜀漢長史寵羕　又盧東切音籠〔集韻〕郁寵縣名在九真郡　又與籠通〔鹽鐵論〕周秦篇不軌之民犯公法以相寵〔注〕古本作籠包舉也　又與龍通〔詩蓼蕭〕爲龍爲光〔左昭十二年〕公賦蓼蕭叔孫昭子曰寵光之不宣〔焦氏易林〕蓼蕭露瀼君子寵光又〔長發〕何天之龍〔箋〕龍當作寵〔大戴將軍文子篇〕引詩作何天之寵龍之讀寵非叶音也

曷 胡葛切音褐〔說文〕何也〔易損卦〕曷之用〔注〕曷辭也曷之用言何用豐爲也〔書泰誓〕予曷敢有越厥志又〔爾雅釋詁〕止也〔詩長發〕則莫我敢曷〔朱注〕音遏　又叶何越反

傳遏通或曰曷誰何也又玉篇遂也盡也　又許葛切音歇集
韻相恐怯也　又阿葛切音遏遠也　又邱葛切音喝與鶡同
又與蝎同史記蔡澤傳曷鼻巨

越　王伐切音曰說文度也
肩注索隱曰曷鼻謂鼻如蝎蟲也　玉篇踰也易繫辭雜而
不越注各得其序不相踰越禮曲禮戒勿越疏戒慎毋得踰越
左僖八年恐隕越於下傳隕越顛墜也又於也書高宗肜日越
有雊雉傳於也詩東門之枌越以鬷邁傳於也又遠也書泰誓
予曷敢有越厥志傳遠也孟子注言過用其心也又瑟下孔爲
越儀禮鄉飲酒二人皆左何瑟後首挎越注越瑟下孔也禮樂
記淸廟之瑟朱絃而疏越注瑟底孔也疏之使聲遲字典儀禮
禮記越皆如字讀字彙音活非是又王制惟祭天地社稷爲越
紼而行事注猶蹴也疏未葬之前屬紼於輴以備火災祭天地
社稷須越蹴此紼而往祭所故云越紼又書太甲毋越厥命以
自覆傳毋顛越其命以自取覆亡也又及也書秦誓越我御事
庶士傳越及也又左昭四年風不越而殺注散也又爾雅釋言
揚也注謂發揚周語汩越九原注揚也晉語使越於諸侯注發

聲問也又〔齊語〕越哉臧孫氏之為政也〔注〕遊也又〔淮南子精神
訓〕嗜慾者使人之氣越〔注〕失也又國名〔左宣八年〕盟吳越而還
〔注〕越國今會稽山陰縣也〔疏〕越姒姓其先夏后少康之庶子封
於會稽自號於越〔彙纂〕隋置吳州尋改越州宋高宗陞為紹興
府〔吳越春秋〕禹以下六世而得少康少康恐禹祀之絕乃封其
庶子於越又地名〔春秋桓元年〕公及鄭伯盟于越〔注〕近垂地名
〔彙纂〕今在山東兗州府曹州附近又南越東越甌越並夷國名
亦作粵又郡名〔前漢地理志〕〔注〕越嶲郡元鼎六年開又姓越石
父見〔史記管晏傳〕越象見〔潛夫論〕又布名〔後漢馬皇后紀〕白越
三千端〔注〕白越越布又語詞〔書召誥〕越若來〔傳〕古語辭又〔武成〕
越翼日癸巳　又戶括切音活〔禮〕〔禮運〕大路素而越席〔疏〕越席
蒲席也〔釋文〕音活〔左桓二年〕大路越席〔注〕越席結草〔釋文〕戶括
反　又叶俞芮切音位〔曹植王粲傳〕人命靡常吉凶異制此驩
之人孰先隕越　又叶魚橘切音蟩〔陳琳瑪瑙勒賦〕瑰姿瑋質
紛葩艷逸英華內照景流外越

厥　居月切音蕨〔說文〕發石也〔玉篇〕短也〔爾雅〕釋言其也〔書泰誓〕時厥明〔注〕其也〔孟子〕越

四書字詁　卷六十一　上孟三　九

厥志又〔前漢諸侯王表〕厥角稽首〔注〕應劭曰厥者頓也角者頷角也〔書泰誓傳〕若擸崩其頭角然又病名〔內經大奇論〕暴厥者不知與人言〔調經論〕血之與氣并走為上則為大厥厥則暴死〔繆刺論〕手足太陰少陰足陰明五絡俱絶令人身體皆重而形無知也其狀若尸或曰尸厥又姓望出京兆漢賜衡山王姜厥氏又地名〔春秋昭十一年〕晉子厥慭〔公羊〕作屈銀　又九勿切音刷〔韻會〕突厥世居金山工於鐵作金山狀如兜鍪俗呼兜鍪為突厥因為國號

雪　相絶切音蠽〔說文〕凝雨說物者从雨彗聲今文省作雪〔春秋元命苞〕陰凝為雪〔釋名〕雪綏也水下遇寒氣而凝綏綏然下也〔爾雅〕雪雨之可掃者也亦能淨扮穢若彗所謂以黍雪桃者以淨為義氾勝之書曰雪者五穀之精取汁以漬原蠶之沙和穀種之柰旱今雪寒甚則為粒淺則成華韓詩外傳云雪華曰霙凡草木花多五出雪華獨六出[illegible]也又冰雪雜下謂之消雪霰曰稷雪閩俗謂之米雪〔詩〕信南山上天同雲雨雪雰雰〔頍弁〕如彼雨雪先集維霰〔傳〕將大雨雪必先微溫雪自上下遇溫氣而摶謂之霰又〔廣韻〕除也〔韻會〕洗也

莊子知北遊澡雪而精神國策得賢士與共國以雪先王之耻又廣韻拭也家語以黍雪桃史記鄒食其傳沛公遽雪足杖矛又節俠名小雪大雪見後漢律曆志又山名後漢明帝紀注天山卽祈連山一名雪山元和郡縣志雪山在松州嘉城縣東八十里春夏常有積雪又宮名孟子注雪宮離宮名一統志青州城內城隍廟西有雪宮遺址謝惠連雪賦雪宮建於東國雪山峙於西域又曲名宋玉對楚王問其爲陽春白雪國中屬而和者不過數十人又姓正字通明洪武中巡檢雪齊

轉

止兗切專上聲說文轉運也前漢韓安國傳轉粟輓輸以爲之備又廣韻動也旋也詩關雎傳輾者轉之半轉者輾之周又山名孟子注轉附朝儛皆山名通考趙氏德曰轉附屬萊州吳氏程曰轉當如字上聲後章及公孫下滕文上轉溝壑並同　又知戀切專去聲凡物自轉則上聲以力轉物則去聲又車上衣裝曰轉左襄二十四年皆踞轉而鼓琴注轉衣裝釋文張戀反

儛

集韻同舞莊子在宥篇鼓歌以儛之楚辭九歌邛陵翔儛注山邱踴躍而歡喜也又山名見上又考工記矢人夾而

摇之注今人以指夾矢僻衛是也僻衛謂挾摇聲試矢者以指拈箭鏃有聲以徵其直也

琅

魯堂切音郎說文琅玕似珠者玉篇琅玕石似玉廣韻玉名書禹貢雍州厥貢惟球琳琅玕傳石之似珠者爾雅釋地西北之美者有崑崙虛之球琳琅玕焉山海經崑崙山有琅玕樹本草蔻宗奭曰天竺出琅玕李時珍曰山海經云開明山北有珠樹淮南子云曾城九重有珠樹在其西珠樹即琅玕在山爲琅玕在水爲珊瑚漢武內傳王母命王子登彈八琅之璈又琅邪郡名今沂州俗作瑯山海經琅琊臺在渤海間琅琊之東注今琅琊在海邊有山嶕嶢特起狀如高臺括地志琅琊山在密州諸城縣東南始皇立層臺于山上謂之琅琊臺孟子注琅琊齊東南境上邑名水經注琅邪山名在都城縣人物備考琅琊越王句踐之故國也句踐并吳欲霸中國徙都琅琊秦始皇二十六年滅齊以爲郡城即秦皇之所築也遂登琅琊作層臺其上謂之琅琊臺臺在城東南十里孤立特顯出於衆山上下周二十里餘傍濱巨海秦王樂之因留三月臺三層高三丈方二百餘步刊石立碑紀秦功德括

地志琅邪臺在密州諸城縣東南百四十里又姓齊大夫琅過見五音集韻又倉琅宮門銅首銅環前漢趙皇后傳木門倉琅根又琅璫長鏁也前漢王莽傳以鐵鏁琅當其頸又金琅璫鈴鐸也杜甫詩夜深殿突兀風動金琅璫又白琅仙藥名酉陽雜俎仙藥有白琅霜又琳琅玉聲楚辭九歌撫長劍兮玉珥璆鏘鳴兮琳琅又周官大司馬注司馬法曰鼓聲不過閶鼙聲不過闒鐸聲不過琅　又力宕切音琅管子宙合篇以琅湯凌轢人注琅湯音浪瑒

巡

詳遵切音旬說文巡視行皃廣雅巡行也玉篇巡守也白虎通王者所以巡狩者何巡者循也狩牧也爲天下巡行首牧民也書舜典五載一巡守又周官又六年五服一朝又六年王乃時巡考制度于四岳諸侯各朝于方岳大明黜陟蔡傳時巡者猶舜之四仲巡狩也周官職方氏王將巡狩則戒于四方曰各修平乃職考乃職事無敢不敬戒小行人十有二歲王巡狩殷國左昭五年大育巡功注天子巡守曰巡功巡所守之功孟子天子適諸侯曰巡狩巡狩者巡所守也注巡行諸侯所守之土也又玉篇偏也左桓十二年使伯嘉諜

之三巡數之注巡偏也疏謂巡繞偏行之又玉篇逡巡行不進也莊子田子方登高山履危石臨百仞之淵背逡行足二分垂於外　又余專切音沿相循也禮祭義日出於東月生於西陰陽長短終始相巡注巡讀如沿漢之沿謂更相從道陸氏曰巡讀如字吳氏澄曰巡如巡行之巡如環之循是謂相巡　又叶松宣切音於歐陽修送吳生詩我笑謂吳生爾其聽我言君子能自知改過不逡巡

狩　書救切音獸說文犬田也爾雅釋天冬獵爲狩白虎通冬謂之狩何守地而取之也左隱五年春蒐夏苗秋獮冬狩注狩圍守也冬物畢成獲則取之無所擇也又爾雅釋天火田爲狩注放火燒草獵亦爲狩　又始九切音手集韻冬獵也詩叔于田叔于狩下好叶許厚反車攻駕言行狩上草叶此苟反好叶許厚反　又叶書几切音始易林炮身潔已逢禹巡狩錫我元圭拜受福祉　又叶常呂切音暑易林駕龍巡狩王得安所

職　之弋切音織說文記微也徐曰國有六職皆主記事之徵也增韻職掌也爾雅釋詁職主也書周官六卿分職各率其屬以倡九牧史記張丞相傳沛公

以周呂爲職志注職主也志旗幟也謂掌旗幟之官又詩十月之交職競猶人傳職主競力也噂噂沓沓多言以相悅而背則相憎專力爲此者皆由讒口之人耳又官名天官有職內職歲職幣春官有職喪秋官有職金周官序官注職者主其業也夏官有職方氏注主四方之貢孟子諸侯朝於天子曰述職述職者述所職也注陳其所度之職也孫疏謂述己之所守職也如春朝以圖天下之事夏宗以陳天下之謨秋覲以比邦國之功冬遇以協諸侯之慮是也又爾雅事也周官大宰閒民無常職注謂無事業者又爾雅釋詁常也又左襄二十八年共其職貢淮南子原道訓四夷納職注職貢也又專也詩桑柔職涼善背傳專由小人名爲直涼而實善背也又職職多也莊子至樂篇萬物職職皆從無爲殖林注職職繁殖也又姓統譜周禮有職方氏後因官爲氏風俗通漢山陽令職洪之後　又敵得切音特集韻杙也玉篇繫牛杙周官大宗伯大祭祀展犧牲繫于牢頒于職人鄭注職讀作樴疏謂牽牲于臬置臬之時樴樴然作聲故讀從樴集注職人謂充人及監門職當繫牲而養之者

又逸織切音弋義同　又與幟同史記叔孫通傳於是皇帝輦出房百官執職傳警注音幟　又通作樴爾雅釋宮樴謂之杙周官作職

注見上

四書字詁卷六十二

湖南黔陽縣歲貢生段諤廷訒庵原稿
本縣教諭寧鄉黄本驥虎癡編訂

上孟四 梁惠王四計三十三字

補 博古切音圃說文完衣也急就篇注修破謂之補詩崧高維山甫補之又助也周官小行人若國札喪則令賻補之孟子春省耕而補不足疏春則省察民之耕而食不足者則補之如周禮旅師春頒其粟是也又益也前漢董仲舒傳凡所爲屑屑夙興夜寐務法上古者又將無補與又數也韻會十兆曰經十經曰垓十垓曰補又邑名鄭語鄒蔽補丹依畴歷莘君之土也注八邑也又姓通志氏族畧有補氏正字通唐中常侍補眞

睊 於絢切淵去聲說文視皃 又古縣切涓去聲睊睊側目視皃孟子睊睊胥讒集注側目皃撮言睊睊是見于色胥讒是見于言謂怒目以相謗也 又圭淵切音涓義同

胥相居切音湑說文蟹胥也韻會言其肉胥胥解也周官庖人注青州之蟹胥釋文息徐反劉音素字林先於反蟹醬也又集韻助也待也又廣韻相也書太甲民非后罔克胥匡以生傳無能相匡孟子睊睊胥讒注相也春秋桓三年胥命于蒲杜注申約言以相命而不歃血前漢楚元王傳二人諫不聽胥靡之注相也靡隨也古者相隨坐輕刑之名莊子庚桑楚胥靡登高而不懼注胥靡刑徒也前漢敘傳史遷薰胥以刑注相也又集韻皆也詩桑柔君子樂胥傳皆也朱傳語詞又儲胥謂蓄積待用也有儲蓄以待所須也又官名周官胥師各掌其賜之政令而平其貨賄序官注二十律則一人皆二史胥二律則一人天官序官注府掌官契以治藏史掌官書以贊治皆其官長所自辟除胥掌官敘以治敘徒掌官令以治令乃民給徭役者胥讀如諝禮文王世子小樂正學干大胥贊之鼓南吳氏澄曰詩云以雅以南謂詩之二雅二南也此云胥鼓南亦謂大胥以鼓而節二南之樂歌爾又樹名前漢司馬相如傳留落胥邪注胥邪似并閭皮可作索又蝶名莊子至樂篇蝴蝶胥也注蝴蝶

一名胥列子天瑞篇烏足之根爲蠐螬其葉爲胡蝶胡蝶胥也化而爲蟲生竈下又地名左宣十四年車及於蒲胥之市又穀梁成元年客不悅而去相與立胥閭而語又吳郡有胥門胥山胥口皆以伍子胥得名胥門蘇州城東門胥山在太湖上胥口乃太湖之委其水達於胥門出香山胥山之間兩山對峙中一水曰胥口見范大成吳郡志又木攡柵多疎欐謂之儲胥亦曰浮思又姓胥童晉臣見左成十七年又人名哀十一年桑掩胥御國子又楚人申包胥伍員字子胥竝見左傳　又與蘇同詩山有扶蘇傳扶蘇扶胥小木也程易田曰六韜有武衞大扶胥衝車三十六乘武翼大櫓矛盾扶胥七十二具提翼小櫓扶胥一百四十六具又弓木螳螂劍刃扶胥廣二丈百二十具一名行馬又姑蘇臺名吳越春秋越絶書竝作姑胥日知錄姑胥山名古胥蘇通　又寫與切音謂蘇故切音素義竝同　又叶胥上聲班固靈臺詩屢維豐年於皇樂胥叶上廡雨

荒

呼光切音肓說文蕪也一曰草掩地也周語田疇荒蕪孟子土地荒蕪韓詩四穀不升謂之荒爾雅釋天果不熟爲荒又廢也

書蔡仲之命無荒棄朕命傳無廢棄我命孟子從獸無厭謂之荒注荒廢也集說蒐苗獮狩各有其時無厭則廢時矣又大也書益稷惟荒度土功傳大治度水土之功左昭七年有亡荒閱注大也有亡人當大蒐其家又治也詩天作大王荒之朱傳治也又掩也樛木葛藟荒之朱傳奄也呂氏曰芘覆也折中草與苗雜曰荒閟宮遂荒大東傳奄也折中治也又爾雅釋地觚竹北戶西王母日下謂之四荒書禹貢五百里荒服蔡傳以其荒野故謂之荒服又空也吳語荒城不盟又蒙也禮喪大記飾棺君黼荒大夫畫荒士布荒注荒蒙也在旁曰帷在上曰荒皆所以飾柳也士布帷布荒者白布也君大夫加文飾焉黼荒緣邊為黼文畫荒緣邊為雲氣疏荒謂柳車上覆鼈甲也又地名左桓十三年莫敖縊于荒谷注楚地彙纂荊州記州東三里有三湖湖東有水名荒谷今在湖廣荊州府梁元帝元覽賦夕瞻荒谷之寺又歲名爾雅釋天大歲在巳曰大荒落又姓見通志氏族畧又新書道術篇以己諒人謂之恕反恕為荒　又同慌楚辭哀郢荒忽其焉極　又通肓史記扁鵲傳搦髓腦揲荒注荒

膏肓

招之搖切音昭〔說文〕手呼也〔詩〕匏有苦葉招招舟子〔傳〕招招號召之皃〔疏〕號召必手招之王逸云以手曰招以口曰召〔朱注〕音韶〔左〕莊二十二年〔註〕翹翹車乘招我以弓又〔廣韻〕來之也〔書〕說命旁招俊乂又求也〔前漢季布傳〕辯士曹邱生數招權顧金錢〔注〕招求貴人威權因以請託也又胥也〔孟子〕既入其笠又從而招之〔注〕招羈其足也又箭把曰招〔亢倉子〕全道篇〕萬人操弓共射一招又姓漢大鴻臚招猛　又時招切音韶〔前漢禮樂志〕體招搖若永望〔注〕招搖申動皃又星名〔禮〕曲禮〕招搖在上〔注〕招搖星在北斗杓端立指者〔疏〕招搖北斗第七星也七星一天樞二旋三機四權五衡六開陽七搖光一至四為魁五至七為杓招搖郎搖光也　又與韶通〔史記〕帝舜紀禹乃興九招之樂〔注〕郎舜樂簫韶九成故曰九招〔孟子〕蓋徵招角招是也〔注〕招舜樂也〔集說〕徵為事角為民其詩皆以招名之〔左〕昭十二年祭公謀父作祈招之詩〔杜注〕祈父周司馬世掌甲兵之職招其名〔釋文〕招常遙反又音昭賈逵曰祈求也昭明也言求明德也馬融亦云昭明也　又通作苕〔公羊〕成十六年晉人執季

孫行父舍之于招邱〔釋文〕招章遙反又上饒反左穀作苕邱
又祈堯切音翹〔集韻〕舉也〔周語〕好盡言以招人過又揭也〔莊子〕
駢拇篇有虞氏招仁義以撓天下〔前漢〕陳項傳招八州而朝同
列　又叶之笑切音照〔蔡邕〕郭有道碑赫赫三事幾行其招委
辭召貢保此清妙　又叶之由切音周〔韓愈〕祭穆
員外文於後八年君從杜侯時我在洛亦應其招

岐翹移切音祈〔說

文〕山名后稷十三世孫古公亶父始居此〔一統志〕山有兩岐故
名〔六書故〕在今鳳翔府岐山縣禹貢導岍及岐是也〔地理考異〕
岐山一名天柱山〔孟子注〕趙氏曰岐州在漢右扶風美陽縣西
北唐屬岐州岐山縣山之南有周原蓋周之舊國〔詩緜篇〕至于
岐下〔孟子〕邑于岐山之下〔書禹貢〕雍州荆岐既旅〔蔡傳〕岐山今
鳳翔府岐山縣東北十里〔左昭四年〕成有岐陽之蒐〔彙纂〕漢之
美陽在今武功縣境今岐山縣正在武功之西北彼時未有縣
故岐山在其境內也後周始置岐山縣今屬陝西鳳翔府又〔書
禹貢〕冀州治梁及岐〔蔡傳〕岐山在今汾州介休縣孤岐之山勝
水所出東北流注于汾酈道元云後魏於胡岐置六壁防離石

諸胡因爲大鎮又路岐也〔釋名〕物兩爲岐在邊爲旁〔爾雅釋宮〕二達謂之岐旁〔注〕道旁出也〔列子說符篇〕亡羊者曰岐之中又有岐不知所之所以返也又峻岐也〔詩生民〕克岐克嶷〔朱傳〕岐嶷峻茂之皃許氏曰小皃有知也又姓黄帝臣岐伯唐岐靈岳

譏 居依切音機〔說文〕誹也〔增韻〕誚也〔左隱元年〕稱鄭伯譏失教也〔班固典引〕司馬遷著書微文刺譏貶損當世又〔廣〕問也〔增韻〕伺察也〔禮王制〕關執禁以譏〔注〕譏訶察也〔孟子〕關市譏而不征〔注〕譏察也關市之人察異言異服而不征商賈之稅也又〔廣韻〕諫也〔玉篇〕嫌也〔廣韻〕譴也又官名〔金史百官志〕譏察使掌譏察姦僞 又通作幾見〔周官司關〕

澤 文伯切音宅〔說文〕光潤也〔禮少儀〕澤劍首〔疏〕澤謂光澤玩弄劍首則生光澤又〔孟子〕若夫潤澤之又〔周語〕澤水之鍾也〔風俗通山澤篇〕水草交厝名之爲澤澤者言其潤澤萬物以阜民用也〔孟子〕澤梁無禁〔注〕澤謂瀦水〔易說卦傳〕兌爲澤又〔兩澤夬大象〕澤上於天又德澤〔書畢命〕澤潤生民〔孟子〕膏澤下於民又洗濯曰澤〔禮曲禮〕共飯不澤手〔疏〕以手宜潔淨不得臨食始接莎也又手口之

澤〔玉藻〕父沒而不能讀父之書手澤存焉爾母沒而杯圈不能
飲焉口澤之氣存焉爾又褻衣曰澤〔詩〕無衣與子同澤〔箋〕袴也
〔傳〕褻衣〔朱傳〕以其親膚近於垢澤故謂之澤又音澤〔史記〕滑稽
傳微聞薌澤又澤宮〔禮〕射義必先習射於澤澤者所以擇也又
州名〔韻會〕秦上黨郡隋爲澤州　又施隻切音釋〔詩〕載芟其耕
澤澤〔傳〕澤澤解散也〔釋文〕土解也〔朱注〕音釋叶徒洛反　又通
作郝〔爾雅〕釋訓郝郝耕也〔疏〕引詩其耕澤澤云郝郝澤並音釋其
義亦通　又達各切音鐸格澤星名〔史記〕天官書格澤星如炎
火之狀音鶴鐸〔通考〕瑞星四曰格澤下大上銳色黃白起地而
上見則不種而穫　又與醳同〔禮〕郊特牲猶明清與醆酒于舊
澤之酒也〔注〕澤讀爲醳舊醳之酒謂昔酒也沛清酒以舊醳之
酒者爲其味厚腊毒也〔疏〕醳是和醳醞釀之名卽今卒造之酒
故云皆新成也

孥　乃都切音奴〔玉篇〕子也〔書〕甘誓予則孥戮汝〔注〕罪
並及其子也〔孟子〕罪人不孥〔注〕妻子也亦作帑見〔中庸〕　又暖五切音弩〔集韻〕子
也奴故切音怒妻子也並俗音

鰥　古頑切音關〔說文〕魚也〔詩〕敝笱其魚魴鰥〔傳〕大魚也

孔叢子抗志篇衛人釣於河得鰥魚焉其大盈車又孟子老而無妻曰鰥書堯典有鰥在下釋名鰥昆也昆明也愁悒不寐目恒鰥鰥然也故其字從魚魚目恒不閉者也詩鴻雁哀此鰥寡

又與瘝同爾雅釋詁鰥病也鄭樵注鰥即瘝也　又古幻切音慣廣韻視皃　又叶古倫切音矜詩舫鰥叶下雲楚辭天問舜閔在家父何以鰥堯不姚合二女何親琅邪代醉篇鰥寡之鰥禮記作哀矜之矜按前漢于定國傳作鰥鰥矜字通聲互用非叶韻也

哿　古我切音舸說文可也詩正月哿矣富人雨無正哿矣能言又玉篇嘉也

煢　渠營切音瓊說文回疾也从卂營省聲又玉篇單也無兄弟也無所依也廣韻獨也又玉篇憂思也左哀十六年煢煢余在疚　又作惸詩正月哀此惸獨周官大司寇凡遠近惸獨老幼之欲注無兄弟曰惸無子孫曰獨　又作嬛正字通嬛與惸煢同　又作㷀孟子引詩哀此煢獨按今坊本或作煢或作煢字無一體當以汲古閣本作煢爲正

劉　力求切音留說文殺也書盤庚重我民無盡劉詩武篇勝殷遏劉左成十三年虔劉我邊陲又爾雅釋詁

陳也疏謂敷陳也又釋詁晏樂也疏木枝葉稀疎不均爲晏樂詩桑柔捋采其劉毛傳劉爆爍而希也朱傳殘也折中逐葉摘取曰采循條彙取曰捋連條伐取曰劉又爾雅釋木劉劉杙注劉子生山中疏劉一名劉杙其子可食又姓韻會凡二十五望並自陶唐氏劉累之後左文十三年秦人歸其帑其處者爲劉氏又人名詩篤公劉傳后稷之曾孫也疏后稷生不窋不窋生鞠陶鞠陶生公劉釋文王肅云公號劉名尚書大傳公劉名又詩篇名序公劉召康公戒成王也成王將莅政戒以民事美公劉之厚於民而獻是詩也又地名左隱十一年王取鄔劉蔿邘之田注緱氏縣西北有劉亭彙纂緱氏今屬偃師　又通作流淮南子原道訓劉覽徧照復守以全注劉覽觀也　又力乳切韻上聲集韻好也　又龍珠切音鏤集韻殺也後漢儀禮志貙劉之禮祀先虞正字通貙劉卽武帝紀貙膢劉也膢劉字別義同劉音留亦讀閭膢音閭亦讀劉蘇林曰膢祭名貙虎屬常以立秋日祭獸王者亦以此日出獵還以祭宗廟故有此祭

積子昔切音迹說文聚也增韻累也堆疊也易大有積中不

敗也〔升大象〕積小以高大〔繫辭〕善不積不足以成名惡不積不足以滅身〔詩良耜〕積之栗栗〔禮月令〕命有司趣民多積聚〔前漢食貨志〕積貯者天下之大命也又〔儀禮士冠禮〕皮弁服素積〔注〕積猶辟也以素爲裳辟蹙其要中　又則歷切音績集韻亦聚也　又子智切音恣聚也儲蓄也〔詩公劉〕乃積乃倉〔孟子集注〕露積也金仁山曰積當作子賜反穀堆也〔周官小宰〕掌其牢禮委積〔注〕委積謂牢米薪芻給賓客道用也〔大司徒〕令野修道委積〔注〕少曰委多曰積皆所以給賓客〔掌客〕上公五積侯伯四積子男三積〔遺人〕掌邦之委積以待施惠鄉里之委積以恤民之艱阨門關之委積以養老孤郊里之委積以待賓客野鄙之委積以待羈旅縣都之委積以待凶荒凡賓客會同師役掌其道路之委積凡國野之道十里有廬廬有飲食三十里有宿宿有路室路室有委五十里有市市有候館候館有積　又叶恣此切音子〔詩載芟〕載穫濟濟有實其積萬億及秭〔注〕音漬叶上聲〔傳〕積露積也

倉

七岡切音蒼〔說文〕穀藏也〔國策注〕圓曰囷方曰倉〔詩大田〕乃求千斯倉〔禮月令〕季秋命冢宰舉五穀

之要藏帝籍之收于神倉又官名周官倉人掌粟入其藏又倉卒怱遽皃杜甫送鄭虔詩倉皇已就長途往又姓周倉葛又地名左哀四年右師軍于倉野注倉野在上雒縣彙纂今商州東南有倉野聚又水獸名論衡是應篇師尚父爲周司馬將兵伐紂到孟津之上杖鉞把旄號其衆曰倉光倉光者水中獸也善覆人舟　又與蒼通禮月令春駕倉龍服倉玉前漢蕭望之傳倉頭廬兒　又與臧通五倉五臟也前漢谷永傳成帝曰化色五倉之術皆左道以欺妄　又與桑通庚桑子亦作亢倉子　又楚亮切與愴同詩桑柔倉兄塡兮

裹 古火切音果說文纏也玉篇包也詩公劉乃裹餱糧莊子大宗師裹飯而往食之又宋玉高唐賦綠葉紫裹注裹猶房也郭璞江賦濯穎散裹注裹謂草實也　又古臥切音過義同又韻會指所包之物也

餱 胡溝切音侯說文乾食也徐鍇曰今人謂飯乾爲餱詩公劉傳餱糧糗也釋文音侯食也嚴氏粲曰餱乾食糧米食也

橐 他各切音拓說文囊也詩公劉于橐于囊毛傳小曰橐大曰囊朱傳無底曰橐有底曰囊左宣二年爲簞食與

全無巧僞大人只是守此純一無僞之心而充擴之所謂蒙以養正聖功也

養生者章

養生今日不及明日猶可補惟送死有不到爲終身之恨他日欲爲不可得矣

君子深造章集註

道字朱子當初如何不解做道理却解做方法蓋之字以字這兩字隔了所以解做道理不得以道這箇道字便是致知力行之方之字是指所得而言下面

居之資之取之皆是指所得而言諸家未有人如此解集註方說得如此精密

非欲以誇多而鬬靡也 博學而詳說章註

誇多說博學鬬靡說詳說所以博學者非徒誇其多所以詳說者非徒鬬其靡欲人融而會之貫而通之而已這物事未曾融時一箇是一箇纔融了便會為一約是要約如思無邪毋不敬之類

不舍晝夜

論孟二不舍晝夜所指不同夫子說道體孟子說有

本所謂微旨川上之歎是也孟子只就徐子身上說取切其病而易曉

人之所以章

孟子是說人之與禽獸無甚相遠人有耳目手足禽獸也有耳目手足人好生而惡死禽獸亦好生而惡死人欲趨利避害禽獸亦趨利避害人之所以異於禽獸者只有些仁義耳庶民幷這些子去之則與禽獸一般庶民便去了這些子君子便存得這些子舜由仁義行也只是存得這些子孟子只舉舜做箇存

底樣子

孟子言必稱堯舜直是要人學之

　湯執中

未應事以前未發之中如何執得須是待事在面前方始量度得何處是過何處是不及方可執而用禹稷之過其門而不入即是禹稷之中顔子陋巷即是顔子之中若禹稷學顔子這是不及顔子學禹稷這是過上面自然有箇中執中者皆是就事上執擇善而固執之也是就事上擇而執之舜所謂執中也是

就事上擇而執之若先執執定這中待事物來即是執一便是子莫執中了

武王節集註

德之盛言不泄邇仁之至言不忘遠

周公思兼節

施此四者之事事或有不可行却當思其理事雖不同理却不相遠故集註云其事或有不合又來照上面一箇事字

王者之迹章

王者之詩乃大雅小雅二雅則言天下之事形四方之風風只是說一國之事說天下之事不得春秋作是孔子之春秋魯之春秋元是魯之史其文則史便是魯之春秋其義則某竊取之則是孔子之春秋以匹夫行天子賞罰故曰竊取自咎自謙之辭

此章亦承上章思兼三王以施四事而言周公所行皆王者之事來到孔子時王者之迹滅熄故孔子出來作春秋

予私淑諸人也

私淑艾者私竊其善於人以自治私淑諸人者我私取之以善其身今人或把作教者說謂以此私淑他人非矣道者天下所公共師下私字不得只弟子私竊取之以自善自治耳

可以取章

傷廉與傷惠傷勇是兩般意思朱子所以上面下箇固字下面下兩箇反字過取固傷廉與本是惠與之過則反害其惠死本是勇死之過則反害其勇

西子章

平日作事皆善偶然做得一件事不善便是蒙不潔可以事上帝與人皆掩鼻而過之此說相懸絕

天下之言性章

就故說性亦要就迹之順者言之如水之下便順就逆者言不得孟子說性就自然上說如惻隱羞惡等但看自然發見底便是利言性便當言故言故便當言利如水搏之激之便不自然了

所惡於智一段說利字天之高也一段說故字舉天之高星辰之遠來譬喻箇性天如是高遠尚可得而

知豈有人性反不可得而知

公行子

行字本文無音當音杭毛詩殊異乎公行是掌行列之官以官爲姓

言以是存於心　君子所以異節註

以是存於心添於字便見得孟子意是只把仁禮來存於我心此心常在仁禮上無頃刻或離君子異於人以其能以仁禮存於心他人便不能我之心安頓在仁上即是居天下之廣居安頓在禮上即是立天

下之正位

　謂強暴不順理也有人節註

集註云強暴不順理順理是順箇文理横是横來逆

是倒來皆是不順箇文理

　禹稷當平世節

禹三過其門稷是帶說

　公都子曰匡章章

章資質自好但無學力雖知愛父而不知愛父之道

既得見孟子必教他回父之意未必止於此

章子通國稱不孝仲子通國稱其廉這兩箇皆是衆惡之必察焉衆好之必察焉

夫章子子父節

章子得罪於父與其他得罪不同章子但不合責善於父故出妻屏子以示不安之意先說子父責善是言子責父之善下說父子是泛言

帝使其子節集註

觀者衆人之所共見以天子二女來處頑嚚傲之間看他如何處置二女和則是處置得是九男亦富貴

家子弟也自難處若處之得其道亦自安

百官只是百司今書司客將之類

非聖人之盡性二句人少節詁

如孝便十分孝弟便十分弟忠便十分忠皆是盡性處

詩云娶妻章

完廩捐階之事儻無則不告而娶亦焉知其非無當時孟子但是不辯下章咸丘蒙之問孟子責之蓋下章是說舜身上事舜爲天子不受堯與瞽瞍之朝此

泆然之理此章是說象與瞽瞍之事其事容或有之
是以不辯然堯不告舜必告之無緣得在這裏納婦
瞽瞍在那裏不知舜之心泆不自安若堯妻之貳室
猶可又自降之溈汭又況當時四岳所舉如父頑母
嚚象傲烝烝艾不格姦是瞽瞍已底豫了今帝以二
女妻之又自有百官牛羊倉廩之奉瞽瞍見子如此
富貴烏得不喜大凡看書且看大意如前章重在爲
不順於父母如窮人無所歸二句此章重在象憂亦
憂象喜亦喜二句

萬章曰舜流節

不藏怒不宿怨是泛說仁人之於弟雖有怒亦不藏之雖有怨亦不畱宿一作之少間便釋然親之欲其親近於我貴之是也愛之欲其得遂所欲富之是也

堯老而舜攝也

只堯老舜攝一句已斷盡舜之不臣堯

百姓如喪二句

百姓是畿內之百姓如平章百姓皆指畿內而言古者天子崩畿內百姓爲之斬衰期年之服諸侯薨國

丙百姓爲之斬衰皆期年也周制百姓期年今也三年是百姓爲之至於四海雖無服亦遏密八音不作樂

孝子之至節

尊親養親雖是二事然尊與養相須養之至乃所以尊之也

堯以天下章

當時人知堯以天下與舜孟子却發明堯不能以天下與舜是天與之及至天命又却是人歸之

非其義也二句

孟子說道必說義如配義與道皆是先義亘古窮今只是這一箇道義是隨時處事之權要兩下看旣揆以義又揆以道方可處事義以事言道以理言以事言之則得其宜以理言之則得其正然後爲盡善故兩言之今處事有合一時之宜及揆之以古道則有不合處道是體義是用旣就用上看又須就體上看方得漢儒反經合道之說便離了箇體

孔子不悅節

司馬司城皆是宋之官他國則無宋是王者後故倣天子之禮有司馬司城今孔子主司城貞子而爲陳侯周臣是司城貞子又在陳矣或者當時宋有故司城出奔故孔子主之

知虞公節

百里奚知虞之將亡而去之固是智然百里奚知虞之不可與有爲何爲事之蓋時擧於秦當其時有可去之機有可就之機虞或是父母之邦況虞公不能從宮之奇諫在前百里奚之去亦是有辭

一鄉之善士章

進善無窮已故其取善也亦無窮已取善無窮已則其進善也亦無窮已取善之地所以愈廣者由其善之進進而不已也取善之心果曷有窮已乎之人也推其所至殆將生乎千百世之下而可以繼往者於千百世之上立乎千百世之上而可以俟來者於千百世之下奚止爲一世之士而已哉

性猶桮棬章

性者人所稟之天理天理即是仁義順此性行之無

非自然元無矯揉集註解性字是朱子指性之本體而言不是解告子所言之性禍仁義與楊墨充塞仁義相似

生之謂性章

人說孟子論理不論氣若以此章觀之何未一作嘗不論氣也

生活也其所以能知覺運動爲是箇活底物事有生之初稟得天地之生氣所以有這活底在裏面告子是見得這氣不曾見得這理蓋精神魂魄之所以能

知覺運動者屬乎氣其所得於天以爲仁義禮智之
性者則屬乎理告子認氣爲性故云生之謂性
指人物之所以知覺運動者而言 註
問知覺運動何分曰總言之都是精神分言之則知
覺屬心運動屬身
食色性也章
告子雖知以仁爲內而不知愛是情仁是性愛未便
是仁愛之理是仁今便指愛爲仁是不識性了如義
則是心之制事之宜事之宜者雖在彼而其所以裁

制而得其宜者全自在我若我非有箇義如何處得

物告子認以爲外可謂全無見識矣觀告子前面數

章之意則謂性中仁義都無到這裏又却有仁而無

義皆是遁詞

若夫爲不善節

孟子是指那好底才說如仁之能愛其親義之能敬

其兄所謂良能也

論性不論氣至二之則不是天生蒸民節註

人未生以前不唤做性既生以後方唤做性才唤作

性便衮在氣質中所以有善有不善此氣質之性也然性之本然惟有善而已就氣質中指那本然者說是則天地之性也若不分做兩箇性說則性之與氣鶻突無分曉若不合做一箇性說認做兩件物事去了故程子曰二之則不是

善反之則至存焉同上

問善反之則天地之性存焉不知未反以前此性亦存否曰不曾反時此性亦未嘗無且如一鄙吝人見殘疾人也知憐憫一強梁人見好人也知恭敬畢竟

有箇性在内不知不覺發見出來但人有氣質物欲之累則此性不能常存須於善反上做工夫方存得性之本問反之工夫如何曰涵養體認克治充廣皆是反之之道譬如水被泥沙混了若加澄治則本然之清仍在孟子說夜氣便是要使人涵養說四端及擴充便是要體認充廣獨有克治一邊却不曾說

牛山章

此章緊要在三箇存字上首說雖存乎人者是說此心本來存次說夜氣不足以存是說衆人不能存此

心終說操則存是教人用力以存此心

息生長也註

息本訓止息纔息便生故息又訓生

不專心致志

心以所主者言志以所向者言專心只是心之所主專在此致志是極其心之所向直到那田地

仁人心也章

上文說仁人心也是把心做義理之心不應下文心字又别是一意若把求放心做收攝精神不令昏放

則只說從知覺上去恐與仁人心也不相接了曩嘗以此質之勉齋勉齋云此章首言仁人心是言仁乃人之心次言放其心而不知求末言學問之道無他求其放心而已矣言學問之事非指一端如講習討論玩索涵養持守踐行擴充克治皆是其所以如此者非有他也不過求吾所失之仁而已此乃學問之道也三箇心字脈絡聯貫皆是指仁而言今讀者不以仁言心非矣

人之於身章

以身而言一毫一髮皆吾所當愛皆吾所當養但體有大小莫專養小體若才養目便貪色才養耳便貪聲才養口便貪味必至害其大體

無以小害大不是教人養其大者而不養其小者若養其小者而不失其大者則小者不爲大者之累便是不以小害大

仁義忠信三句

仁義人人有之忠信樂善人所當勉須忠信樂善仁義方爲我有乃爲可貴

舜之教人章

聖人教人定之一作法無如一部大學

堯舜性者二句

生知安行是性之之聖大而化之是反之之聖

饒雙峰講義卷之十四終

內置諸槖而與之又治器也道德經天地之閒其猶槖籥乎注槖者外之櫝所以受籥也籥者內之管所以鼓槖也淮南子本經訓鼓槖吹埵以銷銅鐵又前漢趙充國傳安世本持槖簪筆注張晏曰槖契囊也近臣負槖簪筆從備顧問或有所紀也師古曰槖所以盛書也又盛衣食之器曰槖棓莊子天下篇禹親自操槖棓而九雜天下之川左僖二十八年執衛侯歸之于京師寘諸深室甯子職納槖饘焉注槖衣囊補正曰恭以饘置槖中正義槖以盛衣亦以盛食宣二年置諸槖是也又槖槖杵聲詩斯干椓之槖槖又槖駝獸名言其負囊槖而駝物又人名柳宗元有郭槖駝傳又地名春秋哀十二年公會吳于槖皋注在淮南逡遒縣東南彙纂今江南廬州府巢縣西北六十里有柘皋鎮漢之槖皋春秋吳邑也漢書屬九江郡又越絕書范蠡其始居楚生于宛槖又山水名水經槖水出槖山北流出於谷謂之漫淵　又章夜切音柘義同　又都故切音妒集韻木名　又與擇通落也鶡冠子能天篇槖木降風

囊 奴當切音瀼說文槖也解見上齊策如錐處囊中其末立見古今注青囊

所以盛印也奏劾者則以青布囊盛印於前示奉王法而行也
非奏劾日則以青繒爲囊盛印於後(漢官儀)凡表章皆皁囊封
事(前漢東方朔傳)文帝集上書囊以爲殿帷又(晉書郭璞傳)郭
公者精卜筮出青囊中書九卷授璞今地理書有青囊經是也
又(史記鼂錯傳)以其辯得幸太子太子家號曰智囊又(論衡)腹
爲飯坑腸爲酒囊(注)譏不學也又(本事詩話)李長吉每出乘弱
馬從小奚奴背古錦囊遇所得詩投囊中又(正字通)六朝人作
隱囊柔軟可倚(王維詩)不羨城東游俠兒隱囊紗帽坐彈棊又
荊楚歲時記八月十四日以錦綵爲眼明囊遞相餉遺(述征記)
八月初一作眼明囊盛取百草頭露洗眼令眼明也又(宋玉風
賦)盛怒於土囊之口(注)大穴也又(莊子在宥篇)傖囊而亂天下
(注)猶搶攘又姓春秋時楚有囊瓦又(本草)罌粟一名米囊又楊
花亦名米囊見(容齋隨筆)

戢

阻立切音輯(說文)藏兵也(詩)時邁載戢干戈
(朱傳)戢聚也又斂也(鴛鴦)戢其左翼又(廣韻)
止也(左隱四年)兵猶火也弗戢將自焚也　又與輯同(孟子)思
戢用光(注)安集也(詩)作輯(傳)和也又姓周有戢黎明有戢如止

光 古黃切廣平聲說文明也从火在人上光明意也易需卦有孚光亨程傳有孚則能光明而亨通正韻光明耀華彩也孟子注言思安集其民人以光大其國家也又三光日月星也前漢文帝紀上以累三光之明又歲名爾雅釋天大歲在辛曰重光又謚法能紹前業曰光又姓廣韻田光後秦末避地以光為氏晉有光逸　又古曠切廣去聲廣韻飾色也

妃 芳非切音霏說文匹也總要女與身儔也古嬪御之貴次於后者曰妃禮檀弓舜葬於蒼梧之野蓋二妃未之從也帝王世紀黃帝有元妃次妃之別則妃之名疑自此始白虎通夏殷以前后妃之制其文甚略大率皆稱妃故黃帝帝嚳俱有四妃至周則天子正嫡曰后其次曰妃又太子之嫡室亦曰妃又天妃水神司馬光曰水陰類其神當為女子又湘妃竹名其班如淚痕出古梓者佳出陶廬山中者次之又古樂府有所思妃呼豨秋風颯颯晨風颸注妃呼方言豨走也池北偶談江南士人擬古樂府妃來呼豨豨知之直以妃為女豨為豕矣不知古人之語有聲無字之義也　又盈之切音怡與姬同眾妾總稱　又謗

滂佩切音配禮曲禮天子之妃曰后疏妃配也王后以下通有配義故以妃字冠之特牲少牢是大夫士禮皆云某妃某氏尊卑通稱也詩氓篇序喪其妃耦左桓二年嘉耦曰妃怨耦曰仇前漢呂后紀高祖微時妃竝與配同

亶多旱切音僤說文多穀也又信也書盤庚誕告用亶詩常棣亶其然乎儀禮士冠禮嘉薦亶時注誠也詩生民胡臭亶時又姓東漢亶誦善律歷又人名詩緜篇古公亶父傳古公號也亶父名也或曰字也後乃追稱太王焉集說某氏曰古公當殷末時猶尚質故亶父以名言又海外國名韓愈送鄭尚書序衷亶之州注竝國名　又張連切音鱣屯亶難行不進皃正譌別作遭邅非　又與但同詩十月之交亶侯多藏前漢賈誼傳非亶倒懸而已　又與襢袒同荀子議兵篇路亶者也劉向新序路亶即露襢　又時連切音蟺山海經有亶爰之山　又音丹與單同盡也淮南子道應訓厚葬久喪以亶其家

滸呼古切音虎說文水涯也爾雅釋邱岸上滸疏岸上平地去水稍遠者名滸詩葛藟在河之滸又淮水之別出者爾雅釋水淮爲滸又長洲有滸市

本名虎疁唐初避嫌改名滸疁吳越時又以錢鏐嫌名改為滸墅明景泰間置鈔關於此

姜 居良切音彊說文神農居姜水以為姓詩緜篇爰及姜女傳姜女太王妃也又水名山海經不姜之水黑水窮焉柳宗元天對盈盈黑水窮于不姜　又與薑通墨子天志篇人人之場圃取人之桃李瓜姜者按今醫家猶以姜代薑

聿 允律切音遹說文所以書之器也楚謂之聿吳謂之不律燕謂之弗秦謂之筆按今竝作筆而聿字專為發語詞柳宗元作聿讀則唐人尚以此為筆字也又玉篇遂也述也循也正韻惟也書湯誥聿求元聖傳遂也釋文允橘切述也正義聿述也述前所以申遂故聿為遂也詩蟋蟀歲聿其莫傳遂也疏從始至末之言文王聿修厥德傳述也詩詁助語也左傳注惟也又自也詩緜篇聿來胥宇箋聿自也於是與其妃大姜自來相可居者又左思吳都賦陵絕嶛嶕聿越巉險注聿越豹走皃　又與曰通詩七月曰為改歲角弓見晛曰消前漢書引詩竝作聿師古注聿即曰也　又與遹通詩文王有聲遹求厥寧傳遹與聿同發語聲

宇 王矩切音禹說

文宇屋邊也釋名宇羽也如鳥羽翼自覆蔽也易繫辭上棟下宇以蔽風雨詩七月八月在宇傳簷下也豳篇聿來胥宇傳胥相宇居也又廣韻大也玉篇方也四方上下也尸子天地四方曰宇古往今來曰宙莊子庚桑楚有實而無乎處者宇也有長而無本剽者宙也史記秦本紀包舉宇內孔穎達曰于屋則簷邊為宇于國則四垂為宇周語先王規千里以為甸服其餘以均分公侯伯子男使各有寧宇也考工記輪人為蓋上欲尊而宇欲庳則吐水疾而霤遠　又作寓齊書高帝紀榮鏡寓宙

曠　苦謗切音壙說文明也後漢竇融傳曠若發矇注明也又書皋陶謨無曠庶官傳曠空也孟子外無曠夫注空也前漢賈山傳曠日十年注師古曰曠空也廢也劉楨贈五官中郎將詩彌曠十餘旬注倉頡篇曰曠疎曠也又博雅曠遠也曠曠大也篇海久也豁也又姓又人名孟子師曠之聰

喬　巨嬌切音僑說文高而曲也爾雅釋木句如羽喬注樹木曲卷似鳥毛羽又下句曰朻上句曰喬如木楸曰喬又小枝上繚曰喬書禹貢厥木惟喬傳高也詩漢廣南有喬木傳喬上竦也孟

子非謂行喬木之謂也〔又〕吾聞出於幽谷遷于喬木者　又矛之
上句曰喬〔詩清人〕二矛重喬〔傳〕重喬累荷也〔箋〕喬矛矜近上及
室題所以懸毛羽〔朱傳〕矛之上句曰喬所以懸英也英撇而盡
所存者喬而已　又姓〔後漢光武紀〕雲中太守喬扈　又人名〔國策〕
世之稱孤而有喬松之壽〔注〕王喬赤松　又居妖切音驕〔書禹
貢〕惟喬〔釋文〕徐音驕〔詩〕重喬〔釋文〕居橋反　又通作驕〔禮樂記〕
齊音敖辟喬志〔釋文〕音驕本或作驕〔表記〕喬而野　又邱祇切
音蹺〔集韻〕喬詰意不平〔莊子在宥篇〕天下始喬詰卓鷙〔釋文〕欽
消反或云去天反郭音蹻李音驕　又舉夭切音矯

祛矯切音橋義並同　又渠廟切音嶠木枝上曲

巨　其呂切渠
上聲〔說文〕規巨也从工象手持之〔按〕今文規矩从矩或从榘巨
但為大義　又〔玉篇〕大也〔孟子〕為巨室〔注〕巨室大宮也〔又〕不得罪
於巨室〔注〕巨室世臣大家也饒氏曰世臣非一代之臣大家貴
宦之家　又巨萬數也〔史記平準書〕京師之錢累巨萬〔注〕巨萬今
萬萬　又姓〔姓苑〕巨氏出南昌〔廣韻〕漢有巨武為荆州刺史　又複
姓　前漢王莽〔傳〕有奇士長丈大十圍自謂巨毋霸莽更其姓曰

巨母氏謂因支母而霸王符也　又與詎通豈也後漢光武紀沛公不先破關中兵公巨能入乎　又求於切音渠類篇未央也

匠

疾亮切牆去聲說文木工也从匚从斤斤所作器也孟子匠人斲而小之注匠人衆工人也又梓匠輪輿注梓人匠人木工也又考工記匠人建國匠人爲溝洫按凡曰匠人者木工之通稱對工師言則曰衆工人其實建國爲溝洫非衆工人之任也又姓風俗通氏于事者巫卜陶匠是也

斲

竹角切音琢說文斫也从斤从斲徐曰㔸器也斤以斫之書梓材既勤樸斲傳樸治斲削也　又叶株遇切何晏景福殿賦縱橫踰延各有攸注公輸子荒其規矩匠石不知其所斲　又叶竹鹿切漢淮南王屏風賦大匠治之彫刻削斲等化器類庇廕尊屋

姑

古胡切音孤爾雅釋親婦稱夫之母曰姑父之姊妹亦曰姑王父之姊妹亦曰王姑詩泉水問我諸姑又婦謂夫之女妹曰小姑古詩新婦初來時小姑始扶牀今日被驅遣小姑如我長唐新婦詩未諳姑食性先遣小姑嘗又麻姑女仙名見神仙傳又三姑三尸神名酉陽雜俎人有三尸上尸清姑

中尸白姑下尸血姑又且也〔禮檀弓〕細人之愛人也以姑息〔注〕姑且也息休也〔纂〕言姑息言苟容取安也王文公云姑息者且止之詞〔尸子〕紂棄黎老之言用姑息之語〔注〕姑婦女也息小兒也〔書酒誥〕姑惟教之〔孟子〕姑舍女所學而從我〔注〕且也又星名〔歲時記〕黃姑牽牛星一曰河鼓又國名〔左昭二十年〕蒲姑氏因之〔杜注〕蒲姑氏殷周之代封公者安樂博昌縣北有蒲姑城又姑妹珍外夷國名見〔周書王會解〕又書篇名〔序〕成王既踐奄將遷其君于蒲姑周公告召公作蒲姑又地名〔春秋閔元年〕公及齊侯盟于落姑〔注〕落姑齊地〔彙纂〕在今山東兗州府東平縣界〔左昭二十三年〕邾人城翼還將自離姑〔注〕邾邑〔彙纂〕今在費縣故武城之南又水名〔昭二十年〕姑尤以西〔注〕齊東界姑水尤水皆在城陽縣東南入海〔彙纂〕姑水即登州府黃縣之大姑河尤水即萊州府掖縣之小姑河又大姑小姑並山名〔歐陽公歸田錄〕世俗傳譌惟祠廟之名尤甚江南有大小孤山而世俗轉孤爲姑江側有一石磯謂之彭浪磯遂轉爲彭郎云彭郎小姑壻又麻姑山在建昌南城縣西南〔道書〕三十六洞天之一顏眞卿

有麻姑壇記李覯有麻姑山賦又從姑山在縣東南以山次于麻姑因名又姓姑浮越大夫又人名曾隱公名息姑申夜姑曾陪臣見左傳又旛名吳語吳王與晉爭長乃戒夜中官師擁鐸建祀姑又矢名左莊十一年公以金僕姑射南宮長萬漁洋詩注魯人有僕其姑得道贈以金矢能宛轉中人因以金僕姑名之又旗名昭十年公卜使王黑以靈姑銔率吉注靈姑銔旗名又牡丹別名鼠姑又慈姑草名

白居易詩草荒新葉長慈姑

四書字詁卷六十三

湖南黔陽縣歲貢生段諤廷訒庵原稿

本縣教諭寧鄉黃本驥虎癡編訂

上孟五　梁惠王五計三十七字

璞　匹各切音樸〔玉篇〕玉未治者〔孟子〕今有璞玉〔注〕玉之在石中者〔道德經〕璞散則爲器又姓〔正字通〕明有璞俊　又卜木切音朴〔司馬彪贈山濤詩〕卞和潛幽冥誰能證奇璞冀願神龍來揚光以見燭

鎰　弋質切音逸〔孟子〕雖萬鎰〔注〕鎰二十兩也趙氏曰國語云二十四兩爲鎰趙岐說注集注因之〔又〕於宋餽七十鎰而受於薛餽五十鎰而受〔晉語〕黃金四十鎰〔史記淳于髡傳〕梁送黃金百鎰〔又〕威王乃益齎黃金千鎰〔孟嘗君傳〕秦載黃金百鎰〔虞卿傳〕趙賜黃金百鎰〔聶政傳〕嚴仲子奉黃金百鎰〔荊軻傳〕夏無且賜黃金二百鎰〔蘇秦傳〕以黃金千鎰約諸侯〔正字通〕史記注臣瓚曰秦以一鎰爲一金漢以一斤爲

一金鎰漢以前以鎰名金漢以後以斤名金也鎰者二十四兩斤者十六兩也　又通作溢史記越世家陶朱公以黃金千溢進莊生田單傳卽墨富豪以金千溢遺燕將注鼓云溢與鎰同

旬　詳遵切音絢說文徧也十日爲旬書堯典朞三百有六旬大禹謨三旬傳旬十日也禮曲禮旬之外曰遠某日旬之內曰近某日又詩江漢來旬來宣傳徧也又易豐卦雖旬无咎注均也又前漢翟方進傳旬歲閒免兩司隷注師古曰滿也旬歲猶言滿歲也又旬始星名史記天官書旬始出於北斗旁狀如雄雞司馬相如大人賦垂旬始以爲幓　又須倫切音荀義同　又與均同周官均人豐年則公旬用三日焉注旬均也讀如營營原隰之營易坤爲均今書亦有作旬者集注易旬爲均荅以冬三月用民二十七日大重爲疑然十月納禾稼日至而土功畢公私可用之期不過一月公旬用三日荅九日也若以旬爲均則第日用三日可矣　又叶松宣切柳宗元祭從兄文冐進遊歎涉月彌旬夜熱膏烜晝淩風熛

殃　於良切音央說文咎也一曰禍也罰也敗也書伊訓作不善降之百殃易

乾卦積不善之家必有餘殃孟子不取必有天殃周官女祝掌以時招梗禬禳之事以除病殃　又於南切音鴦

悅

弋雪切音閱爾雅釋詁樂也韻會喜也又服也孟子取之而燕民悅字典毛氏曰古與論說字通用後人作悅字以別按悅字惟孟子用之餘不多見又姓後燕錄有悅綰

壺

戶吳切音胡說文昆吾圜器也注昆吾紂臣作瓦器廣韻夏商曰尊彝周制用壺有方圜之異儀禮燕禮卿大夫用方直方爲義也上旅食用圜順命爲宜也左昭十五年晉荀躒如周葬穆后除喪以文伯燕樽以魯壺孟子簞食壺漿通考趙氏惠曰腹方口圜曰壺禮禮器門外缶門內壺注壺大一石禮器圖酒壺受一斛圜徑尺足高二寸又官名周官挈壺氏掌挈壺以令軍井凡軍懸壺以序聚欜又投壺禮記篇名注諸侯卿大夫士皆用之又唾壺晉書王敦傳敦酒後輒詠魏武樂府以如意擊唾壺爲節又壺盧瓜屬俗作葫詩七月八月斷壺鶡冠子學問篇中流失船一壺千金又地名左傳有瓠邱曰壺邱杜注河東東垣縣東南有壺邱彙纂壺邱亦曰陽壺寰宇志右陽壺城南臨大河

今絳州垣曲縣東南陽壺城是也又左哀四年國夏伐晉取壺口注晉地潞縣東有壺口關彙纂在今山西潞安府黎城縣東北大行山口俗名吾兒峪是也又壺關郎壺口關在上黨古黎侯國前漢武五子傳壺關三老茂上書又壺頭山在沅陵縣後漢馬援傳援征五溪蠻至下雋卒于壺頭郎此又山名壺口山在河東猗氏書禹貢既載壺口傳漢地志在河東郡北屈縣東南今隰州吉鄉縣也又拾遺記東海中三山一方壺則方丈也二蓬壺則蓬萊也三瀛壺則瀛洲也三山上廣中狹下方皆如壺制東方朔寶甕銘望三壺如盈尺又姓晉大夫采邑因以爲氏見統譜又壺盧郎瓠姓　又叶呼古切音虎楚辭招魂幸而得脫其外曠宇些赤蟻若象元蠭若壺些　又叶羊洳切音預䰟邯鄲淳投壺禮賦儆不可以禮成於飲乃設大射否則投壺

漿 即良切音將說文本作𤃬酢漿也一曰水米汁相將也周官漿人六飲注漿以水和米而煮之去滓存汁酒正四飲注漿舊說亦酒之類漢時名爲酨漿或曰梅漿蔗漿之類又官名漿人掌共王之六飲又水名水經注芍陂東注黎漿水又草

名實漿蔵也見【爾雅釋草】又酸漿草藥名

見【本草】又【周禮注】蚌曰合漿亦曰含漿

避 毗義切音鼻【說文】回也【玉篇】迴避也【孟子】避水火也【史記藺相如傳】望見廉頗引車避匿【前漢王吉傳】避而入商雒深山【後漢鄧惲傳】避地教授　經傳並作辟惟孟子作避

熱 如烈切音苶【說文】溫也【釋名】熱爇也如火所燒爇【增韻】炎氣也【詩桑柔】誰能執熱手執熱物也【禮月令】季夏如以熱湯【孟子】如火益熱　又如例切【束晳近遊賦】繫複襦以禦冬脅汗衫以當熱帽引四角之縫袼爲數條之殺【餅賦】三春之初陰陽交際寒氣既除溫不至熱

霓 五稽切音倪【說文】屈虹青赤或白色陰氣也【玉篇】雲色似龍也【爾雅釋天】霓出天之正氣霓出地之正氣雄謂之虹雌謂之霓【春秋元命苞】虹霓者陰陽之精【演孔圖】霓者斗之亂精【運斗樞】樞星散爲虹霓【埤雅】舊說虹常雙見鮮盛者雄其闇者雌也一曰赤白色謂之虹青白色謂之霓【爾雅釋天】霓爲挈貳貳蓋言二【淮南子說山訓】天氣則成虹【孟子】若大旱之望雲霓也【注】霓虹也雲合則雨虹見則止又霓裳羽衣唐明皇自製曲名【開天遺事】葉法

善營引上入月宮聞仙樂郎歸但記其半遂於笛中寫之會西涼節度使楊敬述進婆羅門曲聲調相符遂以月中所聞爲散序敬述所進爲腔名霓裳羽衣也　又爾雅釋天疾雷爲霆霓注雷之急擊者謂霹靂　又與蜺通釋天蜺爲挈貳注蜺虹也　又五結切音齧義同釋名霓齧也其體斷絕見於非時此灾氣也傷害於物如有所食齧也南史王筠傳沈約製郊居賦示筠草筠讀至雌蜺連蜷約撫掌欣忭曰僕常恐人呼爲霓字典雌霓之霓五的反雲霓之霓五分反學林曰范蜀公召試學士院用彩霓作平聲考試者以范爲失韻當時學士爲之憤鬱司馬光曰約賦但取聲律便美非霓不可讀爲平聲也　又張衡西京賦直拂霓以高居注拂霓高貌　又倪慝切音鶂集韻雌霓也　又五計切音詣張衡東京賦龍輅充庭雲旗拂霓夏正三朝庭燎晳晳

徯　胡雞切音奚說文待也廣韻有所望也孟子徯我后注待也　又鳥名山海經鹿臺之山有鳥名曰鳧徯　又胡禮切奚上聲　胡計切奚去聲義並同　又與蹊通禮月令孟冬塞徯徑注徯徑禽獸之道也疏蹊徑細小狹路故須塞前

漢貨殖傳矰弋不施

蘇 孫租切音酥說文桂荏也本草紫蘇於溪隧按溪亦作蹊注蘇从穌舒暢也蘇性舒暢行氣和血故謂之蘇蘇乃荏類而味辛如桂故爾雅謂之桂荏又木名古今注蘇枋木出扶南林邑外國取細木破煮之以染色又小木也詩山有扶蘇傳扶蘇扶胥小木也又鄭風篇名序山有扶蘇刺忽也所美非美然又屠蘇酒名丹鉛錄屠蘇菴也廣韻屠蘇屋也通俗文屋平曰屠蘇魏畧李勝爲河南太守郡廳事前屠蘇壞唐孫思邈有屠蘇酒方蓋取菴名以名酒後人遂以屠蘇爲酒名矣按屠蘇酒歲旦飲之自少者起可以避疫故東坡詩謂不辭最後飲屠蘇也又大冠亦曰屠蘇禮曰童子幘無屋凡冠有屋者曰屠蘇又胡蘇九河之一見爾雅釋水又流蘇西京雜記昭陽殿壁帶往往爲黄金釭皆銜五色流蘇司馬相如上林賦注蘇析羽也張衡東京賦駙承華之蒲梢飛流蘇之騷殺注流蘇五采旄雜之以爲馬飾凡下垂者曰蘇又息也書仲虺之誥后來其蘇孟子注蘇復生也國策勃然乃蘇今俗作甦非是又取也離騷蘇糞壤以充幃注蘇取也史記樵蘇後爨謂

取草也又淮南子修務訓蘇援世事注蘇援猶索也又蘇蘇氣索皃易震卦震蘇蘇注恐懼不安之皃王注躁動皃又臺名吳語高高下下以能民於姑蘇注姑蘇臺也范成大吳郡志隋平陳改吳州爲蘇州以姑蘇爲名又亭名後漢郡國志襄國有蘇人亭又山名明李濂遊百泉記共城西北七里有蘇門山一曰百門山又國名魏志東夷傳諸國各有別色名之爲蘇塗又姓書立政司寇蘇公傳忿生爲武王司寇封蘇國又人名扶蘇秦始皇子又蚡冒勃蘇郎中包胥見左傳　又山於切音疋詩扶蘇之蘇徐邈讀疋　又蘇故切音傃荀子議兵篇蘇刃者死注蘇讀作傃謂相向格鬭者

拯　之慶切音整說文上舉也从手升聲易曰抍馬壯吉徐曰今俗作拯非是易艮卦不拯其隨又正韻救也孟子民以爲將拯己於水火之中也又增韻援也左宣十二年目於眢井而拯之又出溺爲拯張藴古大寶箴聖人受命拯溺亨屯

係　胡計切音系與繫同爾雅釋詁係繼也疏係者繫屬之意易隨卦係小子失丈夫又孟子係累其子弟趙注係累猶縛結也朱注繫縛也左僖二十五年係輿

人以圜商密注係縛也又襄十八年獻子以朱絲係玉二穀　又與曳同莊子山木篇正緳係履而見魏王

累　力追切同纍國策係累吾民注累纍同　又禮月令季春乃令累牛騰馬方氏曰累牛者繫累之牛　又力委切音壘類篇絫或作累前漢匈奴傳悉還其累重於余吾水北注師古曰累重謂妻子資産也　又力僞切纍去聲集韻緣坐也書金縢終累大德左隱十三年相時而動無累後人公羊桓二年及者何累也　又力果切音倮禮曲禮爲大夫累之注累倮也　又力涉切音躐地名集韻鉅鹿下曲陽縣有肥累城　又通作纍前漢五行志累累從楚

倪　研奚切音霓說文俾益也又弱小之稱孟子反其旄倪注小兒也又分也際也極際之謂也莊子齊物論和之以天倪秋水篇若物之外若物之內惡至而倪貴賤惡至而倪小大又端也韓愈南陽廟碑乾端坤倪軒豁呈露又姓漢倪寬史記作兒寬兒倪古通用　又宜加切音崖韻會水滸也莊子大宗師反覆終始不知端倪注端山巔倪水滸　又通作郳公羊莊五年倪者何小邾婁也小邾婁則何爲謂之倪

未能以其名逼也經及二傳作郳　又與睨同莊子馬蹄篇加之以衡軛齊之以月題而馬知介介音倪注介倪猶睥睨俾倪僻倪並同又爾雅釋魚龜左倪不類右倪不若疏倪庳也不發聲也左倪不類者謂行時頭左邊庳下者名類周禮西龜曰靁屬是也右倪不若者謂行時頭右邊庳下者名若周禮北龜曰若屬是也賈公彥說周禮以倪為睥睨則左倪右倪是左顧右顧也　又與臲同易困卦困于臲卼古文易作倪仉

置　陟吏切音智說文赦也徐鍇曰从直與罷同意罰之則去之也又玉篇立也廣韻設也書說命王置諸其左右周官大宰三曰廢置以馭其吏注退其不能者舉賢而置之祿孟子置君而後去之前漢周勃傳不知置辭注師古曰置立也又玉篇安置也又廣雅郵關驛也孟子速於置郵而傳命注置驛也郵馹也新安陳氏曰如漢五里一置東陽許氏曰字書馬遞曰置步遞曰郵漢西域傳因騎置以聞師古曰郎今驛馬也前漢曹參傳取狐父祁善置師古注若今之驛也　又直吏切音植樹也考工記廬人凡試廬事置而搖之

鬨　胡貢切音嗊說文鬭

也【孟子】鄒與魯鬨【趙注】鬭聲也又胡降切音巷義同

壑

呵各切音臛溝也坑也谷也虚也【詩韓奕】實墉實壑【孟子】轉乎溝壑【張衡西京賦】谿壑錯繆而盤紆又海曰大壑一曰壑【莊子天地篇】大壑之爲物也注焉而不滿酌焉而不竭【王褒聖主得賢臣頌】若巨魚之縱大壑又窟室曰壑谷【左襄三十年】吾公在壑谷【注】地室又【山海經】有壑山又西海流沙中國名壑市又黃郭切音穫都格切音赫義竝同 俗作壡

廩

力甚切音凜【說文】穀所振入宗廟粢盛倉皇面而取之故謂之㐭从入回象屋形中有戶牖或从广从禾【爾雅釋言】廩廯也【玉篇】倉廩也【釋名】廩矜也物實可惜者投之其中也【詩豐年】亦有高廩【禮明堂位】米廩有虞氏之庠也【注】庠序亦學也魯謂之米廩虞帝上孝令藏粢盛之委焉【周語】廩於籍東南鍾而藏之【注】廩御廩一名神倉東南生長之處爲廩以藏所藉田以奉粢盛【荀子富國篇】倉廩財之末也【注】穀藏曰倉米藏曰廩又給也【後漢章帝紀】恐人稍受廩往來煩劇【注】廩給也又官名【周官】廩人掌九穀之數以待國之匪頒賙賜稍食【後漢章帝紀】復置犧廩

官【漢官儀】儀廩令一人秩六百石又【公羊文十三年】周公盛魯公燾犨公廩【注】廩者連新於陳上才令半相連耳又地名【左隱元年】至于廩延【注】鄭邑陳留酸棗縣北有延津城【彙纂】即今開封府延津縣古酸棗城在縣北一說衛輝府汲縣有延津城蓋襄地相接也【襄二十六年】齊烏餘以廩邱奔晉【注】東郡廩邱故城是也【彙纂】今在東昌府范縣東南七十里又星名【隋書天文志】天廩四星在昴南【張衡周天大象賦】天廩備稷以祈歆又廩君賓人之先【錄異記】武落鍾離山崩有石穴一赤如丹一黑如漆有人出於丹穴者名務相姓巴氏有出於黑穴者凡四姓瞫氏樊氏相氏鄭氏五姓出而爭焉于是務相以矛刺穴能著者爲廩君四姓莫能著而務相之劍懸又以土爲船雕畫之而浮水中曰若其船浮者爲廩君務相船又獨浮于是遂稱廩君又與懍通廩廩有風采也【前漢循史傳】廩廩庶幾德讓君子之遺風【貨殖志】可以爲富安天下而直爲此廩廩也

充

昌中切踧平聲【說文】長也高也从九育省聲徐曰𠫓在人上者𠫓音突又【玉篇】行也滿也【孟子】倉廩實府庫充又【廣韻】美也備

也又塞也詩式微褎如充耳又增韻實之也禮王制充君之庖
又左哀十一年事充政重任充者繇役煩也又管子内業篇凡
食之道大充傷而形不臧注過飽也又禮檀弓充充如有窮注
孝子心形充屈窮急之容也吳氏澄曰充充滿悶塡塞之意又
儒行不充詘於富貴注充紬喜怒失節之皃又縣名漢屬武陵
郡後漢馬援傳從充則塗夷而運遠又官名周官充人掌祭祀
之牲牷注充博碩肥腯也牧人養牲於田野充人養牲於國中
又姓充虞孟子弟子漢有充向充甲　又充耳之充本作珫晏
子雜下篇纊紘珫耳　又叶昌王切廠平聲道藏歌
淵嚮故靈扉七門扇羽章陽臺大洞野幽逸芝英充

鑿

在各切音
昨說文穿木也易繫辭刳木爲舟疏刳鑿其中又詩七月鑿冰
沖沖傳鑿冰取於山也又孟子鑿斯池也又開也前漢張騫傳
然騫鑿空注鑿開也空通也騫始開通西域道也公羊成十三
年公鑿行也注鑿猶更造之意釋文在洛反猶造意也又正字
通恣意不求合義理謂之鑿孟子爲其鑿也前漢禮樂志以意
穿鑿又廣韻鏨也古文考孟莊子作鑿師古注鑿所以穿木也

又前漢刑法志其次用鑽鑿注鑿黥刑也又韻會六情曰六鑿莊子外物篇心無天游則六鑿相攘注六情也又書名易緯有乾鑿度　又則洛切音作詩揚之水白石鑿鑿傳鮮明皃朱傳巉巖皃又九章算術粟率五十鑿二十四注粟五斗爲米二斗四升左桓二年粢食不鑿注不精鑿杜甫詩秋菰成黑米精鑿注白粲　又昨木切音族廣韻鑿鏤花葉　又在到切漕去聲集韻穿空也增韻孔寵也考工記輪人凡輻量其鑿深以爲輻廣釋文曹報反又如字離騷不量鑿而正枘兮注音漕穿孔也枘刻木端所以入鑿者也九辯圜鑿而方枘兮吾固知其鉏鋙而難入又前漢楚元王傳羊入其鑿師古注鑿在到反謂所穿冢藏者楚辭九辯何時俗之工巧兮滅規榘而改鑿注叶音造下敘叶音告樂叶吾告反高叶孤到反　又七到切音操穴也　又叶胜五切祖上聲易林鉛刀攻玉無不鑽鑿龍體具舉魯班爲輔

築

張六切音竹說文擣也韻會凡土功曰築詩七月九月築場圃豳風箋築之登登斯干築室百堵又居室曰築言先築垣也杜甫詩畏人成小築又鳥鼓翼也韓愈城南聯

何詩逍翳翅相築攏幽尾交榜扐又推築旁推覽之也三國志顏
斐傳帝召帀吏於斐前杖一百時典農私推築裴謝曰從旁推
築令覺也又考工記攻金之工築氏執下齊又築氏爲削又地
名春秋成二年衞孫良夫帥師及齊師戰于新築注衞地彙纂
史記趙成侯及魏惠王遇于葛築或云即新築也今直隸大名
府魏縣南二十里有新築城　又竹六切音逐集韻杵有鐏
又叶職救切竹去聲潘岳西征賦考土中于斯邑成建都而營
築既定鼎于郟鄏遂鑽龜而啟繇　字从竹从巩說文隸木部

效 胡教切音校說文象也玉篇法效也廣韻學也增韻放也
易繫辭效法之謂坤又崇效天卑法地左莊二十一年鄭
伯效尤又禮曲禮效馬效羊者注猶呈也又孟子效死而民弗
去注猶致也左文八年效節于府人而出又昭二十六年宣王
有志而後效官注授也又廣韻效驗也前漢藝文志儒者已試
之效又廣韻效力也前漢韓信傳願效愚忠又類篇一曰功也
尹賞傳追思其功效又增韻勉也韻會一曰具也　又與斅通
大戴禮察篇是非明斅大驗乎　又下巧切音佼事露也　字

亦作徼〔九經字樣〕作劾者譌

邠 府京切音賓〔說文〕周太王國在右扶風美陽縣鄭氏曰屬扶風栒邑〔孟子〕大王居邠又〔廣韻〕州名今屬陝西西安府本作豳唐明皇以字類幽改爲邠 又與汃通〔說文〕引爾雅西至於汃國今本作邠

侵 七林切音駸〔說文〕漸進也又腹削也〔春秋胡傳〕潛師掠境曰侵〔周官大司馬〕負固不服則侵之又歲凶曰侵〔穀梁襄二十四年〕五穀不登謂之大侵 又與浸同〔史記武帝紀〕天子始巡郡縣侵尋於泰山〔封禪書〕作侵尋〔郊祀志〕作寖尋又姓〔三輔決錄〕有侵恭 又七稔切音寑 貌不揚也〔前漢田蚡傳注〕師古曰短小曰侵亦作寑

業 魚怯切音鄴〔說文〕大版也所以飾縣鍾鼓捷業如鋸齒以白書之象其鉏鋙相承也从丵从巾巾象版〔詩靈臺〕巨業維樅〔疏〕縣鐘磬之木植者名爲虡橫牽者爲栒栒上加大版爲之飾爲業刻板捷業如鋸齒故曰業又功業〔易繫辭〕富有之謂大業又事業〔易坤卦〕發於事業又基業〔孟子〕創業垂統又學業〔禮曲禮〕所習必有業又世業〔左昭元年〕臺駘能業其官又〔爾雅釋訓〕業業危也〔書皐陶謨〕兢兢業業又壯也〔詩

采薇四牡業業又凡所攻治者曰業事物已爲而未成亦曰業孟子有業屨於牖上注織之有次業而未成者又已然曰業前漢吳王濞傳高祖召濞相之悔業已拜又藝業史記貨殖傳田農拙業也博戲惡業也賣漿小業也又地名吳志權攺秣陵爲建業又姓業氏見姓苑　又逆及切音岌集韻亦壯也　又叶宜戟切音逆鶡冠子泰鴻篇兩治四致閒以止息歸時離氣以成萬業　又叶逆約切音虐前漢藝文志伏羲畫卦書契後作虞夏商周孔纂其業

垂　是爲切音甀說文邊遠也左成十三年虞劉我邊垂又堂之盡處近階者曰垂書顧命立于東垂立于西垂史記袁盎傳千金之子坐不垂堂又樂錄舞有大小垂手樂府題解言舞而垂其手也又自上縋下曰垂易繫辭垂衣裳而天下治詩都人士垂帶而厲又布也書仲虺之誥垂裕後昆微子之命德垂後裔後漢鄧禹傳垂功名於竹帛孟子創業垂統又將及也杜甫有垂老別詩又垂暮垂死並同又天地之際曰二垂大戴保傅篇湯去張網者之三面而二垂至淮南子文王砥德脩政二垂至又北東南曰三垂前漢表周帀三

垂又邊境曰四垂[谷永傳]方今四垂晏然又地名[左]隱八年宋公衛侯遇于垂[注]衛地濟陰句陽縣東北有垂亭[彙纂]今兖州府曹州北句陽店是其地也[文]十七年周甘歜敗戎于郲垂[注]周地河南新城縣北有垂亭服虔曰郲亭在高都南[彙纂]今在河南府洛陽縣[春秋]宣八年仲遂卒于垂[注]齊地[彙纂]當在兖州府平陽縣境又[五代]唐莊宗紀李克用破孟方立置酒三垂岡[通鑑注]岡在屯留縣東南　又馳僞切音縋[集韻]鄉名在蘄縣　又樹僞切音瑞[書]舜典洛垂汝共工陸德明讀

統

他綜切音[illegible][說文]紀也[釋名]統緒也主緒人世類相繼如統緒也[書]微子之命統承先王[傳]與時王並通三統[疏]天有三統土有三王三王者所以統天下也[馬融論語注]所損益謂文質三統朱子曰三統謂夏正建寅爲人統商正建丑爲地統周正建子爲天統前漢律歷志天統之正始於子半日萌色赤地統受之於丑初日肇化而黃至丑半日芽化而白人統受之於寅初日孽成而黑至寅半日生成而青吳氏程曰三統者天施地化人事之紀也十一月黃鐘爲天統六月林鐘爲地統正月大簇

爲人統公羊隱元年何言乎王正月大一統也注統者始也總繫之辭　又吐孔切音桶義同又易乾卦大哉乾元萬物資始乃統天釋文統本也又書周官冢宰掌邦治統百官傳統理百官又周官大宰以八統詔王馭萬民注統者統合于上而繫屬於下也又禮樂記樂統同禮辨異疏樂主和同故遠近皆合史記樂書注統領也又齊語班序顛毛以爲民紀統注統猶經也又姓　又他貢切音痛義同

幣

毗祭切音弊說文帛也周官大宰以九式均節財用六曰幣帛之式注幣帛所以贈答賓客者又集韻財也横渠理窟幣者金玉齒革泉布之雜名周官大宰以九貢制邦國之用四曰幣貢注幣貢玉馬皮帛也又內府凡四方之幣獻之金玉齒革兵器凡良貨賄入焉管子國蓄篇以珠玉爲上幣黃金爲中幣刀布爲下幣周官小行人合六幣圭以馬璋以皮璧以帛琮以錦琥以繡璜以黼孟子事之以皮幣注皮虎豹麋鹿之皮幣帛也文獻通考漢元狩四年造白金及皮幣時縣官大空黎民重困天子與公卿議更造錢幣以贍用時禁苑有白鹿而少府多銀錫有司言曰古者皮幣

諸侯以聘享今以白鹿皮方尺緣以績爲皮幣直四十萬王侯宗室朝覲聘享必以皮幣薦璧然後得行又【前漢武帝紀】有司以幣輕多姦農傷而末衆又禁兼幷之塗故改幣以約之【注】幣錢也更去半兩錢行五銖錢皮幣以檢約姦邪 又必袂切音獘義同【詩氓篇】抱布貿絲【傳】布幣也【按】布幣皆錢也持錢買絲也以布爲布帛之布者非

珠

章俱切音朱【說文】蚌之陰精春秋國語曰珠以禦火災是也【埤雅】龍珠在頷蛇珠在口魚珠在眼鮫珠在皮鼈珠在足蛛珠在腹皆不及蚌珠【通雅】古有辟塵珠辟寒珠夜光照乘大者徑寸或出於龍魚異物腹中非獨出於蚌也【沈懷遠南越志】珠有九品寸五分以上至寸八九分者爲大品有光彩一邊小平似覆者名璫珠璫珠之次爲走珠走珠之次爲滑珠滑珠之次爲磊砢珠磊砢之次爲官珠官珠之次爲稅珠稅珠之次爲蔥珠見【續博物志】書禹貢揚州淮夷蠙珠【周官玉府】若合諸侯則共珠槃玉敦【開元遺事】張說有記事珠或有遺忘玩之頓悟【漢書】孟嘗爲合浦太守去珠復還又【博物志】江珠琥珀別名又【正字通】山海經濫水注漢水

鰲鮆之魚狀如覆銚是生珠玉數歷山楚水多白珠劉郡平澤出青珠左思云青珠黃環西國琅玕碧珠皆寶石名之以珠者也又地名前漢武帝紀珠崖儋耳注二郡皆大海中崖岸之邊出眞珠故曰珠崖穆天子傳天子舍於珠澤注珠澤在越巂水經注若水旁有光珠穴又木名山海經開明北有視玉珠樹注論衡曰珠樹似珠非眞珠也又藥珠宮名見神仙傳又綠珠人名石崇妾又連珠文家篇名傳元序連珠興於漢章帝之世班固賈逵傅毅三子受詔作之不指說事情假喻達旨合古詩勸興之義欲使歷歷如貫珠易覩而可悅也沈約注連珠表謂辭句連續互相發明若珠之結排也按連珠始於韓非子北史魏帝召李尤讀之又文章緣起謂揚雄作非始於班固也嗣後潘勗擬之王粲放之陸機演之又顏延之作範連珠王儉作暢連珠劉孝儀作豔體連珠　又叶以由切音周易林老猬大偸東行竊珠

屬

朱玉切音燭說文連也从尾蜀聲徐曰屬相連續若泥之在坏故從尾詩小弁不屬于毛傳連也毛膚體之餘氣末屬也廣韻聚也會也周官大司徒屬其六引注屬合

聚也州長正月之吉各屬其州之民而讀灋注屬猶合聚也又託也付也左隱三年召大司馬孔父而屬殤公焉史記晉侯世家漢王之將獨韓信可屬大事當一面又續也信陵君傳平原君使者冠蓋相屬於魏又晉語必屬怨焉注結也又足也左昭二十八年願以小人之腹爲君子之心屬厭而已注屬足也言小人之腹飽知厭足君子亦宜然釋文之玉反又僖二十三年右屬櫜鞬注著也考工記說車欲其樸屬而微至注樸屬附著堅固皃集說屬附著無間也凡功粗必待膠漆調飾而後無間方其爲樸而已無間則固可知又恤也書梓材至於屬婦傳屬存恤也婦婦妾也又甲札之數前漢刑法志魏氏武卒衣三屬之甲注如淳曰上身一髀褌一脛繳一凡三屬皆相連屬也又恭也禮禮器屬屬乎其忠也祭義洞洞屬屬然如弗勝纂言諸家解洞洞屬屬孔疏引廣雅輔氏周氏以字義推之或云洞洞質慤皃屬屬專一皃皆未爲盡善竊疑四字是恭敬安詳之意故以爲卑承尊之敬而與嚴威儼恪以上臨下之敬不同也

又珠玉切音蜀爾雅釋親鄭箋屬者昭穆相次序也禮大傳絶

族無移服親者屬也〔注〕族兄弟之子不相爲服有親者服各以其屬親疏〔疏〕四從族屬既絶故無移服在旁而及曰移言不延及之也有親者各以屬而爲服故曰親者屬也〔又〕其夫屬乎父道者妻皆母道也其夫屬乎子道者妻皆婦道也〔又〕從服有六屬從〔纂言〕屬從者屬謂親屬以親屬故爲其黨非妻從夫服夫家旁尊旁卑之親夫從妻服妻黨之親子從母服母黨之親也〔史記田單傳〕田單者齊諸田疏屬也〔又〕〔增韻〕隷也系屬也官寮也〔禮王制〕五國以爲屬屬有長〔書周官〕各率其屬〔又〕類也儕等也〔史記留侯世家〕陛下起布衣以若屬取天下〔又〕從也〔項羽紀〕羽渡淮騎能屬者百餘人耳〔又〕〔前漢賈誼傳〕善屬文〔師古注〕屬謂綴輯之也〔又〕〔左成二年〕屬當戎行〔注〕屬適也〔又〕〔書禹貢〕涇屬渭汭〔傳〕逮也〔馬云〕入也〔又〕甫爾也〔前漢杜周傳〕察近屬之待驗〔注〕近屬謂漢家之事〔又〕近也〔谷永傳〕屬聞以特進領城門兵〔注〕謂近聞也〔傅介子傳〕匈奴使屬過〔注〕謂近始過去〔霍光傳〕將軍之廣明都郎屬耳〔注〕謂近耳也〔李尋傳〕屬者頻有變改〔注〕謂近時也　又朱戍切音著義同〔儀禮士昏禮〕酌元酒三屬於尊〔注〕

注也又晉語若先則恐國人之屬耳目於我也注屬注目也又離騷前望舒使先驅兮後飛廉使奔屬注叶章喻反或如字則下具叶入聲　又殊遇切音樹詩角弓小人與屬注附也　又叶直署切音著班固西都賦陵隥道而起西墉混建章而連外屬設璧門之鳳闕上觚稜而棲金爵　作屬囑非

耆

渠伊切音祁說文老也爾雅釋詁長也禮曲禮六十曰耆疏耆至也至老之境也釋名耆指也不能力役指事使人也晉文侯之命罔或耆壽俊在厥服蔡傳無有老成俊傑在厥官者又周語耆艾修之注耆艾師傅也又左昭二十三年不懦不耆注懦弱也耆強也正義不懦不使人侵己也不耆不往侵鄰國也釋文巨支直支二反又官名周官伊耆氏注伊耆古王者號始爲蜡以息老物此王王者之齒杖後王識伊耆氏之舊德而以名官與又姓有伊耆氏又國名史記周本紀明年敗耆國注即黎國也前漢西域傳焉耆國治員渠城又史記匈奴傳匈奴謂賢曰耆者　又軫覩切音旨集韻致也詩皇矣上帝耆之傳未詳或曰致也武篇耆定爾功左宣十二年撫弱耆昧以務烈所注

者致也致詣於昧　又與嗜同〔禮月令〕仲夏節耆欲〔孟子〕嗜皆作嗜惟食色章作耆

軻　苦何切音珂〔說文〕車接軸也又〔廣韻〕轗軻不遇也車行不利曰轗軻故人不得志亦謂之轗軻轗音坎〔楚辭七諫〕埳軻嵒滯又人名〔史記孟子列傳〕孟軻騶人也趙氏岐曰孟子魯公族孟孫之後也　又枯我切音可口箇切音諫義竝同

鼎　都梃切音頂〔說文〕鼎三足兩耳和五味之寶器也易卦巽木於下者爲鼎象析木以炊也〔左宣三年〕若夏之方有德也遠方圖物貢金九牧鑄鼎象物百物而爲之備使民知神姦故民入川澤山林不逢不若螭魅蝄蜽莫能逢之用能協於上下以承天休桀有昏德鼎遷於商載祀六百商紂暴虐鼎遷於周德之休明雖小重也其姦回昏亂雖大輕也天祚明德有所底止成王定鼎於郟鄏卜世三十卜年七百天所命也周德雖衰天命未改鼎之輕重未可問也〔東周策〕秦興師臨周而求九鼎周君患之以告顏率顏率謂齊王曰夫秦之爲無道也欲興兵臨周而求九鼎周之君臣內自畫計與秦不若歸之大國夫存危國美名也得九鼎厚寶也願大王圖之齊

王大悅發師五萬人使陳臣思將以救周而秦兵罷齊將求九
鼎顏率謂齊王曰周賴大國之義得君臣父子相保也願獻九
鼎不識大國何涂之從而致之齊齊王曰寡人將寄徑於梁顏
率曰不可梁之君臣欲得九鼎謀之暉臺之下沙海之上其日
久矣鼎入梁必不出齊王曰寡人將寄徑於楚對曰不可楚之
君臣欲得九鼎謀之葉庭之中其日久矣若入楚鼎必不出王
曰寡人終何涂之從而致之齊顏率曰儆邑固竊爲大王患之
夫鼎者非效壺醯醬甀耳可懷挾提挈以至齊者非效鳥集烏
飛兔興馬逝灕然止於齊者昔周之伐殷得九鼎凡一鼎而九
萬人輓之九九八十一萬人士卒師徒器械被具所以備者稱
此今大王縱有其人何涂之從而出臣竊爲大王私憂之齊王
曰子之數來猶無與耳顏率曰不敢欺大國疾定所從出儆邑
遷鼎以待命左宣四年染指於鼎而出周官王日一舉鼎十有
二注牢鼎九牛一羊一豕一魚一腊一腸胃一膚一鮮魚一鮮
腊一陪鼎三膷一臐一膮一孟子前以三鼎而後以五鼎與注
三鼎士祭禮五鼎大夫祭禮儀禮特牲饋食禮士祭禮牲用豕

陳鼎三豕右肩臂臑肫胳正脊橫脊長脅短脅九體膚三離肺
一刌肺三爲一鼎魚十有五爲一鼎腊用兔爲一鼎【少牢饋食
禮】大夫祭禮牲用少牢陳鼎五羊右肩臂臑肫胳正脊脡脊橫
脊短脅正脅代脅十一體腸三胃三舉肺一祭肺三實於一鼎
豕十一體如羊舉肺一祭肺三實於一鼎膚九實於一鼎魚用
鮒十有五而鼎腊用麋一純而鼎又【世史】籍身長八尺力能扛
鼎又卦名【易象】鼎象也【傳】鼎大器也重寶也故其制作形模法
象尤嚴鼎之名正也古人訓方方實正也以形言則耳對植於
上足分峙於下周圓內外高卑厚薄莫不有法而至正至正然
後能成安重之象故鼎者法象之器卦之爲鼎以其象也又【正
韻】當也又方也【前漢賈誼傳】春秋鼎盛又鼎鼎大舒也【禮檀弓】
鼎鼎爾則小人【纂言】鼎鼎而舒緩怠惰則若不修整之小人又
周鼎星名見【步天歌】又湖名【史記封禪書】黃帝鑄鼎於荆山後
世四名其處爲鼎湖又州名宋改朗州爲鼎州又門名【後漢郡
國志】雒陽東城曰鼎門【注】九鼎所從入又官名【前漢東方朔傳】
夏育爲鼎官【注】鼎官今殿前舉鼎者也【鄒陽傳】武力鼎士【注】舉

鼎之上也又姓宋將鼎澧又人名西京雜記鼎匡衡小名也前漢匡衡傳注張晏曰匡衡少時字鼎長乃易字稚圭世所稱衡與貢禹書上言衡狀報下言匡鼎曰知是字也又無說詩匡鼎來服虔注謂鼎猶言當也若言匡且來也說誤又前漢賈捐之傳捐之復短石顯楊興曰顯鼎貴注如淳曰言方且欲貴矣鼎音釘師古曰如字　又叶他經切音汀左思吳都賦精若曜星聲若雷霆名藏於山經形鏤於夏鼎

槨　同椁見下論按說文有椁無槨邑旁後人所加

衾　去金切音欽說文大被詩葛生錦衾爛兮小星抱衾與裯禮喪大記小斂君錦衾大夫縞衾士緇衾皆一　又自小斂以往用夷衾質殺之裁猶冒疏小斂後衣多故用夷衾覆之夷衾質殺之裁猶冒也者言夷衾上齊於手下三尺所用繒色及長短制度如冒之質殺但不復爲囊及旁綴也孟子謂棺槨衣衾之美也疏凡衾皆三幅鄭注衾單被也

四書字詁卷六十四

湖南黔陽縣歲貢生段諤廷訒庵原稿
本縣教諭寧鄉黃本驥虎癡編訂

上孟六　公孫丑一詁　三十八字

丑　敕久切音醜說文紐也十二月萬物動用事象手之形時加丑亦舉手時也淮南子時則訓招搖指丑前漢律歷志孳萌於子紐牙於丑又神名山海經女丑之尸又人名公孫丑孟子弟子六書正譌手械也从又又手也有物以縶之象形因聲借爲子丑字十二月之象也又丑象子初生舉手

蹵　子六切音蹴說文躡也本作蹴博雅蹴蹋也亦作蹵史記燕世家王蹵之以足又前漢董仲舒傳以蹵迫之民又孟子曾西蹵然趙岐注蹵然猶蹵踖朱注蹵不安皃莊子人間世子產蹵然改容更貌

艴　蒲沒切音勃說文論語曰色艴如也徐曰盛氣色也今本作勃呂氏春秋艴然充盈手足矜者兵革之色

也　又敷勿切音弗【集韻】色怒也【孟子】艴然不悅【注】怒色也【朱注】音拂又音勃吳氏程曰唐韻雖有二音而於勃音注怒色拂音注淺色故孫氏單音勃　又滂佩切音配【韻會】將暋之色也

滋　子之切音兹【說文】益也【孟子】則弟子之惑滋甚【注】益也【左昭七年】及正考父佐戴武宣三命滋益共亦作兹又蒔也長也又培也【書泰誓】樹德務滋又液也【禮檀弓】草木之滋又多也蓄也【左僖十五年】象而後有滋又【禮月令】孟冬薄滋味無致和又濁也【左哀八年】何故使吾水滋又水名【說文】一曰滋水出牛飲山白陘谷東入呼沱又【水經】霸陵縣霸水古曰滋水　又疾之切音慈水出高麗【山海經】高星之山滋水出焉　又通作孳【前漢律歷志】孳萌萬物

洽　侯夾切音狹【說文】霑也【書大禹謨】洽于民心【正義】洽謂沾漬優渥洽于民心言潤澤多也【孟子】猶未洽於天下又和也合也【詩正月】洽比其鄰又【後漢杜林傳】京師士大夫咸推其博洽【注】洽備也又【爾雅釋天】大歲在未曰協洽　又蔿合切音閤【集韻】水名亦作郃【詩大明】在洽之陽【朱傳】洽水在同州洽陽夏陽縣今流已絶故去水而加邑

又叶胡急切音現〔傳〕遐皇初〔頌〕歌九功舞八佾鴻澤普皇恩洽
又叶胡頰切音協〔顔延之赭白馬賦〕武義粤其肅陳文教迨
已優洽泰階之平可升興王之軌可接

丁

當經切音玎十干之四〔說文〕夏時萬物皆丁實丁承丙象人心〔六書正譌〕丁蠆尾也象形凡造物必以金木爲丁附著因聲借爲丙丁字〔禮月令〕孟夏其日丙丁〔又〕仲春之月上丁命樂正習舞釋菜又〔唐書禮樂志〕仲春仲秋釋奠於文宣王皆以上丁又五丁力士〔蜀記〕秦惠王欲伐蜀造石牛置金其後蜀人使五丁力士拖石成道秦遂伐蜀〔杜甫詩〕論功超五丁又六丁神名〔道書〕陽官六甲陰官六丁謂六甲六丁神也又〔爾雅釋詁〕當也〔注〕相當值〔詩雲漢〕寧丁我躬又民丁〔唐書食貨志〕租庸調之法以人丁爲本〔又〕授田十畝歲輸粟二斛謂之租丁〔按〕男子二十成丁可力田矣故盧同生子名曰添丁欲爲國充丁也〔李陵答蘇武書〕丁年奉使謂及成丁之年郎奉使遠出也又〔莊子養生主〕庖丁解牛〔杜甫詩〕畦丁負籠至〔宋史高宗紀〕團教峒丁槍杖手〔又〕罷廉州貢珠縱蛋丁自便〔何異傳〕募山丁捕首亂者〔唐璘傳〕團結漁業

茶鹽舟夫蘆丁悉備燎舟之具又兩淮鹽法志有竈丁元史博爾忽傳有畬丁橘錄金橘高不及尺許結實繁多園丁種之以鬻於市又零丁失志見晉書李密傳零丁孤苦又彼此相屬曰丁寧後漢郎顗傳丁寧再三留神於此又丁寧鉦也左宣四年伯棼射王汰輈及鼓跗著於丁寧又丁東聲也凡玉佩鐵馬聲皆曰丁當當東古音通又水名水經注泗水又東南流丁溪水注之又爾雅釋詁魚枕謂之丁注枕在魚頭骨中形似篆書丁字又丁子科斗也初生如丁有尾莊子天下篇丁子有尾又肉丁瘡名物類相感賦身上生肉丁芝麻花擦之又烏丁茶名見本草又吉丁蟲名本草注甲蟲也背正綠有翅在甲下出嶺南賓澄諸州人取帶之令人喜好相愛又貫休詩蕨苞玉粉生香壟菌簇紅丁出靜槎陸游詩藕貯醇醪漬黄甲瓷封小瓮餉紅丁皆詩人象形借用也又丁與壬合韓愈詩女丁婦壬傳世婚謂水爲火之配也又零丁洋名文天祥有過零丁洋詩又姓齊太公子呂伋爲丁公因以爲氏又謚法述義不克曰丁又人名孟子由湯至於武丁武丁殷之中興賢主廟號高宗又邀書篇

名[序]沃丁既葬伊尹于亳咎單遂訓伊尹事作沃丁又仲丁遷
於囂作仲丁　又中莖切音打[爾雅釋訓]丁丁嚶嚶相切直也
[詩伐木傳]丁丁伐木聲相應也[朱注]音爭　又叶都陽切音當
[韓愈贈張籍詩]相見不復期零落甘所丁嬌兒未絕乳念之不
能忘　[按]唐書張宏靖傳汝輩挽兩石弓不如識一丁字
續世說一丁作一个因篆文个與丁相似傳寫譌作丁

膠

古肴切音交[說文]昵也作之以皮徐曰昵黏也[玉篇]煑用其皮
或用角[考工記弓人]凡相膠欲朱色而昔昔也者深瑕而澤紾
而摶廉鹿膠青白馬膠赤白牛膠火赤鼠膠黑魚膠餌犀膠黃
凡昵之類不能方[注]昔音錯純赤之中文又交錯也澤表裏有
文色潤澤也紾縝密摶音團團圓也廉利也昵本作䵒不能方
柔韌不取其方整也[輯注]方比也凡昵之類雖或可用以粘而
不能比方六者又[爾雅釋詁]膠固也[疏]膠者所以固物[詩隰桑]
德音孔膠[傳]膠固也又戾也[史記司馬相如傳]蜿蟺膠戾[注]膠
戾邪曲也又太學名[正字通]東膠周學名周之學成均居中左
東序右瞽宗東膠即東序也[禮王制]周人養國老於東膠[注]東

膠亦太學在國中王宮之東又【正韻】黏昵不通【莊子逍遙遊】置杯焉則膠又【司馬相如大人賦】雜遝膠葛以方馳【注】膠葛馳驅也又【韻會】和也【詩風雨】雞鳴膠膠【傳】猶喈喈也嚴氏粲曰羣雞之聲許氏曰喈喈膠膠皆雞聲紛雜之意又水名【韻會】萊州有膠水又地名【國策】以膠東委於燕又姓【孟子】膠鬲舉於魚鹽之中【注】殷之賢臣　又古孝切音教義同　又古巧切音絞動撓皃【莊子天道篇】膠膠擾擾【音義】交卯反　又女巧切音撓舉膠雜亂皃　又乎刀切音豪戾也【楚辭九辯】何況一國之事兮亦多端而膠加【注】膠加戾也　又口交切音敲面不正也　俗讀高非

鬲　狠狄切音歷【說文】鼎屬實五觳斗二升曰觳象腹交文三足【爾雅釋器】鼎款足謂之鬲【注】鼎曲脚也【疏】款闊也謂鼎足相去疏闊者名鬲【前漢郊祀志】其定足曰鬲【注】蘇林曰足中空不實者名曰鬲也　又古核切音隔【禮喪大記】陶人出重鬲【注】重鬲謂懸重之罌是瓦瓶受三升以沐米爲粥實於瓶以疏布冪口繫以篾懸之覆以葦席也【纂言】音歷又【儀禮士喪禮】苴絰大鬲【注】鬲搤也中人之手搤圍九寸絰之差自此出焉

釋文鬲又作搹盈手曰搹搹扼也中人之搹圍九寸又國名左襄四年靡奔有鬲氏注國名今平原鬲縣彙纂鬲偃姓皐陶之後封於鬲今山東濟南府德平縣東一里有故鬲城又鬲津九河之一爾雅注水多阨狹可隔以爲津　又與隔同前漢五行志鬲閉門戶荀子大略篇鬲如也注謂隔絶於上史記大宛傳鬲漢送焉前漢薛宣傳西州鬲絶陸厥與沈約書一家之文工拙壤鬲　又乙革切音戹與軛同考工記車人鬲長六尺注鬲謂轅端厭牛領者牛車兩轅一牛在轅內故鬲狹也

勢 舒制切音世說文盛權力也增韻氣燄也孟子好善而忘勢書君陳毋倚勢作威又形勢易坤卦地勢坤李氏開曰天以氣運故曰行地以形載故曰勢又時勢孟子雖有智慧不如乘勢又韻會外骨爲勢宮刑男割勢一作埶考工記審曲面埶劉孝標廣絶交論是曰埶交其流一也　又叶式列切音設木華海賦羣山既略百川潛渫泱漭澹泞騰波赴勢

鎡 子之切音茲玉篇鎡錤鉏也孟子雖有鎡基不如待時注鎡基田器也前漢樊噲傳作茲基

基 居之切音朞說文牆始也又潛

岳籍田賦結靈基之崇趾又基業也書大誥予有後弗棄基又詩公劉止基迺理傳止居基定也理疆理也又絲衣自堂徂基傳門塾之基又樂名孝經緯伏犧之樂曰立基又山名山海經亶爰之山東三百里曰基山　又通作錤鎡錤鉏也孟子作鎡基　又與朞同咸陽靈臺碑承祠朞年鯱魚復生　又叶古詣切音計劉向列女頌以爲世基叶下避

吠 扶廢切音茷說文犬吠鳴也廣韻犬聲詩野有死麕無使尨也吠左昭二十三年吏人之與叔孫居於箕者請其吠狗弗與正義狗有吠守者有主獵者主獵者貴吠守者賤孟子雞鳴狗吠相聞而達乎四境齊策跖之狗吠堯非貴跖而賤堯也狗固吠非其主也楚辭九章邑犬羣吠兮吠所怪也又地名齊語以燕爲主反其柴夫吠狗注燕之二邑

憔 慈焦切音樵廣韻憔悴瘦也孟子民之憔悴於虐政按憔悴當是無聊之意或曰蕭條窘窶之狀吳語民人離落而日以憔悴楚辭漁父顏色憔悴與顦顇蕉萃竝同玉篇顦顇憂皃左成九年無棄蕉萃注蕉萃賤陋之人

悴 秦醉切音萃說文憂也从心卒聲讀如萃卦之

萃憔悴見上　又徐醉切音遂廣雅困悴也　又昨律切音崒憂也劉向九歎覽屈氏之離騷兮心哀哀而拂鬱聲噭噭以寂寥兮顧僕夫之憔悴餘見上

渴

苦葛切音磕說文盡也又欲歠也从欠渴聲徐曰今俗用渴字詩采薇載飢載渴孟子渴者易為飲又急也公羊隱三及時而日渴葬也　又渠列切音傑水涸也周官草人　鹿疏渴者故時停水今乃渴也　又胡割切音褐柳宗元袁家渴記楚越方言謂水之反流者為渴

郵

于求切音尤說文境上行書舍也从邑垂垂邊也廣韻郵驛也增韻馬傳曰置步傳曰郵爾雅釋言過也道路所經過也孟子速於置郵而傳命注置驛也郵馹也所以傳命也揚升庵曰置緩郵速驛遲馹疾也置有安置意猶今制云日行一程郵有過而不留意猶今制云倍道兼行言速馳也許東陽謂馬遞曰置步遞曰郵非是注明訓郵為驛若是步遞何以從馬風俗通漢改郵為置置亦驛也度其遠近置之也又田間舍也禮郊特牲饗農及郵表畷注郵表畷謂田畯所以督約百姓於井間之處也詩云為下國畷郵疏郵若郵亭屋

四書字詁　卷六十四　上孟六　五

字處所表田畔畷者謂田畔相連畷於此田畔相連畷之所造此郵舍田畯處焉　又與尤通過也禮王制郵罰麗於事注郵過也麗附也過人罰人當各附於其事不可假他事為喜怒也朱氏軾曰郵作尤過責也麗依也就事論事也前漢成帝紀以顯朕郵又正韻最也殿最亦曰殿郵列子穆王篇魯之君子迷之郵者注與尤同又廣韻督郵古官號釋名主諸縣罰負郵殿糾攝之晉書陶侃傳郡遣督郵至縣又州名揚州府志高郵州古邗溝秦始築臺置郵亭因名秦郵又地名秦策白起身服七十餘城功已成矣賜死於杜郵注起傳注在咸陽西門十里又石尤逆風也亦作石郵又姓左哀二年有郵無恤　又是為切音垂衛地名　又叶于其切音移

解

佳買切皆上聲說文判也从刀判牛角莊子養生主庖丁解牛左宣四年宰夫解黿前漢陳湯傳支解人民注謂解截其四支也又玉篇緩也易解卦注解難之散也正義解有兩音一古買反謂解難之初一諧買反謂既解之後故序卦云解者緩也險難解釋物情舒緩故為解也程傳難極則必散

解者散也所以次蹇也爲卦震上坎下震爲雷坎爲雨雷雨之作蓋陰陽交感和暢而緩散故爲解解者天下患難解散之時也前漢張耳陳餘傳今獨王陳恐天下解也注謂離散其心也又玉篇釋也儀禮大射禮解綱注解猶釋也孟子猶解倒懸也交心雕龍百官詢事則有關刺解諜解者釋也解釋結滯徵事以對也又傳雅散也禮月令東風解凍又廣韻脫也曲禮解屨不敢當階月令仲夏鹿角解仲冬麋角解又傳雅說也史記封禪書船交海中皆以風爲解注皆自解說遇風不至也又難解者以不解解之齊策秦昭王嘗遣使者遺君王后玉連環曰齊多智而解此環不君王后以示羣臣羣臣不知解君王后引錐推破之謝秦使曰謹以解矣又廣韻講也一曰釋詁也禮經解疏解者分析之名逸周書篇名𥁞曰解淮南子著鴻烈解又樂曲解名古今樂錄倉歌以一句爲一解中國以一章爲一解王僧虔啓云古曰章今曰解解有多少當是先詩而後聲也又字彙補削也魯語晉文公解曹地以分諸侯又止也前漢五行志歸獄不解玆謂追非又開也後漢耿純傳贊嚴城解扉又達也

莊子秋水篇無南無北奭然四解又解構猶閒構也後漢隗囂傳勿用旁人解構之言又解構猶會合煩辱也淮南子俶眞訓孰肯解構人閒之事以物煩其性命乎又人名左宣十五年使解揚如宋　又下買切諧上聲義同又增韻物自解散也孔安國尚書序逃難解散注音蟹又廣韻曉也禮學記及其久也相說以解注解物爲解自解釋爲解是相證而曉解也纂言朱子曰說如字解音蟹蓋義理相說之久其難處自能觸發解散也魏志賈詡傳太祖與韓遂馬超戰渭南問計於詡對曰離之而已太祖曰解注謂曉悟也又博雅迹也爾雅釋獸麢其跡解又地名左昭二十二年王師軍于解注洛陽西南有大解小解彙纂後漢書大解城在今洛陽縣南其小解城在縣西南也又史記甘茂傳今公與楚解口地索隱曰秦地名正義解口猶開口也又州縣名一統志春秋爲晉之解梁城戰國屬魏漢爲解縣屬河東郡五代漢始置解州治解縣又姓廣韻自唐叔虞食邑於解後因氏又複姓姓苑北魏有解枇氏後改爲解氏又說文解廌獸也史記司馬相如傳弄解廌注解廌一角一名神羊古

者決訟令觸不直者唐御史法冠一名解廌冠取其能觸邪也

又與嶰通嶰谷谷名前漢律歷志取竹之解谷孟康曰解脫也一說昆侖之北谷名也　又與蟹通呂覽恃君篇大解陵魚大人之居山海經作大蟹　又尸賣切諧去聲亦判也散也曉也獸也地名也又玉篇接中也考工記弓人茭解中有變焉故挍注茭解謂隈與簫相接之處集說茭从交弓幹之端析爲兩歧而以簫剌入故曰茭簫別一木雖以筋膠合於弓幹而體本兩判故曰解又支節也前漢賈誼傳所排擊剝割皆衆理解也注師古曰解支節也　又與懈同詩假樂不解于位傳解怠惰也禮月令民氣解惰纂言讀古買切方氏曰巽爲風而春之氣煖故行春令則煖風來至氣煖則解緩寒則縮栗以煖風來至故民氣解惰　又與邂同正字通解后卽邂逅言彼此不期而遇也六書正譌別作邂非　又古隘切皆去聲類篇除也一曰開上也韻會發也唐制進士由鄉而貢曰解額又國史補外府不試而貢者謂之拔解宋史選舉志天下之士屏處山林令監司守臣解送又職官志入額人一任實滿四年與解發赴銓正

字通〕凡官司解報扭解皆此音〔韻會〕讀若懈非　又與廨同〔玉
篇〕署也〔荀子墾介篇〕高其解舍〔左思吳都賦〕解署棊布　又口
賣切楷去聲〔集韻〕解垢詭曲之辭〔莊子胠篋篇〕解垢同異〔注〕又
音楷　又叶舉履切音几古詩著以長相思緣以結不解以膠
投漆中誰能別離此　又叶居縊切音記〔楚辭九章〕愁鬱鬱之
無快兮居戚戚而不解心鞿羈而不開兮氣繚轉而自締　又
叶訖力切音棘〔詩閟宮〕春秋匪解享祀不忒　又叶舉下切嘉
上聲〔僧皎然題毗沙天王像〕憶昔胡兵圍未解感得此神天上
下

倒　當老切刀上聲〔說文〕仆也又絕倒極笑也〔晉書衛玠傳〕
王澄有高名每聞玠言輒歎息絕倒又傾倒〔杜甫詩〕志
上懷感傷心胷已傾倒又潦倒〔北史崔瞻傳〕魏天保以後重吏
事謂容止醞藉者爲潦倒〔嵇康絕交書〕潦倒麤疎　又都妙切
音到〔詩東方未明〕顛倒衣裳〔禮喪大記〕小斂之衣祭服不倒〔注〕
死者所用衣多不盡著有倒者惟祭服尊其領不倒也〔疏〕小斂
十九陳不著之但用裹尸要取其方而衣有倒領在足閒者惟
祭服尊領不倒在足也〔韓非子難言篇〕至言忤于耳而倒于心

非野賓莫能聽又鳥名〔嶺南志〕廣州有鳥紅背翠翎籠置花下能收各種花香夜間倒挂籠內散香滿室名曰倒挂收香鳥又通作到〔大戴虞戴德篇〕是非反天而到行邪　又叶董五切音堵〔李尤平樂觀賦〕或以馳騁覆車顛倒烏獲扛鼎千鈞若羽　又叶都故切音妒〔易林〕衣裳顛倒爲王來呼呼讀去聲

懸 胡涓切音泫〔說文〕繫也从系持県臣鉉等曰此本是縣挂之縣借爲州縣之縣今俗加心別作懸義無所取〔孟子〕猶解倒懸也　又叶熒絹切音院〔張衡西京賦〕後宮不移樂不徙懸門衛供帳官以物辯

賁 彼義切音臂〔說文〕飾也〔易賁卦釋文〕鄭云變也文飾之皃王肅云有文飾黄白色〔程傳〕賁者釋也物之合則必有文文乃飾也如人之合聚則有威儀上下物之合聚則有次序行列合則必有文也爲卦山下有火山者草木百物之所聚也有火則照見其上草木品彙皆被其光彩賁飾之象也〔書湯誥〕賁若草木〔詩白駒〕賁然來思　又逋還切音班〔賁卦釋文〕傅氏云賁古文班字文章皃　又符分切音焚〔書盤庚〕用宏茲賁〔傳〕宏賁皆大也〔詩靈臺〕賁鼓維鏞〔傳〕賁大鼓也

又爾雅釋魚龜三足賁〔疏〕龜之三足者名賁　又逋昆切音奔書立政綴衣虎賁〔傳〕虎賁以勇力事王〔周官〕虎賁氏掌先後王而趨以卒伍〔旅〕氏掌執戈盾夾王車而趨左八人右八人車止則持輪〔孟子〕虎賁三千人又人名〔孟子注〕孟賁勇士人物考賁齊人能生拔牛角秦武王好多力士賁往歸之又〔夏小正〕元駒賁〔注〕元駒蟻也賁走也　又與憤同禮樂記粗厲猛起奮末廣賁之音作而民剛毅〔注〕賁讀爲憤憤怒氣充實也春秋傳曰血氣狡憤朱氏軾曰粗厲猛起謂樂之初起已粗厲而猛奮末廣賁謂至終越奮發而廣賁賁不聲書用宏玆賁詩賁鼓維鏞俱訓大猶粗厲也又沸也〔穀梁僖十年〕覆酒於地而地賁〔注〕賁沸起也又地名〔昭五年〕叔弓帥師敗莒師于賁泉〔注〕魯地扶粉反〔左〕作蚡泉　又方問切音糞〔禮射義〕賁軍之將〔注〕讀爲僨猶覆敗也　又力竹切音六〔公羊宣三年〕楚子代賁渾之戎〔釋文〕賁舊音六二傳作陸〔杜注〕允姓之戎居陸渾在秦晉西北　又符非切音肥姓也〔前漢英布傳〕中大夫賁赫〔後漢光武紀〕董憲將賁朱〔注〕前書賁赫音肥今姓音奔　又孚袁切音翻番禺〔山海

經作黝於糾切音怮說文微青黑色玉篇黑也微青色也爾雅釋器黑謂之黝 又釋宮地謂之黝注黑飾地也周官牧人陰祀用黝牲注讀若幽黑也陰祀祭地北郊乃社稷也 又王延壽魯靈光殿賦互黝糾而搏負注黝糾特出皃又人名孟子北宮黝注北宮姓黝名 又於九切音懮廣雅黝堊塗也禮天子諸侯之楹黝堊 又云久切音有義同 又一笑切音要以黑塗地也

撓 奴巧切鐃上聲說文擾也一曰捄也釋名物繁則相雜撓也左成十三年撓亂我同盟釋文乃卯許高二反 又尼交切音鐃抓也搔也亦擾也又屈也孟子不膚撓趙岐注讀平聲朱注膚撓肌膚被刺而撓屈也音奴效反 又女教切音鬧義同左成二年畏君之震師徒撓敗杜注曲也亦作橈史記酷吏傳所愛者橈法活之前漢劉向傳守正不撓 又呼高切音蒿攪也前漢鼂錯傳匈奴之衆易撓亂也注火高反其字从手 又爾紹切音繞亦屈也與擾同 又人要切饒去聲與繞同纏也史記太史公自序名苛察繳繞或作撓 又馨幺切音嘵集韻撓挑宛轉也 又通作鐃莊子天道篇萬

物無足以鏡心者

逃 徒刀切音陶【說文】亡也【書牧誓】乃惟四方多罪逋逃【傳】謂有罪逃亡之人【左文六年】董逋逃又【廣韻】避也去也【孟子】不目逃【注】目被刺而轉睛逃避也【史記吳世家】季札讓逃去【注】謂讓位而逃也【後漢謝該傳】艮才抱璞而逃　又通跳【前漢高帝紀】漢王跳史記作逃　又叶田黎切音題【烈女贊】衛君不聽後果逋逃許不能救女作載馳

挫 祖臥切音剉【說文】摧也【考工記】輪人外不廉而內挫【注】挫折也【孟子】思以一毫挫於人【注】挫猶辱也【史記酷吏傳】蜀守馮當暴挫【注】暴虐以挫人　又祖臥切音座搦也捉也【楚辭招魂】挫糟凍飲醇清涼些【注】捉去其糟但取其清醇也　又祖加切市平聲亦折也【考工記】內不挫李軌讀　又臧戈切跐平聲案也【莊子人間世】挫鍼治解　又千臥切與剉同折傷也又【增韻】剉斫也

褐 胡葛切音曷【說文】臬韤也又以毳織布曰褐【詩七月】無衣無褐【傳】毛布【孟子】雖褐寬博【注】褐毛布寬博寬大之衣賤者之服也又【潘岳籍田賦】被褐振裾【注】褐麤布也又【荀子大略篇】衣則豎褐不完【注】童豎之褐【史記秦本紀】寒者利裋褐

前漢貢禹傳妻子糠豆不贍裋褐不完又左哀十三年余與褐之父睨之注褐寒賤之人也又楚策西施衣褐而天下稱美注褐麤衣又馬衣也左定八年主人焚衝或濡馬褐以救之又人名吳越春秋晉令童褐請年又複姓前漢古今人表有司褐拘又有司褐扶楚靈王大夫見韓非子　又胡結切音纈白居易詩閒時酒壺出醉向人家歇野食或烹鮮寓眠多擁褐　又居曷切音葛集韻同褐麤衣也

縮 所六切音蹜說文亂也一曰蹴也爾雅釋詁縱縮亂也注縱放掣縮皆亂法也儀禮鄉飲酒磬階閒縮霤北面鼓之注縮從也霤以東方爲從古文縮爲蹙禮檀弓古者冠縮縫注縮從也疏古者謂殷以上殷尚質吉凶冠辟積襵多故前後直縫之又爾雅釋詁貉縮綸也又釋器繩之謂之縮之注縮者約束之詩緜篇縮版以載傳縮束也載上下相承也言以索束版投土築訖則升下而上以相承載也又禮郊特牲縮酌用茅注縮去滓也纂言此言縮酌用茅即周禮醴齊縮酌是也縮謂泲去滓也與盈縮之縮同有所取則盈有所去則縮也左僖四年爾貢包茅不入王祭不共無以

縮酒注束茅而灌之以酒爲縮酒又孟子自反而縮趙注縮義也朱注直也檀弓曰古者冠縮縫今也衡縫又曰棺束縮二衡三語錄儀禮禮記多有縮字每與衡字作對下文直養之說蓋本於此又國策縮於財用則貴注歛也贏之反也又釋名齊人謂車枕以前曰縮言局縮又玉篇退也止也又廣[illegible]也短也

又姓國策安陵人縮高　又式律切音率班固幽通[illegible]神先心以定命兮命隨行以消息斡流遷其不濟兮故遭罹而贏縮

惴　之瑞切音睡說文憂懼也爾雅釋訓惴惴懼也詩黃鳥惴惴其慄小宛惴惴小心孟子吾不惴焉注恐懼也　又古賣切音卦集韻性多阻礙也　又叶諸延切音專太公金匱黃帝居人上惴惴如臨深淵惴惴爲句與淵叶

蹶　居月切音厥說文僵也一曰跳也廣韻失脚也孟子今夫蹶者趨者注蹶顛蹶也大全音姑衛反　又音厥莊子人間世爲崩爲蹶又史記孫子傳蹶上將注蹶猶挫也又申屠嘉傳材官蹶張注力能足踏彊弩張之又荀子儒效篇蹶蹶而趨之注蹶蹶頭倒也又爾雅釋詁嘉也又廣韻走也速也　又其月切音厥義同

又居衛切音劌【爾雅釋詁】動也又【釋訓】蹶蹶敏也【詩蟋蟀傳】蹶蹶動而敏於事【釋文】俱衛反又【緜篇】文王蹶厥生【傳】蹶生未詳其義或曰蹶動而疾也生猶起也又【禮曲禮】足毋蹶【注】行疾皃【釋文】居衛反又求月切又【孔子閒居】子夏蹶然而起又姓【詩韓奕】蹶父之子【傳】蹶父周之卿士

慊　賢兼切與嫌同【說文】疑也【前漢趙充國傳】嫌得避慊之便【師古注】慊亦嫌字　又苦兼切音謙【集韻】意不足也　又古簟切音歉【廣韻】恨也【玉篇】切齒恨也【集韻】意不滿也【孟子】吾何慊乎哉【注】恨也少也或作嗛字書以為口銜物然則慊亦但為心有所銜之義其為快為足為恨為少則因其事而所銜有不同耳【又】行有不慊於心【注】快也足也言所行一有不合於義而自反不直則不足於心而其體有所不充矣【大學注】謙讀為慊慊之言厭也謂誠意自足又口劫切音怯義同　又乞協切音愜【集韻】足也或从口【莊子天運篇】盡去而後慊【按】古人用字因文立義如吾何慊行有不慊義各不同朱子所謂因其事而所銜不同則又緣嗛字為說也若大學之以謙為慊未必非傳寫之誤非謂謙有慊音也故

不關入

揠　烏八切音軋　說文拔也　廣韻拔草心也　小爾雅拔心曰揠　孟子宋人有閔其苗之不長而揠之者　一作扎

芒　莫郎切音忙　說文草耑　玉篇稻麥芒也　周官稻人種之芒種　注稻麥也　易林夏麥䵃䴬霜擊其芒　又詩元鳥宅殷土芒芒　傳大皃　又多皃　束晳補亡詩芒芒其稼　又疲倦皃　孟子芒芒然歸　注無知之皃　又芒草名　爾雅釋草莔春草　注一名芒草　山海經姦山木狀如棠赤葉名曰芒草可以毒魚　又小學紺珠芒鍾五月節今歷作芒種　又地名　前漢地理志沛郡芒　注世祖更名臨淮　又山名　史記高帝紀高祖郎自疑隱芒碭山澤間　應劭漢書注芒屬沛國碭屬梁國　又水名　蜀後主傳姜維率衆至芒水　又門名　水經注穀水逕青陽門亦曰芒門　又姓　史記注芒卯魏將　又通作茫　詩長發洪水芒芒　折中無涯之皃　陸機歎逝賦何子今之方殆兮覩天之芒芒　又通作鋩　晏子諫上篇列舍無次變星有芒　史記天官書作作有芒　後漢陳忠傳氣減針芒　張蔵七命建雲髦啓雄芒　注芒鋒刃也　又通作邙　左昭二十二年注北山洛北芒也　彙纂芒山亦作邙山今在河南府城

洛陽縣東北連偃師孟津鞏三縣界辛氏三秦記長安城北有始平原漢謂之北芒西京雜記何武葬於北芒後漢恭王祉傳葬於洛陽北芒 又武方切音亡義同禮月令孟春其神句芒注句芒少皞氏之子曰重爲木官句古侯切芒音亡 又呼光切音荒爾雅釋天大歲在巳曰大芒落莊子至樂篇芒乎芴乎而無從出乎芴音忽 又母朗切音莽道藏歌玉虛範女像高會通冥想二曜無二停暉明眞煥雲芒

耘 王分切音云說文除田間穢也从耒員聲或从芸作䢎今文作耘傳雅除也詩大田或耘或耔傳耘除草也耔雝本也孟子以爲無益而舍之者不耘苗者也 又王問切音運史記東越傳不戰而耘注徐廣曰耘義取耘除或言耘音于粉反此楚人聲重耳耘隕當同音字有假借聲有輕重耳 又叶曜先切音延韓愈贈謝自然詩柰何不自信反欲從物遷寒衣及飢食在蠶績耕耘

詖 彼義切陂去聲說文辯論也廣雅慧也玉篇佞諂也廣韻譣詖也詩卷耳序内有進賢之志而無險詖私謁之心箋詖妄加人以罪也崔云險詖不正也孟子詖辭知其所蔽注詖偏陂

也前漢敘傳趙敬險詖師古注詖辯也一曰佞　又兵媚切悲去聲彼爲切音陂連眉切音悲義竝同

遁　徒困切音鈍說文遷也一曰逃也左僖二十八年輿曳柴而僞遁孟子遁辭知其所窮注逃遁避也又廣韻隱也去也詩白駒勉爾遁思傳猶言去意也後漢郅惲傳南遁蒼梧又迴避也後漢杜林傳上下相遁注謂上下相蔽以文避去也又遁甲後漢方術傳推六甲之陰而隱遁也　又徒損切音囤義同　又七倫切同逡前漢平當傳逡遁有恥　又與逡同賈誼過秦論遁巡不敢進

班　布還切音頒說文分瑞玉从玨从刀今文作班書舜典頒瑞于羣后又爾雅釋言賦也注謂布與書洪範武王既勝殷邦諸侯班宗彝傳賦宗廟彝器酒罇賜諸侯左襄二十六年班荆相與食注班布也布荆坐地公羊僖三十一年晉侯執曹伯班其所取侵地于諸侯又列也孟子周室班爵祿也又齊等也孟子若是班乎又博雅秩序也左文六年班在九人注班位也又集韻次也桓十六年使魯爲其班注班次也又集韻別也左襄十八年有班馬之聲注班別也夜遁馬不相見故作離別聲

也又晉語車班內外順以訓之注班徧也又易屯卦乘馬班如傳乘馬欲行也欲從正應而復班如不能進也班分布之義下馬爲班與馬異處也本義班分布不進之皃書大禹謨班師振旅祭傳班還振整也或謂出曰班師入曰振旅謂班師於有苗之國而振旅於京師也又禮王制班白者不提挈注雜色曰班又班班車聲後漢五行志車班班入河間又姓風俗通楚令尹鬬班之後又縣名前漢地理志班氏注屬代郡又蟲名古今注欒種有五毒五曰班茅戎鹽解之又人名左成十三年鄭公子班自訾求入于大宮　又叶卑連切音鞭何晏景福殿賦光明熠爚文彩璘班清風萃而成響朝日曜而增鮮

辜 攻乎切音姑說文罪也書大禹謨與其殺不辜周官大司馬以救無辜又必也前漢律歷志姑洗洗絜也言氣洗物辜絜之也注辜絜必使絜之也又磔也周官大宗伯以疈辜祭四方百物注疈辜披磔牲以祭也又障也後漢靈帝紀豪右辜榷注謂障餘人賣買而自取其利也　作辜較義同又辜較大槩也略也孝經蓋天子之孝疏蓋者辜較之辭辜較者言其大略也又姓又月

名爾雅釋天十一月爲辜月

汙

烏故切惡去聲說文薉也一曰小池爲汙一曰涂也又染也又去垢曰汙詩葛覃薄汙我私傳汙煩也箋煩撋之用功深也字略煩撋猶捼莏也亦音烏　又與洿同說文濁水不流也一曰窊下也詩十月之交田卒汙萊傳下則汙高則萊正義汙者地停水之名禮記曰汙其宮而瀦焉是也左隱三年潢汙行潦之水疏畜水謂之潢水不流謂之汙又史記屈原傳濯淖汙泥之中又行濁亦曰汙新書道術篇放理潔靜謂之行反行爲汙書允征舊染汙俗又降殺也禮檀弓道汙則從而汙注汙猶殺也又勞事亦曰汙左昭元年處不辟汙正義言事之勞身若穢之汙物　又雲俱切音于水名在鄭西後漢郡國志鄭有汙水汙城注史記項羽擊秦軍汙水上又曲也左成十四年春秋之文盡而不汙杜注言盡其事實無所汙曲　又烏瓜切音蛙孟子汙不至阿其所好注下也三子智足以知聖人之道假使汙下必不阿私所好而空譽之又汙邪下地田也史記滑稽傳汙邪滿車又鑿地也禮禮運汙尊而抔飲注鑿爲尊也方氏曰尊未能鑿木也汙尊而已

又叶烏戈切音窩傷方合歡詩迺爾根深且固我根淺且汙穢
植良無期歎息將如何　又叶文甫切音武杜甫詩氣竭腸胃
融汙滋衣裳汙吾袞尤拙
汁失鑿鑿場闹　一作污

阿　於何切音阿說文大陵也一曰曲阜也玉篇水岸也鄔也詩菁
菁者莪傳中阿阿中也又卷阿大雅篇名序召康公戒成王也
言求賢用吉士也傳卷曲也阿大陵也又爾雅釋地偏高阿邱
釋名阿荷也如人擔荷物一邊偏高也詩載馳陟彼阿邱又玉
篇倚也阿衡商官名書太甲不惠於阿衡傳阿倚衡平又史記
范雎傳不離阿保之手又倉公傳故濟北王阿母注服虔曰乳
母也又前漢王莽傳太阿右拂大司空甄豐少阿羲和京兆尹
劉歆注太阿少阿皆官名又儀禮士昏禮賓升西階當阿東面
致命注阿棟也考工記匠人四阿重屋注四阿若今四注又詩
隰桑箋枝條阿阿然長美又玉篇比也曲也左昭二十年阿下
執事孟子汙不至阿其所好又禮月令孟冬是察阿黨馬氏曰
曲成曰阿私附曰黨又集韻慢應也又地名左襄十四年敗公
徒于阿澤注濟北東阿縣西南有大澤史記李斯傳阿縞之衣

注東阿縣繒帛所出前漢地理志涿郡阿陵縣又宮名史記秦本紀先作前殿阿房注括地志秦阿房宮亦曰阿城在雍州長安縣一云阿近也去咸陽近故號阿房又劍名國策龍淵太阿又鬼名莊子達生篇東北方之下者陪阿鮭蠪躍之注陪阿狀如小兒長尺四寸黑衣赤幘大冠帶劍持戟又淮南子天文訓太阿者羣神之闕也又月御曰纖阿司馬相如子虛賦纖阿爲御又曲名宋玉對楚王問其爲陽阿薤露國中屬而和者數百人古詩渡江采菱發陽阿又姓唐氏志唐阿光進明阿賢本出阿伏氏　又韻會小補與阿通道德經唯之與阿相去幾何注唯與阿遲速小異　又倚可切婀上聲集韻與猗同柔也詩萇楚猗儺其枝或作阿　又烏谷切音屋古詩家中有阿誰木蘭詩阿耶無大兒又阿妹聞姊來世說新語一門則有阿大中郎

四書字詁卷六十五

湖南黔陽縣歲貢生段諤廷訒菴原稿
本縣教諭寧鄉黄本驥虎癡編訂

上孟七

公孫丑二計三十六字

麒 渠宜切音其說文仁獸也麕身牛尾一角張揖曰牡曰麒牝曰麟郭璞曰麒似麟而無角

麟 力珍切音鄰說文大麕也麕身牛尾狼額馬蹄五彩腹下黄高丈二尺春秋保乾圖歲星散爲麟禍冠子麟者元枵之獸陰之精也蔡邕月令章句天官五獸中有大角軒轅麒麟之信凡麟生於火遊於土故修其母致其子五行之粹精也視明禮修則麒麟臻徵祥記牡曰麒牝曰麟牡鳴曰遊聖牝鳴曰歸和夏鳴曰扶幼秋鳴曰養綏大戴易本命有毛之蟲三百六十而麒麟爲之長大圓篇毛蟲之精者爲麟陸璣詩疏麟麕身牛尾馬足黄色圓蹄一角角端有肉音中律呂行中規矩遊必擇地詳而後處不履生蟲

不踐生草不羣居不侶行不入陷阱不羅羅網文章彬彬王者至仁則出井州界有麟大如鹿非瑞麟也故司馬相如賦曰射麋腳麟謂此麟也爾雅麐大麃牛尾一角注云謂之麟者此是也禮禮運麟鳳龜龍謂之四靈麟以爲畜故獸不狘又麟之趾詩篇名序關雎之應也關雎之化行則天下無犯非禮雖衰世之公子皆信厚如麟趾之時也又州名漢五原河西二地唐置麟州又麟鳳州見十洲記　又叶陵延切音連韓愈雜詠詩指摘相告語雖還今誰親翩然下大荒被髮騎麒麟親叶音千此詩終篇皆先韻按經傳皆作麟字爾雅公羊京房易傳作麐說文麐牝麒也麟大牡鹿也但以麐有鄰音遂爾誤用六書正譌於麐下云俗作麟是殆未讀說文也

凰　胡光切音皇韻會雄曰鳳雌曰凰詳上論鳳字注　通作皇一作鷬儀鷬殿名

垤　徒結切音迭說文螘封也詩曰鸛鳴于垤埤雅螘場謂之坻亦謂之垤从至以螘之微而能爲垤用其至也詩東山傳垤蟻冢也集韻蟻聚土爲冢以避溼也朱注垤田節反叶池一反孟子太山之於邱垤注蟻封也　又池一切音姪義同廣

韻彊分爲二非也

潦 盧皓切音老說文雨大皃禮曲禮水潦降又踏上流水曰行潦詩洞酌傳行潦流潦也左隱三年潢汙行潦之水　又郎到切勞去聲與澇同淹也一曰積水　又郎刀切水名司馬相如上林賦酆鎬潦潏注水出鄠縣西南潦谷又潦倒見前倒字注又憭𢡟切音聊水名山海經潦水出衛皋東

拔 蒲入切辨入聲說文擢也增韻抽也易乾文言確乎其不可拔泰卦拔茅茹後漢蔡邕傳連見拔擢位在上列晉書胡毋輔之傳甄拔人物蜀志龐統傳拔十失五猶得其半梁書任昉傳拔十得五尚曰比肩韓愈文朝取一人焉拔其尤暮取一人焉拔其尤又增韻攻而舉之也前漢高帝紀攻碭三日拔之注破城邑而取之若拔樹木并得其根本又爾雅釋詁盡也　又蒲撥切音跋回也又增韻疾也禮少儀毋拔來疏拔速疾之意纂言或曰毋拔來者事來則應毋報往事往則已未來則拔而致之歸往則追而報之前漢陳項傳贊拔起隴畝之中注疾起也又挺也特立皃孟子拔乎其萃注拔特起也集說挺然孤立也杜甫詩友于皆挺拔又括也矢末也詩駟驖

舍拔則獲傳拔矢括也疏矢末爲括以鏃爲首故拔爲末又除也周官赤犮氏注赤犮猶言捄拔疏拔除去之也 又與茇同前漢禮樂志拔蘭臺注拔舍止也 又北末切音撥集韻把也 又蒲蓋切音旆詩緜篇柞棫拔矣疏拔然生柯葉也朱注音佩傳拔而上不蒙密也折中拔起除也又拂取也 又房越切音伐草名爾雅釋草拔蘢葛注江東呼爲龍尾亦謂之虎葛 又筆列切讀若分別之別張華鮑文泰誄抱道沖虛執義貞厲棲遲無悶不營不拔厲音列

萃 秦醉切音瘁說文艸皃又傅雅苦萃款冬也又易萃卦彖曰萃聚也詩墓門有鴞萃止齊語羣萃而州處 又昨律切音崒義同左思吳都賦擁藹森萃蓊茸蕭瑟 又七內切音淬萃蔡衣聲司馬相如子虛賦翕呷萃蔡 又通作倅穆天子傳天子賜七萃之士注聚也按七萃當與周官車僕戎路之萃等萃同副也猶春秋傳七輿大夫顏延年曲水詩序七萃連鑣九斿齊軌

濕 他合切音沓說文水出東郡東武陽入於海桑欽云出平原高唐水經注濕水出累頭山一曰治水 又失入切音隰與溼同說文幽溼

也孟子是猶惡濕而居下也按說文濕他合切水名也濕郎西貢孟子濟漯之漯集韻㶟漯濕三字竝同水出雁門是也溼失入切幽溼也音義懸殊今以水名之濕爲乾溼之溼相沿已久未易驟改然其原則不可不知　又叱入切音蟄濕濕牛呞耳動皃詩無羊其耳濕濕釋文呞食已復出嚼之也集傳王氏曰濕濕潤澤也牛病則耳燥安則潤澤也陸氏曰今之齝牛者以耳　又鄂合切音隰濕陰漢侯國名　又席入切音習與隰同坂下溼也或作濕

迨　徒耐切音代說文及也从辵隶聲臣鉉等曰或作迨爾雅釋言及也詩摽有梅迨其吉兮鴟鴞迨天之未陰雨　又徒亥切音隶義同

綢　直由切音稠說文繆也孟子注綢繆纏綿補葺也又綢繆詩篇名序刺晉亂也國亂則昏姻不得其時焉疏綢繆是束薪之狀故云猶纏綿也又都人士綢直如髮傳密直如髮也疏綢者綢緻之言故爲密也集說羅氏曰說文綢密也解頤新語其首飾綢直如髮之本然謂不髲髢爲高髻之類又楚辭九歌薜荔柏兮蕙綢注綢縛束也　又土刀切音叨與韜同禮檀弓綢練設旐疏韜盛

旌旗之竿以素飾於杠首設長尋之旐此則夏禮爾雅釋天素錦綢杠注以白地之錦韜旗之竿前漢司馬相如傳靡屈虹而爲綢注綢韜也按紬段之紬俗作綢非

般

北潘切音近班說文辟也象舟之旋从舟从殳殳所以旋也又廣韻般運集韻移也又集韻數別之名按今俗云幾般這般當即此數別之義　又與班同爾雅釋言般還也疏般還反也前漢趙充國傳明主般師罷兵注鄭展曰般言班班還也又賈誼傳般紛紛其離此郷兮注音班反也又分也布也前漢郊祀歌先以雨般裔裔注與班同布也又人名前漢古今人表公輸般張衡西京賦命般爾之巧匠注般魯般魯哀公時巧人禮檀弓般請以機封又馬文禮內則馬黑脊而般臂注般臂前脛般般然也周官內饔注般臂臂毛有文又史記司馬相如傳般般之獸樂我君圃注謂騶虞也　又蒲官切音盤玉篇大船也　又與盤同爾書盤庚周語作般庚又博雅般桓不進也又般還禮投壺賓再拜受主人般還曰辟疏主人見賓之拜乃般曲折還謂賓曰今辟而不敢受抱朴子廣譬卷般旋之儀見憎於裸跣之鄉又爾

雅釋詁樂也〔孟子〕及其時般樂怠敖〔張衡思元賦〕惟般逸之無斁又〔博雅〕行也又任也又〔莊子〕田子方公使人視之則解衣般礴〔注〕般礴謂其坐也與槃同又詩篇名〔序〕般巡守而祀四岳河海也〔集說〕曹氏曰說文云般旋也今名篇曰般取般旋之義巡守而徧乎四岳所謂般旋也蘇氏曰般遊也〔折中〕般大武四成之樂歌也又縣名〔前漢地理志〕濟南郡般陽縣又水名〔山海經〕沂山般水出焉而東流注于河　又與鞶同〔穀梁桓三年〕諸母般申之曰謹慎從爾父母之言〔注〕般囊也所以盛朝夕所須以備舅姑之用〔疏〕男子般革婦人般絲所以盛帨巾之屬　又與磐同〔前漢郊祀志〕乾稱飛龍鴻漸于般〔注〕孟康曰般水涯堆也師古曰山石之安者　又補滿切音叛漢縣名今在齊州境〔前漢地理志〕平原般縣〔注〕韋昭音逋垣反師古曰爾雅九河一曰鉤般郭璞云水曲如鉤流般桓也然今其土俗呼爲章音　又蒲先切音駢〔張衡西京賦〕蚩尤秉鉞奮鬣被般禁禦不若以知神姦魑魅罔兩莫能逢旃

怠　徒亥切音待〔說文〕慢也〔玉篇〕懈也〔書大禹謨〕汝惟不怠〔孟子〕般樂怠敖　又通作殆〔左昭

五年滋敝邑休怠　又他代切音貸義同　又與怡同易雜卦傳謙輕而豫怠也虞氏作怡史記秦本紀視聽不怠劉歆列女贊言行不怠注竝音怡　又鳥名莊子山木篇東海有鳥焉其名曰意怠　又湯來切音胎義同　又叶堂來切音臺荀子堯問篇熱無失行微無怠忠信無倦而天下自來越語范蠡曰得時無怠時不再來俱叶灰韻　又叶養里切音以詩賓之初筵無俾大怠叶上恥　又叶徒替切音第歐陽修范仲淹墓銘藏其子孫寵及後世惟百有位可勸無怠

活　戶括切音佸水名水經活水出壺關縣東垢臺下又生也詩艮耜實函斯活孟子自作孽不可活注生也又民非水火不生活又孫穆雞林類事高麗謂弓曰活　又古活切音括詩碩人北流活活傳活活流皃又汩活水流疾皃馬融長笛賦汩活澎濞說文水流聲从水昏聲集韻隸作活按廣韻昏亦書作舌今活佸括竝从昏字彙分活涽爲二非　又通作萿集韻獨萿藥本草作獨活　又叶胡決切音血魯褒錢神論無位而尊無勢而熱危可使安死可使活

俊　子峻切音儁說文材千人也馬氏曰智過

千人曰俊淮南子泰族訓智過萬人者謂之英千人者謂之俊百人者謂之豪十人者謂之傑北史蘇綽傳萬人之秀曰俊禮王制司徒論選士之秀者而升之學曰俊士書洪範俊民用章禮月令命大尉贊傑俊孟子俊傑在位注俊傑才德之異於衆者集說智過百人謂之俊才過萬人謂之傑又俊風大風也夏小正時有俊風　又與峻同書堯典克明俊德注同峻　又通作㕙國策世無東郭俊盧氏之狗注又作逡

傑

渠列切音桀說文傲也又前漢高祖紀子房蕭何韓信三人皆人傑也又詩良耜有厭其傑傳傑苗之先長者　又通作桀前漢陳餘傳知其豪桀　又叶其利切音聲曹植學宮頌於鑠尼父生民之傑性與天成該聖備藝

廛

直連切音纏說文一畝半一家之居从广里八土孟子願受一廛而爲氓詩伐檀胡取禾三百廛兮傳一夫之居曰廛疏民居之區域也周官遂人夫一廛田百畮注廛城邑之居又玉篇市邸也許氏曰市物邸舍曰廛周官廛人注民居及市中屋舍通曰廛此所掌廛在市中者班固西都賦闤城溢郭旁流百廛孟子市廛而不征注市宅

也【撮言】廛與市有別市是統言廛是市中列肆故訓市宅【語類】國都如井田畫爲九區中一區君之宮室前朝後市左右各三區皆民所居是爲民廛【按】民廛即願受一廛之廛市廛而不征與下廛無夫里之布之廛並後市之廛但二廛字亦有別廛雖訓市宅而上廛字即以爲市宅之稅名語類所謂使居市之廛者各出廛賦如今人賃鋪面錢也【周官廛人】掌斂廛布【注】廛布諸物邸舍之稅【疏】謂在行肆官有邸舍人有儲物於中使之出稅故云廛布【按】此廛而不征之廛

氓　武庚切　音盲

【說文】民也【孟子】皆悅而願爲之氓矣【又】願爲聖人氓【詩氓篇】氓之蚩蚩【石經注疏】作甿【周禮注】變民言甿異外內也甿猶懵懵無知皃也【字典】氓作甿【毛箋】以氓爲民甿爲民田非是又【楊愼經說】氓从亡从民流亡之民也引周禮新甿之治注新徙來者【字典】氓與民音別義同从亡者言民易散難聚非專屬新徙之民周禮注新徙來者釋新義非釋氓義遂人之安氓教氓氓猶民也非皆他國新徙之民謂之氓也孟子受廛爲氓猶受廛爲民也天下之民皆願爲氓猶皆願爲民也楊說迂泥引周禮新甿

注新從來者爲證是文人逞筆作字說未可以解經也又詩衛風篇名序氓刺時也宣公之時禮義消亡淫風流行男女無別遂相奔誘華落色衰復相棄背或乃困而自悔喪其妃耦故序其事以風焉美反正刺淫泆也傳氓民也蓋男子而不知其誰何之稱也　又莫耕切音萌義同

吏

力地切音利說文吏治人者也从一从史史亦聲徐鍇曰吏之治人心主于一故从一今文作吏書允征天吏逸德烈于猛火孟子無敵於天下者天吏也集注呂氏曰奉行天命謂之天吏廢興存亡惟天所命不敢不從若湯武是也饒氏曰吏君所命天吏天所命君所命者可以刑人殺人凡有罪者得而刑殺之天所命者可以征人伐人凡暴亂之國皆得而征伐之禮曲禮其擯於天子也曰天子之吏左成二年王使委於三吏注三吏三公也又吏部六曹之長又周官大宰以八則治都鄙二曰廢置以馭其吏注吏郎服官者若府吏之屬則其長所自辟除非王朝廢置所及也前漢百官公卿表秩四百至二百石是爲長吏百石以下有斗食佐史之秩是爲少吏注師古曰吏理也主理其縣內也又姓

漢吏宗王莽時人　又神至切音**乍**鉏駕切槎去聲增韻暫
示五音集韻奉也職事也勞也　也初也忽也猝也亩然
也孟子今人乍見孺子注乍猶忽也集韻補氏曰卒乍而見也
又荀子雜言篇一俯一仰乍進乍退　又即若切同作三代鼎
文款識作皆書爲作**怵**丑律切音黜說文恐也書冏命怵惕危厲傳恐
懼危厲孟子皆有怵惕惻隱之心注怵惕驚動
皃惻傷之至也隱痛之深也攝言怵言怵惕心驚懼而起念之
意又悽愴也禮祭統心怵而奉之以禮注感念親之皃也　又
辛律切與沭通誘也賈誼服賦怵迫之徒或趨西
東注怵爲利所誘也　又休必切音獝博雅狂也**惕**他歷切音剔說
文敬也又怵惕憂也懼也又爾雅釋訓惕惕愛也引詩陳風心
焉惕惕韓詩以爲悅人故言愛也又疾也吳語一曰惕注疾也
疾速之疾**惻**初力切音測說文痛也廣韻愴也易井卦井渫不食爲我心測
擴苦郭切音廓張小使大也孟子
知皆擴而充之矣注擴推廣之意　又光霍切音廓忽郭切音
霍古獲切音幗義竝同　又古曠切光去聲與彍同充也　又

胡曠切音貴去聲

函 胡男切音含說文舌也又容也禮曲禮席與攡同擔打也開函丈又前漢禮樂志郊祀歌函業祉福常若期注師古曰函包也又前漢叙傳函之如海注讀與含同律歷志太極函三爲一禮樂志人函陰陽之氣又詩載芟實函斯活傳含也其實含氣而生也又函夏猶區夏謂中國也前漢河東賦以函夏之大漢兮又玉篇鎧也考工記函人爲甲又燕之無函也非無函也夫人而能爲函也注函鎧也孟子注函甲也又地名左僖三十年晉軍函陵寰宇記函陵在新鄭縣北十三里山形如函故名函陵彙纂今屬河南開封府左襄十六年次于函氏注許地哀四年葉公諸梁致蔡於負函注楚地彙纂當在今信陽州又國策函冶氏爲齊太公買劍注函姓冶官名因以爲號　又戶感切音頷通俗文口上曰臄口下曰函　又胡品切音咸匱也又玉篇書也晉書殷浩傳竟達空函又姓廣韻漢有豫章太守函熙又複姓漢末有黃門侍郎函治子覺又函谷關名　又作凾俗作凾

役 營隻切音疫說文戍邊也詩采薇序遣戍役以守衛中國又玉篇使役也易說卦致

役乎坤書大誥予造天役孟子力役之征注力役取之於冬文
不仁不智無禮無義人役也文小德役大德小賢役大賢又周
官大宰田役以馭其衆又有所求而不止曰役役莊子齊物論
終身役役而不見其成功注得此不止復逐於彼疲役終身也
又凡役使之人曰廝役前漢張耳陳餘傳貰客廝役皆天下俊
桀又詩生民禾役穟穟傳役列也疏穟不則使穟穟然美好也

漁

語居切音魚說文捕魚也从鱻从水省从魚易繫辭以佃
以漁禮月令季冬命漁師始漁孟子自耕稼陶漁以至爲
帝史記五帝紀舜漁于雷澤又侵取無擇曰漁禮坊記諸侯不
下漁色注不內取於國中也國君而內取象捕魚然中網取之
無所擇也又水名在漁陽水經注漁水出縣東
南又姓宋有漁仲修　又牛據切音御義同

炭

他案切音歎說文燒
木餘也从火岸省聲玉篇炮也火也禮月令季秋草木黃落乃
伐薪爲炭又塗炭塗泥也炭火也書仲虺之誥民墜塗炭又白
居易詩日暮半爐麩炭火亦作烰炭又懸炭古候氣法也後漢
律歷志權土炭放陰陽日冬至陽氣應則景長極黃鍾通土炭

輕而衡仰日夏至陰氣應則景短極蕤賓通土炭重而衡低淮
南子天文訓水勝故夏至溼火勝故冬至燥燥故炭輕溼故炭
重梁簡文帝詩月暈蘆灰缺秋還懸炭枯又周官赤友氏掌除
牆屋以蜃炭攻之又正字通石炭卽今西北所燒之煤前漢地
理志豫章郡出石炭可然爲薪徐陵春情詩

浼 毋罪切音每說文汙也从

石炭擣輕紈又姓西京雜記炭虯長安人

水免聲詩曰河水浼浼孟子汝焉能浼我哉又讀官切音瞞毋
伴切音滿莫半切音縵義竝同 又美辨切音免水皃一曰水
流平皃詩新臺河水浼浼朱注

屑 先結切先入聲說文動作

音美叶美辦反上洒叶先典反 切切也从尸肖聲隸作屑
徐曰居既从尸動亦从尸屑屑屢動作也一曰敬也不獲已也
又廣韻清也顧也勞也詩谷風不我屑以注屑潔也不以我爲
潔而與之也孟子欲得不屑不潔之士而與之注潔也陳氏曰
以不善爲不潔而不屑爲之也又前漢王良傳往來屑屑不憚
煩董仲舒傳凡所爲屑屑王莽傳晨夜屑屑注屑屑猶切切謂
動作之意又增韻輕也書多方爾乃屑播天命傳謂輕棄天命

正字通凡遇事物輕視曰不屑孟子不屑去不屑就乞人不屑是也又瑣屑也左昭五年屑屑焉習儀以亟又碎末也周官玉府王齊共食玉按舊注謂王齊食玉屑宋人因謂古人有軟玉法皆非也王齊供食玉以玉置食器中取精明潔白之義齊畢玉府仍收掌之非屑而食之也僖負羈饋餐置璧亦此意非以璧行賂重耳反璧不敢當其禮非辭其賂也又禮內則屑薑與桂。

阸　於革切音厄說文塞也从𨸏尼聲亦作阨周官鄉師以歲時巡國野而賙萬民之囏阸孟子阸窮而不憫注困也。又與隘同陋也正韻狹也左思吳都賦邦有湫阸而踡跼又左昭元年彼徒我車所遇又阸注地險不便車釋文音隘又定四年還塞大隧直轅冥阸注三者漢東之隘道釋文於懈反史記秦本紀閉關據阸字典說文玉篇廣韻皆有阸無阨故正字通云俗字然左傳孟子皆作阸未可以爲俗字也

憫　美隕切音閔集韻憂也孟子阸窮而不憫

袒　丈莧切同綻說文衣縫解也　又徒旱切音但袒裼也爾雅注李巡曰脫衣見體曰肉袒禮曲禮勞毋袒儀禮鄉射司射適堂袒決

遂注袒左免衣也疏凡事無問吉凶皆袒左惟有受刑袒右齊策王孫賈乃入市中曰淖齒亂齊國殺閔王欲與我誅者袒右注補曰袒蕩旱反今循習作徒案反說文裼也露臂又禮檀弓袒括髮變也喪大記小斂主人袒說髦又凡斂者袒注於事便也又釋名汗衣或曰鄙袒或曰羞袒作之用六尺裁足覆胸背言羞鄙於袒而衣此耳與禫同

裼 先擊切音錫說文袒也爾雅釋詁袒裼肉袒也詩詁去上衣曰裼玉篇脫衣見體也孟子袒裼裸裎注袒裼露臂也裸裎露身也又禮玉藻君衣狐白裘錦衣以裼之注袒而有衣曰裼又裘之裼也見美也君在則裼盡飾也無事則裼朱氏軾曰裼易也襲斂也裘外有裼裼外有襲裼與裘為表又與襲為裏取互相表裏之義故曰裼裼被裘襲又被裼取重復覆被之義故曰襲此裼襲正解也若此節所謂裼露見也所謂襲全覆也未嘗無襲但襲不盡裼人見襲亦謂裼故曰裼未嘗無裼但裼隱於襲人不見裼惟見襲故謂裼襲之分在見美不見美也孔氏謂裼為開露後人遂以裼為袒蓋因士喪禮袒襲之文而解此耳不知士喪禮所謂袒襲

者哀甚則袒哀止則襲有事則袒事畢則襲非此袒襲之謂也至詩禮裼暴虎孟子袒裼裸程借作露字用耳人臣事君主於愛悅故見美而盡飾爲尸執玉龜蒙上君在言重祖考故爲尸者不裼重寳瑞故執龜玉者不裼無事謂無爲尸執龜玉之事也弔不裼哀無飾也大抵有吉事則裼見君長則裼故裼之時少襲之時多也【禮樂記】周還裼襲禮之文也【注】裼袒上衣而露體也襲謂掩上衣也禮盛者尚質故襲不盛者尚文故裼　又他計切音替【詩】斯干載衣之裼【傳】褓也【疏】縛兒被也

裸

郎果切音卵【說文】袒也从衣贏聲或从果【集韻】赤體也【左僖二十三年】欲觀其裸【釋文】力果反一曰戶化反【魏志】裴松之傳注衡乃脫衣裸身爲之又人曰裸蟲【晉書】五行志裸蟲人類而人爲之王又川名【述異記】桂林東南邊海有裸川【桓譚新論】陳衣冠於裸川又海上有裸人鄉又【拾遺記】靈帝初起裸遊館千間　一作倮

裎

丑郢切音逞【說文】袒也又【集韻】深衣也　又直貞切音呈【類篇】倮也【易林】裸裎逐狐爲人所笑又【玉篇】衣揚也又【博雅】佩紟謂之裎【廣韻】佩帶也　又丈井切音徎直正

[illegible]懈切音隘說文陋也从𨸏[illegible]聲籀文从𨸏益玉

義疏同[illegible]篇急也狹也詩生民誕寘之隘巷禮禮器君子以

爲隘矣國策人之急也若自在隘窘之中荀子王霸篇生民則

致貧隘孟子伯夷隘注隘狹窄也又左傳二十三年古之爲軍

也不以阻隘也國策塞黽隘　又與阨阸同齊策太子辭於齊

王而歸齊王隘之又寡人之所以閉關不通使者爲中山之獨

與燕趙爲王而寡人不與聞焉是以隘之注隘亦不通也讀作

阸周策三國隘秦注隘謂隔絶之補曰策隘阸字通此[illegible]乙章

反　又叶於旣切衣去聲謝莊宋孝武帝文芝蓋追輸上騶脊

轡若窮隮其北轅靈阿具其深隘　又叶伊昔切音益離騷惟

黨人之偷樂兮路幽昧以險隘豈

余身之憚殃兮恐皇輿之敗績

四書字詁卷六十六

湖南黔陽縣歲貢生段諤廷訒庵原稿

本縣教諭寧鄉黃本驥虎癡編訂

上孟八 公孫丑三 三十五字 計

郭 古博切音椁 說文从邑𩫏聲隸作郭 春秋莊二十四年郭公 胡傳 此郭公也義不可曉而先儒或以爲郭亡者於傳有之齊桓公之郭問父老曰郭何故亡曰以其善善而惡惡也公曰若子之言乃賢君也何至於亡父老曰郭公善善不能用惡惡不能去所以亡也劉氏敞曰郭公者何無聞焉爾或曰是郭亡也孰亡之蓋齊滅之孫氏覺曰管子載郭亡之迹蓋亦曰郭自亡爾公與亡字相近疑經書郭亡爲郭公也張氏洽曰或云春秋無郭國疑卽東號也 又釋名郭廓也廓落在城外也 管子 內爲之城外爲之郭 吳越春秋 鯀築城以衛君造郭以守民 孟子注 郭外城 禮月令 孟秋補城郭仲秋築城郭又築郭曰郭

左昭二十五年使熊相謀郭巢季然郭卷注使二大夫爲巢卷
築郭也又錢邊曰郭文獻通考周景王鑄大錢文曰大泉五十
肉好皆有周郭武帝詔令京師銷赤仄注赤仄者以赤銅爲郭
也又姓玉篇王季之後亦曰號叔之後又複姓孟子有東郭氏
氏族畧姜姓齊桓公之後又莊子有南郭子綦又郭索蟹行皃
林逋詩草泥行郭索 又與號同正字通郭之有號音者周文
王季弟封於號或稱郭公因爲氏春秋傳攻號則虞救之公羊
作郭左穀孟子作號異字轉音相近也高誘國策注號卽古郭
氏 又古郭切與廓同韓愈徐
偃王廟碑堅嶠之後達夫郭之

環

戶關切音還說文璧也肉
好若一謂之環禮玉藻行
則有環佩之聲又孔子佩象環五寸左昭十六年宣子有環其
一在鄭商齊策徹其環瑱至老不嫁以養父母又秦昭王嘗遺
使者遺君王后玉連環注兩環相貫又玉篇繞也正韻回繞也
禮雜記小斂環絰疏環絰是周迴纏繞之名考工記匠人環涂
九軌注環涂謂環城之道周官樂師環拜以鐘鼓爲節注猶旋
也又儀禮士喪禮布巾環幅不鑿注環幅廣袤等也又釋名刀

本曰環形似環也又詩小戎游環脅驅注游環靷環也以皮爲環當兩服馬之背上游移前却無定處引兩驂之外轡貫其中而執之又考工記韗人良鼓瑕如積環注瑕者漆之文理也冒鼓之革苟調而急則漆之也其瑕如累玉環然又姓史記田敬仲世家環淵之徒七十六人注楚人孟子傳環淵著書上下篇五音集韻古有楚賢者環淵後有環齊撰要畧一部又人名左襄十四年今余命女環注齊靈公名楚策楚王問於范環又官名左文元年使爲太師且掌環列之尹注宮衛之官又周官環人有二注以環名官取巡邏周札之義一屬春官置於軍所一屬秋官掌迎送之事又水名山海經泰山環水出焉又州名顧會古朔方鳴沙之地隋置環州以大河環曲名焉又廣南化外唐開生獠置環州又七修類稿唐睿宗所御琵琶名玉環又元虛子仙志楊貴妃生而有玉環在左臂上有八分太眞字故名太眞小字玉環李商隱詩如何漢殿穿針夜又向窗前覷阿環又癸辛雜識王荊公詩環池淼漫阿環家又云且當呼阿環乘興弄溪池是西王母亦名阿環也又堅瓠集王母降漢庭遣使

女與上元夫人答云阿環再拜上問起居則上元夫人亦名阿環也又【韻會】環玉國名又環狗海外國名【山海經】環狗其爲人獸首人身　又胡慣切音患【集韻】郤也周官環人劉昌宗讀又【韻會】繞也周迴也【前漢高帝紀】守濮陽環水【注】音宦決水以自環守爲圍也又【項羽傳】敵因環封之三縣【注】繞南皮三縣以封之環音宦　又叶胡涓切音懸【馬融廣成頌】棲鳳鳥於高梧宿麒麟於西園納僬僥之珍羽受王母之白環　又叶胡玩切音換【班固西都賦】徇以離宮別寢承以崇臺閒館煥若列宿紫宮是環　又叶熒絹切音眩【王延壽魯靈光殿賦】連閣承宮馳道周環陽榭外望高樓飛觀長途升降行檻曼延去聲

米莫禮切瀰上聲【說文】粟實也象禾實之形【注】穬顆粒也十其稃彙開而米見也八八米之形【鄭康成詩箋】米之率糲十粺九鑿八侍御七【周官舍人】掌粟米之出入【注】九穀六米【疏】九穀之中黍稷稻粱苽大豆六者皆有米麻與小豆小麥三者無米故云九穀六米【孟子】米粟非不多也金仁山曰有殼曰粟無殼曰米粟卽穀也古人米與穀兼積米切用而易腐穀氣全而可久錢

急兼備後世軍備獨以米故久飢不可食又姓唐有米嘉榮又
學名禮明堂位米廩有虞氏之庠也又本草蛇牀一曰蛇米又
本草薏苡開紅白花結實青白色形似珠而稍長一名回回米
廣東新語一名贛米又西京雜記菰之有米者長安人謂之雕
胡杜甫詩波漂菰米沈雲黑又罌粟花一名米
囊殷寅詩萬里客愁今日散馬前初見米囊花

委 於詭切音骫說文委
隨也徐鉉曰委曲也取其禾穀垂穗委曲之皃又韻會任也屬
也莊子知北遊生非汝有是天地之委和也性命非汝有是天
地之委順也子孫非汝有是天地之委蛻也左昭元年徐吾犯
之妹美公孫楚聘之矣公孫黑又使強委禽焉注納采用鴈又
頽也唐書杜暹能傳書詔雲委蘇頲傳詔書塡委又棄置也孟
子委而去之注棄也言不得民心民不爲守也又本曰原末曰
委禮學記或原也或委也又端委禮衣左昭元年吾與子弁冕
端委以治民臨諸侯禹之力也又禮郊特牲委貌周道也又左
哀七年大伯端委以治周禮正義端委委貌之冠元端之衣也
又山名在會稽東南汲冢周書禹登苑委山發金簡之書得通

水之理又姓風俗通太原太守委進　又於僞切音萎委積牢米薪芻之總名少曰委多曰積又龍貨物之府漢少府有屬官郡置轉輸開委府於京師以龍貨物　又於爲切音逶詩羔羊委蛇委蛇傳自得之皃君子偕老委委佗佗傳雍容自得之皃竝於古拜切音戒說文境也爾雅釋詁界垂也增韻分畫危反

界

也孟子域民不以封疆之界又仁政必自經界始注謂治地分田經畫其溝塗封植之界也又增韻限也後漢馬融傳奢儉之中以禮爲界注猶限也又地名後漢獻帝紀袁紹及公孫瓚戰於界橋注今貝州宗城縣東有古界城近枯漳水則界橋在此也又與也後漢桓譚傳非身力所得皆以臧界告者注界與也音必二反　又叶居吏切音記陶潛感士不遇賦悼賈傳之委朗紆遠轡於促界悲董相之淵致屢乘危而幸濟

谿

苦兮切音溪說文山瀆無所通者爾雅釋水水注川曰谿疏杜預曰谿亦澗也李巡曰水出於山入於川曰谿朱均曰有水曰谿無水曰谷左隱三年澗谿沼沚之毛荀子勸學篇不臨深谿不知地之厚也孟子固國不以山谿之險又谿名國

策谿子少府注谿子弩名少府所造射六百步之外谿蠻夷也以柘桑爲弩一曰谿子國名又獸名山海經天帝山有獸狀如狗名曰谿邊又地名史記吳太伯世家楚復來伐次于乾谿注楚東境左昭六年次于乾谿注在譙國城父縣南彙纂今江南鳳陽府亳州東南有乾谿春秋昭十三年楚公子比弒其君虔于乾谿穀梁作溪左昭二十三年晉師軍于谿泉注華縣西南有明谿泉水經注洛水又東明樂泉注之水出南原下五泉竝導故世謂之五道泉定五年夫槩王歸自立也以與王戰而敗奔楚爲堂谿氏注堂谿楚地水經注灈水出汝南吳房縣吳房西北有堂谿城彙纂吳房本房子國楚封夫槩於此故曰吳房今汝寧府遂平縣西吳房故城北有堂谿城又公壻之谿注楚地名又姓莊子田子方田子方侍坐於魏文侯數稱谿工又複姓潛夫論吳夫槩王奔楚棠谿因以爲氏　又堅奚切音雞爾雅釋蟲土螽蠰谿注似蝗而小　又弦雞切音奚義同又作谿勃谿怒爭也莊子外物篇婦姑勃谿

醜 昌九切犨上聲說文可惡也詩牆有茨亦可醜也十月之交亦孔之醜傳醜惡

也左文十八年醜類惡物注醜亦惡也前漢項羽傳項王爲天下宰不平今盡王故王於醜地又釋名臭也如臭穢也又惡之也左昭二十八年惡直醜正史記殷本紀伊尹去湯適夏既醜有夏復歸於亳又相惡也國策又身自醜於秦注自醜於秦與秦惡也又羞也史記魏世家以羞先君宗廟社稷寡人甚醜之又韓非傳在如飾其所敬而滅其所醜注索隱曰謂王人有所避而醜之游說者當滅其事端而不言也又貌惡也前漢五行志或形貌醜惡淮南子說山訓不求美又不求醜則無美無醜矣又類也易漸卦夫征不復離羣醜也疏醜類也孟子地醜德齊莫能相尚又衆也詩出車執訊獲醜傳訊其魁首當訊問者也醜徒衆也左定四年將其醜類注衆也又比也禮學記古之學者比物醜類注醜猶比也比物醜類以事相況又山名山海經昆侖之邱洋水出焉而西南流注于醜塗之水注醜塗亦山名也又禮內則鼈去醜注醜謂鼈竅也又姓後漢袁術傳有醜長又複姓西秦錄有下將軍醜門于弟又謚法怙威肆行曰醜晉書何曾傳曾驕奢過度宜謚繆醜　又叶昌呂切音杵易林

東家中女嫫母敢醜三十無家媒自勞苦

況 許訪切音既說文寒水也又矧也中庸注矧況也孟子而況不爲管仲者乎又譬也莊子知北遊每下愈況又益也晉語衆況厚之又茲也詩常棣況也永歎箋來茲對之長歎而已朱傳況發語辭或曰當作怳折中雖有良朋心相㶁切不過怳然長歎而已又出車僕夫況瘁傳況茲也或曰當作怳又詩桑柔亂況斯削傳況滋也折中況象也又臨訪曰來況司馬相如子虛賦足下不遠千里來況齊國又廣韻修況琴名又姓蜀志有況長寧　又通作既賜也與也前漢武帝紀拜況于郊　又與兄通詩大雅職兄斯引職兄斯宏　又與湟通集韻寒水也　又借作祝漢曾相謁孔廟碑祝基作況其序典佩觿集韻況況竝虛訪翻況發語之端況寒水也況形況也今通用況字

臻 側詵切音榛說文至也玉篇及也詩泉水遄臻于衛後漢章帝紀澤臻四表又玉篇聚也衆也又人名陳臻孟子弟子　又通作轃前漢禮樂志四極爰轃　又將先切音箋樂章天命篇羣凶受誅殄百祿咸來臻黃華應福至王淩爲禍先

餽 求位

切音匱說文吳人謂祭曰餽又廣韻同饋前漢食貨志千里負擔餽饟又貽也孟子王餽兼金又姓姓譜晉中行穆伯攻鼓餽閒倫欲因其齋夫而下之　又與匱通墨子七患篇四穀不收謂之餽　又基位切音媿歸謂切音貴義竝同

贐徐刃切音燼說文會禮也从貝𦘔聲今文作贐孟子行者必以贐趙岐注贐送行者贈賄之禮也

陸力竹切音六說文高平地爾雅釋地高平曰陸釋名陸漉也水流漉而出也易漸卦鴻漸于陸詩九罭鴻飛遵陸又玉篇厚也廣韻高也又地名孟子注平陸齊下邑又藪名爾雅釋地晉有大陸左定元年田于大陸注禹貢大陸在鉅鹿縣地緜絕遠疑此田在汲郡吳澤荒蕪之地彙纂吳澤陂在今懷慶府修武縣北一名太白陂即二橋陂也又縣名隋書地理志趙郡大陸縣又州名唐置又漢侯國在壽光見史記建元以來王子侯者年表又卑陸外國名前漢西域傳卑陸國王治天山東乾當國又玉篇星名爾雅釋天北陸虛也西陸昴也疏陸中也北方之宿虛為中也西方之宿昴為中也左昭二年古者日在北陸而藏冰西陸朝覿而出之

注陸道也在北陸謂夏十二月日在虚危在西陸謂夏三月日在昴畢又玉篇道也無水路也考工記作車以行陸莊子則陽篇方且與世違而心不屑與之俱是陸沈者也注人中隱者譬之無水而沈者也又論衡謝短篇知古不知今謂之陸沈又玉篇陸離猶參差也雜亂也離騷長余佩之陸離注美好分散之皃又班陸離其上下又魁陸水族爾雅釋魚注魁陸即今之蚶也疏即魁蛤也又姓廣韻古天子陸終之後正字通齊後有大陸氏後因姓陸又春秋陸渾之戎後亦爲陸氏春秋宣三年楚子伐陸渾之戎注允姓之戎居陸渾在秦晉西北集說陸渾故城在今河南府嵩縣北二十里左僖二十二年秦晉遷陸渾之戎於伊川是也　又與碌同後漢馬援傳今更陸陸欲任附之將難爲顏乎注陸陸猶碌碌也　又力救切音溜陰符經龍蛇起陸叶上宿下覆　又叶林直切音力郭璞騊駼贊騊駼野駿產自北域交頸相摩分背翹陸

戟　紀逆切音棘說文有枝兵也从戈倝聲周禮戟長丈六尺讀若棘徐鉉曰倝非聲義當从榦省榦枝也今文作戟增韻雙枝爲戟單枝爲戈釋名戟

格也傍有枝格也典略周有雍狐之戟考工記廬人車戟常注步卒所用戈殳爲便自戟以上長用于車上爲多也冶氏戟廣寸有半寸內三之胡四之援五之倨句中矩與刺重三鋝注戟三鋒直前胡之橫貫者與直前者同度其形正方故中矩也疏中矩而又曰倨句者援長於胡鏑胡之末至援之末弦之則倨句也集說戟句兵也內三之三其廣之寸半也故四其廣之寸半則六寸也援五其廣之寸半則七寸半也又戟一名長矛張衡東京賦立戈迤戟注戈短故立車上矛長故靡迤邪柱也又古今注棨戟殳之象也前驅之器以木爲之後世以赤油韜之謂之油戟亦謂之棨戟王公以下通用之以前驅人物考後世有棨戟天子二十四諸侯十二或施於公門或設於私第故漢岑彭唐李晟皆得設之以代斧鉞又左哀二十五年褚師出公戟其手曰必斷而足注戟手屈肘如戟形又地名張衡東京賦畢安邑而塞女戟注女戟在太行西　又叶訖約切音腳詩無衣修我矛戟叶上澤下作

伍　疑古切音五說文相參伍也三相參爲參五相伍爲伍易繫辭參伍以變本義參三數之

也伍五數之也既參以變又伍以變一先一後更相考覈以齊其多寡之實也又曰參伍錯綜皆古語而參伍猶難曉荀子云窺敵變欲伍以參韓非曰省異同之言以知朋黨之分偶參伍之驗以責陳言之實又曰參之以此物伍之以合參史記曰必參而伍之又曰參伍不失漢書曰參伍其賈以類相準此足以相發明矣周官大宰設其參而傅其伍注參謂卿三人伍謂大夫五人又禮祭義注五人爲伍周官小司徒會萬民之卒伍而用之五人爲伍五伍爲兩齊語五家爲軌故五人有伍軌長帥之又孫子兵法全軍爲上破軍次之全伍爲上破伍次之左桓五年先偏後伍伍承彌縫注司馬法車戰二十五乘爲偏以車居前以伍次之承偏之隙而彌縫闕漏也此蓋魚麗陣法又五家相保曰伍左襄三十年廬井有伍又行列也孟子一日而三失伍又失職亦曰失伍孟子子之失伍也亦多矣又漢制有尺籍伍符又與衆雜處曰伍史記司馬穰苴傳臣素卑賤君擢之閭伍之中又韓信傳信過樊將軍門歎曰生乃與噲等伍又前漢律歷志陰陽相生自黃鐘始而左旋八八爲伍注孟康曰

從子數辰至未得八下生林鍾數未至寅得八下生大簇律上下相生皆以此爲率伍耦也八八爲耦又姓楚伍員字子胥

羸

力危切音雷說文瘦也臣鉉等曰羊主給膳以瘦爲病故从羊孟子老羸轉於溝壑撮言老甚老者羸甚病者左桓六年少師侈請羸師以張之注弱也又易大壯羝羊觸藩羸其角疏羸拘纍纏繞其角也本義困也井卦羸其瓶疏鉤羸其瓶而覆之也傳毀敗也　又靈年切音連前漢地理志交趾郡羸𨻰縣

距

其呂切音巨說文雞距也左昭二十五年郈氏爲之金距又書益稷予決九川距四海傳距至也又違也抗也禹貢不距朕行傳天下無違距我者詩皇矣敢距大邦疏抗距大國又儀禮鄉射距隨長武注始前足至東頭爲距後足爲合而南面爲隨又左僖二十八年距躍三百注超越也疏爲距地向前跳而越物過也史記王翦傳方投石超距注索隱曰超距猶跳躍也前漢甘延壽傳投石拔距注應劭曰拔距即超踰張晏曰拔距超距也又居後拒敵曰後拒西域傳爲貳師後距又趙廣漢傳尤善爲鉤距以得事情注距閉也又增韻凡刀鋒倒

剌皆曰距又人名孟子有孔距心齊大夫又與鉅通淮南子氾論訓蹠距者舉遠注距大也又通作斯列子黃帝篇不知斯齊國幾千萬里湯問篇作距齊州又與拒通釋名鬌曲頭曰距距拒也言其曲似拒也又孟子距楊墨距詖行荀子法行篇欲來者不距注與拒同

都

當孤切音闍說文有先君之舊宗廟曰都廣韻天子所宮曰都周禮距國五百里爲都詩彼都人士傳都王都也詩車攻傳周公相成王營洛邑爲東都春秋集說吳氏澄曰王城曰東都蓋以鎬京爲周之西都東對西而言也成周曰下都蓋以王城爲洛之上都下對上而言也又諸侯子弟封邑亦曰都左隱元年大都不過參國之一又卿大夫食采之邑亦曰都禮坊記都城不過百雉又左昭二年謂陳無宇非卿執諸中都注中都晉邑史記孔子世家孔子爲中都宰注中都魯邑又將墮三都注三都三家之邑孟成叔郈季費也又孟子謨蓋都君注舜所居三年成都故謂之都君又歷代帝都考伏羲都陳神農自陳遷曲阜黃帝都涿鹿少昊都曲阜顓頊都濮陽帝嚳都亳堯都平陽舜都蒲坂夏禹都安邑徙

陽翟商湯都亳仲丁遷囂河亶甲遷相祖乙遷耿盤庚復歸於亳武乙遷河北周武王都鎬懿王遷槐里平王遷洛是爲東都而以豐鎬爲西都敬王遷成周秦都咸陽漢高帝都長安是爲西都光武都洛陽是爲東都蜀漢都成都魏都鄴吳都武昌徙建康西晉都洛陽東晉及南朝宋齊梁陳皆都建康北朝魏道武都盛樂徙平城孝文遷洛陽東魏都鄴西魏都長安齊復都鄴周隋唐皆都長安唐昭宗遷洛陽五代梁唐因之晉漢周宋皆都汴宋高宗遷臨安是爲南宋遼金都上京金廢帝遷燕宣宗徙汴元復都燕明初都應天今江寧府是爲南京而以開封爲北京成祖遷燕謂之北京仍以應天爲南京又張衡兩都賦西長安高帝都也東洛陽光武都也左思三都賦蜀都魏都吳都也又蜀三都成都廣都信都也見水經注魏五都長安譙許昌鄴洛陽也見魏志唐寶應五都京兆上都河南東都鳳翔西都江陵南都太原北都也見肅宗詔書又官名漢書注都護並護南北二道都總也通典漢置西域都護唐永徽中始于邊方置四大都護又都督爲方鎮之稱王勃滕王閣序都督閻公之

雅望又都指揮都虞候皆唐制軍衛之官都點檢領殿前侍衛親軍宋太祖由此受禪又都察院左都御史乃言官之總領也又大匠曰都匠前漢王莽傳封都匠仇延又爲人王炊曰都養兒寬傳嘗爲弟子都養又詩都人士小雅篇名序周人刺衣服無常也又正韻美也盛也詩有女同居洵美且都前漢司馬相如傳車從雍雍閒雅甚都又正韻居也東方朔客難身都卿相之位又歎美之辭書堯典驩兜曰都傳都歎美之辭也又廣韻總也晉丕與吳質書頃撰遺文都爲一集韓愈答崔立之書若都不可得又字彙補水所聚也釋名澤中有邱曰都邱言蟲鳥所都聚也又姓集韻漢臨亞侯都稽又人名子都古之美人公都子孟子弟子皆見孟子又異物志廬山大山之閒有山都似人裸身見人便走自有男女長可四五尺鄧德明南康記顧縣東南山上有臺颯雨後頻聞山上鼓吹聲卽山都不答唱也又與豬通書禹貢大野既豬被孟豬史記夏本紀豬菹作都

蚳 直尼切音遲說文螘子也周禮有蚳醢讀若祁玉篇蟻卵也禮內則腶脩蚳醢注蚳蜉子也周官鼈人祭祀共蠯蠃

蚳以授醢人注蚳蟻子白者可爲醢國語曰蟲舍蚳蝝又人名孟子蚳鼃齊大夫也　又稱脂切音鴟獸名山海經昆吾之山有獸焉其狀如彘而有角其音如號名曰蠪蚳注蠪蚳似九尾狐

鼃 烏媧切音蛙蛙䵷竝同說文蝦蟇也釋名鼃蟈長股也顏師古曰鼃似蝦蟇而小長腳爾雅釋魚疏陶注本草云一種小形善鳴喚名爲鼃者即郭璞云青蛙者也後腳長故善躍大其聲則曰鼃小其聲則曰蛤周官蟈氏掌去鼃黽又齊大夫名見上注

驩 呼官切音歡說文馬名又備考馬和樂兒又驩頭南荒國名又州名秦屬象郡隋改驩州又縣名前漢地理志合浦郡咸驩縣又人名書舜典放驩兜于崇山孟子王驩爲輔行　又與歡同孟子驩虞如也左昭四年寡人願結驩於二三君五年君若驩然好逆使臣前漢董仲舒傳驩然有恩王襃傳驩然交欣

暮 莫故切音慕說文日且冥也从日在茻中注平野中望日將落如在草中也字典經典本作莫今或相承用暮字離騷恐美人之遲暮史記伍子胥傳吾日暮塗遠

嬴 以成切音盈說文帝少皞氏之姓又秦祖

柏翳卽伯益爲舜主畜鳥獸賜姓嬴又黔嬴神名楚辭遠遊召黔嬴而見之今爲余先乎平路注嬴从羊倫爲反一从女餘輕反未知孰是然二字史記作含靁漢書作黔靁則當爲从羊之嬴矣舊說天上造化之神或曰水神又地名春秋桓三年公會齊侯于嬴注齊邑泰山嬴縣彙纂今故城在山東泰安州東南五十里禮檀弓葬于嬴博之閒孟子止於嬴皆其地也　又通作嬴滿也餘也爾雅釋天夏爲長嬴史記天官書歲星嬴縮又端也史記趙世家命乎命乎曾莫我嬴注言命當貴盛人莫知其端也　又與嫣通周語反及嬴內以無射之上宮注嬴內同嫣汭也　又下巧切音攪玉篇黠也　又下交切音爻義同　又胡教切音效孟子於人心獨無恔乎注快也言人子之心豈不快然無所恨乎

恔　古了切皎說文憭也　又古巧切音姣集韻慧

沇　直深切音兖說文陵上滈水也一曰濁黕也臣鉉等曰今俗別作沉沇不成字非是風俗通山澤篇沇者葬也言其平望莽莽無涯際也沇澤之無水斥鹵之類也前漢刑法志山川沇斥注斥卽斥鹵沇卽川澤莊子達生篇沇

有履【注】沈水汚泥也又齊人謂湖曰沈【郭緣生述征記】有鳥當
沈又沒也【詩】菁菁者莪載沈載浮【趙策】智伯攻趙圍晉陽而水
之城不沈者三板【又】常民溺於習俗學者沈於所聞又以毒沈
水也【周官薙氏】禁山之爲苑澤之沈者【注】謂毒魚及水蟲之屬
集【注】澤地水至則陷未至既過皆可耕種若規爲陂池則其地
永沈沒矣故同於山之爲苑而禁之【又周官酒正】五齊三曰沈
齊【注】沈者成而滓沈如今造清酒又水名【後漢光武紀】輔威將
軍臧宮與公孫述將延岑戰於沈水【注】沈水出廣漢縣又資沈
星亥也屬晉分【左昭元年】昔高辛氏有二子伯曰閼伯季曰實沈
沈遷實沈於大夏主參則實沈參神也又緣沈畫工設色之名
【鄴中記】石虎造象牙桃枝扇緣沈色【王右軍筆經】有人以緣沈
漆管見遺【野客叢書】物色之深者皆爲緣沈【杜甫詩】苔卧緣沈
槍　又直禁切音鴆【韻會】亦沒也一曰投物水中也【周官大宗
伯】以貍沈祭山林川澤【注】沈如字【劉注】值蔭反【左襄十八年】沈
玉而濟【釋文】音鴆或如字　又式荏切音審【左昭元年】沈姒蓐
黃實守其祀【注】四國臺駘之後【春秋文三年】叔孫得臣會晉人

宋人陳人衛人鄭人伐沈沈潰〔注〕沈國名汝南平輿縣北有沈亭〔彙纂〕今河南汝寧府汝陽縣東南六十里有平輿故城沈亭在其地又姓〔廣韻〕出吳興本周文王第十子聃季食采於沈子孫以國爲氏又沈同齊臣又複姓沈猶行曾子弟子並見〔孟子〕又縣名〔廣輿記〕屬開封府古沈子國隋沈州唐沈邱　又昌枕切音瞫與瀋同汁也〔禮檀弓〕爲榆沈故設撥沈與瀋同陸司農讀如宇〔注〕謂以水澆榆白皮之汁有急以播地令引柩車滑也陸氏曰榆性堅韌中車所謂不剝不沐十年成轂是也然以性沈難轉亦所載沈也故設撥　又通作湛〔前漢元帝紀〕正氣湛掩日久奪光　又徒含切音覃沈沈宮室深邃皃〔史記陳涉世家〕涉之爲王沈沈者〔注〕應劭曰沈長含反

噲

苦夬切音快〔說文〕咽也讀若快一曰嚵噲也〔詩斯干〕噲噲其正〔箋〕噲噲猶快快也寬明之皃又姓〔廣韻〕孝子傳有噲參鵠銜珠與之　又古邁切音夬人名〔史記燕世家〕燕王噲用其相子之蘇代爲齊使于燕以事激燕王以尊子之於是燕王大信子之鹿毛壽謂燕王不如以國讓相子之人之謂堯賢者以其讓天下於許由

許由不受有讓天下之名而實不失天下今王以國讓於子之子之必不敢受是王與堯同行也燕王因屬國於子之又古活切音括䏰噲顏色剝錯也王叔之曰盌虛不常皃莊子讓王篇曾子居衛緼袍無表顏色腫噲手足胼胝

慙財甘切音塹說文媿也書仲虺之誥惟有慙德孟子吾甚慙於孟子小爾雅不失直節謂之慙慙愧也面慙曰𢡱心慙曰恧說文𧹞面慙赤也方言𧹞慙也按赧𧹞即𢡱也　或作慚

鍾職容切音鐘說文酒器也孔叢子儒服篇堯舜千鍾孔子百觚正字通漢大官銅鍾即壺也俗謂酒卮晉書崔洪傳汝南王亮以琉璃鍾行酒又玉篇聚也左昭二十一年天子省風以作樂器以鍾之注鍾聚也以器聚音又二十八年子貉早死無後而天鍾美於是晉書王戎傳情之所鍾正在我輩又正字通天所賦予亦曰鍾曹植詩經危履險阻未知命所鍾鮑照詩去來今何道未知今所鍾又廣韻當也又重也考工記鍾氏染羽注鍾重也染色欲其深重又量名左襄二十九年饑國人粟戶一鍾注六斛四斗曰鍾前漢食貨志糓糴千鍾又小爾雅二缶謂之

鍾〔注〕八斛也又淮南子要畧〔訓〕一鼓用三千鍾贛〔注〕鍾十斛又
地名春秋桓十一年〔左〕公會宋公于夫鍾〔注〕郕地〔彙纂〕今在山東
兗州府寧陽縣盛鄉城春秋郕國其北有夫鍾里又〔成十五年〕
會吳于鍾離〔注〕楚邑淮南縣〔彙纂〕晉成帝置鍾離郡唐置鍾離
縣明爲臨淮縣又析臨淮地置鳳陽縣今仍之屬江南鳳陽府
又〔左昭六年〕吳人敗其師于房鍾〔注〕吳地〔彙纂〕當在今壽州蒙
城縣界〔哀七年〕築五邑於其郊一曰鍾〔彙纂〕當在今定陶縣界
又〔前漢地理志〕江夏郡鍾武縣又國名〔左昭二十七年〕公子燭
庸奔鍾吾〔注〕小國〔彙纂〕漢志東海郡司吾應劭曰左傳執鍾吾
子今江南邳州宿遷縣西北有司吾城〔史記王子侯者年表〕于
鍾侯劉搖又官名〔前漢百官公卿表〕水衡都尉屬官有鍾官令
丞〔注〕主鑄錢官也〔後漢隗囂傳〕坐挾銅炭沒入鍾官又姓〔左定
四年〕鍾建負季芊〔注〕楚大夫又鍾離複姓〔五音集韻〕世本云與
秦同祖其後因封爲姓又琴名〔前漢王褒傳〕雖伯牙操遞鍾〔注〕
臣瓚曰楚辭九思云奏伯牙之號鍾號鍾琴名也〔馬融長笛賦〕
號鍾高調伯牙以善鼓琴不聞說能擊鍾也晉灼曰遞音遞送

之遞二十四鍾各有節奏擊之不常故曰遞師古曰琴名是也字既作遞則與楚辭不同不得卽讀爲號當依晉音耳又龍鍾竹名產羅浮山韓愈詩東野不得官白首誇龍鍾丹鉛錄龍鍾似竹搖曳不自持也杜甫爲侯景檄梁文龍鍾稚子蘇氏演義龍鍾謂不翹舉如鬣鬖拉搭之類又垂淚兒琴操退怨歌空山欲獻涕龍鍾　按說文鍾酒器从金重聲職容切鍾樂器从金童聲職茸切劃然二義然漢志黃鐘周禮作鍾詩鐘鼓亦作鍾二字古蓋通用今以說文爲正　又朱用切音種字林酒器也一曰樂器　又叶諸良切音章漢昭烈帝讚皇帝遺植爰茲八方別自中山靈精是鍾

畱　力求切音流說文止也从田丣聲史記秦本紀臣知虞君不用臣臣誠私利祿爵且畱又越世家莊生曰可疾去矣愼毋畱又遲也易旅卦君子以明愼用刑而不畱獄史記匈奴傳諸宿將常坐畱落不遇注謂遲畱零落不遇合也又久也禮儒行悉數之乃畱更僕未可終也注畱久也疏若委細悉說之則乃太久僕侍疲倦宜更代之若不代僕則未可盡也又吳語一日惕一日畱注惕疾畱徐也又已

去而止之也[孟子]客有爲王留行者[史記高帝紀]高祖欲去沛父兄故請留高祖高祖曰吾人衆多父兄不能給乃去沛中空縣皆之邑西獻高祖復留[正字通]季元紘治潤有惠政及代去吏民遮留又楚語舉國留之[注]治也又伺便也[莊子]刻意篇執彈而留之又[國策]便秦而欲屠趙不顧一子以留計[注]留不決也又[左思魏都賦]朝無刓印國無費留[注]凶命曰費留又姓詩邱中有麻彼留子嗟[傳]留大夫氏子嗟字也[朱傳]故疑邱中有麻之處復有與之私而留之者[折中]子嗟賢人之字也賢人隱於邱中藝麻麥果食以自給其友之在位者勸其出而仕也子嗟藝麻有若麻留子嗟焉[韻會]出會稽本衞大夫留封人之後[吳志]有左將留贊又地名[左襄元年]楚子辛救鄭侵宋呂留[注]二縣屬彭城郡[彙纂]二縣漢屬楚國後漢及晉屬彭城國[水經][注]濟水過沛縣東北又東南過留縣北漢張良遇漢高祖於留即此地也唐時廢其地今在徐州境[史記留侯世家]良曰始臣起下邳與上會留此天以臣授陛下臣願封留足矣不敢當三萬戶乃封張良爲留侯又[左襄十八年]晉人執孫蒯于純留[注]

縣名屬上黨郡【彙纂】今屬山西潞安府又【哀二十七年】乃救鄭及畱舒【注】畱舒齊地【彙纂】今兖州府東阿縣西南有畱舒城【水經注】東阿魚山上有栁舒城是也與東平州接壤又陳畱邑名【前漢地理志注】畱鄭邑為陳所并故曰陳畱又國名【春秋宣十六年】晉人滅赤狄甲氏及畱吁【注】赤狄別種【彙纂】胡氏【注】畱吁赤狄之發邑晉滅赤狄甲氏畱吁遂為晉邑謂之純畱【水經注】絳水經屯畱故城即故畱吁國也今山西潞安府屯畱縣南十三里純畱故城是也【山海經】畱利之國人足反折又山名【山海經】西二百里曰長畱之山又【廣雅】畱黃綵也又【釋名】畱幕冀州所名大褶下至膝者也畱牢也幕絡也言牢絡在衣表也又獸名【山海經】柢山有魚焉其音如畱牛又州畱水牛名【鬱林異物志】州畱者其實水牛蒼毛豕身角若擔矛衛護其子與虎為讎又鳥名【陸璣詩疏】黃鳥或謂之黃栗畱又草名【離騷】畦畱夷與揭車【注】皆芳草名司馬相如上林賦雜以畱夷【注】顏監曰香草又果名張衡【南都賦】樗棗若畱【廣雅】若畱石榴也　又與流通嵇康【琴賦】怨飄颻以輕邁作畱聯而扶疎又俞益期曰馬援立

銅柱岸北有遺兵居壽泠岸南對銅柱悉姓馬號曰馬流一作馬留　又力救切音溜廣韻宿留停待也前漢武帝紀宿留海上　又力久切音柳昴星別名史記律書北至于留留者言陽氣之稽留也索隱曰留即卯也毛傳亦以留爲卯丹鉛錄留音柳注以留爲卯恐非如其說陽氣稽卯殆不成文　又叶凌如切音閭陸雲賦遊士非乎故字步彷徨以踟躕佇盤桓而不能聊相羊以淹留　又叶魯刀切音牢離騷時繽紛其變易兮又何可以淹留蘭芷變而不芳兮荃蕙化而爲茅集註留如字茅叶莫侯反韻會毛氏曰从丣丣音酉今經傳皆作留誤也

几　居履切寄上聲說文踞几也象形周禮五几玉几雕几彤几髹几素几徐曰人所凭坐也周官司几筵凡大朝覲大饗射凡封國命諸侯左右玉几諸侯祭祀席右彫几筵國賓於牖前左彤几甸役右漆几喪事右素几每敦一几凡吉事變几凶事仍几書顧命牖閒南嚮華玉仍几西序東嚮文貝仍几東序西嚮雕玉仍几西夾南嚮漆仍几詩行葦或肆之筵或授之几箋稚者設筵老者加之以几西京雜記漢制天子玉几冬加綈錦

其上謂之綈几凡公侯皆竹木几冬則細罽爲橐以馮之又演繁露几者坐具也曲木附身以自捧抱釋名几庪也所以庪物也其音軌其義則閣也漢武內傳帝受王母眞經庪黃金之几是以几而時閣經文也鄴中記石虎所坐几悉雕畫爲五色花几之制大率如今之胡牀項施曲木俗名抱身交牀竹林七賢論阮籍在袁孝尼家醉起扶書几板爲文晉書王羲之傳見門生家棐几滑淨因書眞草是皆有板可書也必有以閣其手故得以寄其逸孟子隱几而卧南郭子綦隱几而坐皆其事也又禮曲禮謀於長者必操几杖以從之又几几安重之皃詩狼跋赤舄几几折中以爲爲言者人心有感則足容易動懼則喪履喜則折屐故觀赤舄之几几而寵辱不驚可知也

臥

吾貨切音餓說文伏也从人臣取其伏也人臣事君俯僂也長箋因休義借絑也廣韻寢也釋名化也精氣變化不與覺時同也禮樂記吾端冕而聽古樂則唯恐臥孟子隱几而臥又韻會寢室曰臥後漢宦者傳乃以張掖爲大謁者出入臥內又息也管子白心篇臥名利者寫生危注息其名利之心則無危生之

累也

泄

余制切音曳說文水受九江博安洵波北入氏水經泄水出博安縣北過芍陂西北入于淮注博安縣地理志之博鄉縣也又散也詩民勞俾民憂泄傳去也箋猶出也發也折中猶洩也勞憩則憂洩也又泄泄舒徐皃詩雄雉泄泄其羽傳飛而鼓其翼泄泄然也朱傳飛之緩也折中倦飛皃又眾也詩十畝之間桑者泄泄兮傳泄泄多人之皃朱傳猶閑閑也折中舒緩皃又爾雅釋訓憲憲泄泄制法則也疏李巡曰皆黨惡為制法則也又詩板篇無然泄泄孟子泄泄猶沓沓也注怠緩悅從之皃　又私列切音屑與渫同除去也又漏也管子君臣下篇古言牆有耳者微謀外泄之謂也左襄十四年言語漏泄亦作洩又發越也禮月令季春陽氣發泄又雜也後漢杜詩傳頻泄用之又人名人物考魯叔仲皮之子字子柳　又與渫同嫚也荀子榮辱篇憍泄者人之殃也

詳

似羊切音翔說文審議也玉篇審也諟也論也增韻語備也書蔡仲之命詳乃視聽傳審也詩牆有茨不可詳也傳詳言之也穀梁襄二十九年詳其事賢伯姬也孟子其詳不可得聞也史記封禪書其詳

不可得而記聞前漢儒林傳詳延天下方聞之士注悉也又善也易大壯不能退不能遂不詳也疏詳者善也進退不定非爲善也釋文王肅作祥左成十六年詳以事神注祥也又善用心曰祥公羊宣十二年不赦不詳又官名宋史職官志檢詳官熙寧四年置金史百官志撫邊民之官曰詳穩蹕遴官名也又人名孟子注申詳子張之子　又與佯同詐也史記殷本紀箕子詳狂

濡　人朱切音儒說文水出涿郡故安東入淶淶廣輿記濡水出易州窮獨山一名聖女水又水出蒼梧水經注水出永豐縣西北濡山又漬也詩絶有苦葉濟盈不濡軌易既濟曳其輪濡其尾未濟飲酒濡首亦不知節也孟子是何濡滯也注遲留也又詩皇皇者華六轡如濡傳鮮澤也羔裘傳如濡潤澤也又溼也禮曲禮濡肉齒決注殺截之類又溺也史記倉公傳不亟治病必入濡腎又含忍曰濡聶政傳無濡忍之心注濡潤也人性溼潤則能含忍　又人之切音而水名左昭七年公與齊侯燕人盟于濡上注濡水出高陽縣東北至河間鄚縣入易水彙纂宋分高陽地置順安軍金爲安州元以後因之濡上

當在今直隸安州任邱之間鄭縣在任邱縣境　又與膴通
禮內則濡豚包苦實蓼注凡濡謂之以汁和也方氏曰濡豚
曲禮所謂濡肉齒和之以治者朱氏軾曰注謂烹之以汁和蓋
烹豚熟即以所烹出之汁和而食也類言濡音而或如字　又
洵趨切音須義同　又人余切音如安也莊子徐無鬼有濡需
者注濡需謂偷安須臾之頃　又儒遇切音孺集韻亦沾溼也
又而由切音柔集韻柔忍也　又乃官切音渜水名在遼西
水經注濡水出禦夷鎮東南　又與輭同柔也　又與渜同休
浴餘濡也　又
奴臥切懦水兒

滯　直例切音彘說文凝也周語震雷出滯又積也魯語敢告滯積以紓執事又漏也詩大田此有滯穗朱傳滯亦遺棄之意又周官廛人凡珍異之有滯者斂而入于膳府疏謂沈滯不售者左成十八年振廢滯注起舊德　又尺制切音掣集韻音敗不和也或作懘　又丑例切音跇水灑散兒　又直帶切音代楚辭九章乘舲船余上沅兮齊吳榜以擊汰船容與而不進兮淹回水而凝滯朱注滯丑介反

悻　下耿切音幸集韻悻悻很怒也孟子則怒悻悻

四書字詁　卷二十六上孟八

藥而毒海岱之閒謂之瞑眩〔孟子注〕瞑眠憒亂　又莫經切音溟〔廣韻〕合目瞑瞑也〔後漢馬援傳〕甘心瞑目〔左襄十九年〕主苟終所不嗣事于齊者有如河乃瞑〔皇極經世〕在水者不瞑在風者瞑〔注〕魚在水其目晝夜不瞑也又〔集韻〕目不明也〔晉書山濤傳〕臣耳目聾瞑不能自勵又瞽者稱瞑〔呂覽〕瞑者目無由接也〔周書太子晉解〕請使瞑臣往與之言〔注〕無目故稱瞑又〔春秋繁露〕民者瞑也瞑也者名其別離分散也又瞑瞑視不審之皃〔荀子非十二子篇〕酒食聲色之中則瞑瞑然〔淮南子覽冥訓〕其視瞑瞑　又母迥切溟上聲莫定切溟去聲義竝同　又叶武巾切音珉〔楚辭招魂〕致命於帝然後得瞑些歸來歸來往恐危身些〔注〕瞑臥也

瘳　敕鳩切音抽〔說文〕疾病瘉也徐曰忽愈若抽去之也〔孟子〕厥疾不瘳〔書金縢〕王翼日乃瘳〔左昭十三年〕事齊楚其何瘳於晉〔注〕瘳差也又〔晉語〕君不度而賀大國之襲於已何瘳〔注〕損也　又憐蕭切音聊義同〔詩風雨〕云胡不瘳叶上膠

飦　諸延切音旃與饘同〔說文〕鬻也从鬻侃聲或从干聲〔禮檀弓疏〕厚曰饘希曰粥〔孟子〕飦粥之食〔注〕糜也

又居言切音犍同饘粥也又人名穆天子傳[illegible]六切音[illegible]
餔飦獻酒于天子　又居寒切音干糜飯也[illegible]
鬻米聲武悲切臣鉉等曰今俗作粥釋名粥濯于糜粥粥然也
禮月令仲秋行糜粥飲食注助老人氣也張子曰老人氣衰精
液少不能乾食故糜粥爲養老之具風土記天正日南黃鐘踐
長是日始牙動爲饘粥以養幼南越志廬陵城中有井半青半
黃者甜滑宜作粥色如金似灸汁甚芬馨又後漢馮異傳光武
至饒陽蕪蔞亭異上豆粥晉書石崇傳崇爲客作豆粥咄嗟便
辦又唐書陽城傳隱中條山歲饑屑榆爲粥又天有粥廚天文
集要玉井王粥廚又涼州以粥爲羅闍異物志高昌僻土有異
於華寒服冷水啜羅闍又粥粥卑謙皃禮儒行粥粥若無能也
疏粥粥柔弱專愚之皃亦作羊六反　又余六切音粥前漢禮
樂志粥粥音送注粥粥敬懼皃師古曰粥弋六反又北狄名史
記五帝紀黃帝北逐葷粥注音育又賣也禮王制田里不粥荀
子儒效篇魯衞之粥牛馬者不豫賈　又叶職律切音黜蘇轍
鍾山詩老僧一身泉上住十年掃盡人間迹客到惟燒柏子香

晨飢坐視山前粥

馳

陳知切音池〔說文〕大驅也〔玉篇〕走奔也〔廣韻〕疾驅也馳驚也〔漢書音義〕直騁曰馳亂馳曰驚〔孟子〕好馳馬試劍〔又〕吾爲之範我馳驅〔集說〕走馬曰馳策馬曰驅〔左〕莊十年公將馳之又〔禮〕曲禮入國不馳又〔正字通〕馳道天子所行路〔曲禮〕歲凶馳道不除又載馳詩鄘風篇名〔序〕許穆夫人作也閔其宗國顛覆自傷不能救也衛懿公爲狄所滅國人分散露於漕邑許穆夫人閔衛之亡傷許之小力不能救思歸唁其兄又義不得往故賦是詩也又姘〔姘苑〕明馳九垓仁壽縣舉人　又唐何切音駝亦走也　又叶徒臥切音惰〔詩車攻〕不失其馳舍矢如破　又叶尺里切音恥〔劉向九歎〕周流覽於四海兮志升降以高馳徵九神於四極兮建虹采以招指　又叶直置切音滯〔蔡邕彈棊賦〕於是列象彫華逞麗豐腹斂邊中隱四企輕利調博易使騁馳

歠

昌悅切音啜〔說文〕飲也〔孟子〕歠粥面深墨〔禮〕曲禮毋流歠〔注〕流歠大歠嫌欲疾也吳氏澄曰謂長吸而歠之如水之流也〔枚乘七發〕小飲大歠加湯沃雪〔按〕說文歠㱃也从㱃省叕聲啜嘗也一曰喙也音同義異然孟

子鋪啜亦嘗用之正譌以爲俗作啜殆不知古字通也但啜又訓泣見此則不可通者也

墨 莫北切音默 說文書墨也 釋名墨痗也似物痗墨也 西京雜記 漢尚書令僕丞郎月給隃麋墨 魏晉閒以黍稈燒烟和松煤爲之 唐初高麗歲貢松烟墨 宋熙寧閒張遇供御墨始用油烟入麝謂之龍劑 李堅墨評 古有李廷珪墨爲第一張遇墨次之兖州陳朗墨又次之又 禮玉藻 卜人定龜史定墨 注 凡卜必以墨畫龜乃鑽之觀所坼以定吉凶定墨視兆坼也 疏 占人云士占墨墨兆廣也大坼稱爲兆廣小坼稱爲兆墨 纂言 墨謂既坼之後以墨塗之坼大者食墨粲然可見坼微者墨不能入故但占其坼而已又度名 小爾雅 五尺爲墨倍墨爲丈 周語 不過墨丈尋常之閒又五刑之一 書伊訓 臣下不匡其刑墨 傳 墨刑也又 呂刑 墨辟疑赦 傳 墨刻額而涅之也 劉侍講曰墨即叔向所謂昏墨賊殺皋陶之刑也又哀容 孟子注 面深墨甚黑色也又 左哀十三年 肉食者無墨今吳王有墨國勝乎大子死乎 注 墨氣色下又 西京雜記 武帝鑿昆明池悉灰墨無復塊土西域人曰大劫將盡則有劫燒灰墨

其餘燼也又闇昧也新序晉平公閒居師曠侍坐平公曰子生無目眹甚矣子之墨墨也師曠對曰天下有五墨墨臣不得與一焉又孟子墨子兼愛注墨子名翟太史公論六家之要旨墨家儉而難遵然其彊本節用不可廢也六家陰陽儒墨名法道也又地名史記齊世家樂毅下齊七十餘城惟即墨不下今即墨乃漢之不其縣又墨山在即墨東北墨水發源於此前漢郊祀志帝以方士言祀太室於即墨即此山也一在衞輝縣西北九州要記墨子居墨山採茯苓餌之五百歲不死又南畿志墨離山在宜興縣西南三十里舊傳仙人鍾離墨得道於此故名又姑墨國名南與于闐接又康居國有附墨城並見前漢西域傳又姓禹師墨如見潛夫論周墨翟明墨麟姓纂墨氏即墨胎氏孤竹君後又劍名淮南子修務訓服劍者期於恬利而不期於墨陽莫邪注美劍名又老馬腹中有墨本草猶狗寶也又魚名宋祁益部方物略墨頭魚形若鯶長者及尺出嘉州歲二月則至惟郭璞臺前有之里人欲怪其說則言璞著書魚吞其墨故首墨　又與默通史記商君傳武王諤諤以興紂墨墨以亡

[前漢竇嬰傳]嬰墨墨不得志　又民悲切音眉[集韻]墨杘默詐兒又軟弱兒[列子力命篇]墨杘單至嘽咺憋懯四人相與遊於世[韻會]墨杘人名寓言也[皮日休反招魂]上暖昧而下墨杘又莫佩切音昧[謚法]貪以敗官讒言敗善竝曰墨[晉書謝安傳]弟石卒博士范宏之議謚曰襄墨朝議不從單謚曰襄

廬力居切音閭[說文]寄也秋冬去春夏居[詩信南山]中田有廬[疏]古者宅在都邑農時則出而就田須有廬舍[朱傳]一井之田其中百畝爲公田內以二十畝分入家爲廬舍以便田事[左襄十七年]吾儕小人皆有闔廬以辟燥溼寒暑[二十三年]則有先人之敝廬在[易剝卦]小人剝廬又候舍也[周官遺人]凡國野之道十里有廬廬有飲食[集注]廬可暫止又直宿舍也[前漢金日磾傳]小疾臥廬[注]殿中所止曰廬[班固西都賦]周廬千列[注]直宿曰廬又[禮喪大記]父母之喪居倚廬君爲廬宮之大夫士襢之[疏]廬者中門之外東牆下倚木爲廬以草夾障不以泥塗之也[朱氏軾]曰倚廬者兩木相倚上合下開夾草爲障簷就地後有障前北向不設戶[孟子]五月居廬又國名[周語]廬由荊嬀

注盧嬀姓之國荆嬀盧女爲荆夫人也又邑名楚語以王如盧注楚邑又地名左傳二十四年晉師軍于盧柳彙纂今山西平陽府猗氏縣西北有盧柳城二十七年蒐于被盧注晉地又州名隋書地理志盧江郡開皇初改爲廬州又縣名桐廬屬浙江嚴州府廬陵屬江西吉安府廬江屬江南廬州又山名堅瓠集周威烈王以安車迎匡續續去止存一廬因名其山曰匡廬在江西九江府又人名吳越春秋夷子名柯盧左傳吳王名闔廬或作闔閭　又龍都切音盧考工記秦無廬秦之無廬也非無廬也夫人而能爲廬也注廬謂矛戟柄秦多細木善作矜柲又官名廬人爲廬器注廬讀爲纑謂矛戟柄竹攢器或曰摩鑢之器

泣 去急切音湇說文無聲出涕曰泣徐鉉曰泣哭之細也孟子哭泣之哀詩燕燕泣涕如雨　又力入切音立集韻㵟泣疾皃　又與澀通血凝不消也素問寒氣客于背俞之脈則血脈泣

緩 胡玩切音幻說文綽也从素爰聲或省作緩　又胡管切音浣義同玉篇遲緩也廣韻舒也釋名浣也持之不急則動搖浣斷自放縱也禮樂記其樂心感者其聲

喟以綏疏歡樂在心故聲必隨而寬緩孟子民事不可緩也前漢朱博傳齊部舒緩養名注師古曰其性遲緩多自高大以養名聲又徐言譬喻曰緩頰前漢魏豹傳緩頰往說魏豹　又火遠切音晅苦緩切音款義竝同

茅

莫交切音猫說文菅也易泰卦拔茅連茹詩野有死麕白茅包之書禹貢包匭菁茅禮郊特牲縮酌用茅蔡邕獨斷天子大社以所封之方色苴以白茅授之謂之授茅土又左宣十二年前茅慮無注茅明也或曰時楚以茅爲旌識又禮雜記御柩以茅方氏曰大夫禮殺於諸侯故以茅取其色白宜於凶禮且以表哀素之心焉楚軍前茅亦以兵凶器也又公羊宣十二年鄭伯肉袒左執茅旌注茅旌祀宗廟所用迎道神指護祭者斷曰藉不斷曰旌用茅者取其心性順一自本而暢乎末所以通精誠副至意疏茅旌祀宗廟所用云者皆時王之禮正以公羊子是景帝時人是以何氏取當時之事以解其語按茅旌當與左傳前茅義同否則自是二物公羊不應以漢制係鄭伯肉袒下也又左宣十二年若爲茅絰注以絰爲識用茅白而易見也又國名左僖二十四年凡

蔣邢茅〔注〕高平昌邑縣西有茅鄉〔彙纂〕今山東兗州府金鄉縣
西北四十里有昌邑城其西有茅鄉古茅國也又地名〔左〕隱十
一年〔王取田于鄭而與鄭人蘇忿生之田溫原絺樊隰郕欑茅
〔注〕在修武縣北〔彙纂〕修武今屬懷慶府縣北二十里大陸村即
其地也〔襄二十六年〕衛人侵戚東鄙孫氏愬於晉晉戍茅氏〔注〕
戚東鄙〔哀七年〕成子以茅叛〔按〕此即凡蔣邢茅之茅也又戎名
春秋成元年〔王師敗績于茅戎〔注〕茅戎戎別種也〔水經注〕大陽
有茅亭故茅戎邑也〔括地志〕茅戎在河北縣西二十里〔彙纂〕在
今平陽府平陸縣界又津名〔左〕文三年〔遂自茅津濟封殽尸而
還〔注〕茅津在河東大陽縣西〔彙纂〕今山西平陽府平陸縣南有
大陽渡即春秋茅津也有古茅城南對陝川又山名〔南畿志〕茅
山在句容縣東南四十五里初名句曲漢茅氏兄弟居三峯得
道曰茅山又〔晉書許邁傳〕延陵之茅山是洞庭西門潛通五嶽
又苞茅山〔禹貢蔡傳〕在辰州麻陽縣山出包茅有刺而三脊一
名菁茅齊桓公責楚貢不入即此〔唐書地理志〕岳州沅江縣貢
包茅〔按〕沅江縣今隸常德府與蔡說異又亭名〔史記魏世家注〕

修武軹縣有茅亭又門名說苑楚太子立於茅門之外又瓊茅靈草見離騷又鳥名爾雅釋鳥狂茅鴟左襄二十八年慶封氾祭穆子不悅使工爲之誦茅鴟注茅鴟逸詩刺不敬又姓氏族略茅氏周公之後子孫以國爲氏秦有茅焦　又迷侯切音矛離騷時繽紛其變易兮又何可以淹留蘭芷變而不芳兮荃蕙化而爲茅　又莫佩切音昧類篇茅蒐蒨草　又迷鑣切音苗易泰卦拔茅鄭讀作苗

宵

先彫切音消說文夜也書堯典宵中星虛注陽氣消也祭傳宵夜也宵中者秋分夜之刻於夏冬爲適中也書夜亦各五十刻舉夜以見日故曰宵詩小星肅肅宵征周官司寤氏禁宵行者注宵定昏也又莊子注不由明坦之路曰宵又蟲名詩東山熠燿宵行傳宵行蟲名如蠶夜行喉下有光如螢濮氏曰舊說以熠燿即螢以宵行爲夜飛與下章熠燿其羽相戾當知宵行乃蟲名　又與小通禮學記宵雅肄三注宵之言小也習小雅之三謂鹿鳴四牡皇皇者華也前漢武五子傳毋邇宵人注小人也　又與肖通刑法志人宵天地之貌注宵類也與肖同　又與綃通儀禮士昏禮姆纚

筓宵衣鄭注宵讀如素衣朱綃之綃

索

蘇各切音穛說文草有莖葉可作繩索从𣎵糸隸作索小爾雅小者謂之繩大者謂之索急就篇索謂切撚之令緊者也書五子之歌若朽索之馭六馬詩七月宵爾索綯傳索綯也綯索也折中索綯以索絞茅也又易震卦震索索疏心不安之皃釋文懼也傳索索消索不存之狀驚懼之甚志氣殫索也徐氏曰索索志氣不存之皃當震而懼氣索然也又書牧誓牝雞之晨惟家之索傳索盡也蔡傳蕭索也牝雞而晨則陰陽反常是爲妖孽而家道索矣又禮檀弓吾離羣而索居注索散也又左定四年疆以周索注法也疆理土地以周法又分魯公以殷民六族條氏徐氏蕭氏索氏又地名昭五年勞諸索氏注河南成皋縣東有大索城彙纂今滎陽東北三十里有京城大索城在京城西二十里其東北四十里爲小索城又郭索蟹行皃見前郭字注　又所力切音色求也禮曲禮大夫以索牛注求得而用之釋文所百反左昭十二年是能讀三墳五典八索九邱正義尚書孔注八卦之說謂之八索求其義也賈逵曰八索八王之法張衡以八索爲

八議之刑諸家各以意言無正驗故杜但云古書釋文索所白反本又作索又周官方相氏帥百隸而時難以索室毆疫注搜也　又蘇故切音素釋文索素也八索著素王之法也又離騷眾皆競進以貪婪兮憑不厭乎求索注音素叶下妒

綯徒刀切音陶爾雅釋言綯絞也注糾絞繩索詩七月箋夜作絞索以待時用　又叶徒侯切音頭楊方合歡詩衣用雙絲絹寢共無縫綯子靖我不動子遊我無酉

什是執切音十韻會十人爲什又古者師行二伍爲什凡食器之類必共之故曰什物什器史記五帝紀注什物謂常用者其數非一故云什又篇什朱子曰詩雅頌無諸國之別故十篇爲一卷猶軍法十人爲什也五經通義國風多寡不等不稱什雅頌十篇爲聯惟蕩及閔予小子雖偶過乎什亦稱什舉成數耳若不及者如駉頌四篇那頌五篇皆不稱什也孔子穎達曰二雅周頌篇數既多故分其篇每十爲卷卷首之篇則爲什長以統餘篇之目也又孟子注其實皆什一者貢法皆以十分之一爲常數惟助乃是九一又曰什一井田之法也又曰什一而稅堯舜之道也公羊

宣十五年什一天下之中正也多乎什一大桀小桀寡乎什一大貉小貉

藉 慈夜切音借說文祭藉也易大過藉用白茅注薦藉于物又禮曲禮執玉其有藉者則裼無藉者則襲注藉藻也疏凡執玉必有其藻以承於玉盧陵胡氏曰玉有藉者袒而露之無藉者覆而襲之儀禮聘禮注藉謂繅也繅所以藴藉玉又孟子助者藉也趙注猶人相借力助之也朱注藉借也國策藉兵乞食於西周又前漢薛廣德傳廣德爲人温雅有藴藉注寬博有餘也又後漢隗囂傳光武素聞其風聲報以殊禮所以慰藉之良厚又綱目集覽身之所依曰藉又釋名咀藉也以藉齒牙也　又秦昔切音籍狼藉離披雜亂皃前漢江都易王傳國中口語藉藉又周語不藉千畝前漢文帝紀其開藉田温陵張氏曰藉者借也借民力也甸師帥屬耕耨王藉何以列于食官蓋祭祀之事見先王一飲食而不忘其先也故曰藉田所以教諸侯之孝又穀梁哀十三年其藉于成周以尊天王注謂貢獻又莊子應帝王猨狙之便執斄之狗來藉注藉繩也又史記武安侯傳今吾身在也而人皆藉吾弟注藉蹈也又姓

藉談晉大夫見晉語左傳作籍談見昭十五年傳　又唐韻古
音讀阼史記商君傳注新序論周宰歸藉索隱音胙　又秦二
切音劑班固西都賦原野蕭條目極四裔禽相鎮壓獸相枕藉

粒

力入切音立說文糂也書益稷烝民乃粒傳米食曰粒疏今人謂飯為米糂遺餘之飯謂之一粒兩粒是米食曰粒用米為食之名也禮王制有不粒食者矣又米粒也小爾雅生曰穀謂之粒孟子粒米狼戾拾遺記員嶠之山名環邱粟生穟高五尺其粒皎然如玉　又通作鬣酉陽雜俎松今言兩粒五粒粒當作鬣按言鬣者謂松葉如鬣也陸龜蒙詩松齋一夜懷貞白霜外空聞五粒風李商隱詩松暄翠粒新劉禹錫詩翠粒照晴露李賀有五粒小松歌

狼

魯當切音郎說文似犬銳頭白頰高前廣後陸璣詩疏牡名獾牝名狼其子名獥有力者名迅其形能小能大善為小兒啼聲以誘人去數十步止其猛捷者人不能制善用兵者亦不能免也其膏可煎和其皮可為裘埤雅狼大如狗青色作聲諸竅皆沸善逐獸里語曰狼卜食狼將遠逐食必先倒立以卜所向故今獵師遇狼輒喜蓋

狼之所衛獸之所在也而其靈智有才故雖跋胡疐尾而能不失其猛此周大夫之所以譬周公也還之三章曰從兩狼狼物之暴戾者玉藻曰君之右虎裘厥左狼裘明以武猛衛上如此古之烽火用狼糞取其煙直而聚雖風吹之不斜或曰狼駢脅腸直故其糞煙直內則曰狼去腸豈以此與孟子曰養其一指而失其肩背則爲狼疾人也狼性貪暴爭食以養口腹而常以害其身者又狼與狽相附而行狼無狽不立狽無狼不行故顚沛謂之狼狽後漢儒林傳狼狽折札之命晉李密陳情表臣之進退實爲狼狽又前漢食貨志民且狼顧注性怯走喜還顧又孟子注狼戾猶狼藉言多也集注狼貪殘之獸所在零亂不整故言多而棄捐者爲狼藉周官條狼氏注條當爲滌器之滌狼狼扈道上疏狼狼扈道上者謂不蠲之物在道猶今言狼藉也又星名史記天官書東有大星曰狼狼角變色多盜賊又律書西至於狼狼者言萬物可度量斷萬物故曰狼又杜篤論都賦參狼邛莋注參狼猶犂擾也又地名左文九年楚子師于狼淵注潁川潁陰縣有狼陂寰宇記謂之狼溝潁陰即今河南

開封府許州又史記秦本紀白起攻趙取代光狼城又縣名白狼縣屬右北平郡臯狼縣屬西河郡竝見前漢地理志又山名淮南子天文訓日冬至駿狼之山又爾雅釋草孟狼尾注似茅今人亦以覆屋又詩篇名豳風狼跋序美周公也又後漢明帝紀西南夷曰狼動黏諸種前後慕義貢獻又姓左文二年狼瞫取戈以斬囚　又里黨切音朗狼抗獸名正字通出暹羅之嵫龍短小精悍目圓睛黃木食如猿猱古櫟蒙密者率數十巢山居夷獠畜之備驅使蒙以縱絜飲以醨酒食以鱷鮫輒喜舉族受役至死不避常令入山採鶴頂象齒犀角皆如期而獲見貫夷海語又郁狼漢侯國名韋昭曰屬魯音盧黨反見史記建元以來王子侯者年表　又郎宕切音浪博狼地名在陽武前漢張良傳秦皇帝東遊至博狼沙中注師古曰狼音浪史記作浪

盻　胡計切音係說文恨視兒魏志許褚傳馬超問虎侯安在魏太祖顧指褚褚瞋目盻之超不敢動又孟子使民盻盻然趙注勤苦不休息兒朱注恨視也五禮反从目从兮或音普莧反者非禮韻胡計吾計二反陸音五禮反誤　又吾禮切詣

上聲義同〔按〕盼與顧盼之盼字形畧同而音義各異

貸　他代切音態〔說文〕施也〔廣雅〕予也〔玉篇〕假也借也以物與人更還其主也〔周官泉府〕凡民之貸者與其有司辨而授之〔左〕文十四年〔孟〕盡其家貸於公有司以繼〔孟子〕又稱貸而益之〔注〕稱舉也貸借也取物於人而出息以償之也　又惕得切音忒〔唐韻〕〔正〕乞貸之貸爲入聲與人之貸爲去聲　又與忒同〔禮月令〕〔孟〕春司天日月星辰之行宿離不貸〔注〕言占候躔次進退之度數不差忒也〔音義〕吐得反〔又〕季夏黼黻文章必以法故無或差貸〔音義〕他得反　又敵德切音特義同

稚　直利切音治〔廣韻〕同稺幼稺亦小也〔說也〔穀梁〕僖十年驪姬有二子長曰奚齊稚曰卓子〔孟子〕〔注〕稚幼子也又姓〔史記商本紀〕契爲子姓其後分封以國爲氏有稚氏　又借作遲〔墨子非樂篇〕老與遲者耳目不聰明

畢　卑吉切音必〔說文〕田罔也从華象畢形微也〔詩鴛鴦〕畢之羅之〔疏〕罔小而柄長謂之畢〔禮月令〕季春田獵罝罘羅網畢翳又星名〔詩大東〕有捄天畢〔傳〕天畢畢星也狀如掩兔之畢〔禮月令〕孟夏日在畢又〔博雅〕畢竟也〔書大誥〕攸受休

畢左莊二十九年日至而畢〔注〕日南至微陽始動故土功畢又皆也盡也〔詩〕無羊畢來既升〔禮〕月令寢廟畢備〔注〕猶皆也〔郊特牲〕國人畢作〔疏〕盡也又月名〔爾雅〕釋天月在甲曰畢又〔釋器〕簡謂之畢〔注〕今簡札也〔禮〕學記今之教者呻其佔畢〔疏〕佔視也畢簡也不曉經義但諷吟長詠以視篇簡而已又貫體木也〔禮〕雜記畢用桑長三尺刊其柄與末〔注〕主人舉肉則用畢助主人舉肉用桑者亦喪祭也吉時亦用棘長樂陳氏曰畋器曰畢祭器亦曰畢皆象畢星也詩曰有捄棘匕有捄天畢捄者曲而長也則畢之狀可知矣〔禮器圖〕畢狀如叉博三寸長八寸柄長三尺四寸丹漆兩頭或曰畢狀如匕匕畢同材而桑黃棘赤各致其義〔儀禮〕特牲饋食主人及佐食舉牲鼎宗人執畢先入〔注〕主人親舉則宗人執畢導之以畢臨匕載備失脫也又〔儀禮〕大射〕司馬正東面以弓爲畢〔注〕畢所以助教執事者〔疏〕畢是助載鼎實之物故司馬執弓爲畢以指授又門名〔書〕顧命〕二人雀弁執惠立于畢門之內〔傳〕路寢門一名畢門又〔爾雅〕釋地〕畢堂牆〔注〕今終南山道名畢其邊若堂室之牆〔詩〕終南〔箋〕畢終南山之道名

邈如堂之牆然又國名左傳二十四年畢原酆郇注畢國在長安縣西北彙纂今陝西西安府咸陽縣北五里有畢原史記建元以來王子侯年表畢梁侯劉嬰　又姓左閔元年畢萬為右晉語得畢陽注畢陽晉士　又孟子使畢戰問井地注滕臣　又書篇名序康王命作冊畢分居里成周郊作畢命蔡傳康王以成周之衆命畢公保釐東郊此其冊命也　又神名博雅木神謂之畢方張衡東京賦況魃蜮與畢方注畢方老父神如鳥兩足一翼常銜火在人家作怪災　又鳥名山海經章莪之山有鳥焉其狀如鶴一足赤文青質而白喙名曰畢方　又與彃同歸藏鄭母經昔者羿善射畢十日果畢之　又與韠同儀禮覲禮冠六升外畢注外畢者冠前後屈而出縫於武也疏外畢者前後兩畢之末而向外攝之也　又與韠同荀子正論篇共艾畢注同韠

睦　莫六切音牧說文目順也一曰敬和也博雅信也廣韻親也書堯典九族既睦周官大司徒以鄉三物教萬民而賓興之二曰六行孝友睦婣任恤注睦親于九族又地名唐置睦州又姓正字通北齊散騎常侍睦豫　又與穆通史記司馬相

如傳眩眩睦睦〔漢書〕作穆穆　又叶莫筆切音蜜〔易林〕種一得十日說有息仁政獲民四國親睦〔六書故〕睦目諧也凡人喜愷必形於面目故和爲睦乖爲睽

略

離灼切音掠〔說文〕經略土地〔左昭七年〕天子經略〔注〕經營天下略有四海故曰經略〔博雅〕治也又〔廣韻〕謀略〔左僖九年〕齊侯不務德而勤遠略〔又〕東略之不知西則否矣〔前漢趙充國傳〕百聞不如一見臣願馳至金城圖上方略又〔李康運命論〕張良受三略之說〔注〕上中下三討又〔書禹貢〕嵎夷既略〔傳〕用功少曰略〔木華海賦〕尋山既略又〔博雅〕要也〔莊子知北遊〕將爲汝言其崖略〔淮南子本經訓〕其言略而循理〔注〕略約要也又不詳也〔禮孔子閒居〕三無既得略而聞之矣〔荀子非相篇〕傳者久則論略近則論詳〔孟子〕此其大略也又〔公羊哀五年〕喪曷爲以閏數喪數略也〔注〕略猶殺也以月數恩殺故以閏數又道也〔左定四年〕吾子欲復文武之略而不正其德將如之何〔注〕略道也又〔博雅〕取也〔左宣十五年〕晉侯治兵于稷以略狄土〔注〕取也〔淮南子兵略訓〕攻城略地莫不降下又〔博雅〕行也〔左隱五年〕吾將略地焉〔注〕總攝巡行之名宣十一

〔年〕略基趾〔注〕趾城足略行也又界也〔左莊二十年〕王與之酒泉之略〔注〕界也〔僖十二年〕賂秦伯以河外列城五東盡虢略又書武成以遏亂略〔傳〕略路也〔蔡傳〕謀略也又犯也〔晉語〕及桓子驕泰奢侈貪欲無藝略則行志〔注〕略犯也則法也又利也〔詩〕載芟有略其耜又書名三略黃石公著〔按〕隋唐志及通考俱載黃石公三略晁氏謂此即圯上老人以一編書授張良者又〔按〕王氏漢魏叢書有素書無三略謂素書即是三略玉海及通志則分爲二書余氏叢書因之疑莫能明也劉歆總羣書爲七略有輯略六藝略諸子略詩賦略兵書略術數略方伎略又通志諸類竝曰略又縣名略陽屬陝西漢中府又姓〔姓譜〕三國略統吳人又與掠同奪也〔齊語〕犧牲不略則牛羊遂〔注〕略奪也〔史記外戚世家〕少君年四五歲爲人所略賣又〔龔遂傳〕渤海多劫略相隨者遂下教令卽時解散又蟲名〔詩〕蜉蝣〔傳〕蜉蝣渠略也

踵　主勇切音腫〔說文〕追也一曰往來之皃〔釋名〕踵鍾也上體之所鍾聚也〔玉篇〕足後也〔禮曲禮〕行不舉足車輪曳踵〔疏〕曳踵也踵腳後也執器行時不得舉足但起前拽後使踵如車輪拽

地而行[illegible]〔玉藻〕舉前曳踵〔孟子〕摩頂放踵〔莊子〕讓王篇納屨而
踵決〔[illegible]子地形訓〕北有岐踵民〔注〕岐踵踵不至地以五指行
又〔[illegible]而告文公〔趙注〕至也〔朱注〕足至門也〔左〕昭二十四
年〔[illegible]〔注〕蹻楚踵跡又因也〔前漢〕刑法志踵秦而置材官於
郡國〔[illegible]踵因也又〔前漢〕霍去病傳踵軍數十萬〔注〕接也又〔莊子〕
德充符踵見仲尼〔注〕頻也又〔離騷〕前王之踵武〔注〕繼也　又朱
用切音種〔集注〕
蹱踵不能行皃

捆

苦本切音閫〔集韻〕齊等也又〔孟子〕捆屨〔注〕猶叩椓也欲使堅故叩椓之〔詩〕假樂箋壼之言捆也〔疏〕捆逼而密緻也　又苦悶切音困義同〔儀禮〕大射既拾取矢捆之劉昌宗讀　又作攟〔管子〕小匡篇攟載而歸　又胡昆切音魂與捆同

屨

九遇切音句〔說文〕履也从履省婁聲一曰鞮也徐曰鞮革履也　又〔玉篇〕取也抒也纂組也〔釋名〕拘也所以拘足也麻作謂之屨亦謂之屝〔左僖四年〕共其資糧屝屨〔周官〕屨人掌王及后之服屨〔注〕複下曰舄襌下曰屨〔疏〕複下謂重底襌下謂襌底也〔儀禮〕士冠禮夏葛屨冬皮屨〔禮〕〔曲禮〕侍坐於長者屨不上於堂解屨不敢當階就屨跪而舉之

屛於側鄉長者而屨跪而遷屨俯而納屨〔玉藻〕退則坐取屨隱辟而后屨又詩魏風篇名〔序〕葛屨刺褊也魏地陿隘其民機巧趨利其君儉嗇褊急而無德以將之孔氏曰夏葛屨猶絺綌所以當暑特爲便於時耳非行禮之服若行禮雖夏猶當用皮〔接屨之名有命屨與服而俱命者功屨人功細緻散屨則常所服用及喪屨也素屨大祥時所服也鞠衣黃屨以告喪禮衣白屨以禮見王褖衣黑屨以御于王黃屨白飾白屨黑飾黑屨青飾

〔孟子〕捆屨織席〔集說〕許行自食其力不欲厲民自養之意可見

織 質力切音職〔說文〕作布帛之總名〔小爾雅〕治絲曰織織繒也〔廣韻〕組織〔書禹貢〕厥篚織文〔傳〕錦綺之屬又〔張衡思元賦〕肩織路於四裔〔注〕路涉東西往來如織也又星名〔星經〕織女三星在天河西北〔史記天官書〕織女天女孫也又〔外戚世家〕漢使曹參等擊虜魏王豹以其國爲郡而薄姬輸織室又〔舊唐書刑法志〕來俊臣等集告事數百人共爲羅織以陷良善又造告密羅織經一卷其意旨皆網羅前人織成反狀又〔南史隱逸傳沈麟士居貧織簾誦書鄉里號曰織簾先生又〔晉書列女傳竇

注被徙流沙婁蘇氏織錦爲迴文璇璣圖詩以贈滔宛轉循環詞甚悽惋　又職音切音志禮玉藻士不衣織注織染絲織之士衣染繒也疏織者前染絲後織此服功多色重士賤不得衣之也　又與幟同詩六月織文鳥章箋織徽也傳織幟字同束綮呂氏曰日月爲常交龍爲旂之類皆織之文也鳥章特其一耳前漢食貨志旗織加其上注師古曰織讀曰幟

辛

息鄰切音新說文秋時萬物成而孰金剛味辛辛痛即泣出辛承庚象人股徐曰言萬物初見斷制故辛痛辛漸掣斂故象人股漸焦殺也白虎通金味所以辛者何西方煞傷成物辛所以煞傷之也猶五味得辛乃委煞也書洪範從革作辛禮月令孟秋其日庚辛纂言庚辛者金干也周官注辛之言新也前漢律歷志悉新于辛史記律書言萬物之辛生也又月令其味辛注金之臭味也周官疾醫以辛養筋注辛金味金之纏合異物似筋人之筋亦纏合諸骨故以辛養之也又葷味也風土記元旦以葱蒜韭蓼蒿芥雜和而食之名五辛盤取迎新之意又正韻苦辛取辛酸之義左襄九年夫婦辛苦墊隘無所底告潘岳箴

賦天其悽愞辛酸嚶嚶關關若離鴻之命子也嵇康詩自致力所難臨文情辛酸杜甫詩生離與死別自古鼻酸辛李白詩英豪未豹變自古多艱辛又高辛古帝號左文十八年高辛氏有才子八人注帝嚳之號正義先儒舊說及譙周攷史皆以顓頊帝嚳爲帝之身號高陽高辛皆國氏土地之號又姓史記夏本紀夏啟封支子於莘因聲近改爲辛又少辛藥名本草即細辛也　又叶胥前切音先焦仲卿詩奉事循公姥進退敢自專晝夜勤作息伶俜縈苦辛正字通本作辛字彙譌省作辛與辛音義者字形不同

耒　盧對切音類說文手耕曲木也从木推手古者垂作耒耜以振民也易繫辭神農氏作斲木爲耜揉木爲耒耒耨之利以教天下蓋取諸益節齋蔡氏曰耜耒首也斫木令鋭而爲之耒耜柄也揉木使曲而爲之謝疊山曰耒耜者今謂之犂曲木在上俗名犂衙即耒也斫削二片在下以承鐵俗呼犂壁即耜也考工記車人爲耒庛長尺有一寸中直者三尺有三寸上句者二尺有二寸集注庛謂耒下前曲接耜者句謂人手所執處庛上句下爲中直以金刺土者曰耨耜前接

於耨禮月令季冬脩耒耜疏耒者以木爲之長六尺六寸底長尺有一寸中央直者三尺有三寸句者二尺有二寸底謂耒下鄉前曲接耜者耜以金鐵爲之夏小正農緯厥耒緯束也束其耒云爾者用是見君者亦有耒也初歲祭耒始用暢也又水名水經注耒水出桂陽郴縣南山又縣名耒陽屬衡州府　又魯猥切音磊義同　又倫追切音纍集韻果實垂皃一曰耕多草

耜 詳里切音似說文臿也从木吕聲一曰徙土輂齊人語也臣鉉等曰今俗作耜釋名耜似也似齒之斷物也考工記匠人耜廣五寸注古者耜一金兩人併發之後世之耜歧頭兩金象古之耦也詩七月三之日于耜傳于耜往脩田器也盧陵羅氏曰耜耒下耓也廣五寸古以木爲之易曰斲木爲耜亦以金爲之周禮注古者耜一金又詩大田以我覃耜餘詳上注

饔 於容切音邕說文孰食也从食邕聲今文从雍詩祈父有母之尸饔傳尸主也饔熟食也言不得奉養而使母反主勞苦之事也孟子饔飧而治注饔飧熟食也朝曰饔夕曰飧言當自炊爨以爲食而兼治民事也又官名周官內饔外饔刲天

官屬【注】饔割亨煎和之稱【疏】雍和也熟食須調和故號曰饔【內饔】掌王及后世子膳羞之割亨煎和之事【外饔】掌外祭祀割亨又食之名也【外饔】凡賓客之飧饔饗食之事亦如之【注】飧客始至之禮饔既將幣之禮【秋官掌客注】飧客始至致小禮也饔既相見致大禮也【人物考】今之通訓曰朝饔夕飧飧如今驛舍下馬飯饔如今下馬宴客至必夕夕食未盛故曰夕飧亨宴必早爲敬而享宴必盛故曰朝饔【儀禮聘禮】君使卿韋弁歸饔餼五牢【注】牲殺曰饔生曰餼　又於用切音雍去聲義同

飧

蘇昆切音孫【說文】餔也【釋名】飧散也投水於中自解散也【禮王藻】君未覆手不敢飧君既食又飯飧飯飧者三飯也【疏】覆手者謂食飽必覆手以循口邊恐有殽粒汙著之也飧謂用飲澆飯于器中也禮食竟更作三飧以勸助令飽食使不虛也君既食又飯飧者君食竟而又飧則臣乃敢飧明不先君而飽也嚴陵方氏曰飧夕食也先儒以爲勸食者蓋朝食爲一則夕食爲再以勸之使食故因謂之飧也君未覆手不敢飧者待君一食之竟然後敢勸之使卅也如是者三故曰飯飧者三飯也論語有

三飯之樂師非謂是蘇山陰陸氏曰飧卒食也一日三食一食三飯以是爲卒故曰飯飧者三飯也又曰夕食爲飧禮檀弓孔子食於季氏不辭不食肉而飧疏凡禮食先食胾次食殽至肩乃飽而飧孔子不食肉仍爲飧者是季氏饌失禮也雜記吾飧作而辭曰疏食也不敢以傷吾子疏飧强飯以答主人之意又周官司儀致飧如致積之禮注飧食也小禮曰飧又詩大東有饛簋飧傳飧熟食又周官宰夫賓賜之飧牽注鄭司農云飧夕食也詩伐檀不素飧兮傳熟食曰飧　俗作飱

種直容切音重說文先種後熟也从禾重聲　又主勇切音腫穀種也詩生民誕降嘉種周官草人以物地相其宜而爲之種又職方氏豫州其穀宜五種注黍稷菽麥稻又凡糞種注燒獸骨爲灰或擣糞子以漬其種也又稻人澤草所生種之芒種注芒種稻有芒者郭璞江賦播匪藝之芒種又種類書盤庚無俾易種于茲新邑史記高帝紀恐事不就後秦種族其家後漢竇融傳此遺種處也又地名史記貨殖傳西賈秦翟北賈種代注種在恆州石邑縣北蓋蔚州也又外域國名後漢任延傳武威郡北當

何奴南接種羌　又莊子胠篋篇舍夫種種之機注種種謹慤皃
又增韻種種猶物物也又髮短皃左昭三年余髮如此種種
又之用切音偅說文埶也从禾童聲今文从重集韻埶植也布
也書大禹謨臯陶邁種德注種布也種物必布於地故爲布也
史記李斯傳所不去者醫藥卜筮種樹之書前漢律歷志主鶉
首初井十六度芒種小學紺珠作芒鍾　按說文作穜今穜種
二字音義懸殊經傳種分上去二音詩之誕降嘉種種之黃茂
周官之種稑五種等雖以枚舉竝無作穜者未測其致誤之由
究其音義則許
說未可泥也

甑子孕切增去聲說文甗也古史攷黃帝始
作甑韻會鬵屬也甗無底曰甑考工記陶
人甗實二鬴厚半寸脣寸七分孟子許子以釜甑爨注釜所以
煮甑所以炊史記項羽紀項羽乃悉引兵渡河皆沈船破釜甑
燒廬舍又攀倒甑草名本草生郊野葉如薄荷治風熱遇煩渴
狂躁諸證擣汁服之輙效　又慈陵切音繒集韻亦炊器也

爨七亂切音竄說文齊謂之炊爨臼象持甑冂爲竈口廾推
材內火玉篇竈也詩楚茨執爨踖踖傳爨饔爨廩爨也疏饔

爨以煮肉廩爨以炊米少牢云饔爨在門東南北上廩爨在雍爨之北周官亨人職外内饔之爨亨煮注爨今之竈主於其竈煮物儀禮士昏禮大羹湆在爨注爨火上又孟子注然火也某氏曰當訓爲炊爨言以釜甑煮飯食也注訓然火於義未安又姓華陽國志昌寧大姓有爨習蜀志建寧人姓有交州刺史爨深魏策使三軍之士不迷惑者巴寧爨襄之力也又輟耕錄院曲有五花爨宋徽宗見爨國人來朝衣裝鞵履巾裹傳粉舉動如此使優人効之以爲戲　又取絹切音緣炊也　又匕九切音攛義同周官挈壺氏及冬則以火爨鼎水而沸之而沃之注冬水凍漏不下故以火炊水沸以沃之謂沃漏　字典周禮詩傳釋文爨俱七紘切釋經傳爨字之義大約動音爲平聲靜音爲去聲然左宣十五年傳析骸以爨注炊也及孟子以釜甑爨似皆宜讀平聲乃孟子無釋文左傳釋文亦音七亂反則平去又未嘗拘也

鐵　他結切天入聲說文黑金也書禹貢厥貢璆鐵史記貨殖傳邯鄲郭縱以冶鐵成業蜀卓氏之先趙人也用冶鐵富江淹銅劍讚序古以銅爲兵至於秦時攻爭紛

亂兵革互興銅不克給故以鐵足之又左昭二十九年遂賦晉國一鼓鐵以鑄刑鼎五代史羅紹威傳聚六州四十二縣鐵鑄一箇錯不成又孟子注鐵耜屬也又黃鐵銅也書呂刑其罰百鍰傳鍰黃鐵也疏古者金銀銅鐵總號爲金此傳言黃鐵舜典傳言黃金皆是今之銅也古人贖罪悉皆用銅而傳或稱黃金或言黃鐵謂銅爲金爲鐵耳又地名春秋哀二年戰于鐵注衛地在戚城南左傳鄭無恤御簡子衛大子爲右登鐵上注邱名彙纂今直隸大名府開州北有戚城其南爲王合里即鐵邱也又敝鐵水名見山海經又獸名神異經南方有獸名曰齧鐵大如水牛色如漆食鐵飲水其糞可作兵器其利如鋼又書名前漢藝文志桓寬鹽鐵論六十篇又姓正字通宋鐵南仲明鐵鉉又複姓廣韻赫連勃勃改其支庶爲鐵伐氏云庶朕宗族剛銳如鐵皆堪伐人 又徒結切音耋集韻利鐵也

械 胡介切音邂說文桎梏也一曰器之總名一曰持也一曰有盛爲械無盛爲器爾雅釋器注械謂之梏說文桎足械也梏手械也拳兩手同械也孔穎達曰械者戒也戒止人不得遊行也禮王制器

械與制【注】謂禮樂之器及兵甲也又【禮】少儀】不度民械未式械
曰械兵器也度謂度其多少又【孟子】【注】械器釜甑之屬【韻會】凡
民生日用所資器皿皆是故云之屬又術之巧者曰機械【孟子】
【注】爲機械變詐之巧者又【莊子】天地【篇】有機械者必有機事

紛 府文切音芬【說文】馬尾韜也【玉篇】亂也緩也又【博雅】紛紛
衆也喜也【易】巽卦】用史巫紛若【釋文】紛衆也喜也【傳】史巫
者通誠意於神明者也紛若多也又盛也【楚辭】九章】佩繽紛以
繚轉兮【注】言佩之美【前漢】禮樂志】羽旄紛紛【注】紛紛言其多又
【孟子】何爲紛紛然與百工交易又【書】顧命】元紛純【疏】紛如綬有
文而狹者也【蔡傳】紛雜也以元黑之色雜爲之緣又【禮】內則】左
佩紛帨【注】紛帨拭物之巾也今齊人有言紛者又類篇物數紛
紜【班固】東都賦】萬騎紛紜　又符分切音汾【集韻】紛緼亂皃【楚
辭】九章】紛緼宜修姱而不醜兮【注】紛緼盛皃又【離騷】紛吾既有
此內美兮【注】盛皃　又叶孚焉切音幡【孫楚】雪賦】豐隆灑雪交
錯翻紛膏澤偃
液曽潤中田

煩 附袁切音樊【說文】熱頭痛也又【增韻】不簡
也【書】說命】禮煩則亂又【玉篇】干煩也【左傳】

二十九年敢以煩執事又禮樂記衞音趨數煩志注煩勞也孟子何許子之不憚煩又左定四年嘖有煩言楚辭九章固煩言不可結而詒兮願陳志而無路注煩亂之言九辯葉菸邑而無色兮枝煩挐而交横注煩挐攪亂也禮樂記水煩則魚鼈不大疏煩謂煩攪也又增韻悶也史記倉公傳病使人煩懣楚辭卜居心煩慮亂不知所從又煩碎也後漢黃霸傳米鹽靡密初若煩碎又鳥名司馬相如上林賦煩鶩鷛鸈漢書音義煩鶩鳧也郭璞曰鴨屬又地名戰國策襲燕樓煩數縣注樓煩屬鴈門又樓煩人姓名史記項羽紀漢有善騎射者樓煩楚挑戰三合樓煩輒射殺之　又叶符筠切音汾陳琳大暑賦料救藥之千百兮祇眾熱而增煩燿靈管之匪念兮將損性而傷神　又叶汾沿切音權神女賦淡清靜其愔嫕兮性沈詳而不煩意似近而既遠若將來而復還嵇康琴賦更唱迭奏聲若自然流楚窈窕懲躁雪煩

湖南黔陽縣歲貢生段諤廷訒庵原稿
本縣教諭寧鄉黄本驥虎癡編訂

上孟十 滕文公二計四十八字

洪 戶公切音紅[說文]洚水也[孟子]洚水者洪水也[又][書]堯之時洪水横流[書堯典]湯湯洪水方割[傳]洪大也[詩長發]洪水茫茫[又][書大誥]洪惟我幼沖人[洛誥]乃洪大誥治又水名在東郡[水經]濟水故瀆又北右合洪水又澤名[廣輿記]洪澤在淮安府山陽縣界又州名[韻會]漢豫章郡隋置洪州又縣名洪洞屬山西平陽府射洪屬四川潼川府又井名在豫章郡散原山西北[水經注]洪井飛流懸注無底又水名[田藝蘅煮泉小品]澤感仙山而不應則怒而爲洪[漫叟詩話]灘石湍激其中深僅可容舟者謂之洪又山名[廣輿記]在福寧州城南又周書篇名[序]武王勝殷殺受立武庚以箕子歸作洪範又仙人名[南史]昭明太

予宴元圃抱王鈞袖撫劉孝綽肩曰所謂左挹浮邱袖右拍洪崖肩也二語蓋郭璞遊仙詩又輟耕錄脈以浮而有力爲洪又姓廣韻共工氏之後　又古巷切音絳集韻水名義同洚水之洚

横　胡盲切音黌說文闌木也又唐韻縱横也東西曰縱南北曰横楚辭招隱士不知横之與縱注緯曰横經曰縱又戰國時有縱横術漢書音義利合爲縱威權相脅爲横又呂氏春秋失縱之意失横之事注關東六國爲縱關西爲横一曰以六攻一爲縱以一離六爲横秦策蘇秦始將連横高注連關中之謂横合關東之謂縱又孟子注横流不由其道而散溢妄行也又星名前漢天文志王良之旁有八星絕漢曰天横又地名左昭二十一年華向入樂大心豐愆華牼禦諸横注梁國睢陽縣南有横亭又縣名前漢地理志横縣屬琅邪郡　又與黌通學舍也後漢鮑德傳修起横舍又姓風俗通韓王子成號横陽君其後爲氏　又户南切衡去聲孟子注横逆謂強暴不順理也前漢吳王傳吳王日益横又卜兆名前漢文帝紀卜之兆得大横　又胡光切音黃楚辭九辯收恢台之孟夏兮然欿傺

而沈藏葉於邑而無色紛枝煩挐而交橫又草名爾雅釋草傳橫目注一名結縷俗謂之鼓箏草釋文音黃又如字　又姑黃切音光集韻漢門名　又古曠切音恍集韻盛氣充滿也禮樂記鐘聲鏗鏗以立號號以立橫橫以立武注橫充也謂氣壯充滿也疏鐘之聲鏗鏗然堅剛故可以興立號令號令威嚴則軍士壯氣充滿而武事可立也又類篇組蹤橫木也

氾

字梵切音梵韻會水延漫也孟子氾濫於中國注氾濫橫流之兒前漢武帝紀河水決濮陽氾郡十六又玉篇普徧也禮少儀氾埽曰埽疏氾廣也大賓來主人宜廣埽之又郊特牲氾埽反道　又與汎同左襄二十八年慶封氾祭注遠散所祭正義論語汎愛眾汎是寬博之語故知汎祭為遠散所祭言其不共也又不定之辭楚辭卜居將氾氾若水中之鳧注一作汎賈誼服賦氾虖若不繫之舟又搖動兒楚辭招魂光風轉蕙氾崇蘭些又水名水經注河水東北出于定陶縣北屈左合氾水前漢高祖紀漢王即皇帝位于氾水之陽注張晏曰在濟陰界取其汎愛弘大而潤下也師古曰據叔孫通傳曰為皇帝於定陶則此

水在濟陰是也音敷劍反史記索隱音似非音似者乃氾水在成皋【按】氾之與氾體略不同坊本多誤讀者以意求之可也又符咸切音凡地名【左僖二十四年】王出適鄭處于氾【注】鄭南氾也【正義】南氾在襄城縣南東氾在滎陽中牟縣南【彙纂】今屬河南開封府【成四年】晉伐鄭取氾祭【注】鄭地【彙纂】此爲二邑氾即成皋之氾祭即中牟之祭亭周祭伯之邑也蓋此時已入於鄭矣【襄九年】甲戌師于氾【注】鄭地東氾也【二十六年】涉于氾而歸【注】於氾城下涉汝水南歸【正義】氾是地名非水名是於氾地涉水耳又湖名【江南通志】氾光湖在寶應縣西南十五里又國名又姓【廣韻】出燉煌濟北皇甫謐曰本凡氏遭秦亂避地於氾水因改焉漢有氾勝之晉有氾毓　又叶孚絢切音現【陸機文賦】闕太羹之遺味同朱絃之清氾雖一唱而三嘆固既雅而不豔

暢

暢丑亮切音唱【說文】不生也从田昜聲臣鉉等曰借爲通暢之暢今俗別作暢非是又達也【易坤卦】而暢於四支【疏】有美在中必通暢於外【尚書序】約文申義敷暢厥旨【禮月令】仲冬命之曰暢月【疏】暢充也言名此月爲充實之月當使萬物

充實不發動也又[類篇]長也[孟子]草木暢茂[注]暢茂長盛也又地名[左哀十二年]宋鄭之閒有隙地曰玉暢[彙纂]玉暢杞縣東北二十里有玉帳或云古玉暢[按]杞縣爲春秋宋地北與陳留接壤傳曰宋鄭之閒或即是也又琴曲[風俗通]命其曲曰暢暢者言其道之美暢又姓[陳留風俗傳]暢氏出齊莫候切音唐有暢當　又通作鬯[前漢禮樂志]滌明鬯矣

茂　[說文]草豐盛[詩天保]如松柏之茂[易无妄]先王以茂對時育萬物[注]茂盛也又[詩生民]種之黃茂[傳]美也[前漢吳王濞傳]歲時存問茂才[注]美材之人[白虎通]五人曰茂又[爾雅釋詁]勉也[周語]先王之於民也茂正其德而厚其性又[釋天]大歲在戊曰閼茂又地名[前漢地理志]右扶風茂陵[注]本槐里之茂鄉[武帝紀]建元二年初置茂陵邑[注應劭曰]武帝自作陵也又姓[正字通]漢沮陽令茂眞　又與懋通[前漢董仲舒傳]書曰茂哉茂哉　又莫口切音畝[前漢班固敘傳]支葉碩茂[師古注]莫口切　又[詩本音]子之茂兮讀若古茂卯同音故史記律書云卯之爲言茂也[按]朱子詩傳子之茂兮[注]叶莫口反道叶徒厚反好叶呼厚反

又毛詩古音攷音每魏武步出東門行樹木叢生百草豐茂秋風蕭瑟洪波涌起　又滿補切音母易林當夏六月枝葉盛茂鸞鳥以庇召伯避暑　又莫故切音暮白居易詩有木名櫻桃得地早滋茂葉密獨承日花繁偏受露　又音末周武王筆銘毫毛茂茂陷水可脫陷文不活

繁

付袁切音煩說文馬髦飾也从糸每聲春秋傳曰可以為旌緐乎今文作繁又多也書仲虺之誥實繁有徒又盛也禮鄉飲酒義拜至獻讓之節繁注猶盛也又孝經序安得不翦其繁蕪注繁雜也又孟子禽獸繁殖注繁殖眾多也　又廣韻繁緎也　又地名左襄四年楚師為陳叛故猶在繁陽注楚地在汝南鮦陽縣南纂要今河南汝寧府新蔡縣北有繁陽亭　又蒲官切音鞶禮禮器大輅繁纓一就疏繁馬腹帶也纓鞅也染絲而織之曰罽五色一帀曰就左成二年請曲縣繁纓以朝注馬飾哀二十三年有不腆先人之宰其可以稱旌繁乎注稱舉也繁馬飾繁纓也　又蒲波切音婆玉篇姓也左定四年殷氏七族有繁氏前漢陳湯傳御史大夫繁延壽魏有繁欽唐有繁知一與白居易友　又叶符云切

音汾[陰]雲夏府君誄元祐秀明輝景絪緼誕載豐美俊穎夙繁
又叶汾沿切[左貴嬪楊后誄]天祚貞吉克昌克繁則百斯慶
音聖[逼]筆力切與逼同[說文]近也从辵畐聲[集韻]逼或作偪
音賢[偪][廣韻]迫也[集韻]侵迫也[禮雜記]君子不僭上不偪下
[孟子]禽獸偪人[左昭二年]偪介之關暴征其私[注]迫逼因獻之
關又[釋名]偪偪所以自偪今謂之行縢言以裹腳可以跳騰輕便
也[禮內則]偪屨著綦[注]行縢也[詩采菽傳]幅偪也邪纏於足所
以束脛在股下也諸侯見天子入子事父母皆然　又方六切
音福地名[春秋襄十年]遂滅偪陽[注]妘姓國今彭城傅陽縣也
[彙纂]章懷太子曰偪陽故城在承縣南今在兖州府嶧縣南五
十里又[左文六年]杜祈以君故讓偪姞而上之[注]偪姞姞姓之
女[正義]譜以偪爲國名地闕不知所在[釋文]甫目彼力二反
[蹄]杜奚切音題[說文]足也从足虒聲今文或作蹄[釋名]蹄底
也[華經音義]獸足也[易說卦]坎爲薄蹄臨川吳氏曰柔在
下故蹄薄而不厚[儀禮士喪禮]賓特豚四鬄去蹄[穀梁昭八年]
車軌塵馬候蹄[孟子]獸蹄鳥跡之道交於中國又書名[莊子]有

四書字詁　卷六十八　上孟十　四

馬蹄篇　又兎網曰蹄莊子雜篇得兎而忘蹄　又大計切音弟集韻蹏或作蹄覺也羣經音辨足相覺曰蹄

跡

資昔切音積與迹同說文步處也釋名積也積累而前也餘見下論迹字注　又叶即略切音爵陸機演連珠火壯則煙微情充則情約是以殷墟有感物之悲周京無蹤立之跡

敷

芳無切音孚說文做也从支専聲周書曰用敷遺後人隷省作敷書舜典敷奏以言傳敷陳也大禹謨文命敷于四海傳言其外布文德教命皐陶謨翕受敷施傳布施政教孟子舉舜而敷治焉注布也又詩抑篇罔敷求先王箋無廣索先王之道又廣韻散也　又通作傅商頌敷奏其勇大戴衛將軍文子篇引作傅奏

瀹

以灼切音藥說文漬也儀禮士喪禮菅筲三其實皆瀹注皆湛之湯不用食道所以為敬　又玉篇煮也齊民要術有瀹雜子法又內肉及菜湯中薄熟出之曰瀹又疏瀹開滌也莊子知北遊疏瀹而心澡雪而精神孟子瀹濟漯注瀹亦疏通之意又潭瀹動搖之皃又灂瀹水流漂疾皃郭璞江賦瀹潤灂瀹　又弋笑切音燿集韻水清也

漯

他合切音沓水名說

文水經並作溼後人以漯爲溼以溼爲漯詳見溼字注又漯陰縣名屬平原郡漢有漯陰侯又湁漯水攢聚皃宋華海賦潗濆湁而湁漯　又曾水切音疊集韻水名出鴈門或作灄

注

之戍切音註說文灌也增韻水流射也詩泂酌挹彼注茲又文王有聲豐水東注又孟子瀹濟漯而注之海又引也前漢溝洫志注塡游之水溉舃鹵之地又意所嚮曰注管子君臣下篇君人者上注注謂注意於上天又記也通俗文記物曰注因支分派別之意又凡以傳釋經曰注通作註又聚也周官獸人及斃田令禽注于虞中又以財賭博曰注莊子達生篇以瓦注者巧以鉤注者憚以黃金注者殙注注射而賭物也世史宋眞宗紀欽若曰陛下聞博乎博者輸錢欲盡乃罄所有出之謂之孤注陛下寇準之孤注也注出錢賭博曰注錢盡則悉所有出爲一注以與人角勝曰孤注又屬也爾雅釋天注旄首曰旌注言以旄牛尾屬之竿首又屬矢于弦也左襄二十三年欒射之不中又注則乘槐本而覆又附藥亦爲注周官瘍醫掌祝藥注祝當爲注注讀附著藥又華不注山名見中庸華字注又勿注

亦山名在代州鴈門縣西北又瓜注冠名〔前漢五行志〕注言形側立而下注也又曰注茶名〔歐陽子歸田錄〕兩浙之品曰注爲第一　又株遇切音駐〔集韻〕與注同　又陟救切音晝與咮同喙也〔考工記梓人〕以注鳴者〔注〕注當作咮蟲喙也注鳴精列屬

決　古穴切音玦〔說文〕行流也廬江有決水出於大別山〔水經〕決水出廬江雩婁縣南大別山〔注〕俗名爲檀山峴蓋大別之異名也其水歷山委注而絡其縣西北流逕蓼縣故城濩水注之故地理曰決水北注蓼入灌灌水於蓼亦入決又決決北方水名〔山海經〕龍侯之山決決之水出焉東流注于河又行流也〔管子君臣下篇〕決之則行塞之則止〔左襄三十一年〕然猶防川大決所犯傷人必多吾不克救也不如小決使道〔孟子〕決汝漢排淮泗〔注〕決排皆去其壅塞也〔又〕決諸東方則東流決諸西方則西流又斷也判也〔禮曲禮〕決嫌疑〔疏〕若妾爲女君期女君爲妾若報之則太重降之則有舅姑爲婦之嫌故全不服是決嫌也孔子之喪門人疑所服子貢引夫子喪顏淵若喪子而無服喪子路亦然請喪夫子若喪父而無服是決疑也〔又〕分爭辯

訟非禮不決又以齒斷物曰決〔曲禮〕濡肉齒決乾肉不齒決〔考工記梓人〕銳喙決吻〔集注〕吻口腃也鳥喙長食物時則以近喙本決之故云決吻又開也〔儀禮鄉射禮〕袒決遂〔注〕決猶闓也以象骨爲之著右大擘指以鉤弦闓體也音開〔詩車攻〕決拾既佽 又決曹官名主罪法者〔後漢書黃昌傳〕習文法仕郡爲決曹 又與訣同絶也〔前漢蘇武傳〕李陵與蘇武決去〔注〕決別也 又呼決切音血〔廣韻〕疾皃一曰小飛也〔莊子逍遥遊〕我決起而飛搶榆枋林氏曰決起不遺餘力也即上文怒而飛 又苦穴切音闋與缺同〔史記秦本紀〕譬猶騁六驥過決隙也 又涓惠切音桂疾也〔莊子齊物論〕麋鹿見之而決驟徐邈讀

汝 人渚切音茹〔說文〕水出宏農盧氏還歸山東入淮〔水經〕汝水出河南梁縣勉鄉西天息山〔注〕今汝水出魯陽縣之大孟山黄柏谷至原鹿縣南入于淮謂之汝口側有汝口戍淮汝之交會也〔春秋釋例〕汝水至汝陰褒信縣入淮〔詩汝墳傳〕汝水出汝州天息山逕蔡潁州入淮〔大全〕汝州今南陽府汝州蔡州今汝寧府並隷河南潁州今鳳陽府隷南直隷又地名〔左成十七年〕楚公子申

救鄭師于汝上【彙纂】汝水出汝州魯山縣【成十六年】楚以汝陽之田求成於鄭【國語】齊桓公伐楚濟汝踰方城則汝上蓋鄭楚之界也【昭二十九年】晉趙鞅荀寅帥師城汝濱【注】汝濱晉所取陸渾地【彙纂】陸渾今嵩縣汝水在縣南又州名【廣韻】春秋時為王畿及鄭楚之地左傳楚襲梁及霍漢為梁縣後魏屬汝北郡隋移于陸渾縣北遂改為汝州【廣輿記】今河南鄧州西有臨汝城古蹟又汝寧郡名【廣輿記】秦屬潁川漢曰汝南元曰汝寧郡有汝陽縣又姓汝鳩汝方湯之賢臣【左傳】有汝寬又亡書篇名【序】伊尹去亳適夏既醜有夏復歸于亳入自北門乃遇汝鳩汝方作汝鳩汝方又周南篇名【序】汝墳道化行也文王之化行乎汝墳之國婦人能以閔其君子猶勉之以正也又爾女亦作爾汝汝者對我之稱【書益稷】予欲左右有民汝翼今女汝並用

排 步皆切音牌【說文】擠也一曰推也【增韻】斥也【禮少儀】排闔說屨于戶內者【疏】排闔推門扉也【史記樊噲傳】迺排闥直入又【魯仲連傳】為人排患釋難解紛亂而無取也【前漢賈誼傳】所排擊剢割皆衆理解也又列也安置也【前漢朱買臣傳】相推

排成列中庭拜謁莊子大宗師安排而去化又單器名釋名彭
排彭旁也在旁排敵禦攻也後漢袁紹傳蒙楯而行注楯今之
旁排也　又步拜切音憊韻會排擠強突也　又與韛韛通吹
火韋囊也後漢杜詩傳造水排鑄農器注冶者為排以吹炭令
激水鼓之魏志為監冶謁者乃作水排利益三倍於前晉書杜
預傳作人排新器　又蒲邁切音敗義同　又叶邊眉切音鎞
謝靈運登石門最高頂詩心契九秋幹目翫三春荑居常以待終處順故安排

淮　戶乖切音懷說文水出南陽平氏風俗通淮均也均其務也春秋説題辭淮者均其勢也釋名淮圍也圍繞揚州分界東至于海也周官職方氏正東曰青州其川淮泗集注淮水發源河南南陽府唐縣東南桐柏山至江南淮安府安東縣東北入海書禹貢導淮自桐柏又水出漢中前漢地理志漢中郡房陵縣淮山淮水所出又左桓八年楚子伐隨軍于漢淮之閒彙纂漢志南陽郡平氏縣禹貢桐柏大復山在東南淮水所出水經淮水至廣陵淮浦縣入海淮浦今東安縣也平氏故城在今河南南陽府西北又淮安郡名廣輿記秦屬

九江郡曰淮陰漢曰臨淮晉曰山陽隋唐曰楚州宋曰淮安又許嵩建康實錄秦始皇三十七年東巡望氣者云金陵有天子氣因鑿鍾阜斷金陵長流至今呼爲秦淮金陵志秦淮水在上元縣治東南三里　又叶胡隈切音回左昭十二年有酒如淮一說淮讀爲潍叶韻陸氏無音正義曰古韻綏淮坻本叶劉炫以爲淮作潍潍齊地水名穆子晉人何意舉齊水乎

泗

息漬切音四說文水受泲水東入淮水經出魯卞縣故城東南桃墟西北書禹貢導淮自桐柏東會于泗沂正義泗水出濟陰乘氏縣周官職方氏其川淮泗集注顧景范曰泗水出兗州府泗水縣東陪尾山至江南淮安府淸河縣南入淮今名南淸河又水經注泗水自汴會于洙水禮檀弓吾與女事夫子於洙泗之閒又國名前漢地理志泗水國故東海郡也元鼎四年故爲泗水郡郡爲泗陽縣又州縣名廣輿記泗水屬江南鳳陽府春秋時徐子國漢厹猶晉宿預魏東楚陳安州後周泗州又泗水縣今屬兗州府又泗口在宿遷縣通典兗州刺史劉遐自彭城退屯泗口又涕泗也詩澤陂涕泗滂沱傳自目曰涕自鼻曰泗

江 古雙切音杠說文水出蜀湔氐徼外岷山入海釋名江共也小江流入其中所公共也風俗通貢也出珍物可貢獻也禹貢岷山導江家語夫江始於岷山其源可以濫觴水經岷山在蜀郡氐道縣大江所出周官職方氏正南曰荆州其川江漢集注顧景范曰江水發源四川成都府茂州西北之岷山歷梁荆揚三州至今南直揚州府海門縣東入海詩漢廣江之永矣朱傳江水出永康軍岷山東流與漢水合東北入海按永康軍即今城都府灌縣又書禹貢揚州三江既入蔡傳唐仲初吳都賦注松江下七十里分流東北入海者爲婁江東南流者爲東江並松江爲三江其地今亦名三江口吳越春秋所謂范蠡乘舟出三江之口者是也又按蘇氏謂岷山之江爲中江嶓冢之江爲北江豫章之江爲南江即導水所謂東爲北江東爲中江者既有中北兩江則豫章之江爲南江可知今按此爲三江若可依據然江漢會于漢陽合流數百里至湖口而後與豫章江會又合流千餘里而後入海不復可指爲三矣蘇氏知其說不通遂有味別之說禹之治水本爲民去害豈如陸羽輩辨

昧[illegible]荼爲日腹計耶〔韋昭國語注〕三江吳松江錢塘江浦陽江〔郭璞山海經注〕岷山大江水所出崍山南江水所出崌山北江水所出南江北江皆東流注于大江又〔書禹貢〕荆州九江孔殷〔正義〕江以南水無大小俗人皆呼江〔蔡傳〕九江卽今之洞庭也水經言九江在長沙下雋西北楚地記曰巴陵瀟湘之淵在九江之閒今岳州巴陵縣卽楚之巴陵漢之下雋也洞庭正在其西北則洞庭之爲九江審矣今沅水漸水沅水辰水漵水西水澧水資水湘水皆合於洞庭意以是名九江也〔按〕漢志九江廬江郡之尋陽縣尋陽記九江之名一曰烏江二曰蜯江三曰烏白江四曰嘉靡江五曰畎江六曰源江七曰廩江八曰提江九曰箘江今詳漢九江郡之尋陽乃禹貢揚州之境而唐孔氏又以爲九江之名起於近代未足爲據且九江派别亦必首尾長短大略均布然後可目之爲九然其一水之閒當有一洲九江之閒沙水相閒乃爲十有七道而今尋陽之閒將無所容況沙洲出沒其勢不常果可以爲地理之定名乎設使派别爲九則當曰九江旣道不應曰孔殷反復參攷則九江非尋陽明甚本

朝胡氏以洞庭爲九江者得之曾氏亦謂導江曰過九江至于東陵東陵今之巴陵今巴陵之上即洞庭也因九水所合遂名九江故下文導水曰過九江經之例大水合小水謂之過則洞庭之爲九江益以明矣又州名春秋時爲吳楚地秦爲九江郡晉爲潯陽郡即古江州【地理通釋】漢九江郡本在江北而今所謂江州者實武昌郡之柴桑縣後以江北之潯陽並柴桑而立郡又自江北徙治江南以故江南得有潯陽之名又因潯陽而改爲江州實非古江州地也又國名【春秋】僖二年齊侯宋公江人黃人盟于貫【注】江國在汝南安陽縣【括地志】安陽故城在新息縣西南八十里【彙纂】今河南汝寧府息縣是也又姓本伯益之後爵封于江後以國爲氏又星名【史記天官書】天潢旁江星江星動人涉水又帝江神鳥出天山識歌獸見【山海經】　又叶古紅切音公【楚辭九章】將運舟而下浮兮上洞庭而下江去終古之所居兮今逍遙而來東【韻補】今滇語呼江爲公又名江魚爲公魚

穡　所力切音色【說文】穀可收曰穡【孟子】后稷教民稼穡【書盤庚】若農服田力穡【疏】種之曰稼斂之曰穡穡是

秋收之名【左襄九年】其庶人力于農穡【注】種爲農收爲穡又農人亦作穡人【襄四年】穡人成功　又通作嗇【書洪範】【疏】穡惜也言聚蓄之可惜也又愛吝也【左僖二十一年】務穡勸分【注】穡儉也【疏】穡是愛惜之義故爲儉嗇氏曰穡與嗇通故訓爲儉然與貶食省用複【林注】以稼穡爲先務如今貸種借牛之類又【昭元年】小國爲蘩大國省穡而用之其何實非命【注】穡愛也大國能省愛用之則何敢不從命

契

苦計切音挈【說文】大約也後代聖人易之以書契進齋徐氏曰書文字也契合約也言有不能記者書識之事有不能信者契驗之【禮曲禮】獻粟者執右契【注】兩書一契合而別之【周官質人】掌稽市之書契【注】民自貿易則曰質劑官取於市則曰書契【左襄十年】王叔氏不能舉其契【注】要契之辭又合也【周官宰夫】掌官契以治藏【前漢高帝紀】帝與功臣剖符作誓丹書鐵契【唐書元宗紀】木契銅魚起兵又神合也【神仙傳】魏伯陽作參同契二卷又憂苦也【詩大東】契契寤歎【傳】契契憂苦也又灼龜具【緜篇】爰契我龜【傳】契所以然火而灼龜者也儀禮所謂楚焞是也【疏】周官菙氏掌共燋契以待

卜事[注]云士喪禮曰楚焞置於燋在龜東楚焞即契也楚荊也卜者以楚焞之木燒之於燋炬之火既然執之以灼龜[集傳]或曰以刀刻龜甲欲鑽之正也漢書注曰契刻也詩曰爰契我龜言刻而開之灼而卜之[攷工記]輈人行數千里馬不契需[注]契讀需讀儒也[集注]契謂蹄不傷也需謂行道濡滯也鄭剛中曰契者停而相合也需者遲而相待也輈若不和則馬必拘閡而相契或前或後而相需又姓見[姓苑] 又私列切音薛人名舜五臣之一[孟子]使契為司徒[人物攷]契帝嚳之子商湯之始祖也 又苦結切音挈勤苦也[詩擊鼓]死生契闊[傳]契闊隔遠之意[折中]契合闊離也又疏闊也[前漢范丹傳]行路急卒非陳契闊之所又絕也缺也[司馬相如封禪書]陛下謙讓而弗發契三神之歡[注]三神上帝泰山梁父[前漢毋將隆傳]契國威器 又與鍥同刻也[呂覽]契舟求劍 又欺訖切音乞契丹遼號宋太宗太平興國七年遼主耶律賢死子隆緒立復國號曰契丹[史略]遼始契丹得鮮卑故地西樓居之或以為鮮卑遺種元魏時號契丹 又叶似入切音習[禰衡顏子碑]知微知章聞一覽十用

舍行藏與聖合契　从丰从刀

勳 許云切音熏【說文】能成王功也【周官】司勳王功曰勳【注】輔成王業若周公也【書堯典】曰放勳【傳】放至也勳功也言堯之功大而無所不至也【孟子】放勳曰【注】本史臣贊堯之辭而孟子因以爲號也又【左襄二十三年】苟守先祀無廢二勳【注】二勳文仲宣叔又官名【周官司勳注】勳功也軍無賞不足以作衆故首司勳　又吁運切熏去聲義同　古作勛

豪 呼刀切音毫【說文】豕鬣如筆管者出南郡从豩高聲籒文从豕隷从高省【山海經】竹山有獸其狀如豚白毛大如笄而黑端名曰豪彘【注】貆豬也夾有麄豪長數尺能以脊上豪射物吳楚呼爲鸞豬　又【穆天子傳】天子之豪馬豪牛豪羊【注】猶髭也髭馬如馬足四節皆有毛豪羊似氂牛　又【玉篇】俊也【正韻】英也【孟子注】豪傑才德出衆之稱言其能自拔於流俗也【淮南子泰族訓】智過百人者謂之豪【前漢武帝紀】選豪俊講文學　又【廣韻】俠也【史記信陵君傳】平原君之遊徒豪舉耳　又【韻會】強也健也【前漢食貨志】故大賈富家不得豪奪吾民矣　又【玉篇】帥也【史記韓長孺傳】鴈門馬邑豪聶翁壹【注】豪猶帥也

又山名水名山海經豪山多金玉而無草木密山豪水出焉又
魚名山海經渠猪水中多豪魚狀如鮪赤喙尾赤羽可以已白
癬又劍名博物志豪曹歐冶子所作越絶書越王取豪曹薛燭
曰非寶劍也又州名廣韻豪九江郡古鍾離國與吳爭桑而罷
隋改為豪州又姓正字通宋豪彥乾道中進士明豪英天順中
官都知縣　又與毫通禮經解差若豪氂繆以千里史記張耳
傳秋豪皆高祖力也項羽紀吾入關秋豪不敢有所近　又叶
寒歌切音何蘇轍詠嚴顔詩被擒不辱古亦有吾愛善折張飛
豪軍中生死何足怪
乘勝使氣可若何

嚮

許亮切鄉去聲與向同集韻面也對
也書盤庚若火之燎于原不可嚮邇
洛誥伻嚮傳當使臣下各嚮就有官易隨卦君子以嚮晦入宴
息又書洪範嚮用五福傳天所以嚮勸人用五福蔡傳福極者
人感而天應也五福曰嚮所以勸也六極曰威所以懲也又前
漢丙吉傳嚮使丞相不先聞馭吏言何見勞勉之有又學書要
訣唐人治書之法有嚮搨嚮搨者坐暗室中穴牖如盎紙覆帖
于映而取之欲其透射畢見也　又許兩切音享廣韻爾雅釋

宮兩階謂之嚮今本作鄉又書嚮用五福釋文許亮許兩二反

又通作向晉叔向前漢刑法志作叔嚮　又通作饗史記游俠傳何知仁義已嚮其利者爲有德注索隱曰嚮者受享也前漢宣帝紀上帝嘉嚮注師古曰嚮讀曰饗　又通作響易繫辭其受命也如嚮莊子養生主書然嚮然前漢賈山傳天下嚮應

場

直良切音長說文祭神道也一曰田不耕一曰治穀田也師古曰築土爲壇除地爲場又收禾圃曰場詩七月九月築場圃傳場圃同地物生之時則耕治以爲圃而種菜茹物成之際則堅築之以爲場而納禾稼蓋自田而納之于場也盧陵彭氏曰築場于圃地無遺利也又十月滌場傳滌場者農事畢而埽場事也周官場人掌國之場圃而樹之果蓏珍異之物以時斂而藏之又校士曰文場班固答賓戲婆娑乎藝術之場沈佺期詩累年同晝省四海接文場李肇國史補唐人讌集必賦詩推一人擅場張衡東京賦終得擅場杜甫詩畫手推前輩吳生遠擅場又孟子子貢反築室於場注冢上之壇場也又戰爭之地曰戰場唐李華有弔古戰場文又山名道場山在杭州

貞塲字別

皜 下老切音昊韻會白皃孟子皜皜乎不可尚已注皜皜潔白皃隋書煬帝紀大頓見二大鳥皜身朱足孔叢子陳士義篇火浣布垢必投諸火出火振之皜然疑乎雪焉 又古老切音杲義同

作塲者非

鴃 古闃切音狊與鵙同說文伯勞也孟子南蠻鴃舌之人注鴃博勞也惡鳥之聲南蠻之聲似之按伯勞之鴃夬字在右爾雅寍鴂之鴂夬字在左俗書多誤

幽 於虯切音呦說文隱也易履卦幽人貞吉疏幽隱之人守道貞吉禮儒行幽居而不淫疏君子雖復隱處常自修整不傾邪也後漢章帝紀光照六幽注謂六合幽隱之處又爾雅釋詁幽微也疏幽者深微也史記樂書極幽而不隱又玉篇深遠也易繫辭無有遠近幽深疏言易之告人无問遠之與近及幽邃深遠之處皆告之也詩斯干幽幽南山注幽幽深遠也又玉篇幽不明也正韻幽闇也書舜典黜陟幽明注黜退其幽者升進其明者禮檀弓望反諸幽求諸鬼神之道也注鬼神處幽闇又詩伐木出自幽谷遷于喬木易困卦入于幽谷幽不明也又正韻幽囚也史記太史公自序幽於縲紲楊惲

報孫會宗書身幽北闕又州名〔書舜典〕十二州〔傳〕禹治水之後分冀州爲幽州并州〔周官職方氏〕東北曰幽州〔注〕易彥祥曰舜十二州本有幽州水土旣平以冀爲帝都省幽入冀殷人南都河南之亳復設幽州周人又以幽州兼殷之營州實禹貢青州隔海東北之境又〔書舜典〕流共工于幽州〔爾雅釋地〕燕曰幽州〔疏〕燕其氣深厚厥性剽疾故曰幽幽要也又地名〔春秋莊十六年〕同盟于幽〔注〕宋地〔彙纂〕當在今河南歸德府考城縣境〔左成十八年〕楚子辛鄭皇辰侵城郜取幽丘〔注〕幽丘宋地〔彙纂〕當在徐州蕭縣界又國名〔山海經〕大荒之中有思幽之國思士不妻思女不夫〔注〕言其人直思感而氣通無配合而生子又姓〔出姓苑〕又謚〔蔡邕獨斷〕壅遏不通曰幽〔謚法〕蚤孤有位動祭亂常〔並曰幽　又通黝〔禮玉藻〕一命縕韍幽衡再命赤韍幽衡〔注〕幽讀爲黝黑之黝　又叶於交切音窔〔詩隰桑〕其葉有幽〔傳〕幽黑色也〔道藏歌〕迴舞太空嶺六氣運重幽我際豈能窮使爾終不彫

谷　古祿切音穀〔說文〕泉出通川爲谷从水半見出於口〔韻會〕兩山閒流水之道也〔爾雅釋水〕水注谿曰谷〔疏〕謂山谷中

水注入谿澗也易井卦井谷射鮒注谿谷出水從上注下公羊
僖三年無障谷注水注川曰溪注溪曰谷禮祭法山林川谷民
所取財用也又谷水管子度地篇山之溝一有水一無水者命
曰谷水又暘谷日所出處昧谷日所入處書堯典宅嵎夷曰暘
谷宅西曰昧谷又集韻窮也詩桑柔進退維谷疏谷謂山谷墜
谷是窮困之義又廣韻養也道德經谷神不死又爾雅釋天東
風謂之谷風詩詁谷風風出谷中也疏谷之言穀穀生也生長
之風也又谷風詩邶風篇名序刺夫婦失道也魏人化其上淫
於新昏而棄其舊室夫婦離絕國俗傷敗焉又小雅篇名序刺
幽王也天下薄俗朋友道絕焉淮南子天文訓虎嘯而谷風至
龍舉而景雲屬又韻會竹溝曰谷前漢律歷志黃帝使伶倫取
竹之解谷注解脫也谷溝也取竹之無谷節者一說解谷昆侖
之北谷名也又壑谷窟室也左襄三十年吾公在壑谷注窟室
又人足內踝前後一寸陷中曰然谷穴奇經考陰蹻之脈起于
陷中足少陽然谷穴之後又地名春秋定十年公會齊侯于夾
谷注即祝其也補正服注東海在祝其縣今淮安府之贛榆遠

非也地理志濟南淄川縣西南三十里有甲山一名夾山一名祝山上有夾谷臺爲定公會齊侯處寰宇記齊魯兩君相會不應去齊若此之近去魯若此之遠今萊蕪縣有夾谷峪名勝志以爲萊兵劫魯侯處庶幾近之又郡縣名前漢郡縣志上谷郡秦置魏書地形志陽谷縣屬陳留郡又山名山海經波谷山者有大人之國又水名水經注金谷水出河南太白原東南流歷金谷謂之金谷水東南流經石崇故居又姓漢有谷永又複姓金有夾谷謝奴金國語姓氏解夾谷曰仝　又俞玉切音欲義與說文爾雅同又姓北魏有谷渾氏又吐谷渾氏金壺字攷音突浴魄　又盧谷切音鹿史記匈奴傳置左右谷蠡王注音鹿離　又叶乞約切音卻史記龜策傳有介之蟲置之谿谷收牧人民爲之城郭　又叶魚律切音聿易林鹿畏人匿俱入深谷命短不長爲虎所得音學五書山谷之谷雖有穀欲二音其實欲乃正音易井谷陸德明一音欲書暘谷一音欲左傳南谷中一音欲史記樊噲傳横谷正義音欲貨殖傳谷量牛馬索隱音欲苦縣老子銘書神谷作谷神是也轉入聲則音與上聲則音與

去聲則音裕去聲讀谷爲穀而加山作峪乃音裕非

懲 直陵切音澄說文忎也詩閟宮荆舒是懲左昭二十八年叔向曰吾母多而庶鮮吾懲舅氏矣其母曰子靈之妻殺三夫一君一子而亡一國兩卿矣可無懲乎論語注善者可以感發人之善心惡者可以懲創人之逸志　又叶仲良切音長離騷民生各有所樂兮余獨好修以爲常雖體解吾猶未變兮非余心之可懲

僞 危睡切危去聲說文詐也徐曰僞者人爲之非天真也故人爲爲僞新書道術篇言行抱一謂之貞反貞爲僞周書官作僞心勞日拙周官大司徒以五禮防萬民之僞而教之中左襄三十年淑慎爾止無載爾僞孟子國中無僞雖使五尺之童適市莫之或欺　又位悲切音帷禮喪大記素錦褚加僞荒注僞當爲帷或作于聲之誤也大夫以上有褚以襯覆棺乃加帷荒於其上　又通作訛周官馮相氏注中夏辨秩南僞前漢王莽傳以勸南僞注韋昭讀正字通書堯典本作南訛周禮注及漢書誤作僞按訛譌音義同當由訛誤譌由譌誤僞耳

縷 力主切音僂說文綫也廣韻絲縷也孟子麻縷絲絮

攝言未經辟績爲麻已經條析爲縷周官典枲掌布絲縷紵之麻草之物又夏稅之名孟子有布縷之征楚辭招魂秦篝齊縷注縷綫也又覼縷委曲也柳子厚寄許孟容書雖欲秉筆覼縷不能成章左思吳都賦嗟難得而覼縷晉書傅咸疏臣前所以不羅縷者冀因結奏得從私願也又草名爾雅釋草傳橫目注一名結縷　又郎侯切音婁與褸同玉篇貧無衣醜弊也小爾雅布褐而紩之謂藍縷左宣十二年篳路藍縷

絲

息茲切音司說文蠶所吐也急就篇注抽引精繭出緒曰絲書禹貢厥貢漆絲詩羔羊素絲五紽周官大宰嬪婦化治絲枲又典絲掌絲入而辨其物左隱四年猶治絲而棼之也又晉語趙簡子使尹鐸爲晉陽請曰以爲繭絲乎抑爲保障乎注繭絲賦稅保障扞蔽也又釋褐曰牽絲謝靈運初去郡詩牽絲及興運注李善曰牽絲初仕也又禮緇衣王言如絲疏細微如絲又絲衣周頌篇名序絲衣繹賓尸也高子曰靈星之尸也傳絲衣祭服也又周官大師皆播之以八音金石土革絲木匏竹注絲琴瑟也

絮

息御切音稰說文敝緜也釋名絮胥也胥久故解落

也急就篇注漬繭擘之精者曰緜粗者曰絮今則謂新者爲緜故者爲絮纊[illegible]言蔡氏以絮爲地所生非是蓋地所生者是於今木緜乃漢張騫從西域得來孟子時中國尚未有種前漢文帝紀九十以上賜帛人二疋絮三斤注師古曰絮緜也又史記絳侯世家太后以冒絮提文帝注應劭曰帞頟絮也晉灼曰巴蜀異物志謂頭上巾爲冒絮　又丑據切音䋈禮曲禮毋絮羮注絮猶調也釋文謂加以鹽梅也　又乃亞切音陊余夜切音歌絲勞也　又尼據切女去聲姓也前漢張敞傳敞使賊捕掾絮舜有所案驗　又人余切音如韻會姓也　又女加切音拏義同

蓰

想氏切音璽集韻草名　又所綺切音徙綱目集覽物數也孟子或相倍蓰一倍也蓰五倍也　又山宜切音師義同

徐

似魚切序平聲說文安行也孟子徐行後長者謂之弟　又玉篇威儀也爾雅釋訓其虛其徐威儀容止也注雍容都雅之兒詩疏虛徐者謙虛閒徐之義　又廣韻緩也廣雅遲也孟子姑徐徐云爾　又莊子應帝王其臥徐徐其覺于于音義徐徐安穩兒　又爾雅釋地濟東曰徐州疏淮海閒其氣寬

舒寬性安徐故曰徐【釋名】徐舒也土氣舒緩也【書禹貢】海岱及
淮爲徐州【傳】徐州之域東至海南至淮北至岱西不言濟者岱
之陽濟東爲徐岱之北濟東爲青言濟不足以辨故略之也【爾
雅】濟東曰徐州者商無青幷青于徐也周禮正東曰青州者周
無徐幷徐于青也又國名【左莊二十六年】公會宋人齊人伐徐
【注】徐國在下邳僮縣東南括地志徐城縣西十里有大徐城即
古徐國也【彙纂】今江南鳳陽府泗州北八十里有徐城相傳爲
徐偃王所築韓氏愈曰徐與秦俱出伯翳爲嬴姓【左昭元年】周
有徐奄【書序】成王伐淮夷遂踐奄徐即淮夷【彙纂】徐偃王爲周
所滅後封其子宗爲徐子【左昭五年】楚人執徐子則徐蓋子爵
也又縣名【前漢地理志】臨淮郡有徐縣又【爾雅釋天】大歲在辰
曰執徐【廣韻】自顓頊之後春秋時徐偃王假行仁義爲楚文王
所滅其後氏焉出東海高平東莞琅邪濮陽五望【孟子注】徐辟孟子弟子

差　初牙切音杈【說文】貳也差不相值也从左从𠂹徐鍇曰左於事是不當値也【廣韻】舛也【韻會】差錯之義【書呂刑】察辭于差【前漢東方朔傳】失之毫釐差以千里又【爾雅釋

詁釋也釋文音叉詩車攻既差我馬　又初宜切音縒廣韻次也不齊等也後漢荀爽傳天子娶十二諸侯以下各有等差又玉篇參差不齊也韻會參差亂絲兒三相參爲參兩相參爲差詩關雎參差荇菜又風俗通舜作簫韶九成鳳凰來儀其形參差象鳳翼又廣韻參差洞簫也楚辭九歌吹參差兮誰思又韻會差池燕飛也詩燕燕差池其羽　又初佳切音釵韻會差使也唐宣宗詔凡役事委令輪差又擇也廣韻簡也詩東門之枌釋文鄭初佳反王音嗟徐七何反又廣韻差殊亦不齊也禮王制庶人在官者其祿以是爲差也釋文初佳反徐初宜反孟子愛無差等又僭差也周官大宗伯以軍禮同邦國注同謂威其不協僭差者釋文初佳反又人名吳越春秋子胥曰今王欲立太子者莫大乎波之子夫差注檀弓注夫音扶差初皆切穀梁注同左定十四年傳注夫差闔廬嗣子又差分算法周官大司徒九數注有差分今有重差一作衰分　又倉何切音蹉集韻浙也禮喪大記御者差沐於堂上注差浙也浙飯米取其潘以爲沐也釋文七何反又韻補差過也離騷湯禹儼而祇敬兮周

四書字詁　卷六十九　上孟十　十六

論道而莫差又人名史記屈原傳屈原既死之後楚有宋玉唐勒景差之徒皆好辭而以賦見稱　又楚懈切釵去聲廣韻病除也集韻瘉也魏志張遼傳疾小差又韻會差較也左宣十二年注拔旆投衡上使不帆風差輕釋文差初賣反　又楚嫁切杈去聲集韻差異也韓愈瀧吏詩颶風有時作掀簸眞差事

匍　薄胡切音蒲說文手行也玉篇匍匐伏也手行盡力也顚蹶也詩生民誕寘匍匐注見以手行也孟子赤子匍匐將入井又盡力奔趨往也詩谷風匍匐救之箋盡力也　又爲無切音扶義同

匐　蒲北切音蔔說文伏地也　又步木切音僕義同　又匍匐與扶服同詩匍匐救之禮檀弓引作扶服

狸　陵之切音離玉篇似貓詩七月取彼狐狸爲公子裘孟子狐狸食之禮內則狐去正脊左襄十四年賜我南鄙之田狐狸所居莊子逍遙遊子獨不見狸狌乎卑身而伏以候敖者又徐無鬼下之質執飽而止是狸德也林注謂搏執求飽得飽則止是猶狸往捕鼠無大志也又史記封禪書狸首者諸侯之不來者注徐廣曰狸一名不來又封禪書殺一狸牛以爲

俎豆牢具

本作黽

蠅 余陵切鄖上聲說文營營青蠅蟲之大腹者埤雅蠅好交其前足有絞繩之象亦好交其後足搓翅自扇故爾雅曰蠅醜扇也殷氏云蒼蠅聲雄壯青蠅聲清聒其聲皆在翼又曰青蠅糞尤能敗物雖玉猶不免所謂蠅糞點玉是也蓋青蠅善亂色蒼蠅善亂聲故詩以青蠅刺讒而雞鳴曰匪雞則鳴蒼蠅之聲也青蠅首赤如火背若負金蒼蠅肌色正蒼今俗謂之麻蠅詩青蠅箋蠅之爲蟲汙白使黑汙黑使白喻佞人變亂善惡也後漢隗囂傳蒼蠅之飛不過數步即託驥尾可以絕羣十六國春秋苻堅議赦有一大蠅入自窗間集於筆端俄有黑衣小人大呼官今大赦即向蒼蠅也又詩小雅篇名序青蠅大夫刺幽王也又古今注蠅虎蠅狐也形似蜘蛛而色灰白善捕蠅一名蠅蝗又名蠅豹又人名列子殷湯篇甘蠅古之善射者

俗作蠅

蚋 內銳切音芮說文秦晉謂之蜹楚謂之蚊从蟲芮聲或省作蚋埤雅蚋喜亂飛似蚊而小望之如霧因雨而生與蚊實異孟子蠅蚋姑嘬之注蚋蚊屬荀子勸學篇醯酸而蚋聚焉

嘬 楚夬切欻去聲玉篇一舉

盡饗也【禮曲禮】毋嘬炙又齧也【孟子注】攢共食之也

顙 蘇朗切桑上聲【說文】頟也【易】說卦其於馬也爲的顙【又】其於人也爲廣顙【孟子】其顙有泚【儀禮士喪禮】主人哭拜稽顙【注】頭觸地無容　又蘇郎切音桑義同【易林】元鬣黑顙東歸高鄉【魏文東巡觀兵詩】古公宅岐邑實始翦殷商孟獻營虎牢鄭人懼稽顙

泚 千禮切音玼【說文】淸也　又鮮明兒【詩新臺傳】泚鮮明也又汗出兒【孟子】其顙有泚　又雌氏切音此義同　又蔣氏切音紫【水經】泚水出泚陽東北大胡山又【山海經】石者之山泚水出焉西流注于河東始之山泚水出焉東北注于海【後漢光武紀】作泚水泚陽

虆 力追切纍平聲【韻會】蔓也　又盧戈切音螺【孟子】反虆梩而掩之【趙注】虆梩籠臿之屬【朱注】力追反虆土籠也梩土轝也【攝言】籠盛土器轝兩手對舉之車【詩緜篇傳】捄虆也【箋】築牆者捊聚壤土盛之以虆　又魯水切音壘義同

梩 詳里切同梠【說文】臿也从木呂聲一曰徙土轝齊人語也或从里　又陵之切音釐【廣韻】徙土轝也【周官鄉師注】梩或云鍤或云鍬【孟子】虆梩【朱注】力知反

掩

衣檢切淹上聲【說文】斂也小上曰掩【禮月令】孟冬是察阿黨則罪無有掩蔽馬氏曰掩者自上掩之蔽者自旁蔽之【又】仲夏君子齊戒處必掩身【注】猶隱翳也又覆也【孟子注】於是歸而掩覆其親之尸【又】【增韻】遮也又乘其不備而覆之曰掩【禮曲禮】大夫不掩羣【前漢貨殖傳】掘冢搏掩【注】搏擊掩襲取人物也一說博六博也掩意錢之屬一曰撫也【爾雅釋詁】矜憐撫掩之也【郭璞注】撫掩猶撫循謂慰恤也又閉也【韓愈詩】獨宿門不掩又同也江淮南楚之閒曰掩　又烏感切庵上聲【集韻】覆取也　又於膽切淹去聲繰絲以手振出緒也【韻會】同揜

四書字詁卷六十九

湖南黔陽縣歲貢生段諤廷訒庵原稿
本縣教諭寧鄉黃本驥虎癡編訂

上孟十一

滕文公三計三十九字

尋 徐林切音潯說文繹理也从又从工从口从寸工口亂也又寸分理之度人之兩臂爲尋八尺也增韻求也前漢黃霸傳語次尋繹注抽引而曲也又度名小爾雅四尺謂之仞倍仞謂之尋孟子枉尺而直尋按今人謂庸常爲尋常義或本此又仍也繼也左昭元年日尋干戈以相征討家語觀周篇亳末不札將尋斧柯又俄也晉羊祜讓開府表以身誤陛下辱高位傾覆亦尋而至又用也左僖五年三年將尋師焉注尋用也又侵尋猶浸淫也前漢武帝紀巡郡縣侵尋太山矣又國名左襄四年使澆用師滅斟灌及斟尋氏注斟尋夏同姓諸侯北海平壽縣東南有斟亭彙纂今斟城在山東青州府濰縣西南五十

里　又與燖同〔左哀十二年〕吳子使大宰嚭請尋盟〔注〕尋重也温也前盟已寒更温之使熱與燖義同又姓晉尋會唐劉黑闥將尋相

旌

子盈切音精〔說文〕游車載旌析羽注旄首所以精進卒〔爾雅釋天〕旄首曰旌〔注〕載旄於竿頭於今之幢亦有旒〔釋名〕旌精也有精光也〔廣韻〕天子旌高九仞諸侯七仞大夫五仞士三仞又旌旂旒凡旗之名雖異旌旂爲之總稱〔詩〕干旌〔傳〕析羽爲旌干旄蓋析翟羽設于旗干之首也〔疏〕孫炎云析五采羽注旄上則干之上有旄有羽〔周官司常〕析羽爲旌斿車載旌〔左成十六年〕楚人謂夫旌子重之旌也〔孟子〕昔齊景公田招虞人以旌〔又〕士以旂大夫以旌又〔周官〕掌舍爲帷宮設旌門〔注〕樹旌以表門又〔周官〕掌節道路用旌節〔注〕今使者所擁節是也又〔禮曲禮〕武車綏旌德車結旌〔注〕武車尙威武故舒散若緌德美在內故纏旌於竿又〔書畢命〕旌別淑慝〔疏〕旌旗所以表識貴賤故傳以旌爲識又〔左莊二十八年〕且旌君伐〔注〕章也〔周語〕故爲車服以旌之〔注〕表也〔後漢胡廣傳〕德以旌賢〔注〕明也

元

愚袁切音原〔說文〕始也从一从兀徐鍇曰元者善之長也

仁字从人从二在天爲元在人爲仁在人身則爲體之長易乾卦元者善之長也又大也書呂刑惟克天德自作元命前漢哀帝紀夫基事之元命注師古曰更受天之大命又廣韻長也書召誥有王雖小元子哉詩閟宮王曰叔父建爾元子三山李氏曰謂長子爲元子家語冠頌雖天子之元子猶士也又首也書益稷元首明哉孟子勇士不忘喪其元左哀十一年公使大史固歸國子之元家語冠頌令月吉日王始加元服前漢班固敘傳上正元服師古注元首也故謂冠爲元服禮曲禮牛曰一元大武注元頭也又爾雅釋詁始也公羊隱元年元年者何君之始年也胡傳舜典紀元日商訓稱元祀此經書元年所謂祖二帝明三王述而不作者也董氏曰元者辭之所謂大也謂一爲元者視大始而欲正本也杜氏預曰人君卽位欲其體元以居正故不言一年一月也歐陽永叔曰人君卽位稱元年常事爾孔子未修春秋其前固已如此蓋記事先後遠近以歲月一二數之乃理之自然也其謂一爲元亦未嘗有法蓋古人之語耳及後世曲學之士始謂孔子書元爲春秋大法遂以改元爲重

事自漢以後又名年以建元而正僞紛雜稱號遂多不勝其紀徐無黨曰古謂歲之一月亦不云一而曰正月國語言六呂曰元閒大呂周易列六爻曰初九大抵古人言數多不言一不獨謂年爲元也路史元者史氏之本辭也君卽位之一年稱元古之史皆然書太甲元年惟元祀虞夏有元祀之文非春秋始爲法也劉氏敞曰公羊疏謂諸侯不得改元春秋王魯故託始稱元非也元者始爾君之始年謂之元年猶歲之初月謂之正月非有天子諸侯之辨也說者以爲變一爲元元者氣也言天地由之始生夫人君卽位何乃遠及天地未生之前乎〔黃氏震〕元字之義董氏以爲視大始而欲正本主何杜附益因有體元之說至胡傳乃推衍至乾元坤元以爲體元者人君之職調元者宰相之事又曰元卽仁也仁人心也以益廣董氏之旨夫以始爲元唐虞已然古之帝王義或有取而遂目爲聖人之書法則鑿已〔按〕人君卽位稱元者記事之體也至謂春秋王魯始稱元則又烏知晉之乘楚之檮杌之不可以元紀年乎乾坤者六子父母乾坤有元豈六十二卦遂無元乎況元祀元辰元日見於經

傳多矣何獨於春秋之元年聚訟無已乎此皆經生好奇之過而不知其於經無當也又本也【後漢班固傳】元元本本又百姓曰元元【國策】制海內子元元【史記文帝紀】以全天下元元之民【注】古者謂人云善人因善爲元故云黎元其言元元者非一人也又氣也【公羊傳注】變一爲元元者氣也又【謚法】行義悅民始建國都主義行德竝曰元又姓【韻會】左傳衛大夫元咺又後魏拓拔氏爲元氏望出河南又國號元之先立國在女直北唐爲蒙兀部金太宗時漸强宋寧宗開禧二年鐵木真稱帝斡難河理宗開慶己未世祖忽必烈即位改國號曰元帝昺祥興二年己卯宋亡元乃一統　又叶虞雲切音⿰巾呂【桓譚仙賦】呼則吐故翕則納新夭矯秹引集氣關元【史記敘傳】莊王之賢乃復國陳既赦鄭伯班師華元

範

房咳切音犯【說文】範軷也从車笵省聲【廣韻】法也式也模也【易繫辭】範圍天地之化【本義】範如鑄金之有模範圍匡郭也【爾雅釋詁】範常也【疏】模法之常也【孟子】範我馳驅【注】範法度也【攝言】範字是活字言馳驅自有法度我但循其法度耳又周書篇名【疏】武王克殷訪道於箕子爲陳

天地之大法敍述其事乃作洪範又姓漢有範依宋有範昱

詭 古委切音垝說文責也前漢京房傳臣出守郡自詭效功注自以爲憂責也孔融薦禰衡表昔賈誼求試屬國詭繫單于注自責必繫單于也又玉篇欺也謾也類篇詐也穀梁文六年注詭辭而出注不以實告人又玉篇怪也莊子齊物論是其言也其名爲弔詭注弔詭至怪也又增韻異也前漢劉輔傳此其言必有卓詭切至當聖心者注詭異於衆也後漢班固傳殊形詭制注異也又違也前漢董仲舒傳有所詭於天之理與注違也又毀也後漢班固傳論固之序事不激詭注激揚詭毀也又違俗立異爲激詭後漢范丹傳好違時絶俗爲激詭之行又廣雅詭隨小惡也詩民勞無縱詭隨注不顧是非而妄隨人也又廣雅橫射物爲詭遇孟子爲之詭遇趙注橫而射之也朱注不正而與禽遇也撮言設機取捷不循馳道又譎詭變化也張衡東京賦瑰異譎詭又正韻戾也又星名前漢天文志司詭星出西方孟康注星大而有尾兩角熒惑之精也又邑名史記秦本紀將軍蒙驁攻魏氏暘有詭注魏邑名又姓左莊十六年晉

武公伐夷執夷詭諸注詭諸周大夫夷朱地名又人名史記齊世家桓公長衛姬生無詭左傳作無虧　又通作恑陸機辯亡論古今詭趣注詭變也同恑或作佹

衍

以淺切音演說文水朝宗於海也韻會水溢也又小爾雅澤之廣者謂之衍又美也詩伐木釃酒有衍傳多也椒聊蕃衍盈升又布也前漢司馬相如傳離靡廣衍又游衍自恣之意詩板篇昊天曰旦及爾游衍傳游衍寬縱之意易需卦需于沙衍在中也傳衍寬綽也又衍沃平美之地左襄二十五年井衍沃注下平曰衍有漑曰沃正義衍是高平而美者沃是低平而美者又曼衍無極也莊子齊物論和之以天倪因之以曼衍又沙衍水中有沙者穆天子傳天子乃遂東征南絶沙衍又篋衍笥也莊子天運篇芻狗之未陳也盛以篋衍巾以文繡又博雅衍衍行也謝朓詩衍衍淸風爛又水名史記荊軻傳丹匿衍水中索隱衍水在遼東又地名左僖二十九年介葛盧來朝舍于昌衍之上注魯縣東南有昌平城彙纂今在山東兖州府曲阜縣東南八十里宣十五年亦賞士伯以瓜衍之縣彙纂孝義縣北十里有瓜城屬山西

汾州府又(前漢地理志)朐衍屬北地郡又姓(通志氏族畧)衍子姓宋微仲衍之後又人名(禮檀弓)微子舍其孫腯而立衍也又公孫衍魏人(通鑑)所謂犀首魏官名衍嘗爲此官故稱曰犀首佩五國相印爲從長蓋詭譎之尤者　又于線切延去聲義同　又與羨同(大學章句)程子曰衍文也　又夷然切音延進也(周官)男巫掌望祀望衍(注)望祀謂有牲粢盛者衍讀爲延追也謂但用幣致其神(疏)望祀者類造禬禜遥望而祀之望衍者遥望延至其神以言語責之也(劉歆甘泉賦)高巒峻阻臨眺曠衍叶泉字韻　字从水行隸省作氵俗作彡

熄　相即切音息(說文)畜火也亦曰滅火(孟子)安居而天下熄(集說)兵猶火也安居則兵解如火之熄

妾　七接切音踥(說文)有辠女子給事之得接於君者从辛从女春秋云女爲人妾妾不娉也(禮曲禮)買妾不知其姓則卜之(白虎通)妾接也以時接見也(禮內則)聘則爲妻奔則爲妾妾雖老未滿五十必與五日之御妻不在妾御莫敢當夕又(前漢五行志)處妾遇之而孕(注)處妾童女也又(孟子)以順爲正者妾婦之道也又國名(山海經)雨師妾

在其北楊升庵曰雨師妾謂如姮娥織女之類非也下文元股國在雨師妾北可證又姓漢妾胥妾至見印藪

屈曲勿切音詘【說文】無尾也又曲也請也又【增韻】鬱也軋也【正字通】凡曲而不伸者皆曰屈【易繫辭】尺蠖之屈【孟子】威武不能屈　又渠勿切音掘竭也盡也【前漢食貨志】用之無度則物力必屈　又與倔通倔强亦作屈彊梗戾皃【史記陸賈傳】乃欲以新造未集之越屈彊於此【師古注】不柔服也　又九勿切音劚地名晉公子夷吾所居出良馬在今河東縣【左僖二年】屈產之乘【彙纂】公羊謂屈產爲地名今山西平陽府石樓縣東南四里有屈產泉【孟子注】屈地所生之良馬又【左莊二十八年】蒲與二屈君之疆也【注】平陽東北二十一里有北屈縣【彙纂】今山西平陽府吉州有屈廢縣【公羊昭十一年】會于屈銀【左】作厥慭地無攷【傳】謂謀救蔡意其地當近蔡又姓【離騷注】三閭者掌王族之三姓屈昭景【史記屈原傳】屈原者名平楚之同姓也又屈宜申楚大夫又屈侯屈突竝複姓又弓名【左僖七年】楚子享公于新臺好以大屈【注】弓名馮氏曰楚子享公于章華之臺與大屈之弓賈逵

以爲寶金可以爲劍大屈金所生地名　又九月切音闕〔歐陽修程文簡墓銘〕不學而剛有摧必折毅毅程公其剛不屈　又與闕同〔禮玉藻〕君命屈狄〔注〕屈周禮作闕謂刻繒爲翟不畫也此子男之夫人及其卿大夫士之妻命服也朱氏軾曰闕翟者翦繒爲翟形綴於衣上而不畫故不言何翟　又叶居諧切音諧〔曹植漢王陵贊〕從漢有功少文任氣高后封呂直而不屈

霄 相邀切音消〔說文〕雨霓爲霄从雨肖聲〔爾雅釋天注〕詩曰如彼雨雪先集維霰霰冰雪雜下者謂之霄雪〔疏〕霄卽消也〔韻會〕霄雪今人所謂溼雪也著物則消　又〔玉篇〕雲氣也〔廣韻〕近天氣也師古曰日旁氣也〔按〕今人云雲霄霄漢烟霄皆此義　又〔道書〕天有九霄赤霄碧霄青霄元霄黃霄紫霄練霄縉霄也　又淩霄花名〔爾雅翼〕苕陵苕今陵霄　又奔霄穆王八駿之一　見拾遺記　又地名〔春秋定十四年〕城莒父及霄〔注〕霄魯邑〔彙纂〕在今莒州境　又國名〔拾遺記〕西方有因霄之國人皆善嘯　又姓〔正字通〕韓非子有霄略　又人名〔春秋襄十一年〕楚人執鄭行人良霄〔注〕良霄公孫輒子伯有也〔史記楚世家〕是謂霄敖　又周霄魏

人見〔孟子〕 又與肖同又〔陸雲陸丞相誄〕窮化幾神探賾衆妙駭塵氛埃澄鬱淸霄霄叶音笑 又叶桑何切音莎〔道藏歌〕蹕璥北寒臺七靈曜紫霄濟濟羣仙舉紛紛塵中羅 又叶思晉切音搜〔陸機雜詩〕倏倏天綱飛沈是收爰茲下臣騰光淸霄

粢

疾資切音茨稻餅也从食次聲或从米〔列子立命篇〕食則粢糲〔注〕粢稻餅也味類粃米不碎 又津私切音咨〔類篇〕稷也〔爾雅釋草疏〕粢者稷也〔禮曲禮〕稷曰明粢〔左桓二年〕粢食不鑿〔六年〕潔粢豐盛〔注〕黍稷曰粢〔孟子〕諸侯耕助以供粢盛〔攝言〕粢盛祭祀所用穀也粢稷也穀以稷爲長在器曰盛〔禮祭義〕天子爲藉千畝冕而朱紘躬秉耒諸侯爲藉百畝冕而靑紘躬秉耒以事天地山川社稷先古以爲醴酪齊盛於是乎取之敬之至也又〔周官小宗伯〕六齍〔注〕齍讀爲粢六粢謂六穀黍稷稻粱麥瓜 又才詣切音劑酒也〔禮禮運〕粢醍在堂〔注〕粢讀爲齊聲誤也

蠶

昨含切音蹔〔說文〕任絲也〔埤雅〕蠶陽物也惡水食而不飲〔書禹貢〕桑土既蠶〔博物志〕蠶三化先孕而後交不交者亦產子〔爾雅翼〕蠶之狀喙呥呥類馬色斑斑似虎初拂

謂之蚝以毛掃之蠶尙小不欲見露氣桑葉著懷中令暖然後切之得氣則衆惡除也〔禮月令〕季春后妃齊戒親東鄉躬桑禁婦女毋觀省婦使以勸蠶事蠶事既登分繭稱絲效功以共郊廟之賦孟夏蠶事畢后妃獻繭乃收繭稅以給郊廟之服〔祭義〕古者天子諸侯必有公桑蠶室近川而爲之築宮仞有三尺棘牆而外閉之及大昕之朝君皮弁素積卜三宮之夫人世婦之吉者使入蠶于蠶室奉種浴于川桑于公桑風戾以食之歲既單矣世婦卒蠶奉繭以示于君遂獻繭于夫人及良日夫人繅三盆手遂布于三宮夫人世婦之吉者使繅遂朱綠之元黃之以爲黼黻文章服既成君服以祀先王先公敬之至也〔詩七月〕蠶月條桑〔傳〕蠶月治蠶之月臨川王氏曰蠶長非一月故不指言某月〔周官閭師〕不蠶者不帛又〔埤雅〕再蠶謂之原蠶一名魏蠶鄭氏云蠶爲龍精月直大火則浴其種是蠶與馬同氣物莫能兩大周禮禁原蠶者爲害馬故也又〔埤雅〕蠶足於桑三俯三起二十七日而蠶巳老則紅故謂之紅蠶又〔後漢光武紀〕野蠶璽被于山阜又〔淮南子天文訓〕蠶珥絲而商絃絕又〔左思吳都

賦鄉貢八蠶之綿鄭緝之永嘉郡記永嘉有八輩蠶蚖珍蠶三月績柘蠶四月初績蚖蠶四月末績愛珍五月績愛蠶六月末績寒珍七月末績四出蠶九月初績寒蠶十月績凡蠶再熟者謂之珍吳志孫皓傳南陽郡一歲蠶八熟是也又蘇轍蠶詩序眉之二月望日鬻蠶器於市作樂縱觀謂之鬧蠶市又拾遺記員嶠山有冰蠶長七尺具鱗角覆以冰雪始成繭其色五采織爲文錦不畏水火又述異記園客種五色香草啖華蠶得繭一百二十枚大如甕又雪蠶生陰山及峩嵋山北人謂之雪蛆又金蠶屈如指環食故緋帛錦如蠶之食葉也又本草石蠶一名沙蝨乃東澗水中細蟲又晉書禮志皇后親乘車東郊苑中蠶室祭蠶神爾雅翼今蠶神曰苑窳婦人寓氏公主凡二神又宮刑之處曰蠶室司馬遷報任安書僕又佴之蠶室重爲天下觀笑又人名成都記蠶叢氏蜀君也華陽國志周失綱紀蜀侯蠶叢其目縱始稱王又地名左哀八年舍于蠶室注魯地彙纂或曰今滕縣東三十里有蠶母山是也按春秋滕不屬魯應在費縣西北境又前漢地理志蜀郡蠶陵國名記彭之遵縣蠶厓又

草名本草蠶繭草治腫脹又異聞錄高辛時蜀有蠶女父爲人所掠惟所乘馬在其母誓曰有得父還者以女嫁之馬聞言振迅而走數日父乘馬而歸自此馬嘶鳴不食父射殺之暴其皮于庭皮蹶然而起卷女飛去旬日皮栖於桑上女化爲蠶每歲祈蠶者雲集蜀中宮觀塑女像披馬皮謂之馬頭孃　按蠶俗作蚕蚕音腆寒蚓也爾雅釋蟲蚓豎蚕今本又誤作蠶字又按管子輕重篇陽春蚕桑且至蠶之作蚕其來已久又不得以爲俗字矣

繅　穌遭切音搔說文繹繭出絲也禮祭義注三盆手者三淹也凡繅每淹大總而手振之以出緒也孟子夫人蠶繅以爲衣服撮言繅繹繭爲絲也三盆手者置繭於盆中而手三次淹之每淹則以手抓出其緒也　又子皓切音早義同又周官典瑞王晉大圭執鎮圭繅藉五采五就集注繅所以藉玉也木爲中幹用韋衣而畫之或曰冕繅織絲爲之五經文字繅禮經或以爲藻藉之藻又司几筵加繅席畫純注繅讀爲藻率之藻削蒲蒻展之編以五采儀禮聘禮圭與繅皆九寸注雜采曰繅古文或作藻

犧　虛宜切音義說文宗廟之

牲也〔書微子〕今殷民乃攘竊神祇之犧牷牲〔傳〕色純曰犧體完曰牷牛羊豕曰牲祭祀天地之物禮之最重者〔禮曲禮〕天子以犧牛〔注〕犧純毛也〔詩甫田〕與我犧羊〔傳〕純色之羊〔禮月令〕孟春犧牲毋用牝季夏命四監大合百縣之秩芻以養犧牲仲秋命宰祝循行犧牲〔曲禮〕凡家造祭器爲先犧賦爲次〔注〕犧賦以稅出牲〔疏〕賦斂邑民供出牲牢故曰犧賦又〔左昭二十五年〕爲六畜五牲三犧〔注〕祭天地宗廟三者謂之犧又〔二十二年〕賓孟適郊見雄雞自斷其尾問之侍者曰自憚其犧也遽歸告王且曰雞其憚爲人用乎人異於是犧者實用人人犧實難己犧何害又〔禮禮器〕犧尊〔疏〕刻爲犧牛之形用以爲尊〔左定十年〕犧象不出門〔注〕酒器犧尊象尊也〔釋文〕許宜反又息何反〔鄭衆周禮注〕犧尊飾以翠羽象尊以象鳳凰〔阮諶三禮圖〕犧尊畫牛象尊畫象皆於尊腹上王肅以爲犧牛象之形而背上負尊未詳孰是〔詩閟宮〕犧尊將將〔傳〕畫牛於尊腹也或曰尊作牛形鑿其背受酒也又古帝號以始服牛乘馬曰伏羲作网罟佃漁養犧牲以充庖廚曰庖犧亦曰包犧〔易繫辭〕包犧氏之有天下也　又桑

何切音娑【集韻】酒尊名飾以翡翠鄭司農說【詩閟宮】犧以騂犧【朱注】虛宜當何二反

牲 所庚切音生【說文】牛全完【書傳】牛羊豕曰牲【疏】經傳多言三牲知牲是牛羊豕也【周官膳夫】膳用六牲【注】馬牛羊豕犬雞也又【庖人注】六畜六牲也始養之曰畜將用之曰牲【春秋僖三十一年】四卜郊不從乃免牲【左傳】牛卜日曰牲【注】既得吉卜則牛改名曰牲啖氏助曰凡牲必養二牲一以祀上帝一以祀后稷凡卜三旬皆不吉則不郊牛死及牛有災害則卜稷牛而代之若卜稷牛不吉及稷牛又死亦皆不郊凡不郊皆卜免牲趙氏鵬飛曰牲一也或曰免牲或曰免牛何也未牲曰牛既卜曰牲王氏元杰曰禮以十月上甲繫牲是日至之郊用子建亥之月當繫牲矣祈穀之郊用寅建丑之月當繫牲矣經於四月書牲牲成矣但以卜郊不從而免之故不曰牛而曰牲【穀梁傳】免牲者為之緇衣纁裳有司元端奉送至於南郊免牛亦然又郊特牲禮記篇名【疏】天神至尊無物可稱故用特牲【周官牧人】掌牧六牲凡陽祀用騂牲陰祀用黝牲望祀各以其方之色牲【封人】凡祭祀飾其牲歌舞牲【注】飾刷治

潔清之也歌舞犧者君牽牲入廟隨而歌舞之以歆神又凡牛羊皆曰牲【詩無羊】三十維物爾牲則具又【左昭二十五年】爲六畜五牲【注】麋鹿麏狼兔又【禮王制】庶羞不踰牲【注】謂祭以羊則不以牛肉爲羞也張子曰不踰不豐於牲也牲體少而羞掩豆是之謂踰牲庶羞不踰牲謂多少不謂用羊而不用牛也又【孟子】牲殺器皿【注】牲殺牲必特殺也【按】牲牛羊豕也牲生者殺死者　又叶倉經切音星【班固東都賦】薦三犧效五牲禮神祇懷百靈【周官掌客】上公牲三十有六【集注】牲當作腥謂腥鼎也于侯伯云腥二十有七乃本字也【按】鄭注明言當作聲誤也釋文牲音星乃釋經之體正韻乃援此另立一音贅矣

皿　武永切明上聲【說文】飯食之用器也象形與豆同意讀若猛【增韻】盤盂之屬【左昭元年】於文皿蟲爲蠱【注】皿器也【孟子】牲殺器皿【注】皿所以覆器者【按】字書皿竝訓器此云皿以覆器未詳所出　又母梗切音猛義同

媒　莫杯切音枚【說文】謀也謀合二姓以成昏媾也【路史】女媧佐太昊禱於神祈爲女婦正姓氏職昏姻是曰神媒【詩氓篇】匪我愆期子無良媒【禮曲禮】男女

非有行媒不相知名〔坊記〕男子無媒不交無幣不相見恐男女之無別也〔詩南山〕取妻如之何匪媒不得〔周官〕媒氏〔注〕謀合異姓使爲婚婣〔禮月令〕高禖〔注〕鄭康成曰娀簡吞卵生契後王以爲媒官又〔曹植求自試表〕自媒自鬻者士之醜行也又捕鳥者畜馴雌以招野鳥曰媒〔陸游詩〕射場草綠雉媒嬌〔韓愈送溫處士序〕以溫生爲才石生爲媒以禮爲羅羅而致之幕下〔注〕以鳥媒喩也又齊人名麴餅曰媒〔前漢司馬遷傳〕全軀保妻子之臣隨而媒孽其短〔注〕孟康曰媒酒酵也孽酒麴也謂釀成其罪也又龍媒駿馬也〔前漢禮樂志〕天馬徠龍之媒〔杜甫詩〕有能市駿骨莫恨少龍媒又〔離騷〕吾令蹇修以爲理〔注〕蹇修伏羲臣理媒也　又莫佩切音妹媒媒卽昧昧也〔莊子知北遊〕媒媒晦晦無心而不可與謀　又彌登切音瞢義同　又莫貝切音昧貪也　又叶市朱切音殊〔易林〕塗行破車醜女無媒莫適爲偶孤困獨居　又叶莫浮切音謀〔陳琳止欲賦〕惟今夕之何夕兮我獨無此良媒雲漢俾以昭回兮天水混而光流

妁　市略切音杓〔說文〕酌也斟酌二姓也〔白虎通〕男不自專娶女不自專

嫁必由父母須媒妁何遠恥防淫泆也〔孟〕子不待父母之命媒妁之言〔注〕妁亦媒也

穴

胡決切音坃〔說〕〔文〕土室也〔易〕繫辭上古穴居而野處〔詩〕緜篇陶復陶穴〔箋〕未有寢廟故復穴而居又〔玉篇〕孔穴也〔孟子〕鑽穴隙相窺又〔廣韻〕窟也易需卦需于血出自穴〔本義〕血者殺傷之地穴者險陷之所又〔爾雅〕釋水氿泉穴出穴出仄出也又官名〔周官〕穴氏掌攻蟄獸〔疏〕凡獸皆蟄藏穴中故以穴爲官名又山名〔書〕禹貢導渭自鳥鼠同穴〔傳〕同穴山名地志云鳥鼠山者同穴之枝山也〔疏〕鳥鼠共爲雌雄同穴而處〔爾雅〕釋地距齊州以南戴日爲丹穴丹穴之人智〔左〕〔文〕十一年潘崇復伐麇至于錫穴〔注〕麇地〔彙纂〕漢錫縣屬漢中郡師古曰即春秋錫穴也隋唐宋皆屬均州明成化中始爲鄖陽府治〔水經注〕中廬縣之西山謂之馬穴山〔前漢〕司馬遷傳上會稽探禹穴〔左思〕蜀都賦嘉魚出於丙穴〔注〕在漢中沔陽縣北〔埤雅〕沔南縣北有乳穴二穴口向丙故曰丙穴又〔宋玉〕風賦空穴來風〔荊州記〕宜都佷山縣山有風穴口大數尺名曰風井夏則風出冬則風入又〔吳志〕呂蒙曰不探虎穴安得虎子又〔後漢〕外

戚傳帝數幸郭況第賞賜豐盛京師號況家爲金穴　又古穴切音玦前漢天文志暈適背穴注孟康曰穴或作鐍其形如鐍如淳曰凡氣在日上爲冠爲戴在旁直曰爲珥在旁如半環向日爲抱向外爲背有氣刺日爲鐍鐍抉傷也　又叶胡桂切音慧曹植七啟宋英奇于側陋宣皇明于巖穴此甯子商歌之秋而呂望所以投綸而逝　又叶戶橘切音鷸淮南子原道訓水居窟穴人民有室孔融詩言多令事敗器漏苦不密河潰蟻孔端山壞由猨穴

隙

綺戟切音綌說文壁際孔也玉篇穿穴也裂也禮三年問三年之喪二十五月而畢若駟之過隙左昭元年牆之隙壞誰之咎也孟子鑽穴隙相窺史記貨殖傳秦孝文繆居雍隙注隙者閒孔也地居隴蜀之閒要路故曰隙又閒也左隱五年皆於農隙以講事也注隙閒也又廣韻怨也史記樊噲傳大王今日至聽小人之言與沛公有隙前漢匈奴傳王莽始開邊隙又前漢地理志北隙烏丸夫餘注隙際也　又通作郤管子君臣篇兄弟無閒郤　又通作卻莊子知北遊若白駒過郤　又綺略切音卻義同　又綺路切枯去聲韓非子

古徵篇木之折也必通蠹牆之壞也必通隙說苑建本篇枯魚銜索幾何不蠹二親之壽忽如過隙　俗从次

羨　似面切涎去聲說文貪欲也从次从美省詩皇矣無然歆羨傳羨愛慕也又廣韻餘也詩十月之交四方有羨箋言四方之人盡有饒餘孟子以羨補不足注餘也史記貨殖傳時有奇羨注謂時有餘衍也又周官典瑞璧羨以起度注鄭司農云長也集注羨隋圓也此璧本徑九寸旁減一寸以益上下故高一尺橫徑八寸十寸之尺十之則為丈八寸之尺十之則為尋從橫皆可起度又史記司馬相如傳功羨於五帝注羨溢也又廣韻姓也史記秦本紀入海求羨門高誓注羨門古仙人裴駰曰羨門高誓兩仙人名今俗作羨門高誤也　又以淺切音演延面切演去聲義並同　又通作衍前漢藝文志及盪者為之則漫羨而無所歸心　又夷然切音延埏或作羨羨墓道也史記衛世家共伯入釐侯羨自殺注索隱曰羨音延墓道也　字从次音涎俗作次

梓　卽里切音子說文楸也通志梓與楸相似爾雅釋木椅梓注卽楸陸疏楸之疏理白色而生子者為梓埤雅梓

為百木長故呼梓為木王羅願云屋室有此木則餘材皆不震孟子拱把之桐梓人苟欲生之皆知所以養之者詩定之方中椅桐梓漆爰伐琴瑟又桑梓小弁惟桑與梓必恭敬止謝疊山曰桑梓父母所植以遺子孫見其樹則思其人思其人則愛其樹所以必恭敬也今人以為鄉里之稱沿襲既久遂成故事矣又說苑二子者往觀乎南山之陽見橋竦焉實而仰二子往觀乎南山之陰見梓勃焉實而俯以告商子商子曰橋者父道也梓者子道也又梓材周書篇名序成王既伐管叔蔡叔以殷餘民封康叔作康誥酒誥梓材蔡傳篇中有梓材二字比稽田作室為雅故以為簡篇之别非有他義也注治木器曰梓蔡傳良材可為器者又考工記攻木之工七輪輿弓廬匠車梓孟子注梓人匠人木工也輪人輿人車工也趙氏惪曰梓人成器械以利用匠人營宮室以安居輪人作車輪以運行輿人作車輿以利載又姓梓慎見左傳又俗謂鋟文書於板曰梓

輪

力屯切音倫說文有輻曰輪無輻曰輇廣韻車輪也釋名綸也言彌綸周帀也考工記凡察車之道必自載于地者始也是故

察車自輪始又輪人爲輪莊子天道篇桓公讀書于堂上輪扁斲輪于堂下輪扁曰斲徐則甘而不固疾則苦而不入不徐不疾得之于手而應于心口不能言有數存焉于其閒臣不能以喻臣之子臣之子亦不能受之于臣是以行年七十而老斲輪孟子梓匠輪輿其志將以求食也又前漢武帝紀安車蒲輪迎魯申公又張綱傳綱奉使徇行風俗綱獨埋其車輪又庾信趙國公集序大雅扶輪小山承蓋又古今注日重光月重輪羣臣爲漢明帝作也李白詩峨眉山月半輪秋又周官大司徒周知九州之地域廣輪之數注東西爲廣南北爲輪又大也禮檀弓美哉輪焉注言輪囷高大也又輪囷屈曲盤戾貌前漢鄒陽傳蟠木根柢輪囷離奇爲萬乘器以左右爲之先也左思吳都賦重葩掩葉輪囷虯蟠注謂木爲龍之盤屈也又輪轉迴旋也又輪臺地名前漢西域傳迺者貳師敗今請遠田輪臺欲起亭隧是勞擾天下非所以優民也師古注在車師國西北千餘里又叶閭員切音憐陸機羽扇賦夫創始者恒樸而飾終者必妍是故烹飪起於熱石玉輅基於椎輪　又叶良愼切音吝王濬

平吳詩馬急其銜車曳其輪飛龍既造天命有晉

瓦

五寡切音瓦說文土器已燒之總名廣韻古史考夏時昆吾氏作瓦史記龜策傳桀爲瓦室注世本曰昆吾作陶張華博物記亦云桀作瓦蓋是昆吾爲桀作也史記廉頗傳秦軍鼓譟勒兵武安屋瓦盡震正字通後世瓦制不古其類非一漢武故事起神屋以銅爲瓦漆其外又吳國大秦國王宮殿水精爲瓦又明皇雜錄虢國夫人恩寵傾一時奪韋嗣立宅以廣其居後復歸韋氏因大風折屋墜堂上不損視之瓦皆堅木也又王縉傳五臺山祠鑄銅爲瓦金塗之又王禹偁竹樓賦黃岡之地多竹大者如椽竹工破之刳去其節用代陶瓦孟子毀瓦畫墁其志將以求食也又詩斯干載弄之瓦傳紡塼也曹大家女誡弄之瓦甄明其習勞主執勤也又禮儒行毀方而瓦合呂氏曰陶者爲瓦必圓而割分之則瓦合之則圓而不失其瓦之質又史記匈奴傳其國敗則瓦解雲散矣蔡邕釋誨君臣土崩上下瓦解又儀禮燕禮公尊瓦大兩注大音泰瓦大有虞氏之尊也又左昭二十六年射之中楯瓦注楯瓦脊又堅瓠集瓦硯曹操銅雀臺

瓦也楊升庵云銅雀瓦不可得宋人所收乃高歡避暑宮水井臺香姜閣瓦也余得一瓦硯上有香姜字又見京師人家藏一瓦有元象字元象北魏孝靜帝年號也又〔禮檀弓〕有虞氏瓦棺又〔莊子達生篇〕以瓦注者巧以鉤注者憚以黃金注者殙〔注〕射而賭物曰注又人名〔左昭二十三年〕楚囊瓦爲令尹〔注〕子囊之孫子常也又地名〔春秋隱八年〕盟于瓦屋〔注〕周地〔彙纂〕今開封府洧川縣南二十里瓦屋里是其地又〔定八年〕公會晉師于瓦〔注〕衛東郡燕縣東北有瓦亭〔彙纂〕水經注酸瀆水自燕城東逕滑臺城又東逕瓦亭南今直隸大名府滑縣東南瓦岡集古瓦亭也　又五化切瓦去聲〔廣韻〕泥瓦屋〔集韻〕施瓦於屋也　又五委切音頠屋𤬪也〔莊子駢拇篇〕駢於辯者纍瓦結繩竄句〔注〕瓦五委反當作丸　又叶遠古切音五〔韓愈元和聖德詩〕皇帝儉勤盥濯陶瓦斥遣浮華好此絺紵

墁 母官切音瞞〔集韻〕土覆也與墁同一曰鐵杇也　又莫半切音縵〔孟子注〕牆壁之飾毀瓦畫墁言無功而有害也　又與鏝通〔爾雅釋宮〕鏝謂之杇〔疏〕墍工之作具也〔孟子〕作畫墁

亳 旁各切音泊〔說

文京兆杜陵亭也从高省乇聲【韻會】商湯所都契封商湯始居亳皇甫謐曰梁國有三亳南亳在穀熟即湯都北亳在蒙即景亳湯所受命地偃師爲西亳即盤庚所徙【通雅】宋州穀熟縣即歸德之考城縣考城今有亳城有大蒙小蒙章本清云湯遷南亳即歸德府書立政三亳傳與皇甫說同孔安國云亳人歸文王者三所爲之立監故爲三亳【左昭四年】湯有景亳之命【注】河南鞏縣西南有湯亭或言亳即偃師【彙纂】今河南府偃師縣南二十里有景山商頌陟彼景山即此史記正義曰湯即位徙西亳西亳即偃師則景亳當王偃師爲是又【春秋襄十一年】同盟于亳城北【注】鄭地【彙纂】當在今河南府偃師縣又國名【左昭九年】肅愼燕亳吾北土也【補正】王氏曰史秦本紀寧公與亳戰亳王奔戎皇甫謐曰西戎之國也【廣韻】春秋陳地漢爲沛之譙縣晉爲南兗州後周爲亳州　又通作薄【荀子議兵篇】古者湯以薄

餉　式亮切音向【說文】饟也【玉篇】饋也【集韻】自家之野曰餉【書仲虺之誥】乃葛伯仇餉【傳】葛伯遊行見農民餉於田者殺其人奪其餉故謂之仇餉　又與既通【魏志文帝紀注】以

所著典論及詩賦餉孫權又[正字通]今俗軍糧曰餉或讀享或讀嚮　又始兩切音賞尸羊切音商義並同

仇 渠尤切音求[韻文]讎也[孟子]乃葛伯仇餉[注]與餉者爲仇也[史記]留侯世家張良爲韓報仇又[爾雅釋詁]合也[注]謂對合也又匹也匡衡引詩君子好仇又怨敵也[詩]無衣與子同仇[左]桓二年嘉耦曰妃怨耦曰仇又[爾雅釋訓]仇仇敖敖傲也[詩]正月執我仇仇[傳]猶謷謷也[折中]仇仇固執也又[釋名]仇矛讐也所伐則平如討仇讐也又姓宋大夫仇牧又複姓隋有章仇大翼唐有章仇兼瓊又人名[左]桓二年晉穆侯之夫人姜氏以條之役生大子命之曰仇[注]大子文侯也意取戰相仇怨　又斤於切同㪺詩[賓筵]賓載手仇[注]以手挹酒也[朱注]音拘叶音求其下又叶由怡　又叶渠之切音奇[詩]兔罝公侯好仇　又叶彊於切音渠[陸機感邱賦]扞神爽以嬰物兮濟性命而爲仇忘大辨於干祀兮爭朝榮於須臾

讎 市流切音酬[說文]猶讐也[玉篇]對也[正字通]言相讎對也[詩]抑篇無言不讎[毛傳]用也[正義]相對謂之讎讎者相與用言語故以讎爲用[朱傳]答也又[爾雅釋

詁匹也郭注猶儔也廣雅輩也邢疏儔侶輩類之匹也書召誥
敢以王之讎民百君子傳匹也言民在下自上匹之又等也前
漢霍光傳皆讎有功師古注言其功相等類也又當也前漢灌
夫傳上使御史薄責嬰所言灌夫頗不讎晉灼注當也又正韻
售也償也史記高祖紀高祖每酤留飲酒讎數倍如淳注讎亦
售也魏志衛臻傳予許買物隨價讎直又字彙補應驗也史記
封禪書其方盡多不讎索隱注相應爲讎謂其言語不相應無
驗也又韻會仇也於文言讎爲讎雔鳥之雙也人之讎怨不顧
禮義則如禽鳥之爲兩怨而有言在間必溢惡之言若禽鳥之
聲也新書道術篇心存恤人謂之惠反惠爲讎書微子相爲敵
讎傳言不和同詩谷風反以我爲讎疏讎者至怨之稱左襄三
年稱狐解其讎也疏讎者相負挾怨之名孟子爲匹夫匹婦復
讎也又字彙報也周官調人注雔相與爲仇讎疏左氏桓公傳
云怨耦曰仇則仇是怨也讎謂報也又韻會校也謂兩本相覆
校如仇讎也左思魏都賦讎校篆籒注一人持本一人讀書若
怨讐相對又淮南子道應訓齧缺繼以讐夷注讎夷熟視不言

之皃又姓前漢儒林傳沛人讎遷　又遹作酬趙策屬之讎柞注與酬酢同言其相屬代趙于酬酢之間　又通作稠書微子用又讎斂傳馬本作稠云數也斂謂賦斂也　又承呪切音售亦償也詩抑篇無言不讎朱注叶市又反下報叶蒲救反亦書作讎

匪　甫尾切非上聲說文器似竹篋逸周書曰實元黃于匪孟子注匪與篚同又非也易屯卦匪寇婚媾詩氓篇匪我愆期　又與斐通詩淇奧有匪君子大學作斐注斐文皃又考工記梓人且其匪色必似鳴矣注匪采皃　又芳微切音霏禮少儀車馬之美匪匪翼翼注方氏曰匪匪言行而有文翼翼言載而有輔釋文匪讀如騑　又敷文切音分周官大宰以九式均節財用八曰匪頒之式注分也謂分賜羣臣也稟人掌九穀之數以待國之匪頒注匪讀爲分

紹　市沼切音佋說文繼也一曰紹緊糾也書盤庚紹復先王之大業詩抑篇弗念厥紹孟子紹我周王見休注紹繼也猶言事也言其士女以匪盛元黃之幣迎武王而事之也又禮聘義介紹而傳命又士爲紹擯疏謂繼續承擯國策請爲紹介注相佐助也又姓見姓苑

又嵒招切音弨【集韻】緩也【詩常武】匪紹匪游鄭康成讀

傳

方遇切音付【說文】相也又師傅官名【書周官】立太師太傅太保曰三公少師少傅少保曰三孤【蔡傳】賈誼曰保者保其身體傅者傅之德義師者道之教訓【禮文王世子】立大傅少傅以養之【詩崧高】王命傅御遷其私人【箋】傅御者貳王治事謂冢宰也【朱傳】傅御申伯家臣之長也漢明帝送侯印與東平王蒼諸子而以手詔賜其國中傅蓋古制如此豐城朱氏曰徹土田王者之大法故以命之大臣遷私人王者之私恩故以命之傅御又星名【莊子大宗師】傅說乘東維騎箕尾而比於列星【張淵觀象賦】傅說登天而乘尾【紫桃軒雜綴】石氏星經傅說者章祝女巫之官司天王之內祭祀以祈子孫故有大祝以傅其說於神宮鄭氏曰傅說一星惟主後宮禱祈之事蓋古者有保母傅母傅說者謂傅母善之也由石氏則傅爲附達之義而說爲傳說之說由鄭氏則傅爲保傅之義而說爲喜說之說其遂目爲商相者始于莊子迨東坡作韓文公廟碑記申呂自嶽降傅說爲列星于是承譌襲謬不復可正矣又姓　又同付【史記夏本紀】

輿人徒以傳士索隱注傳郎付也謂付功屬役之事　又符遇
切音附韻會近也考工記廬人刺兵同強舉圍欲重重傳人傳
人則密注傳近也密審也又至也詩卷阿亦傳于天箋傳戾也
菀柳傳傳臻皆至也又麗著也左隱十一年公會齊侯鄭伯伐
許庚辰傳于許釋文音附襄六年環城傳于堞又僖十四年皮
之不存毛將安傳又傳別手書也周官大宰八成經邦治四曰
聽稱責以傳別注稱責謂貸予傳別謂券書也聽訟責者以券
書決之傳著約束於文書別爲兩兩家各得一也又著名籍給
公家徭役也前漢高帝紀蕭何發關中老弱未傳者悉詣軍服
虔注音附師古曰傳著也言著名籍給公家徭役也未二十三
爲弱過五十六爲老　又同附出意籲同曰傳會前漢王尊傳
傳致奏文注傳讀曰附　又與敷同大戴衛將軍文子篇引詩
敷奏其勇作傳奏前漢文帝紀引書敷納以言作傅納　又叶
方昧切音廢班固西都賦惇誨故老名儒師傳講論乎六藝稽
合乎火羽切音詡玉篇噢許痛念之聲廣韻噢咻病聲　又
同異咻韻會讙也　又虛尤切音休廣韻口病聲也又孟子

衆楚人咻之〔注〕咻之者讙也　又虛交切音詨與烋同烋一
作咆咻〔左思魏都賦〕吞滅咆咻　又吁句切音煦與呴同氣以
溫之

段　徒玩切音緞〔說文〕推物也一曰分段也帛二曰緉分
也　而未丽曰匹旣丽曰段〔張衡詩〕美人贈我錦繡段又
馬名〔後漢馬援傳〕御款段馬〔注〕款猶緩也言形段緩也又水名
〔通典〕秦州上谷縣有段谷水姜維爲鄧艾破於此〔水經注〕藉水
又東合段溪水出西南馬門溪東北流又阿段蠻獠之稱〔北史
蠻獠傳〕獠無名字以長幼次第呼之丈夫稱阿謩阿段又姓出
武威〔風俗通〕段干木之後有出遼西者本鮮卑檀石槐之後又
段干複姓又人名共叔段印段竝見〔左傳〕　又與毈通〔管子五
行篇〕羽卵者不段　又都玩切同鍛鍊也一曰小冶也〔考工記
段氏〕爲鎛器　又通作腶〔禮昏義〕婦執笄棗栗段脩以見〔釋文〕
丁亂反　字與叚異

垣　雨元切音袁〔說文〕牆也〔釋名〕垣援也
叚古馬切與假同　人所依阻以爲援衛也〔詩板篇〕大師
維垣〔左襄三十一年〕子產盡壞其館之垣而納車馬焉〔孟子〕踰
垣而辟之又星垣〔史記天官書〕上垣大微宮垣十星東垣北上

相名左掖門西垣北上將名右掖門唐書權德輿傳左右掖垣
承天子誥命中垣紫微宮垣十五星左右掖與大微垣同湘山
野錄藝祖居潛日爲趙普飲居席左陳摶忿曰紫微一小星居
上次可乎斥之使居帝右又下垣天市宮垣二十二星癸辛雜
識揚州分野正值天市垣所以人多好市又古邑名一統志垣
郎周召分陝處宋敗曰垣曲又東垣泰縣史記高帝紀代相陳
狶反帝親征狶將以東垣降因改曰眞定又玉名駢雅嬰垣美
玉山海經羭次之山其陽多嬰垣之玉又姓漢西河大守垣恭
又胡官切音桓義同又易林噂噂所言莫如我垣歡嘉堅固
可以長安字典言垣本元韻安字宜叶鴛正字通垣改音延安
音烟則言字錯入先韻矣　又叶夷然切音延劉楨贈徐
幹詩誰謂相去遠隔此西掖垣拘限請切禁中情無由宣

閉

必計切音嬖說文闔門也从門才才所以歫門也左桓五年閉
蟄而烝注建亥之月昆蟲閉戶又分至啓閉必書雲物注閉立
秋立冬又廣韻揜也書大誥予不敢閉于天降威用傳言我不
敢閉絕天所下威用而不行史記樂書禮者所以閉淫也又淮

南子道應訓劉氏奪之若轉閉鍾注閉鍾格也又博雅閉閉盛也又玉篇塞也易坤卦天地閉疏謂三氣不相交通天地否閉禮月令孟冬天地不通閉塞而成冬方氏曰閉若門之閉塞若穴之塞又脩鍵閉疏鄭注鍵牡閉牝者凡鑠器入者謂之牡受者謂之牝若禽獸牝牡然何氏曰鍵是門扇後樹兩大穿上端爲孔閉者將扃關門以內孔中吳氏澄曰何說得之管者鑠之牝籥者鑠之牡注誤以鍵閉爲鑠之牝牡遂別釋管籥爲摶鍵器孔疏亦從其誤是以徒費辭說而義愈不明又詩小戎竹閉緄縢傳閉紲也朱傳弓檠也緄繩縢約也以竹爲閉而以繩約之於弛弓之裏檠弓體使正也又衣名釋名反閉襦之小者也卻向著之領反於背後閉其襟也又日辰名淮南子天文訓丑爲閉主大陰　又必烈切音鼈義同

迫博白切音百說文近也玉篇逼迫也廣韻急也楚辭哀時命衆比周以相迫兮前漢武帝紀外迫公事又迫切也孟子迫斯可以見矣注迫謂求見之切也又增韻窘也楚辭遠遊悲時俗之迫阨後漢朱暉傳惶迫伏地莫敢動又辱也禮儒行可近而不可迫也　又叶

必亦切音必〔馬融長笛賦〕危殆險巇之所迫也眾哀集悲之所積也　又叶卜各切音博〔崔瑗草書勢〕草書之法蓋又簡略應時諭指用于卒迫

矙 苦濫切音闞視也又窺也〔孟子〕陽貨矙孔子之亡也〔注〕窺也陽貨於魯爲大夫孔子爲士故以此物及其不在而饋之欲其來拜而見之也音勘

蒸 諸仍切音烝〔說文〕折麻中榦也〔詩無羊〕以薪以蒸〔箋〕麤曰薪細曰蒸〔周官甸師〕帥其徒以薪蒸役內外饔之事〔注〕自然小者曰蒸也又地名〔吳越春秋〕吳王召公孫聖使門人提之蒸邱　又通作烝進也〔爾雅釋天〕冬祭曰蒸〔注〕進品物也〔孟子〕而饋孔子蒸豚　又諸膺切音証〔類篇〕氣之上達也〔列子注〕溫蒸同乎炎火音去聲〔潘尼苦雨賦〕氣觸石而結蒸雲膚合而仰浮〔羣經音辨〕經典蒸祭之蒸多去草以此爲薪蒸

四書字詁卷七十

湖南黔陽縣歲貢生段謂廷訒庵原稿
本縣教諭寧鄉黃本驥虎癡編訂

上孟十二 滕文公四詁 三十六字

脅 虛業切音熁【說文】兩膀也【玉篇】身左右兩膀【增韻】腋下也【釋名】挾也在兩旁臂所挾也【晉語】重耳過曹聞其駢脅【左傳注】駢脅合幹 又【正字通】牲體前爲代脅中爲長脅後爲短脅 又【正韻】迫脅以威力恐人也【書·允征】脅從罔治 又【秦誓】脅權相滅【注】假用在上之權命脅之 又【詩·小戎】游環脅驅【朱傳】游環靷環也以皮爲環當兩服馬之背上游移前却無定處引兩驂馬之外轡貫其中而執之所以制驂馬使不得外出【左傳】曰如驂之有靳是也脅驅亦以皮爲之前係於衡之兩端後係於軫之兩端當服馬脅之外所以驅驂馬使不得內入也 又斂也【前漢·王莽傳】動靜辟脅萬物生焉【注】師古曰脅收斂也 又責也【公羊

莊二十五年以朱絲縈社或曰脅之注脅之與責求同義又脩
名管子幼官篇兵尚脅盾注象時物之閉盾或著之於脅 又
許欠切顯去聲集韻劫也 又迄及切音吸竦
體也孟子脅肩諂笑朱注虛業反 亦作脇

畦 戶圭切音攜 說文田

五十畝曰畦離騷畦留夷與揭車注五十畝為畦又史記貨殖
傳千畦薑韭注徐廣曰千畦二十五畝按韋昭曰畦猶隴前漢
食貨志菜茹有畦注師古曰畦區也孟子病於夏畦注夏月治
畦之人也莊子人間世彼且為無町畦亦與之為無町畦 又壠
名史記封禪書故作畦時櫟陽而祠白帝索隱注漢舊儀云祭
人先於隴西西縣人先山山上有時如種韭畦畦中各有二土
封故云畦時也 又涓閨切音圭集韻田起堳
埒也 又勻規切音隋息遺切音綏義竝同

赧 女版切音赧 說文面

慙赤也从赤艮聲周失天下於赧王五經文字从又孟子觀其
色赧赧然趙注面赤心不正之皃朱注慙而面赤之皃赤作赧
吳質答東阿王書赧然汗下

辯 符蹇切下上聲說文治也書酒誥勿辯乃同左昭元年主盟者誰能辯焉注辯治也

又判也别也易履卦君子以辯上下定民志又詳審也周官大
宰辯方正位又明悉也易大有明辯晳也又集韻巧言也禮王
制言僞而辯史記荀卿傳鄒衍之術迂大而宏辯又爭辯也禮
鄉飲酒義不慢不爭則遠於鬭辯矣又禮儒行其過失可微辯
而不可面數也纂言方氏曰微辯者諷諭之也面數者指斥之
也又孟子外人皆稱夫子好辯又九辯楚辭篇名注辯者變也
謂陳道德以變說君也朱注九辯者屈原弟子楚大夫宋玉之
所作也閔惜其師忠而放逐故作九辯以述其志云　又皮莧
切音辦義同　又通作徧禮樂記其治辯者其禮具注辯徧也
曲禮主人延客食胾然後辯殽主人未辯客不虚口疏辯帀也
主人道客令食至飽故食殽得帀也特牲少牢云初食殺次食
脊次食骼後食肩辯于肩則飽也史記五帝紀辯于羣神書作
徧　又通作平字彙補平均也史記五帝紀辯秩東作辯秩西
成書作平又五音集韻下辯地名在武鄉　又與貶同周官士
師若邦凶荒則以荒辯之灋治之注辯當爲貶遭饑荒則刑罰
國事有所貶損集注讀如字其歲之祲有差等其地之民有罪

寡其民之困有淺深其財之用有多寡其事之施有緩急故曰荒辯之法按集韻韻會正韻竝筆列切音鱉

蛇

託何切音拖說文蟲也从虫而長象冤曲垂尾形上古艸居患它故相問無它乎或从虫臣鉉等曰今俗作食遮切按食遮切音射平聲毒蟲也詩斯干維虺維蛇女子之祥左莊十四年內蛇與外蛇鬬內蛇死襄二十一年深山大澤實生龍蛇酉陽雜俎蛇有水草土木四種爾雅翼蛇草居常飢每得食稍飽輒復蛻殼冬輒含土入蟄及春出蟄則吐之埤雅蛇屬紆行盤向王虺王北方也周官曰龜蛇爲旐先儒以爲龜蛇象其捍難避害龜用者也蛇擊前則尾應擊後則首應自腰擊之則首尾俱應有兵之象故龜蛇合體謂之元武十二子辰爲龍巳爲蛇左襄二十八年蛇乘龍注蛇元武之宿虛危之星晉書天文志螣蛇二十二星在營室北天蛇也又地名春秋定十二年築蛇淵囿水經注蛇水又西逕鑄城西左傳所謂蛇淵囿也京相璠曰濟北有蛇邱城城下有水魯囿也彙纂今蛇邱故城在濟南府肥城縣南又後漢郡國志南陽郡隨西有斷蛇邱注即銜珠之蛇又姓

通志氏族略姚萇蛇后南安人又有建武將軍蛇元望出雁門又秦策蠖蛇行匍伏注蛇不直行　又弋支切音移詩羔羊委蛇委蛇箋委曲自得之皃張南軒曰重言委蛇舒泰而有餘裕也莊子庚桑楚與物委蛇而同其波陸氏佃曰蛇屬紆行詩曰委蛇蓋取諸此左傳曰退食自公委蛇委蛇謂從者衡而委蛇必折故序以言正直又莊子達生篇野有彷徨澤有委蛇委蛇其大如轂其長如轅紫衣而朱冠其爲物也惡聞車雷之聲則捧其首而立　又徒河切音駝張衡西京賦感河馮懷湘娥驚蝄蜽憚蛟蛇詩羔羊之皮素絲五紽退食自公委蛇委蛇皮音婆陸機答賈謐詩我求明德濟同以和魯公戾止袞服委蛇　又陳知切音池地名公羊桓十二年盟于毆蛇經作曲池注魯地魯國汶陽縣北有曲水亭彙纂今在曲阜縣東北四十里源出石門山　又以遮切音耶集韻關中謂毒蟲曰蛇　又時遮切音闍義同

巢　鉏交切音鄛說文鳥在木上曰巢在穴曰窠从木象形按篆文从巛从臼隸省作臼詩鵲巢傳鵲善爲巢其巢最爲完固鳩性拙不能爲巢或有居鵲之成巢者禮

禮運先王未有宮室冬則居營窟夏則居橧巢纂言營窟土處
以避寒也橧巢木處以避暑也孟子下者爲巢上者爲營窟集
說下地水漫惟餘樹木故居巢上地土已見故可爲窟又古史
考許由夏常居巢故號巢父又國名周書序巢伯來朝傳殷之
諸侯又地名書仲虺之誥成湯放桀于南巢傳廬江六縣有居
巢城桀奔於此因以放之又春秋文十二年楚人圍巢注吳楚
間小國彙纂今江南廬州府巢城又左哀十一年鉏人攻大叔
疾衛莊公復之使處巢注巢衛地彙纂寰宇記巢亭在襄陵縣
南二十里今河南歸德府睢州巢亭是也又縣名湖名輿地志
廬州巢縣有巢湖寰宇記古居巢城陷處又樂器爾雅釋樂大
笙謂之巢疏巢高也言其聲高也又車名左成十六年楚子登
巢車以望晉軍注巢車車上爲櫓釋文說文作轈云兵車高如
巢以望敵也櫓澤中守草樓又史記三皇紀有巢氏有天下者
之號又姓廣韻有巢氏之後又詩篇名序鵲巢夫人之德也國
君積行累功以致爵位夫人起家而居有之德如鳲鳩乃可以
配焉防有鵲巢憂讒賊也宣公多信讒君子憂懼焉又菑陸

龜蒙詩序蜀蔬有雨巢大巢卽豌豆之不實者小巢生稻畦中一曰野蠶豆　又士稍切音僎廣韻棧閣也　又莊交切音𠵸集韻大笙也　又子小切音勦韻會國名　又叶牀魚切音鉏崔駰反都賦大漢之初雍土是居哀平之世鷳鵲來巢　又叶鉏尤切音愁宋玉高唐賦王雎鸝黃正冥楚鳩姊歸思婦垂雞高巢

窟

苦骨切音堀篇海窟室也孔穴也左襄三十年鄭伯有耆酒爲窟室而夜飲酒注窟室地室史記專諸傳公子光伏甲士于窟室中注謂掘地爲室齊策狡兔有三窟又三窟已就君姑高枕爲樂矣又月窟月所生也又山名北史鄭羲傳隱居滎陽三窟山水經注唐述山謂之唐述窟又西一里有時亮窟　又叶邱月切音闕謝靈運辭祿賦解龜紐于城邑反褐衣于邱窟頻人事於一朝與世物乎長絕　又叶區乙切音乞蘇軾石炭詩君知欲斫姦邪窟楚國何曾斬無極

洚

古巷切音絳說文水不遵道也孟子水逆行謂之洚水洚水者洪水也又洚水警余注洚水洚洞無涯之水也音降又胡貢胡工二反又水名書禹貢北過洚水傳地志洚水在信都縣今冀

州信都縣枯洚渠　又戶公切與洪同六書故洚洪實一字　又戶攻切音䂫下江切降平聲胡貢切音哄義並同

警

居影切音景說文戒也玉篇敕也左宣十二年且雖諸侯相見軍衛不徹警也疏戒之至也周官小宰正歲則以灋警戒羣吏注勅戒之言又猶起也禮文王世子大昕鼓徵所以警衆也疏警動衆人令早起也又廣韻寤也又廣雅警警不安也又古今注警蹕所以戒行徒也前漢梁孝王傳出稱警入言趩師古注警者戒肅也趩止行人也又州名唐書地理志警州本定遠城又枕名禮少儀注穎警枕也吳越備史錢武肅王單中用圓木小枕綴鈴睡熟則欹名警枕

余

以諸切音餘說文語之舒也爾雅釋詁我也楚辭九章注朱子曰此章多以余吾並稱詳其文意余平而吾倨也又爾雅釋天四月爲余月孫炎讀舒又棻名詩關雎傳荇接余也根生水底莖如釵股上青下白葉紫赤圓徑寸餘浮生水面又首飾名前漢匈奴傳單于衣繡褡綺錦袷被各一比余注比余髮之飾也又姓由余之後　又通作餘周官委人凡其余聚以待頒賜注當作餘　又詳於切

音徐集韻余吾水名在朔方 又同都切音徒史記檮余匈奴山名 又于遮切音邪褒余蜀地名漢楊厥碑作褒斜 又叶演女切音與楚辭九思鷃雀列兮譁讙鴝鵒鳴兮聒余抱昭華兮寶珠欲炫鬻兮莫取

掘 渠勿切音倔說文搰也孟子禹掘地而注之海 又有爲者辟若掘井 又與堀通說文突也詩曰蜉蝣掘閱曹風蜉蝣作掘閱疏此蟲土裏化生其掘地而出形容鮮閱也折中閱與穴通管子曰掘閱得玉是也 又通作窟秦策蘇秦特窮巷掘門桑戶棬樞之士耳注鑿垣爲門掘郎窟古字通又齊策掘穴窮巷鄒陽書伏死掘穴 又其月切音厥穿也易繫辭掘地爲臼 又胡骨切音鶻義同 又苦骨切音窟揚也 又五忽切與兀通莊子田子方掘若槁木似遺物離人而立於獨也 又通作搰史記貨殖傳田農掘業注徐廣曰古搰字亦作掘 又叶救律切音黜韓愈詩遺我一言重跽受惕齊慄辭慳義卓闊呀豁疾掊掘

菹 側魚切沮平聲說文酢菜也釋名菹阻也生釀之遂使阻于寒温之間不得爛也詩信南山是剝是菹傳酢菜也禮祭統水草之菹注芹

茆之屬周官醢人朝事之豆其實韭菹菁菹茆菹饋食之豆其實葵菹加豆之實芹菹菭菹筍菹注凡菹醢皆以氣味相成侯鯖錄細切曰齏全物曰菹　又子邪切音嗟孟子驅蛇龍而放之菹注側魚反澤生草者也又地名穆天子傳南征至於菹

阻

側呂切音俎說文險也廣韻隔也易繫辭德行恆簡以知阻詩蒹葭道阻且長殷武罙入其阻周官司險周知其山林川澤之阻釋名山巇曰險水隔曰阻若泛言則山水通用又爾雅釋邱水出其後阻邱　又釋詁阻艱難也孟子險阻既遠注險阻謂水之氾濫也左僖二十八年險阻艱難備嘗之矣書舜典黎民阻饑又止也又左隱四年州吁阻兵而安忍注恃也史記秦本紀阻法度之威以督責於下又玉篇疑也又廣韻憂也　又與淹通史記魯世家勤勞阻疾注徐廣曰阻當作淹　又莊助切音詛廣韻馬阻蹄集韻行不正也

消

先凋切音宵說文盡也又滅也易泰卦小人道消剝卦君子尚消息盈虛程傳理有消衰有息長有盈滿有虛損順之則吉逆之則凶君子隨時敦尚所以事天也胡氏曰復者陽之息姤者陽之消乾

者陽之盈坤者陽之虛禮月令季冬行夏令冰凍消釋又檀弓負手曳杖消搖於門集說猶逍遥蕭散閒適之意消者如水波之消歇搖者如水光動搖皆不自持之意又地名詩清人傳消河上地又藥名消石或作硝見本草又疾名前漢司馬相如傳常有消渴疾後漢李通傳通素有消疾注消中之疾　又叶新於切音須崔駰反都賦幹弱支彊末大本消叶下臾　又叶思酉切音修司馬相如大人賦渙然霧除霍然雲消邪絕少陽而登太陰兮與眞人乎相求

園　羽元切音袁

說文所以樹果也初學記有藩曰園易賁卦賁于丘園詩將仲子無踰我園注園者圃之樊其內可樹木也周官充人以場圃任園地注圃種果蓏之屬季秋於其中為場樊圃謂之園任者取正於是也又園廛二十而一廛無穀園少利故僅二十而稅一也孟子棄田以為園囿左宣二年趙穿攻靈公于桃園又天文集要匏瓜為天子果園又帝王陵寢曰園漢制園陵有令文帝陵曰文園司馬相如為文園令唐書李晟傳臣已肅清宮禁祗謁寢園又桃園地名前漢地理志全鳩里其西名桃園卽古之桃林也潘

岳西征賦問休牛之故林感徵名於桃園又東園公商山四皓之一字典史失其姓名字彙以園公爲姓非　又叶于奉切音熅蘇軾祭韓琦文意廣才疏將歸即園公治此邦𣦼食其民

奄

有餘也又欠也从大从申申展也又忽也遽也書立政奄甸萬姓詩皇矣奄有四方傳奄字之義在忽遂之間又人名黃鳥子車奄息　又衣檢切音厭說文覆也大久觀也詩臣工奄觀銍艾朱傳讀如字言又將忽見其收成也又久留也漢更定郊祀樂歌神奄留臨須搖注奄讀淹須搖須臾也又國名孟子周公相武王誅紂伐奄注東方之國助紂爲虐者也書多方王來自奄傳成王即政奄與淮夷又叛成王滅奄歸作此篇又奄里在魯城即曲阜舊城址通志謂之商奄里左昭元年周有徐奄注二國皆嬴姓彙纂成王伐淮夷遂踐奄因以封周公蓋周公封于武王時而成王以奄地益之也今志言曲阜舊城即古奄地或言奄城在縣東二里鄒晉昭曰奄字書作郁古通用衣檢衣廉二反說文衣檢反注周公所誅奄國按奄在淮夷之北史記周公歸政之明年淮夷奄國又叛成王

東伐淮夷遂滅而徙其君　又於贍切音奄精氣閉藏也〔周官〕〔內小臣注〕奄人通內外之令領女奚之屬諸職稱奄言其精氣之閉藏而已惟王之正內謂之寺人又〔酒人〕凡奄不稱士者皆府史之稱又〔詩瞻卬傳〕朱子曰此刺幽王嬖褒姒任奄人廬陵羅氏曰奄人周官司刑注男女不以義交者其刑宮　又作閹〔孟子〕閹然〔集注〕閹如奄人之奄　又通作掩今掩樞在堂作奄

犀　先稽切音西〔說文〕南徼外牛牛一角在鼻一角在頂似豕从牛尾聲〔爾雅釋獸〕犀似豕〔注〕犀似水牛豬頭大腹庳脚脚有三蹄黑色三角一在頂上一在額上一在鼻上鼻上者卽食角也小而不橢好食棘亦有一角者〔疏〕交州記曰犀出九德毛如豕蹄甲頭似馬〔埤雅〕犀性絶躁似豕一管三毛有鵂處必有之前足直常倚木而息木仆則不能起異物志曰犀體兼五種肉舌有棘常食草木棘刺不啖莖葉也舊說犀之通天者惡影常飲濁水重霧厚露之夜不濡其裏白星徹端世云犀望星而入角卽此也可以破水駭雞蓋犀之美者有光故雞見影而驚其交角理復有正插倒插正插者角腰以上通倒插者角腰

以下通亦曰尖花小而根花大謂之倒插故南人以牙爲白暗犀爲黑暗言難別也犀亦絕愛其角墮角即自埋之王粲游海賦曰羣犀代角巨象解齒是也交州記曰犀二角鼻上角長額上角短或曰三角者水犀也二角者山犀也犀有四輩其紋或如桑椹或如狗鼻者上黫犀無紋螺犀紋旋牸犀紋細牯犀紋大而勻孟子驅虎豹犀象而遠之前漢平帝紀黃支國獻犀牛山海經琴鼓之山多白犀注此與辟寒鐲忿辟塵辟暑諸犀皆異種也晉書溫嶠傳嶠旋武昌至牛渚磯水深不可測世云其下多怪物嶠然犀角照之又釐山有獸狀如牛食人其名犀渠又楯名唐書王志愔傳鶴膝犀渠左思吳都賦家有鶴膝戶有犀渠又集韻兵器堅也前漢馮奉世傳器不犀利注晉灼曰犀堅也又集韻一曰瓠中子詩碩人齒如瓠犀傳瓠犀瓠瓣疏正義曰釋草云瓠棲瓣也孫炎曰棲瓠中瓣也犀棲字異音同又中山策若其眉目準頞權衡犀角偃月注犀角首骨偃月額骨後漢李固傳頂角匿伏犀注謂骨當額上入髮際隱起也又縣名樂史寰宇記犀浦縣周垂拱二年割成都之西鄙置全蜀總

志犀浦廢縣在今鄭縣東二十里又人名史記公孫衍傳犀首者魏之陰晉人名衍姓公孫氏秦策取皮氏卒萬人車百乘以與犀首注公孫衍也司馬彪曰犀首魏官若今虎牙將軍補曰年表陰晉人犀首爲大良造則非官名而韓策樛留以犀首張儀並言何爲一人獨以官稱乎恐犀首或姓名也魏亦有犀武又衛策犀首伐黄注魏官非公孫衍正曰據左傳南文子相衛悼公悼公與智伯並時則犀首非公孫衍矣司馬彪謂犀首爲魏官以此策考之悼公元年當貞定王元年至威烈王二十三年晉始爲諸侯時六十餘年是時已有犀首又非魏官矣意其爲姓名或號然則此犀首者亦三晉之臣歟

丕 敷悲切音胚說文大也書大禹謨嘉乃丕績君牙丕顯哉文王謨丕承哉武王烈又奉也前漢郊祀志丕天之大律注奉天之大法也又元也書金縢是有丕子之責于天史記以丕爲負索隱鄭氏曰丕讀作負又姓春秋晉大夫丕鄭亦作邳又山名大伾山國語作丕　字典丕用敷悲切是以敷母輕脣之音切滂母重脣之字矣宜从集韻諸書攀悲切爲是

謨 莫胡切音

模說文議謀也徐曰慮一事畫一計爲謀汎議將定其謀曰謨虞書大禹謨皋陶謨注謨謀也大禹謀九功皋陶謀九德詩抑篇訏謨定命傳訏大謨謀也大謀謂不爲一身之謀而有天下之慮也周官大行人夏宗以陳天下之謨又爾雅釋詁僞也注謨而不忠又無也南唐書纂與傳越人謨信未可速攻注謨信無信也閩人語音　又莫故切模去聲前漢敘傳漢之宗廟叔孫是謨韋自孝元諸儒變度謨音慕　又末各切音莫義同班固幽通賦謨先聖之大繇師古讀　又叶滿補切音姥見蔡邕胡廣銘或書作[illegible]

咸

胡監切音諴說文皆也玉篇悉也書堯典庶績咸熙左僖二十四年弔二叔之不咸注同也齊語小賜不咸注徧也莊子知北遊周徧咸三者異名同實其指一也史記司馬相如傳上咸五下登三注師古曰與五帝皆盛也又卦名彖曰咸感也傳咸有皆義男女交相感也天地萬物之本夫婦人倫之始所以上經首乾坤下經首咸繼以恆也天地二物故二卦分爲天地之道男女交合而成夫婦故咸恆皆二體合爲夫婦之義集說咸之感無心然惟無心於感而物無

不感矣聖人以咸名卦而象以感釋之所以互明其旨也又雜
卦傳咸速也蔡氏曰感而遂通故速又樂名周官大司樂注大
咸咸池堯樂也禮樂記咸池備矣注黃帝樂名疏咸皆也池施
也言德皆施被於天下也石林葉氏曰鄭以咸池爲黃帝樂非
也考周官大司樂黃帝樂名大卷又名雲門則此所謂大章所
謂咸池皆堯樂名也故周官名堯樂爲大咸若咸池爲黃帝樂
則豈可次於大章之後哉又地名春秋桓七年焚咸丘注魯地
高平鉅野縣南有咸亭彙纂今屬山東兗州府爾雅釋丘左高
咸丘又史記秦本紀孝公十二年作爲咸陽又星名前漢天文
志咸漢星出西北又人名書君奭巫咸又王家傳巫氏咸名又
姓姓苑巫咸之後今東海有之又複姓咸丘蒙孟子弟子高氏
閱曰咸丘乃魯地近齊者故蒙爲齊東野人　又通作函周官
伊耆氏掌國之大祭共其杖咸注咸讀爲函老臣雖杖於朝祭
祀則去杖有司函藏之既事乃授焉　又居咸切音緘禮喪大
記凡封大夫士以咸注咸讀爲緘凡柩車及壙說載除飾而屈
紼於柩之緘又樹碑於壙之前後以紼繞碑間之鹿盧輓棺而

下之人君之喪又以木橫貫緘耳居旁平而持之大夫士旁牽
緘而已今齊人謂棺束爲緘緘咸或爲緘　又古斬切與減同
損也又水名山海經番條之山咸水出焉注咸音減又姓前漢
酷吏傳咸宣楊人也注音減　又戶暗切音憾左昭二十一年
窕則不咸注不充滿人心釋文本亦作感又戶暗反　又餘針
切音刑張衡舞賦歌以詠志舞以旌心細則聲窕大則不咸

恣　資四切資去聲說文縱也孟子諸侯放恣漢明德馬皇后
詔寵貴橫恣詩檜風序隰有萇楚疾恣也箋恣謂狡狭淫
戲不以禮也　又千咨切音趑恣睢恣意怒
視也史記伯夷傳暴戾恣睢又自用之皃

楊　與章切音陽說文木名易
大過九二枯楊生稊九五枯楊生華埤雅爾雅曰楊蒲柳所謂
董澤之蒲是也今有黃白青赤四種白楊葉圓青楊葉長赤楊
霜降則葉赤材理亦赤黃楊木性堅緻難長俗云歲長一寸閏
年倒長一寸世重黃楊以其無火或曰以水試之沈則火取此
木必於陰晦夜無一星則伐之爲枕不裂又古今注移楊圓葉
弱蒂微風大搖字典楊柳一物二種毛詩分而言之者齊風折

柳樊圃陳風東門之楊是也合而言之者小雅采薇楊柳依依是也本草云楊枝硬而揚起故謂之楊柳枝弱而垂流故謂之柳正字通據古詩南楊北有柳分爲二物非又東門之楊陳風篇名序刺時也昏姻失時男女多違親迎女猶有不至者也又埤雅折楊逸詩莊子曰大聲不入於里耳折楊黃華則嗑然而笑又地名左昭二十八年僚安爲楊氏大夫注平陽楊氏縣彙纂今古楊城在山西平陽府洪洞縣南二里又名危城村是也又縣名楊縣屬河東郡又姓孟子楊朱墨翟之言人物考楊子名朱老子弟子姓苑出宏農天水二望 又叶以征切音盈馬融廣成頌珍林嘉樹建木叢生椿梧栝柏柜柳楓楊

翟

徒歷切音狄說文山雉尾長者書禹貢羽畎夏翟詩君子偕老其之翟也傳翟羽飾衣也又簡兮右手秉翟傳翟羽也疏雉之羽也又碩人翟茀以朝傳翟翟車也夫人以翟羽飾車周官巾車王后之五路重翟鍚面朱總厭翟勒面繢總注重翟雉羽爲車前蔽也厭翟鱗其雀羽使相厭也又禮祭統翟者樂吏之賤者也注翟謂敎羽舞者也又國名周語將以翟伐鄭注翟隗姓

之國也又水名春秋僖二十九年盟于翟泉注洛陽城內太倉西南池水也彙纂今古城在河南府洛陽縣東北二十里又姓急就篇注翟氏本齊翟僂新之後魏有翟黃翟翦漢有翟公翟方進　又與狄同周語自竄於戎翟之間注翟或作狄　又塲伯切音宅陽翟縣名史記項羽紀韓王成因故都都陽翟注陽翟河陽翟縣也又廣韻亦姓也唐有陝州刺史翟璋姓纂本音狄後改音宅又直角切音濁

李

良以切音里說文果名埤雅素問曰李東方之果性難老雖枝枯子亦不細其品在桃上詩抑篇投我以桃報之以李木瓜投我以木李集說徐氏曰李有雀李蔓生故此言木以別之又爾雅釋木休無實李座接慮李駁赤李又棗李曰寁之陸佃曰棗李之臍去蔕而已呂氏春秋子產相鄭桃李之垂於街者莫之援也說苑樹桃李者夏得休息秋得其實焉按今人謂狄仁傑桃李皆在公門正用此事又博雅行李關驛也又地名春秋定十四年於越敗吳于檇李注吳郡嘉興縣南醉李城彙纂今屬浙江嘉興府檇李城在縣南四十里又姓風俗通伯陽之後　又與理通左僖十三

年行李之往來周語行李以節逆之泊宅編李理義通人將有
行必先治裝如孟子之言治任理亦治也天香僂偶得李涪曰
李古使字讀左傳者漢書爲李潰繁露曰涪語未足爲據蓋李
理古通左昭十三年行李之命注行理使人通聘問者據此則
行李正指使人不必別作李字也又星名史記天官書熒惑爲
李徐廣曰內則理兵外則理政又刑官曰司李前漢胡建傳黃
帝李治管子法法篇皋陶爲李前漢藝文志
黃帝有李法一篇師古曰李者法官之號

螬 財牢切音曹說文蠀螬也

从蟲曹聲長箋曹猶官曹言多也故从曹今文省从虫別錄蠐
螬生河內平澤及人家積糞中本草一名乳齊一名地蠶一名
應條大者如足大指以背滾行乃駛於脚莊子至樂篇
烏足之根爲蠐螬孟子井上有李螬食實者過半矣

咽 因肩
切音燕說文嗌也玉篇咽喉也韻會醫經云咽者嚥水喉者候
氣國策韓天下之咽喉又禮深衣曲袷如矩疏古者方領似今
擁咽　又縈懸切音淵集韻本作鼘引詩鼗鼓鼘鼘或作咽商
頌今本作淵　又於巾切音駰詩有駜鼓咽咽傳咽咽鼓節也

朱注音淵與淵同鼓聲之深長也六書故淵淵咽咽其聲不同淵淵狀鼓聲多而遠咽咽聲近而疊味其聲可以知其義　又於甸切音晏廣韻本作嚥吞也孟子三咽注吞也　又烏結切音噎廣韻哽咽集韻聲塞也漢隴頭歌隴頭流水鳴聲幽咽又塞也新序雲霞充咽則奪日月之明

擘

博厄切音蘗說文撝也廣韻分擘也禮內則塗之以謹塗炮之塗皆乾擘之疏謂擘去乾塗也李白詩巨靈擘太華又大指也孟子於齊國之士吾必以仲子爲巨擘焉注大指也言齊人中有仲子如衆小指中有大指也又挽擘也弓弩手張曰擘足踏曰蹶又擘窠書大字也顔魯公乞御書放生池碑額表今謹據石擘窠大書一本奉進　又蒲歷切音甓集韻亦大指也

操

倉刀切草平聲說文把持也禮曲禮謀於長者必操几杖以從之左襄三十一年猶未能操刀而使割也前漢貢禹傳勇猛能操切百姓者注操持也切剴也又姓明嘉靖給事中操守經江西浮梁人　又七到切音慥所守也持念也前漢張湯傳湯客田見有賢操注所執持之志行也後漢趙熹傳熹少有節操孟子充仲子

之操【注】操所守也又風調曰操【南史】袁粲傳清整有風操又琴曲也【後漢】曹褒傳樂詩曲操以俟君子【注】劉向別錄曰君子因雅琴以致思其道閉塞悲愁而作者名其曲曰操言遇災害不失其操也【按】孔子有猗蘭操龜山操

蚓 余忍切音引【說文】側行者从虫寅聲或从引【埤雅】考工記注云郤行螾屬蚓土精也其爲物不息引而後伸一名蜿蟺一名曲蟺一名土龍善長吟於地中江東謂之歌女亦曰鳴砌舊說蚯蚓土精無心之蟲與鼠螽交本草入藥用白頸是其老者【爾雅】謂之螼螾巴人謂之朐䏰【孟子】夫蚓上食槁壤下飲黄泉【禮月令】孟夏蚯蚓出方氏曰蚯蚓至陰之物故感正陽之氣而出【又】仲冬蚯蚓結【疏】結猶屈也蚯蚓在穴屈首下向陽氣動則宛而上首故結而屈也又【爾雅釋蟲】螼蚓豎蚕【疏】即蛩蟺也又【正字通】山蚓蛇名大如蚓有鱗其尾如首

跖 之石切音隻【說文】足下【淮南子說山訓】善學若齊王之食雞必食其跖　又與蹠同【孟子】抑亦盜跖之所築與【又】蹠之徒也跖蹠二字通用　又職略切音灼【張載七命】圜案星亂方丈華錯封熊之蹯翰音之跖

纑

籠徒切音盧說文布縷也孟子妻辟纑趙注練其麻曰
纑又史記貨殖傳山西饒材竹纑注纑紵屬可以為布

鵝 五何切音莪說文鳴鵝也長脰善鳴峩首似傲故曰鵝李時珍曰鵝綠眼黃喙紅掌善鬬夜鳴應更禽經曰脚近臎者能步鵝鶩是也鵝見異類差翅鳴一名家雁一名舒雁一名鴐鵝又爾雅釋鳥舒雁鵝注李巡曰野曰雁家曰鵝本草注又有野鵝大如雁似人家蒼鵝謂之鴐鵝又禽經鵝鳴則蜮沈養之園林則蛇遠去又嶺南異物志蠻人聚鵝腹毳毛為衣被又陳名左昭二十一年其御願為鵝又人名榮駕鵝魯大夫榮成伯又草名管子地員篇其種陵黑鵝馬夫又欒名鵝不食草見本草

頻 符眞切音顰說文水厓人所賓附頻蹙不前而止从頁从涉凡頻之屬皆从頻臣鉉等曰今俗別作瀕非是詩大雅池之竭矣不云自頻傳頻厓也箋當作濱又玉篇急也廣雅比也詩桑柔國步斯頻傳頻急蹙也箋猶比也國家之政行此禍害比比然又姓風俗通漢有酒泉太守頻暢又果名司馬相如上林賦仁頻幷閭注仁頻檳榔也　又與顰同易復卦頻復注謂頻蹙之

易程傳以陰躁處動之極復之頻數而不能

顣　子六切音蹙　廣韻顣頞鼻蹙也　孟子已頻顣曰　集說蹙眉不悅之狀　又顣促皃頻顣見上

鶂　倉歷切音戚　集韻嚬也　又互歷切音鷁　說文鳥也从鳥兒聲　春秋傳曰六鶂退飛　集韻鶂鷁同　韻會水鳥鶃雄相視而孕　莊子天運篇鶂之相視眸子不運而風化　謝靈運山居賦鳥則鶂鴻鶂鵠　又鵝鳴聲　孟子惡用是鶂鶂者爲哉　又研奚切音倪義同　又逆革切音鷊　類篇鳥名

哇　於佳切音娃　說文謟聲也　又廣韻淫聲又吐也　孟子出而哇之　注吐之也　又烏媧切音哇　集韻亦淫聲　又烏瓜切音窊義同　又韻會小兒聲又吐也　又希佳切音醫義同　又集韻喉咽結塞皃　又獲媧切音懷　類篇亦喉結塞也　莊子大宗師屈服者其嗌言若哇　注氣不平暢也　又胡卦切音畫　集韻亦喉結塞也　又涓畦切音圭　集韻謳歌也

四書字詁卷七十一

湖南黔陽縣歲貢生段諤廷訒庵原稿
本縣教諭寧鄉黄本驥虎癡編訂

中孟一離婁一計四十六字

婁洛侯切音樓說文空也从毋中女空之意也一曰婁務也又星名禮月令季冬昏婁中淮南子天文訓二月建奎婁又地名春秋隱四年莒人伐杞取牟婁注杞邑城陽諸縣東北有婁鄉彙纂今婁鄉城在山東青州府諸城縣境僖十五年楚人敗徐師于婁林注徐地下邳僮縣東南有婁亭彙纂在今江南鳳陽府虹縣東北左僖十八年而後師于訾婁注衛邑彙纂今直隸大名府滑縣西南六十里有訾婁城與長垣縣接界春秋宣十五年仲孫蔑會齊高固于無婁注杞邑彙纂公羊作牟婁蓋卽隱四年莒人伐杞所取之邑此時已爲莒邑矣又江名史記正義江東北下三百餘里入海曰婁江今松江屬有婁縣

又人名孟子離婁之明注古之明目者人物攷離婁一名朱黃帝時人明察秋毫幽室之中能辨五色楚辭九章離婁微睇兮瞽以爲無明又黔婁齊隱士有黔婁子四篇又姓漢婁敬唐婁師德又獸名韓詩外傳北方有獸曰婁更食而更視　又同貗左定十四年既定爾婁豬注婁子猪以喻南子　又朗口切同塿小阜也左襄二十四年部婁無松柏注部婁即培塿也　又龍朱切音慺曳也詩山有樞弗曳弗婁傳婁亦曳也釋文力侯力俱二反又鏤刻皃何晏景福殿賦繚以藻井編以綷疏紅葩鞞鞢丹綺離婁注離婁鏤刻分明也鞞鞢花相比次皃又愚也昧也蘇氏演義時人以無分別者爲郲婁不辨郲婁小國微小之人不能分別也又國名禮檀弓邾婁定公之喪春秋隱元年釋文凡邾公羊並作郲婁　又龍主切音縷卷婁形神交役也莊子徐無鬼舜舉童土之地齒長明衰不得休歸所謂卷婁者也又公羊昭二十二年牛馬維婁注繫牛曰維繫馬曰婁疏皆謂繫之於廄不得放逸於郊也舊說云婁者侶也謂聚之於廄

又與屢通前漢公孫宏傳婁舉賢良元帝紀婁遭凶咎　又

倫爲切音羸[集韻]麩曳地名在西羌

輸

春朱切音鄃[說文]委輸也[左傳]十三年秦於是乎輸粟于晉[前漢]食貨志武帝置平準都受天下委輸又[廣韻]盡也[左]襄九年魏絳請施舍輸積聚以貸又隳也[詩]正月載輸爾載[春]秋隱五年鄭人來輸平[注]輸平隳成也又均輸官名[鹽鐵論]郡國諸侯各以其方物貢輸往來物多苦惡不償其價因置官以相紹運故曰均輸又九數之一[周官大司徒六藝注]均輸以御遠近勞費又交輸衣之後垂者[前漢江充傳]曲裾後垂交輸[注]割正幅使一頭狹若燕尾垂之兩旁見於後也又[正韻]俗謂勝負爲輸贏又人名[孟子注]公輸子名班魯之巧人也[人物攷]公輸名班又名般魯之巧人或以爲魯繆公之子[酉陽雜俎]魯般燉煌人未詳年代巧侔造化嘗作木鳶其父乘之至吳會吳人以爲妖殺之般怨吳人殺其父于肅州城南作一木仙人舉手指東南吳地大旱三年卜曰般所爲也於是賫物謝之般爲斷其一手其日吳中大雨[禮][檀弓]公輸若方小[注]公輸若匠師般若之族多技巧 又春遇切音戍[廣韻]送也[增韻]凡以物送人則讀平聲指所送之物則

讀去聲【韻會】漢有三輔委輸官又經穴也【史記】扁鵲傳五藏之輸【注】十二經皆以輸爲原蓋經穴也

規 居追切音雉【說文】有法度也【前漢律歷志】衡運生規規圜生矩【淮南子時訓解】規者所以圜萬物也【禮經解】規矩誠設不可欺以方圜【莊子馬蹄篇】圜者中規方者中矩【周官司弓矢】天子之弓合九而成規諸侯合七而成規大夫合五而成規士合三而成規【注】皆謂不被弦反張合而成圜也【考工記匠人】爲規識日出之景與日入之景【輯注】河間王氏曰爲規畫圜於表周也自日出以至日入記景端於圜周弦其兩端則東西正分中作線以指表則南北亦正又以法正人曰規【書允征】官師相規【傳】規正也【詩淇澳序】武公能聽其規諫【疏】正圜以規使依度猶正君以禮使入法故謂之規諫又【左昭二十六年】規求無度【正義】規貪也又規避違法以方爲圜也【正字通】引唐書規影徭賦又謀度也【禮儒行】其規爲有如此者【疏】但自規度所爲之事而行【國策】齊無天下之規【注】猶謀也謂無謀齊者【後漢書】凡謀皆作規又畫也【周語】成公之生也其母夢神規其臀以墨又日月圓曰規謝靈運遊南

亭詩銜林滴餘清遠峯影半規注日落峯外隱其半也譯愈玩月賦前夕雖十五月長未滿規文苑英華海日初出賦赫赫光滿規規質圓又規田禮王制疏假豬之地九夫爲規四規而當一井又官名金史百官志規措正七品掌灌溉民田又魚名沈括補筆談浙東人呼河豚爲規魚又有生海中者腹上有刺名海規吹肚魚又戎名周書王會解規規矩以麟注規矩亦戎也又姓明規恂夏邑人宏治中教授 又通作雉鳥名埤雅杜鵑一名子規杜甫詩子規夜啼山竹裂 又惠奎切音攜韻會小補車輪一周爲一規禮曲禮五巂注巂猶規也謂輪轉之度釋文巂本又作規 又規恚切推去聲集韻規規驚視自失皃莊子秋水篇規規然自失也 又呼役切音狊集韻驚視皃 正字通規矩並從矢或作槼今並以夫見爲正又字彙補規音吸訓驚視與規不同字義總畧以規字音吸規爲規矩之規非是

員

于權切音圓說文物數也徐曰古以貝爲貨故數之又玉篇官數史記平原君傳願君卽以遂備員而行矣前漢尹翁歸傳責以員程師古注員數也又周也詩商頌景員維河傳

員均也朱傳員與下篇幅隕義同蓋言周也言景山四周皆大河也長發傳隕讀作員謂周也華谷嚴氏曰自其直方言之曰幅自其周圍言之曰員折中員周圍也　又通作圓孟子不能成方員　又于分切音云廣韻益也詩正月員于爾輻又地名前漢匈奴傳前將軍出塞千二百餘里至烏員　又通云前漢傳與云同語辭也折中員助也正月曰員于爾輻是也商頌景員箋員古與云通釋文毛音圓鄭音云二音皆可讀　又于倫切音筠人名伍員行人子員並見左傳　又王問切音運廣韻姓也前涼錄有金城員敞唐有棣州刺史員半千韻會伍員人名後人慕之爲姓按陸龜蒙詩賴得伍員騷思少楊升菴曰漢讀平聲然員之音運本無前訓惟唐員半千本劉凝之十世孫因齊受禪奔元魏自比伍員因改姓員唐世譜曰令公四俊苗呂崔員以後證先知員之音運也然左傳伍員[illegible]之尹切貤陸氏音釋讀云則陸詩固未誤也　俗作負　上聲說文平也前漢律歷志規圜生矩矩方生繩繩直生準準正則平衡而均權矣又曰準者所以揆平取正也繩者上下端直經緯四

通也準繩連體衡權合德百工由焉以定法式【孟子】繼之以規矩準繩以爲方員平直不可勝用也【書立政】準人【正義】準人平法之人謂士官又均也【禮月令】孟春田事既飭先定準直輕重平均又【考工記栗氏】權然後準之準之然後量之【注】準擊平正之【輯注】準之謂定其厚薄之分也又平準漢官名武帝置平準官籠天下鹽鐵史記有平準書又則也做也【易繫辭】易與天地準又樂器漢京房所作以定歷數　又朱劣切音拙【史記高帝紀】隆準而龍顏【注】服虔曰準頰權也文穎曰準鼻也　又式軌切音水【集韻】亦平也一曰車轅脊不著水【俊】準从水隼聲以水平地也俗作准或曰劉宋避順帝諱改又曰避宋避寇準名改又曰避蔡京王珪父名改皆非也漢桐柏廟碑已有准字

繩食陵切音乘【說文】索也【急就篇注】繩謂紨兩股以上總而合之也一曰麻絲曰繩草謂之索【易繫辭】上古結繩而治【書說命】木從繩則正【禮經解】繩墨誠陳不可欺以曲直又【書冏命】繩衍糾繆【疏】木不正者以繩正之繩謂彈正又【詩螽斯】宜爾子孫繩繩兮【傳】繩繩戒愼也【朱傳】不絕兒又【下武】繩其祖武【傳】戒也

朱傳繼也又禮樂記省其文采以繩德厚注繩猶度也史記樂書注王肅曰繩法也又禮深衣負繩及踝以應直注繩裻與後幅相當之縫也又小爾雅繩之譽之也左莊十四年蔡侯繩息嬀以語楚子注譽也釋文說文作譝　又以證切音孕周官薙氏秋繩而芟之注含實曰繩　又彌盡切音泯集韻繩繩無涯際皃一曰運動不絕意　又石證切音乘集韻嶶也　又叶乘融切陳琳武庫賦陵九城而上躋起齊軌兮玉繩車軒轔于靁室騎浮厲乎雲宮　俗作繩

揆

求癸切葵上聲說文葵也爾雅釋言度也易繫辭初率其辭而揆其方注循其辭以度其義詩定之方中揆之以日孟子上無道揆注道義理也揆度也謂以義理度量事物而制其宜也又百揆官名書舜典納于百揆傳納舜于此官揆度百事也後漢百官志注百揆堯初別置周更名冢宰按後世稱相爲首揆或曰揆席本此　又渠惟切音葵正字通字彙闕平聲非字典諸韻書止收入紙韻經典釋文亦無平聲

沓

徒合切音踏說文語多沓沓也从水从曰遼東有沓縣臣鉉等曰語多沓沓若水之流故从水

會意又水沸溢也今河朔方言謂沸溢爲沓又重也詩十月之交噂沓背憎傳噂聚也沓重複也永嘉陳氏曰噂聚談也沓攢妬也小人相見之狀如此背則憎疾也又弛緩意孟子泄泄猶沓沓也注泄泄怠緩悅從之皃沓沓即泄泄之意蓋孟子時人語如此又水名遼東有沓水沓縣因以名又地名春秋文十三年公如晉衛侯會公于沓杜注地闕又常璩劉後主志姜維出侯和爲魏將所破還駐沓中注沓中即古松州去交州三百里又姓北史孝義傳沓龍超　又託合切音錔義同　俗作沓

削　思約切相入聲說文鞞也一曰析也又玉篇刻治也增韻刮削也詩緜削屢馮馮注牆成而削治重複也又小侵也書君陳無倚法以削又弱也孟子暴其民甚則身弒國亡不甚則身危國削又晉之削也滋甚又奪除也禮王制山川神祇有不舉者爲不敬不敬者君削以地疏山川在其國境故削以地周官大司馬野荒民散則削之注不能自治其國邑故削之齊策孟嘗君乃取所怨五百牒削去之不敢以爲言又器名考工記築氏爲削長尺博寸合六而成規輯注削書刀也秦時家

恬造筆漢時蔡倫造紙古者未有紙筆以削刻字至漢仍兼用刀書削之體偃曲若弓之反張故合六而成規　又仙妙切音笑刀室也【前漢貨殖傳】質氏以洒削而鼎食【注】師古曰削謂刀劍室也言人有刀劍室惡者爲洒濯令更新也　又所教切音稍【周官大宰】以九賦斂財賄四曰家削之賦【注】二百里家削【疏】謂二百里之內地名削其中有大夫采地謂之家故名家削【集說】家稍有賦者其地不盡爲采也　又七肖切音俏削格所以施羅網也　又通作莧【管子制分篇】屠牛垣朝解九牛而刃可以莧鐵　又叶息七切音悉【蘇軾櫃子詩】蹠爲君倚几滑淨不容削物微興不淺此贈毋輕擲

鑑　居懺切音監【說文】大盆也一曰鑑諸可以取明水於月【周官司烜氏】以鑑取明水于月【注】鑑鏡屬取水者世謂之方諸　又【廣韻】鏡也【左莊二十一年】王以后之鞶鑑予之【注】鑑工暫反鏡也【文子符書篇】人舉其疵則怨鑑其醜則自善以鑑無心故也　又【廣韻】照也【左昭二十八年】光可以鑑【吳語】王盍亦鑑于人無鑑于水　又【廣韻】誡也【正字通】考觀古今成敗爲法戒者皆曰鑑因鑑能照物取義唐書張

九齡傳元宗千秋節九齡進前代興廢之原爲書五卷號千秋
金鑑錄以申諷諭宋史司馬光傳光編年史名資治通鑑又儆
錄曰鑒戒齊武帝詔永思民瘼弗忘鑒戒梁武帝詔興言夕惕
無忘鑒戒　又與監同視也詩蕩篇殷鑒不遠傳視也　又居
咸切監平聲義同　又胡暫切音汗正字通冰鑑盛冰器上豐
如斗有流稜鏤底如風窗承以大盤置食于上設冰于盤使寒
氣通徹以禦暑周官凌人春始治鑑注鑑如甄大口以盛冰置
食物於中以禦溫氣疏漢時名爲甄即今之甕是也釋文胡暫
反　又胡懺切與鑑同博雅鑑瓨鑑也　又叶經電切音見張
衡七辯淑性窈窕秀色美豔鬒髮元髻光可以鑑　或作鑑

醉　將遂切音檇說文卒也卒其度量不至於亂也一曰潰也
正韻爲酒所酣曰醉書酒誥德將無醉詩既醉以酒孟子
是猶惡醉而強酒也詩賓筵彼醉不臧不醉反恥又既醉大雅
篇名序既醉太平也醉酒飽德人有士君子之行焉又擬似之
辭詩黍離中心如醉桑柔誦言如醉又莊子應帝王列子見之
而心醉又唐書武則天紀高宗王后與蕭良娣爲武氏所譖因

之武氏置二人釀甕中曰兮二娝骨醉又心和神全曰醇〔淮南子覽冥訓〕通于太和者惛若純醉而甘臥以遊其中不知其所由也　又與檇同〔公羊定公十四年〕於越敗吳于醉李〔春秋注〕檇李吳郡嘉興縣南醉李城〔彙纂〕今屬浙江嘉興府檇李城在縣南四十里又蟲名〔異物志〕南海有蟲得水則活失水則如泥故名醉如泥　又精雀切音嚼〔李世澤韻圖〕醉字有平去二音

慕 莫故切音暮〔說文〕習也愛而習翫模範之也〔史記司馬相如傳〕慕藺相如之爲人更名相如又向也〔孟子〕巨室之所慕一國慕之一國之所慕天下慕之又思也〔禮檀弓〕其往也如慕又係戀不忘也〔孟子〕大孝終身慕父母又姓又慕容複姓

涕 他禮切音體〔說文〕泣也〔玉篇〕目汁出曰涕〔詩澤陂〕涕泗滂沱〔傳〕自目曰涕自鼻曰泗〔燕燕〕泣涕如雨〔禮檀弓〕予惡夫涕之無從也〔孟子〕涕出而女於吳又竹名〔東方朔神異經〕南方荒中有涕竹長數百丈圍三丈六尺厚八九寸可以爲船又卦兆之名〔史記宋世家〕乃命卜筮曰涕〔索隱〕涕音亦郞計切〔尚書〕作驛　又待禮切音弟他計切音替義竝同

麗 音隸〔說文〕

文旅行也鹿之性見食急則必旅行从鹿丽聲禮麗皮納聘蓋
鹿皮也又司馬相如大人賦駕應龍象輿之蠖略委麗兮師古
注行步進止皃又玉篇偶也易兌卦麗澤兌注麗猶連也傳二
澤相附麗也兩澤相麗交相浸潤互有滋益之象又周官校人
麗馬一圉注兩馬也又帝王世紀太昊始制嫁娶麗皮爲禮釋
義麗兩數也又玉篇好也廣韻美也楚詞招魂被文服纖麗而
不奇些又前漢東方朔傳以道德爲麗又玉篇華綺也正韻華
也書畢命敝化奢麗韓詩外傳仁義之陷衣裘之麗憲不忍爲
也又數也詩文王其麗不億又著也左宣十二年射麋麗龜注
麗著也又正韻附也易離卦離麗也日月麗乎天百穀草木麗
乎土又禮王制郵罰麗于事注麗附也又繫也禮祭義祭之日
君牽牲既入廟門麗于碑注猶繫也又玉篇施也書多方不克
開于民之麗傳不能開于民所施政教麗施也蔡傳麗猶日月
麗乎天之麗謂民之所依以生者也言桀不能開民衣食之原
於民依恃以生者一皆抑塞遏絕之又愼厥麗乃勸蔡傳謹其
所依以勸勉其民又正韻光明也又地名穀梁僖元年公子友

四書字詁　卷之二十一　中孟一　七

師師敗莒師于麗左作鄜公羊作犂左成十三年師遂濟涇及侯麗而返注秦地劉伯莊云在涇陽縣境又縣名前漢地理志樂浪郡華麗縣又麗譙高樓也莊子徐無鬼君必無盛鶴列於麗譙之間前漢陳勝傳注樓亦名譙故謂美麗之樓爲麗譙又車名莊子秋水篇梁麗可以衝城不可以窒穴言殊器也 又與欐同屋棟也列子力命篇居則連欐又姓見姓苑又複姓左成十七年公遊於匠麗氏又正韻小舟也 又鄰知切音離釋名離也言一目視天一目視地目明分離所視不同也又魚麗小雅篇名序美萬物甚多能備禮也文武以天保以上治內采薇以下治外始於憂勤終於逸樂故美萬物盛多可以告於神明矣傳麗歷也釋文力馳反又陣名左桓五年原繁高渠彌以中軍奉公爲魚麗之陣 又通作離莊子駢拇篇附離不以膠漆 又與驪同高麗國名魏志高句麗在遼東之東漢書作驪又山名史記酈布傳布故麗山之徒也或作驪 又與鸝同張衡東京賦麗黃嚶嚶注鶩麗古字通 又憐題切音黎義同又禮弟切音禮集韻蕭該說彭蠡古作彭麗 又力智切音詈

美也　又山宜切音醨類篇析

祼 古玩切音貫說文灌祭也韻會祭酹鬯以灌地詩文王祼將于京孟子注祼宗廟之祭以鬱鬯之酒灌地以降神也新安倪氏曰周禮有秬鬯有鬱鬯以秬米爲酒名秬鬯將祭則築鬱金香草煎之以和鬯酒名鬱鬯灌乃用之取其芬香旁達以降神周官大宗伯以肆獻祼享先王注祼之言灌灌以鬱鬯謂始獻尸求神時也書洛誥王入大室祼蔡傳祼灌也以圭瓚酌秬鬯灌地以降神也又周官典瑞祼圭有瓚以肆先王以祼賓客疏祼皆據祭而言至於生人飲酒亦曰祼故禮記投壺云奉觴賜灌是生人飲酒爵行亦曰祼也

也　又郎狄切音歷集韻縣名

京 舉卿切音驚說文人所爲絕高邱也爾雅釋邱邱絕高曰京廣雅四起曰京詩甫田如坻如京傳京高邱也蔡邕獨斷天子所居曰京師春秋桓九年紀季姜歸于京師公羊京師者何天子之居也京者何大也師者何衆也天子之居必以衆大之辭言之詩文王祼將于京傳京周之京師也又數名韻會十億爲兆十兆爲京又京兆郡名又縣名左隱元年請京使居之注鄭邑滎陽京縣

〔彙纂〕今開封府滎陽縣東南二十里有京縣故城〔襄十八年〕荀偃士匄以中軍克京茲〔注〕京茲在平陽城東南又〔宣十二年〕君盍築武軍而收晉尸以為京觀〔又〕古者明王伐不敬取其鯨鯢而封之以為大戮於是乎有京觀〔注〕集尸封土其上謂之京觀　又姓漢京房宋京鏜　又與原同〔禮檀弓〕是全要領以從先大夫於九京也〔注〕九京山名在今絳州〔纂言〕鄭氏曰京當為原蓋字之誤晉卿大夫之葬地在九原　又人名〔後漢銚期傳〕破吏始將軍京〔東觀漢紀〕京作原古通用　又叶居良切音姜〔詩正月〕憂心京京〔傳〕京京亦大也又〔甫田〕如坻如京〔大明〕曰嬪于京　又于周于京又〔左莊二十二年〕八世之後莫之與京〔注〕猶齊也

滄

七岡切音倉〔說文〕寒也〔逸周書〕天地之道有滄熱又水名〔書禹貢〕嶓冢導漾東流為漢又東為滄浪之水〔蔡傳〕酈道元云武當縣北四十里漢水中有洲曰滄浪洲水曰滄浪水是也〔孟子〕滄浪之水清兮可以濯我纓滄浪之水濁兮可以濯我足〔一統志〕滄浪淵在今嶧縣北郎濯纓處又河名〔水經注〕㶟水左會清夷水亦謂之滄河又湖名〔廣輿記〕在韶州府樂昌縣又

州名【廣韻】後魏所置蓋取滄浪爲名　又楚亮切音創義同

浪 魯堂切音郎【說文】滄浪水也南入河【水經注】水出荊山東西流爲滄浪之水詳上注又康浪水名【廣輿記】在青州臨淄又浪浪流皃【離騷】霑余襟之浪浪又滂浪驚擾皃【張衡西京賦】樛蓼滂浪又博浪地名【前漢地理志】河南陽武縣有博浪沙【史記留侯世家】良與客狙擊秦皇帝博浪沙中又樂浪漢郡名即古朝鮮國又莊浪縣名屬平涼府　又來宕切音閬波也水擊石遇風則浪又牆疊石行水爲灑浪【溫庭筠詩】灑浪浮瓊砌又鼓也【孔稚圭北山移文】浪栧上京又謔浪不敬也【詩終風】謔浪笑傲【傳】謔戲言也浪放蕩也【王羲之蘭亭叙】放浪形骸之外又井名【張僧鑒潯陽記】湓城有浪井又姓晉浪逢　又里黨切音朗孟浪猶較略也一曰不精要之皃【莊子齊物論】夫子以爲孟浪之言徐邈讀莽朗

纓 於盈切音嬰【說文】冠系也【釋名】纓頸也自上而繫於頸也【禮曲禮】女子許嫁纓又【玉藻】元冠朱組纓【孟子】清斯濯纓【又】雖被髮纓冠而救之【注】不暇束髮而結纓往救　又馬鞅也【周官】巾車王之五路一曰玉路鍚樊纓

十有再就〔注〕纓當胷以革爲之或曰夾馬頸者即鞅〔左〕桓二年鞶厲游纓〔注〕纓在馬胷前如索帬〔成〕二年請曲縣繁纓以朝〔注〕皆諸侯之服　又於止切音鄒義同

濁　直角切音濯〔說文〕水出齊郡厲嬀山北入鉅定又〔括地志〕濁水原出蒲州解縣東北平地又〔水經注〕濁水上承雲陽縣東大黑泉又南昌有濁水〔楚策〕與吳人戰于濁水〔注〕出齊郡廣之嬀山東菑齊楚接壤界又水不清也〔詩谷風〕涇以渭濁〔孟子〕濁斯濯足矣又星名〔爾雅釋天〕濁謂之畢又姓〔史記貨殖傳〕濁氏連騎　又竹角切音斲〔集韻〕人名〔史記孔子世家〕主於子路妻兄顏濁鄒家　又昌六切音逐〔前漢潁川歌〕潁水濁灌氏族又星名〔史記律書〕濁者觸也

壙　苦謗切音曠〔說文〕塹穴也一曰大也〔韻會〕窀也墓穴也〔禮檀弓〕弔於葬者必執紼若從柩及壙皆執紼又壙埌原野空廓兒〔賈誼新書〕天下壙壙一人有之〔孟子〕獸之走壙也〔注〕壙廣野也　又苦晃切音懭義同

毆　豈俱切音區〔說文〕古攴从支〔周官方相氏〕索室毆疫〔孟子〕故爲淵毆魚者獺也〔注〕毆與驅同〔前漢鼂錯傳〕毆罯畜產〔注〕毆與驅同

獺

他達切音撻說文如小狗水居食魚埤雅獺獸西方白虎之屬
似狐而小青黑色膚如伏翼水居食魚獺取鯉於水裔四方陳
之進而弗食世謂之祭魚或曰獺一歲二祭豺祭方獺祭圓言
豺獺之祭皆四面陳之而獺圓布豺方布唐李商隱善屬文喜
鋪陳檢閱時謂之獺祭舊說蟾肪合玉獺膽分卮又曰熊食鹽
而死獺飲酒而斃此類之不可推也淮南子鵲巢知風之自來
獺穴知水之高下注歲多風則鵲作巢卑水之所及則獺移
穴其預知有如此也廣雅獺一名水狗又一種形類狗頭如馬
身如蝙蝠者鼻尖尾大名獱獺本草會編四足俱短頭與身尾
俱褊毛色若故紫帛大者身與尾長三尺餘食魚居水中亦能
休如大木上謂之水獺人物考俗傳獺祭魚將魚市列於前取
黃額魚一枚以爪按其頭作聲如人有巫祝也故俗呼黃額魚
為魚師祭畢獺食諸魚而縱魚師於水注海虞衡志海獺生海
中似獺而大者水不濡山獺土人呼為插翹聞山中婦人氣必
躍來相抱無偶則抱木枯死正字通山獺出廣之宜州性淫山
中有此牝獸皆去又本草圖經諸畜肝葉皆有定數獨獺肝一

月一葉十二月十二葉其肝又有退葉用之須見形乃可驗不爾多偽又獺肝治勞瘵禮月令孟春獺祭魚王制獺祭魚然後漁人入澤梁　又

叢

徂紅切族平聲說文聚也从丵从取書無逸是叢于厥身又益稷元首叢脞哉他轄切音咀義同傳細碎無大略也蔡傳煩碎也又秦策恒思有神叢注墨子建國必擇木之修茂者以為叢位史記叢祠注索隱曰高誘注云神祠叢樹也孟子注叢茂林也又叢臺在邯鄲前漢高后紀叢臺災注臺非一故曰叢本六國時趙王故臺又姓南北朝滁州刺史叢鍪池北偶談文登叢大司空蘭本漢秺侯金日磾之後相傳日磾四十五代孫永遷縣之叢家峴後遂以為姓　又叶徂黃切音牀韓愈此日足可惜詩蕭條千萬里會合安可逢淮之水舒舒楚山直叢叢逢音房　亦作䕺藂

鸇

諸延切音饘說文鸇鷐風也爾雅釋鳥晨風鸇郭注鷂屬陸璣云似鷂黃色燕頷句喙嚮風搖翮乃因風急疾擊鳩鴿燕雀食之八物攷列子曰鷂之為鸇鸇之為布穀布穀又為鷂左文十八年見無禮於其君者誅之若鷹鸇之逐鳥雀也孟子為叢敺雀者鸇

也注鶡食雀者也又鶡陰地名後漢郡國志鶡安定郡又西羌傳羌到建威鶡陰河又稽延切音甄已仙切音搴義並同又叶之人切音珍高彪詩呂尚七十氣冠三軍詩人作歌如鷹如鶡

艾

五蓋切音礙說文冰臺也急就篇注艾一名冰臺一名醫草博物志削冰令圓舉以向日以艾承其影得火故號冰臺本草注醫家用灸百病故曰灸草詩采葛彼采艾兮傳艾所以療疾孟子猶七年之病求三年之艾也注艾草名所以灸者乾久益善又爾雅釋詁長也傳雅老也禮曲禮五十曰艾疏髮蒼白色如艾也詩閟宮俾爾耆而艾又釋詁歷也注壽長者多更歷又釋詁相也疏謂相親也又孟子知好色則慕少艾注艾美好也楚辭戰國策所謂幼艾義與此同楚辭九歌慫長劍兮擁少艾趙策社稷爲虛戾先王不血食而王不以與上乃與幼艾又爾雅釋詁養也詩南山有臺保艾爾後注五蓋反養也又止也左哀二年憂未艾也注未絕也詩庭燎夜未艾傳盡也又報也周語樹于有禮艾人必豐又史記律書横艾淹茂索隱横艾壬也又山名春秋隱六年公會齊侯盟于艾注泰山牟

縣東南有艾山彙纂今在山東青州府蒙陰縣西北又邑名左哀二十年吳公子慶忌出居于艾注吳邑豫章有艾縣彙纂今艾城在江西南昌府甯州西又亭名水經注甘陵故清河直東二十里有艾亭又姓通志氏族畧春秋大夫艾孔之後　又與刈同詩臣工奄觀銍艾傳艾穫也穀梁莊二十八年一年不艾而百姓飢注穫也又昭八年艾蘭以爲防　又與乂同治也詩或肅或艾孟子太甲悔過自怨自艾又有私淑艾者說文芟草也蓋斬絕自新之意懲艾創艾亦取諸此又曰私淑艾者未嘗親見面授只是或聞其風而思慕之或私竊傳其善言善行學之以善於身是亦君子之教誨也前漢郊祀志天下艾安又張衡東京賦齊騰驤而沛艾注沛艾作姿容貌也

淑　殊六切音孰說文清湛也又爾雅釋詁善也詩鳲鳩淑人君子桑柔其何能淑傳善也孟子注言今之所爲其何能善則相引以陷於亂亡而已孟子予私淑諸人也注私猶竊也淑善也李氏以爲方言是也輔氏曰孟子又言私淑艾而他無所見故疑是方言饒氏曰私淑艾者私竊其善於人以自治私淑諸人者我私

取之以善其身非謂以此私淑他人也新安陳氏曰私竊以善其身不若云私竊其善於人文意方順　又昌六切音俶淑沺水皃【木華海賦】藯華淑沺

濱

卑民切音賓【說文】瀕水厓【注】今俗別作濱【韻會】水際也【書禹貢】海濱廣斥【孟子】伯夷辟紂居北海之濱太公辟紂居東海之濱【詩北山】率土之濱【傳】厓也　又地近亦曰濱【史記貨殖傳】鄒魯濱洙泗　又叶卑眠切音邊【蘇轍詩】送我出重嶺長揖清江濱我老益不堪惟有二頃田

萊

洛哀切音來【說文】蔓華也【玉篇】藜草也【詩南山有臺】北山有萊【陸疏】萊草名其葉可食今兗州人蒸以為茹謂之萊蒸又【周官縣師】掌邦國都鄙稍甸郊里之地域而辨其夫家人民田萊之數【注】萊休不耕者郊內謂之易郊外謂之萊又【遂人】上地夫一廛田百畝萊五十畝中地夫一廛田百畝萊百畝下地夫一廛田百畝萊二百畝又【山虞】若大田獵則萊山田之野【注】萊除其草萊也【集注】萊者將田於是則不除其草萊使禽獸得生息也【詩十月之交】田卒汙萊【傳】草穢也【孟子】辟草萊又【書禹貢】青州萊夷作牧【蔡傳】顏師古曰萊山之夷齊有萊山萊人

卽今萊州之地左定十年會于祝其注在今萊蕪縣舊說齊靈公滅萊萊民流播此谷邑落荒蕪故曰萊蕪會于此故得有萊人齊語通齊國之魚鹽于東萊注齊東萊夷也又地名春秋宣七年公會齊侯伐萊注萊國今東萊黃縣彙纂今屬山東登州府黃縣東南二十里有萊子城左哀五年寘羣公子於萊注齊東鄙邑又山名山海經萊山其木多檀楮又縣名蓬萊屬登州府又姓孟子若伊尹萊朱趙注湯賢臣仲虺是也左文二年萊駒爲右高士傳老萊子著五色斑斕衣作嬰兒戲　又叶陵之切音釐詩田卒汙萊下矣叶於姬反上謀叶莫悲反郭璞遊仙詩朱門何足榮未若託蓬萊臨泉揖清波陵岡掇丹荑　又路代切音賴義同

眸　莫浮切音牟說文目瞳子也釋名冒也相裹冒也孟子眸子不能掩其惡胷中正則眸子瞭焉胷中不正則眸子眊焉注眸目瞳子也瞭明也眊者蒙蒙目不明之皃蓋人與物接之時其神在目故胷中正則神精而明不正則神散而昏輔氏曰心正則安裕完固故神之見於目者精聚而明白心不正則驚惕掩覆故神之見於目者渙散而昏暗此所

謂不能⿰犭奄者也

胷　許容切音匈說文膺也从勹凶聲或从肉考工記梓人以胷鳴者又大胷燿後又東夷有穿胷國本作匈前漢灌夫傳斬頭穴匈　或作胸史記趙世家黑龍而烏噣鬢麋髭頫大膺大胸

瞭　盧皎切音了廣韻目精明也周官序官眡瞭三百人注目明者又禽經瞭曰鵠注張華曰能遠視也又楚辭九辯瞭明明而薄天注音了一音杳　又洛簫切音遼

眊　莫報切音冒說文目少精也新書道術篇纖微皆審謂之察反察爲眊前漢息夫躬傳憒眊不知所爲尉龍子御對篇眊眊乎其猶醉也又李肇國史補進士不捷而飲謂之打眊矂東坡與潘三失解後飲酒詩顧我自爲都眊矂又通作耗前漢景帝紀不事官職耗亂者　又與耄同言老而視眊也前漢武帝紀哀夫老眊注眊古耄字老稱也　又莫角切尨入聲義同又傅雅眊眊思也　又莫佩切音妹傅雅好也　又慕各切音莫與瞙同目不明也

淳　常倫切音純說文淥也又清也樸也張衡思元賦何道眞之淳粹兮注不澆曰淳又沃也周語王乃淳濯饗醴禮內則煎醢加于陸稻上沃之

以膏曰淳熬煎醢加于黍食上沃之以膏曰淳毋【注】淳沃也朱
氏軾曰沃之以膏故曰淳【釋文】之淳切又大也【班固幽通賦】黎
淳耀于高辛兮又兵車之耦曰淳【左襄十一年】廣車軘車淳十
五乘【注】淳耦也【正義】射禮數射算二算爲純一算爲奇是淳爲
耦也淳與純通又醎也【襄二十五年】表淳鹵【注】淳鹵埆薄之地
表謂輕其賦稅賈逵曰淳醎也又淳淳流動皃【莊子則陽篇】闔
福淳淳又複姓【孟子注】淳于姓髡名齊之辯士見【史記滑稽傳】
【按】錞釪樂器一作淳于北海有山上大下小形如淳于故名淳
于山居其下者遂以爲姓漢北海郡有淳于縣亦以此山得名
也又國名今密州安邱縣古淳于國【左桓五年】淳于州公如曹
【注】淳于州國所都城陽淳于縣也【彙纂】今青州府安邱縣東北
三十里有淳于故城趙氏州邑郎河內州縣其初蓋蘇忿生采
地至是爲州公食邑左氏以爲淳于公淳于公則杞公耳淳于
隷今密州杞後遷於淳于世或以地稱之如東樓之類是也又
【左哀六年】葬諸殳冒淳【注】地名【路史】殳成國一名冒淳　又朱
倫切音肫【集韻】漬也沃也【禮內則】淳熬又【考工記鍾氏】淳而漬

之注沃也　又主尹切音準與純通布帛幅廣也周官內宰出其度量淳制注淳謂幅廣制謂匹長天子巡守禮制幣丈八尺純四咫

髡　苦昆切音坤說文鬄髮也周官掌戮髡者使守積注王之同族不宮之者髡頭而已前漢刑法志當黥者髡鉗為城旦舂又樹禿曰髡齊民要術種柳千樹足柴歲可髡二百樹又人名見上又鄭伯髡頑見春秋襄六年胡子髡見左昭二十三年　又去骨切音窟五忽切音兀義並同

男　那含切音南說文丈夫也从田从力言男用力於田也白虎通男任也任功業也易繫辭乾道成男說卦震一索而得男故謂之長男坎再索而得男故謂之中男艮三索而得男故謂之少男序卦有萬物然後有男女有男女然後有夫婦孟子男女授受不親又爵名禮王制公侯伯子男凡五等又姓史記夏本紀其後有男氏　又叶尼心切音寧詩思齊大姒嗣徽音則百斯男

嫂　蘇老切音埽說文兄妻也从女叜聲今經典多作叟叜叟古今字釋名嫂叟也人及物老皆縮小於舊也爾雅釋親女子謂兄之妻為嫂後漢馬援傳援敬事寡嫂不冠不入

盧前漢高帝紀高祖微時過邱嫂孟子嫂溺不援是豺狼也又叶蘇后切音叟楚辭天問惟澆在戶何求于嫂何少康逐犬而顚隕厥首

豺

士皆切音才說文狼屬狗聲爾雅釋獸豺狗足疏豺貪殘之獸急就篇注顏師古曰豺深毛而狗足埤雅豺似狗而長尾白頰高前廣後其色黃季秋取獸四面陳之以祀其先世謂之豺祭獸故先王候之以田禮所謂豺祭獸然後田獵是也詩巷伯投畀豺虎豺虎不食集說豺虎以殺為性則以其惡之甚且先棄於凶殘之獸也　或作犲

全

疾緣切音泉說文完也从入从工篆文从玉純玉曰全玉篇具也考工記玉人之事天子用全注純用玉也孟子有求全之毀注求免於毀而反致毀是謂求全之毀　又姓韻會吳有大司馬全琮又州名韻會漢零陵郡晉置全州

館

古玩切音貫說文客舍也从食官聲周禮五十里有市市有館館積以待朝聘之客詩緇衣適子之館兮箋卿士之館如今之諸廬也考工記匠人注外路寢之表九室如今朝堂諸曹治事之處禮曾子問公館復私館不復注公館若今縣官舍也周官遺人市有

候館又孟子館於上宮集說館寓之也又禮檀弓遇內館人之喪又西京雜記公孫宏開客館以招天下之士一曰欽賢館德任毗贊佐理陰陽者居之次曰翹材館才堪九列二千石者居之次曰接士館一善一藝者居之又周官司巫祭祀則共匰主及道布蒩館注蒩之言藉也祭祀有當藉者館所以承蒩若今筐也又重館地名在今山東魚臺縣左傳三十一年取濟西田分曹地也使臧文仲往宿于重館注高平方與縣西北有重鄉城　又古緩切音管義同　又叶扃縣切音睊徐幹齊都賦後宮內庭嬪妾之館衆偉所施極功窮變　俗作舘

餔

博孤切音逋說文曰加申時食也呂氏春秋旦至食食至日昳由日昳至下餔下餔至日夕又食也孟子徒餔啜也注餔食也啜飲也楚辭漁父餔其糟而啜其釃　又薄故切音捕集韻餹餔餌也又正字通餳之濁者曰餔又鳥名爾雅釋鳥雉餔敊郭注未詳正字通餔敊因鳥聲而名之如泥滑滑脫破袴之類通雅曰郎鷄鴝俗謂呼鷄姑子又倉頡篇餔穀鳥郎布穀據此說餔敊亦餔穀之譌　又博故切音布集韻與食也史記高帝紀

老父請飲因餔之注餔古曰以食食之謂之餔

啜 昌悅切音歠說文嘗也一曰喙也爾雅釋詁啜茹也注啜者拾食禮檀弓啜菽飲水孟子注啜飲也又集韻泣也又陟列切音輟玉篇泣皃詩中谷有蓷啜其泣矣音義張劣反又廣韻言多不止也又充芮切音毳稱芮切音輟株衛切音綴義竝同又丑芮切音惙釋詁茹也施乾讀又俞芮切音睿義同郭璞讀

娶 七句切音趣說文娶婦也孟子舜不告而娶爲無後也又新於切音胥集韻商娶媒也又逡趨切音須荀卿俛詩閭娶子奢莫之媒也亦作須魏策左白台而右閭須注皆美人補曰閭須見荀子或又作嫩又遵須切音諏人名烏孫王岑嫩經史通作取

芥 古拜切音介說文菜也爾雅翼芥似菘而有毛極辛苦續博物志食芥墮淚禮內則魚膾芥醬又膾春用蔥秋用芥注芥芥醬也疏上云魚膾芥醬秋時用芥芥辛於秋宜也埤雅或曰草謂之芥琥珀所稱謂草爾化書曰琥珀不能拾腐芥孟子視天下悅而歸己猶草芥也又君之視臣如草芥又纖芥細微皃春秋繁露王道篇春秋記纖芥之失

賈誼服賦細故芥蔕何足以疑注芥蔕小草也漢書注小鯁也司馬相如上林賦吞雲夢于胷中曾不蔕慸芥　又丑居吏切音記王粲浮淮賦軸轤千里各卒億計進兹威以赫怒淸海隅之蔕芥

瞍

蘇后切音叟說文無目也从目叜聲今从叟字林目有眹無珠子也詩靈臺矇瞍奏公傳有眸子而無見曰矇無眸子曰瞍古者樂師皆以瞽者爲之以其善聽而審於音也又人名孟子舜盡事親之道而瞽瞍厎豫注瞽瞍舜父名人物攷瞽瞍有目不能分別善惡故時人謂之瞽配字曰瞍非眞如瞽者之無目也　又與叟同長老之稱書大禹謨祗載見瞽瞍蔡傳瞍長老之稱　又先侯切音叟平聲　先彫切音蕭義同

厎

諸市切音旨說文柔石也注可以爲礪前漢梅福傳爵祿天下之厎石蕭望之傳厎厲鋒鍔注師古曰厎柔石厲皁石又說文致也書旅獒西旅厎貢厥獒孟子瞽瞍底豫注致也又定也書皐陶謨朕言惠可厎行蔡傳皐陶謂我所言順於理可致之於行　又都黎切音低集韻至也　又陟利切音致亦致也書禹貢揚州震澤厎定蔡傳謂厎於定而不震蕩也　又

丁計切音帝義同　又旨而切音支（梅福傳）厎石師
古曰厎有平去二音　字从厂與从广音邸者別

四書字詁卷七十二

湖南黔陽縣歲貢生段諤廷訒庵原稿
本縣教諭寧鄉黃本驥虎癡編訂

中孟二 離婁二計三十八節

條 徒聊切音迢說文小枝也徐曰自枝而出也詩汝墳伐其條枚傳枝曰條幹曰枚又長也書禹貢厥木惟條又木名爾雅釋木柚條詩終南有條有梅陸佃曰柚似橙而大于橘一名條又條理也書盤庚若網在綱有條而不紊孟子始條理者智之事也終條理者聖之事也注條理猶言脈絡指衆音而言也張南軒曰條理者有倫緒而不紊之謂始條理者析衆理於毫釐也終條理者備衆理於一貫也又條然嘯貌詩中谷有蓷條其歗矣又條達也前漢郊祀歌聲氣遠條又條鬯也律歷志陰陽萬物靡不條鬯該成又條例晉書劉寔傳撰春秋條例二十卷注顏師古曰凡言條者一一而疏舉之若木條焉又條教

史記酷吏傳以興化條又條奏前漢元帝詔條奏無有所諱又條對梅福傳條對急政又條刺許皇后傳其條刺使大長秋來白之又縧也禮雜記喪冠條屬疏條屬者謂一條繩屈之爲武垂下爲纓以著冠也又八風之一易緯通卦驗東北曰條風又博雅條條擾亂也又鳴條地名在河東郡安邑縣書伊訓造攻自鳴條蔡傳夏所宅也孟子卒於鳴條趙注在安邑之西又國名漢周勃封條侯又姓姓苑晉有内閣司空條枝　又他彫切音祧枝落也詩七月蠶月條桑　又徒歷切音滌周官條狼氏注條當爲滌滌除狠扈道上者　又叶徒流切讀若頭陸雲夏府君誄百行殊揆君望斯周栖儀初九戢翼洪條

郢

以井切音穎說文故楚都在南郡江陵北十里左桓十一年次于郊郢以禦四邑注楚地彙纂今湖廣安陸府治郢州故城是其地也公羊宣十二年子重諫曰南郢之與鄭相去數千里左定四年五戰及郢字典六書故云郢楚所都今爲江陵府江陵縣子西遷楚於鄀楚考烈王自陳徙壽春亦命曰郢名雖同而地則異也又孟子卒於畢郢注畢郢在豐鎬今有文王墓新安

陳氏曰畢郢在鎬東非楚都之郢括地志周文王墓在雍州萬年縣西南二十八里畢原上在唐名畢原在殷則名畢郢又字彙補節氣名管子幼官篇十二小郢十二中郢又郢斲莊子徐無鬼郢人堊漫其鼻端若蠅翼使匠石斲之按今求人改正詩文曰郢正義蓋本此　又叶以成切音盈風俗通干木息偃以藩魏包胥重繭而存郢管氏朱絃而三歸平仲辭邑以濯纓

符 防無切音扶說文符信也漢制以竹長六寸分而相合釋名符付也書所敕命于上付使傳行之也玉篇符符節也分為兩邊各持一以為信篇海符者輔也所以輔信又驗也證也合也六書音義符之為言扶也兩相符而不差也周官掌節門關用符節注符節者為今諸官詔符也集注疑符節乃刻竹書所由加印篆行者自執之孟子注符節以玉為之篆刻文字而中分彼此各藏其半有故則左右相合以為信也若合符節言其同也朱子曰古人符節多以玉為之如牙璋以起軍旅又有竹符又有英蕩符漢有銅虎符竹使符銅虎以起兵竹使郡守用之凡符節右留君所左以與人有故則君以右合其左以

為信也史記武帝紀黃帝合符釜山注合諸侯符契圭璋而朝于釜山高帝紀六年剖符行封孝文帝紀初與郡國守相為銅虎符竹使符注張晏曰符以代古之圭璋從簡易也師古曰竹使與郡守各分其半右留京師左以與之文心雕龍符者孚也徵召防偽事資中孚三代玉瑞漢用金竹末代從省以書翰矣又荊楚歲時記元旦帖畫雞戶上懸葦索於其上插桃符其旁唐詩千門萬戶曈曈日總把新桃換舊符謂此也又蘇東坡集玉女洞在盩厔西南洞旁有飛泉味甚甘冽東坡至其處自致兩瓶欲復取恐為使者見紿乃破竹為契令寺僧藏其一以為信號調水符沈周詩未傳盧氏煎茶法先得蘇公調水符又符瑞禮記注萬物之符長疏符謂甘露醴泉之屬又符籙帝王世紀黃帝封蚩尤西王母以符授之乃立請祈之壇親自受符又木膚也山海經丹木赤符而黑理又書名黃帝泰階六符東方朔諫除上林苑疏願陳泰階六符以觀天變不可不省又秦策乃夜發書陳篋數十得太公陰符之謀伏而誦之注漢志有陰符經正曰陰符經恐非此所指索隱云陰符是太公兵法又春

秋緯有感精符又顏氏家訓吾見世人至無才思自謂清華流布醜拙亦已眾矣江南號爲詅癡符正字通宋御史臨海李庚撰詅癡符二十卷又官名前漢趙堯傳堯爲符璽御史又姓魯頃公之孫雅仕秦爲符璽令因以爲氏又地名前漢地理志沛郡有符離縣犍爲郡有符縣巴郡有符特縣趙充國傳匈奴發騎旁塞至符奚盧山隋文帝紀開皇十五年旅王符山山海經符禺之山符禺之水出焉又獸名後漢班超傳月氏貢符拔注符拔似麟而無角又竹名廣東新語雙髻峯下百十步劉仙壇側有符竹竹不甚高大止數尺葉上有文如蝸涎如古篆籀其行或複或單或密或疏葉葉不同若今巫覡所書符者一竹中有一葉二葉或數十竹中無一葉葉雖枯而文色不改文多白與葉色不同山人謂之竹葉符　又敷無切音孚史記律書萬物剖符甲而生注音孚　又房尤切音浮陳琳大荒賦考律歷於鳳鳥兮問民事於九鳩傷典墳之紕繆兮歸大聖之顯符

溱　側詵切音臻說文水出桂陽臨武入匯又水名在河南春秋時屬鄭孟子濟人於溱洧注二水名人物攷溱洧在濟

西洛東河南潁北四水謂之新鄭朱子詩溱洧傳鄭國之俗三月上巳之溱洧兩水之上秉蘭草祓除不祥又水名出汝南水經注溱水出浮石嶺青衣山又溱洧鄭風篇名序溱洧刺亂也兵革不息男女相棄淫風大行莫之能救焉又溱溱衆也詩無羊室家溱溱又盛皃班固靈臺詩百穀溱溱　又與臻同至也前漢王褒傳萬祥畢溱　又通蓁詩攷齊詩其葉溱溱今周南桃夭作蓁蓁又州名廣輿記河南汝寧府漢曰汝南後周曰溱州

洧

榮美切音鮪說文水出潁川陽城山東南入潁詩褰裳傳洧鄭水名水經注水出河南密縣西南馬嶺山左成十七年公會尹武公單襄公及諸侯伐鄭自戲童至于曲洧注今新汲縣治曲洧城臨洧水彙纂漢宣帝神爵三年以許縣之汲鄉置新汲縣金置洧川縣今屬河南開封府襄元年諸侯之師伐鄭敗其徒兵於洧上彙纂長平在今西華縣屬河南開封府昭十九年龍鬬于時門之外洧淵注洧水出滎陽密縣至長平入潁彙纂今洧水自密縣東流經新鄭縣南門又東會溱水謂之雙泊河即洧淵也又水名出上郡高奴縣水經注清水東

逕高奴縣合豐林水前漢地理志謂之洧又洧槃水名出崦嵫離騷朝濯髮乎洧槃

杠

古雙切音江說文牀前橫木也徐曰今人謂之牀桯急就篇妻婦聘嫁齎媵僮奴僕私隷執牀杠又旌旗竿爾雅釋天素錦韜杠注謂以白地錦韜旗之竿廣雅天子杠高九仞諸侯七大夫五文銘旌也儀禮士喪禮竹杠長三尺又小橋謂之杠釋名杠公也衆所共也孟子注杠方橋也徒杠可通徒行者又星名晉書天文志大帝上九星曰華蓋下九星曰杠華蓋之柄也　又枯紅切音工地名前漢曹參傳攻杠里大破之

涉

時攝切音[illegible]說文徒行厲水也爾雅釋水繇膝以上爲涉書微子若涉大水泰誓斮朝涉之脛孟子民未病涉也又行路曰跋涉詩載馳大夫跋涉傳草行曰跋水行曰涉又畜獸行水亦曰涉漸漸之石有豕白蹢烝涉波矣又經也枚乘七發於是背秋涉冬又前漢賈山傳涉獵書記不能爲醇儒注言若涉水獵獸不專精也又水名前漢地理志犍爲郡南廣縣有大涉水又縣名廣輿記屬彰德府古涉侯國地漢涉縣又姓左定八年涉佗捘衛侯之手注晉大夫　又的協切

音貼與喋同

腹　方六切音福說文厚也一曰身中爾雅釋詁厚也詩蓼莪出入腹我傳厚也箋懷抱也疏謂置之於懷抱禮月令孟冬水澤腹堅注腹厚也方氏曰堅達於內非特水面而已又增韻肚也釋名腹複也富也腸胃之屬以自裹盛復於外複之其中多品似富者也易說卦坤爲腹疏坤能包藏含容故爲腹也詩兔罝公侯腹心傳腹心同心同德之謂書盤庚今予其敷心腹腎腸孟子君之視臣如手足則臣視君如腹心注手足腹心相待一體恩義之至也又前漢昭帝紀泗水戴王有遺腹子煖又左宣十六年河魚腹疾又口不言而心非之爲腹非非與誹同前漢食貨志不入言而腹非論死又河圖引蜀謠汶阜之山江出其腹又衣名釋名抱腹上下有帶抱裹其腹上無襠者也又姓趙策腹擊爲室而鉅注趙臣又人名史記燕世家燕王命相栗腹約歡趙　又叶卑吉切音必易林陰寒主疾水離其室民饑于食不病心腹

寇　苦候切音扣說文暴也从攴从完當其完聚而寇之也攴擊也會意廣韻鈔也增韻仇也賊也易蒙卦不利爲寇利禦寇詩民勞式

過寇虐書舜典寇賊姦宄注羣行攻劫曰寇殺人曰賊又左文七年兵作於內爲亂於外爲寇又官名書周官司寇掌邦禁詰姦慝刑暴亂注寇害也刑之設以除民害天地之氣春生秋殺故司寇爲秋官又鳥名郭璞曰江東有小鳧其多無數俗謂之寇鳧亦作寇鳧又姓宋有寇準　俗作㓂

膏

古勞切音高說文肥也韻會凝者曰脂釋者曰膏一曰戴角者脂無角者膏、春秋元命包膏者神之液也易鼎卦雉膏不食晉語不能爲膏而祇離咎也注膏肥也孟子膏粱之味注膏肥肉粱美穀史記田敬仲世家豨膏棘軸注豨膏猶脂也又博雅人一月而膏又左成十年疾不可爲也在肓之上膏之下攻之不可達之不及藥不至焉不可爲也注肓鬲也心下爲膏博雅膏滑澤也易屯卦屯其膏疏正義曰膏謂膏澤也孟子膏澤下於民又脣脂以膏和丹作之亦曰膏詩伯兮豈無膏沐傳膏所以澤髮者沐滌首去垢也又甘也禮禮運天降膏露注膏猶甘也又凡樹理之白者皆曰膏周官大司徒其植物宜膏物注鄭司農曰膏物楊柳之屬理致且白如膏又五穀之滑者皆曰膏山海經西南黑水之間有廣都之野爰有膏菽膏稻膏黍膏稷郭注言味皆滑如膏　又古到切音誥潤也詩下泉陰雨膏之禮內則脂膏釋文二膏字皆古報反劉鑒經史動靜字音脂膏之膏讀平聲用以潤物曰膏則讀去聲

導　大到切音盜說文導引也徐曰以寸引之也周語侯人爲導注謂敵國賓至爲先導也孟子導之出疆注導之防剽掠也又治也書禹貢導岍及岐注言治山通水也又通也周語太子晉曰川氣之導也疏爲川谷以導其氣又增韻啟迪也通作道又簪導釋名簪兟也以兟連冠於髮也導所以導櫟鬢髮使入巾幘之裏也南齊高祖紀性儉約見主衣中有玉導曰留此是興長弊源命擊碎之又官名前漢百官表少府有導官主擇米一作䆃

收　尸周切手平聲說文捕也詩瞻卬此宜無罪女反收之傳收拘收也又維天之命我其收之傳收聚也朱傳受也又禮玉藻勤者有事則收之疏收謂斂之在手又左襄二十七年何以恤我我其收之注收取也又國策秦可以少割而收害也注收猶息也又博雅收振也中庸章句振收也又車軫也詩小戎傳收軫也謂車前

後兩端橫木所以收斂所載者也又冠名儀禮士冠禮周弁殷冔夏收注收言所以收斂髮也又神名禮月令孟秋其神蓐收注蓐收少皞氏之子曰該爲金官又日辰名淮南子天文訓亥爲收主大德　又舒救切音狩獲多也禮月令季秋農事備收釋文如字又守又反又易井卦井收勿幕疏凡物可收成者則謂之收本義收汲取也詩救反又如字

搏 補各切音博說文索持也禮月令孟秋務博執孟子有故而去則君博執之又書益稷搏拊琴瑟傳搏至拊循也又拊也拍也史記李斯傳彈箏搏髀又手擊也釋名指廣博以擊之左傳二十八年晉侯夢與楚子搏史記項羽紀搏牛之蝱不可以破蟣蝨又取也李斯傳鑠金百鎰盜跖不搏注搏猶攫也取也凡鳥翼擊物必轉足取攫故人取物亦云搏也禮儒行鷙蟲攫搏疏以腳取之謂之攫以翼擊之謂之搏　又與膊通周官掌戮掌斬殺賊諜而搏之注搏當爲膊謂去其衣也春秋傳殺而膊諸城上按斬者要斬也殺者斷首領也此蒙上文而言故謂之去其衣謂既斬殺而又去其衣也舊注謂去其衣而磔之辠訓膊字則可若

蒙上斬殺而言則磔恐過甚非先王之刑也　又匹各切音粕

集韻亦擊也　又方遇切音付韻會亦擊取也　又符遇切音

附集韻捕也　又博故切音步與捕同

寸　倉困切村去聲說文十分也人手卻一寸動衇脈之寸口徐曰一者記手

腕下一寸此指事也家語布指知寸前漢律歷志度量衡皆起

於黃鍾之律一黍為分十分為寸十寸為尺又寸者忖也有法

度可忖也凡法度字皆從寸又姓正字通明嘉靖中梓潼令寸

居敬　又叶徒玩切音段廣信嘉晴應詔伏泉還習坎陰風已

向巽桐枝長舊圍蒲節抽新寸叶上建傳堰獻楊升庵曰巽音

蒜寸音斷或曰巽之音蒜音出自然寸乃音斷殊強濫依轉韻

當近

資　津私切音咨說文貨也易旅卦旅即次懷其資得童僕貞傳得就次舍懷畜其資財又得童僕之貞旅之

纂

善也又旅于處得其資斧雲峯胡氏曰四以剛居柔而在上卦

之下猶為能用柔而下於人者故得資足以自利得斧足以自

防也進齋徐氏曰或曰資當作齋漢書王莽遣王尋屯洛陽將

發亡其黃鉞其士房楊曰此經所謂喪其齋斧者也應劭曰齋

利也讀如齊衰之齊齊資音同誤作資按今人用資斧概作資
用通套語語本此而誤又乾卦萬物資始釋文資取也又儀禮
聘禮問歲月之資注資行用也又貨也莊子逍遙遊宋人資章
甫而適諸越　又與齎同儀禮少牢饋食資黍于羊俎兩端注
資猶減也今文作齎　又與咨同禮緇衣民惟曰怨資書作咨
又姓陳留風俗傳黄帝之後四明志會稽有資氏　又咨四切
與恣同秦刻石文恣作資

逢

符容切奉平聲說文遇也正韻值也左宣三
年不逢不若書洪範子孫其逢吉孟子則取
之左右逢其原注猶值也原本也又正韻迎也又逆也前漢東
方朔傳逢占射覆注逆占事猶言逆刺也又大也禮儒行衣逢
掖之衣注衣掖下寬大也列子黄帝篇汝逢衣徒也注逢衣儒
服荀子儒效篇逢衣淺帶又歲名爾雅釋天大歲在甲曰閼逢
注言萬物鋒鋩欲出壅遏不通也又國名左昭二十年有逢伯
陵因之注逢伯陵殷諸侯又姓逢丑父齊臣見左傳　又蒲紅
切音蓬鼓聲也詩靈臺鼉鼓逢逢傳逢逢和也　又通作蠭司
馬相如封禪書大漢之德逢涌原泉注逢讀若蓬言如烽火之

升原泉之流　又叶符方切音房韓愈此日足可惜詩蕭條千萬里會合不可逢叶上江下鄉

混 胡本切魂上聲說文豐流也一曰雜流或作渾又混沌元氣未分也道德經有物混成先天地生列子天瑞篇氣形質具而未相離故曰混淪枚乘七發沌沌混混狀如奔馬注波相隨皃　又與昆同周禮注混掄卽崑崙　又胡昆切音魂人名集韻漢有屬國公孫昆邪或作混　又公渾切音昆混夷西戎名詩緜篇混夷駾矣孟子作昆夷　又古本切音衮與滾同孟子原泉混混注涌出之皃

澮 古外切音儈水名說文水出霍山西南入汾水經注澮水出洚高山　又爾雅釋水水注溝曰澮周官遂人千夫有澮澮上有道考工記匠人同閒廣二尋深二仞謂之澮書益稷濬畎澮距川孟子溝澮皆盈注澮田閒水道　又涓澮小流也郭璞江賦商榷涓澮　又古邁切音夬義同　又烏外切音薈集韻與濊同深廣也　又戶八切音滑字彙兩水合也

涸 下各切音鶴說文渴也韻書狐貉之貉爾雅釋詁竭也禮月令仲秋水始涸孟子其涸也可立而待也注涸乾也　又胡故切

音蘉義同

【旦】得案切丹去聲【說文】明也从日見一上一地也【玉篇】朔也曉也【爾雅釋詁】早也【書大禹謨】正月朔旦【詩東門之枌】穀旦于差【板篇】昊天曰旦【淮南子天文訓】日至于曲阿是謂旦明又【詩氓篇】信誓旦旦【箋】言其懇惻款誠號旦旦猶怛怛【說文】作悬悬【朱傳】旦旦明也又【前漢惠帝紀】當爲城旦舂者【注】城旦者旦起行治城舂者婦人不豫外徭但舂作米皆四歲刑也【顏】府漢張蒼制律爲城旦舂又【後漢許劭傳】劭好覈論鄉黨人物每月更其品題故汝南俗有月旦評又鳥名【禮坊記】相彼盍旦【注】夜鳴求旦之鳥又震旦西域稱中國之名【梁書盤盤國傳】國稱梁主爲震旦天子　又與神同【禮郊特牲】所以交於旦明之義也【注】旦當爲神篆字之誤也　又叶都眷切音囀【庾敳意賦】宗統竟初不別兮大德亡其情願天地短於朝生兮億代促於始旦

【檮】徒刀切音濤【說文】斷木也【左文十八年】顓頊氏有不才子不可教誨天下之民謂之檮杌【注】檮杌凶頑無儔匹之皃謂縣也又楚史名【孟子】楚之檮杌【注】惡獸名古者因以爲凶人之號取記惡垂戒之意也【神異經】西方荒中有獸焉

四書字詁　卷七　十二　中孟二

其狀如虎而犬毛長二尺人面虎足豬口牙尾長一丈八尺攪
亂荒中名檮杌一名傲很一名難訓（留青日札）檮杌注惡獸名
非也檮木名也一則剛木注引楚謂之檮杌惡木取其記惡以
爲戒杌樹無枝也从木从壽从兀壽人也杌不動也不从歹則
非獸明矣又瑞獸名（周語）商之興也檮杌次于丕山又無知皃
郭璞（爾雅序）不揆檮昧　又植由切音椆剛木也又瑞草名也
記龜筴傳上有檮蓍下有伏龜又山名（前漢霍去病傳）有杌余
山又人名左文十八年高陽氏才子檮戭（釋文）音稠又音桃杜
注檮杌謂無儔匹則檮杌之檮亦有儔音　又覩
老切音倒（博雅）剌也　又大到切音導（博雅）棺也

杌

五忽切音兀（玉篇）木無枝也（集韻）木短出皃
又不安皃（書秦誓）邦之杌隉

斬

阻減切音斬（說文）截也从車从斤斬法車裂也（博雅）裁也
（釋名）斬暫也暫加兵即斷也（爾雅釋詁）斬殺也（詩雨無正）斬伐
四國（周官掌戮）掌斬殺賊諜而搏之（注）斬要斬也又絕也（孟子）
五世而斬（日）大約君子小人之澤五世而絕也楊氏曰四世而
緦服之窮也五世袒免殺同姓也六世親屬竭矣服窮則遺澤

浸微故五世而斬又〔杜甫詩〕斬新花蕊未應飛 又北陷切音蓬芰也

逢

薄江切音龐〔廣韻〕姓也孟子逄蒙學射於羿〔人物攷〕楚有孤父者生於楚之荊山爲兒時習用弓矢所射無脫羿從之學盡得其道後羿以術傳家蒙謀殺羿內行媢外施賂羿歸自收逢蒙取桃棓殺之又逢安見後漢劉元傳 又通作蠭〔荀子〕王霸篇羿蠭門善服射者也〔注〕蠭門即逢蒙 〔按〕其字从夅與从夆音蓬者别〔顏氏家訓〕逄逢之别豈可雷同

抽

丑鳩切音瘳〔說文〕引也从手留聲或從由〔莊子〕天地篇挈水若抽其名爲槹〔陸機文賦〕思軋軋其若抽又拔也〔詩清人〕左旋右抽〔傳〕抽矢以射〔朱傳〕抽拔刃也〔孟子〕抽矢扣輪〔詩楚茨〕言抽其棘〔傳〕除也又〔左昭六年〕不抽屋〔正義〕服氏曰抽裂也 又陳留切音儔義同 又叶敕救切抽去聲〔詩〕右抽上軸音冑陶叶徒候反下好叶許候反

扣

苦后切音寇〔說文〕牽馬也又擊也〔孟子〕抽矢扣輪〔晉書張華傳〕吳郡臨平岸出一石鼓華曰可取蜀中桐材刻爲魚形扣之則鳴矣 又苦候切音寇義同

鼻

毗至切音鈚〔說文〕引氣自畀也从自从畀

釋名鼻嘒也出氣嘒嘒也〔管子水地篇〕脾發爲鼻〔白虎通〕鼻者
肺之使〔孟子〕鼻之於臭也〔又〕西子蒙不潔則人皆掩鼻而過之
〔楚策〕王愛子美矣雖然惡子之鼻子若見王則必掩子鼻又人
之懷胎鼻先受形故謂始祖爲鼻祖〔揚雄反騷〕或鼻祖於汾隅
又獵人穿獸鼻曰鼻〔張衡西京賦〕鼻赤象圈巨狿又地名〔左昭
二十六年〕師及齊師戰于炊鼻〔注〕魯地　又通作庳有鼻國名
在永州營道縣北〔前漢昌邑哀王傳〕舜封象於有鼻〔師古注〕在
零陵〔孟子〕作有庳又鼻息西方國名見〔風俗通〕又〔後漢杜篤傳〕
共川鼻飲之國〔注〕相習以鼻飲也又反鼻蝮蛇別名又郎
類鼻草名生田中葉如天名精李時珍曰郎豬鼓也　歷狄
切音力〔說文〕過也　曰經歷〔書梓材〕殺人歷人宥〔蔡傳〕歷人者
罪人所過律所謂藏匿資給也〔前漢天文志〕合散犯守陵歷鬭
食〔韋昭注〕自下往觸之曰犯居其宿曰守經之爲歷突掩爲陵
見相擊爲鬭又次也〔禮月令〕季冬命宰歷卿大夫至于庶民土
田之數而賦犧牲〔注〕歷猶次也吳氏澄曰謂枚數臣民之土田
以定其數之多少也又盡也謂徧及之也〔書盤庚〕歷告爾百姓

于朕志傳諡也前漢劉向傳歷周唐之所進以爲法師古注謂
歷觀之又踰也越也孟子朝廷不歷位而相與言注歷更涉也
右師未就位而進與之言則右師歷己之位矣右師已就位而
就與之言則己歷右師之位矣大戴記竊盜歷法妄行又疏也
宋玉登徒子好色賦齞脣歷齒注歷猶疏也後漢列女傳蓬髮
歷齒謂知禮則又錯也莊子天地篇交臂歷指又亂也大戴記
歷者獄之所由生注歷歷亂也鮑照詩黃絲歷亂不可治又歷
歷行列皃古樂府歷歷種白榆又斧鑿謂之歷史記滑稽傳銅
歷爲棺索隱注歷卽釜鬲也又歷錄文章皃見詩小戎疏又寂
歷猶寂寞也張說詩空山寂歷道心生又山名括地志蒲州河
東縣雷首山一名中條一名歷山舜耕處廣輿記蒲州今屬平
陽府又濟南有歷山漢志充縣亦有歷山又縣名前漢地理志
信都國有歷縣又歷城縣屬濟南卽齊州縣也地理通釋田廣
罷歷下兵卽其地後漢安帝建光三年黃龍見歷城又春秋昭
三十一年季孫意如會晉荀躒于適歷注晉地又湖名廣輿記
歷湖在和州城西周七十里爲郡之巨浸又愛歷書名說文序

趙商作爰歷篇　又與歷同前漢律歷志黃帝造歷書舜典疏世本云容成作歷黃帝之臣洪範疏算日月行道所歷計氣朔早晚之數以為一歲之歷正字通歷以日為主故從日史記漢書通用歷天載曆志篇虞夏之歷正建於孟春　又與曆同前漢天文志辟歷夜明後漢蔡邕傳辟歷數發　又與櫪同前漢梅福傳伏歷千駟

妄

巫放切音望說文亂也增韻誕也罔也新書道術篇以人自觀謂之度反度為妄孟子此亦妄人也已矣又禮儒行今眾人之命儒也妄注妄之言無也疏言今世眾人名之為儒者無有常人但遺人則謂之儒耳方氏曰今眾人之命儒也妄以其妄故常為人相詬以言相病以行吳氏澄曰鄭氏讀妄為無門非方氏雖不敢讀而以妄屬上句常屬下句亦非妄常猶曰妄庸言今世眾人不識凡名之為儒者皆妄人常人耳故為人所輕賤朱氏軾曰方讀妄字斷句為當又无妄易卦名程傳无妄者至誠也至誠者天之道也天之化育萬物生生不窮各正其性命乃无妄也本義无妄者實理自然之謂史記作无望謂無所期望而有得焉者亦通語類无妄

是不指望偶然底卦忽然而有福忽然而有禍如人方病忽然勿藥而瘉是所謂无妄也又猶凡也前漢李廣傳諸妄校尉以下材能不及中人以軍功侯者數十人　又武方切音亡集韻無也

支　章移切音卮說文去竹之枝也从手持半竹徐鍇曰竹葉下垂也又韻會庶也詩支王本支百世傳支支子也儀禮士昏禮支子則稱其宗注支子庶昆弟也又廣韻持也左定元年天之所壞不可支也又楚策粟支十年又秦策支分方城膏腴之地注支言細散取之又周語武王克殷作詩以為飲歌名之曰支注支徙也又韻府支務也唐書盧仝傳一支付勳人一支付行毫韓愈寄崔立之詩當如合分支注今人謂析產符契為分支帳又大戴保傅篇燕支地計眾不與齊均也注支猶計也又玉篇支離自異類篇一曰分也王延壽魯靈光殿賦支離分赴注支離分散也又干支史記天官書注爾雅釋天云歲陽者甲乙丙丁戊己庚辛壬癸十二干是也歲陰者子丑寅卯辰巳午未申酉戌亥十二支是也又後漢王符傳明帝時以反支日不受章奏注凡反支日用月朔為正十二支終戌亥反

還於子丑如朔日遇戊亥即初一爲反支又國名書禹貢析支
榮傳析支在河關西千餘里前漢平帝紀黃支國注應劭曰黃
支在日南之南又西域傳條支國臨西海又山名史記匈奴傳
出隴西過焉支山注山在丹州又果名後漢和帝紀舊海南獻
荔支一名離支又姓莊子列禦寇朱泙漫學屠龍於支離益又姓
苑支氏琅邪人後趙錄司空支雄又官名唐書百官志度支掌
天下租賦物產豐約之宜水陸道途之利歲計所出而支調之
又與肢通易坤卦暢于四支疏四支猶人手足孟子惰其四
支大戴禮曾子制言四支不被　又與枝同詩芄蘭傳支枝同董
氏曰石經作枝說文同　又與梔同前漢司馬相如傳鮮支黃
礫注鮮支即今梔子樹也　又翹移切音祇集
韻令祇縣名齊語制令支注今爲縣在遼西

很 胡懇切痕上聲說文
不聽從也一曰行難也一曰盭也吳語今王將很天而伐齊注
違也又玉篇諍訟也禮曲禮很毋求勝注很鬩也謂爭訟也孟
子好勇鬭很注忿戾也史記項羽紀很如羊　俗作狠

寓 牛具切音遇說文寄也禮曲禮大夫寓祭器於大夫上寓

祭器於土又[禮]郊特牲諸侯不臣寓公[疏]喪服傳云寄公者何也失地之君也或天子削地或爲諸侯所逐皆爲失地不臣者不敢以寄公爲臣也方氏曰以其嘗爲南面之君故也又寄居也[孟子]無寓人於我室[左]成二年綦毋張喪車從韓厥曰請寓乘[注]寄也又屬也[僖]二十八年請與君之士戲君馮軾而觀之得臣與寓目焉[注]寄也又託也[史記]莊周傳著書十餘萬言大抵率寓言也又寓言莊子篇名寓言十九藉外論之親父不爲其子謀親父譽之不若非其父者也又鳥名如鼠而鳥翼其音如羊可以禦兵見[山海經]又[爾雅]釋獸寓鼠曰嗛[郭注]寓謂獼猴之類寄寓木上此屬及鼠皆頰裏貯食　又通作偶[前漢]郊祀志木寓龍　又牛居切音魚義同

伋

居立切音急[說文]人名孔伋字子思又燕伋字思見[闕里志]漢有郭伋　又極入切音及[集韻]伋伋虛詐皃

偖

直如切音除[說文]偫也[淮南子]主術訓十八年而有六年之積二十七年而有九年之儲又副也[南齊書]太子曰東儲又儲胥猶言御苑也[張衡]西京賦既新作於迎風加寒露與儲胥[注]武帝先作迎風館後加

寒露儲胥二館又儲與䧟容與淮南子假真訓儲與扈治服虔曰儲與猶相羊也又姓孟子注儲子齊人

瞯 戸閒切音閑說文戴目也江淮之間謂眄曰瞯注謂目望陽也又廣韻人目多白也又爾雅釋畜䟽馬一目白者名瞯張協七命天驥之駿眸瞯黑照注瞯馬目也又漢書音義瞯小兒驚病也又姓史記酷吏傳濟南瞯氏 又居莧切閒去聲視也又覘也孟子王使人瞯夫子注竊視也宋史鎭王竑傳史彌遠使美人瞯竑動息必以告 與覸瞯同

徧 比薦切徧去聲說文帀也廣韻周也書舜典徧于羣神詩天保徧爲爾德左莊二十年樂及徧舞疏言樂之有所舞悉周徧也杜注皆舞六代之樂孟子徧國中 俗作遍

談 徒甘切音郯說文語也徐曰談者和怡而悅言之廣韻談話言論也公羊閔二年魯人至今以爲美談曰猶望高子也禮儒行言談者仁之文也史記滑稽傳談言微中晉書阮修傳王衍當時談宗戰國策蘇秦說趙王于華屋之下抵掌而談晉書王猛傳捫蝨而談當世之務旁若無人詩節南山不敢戲談孟子無與立談者又宋[illegible]處宗畜長鳴雞

身作人語與處宗談論極有元致處宗因此學業大進又（世說）王中郎以圍棋是坐隱支公以圍碁爲手談又縣名（南齊州郡志）談縣屬益州始康郡又斄州名（唐書地理志）嶺南道談州又姓（蜀錄）漢有征東將軍談巴　又叶徒黄切音唐（急就章）曹富貴李尹桑蕭彭祖屈宗談　一作譚

墦　附袁切音煩（博雅）墦塚也（孟子）墦間之祭者　又鋪官切音潘義同

四書字詁卷七十三

湖南黔陽縣歲貢生段諤廷訒庵原稿
本縣教諭寧鄉黃本驥虎癡編訂

中孟三 萬章一計三十九字

號 胡刀切音豪【說文】呼也【集韻】大呼也【詩蕩篇】式號式呼【賓筵】載號載呶【傳】號呼呶讙也又哭也【易同人】同人先號咷而後笑【周語】夫婦哀其夜號也而取之以逃于褒又【左僖十五年】公號慶鄭【詩碩鼠】誰之永號【傳】長呼也又雞鳴也【晉書律歷志】雞始三號【大戴四代篇】于時雞三號以興庶虞 又胡到切音号【廣韻】名號也【公羊疏】春秋貴賤不嫌同號【注】通用號稱也【白虎通】春秋傳曰王者受命而王必擇天下之美名以爲號也【周官大祝】辨六號【注】謂尊其名更爲美稱神號若昊天上帝鬼號若皇祖伯某元號若后土地元牲號若牛曰一元大武齍號若黍曰薌合幣號若玉曰嘉玉幣曰量幣又【周官大司馬】冢以

號名注鄉遂之屬謂之名家之屬謂之號司常家乃象其號注如魯三家同建旗則書季氏之旗孟氏之旗所謂家各象其號也禮大傳殊徽號注旌旗之名號疏徽號周禮九旗是也周大赤殷大白夏大麾各殊別也又周官冢人詔其號注謂謚號又號令也易渙卦渙汗其大號傳大號大政令也謂新民之大命救渙之大政書冏命發號施令罔有不臧又號召也齊語使周游四方以號召天下之賢士 又叶胡溝切音侯皮日休悼賈文臨汨羅之瀁瀁兮想懷沙之幽憂森樛羅以蓊鬱兮時迸狖以相號 俗作號

旻 御名缺點致敬武巾切音民說文秋天也爾雅釋天秋爲旻天注旻猶愍也愍萬物彫落疏秋萬物成熟皆有文章故曰旻天釋名閔也物就枯落可閔傷也書大禹謨傳仁覆愍下故曰旻天詩小旻傳旻幽遠之意又小雅篇名序小旻大夫刺幽王也又大雅篇名序召旻凡伯刺幽王大壞也旻閔也閔天下無如召公之臣也蓋唐人避諱改也

恝 居拜切音介集韻無愁皃孟子公明高以孝子之心爲不若是恝注恝無愁之皃 又訖黠切音戛孟子爲不

若是愬【朱子集注】音苦八反　又苦計切音契【山海經】大荒之中有愬愬之山又人名炎帝之孫曰靈愬　【說文】引孟子作忿

畎　姑泫切涓上聲【說文】水小流也【考工記】匠人爲溝洫耜廣五寸二耜爲耦一耦之伐廣尺深尺謂之く倍く謂之遂【篆文】く从田犬聲六畎爲一畝【書益稷】濬畎澮【傳】一畝之間廣尺深尺曰畎又疏通流注皆曰畎【易乾鑿度】聖人畎流大道萬彙滋溢又山谷通水處【書禹貢】羽畎夏翟【傳】羽山之谷　又苦泫切音犬【字彙補】西方地名【史記匈奴傳】周西伯昌伐畎夷氏　又畎迥切音頻【書禹貢】岱畎絲枲劉昌宗讀

懟　丈淚切音墜【說文】怨也【孟子】以懟父母【注】懟讎怨也　又徒對切音隊【詩蕩篇】彊禦多懟【傳】又怨也

捐　與專切音沿【說文】弃也【前漢竇嬰傳】侯自我得自我捐無所憾【列子楊朱篇】生相憐死相捐又【前漢食貨志】故堯有九年之水湯有七年之旱而國無捐瘠者【注】師古曰瘠瘦病也言無相棄捐而瘦病者又人死曰捐館【國策】一旦捐館舍　又【增韻】除去也損也【孟子】父母使舜完廩捐階【注】捐去也【史記吳起傳】捐不急之官　又于權切

音員義同　又叶于倫切音鈞陸雲詩青雲方乘芳簡可捐逵覯在一萬物自賓

浚　私閏切音峻說文抒也抒取出之也左襄二十四年毋寧使人謂子子實生我而謂子浚我以生乎注浚取也言取我財以自生又深也春秋莊九年冬浚洙公羊傳浚之者何深之也曷爲深之畏齊也又須也書皐陶謨夙夜浚明有家傳言早夜思之須明行之也馬融云大也蔡傳浚治也浚明亮采皆言邦家政事明治之義又邑名詩凱風在浚之下干旄在浚之郊傳衛地地理考浚水出浚儀東逕鄉地入濟　又祖峻切音俊浚稽山名在武威北前漢李陵傳至春俱將酒泉張掖騎各五千人並擊東西浚稽　又七均切與踆同伏也劉歆遂初賦鳥脇翼之浚浚

績　則歷切音勣說文緝也詩東門之枌不績其麻七月八月載績又功也書堯典庶績咸熙孟子謨蓋都君咸我績又詩文王有聲維禹之績傳業也朱傳功也又爾雅釋詁績繼也又事也成也

弤　都禮切音邸玉篇舜弓名孟子弤朕注彫弓也疏彫弓漆赤弓也亦曰彤弓

棲　先稽切音西說文鳥在巢上而鳥棲

故因以爲東西之西或从木妻〔玉篇〕同栖鳥棲也又〔爾雅〕棲謂之牀〔孟子〕二嫂使治朕棲〔注〕牀也又〔詩衡門〕可以棲遲〔傳〕棲遲游息也〔北山〕作栖遲又水中浮草曰棲苴〔大雅〕如彼棲苴〔朱傳〕水中浮草棲於木上者言枯槁無潤澤也　又千西切音妻棲棲簡閱車馬皃〔詩六月朱傳〕音西棲棲猶皇皇不安之皃又棲屑往來皃〔後魏裴安傳〕京師遼遠實憚棲屑

牀　仕莊切狀平聲〔說文〕安身之坐者从木爿聲徐鍇曰左傳薳子馮詐病掘地下冰而牀焉至於恭坐則席也故从爿爿則牀之省象人衺身有所倚箸至於牆壯戕狀之屬竝當从牀省聲〔釋名〕人所坐臥曰牀牀裝也所以自裝載也〔廣雅〕棲謂之牀〔通俗文〕八尺曰牀〔易剝卦〕剝牀以足節齋蔡氏曰牀者人之所安上實下虛故取以象剝足在下又取以象初〔魏志張邈傳〕元龍無客主之意久不相與語自上大牀臥使客臥下牀〔晉書王羲之傳〕郄鑒使門生求壻于王導諸子弟咸自矜持惟羲之在東牀坦腹食郄曰此佳壻也又大椅曰胡牀〔伊桓傳〕王徽之泊舟青溪側令人謂伊曰聞君善吹笛試爲我一奏伊便下車踞胡牀爲作

三調弄畢便上車去又山名山海經女牀之山有鳥五彩文名曰鸞鳥又石牀一名乳牀見本草又井榦曰牀樂府淮南篇後園作井銀作牀又爾雅釋草盱虺牀注蛇牀也一名馬牀　俗作床

鬱　紆物切音尉說文木叢生者詩晨風鬱彼北林傳積也疏鬱積而茂盛又七月六月食鬱及薁傳棣屬陸疏其樹高五六尺實大如李色正赤食之甘本草一名雀李一名車下李與棣相類又書五子之歌鬱陶乎予心疏鬱陶憤結積聚之意蔡傳哀思也孟子注鬱陶思之甚而氣不得伸也又考工記梟氏鍾弇則鬱注聲不舒揚又禮內則鳥皫色而沙鳴鬱注腐臭也又左昭二十九年鬱湮不育注鬱滯也又爾雅釋言氣也疏謂鬱蒸之氣也又廣韻幽也又地名前漢地理志鬱林郡故秦桂林郡屬尉佗又水名山海經鬱水出象郡又姓出姓苑又說文芳草也十葉為貫百廿貫築以煮之為鬱一曰鬱鬯百草之華遠方鬱人所貢芳草合釀之以降神鬱今鬱林郡也周官鬱人和鬱鬯以實彝而陳之注鄭司農云鬱草名十葉為貫百二十貫為築以煮之鐎中停於祭前鬱之為草若蘭　俗作

校侍女六切音朒慙也書五子之歌顏厚有忸怩傳顏厚愧

忸之見於色也忸怩愧之發於心也　又女九切習也荀子議兵篇狃之以慶賞注忸與狃同

怩女夷切音尼說文䶊怩慙也孟子注忸怩慙色也　又年題切音泥義同　又尼質切音暱愧也

亨普庚切音磅孟子校人亨之左昭二十年水火䃰臨䁆梅以亨魚肉　又普郎切音滂墨子耕柱篇鼎成三足而方不炊而自亨不舉而自臧不遷而自行史記越世家蜚鳥盡良弓臧狡兔死走狗亨　按說文亨作亯許兩普庚許庚三讀今經傳俱用亨字間有用亨者皆俗字也

兜當侯切鬭平聲說文兜鍪首鎧也从兜从皃省象人頭也急就章弓弩箭矢鎧兜鍪正字通兜鍪形似釜而反脣非炊具說文長鍪軍士以首鎧爲炊具故曰兜兜爲冑名鍪爲釜名一物兼二義　按軍伍鐎斗晝炊夜擊未有以首鎧炊者凡被圍軍匱糧絕煮弩鎧食筋革皆勢窮使然非軍士例用首鎧爲炊也箋誤　又驩兜四凶之一書舜典放驩兜于崇山左文十八年帝鴻氏有不才子掩義隱賊好行凶德醜類惡物頑嚚不友

天下之民謂之讙敦注謂驩兜路史今澧州慈利有驩兜墓古文尚書作明啖山海經作驩兜注驩兜堯臣也又史記年表宋景公頭曼漢書古今人表作兜欒又簑輿曰兜開元遺事申王每醉以錦綵結一兜子令官妓輦舁歸謂之醉輿成廷珪詩潔以蘭爲佩輕堪竹作兜又俗謂拔鞋曰兜楊維楨楊妃襪詩壓玷翠盤思亂滚香黏金鐙憶微兜

殛 已力切音棘說文殊也虞書曰殛鯀于羽山爾雅釋言誅也邢疏謂誅責也書傳殛竄放流皆誅也異其文述作之體左僖二十八年明神是糾是殛又斥死曰殛又竭億切音極義同

鯀 古本切音袞說文魚也玉篇大魚也又人名書堯典於鯀哉傳鯀崇伯之名釋文禹父也吳語楚辭皆作鮌

庳 便俾切牌上聲說文中伏舍一曰屋卑左襄三十一年宮室卑庳又賓彌切音卑廣韻庳下也周語陂塘污庳以鐘其美又玉篇短也周官太司徒辨五地之物生五曰原隰其民豐肉而庳注猶短也又毗至切音鼻有庳國名孟子封之有庳注地名或曰道州鼻亭即有庳之地也顏師古漢書注有庳在零陵今鼻亭是也

又頻彌切音陴牝鶪名爾雅釋鳥鶪鶪其雄鵲牝痺或作一[illegible]痺又通作毗荀子勸學篇天子是庳注庳讀作毗輔也

愚袁切音元說文水泉本也从灥出厂下隸省作原臣鉉等曰今別作源非是禮月令仲夏命有司爲民祈祀山川百源注衆水所出爲百源又仲冬天子命有司祈祀四海大川名源纂言名源者江源出於岷山河源出於崑崙淮源自桐柏洛源自沇水之類又孟子故源源而來注源源相繼之意又水名水經注沁水東與丹水合水出上黨高都縣故城東北阜下俗謂之源水又姓北魏源賀傳禿髮傉檀之子賀入後魏魏大武謂之曰與卿同源可爲源氏唐有源乾曜開元時相

岌 魚及切音扱說文高皃爾雅釋山小山岌大山峘疏言小山與大山相竝而小山高過于大山者名峘非謂小山名岌也又集韻危也孟子岌岌乎注不安皃離騷高余冠之岌岌兮注高皃

落 虛各切音洛說文凡草曰零木曰落禮王制草木零落然後入山林離騷夕餐秋菊之落英又書舜典帝乃殂落傳死也死者魂氣歸於天故曰殂體魄歸於地故曰落孟子注殂升也

落降也人死則魂升而魄降故古者謂死爲殂落又爾雅釋詁
始也又左昭四年叔孫爲孟鍾饗大夫以落之注以豭豬血釁
鍾曰落正義說文釁血祭也釁廟之禮雞人升屋南面刲羊血
流於前盡以血澆落之故曰落左昭七年楚子成章華之臺願
與諸侯落之注宮室始祭之爲落禮雜記廟成則釁之路寢成
則考之而不釁鄭注不神之也考則盛食以落之馮氏曰不釁
似無祭而言祭之爲落者以其言落必是以酒澆落之雖不如
以血塗廟亦當祭中霤之神以安之也又持樞木名爾雅釋宮
樞達北方謂之落落時落時謂之戹又博雅居也綱目集覽人所
聚居故謂之村落屯落聚落又部落外夷營構之名後漢竇憲
傳躡冒頓之區落又藩籬曰虎落鼂錯論守邊備塞書要害之
處通川之道調立城邑爲中周虎落又廢也莊子天地篇夫子
盍行邪無落吾事又逍遥遊剖之以爲瓢則瓠落無所容注猶
廓落也又落落不相入見道德經落落如石又世史光武帝紀
將軍前在南陽建此大策常以爲落落難合有志者事竟成也
注落落猶踈闊也又司馬相如上林賦牢落陸離又論衡見文

吏僨而儒生墮落又韻會錯落間廁皃又天稱碧落白居易長恨歌上窮碧落下黃泉又碑名七修類稾絳州與龍宮有碧落石像背刻篆文世傳爲碧落碑又歲名爾雅釋天大歲在己曰大荒落又星名史記天官書軍西爲壘旁有一大星爲北落又地名春秋閔元年公及齊侯盟于落姑注齊地彙纂在山東兗州府東平州平陽縣界又山名山海經伊水東北過郭落山又草名本草土落生嶺南山谷又角落生江西山谷似茱萸獨莖又木名爾雅釋木檴落疏檴一名落可作杯圈皮韌繞物不解又複姓通志氏族畧漢有落下閎　又與絡通莊子落鳥首穿牛鼻前漢李廣傳上召廣刺虎廣從落中斫絕纍注謂當時繩絡之而下也

妣　卑履切音比說文歿母也禮曲禮生曰父曰母死曰考曰妣儀禮配食妣配考不別設位也又爾雅釋親父曰考母曰妣注妣之言媲也媲於考也字典謝氏曰易曰有子考无咎書言事厥考之類蓋考妣古者通稱非死而後稱也又日知錄古人自祖以上通謂之妣經文多以妣對祖而竝言之若詩之云似續妣祖烝畀祖妣易之云過其祖遇其妣

是也左昭十年邑姜晉之妣也平公去邑姜蓋二十世矣周人以姜嫄爲妣周語謂之皇妣太姜是以妣先乎祖周禮大司樂享先妣在享先祖之前而斯干之詩曰似續妣祖箋曰先妣姜嫄也大司樂注周人以后稷爲始祖而姜嫄無所配是以特立廟祭之謂之閟宮按儀禮士昏禮勖帥以敬先妣之嗣蓋繼世之祭之通稱　又必至切音庇母之名

普

滂古切音浦說文曰無色也从日从竝徐鍇曰日無光則遠近皆同故从竝今隸作普又廣韻溥也大也徧也易乾卦德施普也孟子普天之下注普徧也詩作溥又姓急就篇普氏後魏十姓之一　又頰五切音溥義同

孑

居列切音結說文無右臂也玉篇單也餘也後也短也詩雲漢靡有孑遺傳孑無右臂見遺餘也言大亂之後周之餘民無復有半身之遺者又干旄傳孑孑特出之皃又凡戟無刃者謂之孑周官司戈盾注戈有旁出者爲句孑左莊四年楚武王荆尸授師孑焉以伐隨注尸陳也荆亦楚也更爲楚陳兵之法孑戟也然則楚始於此參用戟爲陳又釋名狹而短者曰孑盾車上所持者也孑小稱也又孑孑水

中赤蟲游行水際遇人則沈俗呼沙蟲一名蜎蠉淮南子說林訓孑孑爲蟁注倒跂蟲也化爲蟁蟁卽蚊也又姓見尚姓道又徵貨切音吉義同

祇

旨夷切音脂說文敬也从示氐聲書大禹謨祇承于帝又祇載見瞽瞍周官大司樂以六德教國子中和祗庸孝友正字通與祇通鄉徼敬曰讀書別出只實同按祇祗說文祇地祇祗敬也音義不同韻書祇訓安也適也但也則音切無異今書者祇祇混用無復分別應从說文以歸畫一

夔

渠追切音逵說文神魖也乃龍一足从夊象有角首人面之形孔叢子木石之怪夔罔兩又敬懼皃孟子夔夔齊栗注敬謹恐懼之皃又人名書舜典夔命汝典樂呂氏春秋魯哀公問于孔子樂正夔一足信乎孔子曰昔者舜以夔爲樂正始治六律和均五聲以通八風而天下服重黎又薦能爲音者舜曰夫樂天地之精得失之節故唯聖人爲能和樂之夔能和之平天下若夔一足矣故曰夔一足非以一足行又國名春秋僖二十六年楚子滅夔以夔子歸注楚同姓國今建平秭歸縣彙纂荊州府雲州西南三里有夔子城地名夔沱又夔州府

屬四川

諄　朱倫切音肫【說文】告曉之熟也【正韻】誨而重複也【詩抑篇】誨爾諄諄【朱傳】詳熟也【孟子注】諄諄詳語之皃　又【廣韻】至也懇誠皃　又之閏切肫去聲告之丁寧也【左襄三十一年】且年未盈五十而諄諄焉如八九十耆弗能久矣【釋文】之閏之純二反【林注】諄諄鄭重之皃　又【韻會】忠謹之皃【後漢卓茂傳】勞勞諄諄　又【玉篇】佐也【晉語】曾孫蒯聵以諄趙鞅之故　又主尹切音準【集韻】彼此相惡謂之諄憎　又叶朱遄切音專【司馬相如封禪頌】厥之有章不必諄諄依類記寓諭以封巒

覲　渠吝切音僅【說文】諸侯秋見曰覲勞王事【爾雅釋詁】見也【疏】下見上也【書舜典】乃日覲四岳羣牧【傳】見也【禮曲禮】天子當依而立諸侯北面而見天子曰覲【注】諸侯春見曰朝受贄於朝受享於廟秋見曰覲一受之於廟朝者位於內朝而序進覲者位於廟門外而序入【周官大宗伯注】覲之言勤也欲其勤王事也　又叶渠巾切音[illegible]【蔡邕筆賦】紀三皇之功伐兮表八百之歸覲傳六經而綴百子建皇極而敘彝倫

謳　烏侯切音歐【說文】齊歌也【玉篇】吟也【正字通】謳爲歌之別調歌爲謳

之總名前漢高帝紀帝既至南鄭諸將及士卒皆歌謳思東歸師古注謂齊聲而歌或曰齊地之歌史記張儀傳秦將以美人聘楚以宮中善歌謳者以媵列子湯問篇薛譚學謳于秦青又姓左哀十三年越大夫謳陽　又句于切音呼類篇吁也又於謳欲化兒莊子大宗師儒役聞之於謳注歌以樂之也於音烏　又邕俱切音紆陸機吳趨行楚妃且勿歎齊娥且莫謳四坐並清聽聽我歌吳趨

逼　彼力切音偪說文近也廣韻迫也一作偪左隱十一年無滋他族實逼處此孟子居堯之宮逼堯之子又正韻驅之也

篡　初患切音竄集韻逆而奪取曰簒爾雅釋詁取也注簒者奪取也孟子是簒也非天與也前漢衛青傳青給事建章未知名大長公主執囚青欲殺之其友公孫敖與壯士往篡取之注逆取曰篡又弋取也

丹　都寒切音單說文巴越之赤石也正韻丹砂也書禹貢礪砥砮丹傳丹丹砂也周官職方氏荆州其利丹銀齒革山海經丹以赤爲主黑白皆丹之類陶宏景曰卽朱砂也黃庭經九轉八變丹注八丹者朱砂雄黃空青硫黃雲母戎鹽消石雌黃也又曲

物志和氣相感則陵出黑丹又道家以烹鍊金石爲外丹吐故納新爲內丹又美容曰渥丹詩終南顏如渥丹箋渥丹赤而澤也又赤心無僞曰丹謝朓詩既秉丹石心寧流素絲涕又姓漢丹玉朱丹山明丹夷又人名孟子丹朱之不肖又丹之治水也愈於禹又郡名杜佑通典古雲陽地梁蘭陵郡天寶初改丹陽郡又州名本赤翟地元魏置汾州後改丹州又古今注南方徼色故稱丹徼南方之極也又丹丹國名見南史又水名淮南子兵畧訓堯戰於丹山之浦又山海經鳳凰產于丹穴爾雅釋地岠齊州以南戴日爲丹穴又蠻名夏小正丹鳥者謂丹良也又牡丹木芍藥名木丹梔子別名紫丹茈草別名　又叶都懸切音顛陸機羅敷歌南崖充羅幕北渚盈軿軒清川含藻景高岸被華丹

丙　兵永切音炳說文位南方萬物成炳然陰氣初起陽氣將虧从一入冂一者陽也丙承乾象人肩徐鍇曰陽功成入于冂冂門也天地陰陽之門也釋名炳也物生炳然皆著見也又周髀算經上天名青丙下地曰青戊又神名張衡東京賦大丙弭節風后陪乘又人名孟子外丙二年仲壬四年

趙注太丁湯之太子未立而死外丙立二年仲壬立四年皆太丁弟也程子曰古人謂歲爲年湯崩時外丙方二歲仲壬方四歲惟太甲差長故立之也集說殷人質素故以十幹爲名又爾雅釋詁魚尾謂之丙又左思蜀都賦嘉魚出於丙穴　又陂病切音柄日名

壬

如林切音任說文位北方也陰極陽生故易曰龍戰于野戰者接也象人褢妊之形承亥壬以子生之敍也壬承辛象人脛脛任體也釋名壬妊也陰陽交物懷妊也史記律書壬之爲言任也陽氣任養萬物于下也抱朴子雜應卷立夏佩六壬六癸之符又六壬數名今剋擇家用之名六壬課又爾雅釋訓佞也書皋陶謨巧言令色孔壬又大也詩賓筵有壬有林　又與任同負也　字典本義先有壬癸之壬借爲負壬懷壬字後加亻女以別之

桐

徒紅切音同說文榮也爾雅釋木榮桐木注卽梧桐埤雅此卽白桐華而不實賈思勰曰白桐無子冬結似子者乃是明年之華房爾雅曰榮桐木卽此是也桐木華而不實故曰榮桐是也又華而不實者曰白桐實而皮青者曰梧桐華淨妍雅極爲可愛故多近齋閤

種之㯗鄂皆有子似乳綴其㯗鄂多或五六少或二三故飛鳥喜巢其中莊子所謂桐乳致巢是也桐有三輩青白之外復有岡桐即油桐也陶氏云桐有四種青桐葉皮青似梧而無子梧桐葉白色似青桐而有子白桐與岡桐無異岡桐無子是作琴瑟者【按】青桐即今梧桐白桐無子材中琴瑟岡桐子大有油與陶說正反【詩定之方中】椅桐梓漆【傳】桐梧桐也嚴華谷曰陸璣言有青桐白桐赤桐此作琴瑟者白桐也椅桐梓漆之桐為白桐梧桐生矣之桐為青桐【本草注】桐有四種一種白華可為琴葉三歧開白花不結子一種荏桐子可作油一種梧桐今人取其子炒作果一種岡桐無花不可作琴瑟體重【陳翥桐譜】桐有紫桐白桐膏桐刺桐頳桐梧桐【按】白桐今作水桐膏桐即埤雅岡桐又有胡桐樹高竦子亦如膏桐而殼堅硬即頳桐也【禮月令】仲春桐始華【詩卷阿】梧桐生矣于彼朝陽【書禹貢】嶧陽孤桐【傳】特生之桐材中琴瑟【遁甲書】梧桐歲生十二葉每邊六葉從下數上一葉為一月有閏則十三葉視葉小處則知閏何月立秋之日至期一葉先墜又【爾雅】桐痛也【禮喪服小記】削杖桐也

䟽削者殺也必用桐者明外雖被削而心長同也賈氏曰桐外無節經時而變象家無二尊屈於父削之使方者取母象於地此爲母所以杖桐也又國名左定二年桐叛楚注桐小國廬江舒縣西南有桐鄉彙纂今江南安慶府桐城縣北有古桐城郎古桐國也與廬江縣接界又地名左昭二十五年臧氏使五人以戈楯伏諸桐汝之閭注桐汝里名哀十五年楚子西子期伐吳及桐汭注宣城廣德縣西南有桐水出白石山西北入丹陽湖又哀二十六年大尹興空澤之士千甲奉公自空桐入注梁國虞縣東南有地名空桐彙纂虞池縣空桐澤有空桐亭又北荒地名爾雅釋地北戴斗極爲空桐空桐之人武又淮南子地形訓樊桐在崑崙閶闔之中又山名書禹貢桐柏傳豫州山也地志桐柏山在南陽郡平氏縣東南今唐州桐柏縣也又邑名縣名前漢地理志桐過屬定襄郡一統志桐廬屬浙江嚴州府又桐宮書太甲王徂桐宮居憂孟子伊尹放之于桐三年注桐湯墓所在人物考晉太康地記尸鄉南有亳坂東有桐城太甲所放處也在洛州偃師縣西南三里又姓姓苑桐君著藥錄

又他東切音通類篇輕脫皃前漢武帝五子傳無桐好逸又漢安世房中歌桐生茂豫師古曰桐讀爲通言草木通達而生也

又叶徒黃切音唐史記龜筴傳邦福重寶聞於旁鄉殺牛取革被鄭之桐

訓

許運切熏去聲說文訓教也注訓者順其意以訓之也正韻誨也字彙導也書伊訓伊尹乃明言烈祖之成德以訓于王傳作訓以教太甲又具訓于蒙士詩抑篇四方其訓之正義訓是教誨之別名禮曲禮教訓正俗纂言爲其不知不能而使之效之之謂效因其所知所能而使之馴之之謂訓又正字通古言可爲法也書說命學于古訓乃有獲詩烝民古訓是式傳古故也訓導也朱傳古訓先王之遺典也左文六年告之訓典注先王之書又玉篇誠也書序成湯既沒太甲元年伊尹作伊訓林氏曰說命學于古訓呂刑若古有訓此古人之訓也五子之歌皇祖有訓允征聖有謨訓此祖宗之訓也伊訓高宗之訓此人臣之訓也所以爲訓不同其諄諄警戒之意則一又魏書高允傳臣被敕論集往世酒之敗德以爲酒訓又廣韻男曰教女曰訓又爾雅順也書康王之誥皇天用訓

厥道付畀四方傳上天用順文武之道而付之以天下之大也後漢方術傳下使五品咸訓於嘉時注訓順也又詁訓注解之別名郭璞爾雅注爾雅者所以通詁訓之指歸疏訓道也道物之皃以告人也顏師古曰訓者釋所言之理也字彙如某字釋某義順其義以訓之也又官名土訓誦訓屬地官訓方氏屬夏官又明制府州縣各儒學設師教生徒有教授學正教諭等職各訓導助教事又鳥名唐書五行志休留一名訓狐又獸名神異經檮杌西方荒中獸一名難訓又州名唐書地理志江南道有訓州又姓明宣德中有教授訓濬　又詳遵切音旬道也周官土訓鄭司農讀　又叶許云切音熏晉書衛恒傳大晉開元宏道敷訓天垂其象地耀其文

禪　特戰切音膳說文祭天也韻會築上曰封除地曰禪古者天子巡守至於四岳則封泰山而祭天禪小山而祭山川書舜典歲二月東巡守至於岱宗柴望秩于山川是也齊桓公欲封泰山管仲設辭拒之謂非有符瑞不可封禪至秦始皇惑于神仙之說欲禱祀以求長生遂以封禪爲異典項氏曰除地爲墠後改曰禪神之也白虎通

王者易姓而起必升封泰山可敬告之義也始受命之時改制應天天下太平功成封禪以告太平也封者廣也禪者明以成功相傳也三皇禪于繹繹之山五帝禪于亭亭三王禪于梁父世史漢武帝紀司馬相如病且死有遺書頌功德言符瑞勸上封泰山上感其言令諸儒草封禪儀史記司馬相如傳其遺札書言封禪事天子異之相如既卒五歲天子始祭后土八年而遂先禮中嶽封於泰山至梁父禪肅然又代也孟子唐虞禪注禪授　又時連切音蟬韻會靜也浮屠以習靜爲參禪耽其趣者爲禪悅　又通作壇前漢律歷志堯壇以天下

莘

斯人切音辛集韻細莘藥草正字通莘草生山澤如蒲黃葉如芥　又所臻切音甡詩大明纘女維莘傳太姒國也郡國志郃陽南有古莘國散宜生爲文王求有莘氏女以獻紂即此地孟子伊尹耕於有莘之野趙注在今同州郃陽縣又左莊三十二年有神降于莘注虢地僖二十八年晉侯登有莘之墟注故國名括地志古莘國在汴州陳留縣東五里故莘城是也陳留風俗傳陳留外黃有莘昌亭本宋地莘氏邑也彙纂今開封府陳

留縣有莘城兖州府曹縣有莘仲集其地接二縣界也又〔春秋〕莊十年荆敗蔡師于莘〔注〕蔡地〔彙纂〕今河南汝寧府汝陽縣境又〔水經注〕濮水又北絶莘道之西有莘亭又莘莘衆多也〔班固東都賦〕俎豆莘莘又長皃〔詩魚藻〕有莘其尾又姓〔潛夫論〕祝融之孫分爲八姓已禿彭姜妘曹斯莘〔通志氏族畧〕有莘融

四書字詁卷七十四

湖南黔陽縣歲貢生段諤廷訓庵原稿
本縣教諭寧鄉黃本驥虎癡編訂

孟子四　萬章二計三十三字

介　古拜切音戒說文畫也从八从人人各有介正韻際也易繫辭憂悔吝者存乎介本義介謂辨別之端善惡已動而未形之時也語類介如界至界限之界是善惡初分界處左襄九年天禍鄭國使介居二大國之間注介猶間也又助也詩七月以介眉壽傳介助也介眉壽者頌禱之詞也小明介爾景福傳介景皆大也左襄二十六年上其手曰夫子爲王子圍寡君之貴介弟也注介大也離騷彼堯舜之耿介兮注耿光也介大也又爾雅釋詁善也又因也左僖七年子華既爲太子而求介於大國以弱其國注介因也文六年介人之寵非勇也又間廁也古者賓主相見傳命主有擯客有介禮聘義上公七介侯伯

五介子男三介史記魯仲連傳平原君曰勝請爲紹介孔叢子
雜訓子上曰士無介不見左昭二十三年邾又夷也寡君之命
介子服回在請使當之注子服回魯大夫爲叔孫之介副又哀
十四年逢澤有介麋焉注大也畜無耦曰介又隔也昭二年偪
介之關暴征其私注介隔也迫近國都之關前漢張耳傳獨介
居河北注介隔也又保介農官之副詩臣工嗟嗟保介朱傳保
介見月令呂覽其說不同然皆爲藉田而言蓋農官之副也輔
氏曰保介助王耕藉田者介有副意故以爲農官之副禮月令
孟春天子親載耒耜措之於參保介之御間注保介車右也置
耒於車右與御者之間人君之車必使勇士衣甲而參乘備非
常也介甲也吳氏澄曰參保介謂車右也參謂參乘保謂護衛
介謂甲士也措耒耜於參保介及御者二人之間而曰參保介
之御其立言猶書立政言有司及牧夫而曰惟有司之牧夫也
又堅確不拔曰介易豫卦介于石傳中正自守可謂特立之操
其節介如石之堅也孟子柳下惠不以三公易其介又介介猶
耿耿也後漢馬援傳介介獨惡是耳又側畔也楚辭九章悲江

介之遺風又一夫曰一介【左襄八年】亦不使一介行李告于寡君【注】一介獨使也又兵甲也【禮曲禮】介胄則有不可犯之色又介者不拜又蟲之有甲者曰介【禮月令】孟冬其蟲介【大戴天圓篇】介蟲介而後生介蟲之精者曰龜又【前漢五行志】木冰曰木介【天文志】木少陽人將有害陰氣脅木先寒得雨而冰曰樹介又國名【春秋僖二十九年】介葛盧來【注】介東夷國也在城陽黔陬縣葛盧介君名【彙纂】今山東萊州府膠州西南七十里有黔陬城古介國也【按】黔陬有東西二城東城秦置郎介亭其在高密境者乃後漢時所遷之西城也又邑名【左襄二十四年】遂伐莒侵介根【注】莒邑城陽黔陬縣東北計基城是也【彙纂】今膠州西南五里有介根城又縣名介休屬山西汾州府【郡國志】介休縣有介山有緜上聚介推廟又山名介子推隱於緜上因名曰介山又姓【左僖二十四年】介之推不言祿【注】介推文公微時臣之語助　又與玠通【爾雅郭注】引詩錫爾介圭作玠珪　又與芥同【孟子】一介不以與人【注】介與草芥之芥同【左昭二十五年】季氏介其雞【注】擣芥子播其羽也或曰以膠沙播之爲介雞郈氏

曰高誘呂氏春秋作小鐵者雞頭按照下金距高說是又前漢
元后傳遡共王甚厚不以往事爲纖介　又與个通大學若有
一个臣書秦誓个作介　又吉黠切音拮孟子介然用之而成
路注音戛介然倏然之頃也又莊子馬蹄篇而馬知介倪注介
倪猶睥睨也介音戛　又叶居吏切音記馬融長笛
賦激朗清厲隨光之介也牢刺拂戾諸賁之氣也

囂 許嬌切音
枵說文聲也气出頭上从㗊从頁頁首也玉篇諠譁也左昭三
年湫隘囂塵注湫下隘小囂聲塵土又囂囂自得無欲之皃孟
子湯使人以幣聘之囂囂然曰又人知之亦囂囂人不知亦囂
囂又人名史記黃帝紀嫘祖生二子其一曰元囂是爲青陽
又五高切音翱詩車攻選徒囂囂傳聲也　又牛刀切音敖義
同周官銜枚氏掌司囂注察囂讙者釋文五羔反又詩十月之
交讒口囂囂箋衆多皃前漢董仲舒傳此民之所以囂囂苦不
足也師古曰謷同又詩板篇聽我囂囂傳猶謷謷也釋文五刀
反朱注音梟傳囂囂自得不肯受言之皃又山門之地曰囂梁
宣帝七山寺賦神囂嶜嶜而特立又鳥獸名山海經梁渠之山

有鳥狀如夸父四翼一目犬尾名曰囂踰次之山有獸狀如禺長臂善投名曰囂又山水名山海經北囂之山無石其陽多碧其陰多玉又嶓冢之山囂水出焉　又與敖通前漢曹參傳大莫囂一人注莫敖楚卿號也時近六國故有令尹莫敖之官亦書作嚻按嚻字惟山水鳥獸讀敖餘竝音囂義同

幡孚袁切音翻說文書兒拭觚布也徐鉉曰觚八稜木於上學書已以布拭之今俗呼幡布內則所帉帨是也又集韻一曰幟也古今注信幡古之徽號也所以題表官號以爲符信故謂爲信幡也前漢鮑宣傳宣坐大不敬下獄博士弟子王咸舉幡太學下曰欲救司隸者會此下又孫綽天台賦泯色空以合跡忽即有而得元釋二名之同出消一無於三幡注三幡色一也空二也觀三也言三幡雖殊消令爲一同歸於無也　又與翻通詩瓠葉傳幡幡瓠葉兒又孟子注幡然變動之兒司馬相如上林賦垂條扶疏落英幡纚注師古曰幡纚飛揚兒又詩賓筵威儀幡幡傳失威儀兒朱傳輕數也叶分邅反折中幡幡飛揚也　又符袁切音煩義同

癰於容切音邕說文腫也廣韻癰

四書字詁　卷七十四　中孟四　三

癰【釋名】癰壅也氣壅否結裹而潰也【正字通】惡瘡也有疵癰疥施兒齧走綴附注厲癰脫癰諸名皆氣血稽留榮衛不通之所致也癰之深者曰疽疽深而惡癰淺而大【醫經】癰者六府不和之所生疽者五藏不調之所致陽滯於陰則生癰陰滯於陽則生疽【後漢律歷志】驚蟄晷長八尺二寸未當至而至多病癰疽脛腫又瘍醫名【孟子】於衛主癰疽【注】瘍醫也【人物考】雍姓雎名又名渠衛靈公之嬖臣靈公嘗與夫人同車雎爲驂乘出使孔子爲次乘招搖過市孔子醜之去衛至戰國時遂以孔子爲主雍雎云出史記孔子世家陳明卿曰雍雎孟子作癰疽字音之譌也說苑作雍雎是　又通作雍【後漢獻帝紀】分涼州河西四郡爲雍州【注】謂金城酒泉燉煌張掖　又委勇切邕上聲【國策】夫鶴雖癰腫胞疾【釋文】癰委勇反

疽

七余切音苴【說文】久癰也【左襄十九年】荀偃癉疽【疏】疽癰也史記孫吳傳卒有病疽者起爲吮之　又子與切音苴上聲【集韻】瘦疽痒病也

瘠

秦昔切音籍【說文】瘦也从疒脊聲古文作𤵸隸作瘠【廣韻】病也【周官大司徒】其民晳而瘠【易說卦】乾爲瘠馬【集韻】瘠

多骨少肉馬之健而堅强者也〔左昭十三年〕牛雖瘠僨於豚上其畏不死〔晉微子〕多瘠罔詔〔傳〕紂故使民多瘠病而無詔救之者〔公羊莊二十年〕大災者大瘠也大瘠者何痢也〔注〕民疾疫也〔左襄二十九年〕何必瘠魯以肥杞又〔禮樂記〕使其曲直繁瘠廉肉節奏足以感動人之善心而已矣〔疏〕瘠謂省約又姓〔孟子〕於齊主侍人瘠環〔注〕瘠姓環名時君所近狎之人也　又前智切音質〔前漢食貨志〕堯有九年之水湯有七年之旱而國亡捐瘠者〔注〕孟康曰肉腐爲瘠蘇林瘠音漬師古曰瘠瘦病也言無相棄捐而瘦病者耳不當音漬也顏說是

遭

作曹切音糟〔說文〕遇也〔禮曲禮〕遭先生於道〔孟子〕孔子不悅於魯衛遭宋桓司馬〔前漢禮樂志〕幸遭遇其時〔詩還篇〕遭我乎猺之閒兮又〔正韻〕巡也〔劉禹錫詩〕山圍故國周遭在　又叶將侯切音陬〔易林〕依霄夜遊與君相遭除解煩惑使心不憂

璧

必益切音辟〔說文〕瑞玉圜也〔玉篇〕瑞玉圜以象天也〔爾雅釋器〕肉倍好謂之璧〔白虎通〕璧者外圜象天內方象地〔詩淇奧〕如圭如璧〔周官典瑞〕子執穀璧男執蒲璧圭璧以祀日月星辰璧羨

以起度〔孟子〕垂棘之璧　又叶必洛切音近博〔江淹擬曹植詩〕君王禮英賢不吝千金璧從容水井臺清池映華洛

虢　古伯切音虢〔說文〕虎所攫畫明文也从虎寽聲又國名〔書君奭〕亦惟有若虢叔〔傳〕文王弟〔廣韻〕周封虢仲於西虢秦屬三川郡唐武德中爲虢州〔左隱元年〕虢叔死焉〔注〕叔東虢君也虢國今滎陽縣應劭曰今虢亭是也〔彙纂〕此爲東虢國虢叔所封後幷於鄭有故城在今河南開封府汜水縣東十里近滎陽界〔又〕鄭人以王師虢師伐魏南鄙〔注〕西虢國宏農陝縣東南有虢城〔彙纂〕河南府陝州卽陝縣也〔三年〕王貳於虢〔注〕西虢公亦仕王朝又〔僖十五年〕賂秦伯以河外列城五東盡虢略〔注〕從河南而東盡虢界也〔彙纂〕後漢志陸渾西有虢略地今河南府嵩縣境是也又〔昭七年〕齊侯次于虢〔注〕燕境〔彙纂〕當在今直隸河間府滄州境又姓晉大夫虢射見〔左傳〕

奇　渠宜切音錡〔說文〕異也一曰不耦〔莊子知北遊〕故萬物一也其所美者爲神奇其所惡者爲臭腐臭腐復化爲神奇神奇復化爲臭腐〔仙經〕人有三奇精氣神又秘也〔史記陳平傳〕凡六出奇計其計秘世莫得

聞又姓又人名孟子注宫之奇虞之賢臣又天神名淮南子地形訓窮奇廣莫風之所生也又四凶之一左文十八年少皞氏有不才子毀信廢忠崇飾惡言靖譖庸回服讒蒐慝以誣盛德天下之民謂之窮奇注謂共工其行窮其好奇又獸名神異經西北有獸焉狀似虎有翼能飛便勦食人知人言語聞人鬭輒食直者聞人忠信輒食其鼻聞人惡逆不善輒殺獸往饋之名曰窮奇司馬相如上林賦窮奇犀象赤首圜蹄注窮奇狀如牛蝟毛音如嘷狗食人又江神謂之奇相江記帝女也卒爲江神

又居宜切音羈易繫辭陽卦奇陰卦耦乾卦本義一者奇也陽之數也朱氏軾曰自義畫開天有奇卽有耦奇一也耦兩也凡奇不離一耦不離兩凡耦皆奇與奇合無奇不成耦凡奇皆耦與耦間無耦不成奇也又零數曰奇繫辭歸奇于扐本義奇所揲四數之餘也又數奇不耦也史記李廣傳大將軍陰受上誡以爲李廣老數奇毋令獨當單于又隻也禮投壺一算爲奇又餘夫也韓非子十過篇遺有奇人者使治城郭又一拜曰奇拜周官大祝辨九𢷎七曰奇𢷎注奇拜一拜也或曰先屈一膝

如漢時雅拜又奇車奇邪不正也禮曲禮國君不乘奇車注奇車獵衣之屬又奇衺詭異也周官比長有辠衺奇則相及宮正去其淫怠與其奇衺之民注衺奇者正教之行人皆艮正有獨爲邪惡者則奇單而無與爲伍也　又與倚通依倚也前漢鄒陽傳輪囷離奇　又倚蠏切音矮短人也後漢五行志童謠見一奇人言欲上天　又叶古禾切音戈楚辭招魂娭光眇視目會波些被文服纖麗而不奇些注不奇奇也

頑　五還切刪平聲說文㮯頭也玉篇鈍也廣韻愚也韻會癡也書堯典父頑左傳二十四年心不則德義之經爲頑　又頑梗也書益稷苗頑弗即功　又畢命毖殷頑民遷于洛邑孟子頑夫廉注頑者無知覺廉者有分辨賈誼陳政事疏頑鈍無恥　又人名左成十年鄭人立髡頑注鄭成公子　又魚云切音輑蘇軾祭韓琦文援手拯溺朋我於仁豈知無用既老益頑　又虞袁切音涓白若易悟眞寺詩及爲山水遊彌得縱疎頑野麋斷羈絆行走無拘攣

懦　人朱切音儒說文駑弱者也荀子修身篇偷儒憚事前漢兒寬傳善屬文然懦於武　又乳兗切音耎奴亂切

同愞義竝同　又奴臥切音稬孟子懦夫有立志注懦柔弱也
左昭二十三年不懦不耆注懦弱也耆强也正義不懦不使人
侵己也不耆不往侵鄰

淅

先擊切音錫說文汰米也孟子孔
國也懦乃亂乃臥二反

子之去齊接淅而行注淅漬米水
也漬米將炊而欲去之速故以手承水取米而行不及炊也又
淅瀝雨雪聲夏侯孝若寒雪賦集洪霰之淅瀝謝惠連雪賦霰
淅瀝而先集又淅川縣名廣輿記

錡

魚綺切音蟻說文鉏鋤
屬河南南陽府漢淅縣後魏淅川也江淮之間謂釜曰錡
詩采蘋維錡及釜傳有足曰錡無足曰釜釋文其綺反三足釜
也朱注音蟻大全宜綺反左隱三年筐筥錡釜之器又張衡西
京賦武庫禁兵設在蘭錡注兵器架也受他兵曰蘭受弩曰錡
釋文魚几反一曰受甲曰錡又姓左定四年殷民七族有錡氏
釋文魚綺反漢藝文志雒陽錡華賦六篇注錡姓華名又孟子
北宮錡注北宮姓錡名衛人左宣十二年晉魏錡求公族未得
注魏犨子定十一年公爲與其嬖僮汪錡乘又澗名昭二十二
年王有心疾崩于榮錡氏注河南鞏縣西有榮錡澗彙纂今屬

河南河南府又前漢司馬相如傳岩阤甗錡注甗錡隆屈窊折皃錡音蟻又陸機文賦固崎錡而難便注崎錡不安皃　又渠宜切音奇集韻釜屬廣韻鬵屬詩破斧又鈌我錡傳鑿屬曰錡朱注叶巨何反

籍　秦昔切音踖說文簿書也玉篇書籍尚書序疏籍者借也借此簡書以記錄政事故曰籍左昭十五年王謂籍談曰昔而高祖司晉之典籍又戶籍前漢高祖紀蕭何獨先入丞相府收圖籍藏之以此具知天下戶口阨塞多少強弱之處注圖籍律令圖書載民戶口者又尺籍所以書軍令又門籍謂牒于門以案出入前漢元帝紀令從官給事宮司馬門中者得為父母兄弟通籍注應劭曰籍者為尺竹牒記其年紀名號物色拄之宮中案省相應乃得入也魏相傳霍光夫人顯及諸女皆通籍長信宮按今人以得科第者為通籍非是又租籍管子國蓄篇租籍者所以彊求也注在工商曰租籍又姓左昭十五年昔而高祖孫伯黶司晉之典籍以為大政故曰籍氏又人名史記項羽紀項籍者下相人也字羽　又通作耤禮月令季秋藏帝藉之收於神倉注帝藉所耕千畝也　又與戚

通齊宿戚【亢倉子賢道篇】作籍　又詞夜切音謝【前漢義縱傳】治敢往少溫籍【注】言無含容也亦作蘊藉又地名【史記秦本紀】靈公十年城籍姑【括地志】籍姑在同州韓城縣北三十五里又叶墻龠切音碏【左思詠史詩】陳平無產業歸來翳負郭長卿還成都壁立何寥廓四賢豈不偉遺烈光篇籍

亥　胡改切音頦【說文】荄也十月微陽起接盛陰从二二古文上字一人男一人女也从乙象裹子咳咳之形【釋名】亥核也收藏百物核取其好惡眞僞也亦言物成皆堅核也【前漢律歷志】該閡於亥【唐書禮樂志】古亥祀先農元史祭祀志黑帝位亥【白虎通】亥者仰也律中應鍾又姓【孟子注】亥唐晉賢人【高士傳】亥唐高恪寡素晉國憚之又亥豕【家語】或讀史云三豕渡河子夏曰已亥渡河已譌爲三亥譌爲豕校之果然又【左襄三十年】亥有二首六身【注】亥字二畫在上幷三人爲身如算之六又【青緗雜記】蜀有亥市亥音皆言如痎瘧間日一發也諱痎故云亥市【徐筠水志】荆吳俗取寅申巳亥日集於市　又叶許已切音喜【易林】將戍繫亥陽藏不起君子散亂太上危殆殆音以

甥　所更

切音生說文謂我舅者吾謂之甥廣韻外甥也姊妹之子曰甥詩韓奕汾王之甥又韻會女壻曰甥孟子帝館甥於貳室按今謂贅壻曰館甥本此又韻會外孫曰甥據外祖而言一說外孫曰彌甥左哀二十三年以肥之得備彌甥也注彌遠也康子父之舅氏故稱彌甥正義彌者增益之義二十五年其弟期大叔疾之從孫甥也注姊妹之孫爲從孫甥與孫同列又爾雅釋親姑之子爲甥舅之子爲甥妻之晜弟爲甥姊妹之夫爲甥注四人敵禮故更爲甥甥猶生也又姓晉大夫呂甥之後

迭徒結切音垤說文更迭也易繫辭迭用柔剛詩柏舟胡迭而微傳迭更遞也禮禮運五行之動迭相竭也注更相爲始孟子迭爲賓主　又通作遞家語馬將迭　又通作佚大戴三本篇其次情文佚興　又叶徒帝切音地王筠詩緣巖蔓芳杜迴晝掩綠蕙嘉禾挺皋蘇奇香發迷迭注迷迭名香也出大秦國

卻去約切羌入聲說文節欲卻也从卩谷聲增韻止也不受也孟子注卻不受而還之也又廣韻退也前漢袁盎傳上幸上林布席引卻愼夫人坐注蘇林曰卻謂卑而退之也　从谷

从卩與从谷从邑者別俗作却

譈 徒對切音隊【孟子】凡民罔不譈【注】怨也【書】作憝

較 古岳切音角【說文】車騎上曲銅也从車从爻今文从交【古今注】重耳古車較也文官青耳武官赤耳或曰重較在軍車藩上重起如牛角故云重較耳【釋名】較在箱上爲辜較也【詩淇奧】猗重較兮【傳】重較卿士之車也較兩騎上出軾者藍田呂氏曰古者車箱長四尺四寸三分前一後二橫一木下去車牀三尺三寸謂之式又於式上二尺二寸橫一木謂之較去車牀凡五尺五寸古人立乘若平常則憑較若應爲敬則落手憑下式而頭得俯【按】說文較在軾上如兩較然故云重較崔云重耳又云如牛角則較是植立者與此爲異然詩說爲是又【後漢輿服志】金薄繆龍爲輿倚較【注】車箱爲較　又與角通相競也【孟子】魯人獵較趙氏以爲田獵相較奪禽獸以祭張氏以爲獵而較所獲之多少也　又古孝切音教與校通比較也又【廣韻】略也【孝經疏】蓋者辜較之辭辜較猶梗槩也言舉其大略也又【正韻】著明見【前漢孔光傳】較然甚明【蕭何傳】較若畫一

簿 裴古切音部【韻會】籍也【孟子】孔子先

簿正祭器注孫氏曰先以簿書正其祭器使有定數而不以四方難繼之物實之史記張釋之傳上問上林尉諸禽獸簿左昭二十五年注送計簿於季氏前漢武帝紀注受郡國所上計簿若今之諸州計帳也食貨志與郡縣通姦多張空簿注師古曰簿計簿也又功狀翟方進傳官簿皆在方進之右注簿謂伐閱也又罪狀史記李廣傳大將軍使長史急責廣之幕府對簿又笏也蜀志秦宓見太守以簿擊頰注手版也又車駕法從次第爲鹵簿甲仗前導皆著于簿故曰鹵簿前漢黥布傳布常爲楚軍前簿注簿鹵簿也三輔黃圖鹵簿有大駕有法駕有小駕大駕則公卿奉引大將軍參乘太僕御屬車八十一乘作三行尚書御史乘之千乘萬騎出長安出祠天于甘泉備之百官有其儀注名曰甘泉鹵簿又百官皆有鹵簿各分差等梁書王僧孺傳道遇中丞鹵簿又主簿官名漢官儀主簿主縣之簿書又頒也荀子正名篇五官簿之而不知　又伯各切音博集韻迫也　又白各切音博韻會蠶具也　又同箔簾也

兆　治小切音肇說文灼龜坼也从卜从兆隸省作兆周官大卜掌三兆

之法一曰玉兆二曰瓦兆三曰原兆注兆者灼龜發于火其形可占者其象似玉瓦原之璺罅用是名之杜子春云玉兆帝顓頊之兆瓦兆帝堯之兆原兆有周之兆又下師開龜之四兆一曰方兆二曰功兆三曰義兆四曰弓兆注名義俱未聞前漢文帝紀兆得大横注應劭曰龜曰兆又壇半塋界皆曰兆周官小宗伯兆五帝于四郊四望四類亦如之兆山川邱陵墳衍各因其方注為壇之塋域又冢人掌公墓之地辨其兆域而為之圖又死於兵者不入于兆域考經喪親章卜其宅兆而安厝之注塋墓界域也又朕兆道德經我則泊兮其未兆注意未作之時也又數名韻會十億為兆又京兆韻會兆者衆數言大衆所在也又爾雅釋天天歲在丙曰柔兆史記歷書作游兆注游兆景也　又叶直遥切音潮晉書樂志神之來光景昭聽無聲視無兆

淹 英廉切音醃說文水出越嶲徼外東入若水又漬也禮儒行淹之以樂好注謂浸漬之又爾雅釋詁淹留久也左傳二十三年為從者之淹注久也成二年無令輿師淹于君地又離騷日月忽其不淹兮又招隱士攀援桂枝兮聊淹留前

漢郊祀歌神淹留孟子是以未嘗有所終三年淹也又外淺爲
淹　又衣裺切音掩集韻水涯也一曰緆絲出緒也禮祭義注
三盆手者三淹也　又於劍切音俺於贍
抱
步候切音裒說
切音悏義並同又憶及切音浥亦漬也
文引取也从手
孚聲孚或从包臣鉉等曰今作薄報切以爲裒字非是　又薄
保切袍上聲說文褱也从衣包聲臣鉉等曰今俗作抱司馬相
如上林賦長千仞大連抱又廣韻持也增韻挾也　又薄報切
音暴與抱裒同書召誥夫知保抱攜持厥婦子詩抑篇亦既抱
子禮曲禮君子抱孫不抱子又儒行抱義而處又儀禮士相見
凡與大人言始視面中視抱又孟子抱關擊柝又氣向日也前
漢天文志暈適背穴抱珥虹蜺注凡氣向日爲抱向外爲背文
獻通考祲者陰陽五色之氣浸淫相浸或曰抱珥背鐍之屬如
虹而短是也　又蒲交切音庖房尤切音浮與桴桴同　又披
交切與拋同棄也擲也史記三代世表姜嫄生后稷抱之山中
皮日休詩義與上同季春人病抱芳杜　按徐
柝
他各切音托
氏謂薄報切爲非字典云去聲義與上聲同
說文判也从

木斥聲夜行所擊者从木橐聲易曰重門擊柝徐鉉曰謂判[illegible]木夾于門爲機相擊以警夜也今荒城多叩鼓以持更猶其遺制左哀七年魯擊柝聞于邾孟子抱關擊柝者皆有常職以食于上

計

古詣切音繼說文會也算也从言从十徐曰十者物成數會意禮內則十年出就外傅居宿於外學書計注謂九數左昭三十二年士彌牟營成周計丈數周官小宰以聽官府之六計弊羣吏之治疏六計謂善能敬正灋辨皆以廉爲本計其功過多少而聽斷之也又司會注會大計也月計曰成月計曰要歲計曰會三歲則大計羣吏之治而誅賞之孟子孔子嘗爲委吏矣曰會計當而已矣撮言會是總計計是分計當者錢穀積算明白也史記平準書桑宏羊以計算用事又玉篇謀也廣韻籌策也史記項羽紀項梁召諸別將會薛計事又淮陰侯傳計者事之機也陳丞相世家凡六出奇計輙益邑凡六益封其計或頗秘世莫能聞也又左昭二十五年臧會逸奔郈郈魴假使爲賈正焉計于季氏注送計簿于季氏前漢武帝紀受計于甘泉宮注受郡國所上計簿若今之諸州計帳也又元光

五年徵吏民有明當世之務習先聖之術者縣次續食令與計偕〔注〕令所徵之人與上計者俱來也又官名〔史記張丞相傳〕張蒼遷爲計相〔師古注〕專主計籍〔唐書百官志〕司計典計掌計會二人給衣服飲食薪炭又神名〔山海經〕東北三十里曰光山神計蒙處之其狀人身龍首恆遊於漳淵出入必有飄風暴雨又縣名〔前漢地理志〕琅邪郡有計斤縣〔師古注〕即左傳所謂介根也〔左襄二十四年傳注〕介根莒邑城陽黔陬縣東北計基城是也又州名〔唐書地理志〕劍南道有計州又姓越有計然　又吉屑切音結書也

茁　側八切音札〔說文〕草初生出地皃〔詩騶虞〕彼茁者葭〔朱傳〕音拙生出壯盛之皃〔關尹子八籌篇〕草木俄茁茁俄亭亭〔韓愈文〕蘭茁其芽又〔孟子〕牛羊茁壯長而已矣〔趙注〕茁生長皃〔朱注〕肥皃〔攝言〕茁壯以形體言長以生息言阻刷反　又厥律切音橘〔廣韻〕草芽也　又竹律切音怞義同　又之出切音䪼〔集韻〕草名蒴蘀也　又側劣切音拙〔蘇軾詩〕韭芽戕土牟如蕨霜菜露芽寒更茁

摽　符少切飄上聲〔說文〕擊也一曰挈門壯也又〔爾雅釋詁注〕摽蘦落也〔詩〕摽有梅

傳摽落也又柏舟寤辟有摽傳拊心皃朱注竝音殍又摽有梅召南篇名序召南被文王之化男女得以及時也　又撫招切音漂亦擊也左哀十二年長木之斃無不摽也注長木斃踣于地不擇物而後摽擊　又匹妙切漂去聲義同　又毗召切瓢去聲擊也　又卑遙切音飈義同又麾也公羊莊十三年曹子摽劍而去之孟子摽使者出諸大門之外注麾也又刀末也前漢王莽傳摽末之功注刀末曰摽　又匹交切與拋同說文拋或从手票聲左傳通用摽

稽古兮切音雞說文畱止也从禾从尤旨聲徐曰禾之曲止也尤者異也有所異處必稽考之即遲畱也前漢食貨志蓄積餘贏以稽市物注稽貯滯也後漢馬援傳何足久稽天下士又考也計也議也合也治也書堯典曰若稽古帝堯易繫辭於稽其類注考也禮緇衣行必稽其所敝注猶考也議也又儒行古人與稽注稽猶合也古人與合則不合於今人也胡氏曰猶考也葉氏曰誦詩讀書知人論世古人與稽也周官小宰聽師田以簡稽注簡閱也稽計也合也合計其士之卒伍閱其兵器爲之要簿也前漢賈誼傳婦姑不

相挩則反脣而相稽注相與計校也又至也莊子逍遙遊大浸稽天而不溺又史記樗里子傳滑稽多智注滑亂稽同也辯捷之人言非若是言是若非能亂異同者也一云滑稽酒器可轉注吐酒不已俳優之人詞不窮竭如滑稽之吐酒不已又吳語擁鋒拱稽注拱執也稽棨戟也又山名周官職方氏東南曰揚州其山鎮曰會稽左哀元年越子以甲楯五千保于會稽注上會稽山也在會稽山陰縣南水經注會稽之山古防山也亦謂之茅山又曰棟山桑籍在今紹興府會稽縣東南十二里又姓呂氏春秋秦有賢者稽黃又人名孟子稽大不理于口又康禮切音啓下拜首至地也書舜典禹拜稽首傳首至地臣事君之禮益稷臯陶拜手稽首傳拜手稽首者首至手又至地也周官大祝辯九𢷬一曰稽首注稽首首至地稽留然後舉也禮檀弓拜稽顙哀戚之至隱也注稽顙首觸地無容朱氏軾曰三年之喪稽顙而後拜稽顙者因賓之來弔而痛已親也拜者因痛已親而感賓之來弔也拜與稽顙者哀戚之至而稽顙之痛較拜爲尤甚焉又拜而後稽顙頹乎其順也稽顙而後拜頎乎其

至也疏緦麻以上不杖期以下先拜而後稽顙杖期以上斬衰以下先稽顙而後拜陳氏曰拜而後稽顙先致敬也稽顙而後拜先致哀也吳氏曰周官九拜之目今約之爲三一曰稽首兩膝著地兩手到地乃俯其首下至於地在手之前首下腰高如衡之頭低尾昂荀子所謂下衡曰稽首是也此拜之最重者頓首亦首下腰高然頓首首但至手稽首首直至地稽顙即是稽首以其爲凶禮故易首爲稽以別於吉禮云爾凡喪之再拜者先作空首一拜後作稽首一拜則曰拜而後稽顙九拜中此名吉拜輕喪之拜用此先作稽首一拜後作空首一拜則曰稽顙而後拜九拜中此名凶拜重喪之拜用此孟子北而稽首再拜稽字平上通

莽

莫朗切音蟒說文南昌謂犬善逐兔草爲莽从犬从茻茻亦聲又草謂之莽左哀元年吳日敝于兵暴骨如莽注草之生于曠野莽莽然故曰草莽孟子在野曰草莽之臣趙注莽亦草也離騷夕攬中洲之宿莽注草冬生不死者楚人名曰宿莽周官翦氏以莽草熏之山海經朝歌之山有草名莽草可以毒魚又拾遺記有草名莽煌炙人衣則焦刈之

爲席方冬爾濕以枝相導則火出又爾雅釋草莽數節疏竹節
閒促數者名莽又小爾雅　也又草深見楚辭天問草木莽莽
又莊子則陽篇君爲政焉勿鹵莽又韻會莽蒼寒狀一曰近郊
之色莊子逍遙遊適莽蒼者三餐而反又國名列子周穆王篇
西極之南隅名古莽之國又姓後漢莽何羅傳注孟康曰本姓
馬明德皇后惡其先人有反者易姓莽　又莫后切音某義同
又莫補切音姥楚辭九章陶陶孟夏兮草木莽莽傷懷永哀
兮汨徂南土　又莫郎切音茫莊子莽蒼亦讀平聲　俗作莾
旃諸延切音饘說文旗曲柄也所以旃表士衆周禮曰通帛
爲旃爾雅釋天因章曰旃注以帛練爲旒因其文章不復
畫之釋名旃戰也戰戰恭己而已也三孤所建象無事也孟子
庶人以旃注通帛曰旃新安倪氏曰旃用通幅絳帛所謂大赤
也注周正赤色無飾汪氏遠喜曰[illegible][illegible]游車載旌大夫從游燕
之樂者故招以旌諸侯載旗事君所禮也故招以旗孤卿載旃
庶人公卿所治也故招以旃春秋傳謂弓以招士與此異按孤
卿上大夫也弓聘士之物也傳曰翹翹車乘招我以弓則弓以

招士旃以招大夫禮也今曰庶人以旃士以旂大夫以旌豈誠如注氏之云乎俟考又傳雅旃之也詩陟岵上愼旃哉左桓十年虞叔有玉虞公求旃注旃之也又小爾雅旃焉也詩采苓舍旃舍旃箋旃之言焉也朱傳之也又爾雅釋天大歲在乙曰旃蒙又史記匈奴傳被旃裘前漢王褒傳夫荷旃被毳者又水名左襄十八年遂涉潁次于旃然注旃然水出滎陽成皐縣東入汴水經注索水出京縣西南嵩渚山即古旃然水也嵩渚山在滎陽縣東三十五里　又叶之人切音眞陸雲夏府君誄廣命俊乂惟弓與旃震我聲教遐響惟殷

旂

渠希切音蘄說文旂有眾鈴以令眾也爾雅釋天有鈴曰旂注懸鈴於竿頭畫蛟龍於旂釋名旂倚也畫作兩龍相依倚也通以赤色爲之無文采諸侯所建也詩采芑旂旐央央周官司常蛟龍爲旂禮明堂位有虞氏之旂孟子士以旂注蛟龍爲旂說詳上　又唐韻正旂古音芹說文旂从㫃斤聲徐鍇繫傳曰斤沂近似聲韻家所以言旁紐也字典詩泮水言觀其旂叶上芹庭燎言觀其旂叶上晨煇以說文斤聲考之則旂本有斤音非旁紐也　按旂

旗音同義別旂爲旄旄通

稱旂則旗之另一種也

四書字詁卷七十五

湖南黔陽縣歲貢生段諤廷訒庵原稿
本縣教諭寧鄉黄本驥虎癡編訂

下孟一 告子一計三十八字

桮 布回切同杯[說文]䰈也从木否聲俗作盃通作杯[孟子]義猶桮棬也[注]桮棬屈木所爲若巵匜之屬[語類]似今捲杉合子[前漢朱博傳]案上不過三桮又桮落籠也所以盛桮

棬 去員切音拳[玉篇]屈木盂也[廣韻]器似升屈木作之 又居媛切音絭[玉篇]拘牛鼻[呂覽重已篇]五尺童子引其棬而牛知所以順之也 又逵員切音權[前漢地理志]西棬縣名屬日南郡 又古倦切音眷九元切音勑義竝同 禮作圈

戕 在良切音牆[說文]槍也他國臣來弒君曰戕[春秋宣十八年]邾人戕鄫子于鄫[左傳]凡自虐其君曰弒自外曰戕[公羊]殘賊而殺之也[穀梁]戕猶殘也捝殺也杜氏預曰弒戕皆殺也所

四書字詁 下孟一

以別內外之名弒者積微而起所以相測量非一朝一夕之漸戕者卒暴之名何氏休曰支解節斷之故變殺言戕又斬伐也【孟子】將戕賊杞柳而後以爲桮棬也　又財干切音殘義同又資良切音將戕戧檝也　又茲郎切音臧【博雅】繫舟杙也又戕牁郡名亦作牂　又慈碌切音情【集韻】殺也

湍

他耑切音煓【說文】疾瀨也【前漢溝洫志】水湍悍難以行平地【注】急流曰湍【孟子】湍水【注】波流瀠洄之皃　又吐玩切音彖義同　又朱遄切音專【集韻】水名在酈縣【山海經】荊山之首曰翼之山湍水出焉

激

吉歷切音擊【說文】水礙衺疾波也一曰半遮也【前漢溝洫志】爲石隄激使東注激者聚石於隄旁衝要之處所以激去其水也【孟子】激而行之可使在山又衝也【潘岳詩】驚湍激巖阿　又【水經注】汚水北岸數里有大石名五女激又言論過直爲激切【後漢陳寵傳】言事者必多激切又【蔡邕傳】懸激忘身又違俗立異曰激詭【范丹傳】丹好違時絕俗爲激詭之行又激楚清聲也【楚辭招魂】宮庭震驚發激楚些【注】激楚歌舞之名即漢書所謂楚歌楚舞也大合衆樂而爲高張急節之奏也

又姓前漢淮南王傳有激章 又吉弔切音叫集韻湍流皃一曰風聲

炙

之石切音隻說文炮肉也从肉在火上詩瓠葉燔之炙之傳炕火曰炙折中近火曰燒遠火曰炙楚茨或燔或炙傳燔燒肉也炙炙肝也書泰誓焚炙忠良疏焚炙俱燒也又詩桑柔反予來赫傳赫炙也疏王肅云我陰知女行矣乃反來赫炙我欲有以退正我言者也又親近也孟子況於親炙之者乎注親近而薰炙之也又玉篇熱也 又之夜切音蔗義同孟子膾炙所同也注炙炙肉也大全上炙之夜反下炙如字 又唐韻古音之恕反朱去聲枚乘兔園賦於是從容安步鬭雞走兔俯仰釣射煎熬炮炙極樂到暮射音樹 又叶陟畧切音芍楚茨或炙瓠葉炙之竝與酢為韻行葦或炙與下咢為韻

酌

之若切音灼說文盛酒行觴也詩卷耳我姑酌彼金罍瓠葉酌言嘗之孟子酌則誰先注酌酒也禮郊特牲縮酌用茅注猶斟也酒已泲則斟之以實尊彝前漢蓋寬饒傳無多酌我我乃酒狂班固西都賦騰酒車以斟酌又酒名禮曲禮酒曰清酌又博雅酌漱也又益也又取善而行曰酌左成六年子

爲大政將酌於民者也注酌取民心以爲政禮坊記上酌民言則下天上施注酌猶取也取衆民之言以爲政教則得民心得民心則恩澤所加民愛之如天矣又參酌也周語而後王斟酌焉前漢敘傳斟酌六經又詩篇名序洞酌召康公戒成王也言皇天親有德饗有道也酌告成大武也言能酌先祖之道以養天下也朱傳酌即勺也內則十三舞勺即以此詩爲節而舞也白虎通周公曰酌合者言周公輔成王能斟酌文武之道而成之也　又實若切音杓集韻挹也左成十四年見大子之不哀也不內酌飲釋文市暑反亦讀章暑反

冬　都宗切篤平聲說文四時盡也禮月令天氣上騰地氣下降天地不通閉塞而成冬又某日立冬盛德在水立冬之日天子親帥三公九卿以迎冬於北郊樂記秋斂冬藏前漢律歷志冬終也鶡冠子環流篇斗柄北指而天下皆冬孟子冬日則飲湯又姓前燕錄有司馬冬壽

鑠　書藥切音爍說文銷也孟子非由外鑠我也注鑠以火銷金之名自外以至內也史記張儀傳衆口鑠金又爾雅釋詁美也詩酌篇於鑠王師傳鑠美也朱傳於歎

辭鑠鑠也【史記李師傳】鑠金百鎰索隱曰鑠美也又【後漢馬援傳】矍鑠哉是翁也【注】矍鑠勇皃又【何晏景福殿賦】故其華表則鎬鎬鑠鑠【注】皆謂光顯昭明也　又弋灼切音藥【集韻】熔也【莊子胠篋篇】鑠絕竽瑟一曰銷也　又通作爍【前漢藝文志】爍金為刃

賴　洛蓋切音癩【說文】贏也从貝剌聲【類篇】恃也【書大禹謨】萬世永賴【疏】萬世常所恃賴　又藉也【孟子】富歲子弟多賴【注】賴藉也豐年衣食饒足故有所賴藉而為善【史記高祖紀】大人常以臣亡賴【注】晉灼曰賴利也無利于家也或曰江淮之閒謂小兒多詐狡滑為無賴　又國名【左桓十三年】楚子使賴人追之【彙纂】後漢襃信侯國有賴亭故賴國【文獻通攷】賴國在褒信縣元省縣為鎮今在息縣東北其賴亭則在商城縣南皆屬汝寧府光州　又姓【風俗通】交阯太守賴先漢有校尉賴丹　又叶力制切音例【班固答賓戲】福不盈眥禍溢於世凶人且以自悔況吉士而是賴

殊　市朱切音殳【說文】死也漢令曰蠻夷長有罪當殊之【莊子在宥篇】殊死者相望也【注】廣雅曰殊斷也司馬曰決也一曰誅也字林云死也【前漢宣帝詔】赦殊死

以下又絶也宣帝詔骨肉之親粲而不殊師古注粲明也殊絶
也明於仁恩不離絶也韓信傳軍皆殊死戰師古注殊絶也謂
決意必死又斷絶也左昭二十三年斷其後之木而弗殊又傷
而未絶也史記蘇秦傳齊大夫與蘇秦爭寵使人刺蘇秦不死
殊而走又別也異也易繫辭天下同歸而殊途禮大傳殊徽號
又綴之以食而弗殊孟子非天之降才爾殊也後漢梁竦傳毋
氏年殊七十注猶過也又語辭詩汾沮洳殊異乎公路又殊庭
蓬萊仙人庭也前漢郊祀志將以望祀蓬萊之屬幾至殊庭
又叶時流切音酬陳琳詩沈淪衆庶間
與世無有殊行鬱懷傷結舒展有何由

麰 莫浮切音謀說文來麰麥也玉篇春
麥也廣韻大麥也吳普本草大麥一名穬麥五穀之長也本草
麥有四種大麥小麥穬麥蕎麥大麥爲麫勝小麥而無燥熱醫
書曰五穀惟大麥歷四時而熟具中和之氣爾雅翼大麥宜爲
飯又可爲酢其蘗可爲飴又倉頡解詁麰煮麥也釋名煮麥曰
麰麰齲也煮熟亦齲壞也又廣雅麰
麴也　又通作牟詩思文貽我來牟

麥 莫獲切音脈說文芒穀秋穜厚薶故謂之

麥麥金也金王而生火王而死从來有穗者从夊臣鉉等曰夊足也周受瑞麥來麰如行來故从夊禮月令孟夏麥秋至蔡邕曰百穀各以初生爲春熟爲秋麥以初夏熟故四月於麥爲秋又季春之月天子乃祈麥實孟夏之月農乃登麥前漢武帝紀勸民種宿麥師古曰歲冬種之經歲乃熟故云宿麥世史光武帝紀倉卒蕪蔞亭豆粥滹沱河麥飯厚意久不報又蕎麥一名烏麥南北皆種之亦名莜麥又爾雅釋草蘥雀麥注即燕麥也又大菊蘧麥注大菊一名麥句薑即瞿麥又姓隋書有麥鐵杖又訖力切音極詩桑中爰采麥矣七月禾麻菽麥閟宮稙稺菽麥　又叶莫故切音慕晉太康中童謠晳牛耕御路白門種小麥

磽 口交切音敲與墝同石地說文磬石也玉篇堅硬也孟子則地有肥磽注磽薄也前漢景帝紀郡國或磽陿無所農桑注謂磽确瘠薄　又輕皎切與挑同集韻山田也　又魚教切音校義同

牙 五加切音芽說文牙齒也象上下相錯之形字彙上曰齒下曰牙易大畜豶豕之牙詩祈父傳爪牙鳥獸所用以爲威者也疏鳥用爪獸用牙以防衛又國策

投之以骨輕起相牙注以牙相噬賜趙佗書朕欲定地犬牙相
入者以問吏又詩有瞽崇牙樹羽疏栒之上刻爲崇牙似鋸齒
捷業然故謂之業牙即業之上齒也禮明堂位殷之崇牙又玉
藻佩玉有衝牙疏其形似牙也又周官典瑞牙璋以起軍旅以
治兵守注牙璋瑑以爲牙牙齒象兵故以牙璋發兵又旗名張
衡東京賦牙旗繽紛注古者天子出建大牙旗竿上以象牙飾
之又韻會立於帳前謂之牙門後漢公孫瓚傳拔其牙門又前
漢文帝紀犬牙相制注言地形如犬之牙相交入也又史記東
方朔傳遠方尚未歸義而騶牙先見其齒前後若一齊等無牙
故謂之騶牙又書篇名序穆王命君牙爲周大司徒作君牙又
姓風俗通周大司徒君牙之後又人名齊桓公雍人易牙孟子
注易牙古之知味者　又與芽通前漢金日磾傳霍氏有事萌
牙注師古曰萌牙者言始有端緒若草之始生　又語下切音
雅集韻車罔也　又五駕切音訝考工記輪人牙也者以爲固
抱也注牙讀如訝謂輪輮也疏訝迎也此車牙亦輮之使兩頭
相迎故讀從之　又通作虞詩騶虞前漢東方朔傳作騶牙

又叶五胡反音吾【詩】祈父爪牙叶下居【唐韻正】古音吾 又叶
五何切音峨【晉京洛童謠】遥望晉國何嵯峨千歲髑髏生齒牙
又叶五紅切音[illegible]【詩行露】誰謂鼠無牙叶下墉從 又牙與
牙字形相近牙即互字也或譌作牙【後漢滕撫傳】盜賊羣起盤
牙連歲【注】盤牙謂相連結【前漢劉向傳】宗族盤互【注】師古曰字
或作牙謂若犬牙相交入之違也【中山詩話】古稱駔儈今謂牙
郎非也劉道原云本稱互郎主互市唐人書互爲牙牙字似牙
因譌爲牙耳【舊唐書史思明傳】互市郎【安祿山傳】互市牙郎蓋
爲後人添一牙字今
通鑑亦作互市牙郎

姣 胡茅切音交【說文】好也又淫也【左襄九年】棄位而姣不可謂貞【注】姣淫之
別名【釋文】戸交反又如字又音效 又古巧切音狡美也娟也
【孟子】不知子都之姣者【注】姣好也【史記蘇秦傳】前有樓閣軒轅
後有長姣美人 又與狡通【後漢劉盆子傳】卿所謂鐵中錚錚
傭中姣姣者也一作佼 又後敎切音效【集韻】義同又姅也

豢 胡慣切音宦【說文】以穀圈養豕也【廣韻】穀養畜也【禮月令】
仲秋按芻豢【注】養牛馬曰芻犬豕曰豢【疏】食草曰芻食穀

曰豢禮樂記豢豕爲酒非以爲禍也而獄訟益繁則酒之流生禍也孟子猶芻豢之悅我口撮言芻豢以食草食穀之畜之肉言芻卽當牛羊字豢卽當犬豕字又餌之以利曰豢左哀十二年吳將伐齊越子率其衆以朝焉王及列士皆有饋賂吳人皆喜惟子西懼曰是豢吳也夫注豢養也若人養犧牲非愛之將殺之又官名左昭二十九年帝賜之姓曰董氏曰豢龍注豢龍官名官有世功則以官氏　又戶管切音緩義同　又叶胡玩切音換曹植孔甲贊行有順天龍有河漢雌雄各一是擾是豢　又叶熒絹切緣去聲歐陽修讀書詩淡泊味愈長始終不殊變庶幾垂後世不黜死芻豢

萌　武庚切音氓說文草芽也韻會萌始生也博雅始也周官薙氏掌殺草春始生而萌之注謂耕反其萌芽孟子非無萌蘖之生焉注萌芽也蘖芽之旁出者也又不動兒莊子應帝王鄉吾示之以地文萌乎不震不正林注藏心於中猶大地寂然雖有生機之萌而不動不定若枯槁而無生氣也禮月令季春句者畢出萌者盡達樂記區萌達又姓正字通五代蜀裨將萌慮又葭萌地名史記貨殖傳

屬廣漢今利川縣　又與民通管子山國軌謂高田之萌曰吾所寄與于子者若干墨子尚賢篇四鄙之萌人　又與甿通前漢劉向傳民萌何以戒旃　又與蕄同爾雅釋訓存存萌萌在也疏說文作蕄蕄　又與芒通管子五行篇草木區萌注卽句萌也　又眉兵切音明

櫱　五葛切岸入聲說文伐木餘也从木獻聲或从木辥聲孟子萌櫱注蕨萌草名一作決明芽之旁生者也書盤庚若顛木之有由櫱詩長發苞有三櫱傳苞本也櫱方生萌櫱也言一本生三櫱也釋文五葛反又叶五竭反亦作枿劉德漢書注引詩作包有三枿　又漁列切音孼義同又姓姓苑東莞人本姓辥避仇改爲櫱　又叶逆約切音近虐蘇軾雜詩牽牛獨何畏詰曲自牙櫱走尋荆與榛如有宿昔約

梏　古沃切音鵠說文手械也易蒙卦用說桎梏疏在足曰桎在手曰梏周官掌囚中罪桎梏下罪梏大司寇萬民之有罪過害于州里者桎梏而坐諸嘉石爾雅釋器杻謂之桎械謂之梏韋昭云兩手共一木曰拲兩手各一木曰梏廣韻紂所作新書君道篇紂作梏數千睨諸侯之不諂己者文王梏於

羑里七年而後得免及武王克殷令殷民投梏而流之於河民
以手撤之弗敢墜也跪而入之水弗敢投也曰昔者文王常擁
此故愛思文王猶敬其梏況其法教乎【孟子】桎梏死者非正命
也【注】桎梏所以拘罪人者又貫頸也【左】襄六年子蕩怒以弓梏
華氏於朝【注】張弓以貫其頸若械之在手故曰梏又【孟子】有梏
亡之矣【趙注】梏亂也【朱注】械也【語類】梏如被他禁械在那裏更
不容走作　又古岳切音覺【爾雅釋詁】直也【禮緇衣】有梏德行
【注】梏大也在也【射義】棲皮曰鵠【注】鵠之言梏梏直也言八正直
乃得中也
當从鵠音

繳之若切音灼【說文】生絲縷也【孟子】思援弓繳而
射之【注】繳以繩繫矢而射也【易遯卦注】矰繳不
能及【疏】結繳於矢謂之矰繳【史記楚世家】精繳蘭臺【注】絲繩繫
弋射鳥也【前漢張良傳】雖有矰繳【注】弋射也【班固西都賦】矰繳
相纏【三輔黃圖】佽飛具矰繳以射鳧鴈【注】箭有綸曰矰繳即綸
也　又吉了切音皎【前漢司馬遷傳】名家苛察繳繞【注】如淳曰
猶纏繞　又下革切音覈與𧝓同【集韻】衣領中骨　又與儌同
【集韻】行縢也　又吉弔切音叫【集韻】糾戾也劉向曰紛繳爭言

熊 胡弓切音雄【說文】獸似豕山居冬蟄从能炎省【埤雅】熊似豕堅中當心有白脂如玉味甚美俗呼熊白其膽春在首夏在腹秋在左足冬在右足好舉木而引氣謂之熊經莊子所謂熊經鳥伸是也冬蟄不食飢則自舐其掌故其美在掌【孟子】熊掌亦我所欲也【格物論】熊性輕健山居能攀援上高樹見人則顛倒自投地而下【詩斯干】維熊維羆男子之祥【左宣二年】宰夫胹熊蹯不熟殺之【成元年】以宮甲圍成王王請食熊蹯而死【注】熊掌難熟冀久將有外救【詩大東】熊羆是裘【周官司几筵】甸役則設熊席【司裘】王大射則共虎侯熊侯豹侯諸侯則共熊侯豹侯【考工記輈人】熊旗六游以象伐也又【書牧誓】如熊如羆又【康王之誥】則亦有熊羆之士又【爾雅釋獸】魋如小熊【注】今建平山中有此獸狀如熊而小毛麄淺赤黃色俗呼爲赤熊又【史記天官書】熊熊青色有光【山海經】槐江之山南望崑崙其光熊熊其氣魂魂又山名【書禹貢傳】熊耳在商州上洛縣【史記黃帝紀】南至於江登熊湘【注】熊即熊耳又【封禪書】南伐至於召陵登熊山又【山海經】熊山有穴焉恒出神人夏啟而冬閉又西熊侯國

名見史記建元以來王子侯者年表　又人名書舜典讓于朱虎熊羆傳四臣名也史記曰朱虎熊羆爲伯益之佐左文十八年高辛氏有才子八人六曰仲熊又史記五帝紀黃帝爲有熊注有熊國名黃帝所都又姓左哀十六年市南有熊宜僚者淮南子主術訓市南宜遼弄丸而兩家之難無所關其辭注宜遼姓名熊勇士居楚市南按左傳無注而文意似姓熊名宜僚而淮南子注云姓宜遼名熊未知其審又複姓熊率且比楚大夫見左桓六年　又矣殑切音盈義同唐韻正熊音羽陵反春秋宣八年葬我小君敬嬴公穀並作頃熊頃音近敬熊音近嬴正義不得其解乃云一人有兩號非也左昭七年正義曰張叔皮論云賓爵下革田鼠上騰牛哀虎變鯀化爲熊久血爲燐積灰生蠅王劭曰古人讀熊于陵反張叔用舊音也熊當改入蒸韻又囊來切同能左昭七年晉侯夢黃熊入于寢門其何厲鬼也子產曰昔堯殛鯀于羽山其神化爲黃熊以入于羽淵釋文熊亦作能如字一音奴來反三足鼈此獸非入水之物也而說文及字林皆云能熊屬足似鹿今東海人祭禹廟不用熊及鼈爲

膳豈穌化 嘑 荒烏切音呼說文唬也玉篇大聲周官雞人夜
爲二物乎 嘑 旦以嘂百官釋文火吳反 又與滹同史記
蘇秦傳南有嘑沱易水 又荒故切音戽義 蹴 七宿切音猝
同又孟子嘑爾而與之注嘑爾咄啐之皃 說文躡也孟
子注蹴蹋也朱注蹴踏也後漢梁冀傳六博蹴鞠劉向別錄蹴
鞠者傳言黃帝時所作或曰起戰國時 又子六切音噈義同
又就六切音嘁蹴然敬皃與 奉 父勇切音唪說文承也从
上孟蹵然不安之皃音義竝同 手从廾丰聲禮曲禮則兩
手奉長者之手又與也獻也史記藺相如傳奉璧西入秦 又
房用切音俸養也孟子妻妾之奉又祿秩也史記蕭何世家高
祖以吏繇咸陽吏皆送奉錢三前漢宣帝紀小吏勤事而奉薄
其益百石以上奉十五別作俸又姓漢馬軍使奉揮明奉科
乏 房法切音伐說文春秋傳曰反正爲乏徐鉉曰尚書惟正
之供反正不供故曰乏通志正乃射侯正以受矢乏以避
矢是相反也左宣十五年故文反正爲乏正義服虔云人反正
者皆乏絕之道也又蔽矢者曰乏周官車僕大射共三乏注乏

一名容持旌告獲者所以自蔽也王大射張三侯侯後一乏革
車用皮乏亦用皮故因使共之【射人注】容卽乏也據告獲者容
身于中則曰容據矢至此乏極不過則曰乏【儀禮鄉射】乏參侯
道【疏】三分侯道又【韻會】無也【孟子】空乏其身【注】空窮也乏絕也
又所識窮乏之者得我而爲之與【禮月令】季春振乏絕【注】暫無曰
乏又匱也【左成二年】敢告不敏攝官承乏【注】承乏猶代匱也【杜】
注攝承空乏又廢也【莊子天地篇】子
往矣無乏吾事【國策】不敢以乏國事

痛

他貢切音痛【說文】病
也【增韻】楚也疼也【易】
說卦坎爲耳痛【孟子】非疾痛害事也【後漢鄧皇后紀】非不痛也
難傷老人意故忍之耳又【玉篇】傷也【左成十三年】斯用是痛心
疾首暱就寡人【前漢楚元王傳】言多痛切發於至誠【史記秦本
紀】寡人斯念先君之意常痛於心又【字彙補】甚也【前漢食貨志】
以稽市物痛騰躍又凡事盡力爲之者皆曰痛【世說】痛飲酒熟
讀離騷便可稱名十又姓【姓譜】本盛國後實姬姓也周穆王嬖
寵盛姓姬早卒穆王哀痛
不已遂改其族爲痛氏

把

博下切巴上聲【說文】握也【孟子】
拱把之桐梓【注】拱兩手所圍也

把一手所握也楚語烝嘗不過把握鼂錯貴粟疏金銀珠玉其
爲物輕微易藏在于把握又廣韻持也增韻執也燕策左手把
其袖右手揕其胷史記殷本紀湯自把鉞以伐昆吾前漢王温
舒傳擇郡中豪敢往吏爲爪牙皆把其陰重罪而縱使督盜賊
又釋名播也所以播除物也　又蒲巴切音杷與爬通前漢貢
禹傳農夫捽草把土注把手掊之也郊祀志掊視得鼎注掊手
把土也又批把樂器推手前曰批引手後曰把風俗通批把近
世樂家所作以手批把因以爲名又顏魯公麻姑壇記麻姑爪
長可以把背又姓廣韻本杷東樓公之後避難改焉西魏有襄
州刺史把秀　又必駕切音霸禮曲禮左手承弣疏弣弓把也
釋文音霸

梧　五胡切音吾說文梧桐木一名櫬詩卷阿梧桐
手執處也

生矣于彼朝陽瑞應圖王者任用賢良則梧桐
生於東淮南子說山訓梧桐斷角注柔勝剛也風俗通梧桐生
嶧陽山巖石之上采東南孫枝爲琴聲清雅又南方草木狀海
梧出林邑樹與中國松同但結實絕大肥甘有香味亦樽俎間
佳果也又爾雅釋地當道有邱曰梧邱又史記項羽紀諸將慴

服莫敢枝梧【注】臣瓚曰小柱爲枝斜柱爲梧又琴爲槁梧【莊子德充符】惠子倚槁梧而瞑又縣名【前漢地理志】屬楚國又地名【禮檀弓】舜葬於蒼梧之野【注】蒼梧於周南越之地今爲郡【郭璞山海經注】長沙零陵古者總名其地爲蒼梧【困學紀聞】呂氏春秋舜葬於紀蒼梧山在海州界近莒之紀城今攷九域志海州東海縣有蒼梧山又云九嶷山在零陵而云舜葬蒼梧者文穎曰九嶷半在蒼梧半在零陵閻潛邱曰海州蒼梧山即山海經之郁州無舜葬於此之說又【左襄十年】晉師城梧及制【注】梧制皆鄭地【彙纂】滎陽縣有梧桐澗疑即梧也又【哀八年】舍於五梧【注】魯邑【彙纂】今費縣西有五梧城　又偶舉切音圄敔同樂器控揭也【集韻】敔或作梧　又五故切音悟【史記留侯世家】余以爲其人魁梧奇偉【注】應劭曰魁梧壯大之意又言其警悟也又支柱不安曰抵梧【前漢司馬遷傳贊】或有抵梧【注】梧音悟

檟　古雅切音賈【說文】楸也【左襄二年】穆姜使擇美檟以自爲櫬與頌琴【注】檟梓之屬【四年】季孫爲己樹六檟於蒲圃東門之外【哀十一年】伍員曰樹吾墓檟【孟子】舍其梧檟又【爾雅釋木】檟

苦荼注樹小似梔子冬生葉可煮作羹飲按此與今茶不同

樲 而至切音二說文酸棗也爾雅釋木樲酸棗注樹小實酢孟子養其樲棘注樲棘小棗撮言爾雅樲酸棗棘荆棘按此是二木而許氏又曰白色者爲白棘實酸者爲樲棘則爲一物 又直利切音稚集韻以木拒輪也

背 補昧切音輩說文脊也韻會身北曰背玉篇背脊正字通身之陰也釋名背倍也在後稱也易艮卦艮其背注背者無見之物孟子養其一指而失其肩背又爾雅釋詁背壽也詩行葦黃耇台背傳台鮐也人老則背有鮐文疏老人氣衰皮膚消瘠背若鮐魚也又日旁氣也前漢天文志暈適背穴注孟康曰皆日旁氣也背形如背字也如淳曰凡氣向日爲抱向外爲背又玉篇北堂曰背詩伯兮言樹之背傳北堂也劉氏曰北堂背南向北故謂之背語類北堂蓋古之植花草之處又詩蕩篇時無背無側傳背後側旁也折中背反側傾也又人名穀梁成十年衞侯之弟黑背帥師侵鄭 又蒲昧切音佩廣韻弃背集韻違也正韻弃也孤負也反面也詩十月之交噂沓背憎朱注音佩書太甲既往背師

保之訓前漢高帝紀若爲秦吏今欲背之　又奴對切音內義同　又叶卑吉切音必詩桑柔職涼善背行葦黃耇台背朱注竝必墨切音北較韻補爲近自然

粱

呂張切音粱說文米名也篇海似粟而大有青黃白三種又有赤黑色者韻會小補粱粟類米之善者五穀之長今人多種粟少種粱以其損地力而收穫少也爾雅釋草注虋赤粱粟芑白粱粟廣志有具粱解粱遼東赤粱本草白粱味甘微寒無毒主除熱益氣有襄陽竹根者最佳黃粱出青冀杜甫贈衞八處士詩新炊間黃粱注本草香美逾諸粱俗呼竹根黃周官食醫犬宜粱疏犬味酸而溫粱米味甘而微寒氣味相成故云犬宜粱禮內則注方氏曰犬能守守則强故宜粱粱穀之强者也王氏曰犬金畜粱土穀土生金故氣味相成孟子所以不願人之膏粱之味也又莠類曰粱爾雅釋草稂童粱注莠類疏稂一名童粱

繡

息救切音秀說文五采備也釋名修也文修修然也考工記繢畫之事五采備謂之繡集注此言刺繡采所用繡以爲裳凡繡亦須畫乃刺之故畫繡二工共職禮月令仲秋文繡有恒注祭

服之創畫衣而繡裳【洞冥記】甘泉宮有霞光繡藻龍繡【前漢書】帝詔錦繡纂組害女紅者也【孟子】所以不願人之文繡也【史記項羽記】富貴不歸故鄉如衣繡夜行誰知之者又【姓氏急就篇】漢有繡君實。又先刁切音消【類篇】綺屬【詩】揚之水素衣朱繡【箋】繡當為綃【韻補】當讀如肖【朱注】繡先抄反上皓叶胡暴反鵠叶居號反憂叶一笑反　俗作綉非綉吳俗謂綿一片也義別

杯 布回切孔穎達曰周禮有玉敦今之杯盂也【禮玉藻】母沒而杯圈不能飲焉口澤之氣存焉爾又盛羹器【史記項羽紀】必欲烹而翁幸分我一杯羹【師古注】今之側杯有兩耳者又叶博孤切音餔【曹植隴西行】卻略再拜跪然後持一杯談笑未及竟左顧勑中厨　又叶逋俁切音裒【楊方合歡詩】同聲好相應同氣自相求我情與子親譬如影追軀食共蒞根穗飲共連理杯　【按】柸桮本一字孟子杞柳章作桮車薪章作杯

荑 杜兮切音啼【說文】草也【孟子】不如荑稗【注】荑稗草之似穀者其實亦可食然不如五穀之美也又【玉篇】始生茅也【詩靜女】自牧歸荑【傳】荑茅之始生者碩人手如柔荑【傳】荑茅之始生曰荑言

柔而白也又草木初生皃晉書郭璞傳蘭荑爭翹又筵知切音夷爾雅釋草莁荑蔱郭注莁荑草名

稗 傍卦切音粺說文禾別也徐曰似禾而別也孫炎曰荑稗者即禾中之莁草也說原荑稗二物也皆有米而細水旱無不熟之時擣而炊之亦可備荒廣雅解稗有二種一黃白一紫黑紫黑者芑有毛北人呼為烏禾人不甚珍農家種之以備他穀之不熟耳群芳譜本草稗苗葉似穇子梢頭出扁穗結子如黍粒茶褐色味微苦食之益氣宜脾六書故稗葉純似稻節間無毛實似蕡害稼後漢光武紀建武三十一年陳留雨穀形如稗實又細也前漢藝文志小說家者流蓋出於稗官注師古曰稗官小官也又小販謂之稗販唐書陸贄傳算稗販之緡

彀 古候切音遘說文張弩也孟子必志於彀注引滿也史記李牧傳彀者十萬人周亞夫傳彀弓弩持滿又張弩軍士曰彀騎前漢馮唐傳彀騎三千

四書字詁卷七十六

湖南黔陽縣歲貢生段諤廷訒庵原稿
本縣教諭寧鄉黃本驥虎癡編訂

下孟二 告子二計三十九字

揣 初委切椳上聲（說文）量度也度高曰揣一曰捶之（六書統）量度也以手求其常意一曰捫而察之也又凡稱量忖度皆曰揣（左昭三十二年）揣厚薄（孟子）不揣其本（史記蘇秦傳）簡練以爲揣摩高誘曰揣定也摩合也（鬼谷子揣篇）善用天下者必揣諸侯之情又（廣韻）試也除也又姓明永樂舉人揣本　又樞絹切音釧（集韻）亦度也　又丁果切音朶義同又搖也或作挆　又朱惟切音錐鎚也（道德經）揣而銳之不可長保（注）揣治擊也梁簡文讀　又主縈切棰上聲尺兖切音喘之瑞切音惴義並同　又徒官切音團（韻會）聚皃（馬融長笛賦）冬雪揣封乎其枝（注）團揣古通又（賈誼服賦）忽然爲人兮何足控揣化爲異

物兮又何足患〔漢書注〕揣與摶通控摶玩玩愛生之意患叶音環〔史記〕作揣索隱曰量也

岑

鉏針切音涔〔說文〕山小而高〔謝靈運〕登臨海嶠詩明高天姥岑〔張衡南都賦〕幽谷嶜岑〔注〕嶜岑峻極皃〔大學章句〕丘隅岑蔚之處〔學庸集說〕岑是山尖銳處蔚是林翳茂處又〔孟子注〕岑樓樓之高銳似山者又國名〔正字通〕周文王封異母弟耀之子渠爲岑子今梁國有岑亭又姓望出南陽〔風俗通〕古岑子國之後後漢有岑彭唐有岑參爲嘉州令能詩時稱岑嘉州　又牛領切吟上聲〔集韻〕崖岸也〔莊子徐無鬼〕未始離於岑

樓

洛侯切音婁〔說文〕重屋也〔爾雅釋宮〕狹而修曲曰樓〔釋名〕樓謂牖戶之閒有射孔樓樓然也又偵敵之車曰飛樓亦曰樓車〔六韜軍略篇〕視城中則有飛樓〔左宣十五年〕登諸樓車〔注〕車上望櫓〔後漢公孫瓚傳〕樓櫓千里又岑樓山之銳嶺〔孟子〕可使高於岑樓又譙樓城樓也〔史記陳涉世家〕譙門〔注〕師古曰譙門謂門上爲高樓以望遠又謂之戍樓〔儲光羲送別詩〕寒雲隱戍樓又樓蘭國名見〔前漢昭帝紀〕又〔爾雅釋詁〕聚也又〔釋草〕栝樓果臝之實〔注〕齊人呼爲木瓜又道家

以肩爲玉樓蘇軾雪詩凍合玉樓寒起粟又姓望出東陽周封少康之裔爲東樓公子孫因氏焉戰國有樓緩史記漢有善騎射者樓煩楚挑戰三樓煩輒射卻之　又叶凌如切音閭古詩日出東南隅照我秦氏樓秦氏有好女自名爲羅敷又離樓衆木交加之皃王延壽魯靈光殿賦嶔岑離樓

鉤

古侯切音勾說文曲也玉篇曲鐵也又廣韻劍屬韻會古兵有鉤有鑲皆劍屬引來曰鉤推去曰鑲釋名鉤鑲兩頭曰鉤中央曰鑲或推鑲或鉤引用之之宜也前漢韓延壽傳鑄作刀劍鉤鐔注似劍而曲所以鉤殺人也吳越春秋吳作鉤者甚衆有人貪王之重賞也殺其二子以血釁金遂成二鉤獻於闔閭詣宮門而求賞王曰何以異於衆夫子之鉤乎作鉤者曰吾之作鉤也貪而殺二子釁成二鉤王乃舉衆鉤示之王鉤甚多形體相類不知所在於是作鉤者向鉤而呼二子之名吳鴻扈稽我在於此王不知汝之神也聲絕於口兩鉤俱飛著父之胸淮南子修務訓純鉤魚腸注純鉤利劍名又劍環國策無鉤竿鐔須蒙之便注鉤劍頭環史記楚世家楚國折鉤之喙兄以爲九鼎注凡戟

有鉤喙鉤口之尖也言楚國戟之鉤口尖有折者足以爲鼎也又刀名鮑昭樂府錦帶佩吳鉤又鈎鉤莊子外物篇任公子爲大鉤巨緇五十犗以爲餌又帶鉤孟子豈爲一鉤金又刈禾鐮曰刈鉤前漢龔遂傳遂爲渤海太守賊棄弓弩而持鉏鉤又幔鉤隋書蘇威傳威見宮中以銀爲幔鉤又馬頷鉤詩韓奕鉤膺鏤鍚崧高鉤膺濯濯采芑鉤膺鞗革疏五路惟金有鉤以金爲之馬頷之飾也又凡懸物者曰鉤又以鉤取物曰鉤左襄二十三年或以戟鉤之又正字通鉤索義理猶言窮理也易繫辭鉤深致遠疏物在深處能鉤取又繞也儀禮鄉射禮豫則鉤楹內注鉤楹繞楹而東也又屈也國策弓撥矢鉤注矢鋒屈也又留也前漢鮑宣傳使吏鉤止丞相掾史又致也趙廣漢傳善爲鉤距以得事情注鉤致也距閉也使對者不疑示若不問而自知衆若覺所由以閉其術爲距也陳萬年傳咸皆鉤校發其姦藏又牽引也後漢靈帝紀皆爲鉤黨下獄注謂相牽引也又車名禮明堂位鉤車夏后氏之路也注鉤有曲輿者也又釋名鉤心從輿心下鉤軸也易小畜輿說腹疏謂輿下縛木與軸相連鉤

心之木是也考工記車人凡爲轅三其輪崇參分其長二在前一在後以鑿其鉤注鉤轅之鉤心也就其中而鑿之以鉤車箱也又射具詩車攻決拾既佽疏決鉤弦也又服飾名儀禮士虞禮鉤決注如今擐衣也疏若漢時人擐衣以露臂故云如今擐衣也又星名星經鉤陳六星在五帝下爲後宮大帝正妃又主天子六軍將軍又主三公後漢班固傳周以鉤陳之位注前書音義曰鉤陳紫宮外星也宮衛之位亦象之又星經鉤鈐二星主法去房宿七寸第一名天建二名天宮大明則羣臣奉職天下道洽暗則羣臣亂政王道不行前漢天文志熒惑守房之鉤鈐鉤鈐天子之御也注房爲天駟其陰右驂旁有二星曰鉤鈐故曰天子御也晉書天文志鉤鈐主關籥王者孝則鉤鈐明又漢宮名前漢書千秋傳注鉤弋宮名趙倢伃居之故號鉤弋夫人又列仙傳鉤弋夫人姓趙氏河間人少好酒臥病六年右手鉤卷望氣者云東北有貴人推而得之見召姿色佳麗武帝披其手得玉鉤而手展有寵生昭帝娠十四月上曰聞昔堯十四月而生今鉤弋亦然乃命所生名曰堯母門所居曰鉤弋宮

漢武故事鉤弋宮在直門之南三輔黃圖未央宮有鉤弋臺前漢昭帝紀始元元年上耕于鉤盾弄田應劭注鉤盾宦者近署三輔黃圖成帝建始三年小女陳持弓年九歲闌入上方掖門至未央殿鉤盾禁中又官名前漢百官公卿表注鉤盾主近苑囿又地名前漢李陵傳遮鉤營之道注單于要害道又鉤吾山名見山海經又水名鉤盤九河之一爾雅注水曲如鉤流盤桓也疏在東光之南鬲縣之北又草名爾雅釋草鉤芺注大如拇指中空莖頭有臺似薊初生可食疏薊類也一名鉤一名芺又鉤藈姑注鉤亦瓡也一名王瓜實如瓝瓜其味苦博雅貰鉤吻也又藤名山海經其上多桃枝鉤端郭注鉤端桃枝屬吳任臣曰鉤端藤也又鳥名山海經有鳥焉其狀如梟而鼠尾善登木其各曰蘩鉤又姓正字通宋鉤光祖又交鉤語不止也歐陽修詩異日說交鉤又鉤輈鷓鴣鳴聲林逋詩雲木叫鉤輈　又與鬮同楊子君道篇探籌投鉤風土記京師人臘日後爲藏鉤之戲分二曹闘勝負　又欋俱切音劬鉤町西南夷國名前漢西南夷傳立王波爲鉤町王注鉤音距于反町音大頂反　以

居侯切音溝鉤梯攻城具詩皇矣以爾鉤援傳鉤鉤梯也所以鉤引上城者釋文古侯反又古侯反朱傳所謂雲梯者也　又叶斤於切音拘古樂府日出東南隅行羅敷善采桑采桑城南隅青絲爲籠繩桂枝爲籠鉤

翅 施智切音世說文翼也集韻翄亦作翅　又與啻同孟子奚翅食重注奚翅猶言何但言其相去懸絕不但有輕重之差而已莊子大宗師陰陽於人不翅於父母　又申之切音詩正韻不翅猶言不止是

紾 章忍切音軫說文轉也淮南子精神訓禍福利害千變萬紾又孟子紾兄之臂而奪之食注紾戾也撮言紾是捩轉臂膊用繩拴縛意　又徒典切音殄義同　又上演切音善考工記弓人老牛之角紾而昔注紾讀爲抮縛之抮疏紾謂理麤錯然不潤澤也集注紾絞纏之紋也　又智演切音展廣韻轉繩也　又他典切音腆類篇垂繩兒　又頸忍切音緊集韻緊作或作紾纏絲急也

臂 卑義切音嬖說文手上也廣韻肱也增韻腕也正字通今謂自肩至肘曰臑自肘至腕曰臂釋名臂裨也在旁曰裨也山海經大荒之中有人反臂名曰天虞又長

臂國捕魚水中兩手各操一魚又牲之肩腳亦謂臂禮少儀大牢則以牛左肩臂臑折九个疏臂臑謂肩腳也

摟 洛侯切音樓說文曳聚也又牽也攬取也孟子摟諸侯以伐諸侯注摟牽也集解牽牽與國以伐與己又踰東家牆而摟其處子注牽也集解摟者抱持之意　又力朱切音蔞集韻亦曳也一曰挽使中也

曹 昨勞切音漕說文獄之兩曹也在廷東从棘治事者从曰徐鍇曰以言詞治獄故从曰隸省作曹前漢成帝紀注尚書四人為四曹成帝置五人有三公曹主斷獄事後漢百官志世祖分六曹詩公劉乃造其曹傳羣也朱傳羣牧之處也折中有司曰曹又史記平準書分曹巡行郡國注曹輩也又楚辭招魂分曹並進遒相迫些注曹偶也又國名詩曹風譜周武王封弟叔振鐸於曹今濟陰定陶是也朱傳其地在禹貢兗州陶丘之地雷夏菏澤之野今之曹州即其地也世本曹國伯爵又地名春秋桓五年州公如曹注曹國濟陰定陶縣彙纂今屬山東兗州府縣西北四里有定陶故城即曹國也左閔二年立戴公以廬于曹注曹衛下邑疏當在河東近楚丘也又姓

急就篇周武王封曹叔振鐸後以國爲氏　又叶徂侯切音愁
楚辭招隱士禽獸駭兮亡其曹王孫歸來兮山中不可以久留
又叶木河切蘇轍嚴顏詩斫頭除死子無怨我豈
畏死如兒曹匹夫受戮或不避所重壯氣吞黃河

雛　仕于切音芻說文鳩子也爾雅釋鳥生噣雛注生能自食者禮月令仲夏天子乃以雛嘗黍纂言方氏曰雛蓋雞也以呂氏春秋見之謂之雛者雞以雛爲美也孟子力不能勝一匹雛又凡物稚者亦曰雛禮內則不食雛鼈注雛鼈伏乳者陸氏曰鼈之小者又莊子秋水南方有鳥其名鵷雛司馬相如子虛賦鵷雛孔鸞注鵷雛鳳屬集韻或作鶵　又從遇切音聚集韻人名仲尼弟子顏濁雛

烏　哀都切音洿說文孝鳥也象形孔子曰烏盱呼也取其助气故以爲烏呼鉉曰今俗別作嗚非是埤雅林罕以爲全象烏形但不注其目睛萬類目睛皆黑烏體全黑遠而不分別其睛也烏一名鵶其名自呼淮南子曰烏之啞啞鵲之唶唶豈爲寒暑燥溼變其聲哉詩曰莫赤匪狐莫黑匪烏蓋狐羣者也烏合者也故詩以況衛之君臣竝爲威虐其惡如一又曰

瞻烏爰止于誰之屋言富人之屋利之所在故烏集焉民之從
將如此矣又曰具曰予聖誰知烏之雌雄言幽王君臣俱自謂
聖如烏之黑雌雄無以相別也管子曰烏集之交初雖相驩後
必相咄詩人每引以刺者非特譏其爲惡如一亦以刺其初皆
和合不以道也烏又爲嘆詞者雀見虎則鳴烏見異則噪故以
爲烏霍歎所異也今人聞鵲噪則喜烏噪則唾以烏見異則噪
故輒唾其凶也孫武子曰烏起者伏也烏集者虛也言古之善
料兵者觀烏起而知伏覘烏集而知遁傳曰烏樂空曠鵲樂稠
鬧雜俎曰俗候烏飛翅重知天將雨烏陽物也感陰氣而翅重
故俗以此占其雨否小爾雅純黑而反哺者謂之烏又爾雅釋
烏燕白脰烏注小爾雅云白項而羣飛者謂之燕烏又鸒山烏
又周官羅氏掌羅烏鳥注烏鳥鳥鵲之屬又小爾雅去陰就陽
者謂之陽烏左襄十八年烏烏之聲樂齊師其遁又韻會日中
有三足烏淮南精神訓日中有踆烏注謂三足烏又述征記長
安宮南有相風銅烏樊遜策臺上銅烏迴和風而朽轉又玉篇
語詞也又廣韻安也正韻何也史記司馬相如傳烏有先生者

烏有此事也注徐廣曰烏一作惡又史記天官書聚一十五星
蔚然曰郎位注索隱曰蔚然漢書作哀烏星之狀貌正字通星
經作依烏後人因謂郎官爲依烏府又韻會黑色曰烏史記匈
奴傳北方盡烏驪馬五代史符彦卿傳太祖賜以所乘愛馬一
丈烏又烏騅馬名烏江地名見史記項羽紀又烏烏聲也前漢
楊惲傳仰天俯缶而呼烏烏師古曰烏烏秦聲關中舊有此曲
史記李斯傳作嗚嗚又縣名烏氏因水而名前漢地理志安定
都烏氏注烏水出西北入河氏音支又縣名烏程烏傷屬會稽
郡又姓左襄二十六年齊烏餘以廪邱奔晉注齊大夫昭二十
三年烏存以力聞注莒大夫孟子注烏獲古之有力人也能舉
移千鈞史記秦本紀武王有力好戲力士烏獲任鄙孟說皆至
大官燕策注烏獲舉千鈞之重行年八十而求挾扶又赤烏殿
名左思吳都賦飾赤烏之暐煜案孫嘉禾之後有赤烏之祥因
以名殿改元又烏夜啼古曲名屈復曰烏夜啼臨川王義慶所
作又村名輿地志海鹽南三里有烏夜村晉何準所居一夕羣
烏啼噪準適生女他日復夜啼乃穆帝立女爲后之日又烏號

弓名史記有龍垂胡髯下迎黃帝黃帝上騎小臣不得上乃悉持龍髯龍髯拔墮墮黃帝之弓百姓仰望黃帝抱其弓與胡髯號後世因名其弓曰烏號又古史攷柘樹枝長而勁烏集之將飛柘起彈烏烏乃號呼以柘爲弓因名烏號又格物論貓一名烏圓　又於加切音牙前漢西域傳烏托國去長安九千九百五十里師古注烏一加反托直加反鄭注音鴉拏師古曰急言之聲如鴉拏耳非正音也又漢鼓吹曲朱鷺篇魚以烏鷺訾耶鷺何食食茄下不之食不以吐將以問誅者下音鰕者音遮

弁 皮變切音汴說文覍也周曰覍殷曰冔夏曰收从皃象形或作弁玉篇覍弁也攀也所以攀持髮也釋名弁如兩手相合弁時也爵韋爲之謂之爵弁以鹿皮爲之謂之皮弁以韎韋爲之也白虎通皮弁若何謂也所以法古至質冠名也弁之言樊也所以樊持其髮也上古之時質先加服皮以鹿皮者取其文章也禮曰三王共皮弁士冠禮注弁名出於槃槃大也言所以自光大也疏弁是古冠之大號周官弁師掌王之五冕王之皮弁會五采玉璂象邸玉笄注會縫中也璂卽綦結也皮弁

之縫中每貫結五采玉十二以爲飾謂之綦詩曰會弁如星又
曰其弁伊綦是也郎下柢也謂弁內上頂轃處以象骨爲之周
官司服凡兵事韋弁服眂朝則皮弁服凡甸冠弁服凡凶事服
弁服凡弔事弁絰服注韋弁以韎韋爲弁冠弁委貌卽元冠也
服弁喪冠也弁絰者如爵弁而素加環絰又急也禮玉藻弁行
剡剡起屨疏弁急也剡剡身起皃急行欲速而身屨恒起也纂
言弁行疾走也剡剡身起也字从火如火之剡起向上異於水
之流下也又戰懼狀前漢嚴延年傳吏皆股弁注股戰若弁弁
謂撫手也又王莽傳予甚弁焉注弁疾也一曰撫手也言驚懼
也又手搏也前漢甘延壽傳試弁爲期門又星名星經天弁九
星在建近河爲市官之長又地名禮檀弓弁人有其母死又蟲
名古今注蜻蛉亦名赤弁丈人　又與卞通前漢東方朔傳弁
嚴子爲衛尉又山名廣輿記卞山亦名弁山山石瑩然如玉在
今湖州城北又以手搏曰卞前漢哀帝紀注晉灼引甘延壽傳
作試卞　又蒲官切音槃集韻與般同樂也詩小弁弁彼鸒斯
傳弁樂也朱傳弁飛拊翼皃序小弁刺幽王也太子之傅作焉

幽王太子宜臼被廢而作此詩〔孟子注〕周幽娶申后生太子宜臼又得褒姒生伯服而黜申后廢宜臼於是宜臼之傅爲作此詩以敘其哀痛迫切之情也〔按〕小序謂太子傅作朱傳直以爲太子作疑莫能明兩存其說

凱

苦亥切與愷同〔玉篇〕樂也〔爾雅釋天〕南風謂之凱風李巡曰萬物喜樂故曰凱風凱樂也風性樂養萬物也〔詩凱風傳〕南風謂之凱風長養萬物者也〔序〕凱風美孝子也衛之淫風流行雖有七子之母猶不能安其室故美七子能盡其孝道以慰母心而成其志爾又〔禮表記〕凱弟君子民之父母〔纂言〕呂氏曰先儒訓凱爲樂弟爲易此云彊教之悅安之宜若有異詩有凱風周官王師大獻則奏凱樂左傳高陽氏有才子謂之八凱凱風鼓動長養之風也凱樂戰勝之樂也八凱謂之才子則性和而有才者也皆有盛彊之意故訓彊　又通作闓〔史記司馬相如傳〕昆蟲凱澤〔前漢書〕作闓澤師古曰闓讀曰凱文穎曰凱樂也

磯

居依切又音機〔說文〕大石激水也〔增韻〕石激水曰磯〔孟子〕是不可磯也〔疏〕磯者激也石之激水順其流而激之〔朱注〕水激石也不可磯言微激之

而遠怒也又玉篇水中磧又摩也

牼 苦耕切音鏗說文牛鄰下骨也春秋傳曰宋司馬牼字牛春秋襄十七年邾子牼卒注宣公也穀梁作瞯音閑釋文徐音戶耕反音恒左昭二十年使少司寇牼注華亥庶兄孟子宋牼將之楚莊子有宋鈃者齊宣王時人聞墨子之風而悅作爲華山之冠以自表以時事攷之疑卽此人也　又苦閑切音慳古定切音徑義竝同

搆 古候切音遘合也孟子秦楚搆兵　又居侯切音勾集韻牽也

緜 武延切音眠說文聯微也博雅連也小也緜緜長也詩葛藟篇緜緜長而不絶之皃又詳密也載芟緜緜其麃又緜篇疏緜緜微細之辭朱傳不絶皃序文王之興本由大王也又緜蠻序微臣刺亂也大臣不用仁心遺忘微賤不肯飲食教載之故作是詩也又左哀十七年緜緜生之瓜注初生也又玉篇新絮也廣韻精曰緜麤曰絮釋名緜猶湎湎柔而無文也書禹貢纖纊傳纊新緜前漢王褒傳荷旃被毳者難與道純緜之麗密注緜纊之密者左思吳都賦國稅再熟之稻鄉貢八蠶之緜又前漢南越傳越人緜力薄材不能陸戰又緜猶彌

漫也穀梁文十四年緜地千里過宋鄭滕薛夐入千乘之國淮南子兵略訓緜之以方城注緜落也又纏緜猶綢繆也本經訓纏緜經冗似數而疏注劍文相句連纏如綺經冗如錦似數如疏又地名左僖二十四年介之推隱而死晉侯求之不獲以緜上爲之田注西河介休縣南有地名緜上彙纂今山西汾州府沁源縣北八十里有緜上關緜上城前漢地理志廣漢郡緜竹注緜水所出又姓孟子緜駒處於高唐注緜駒齊人善歌廣輿記濟南府齊河縣有高唐城即緜駒故里廣韻晉張方以緜思爲腹心又草名爾雅釋草緜馬羊齒　又莫列切音滅集韻弱也　又叶彌鄰切音民魏文帝愍親賦痛弱條之眇昧兮悲瓜瓞之緜緜蒙屯險而自育兮常含瘁而履辛

駒　舉朱切音拘說文馬二歲曰駒注六尺以上馬五尺以上駒爾雅釋畜元駒褭驂注元駒小馬別名褭驂或曰此即要褭古之良馬也周官校人春祭馬祖執駒注馬二歲爲駒春通淫之時駒弱血氣未定慮其乘匹傷之禮月令仲夏游牝別羣則縶騰駒注季春妊孕已遂故仲夏不使同羣拘縶騰躍之駒防踶齧夏小

正執陟攻駒執也者始執駒也執駒也者離之去其母也駒也者教之服車數舍之也詩皇華我馬維駒又白駒小雅篇名序大夫刺幽王也宋傳皎皎潔白也駒馬之未壯者又前漢劉澤傳人生如白駒過隙又魏志曹休年十餘歲易姓名閒行歸太祖太祖曰此吾家千里駒也又驪駒古詩名驪駒在門僕夫告存驪駒在路僕夫整駕前漢儒林傳王氏謂歌吹諸生曰歌驪駒注服虔曰逸詩篇名見大戴禮客欲去歌之又蟲名夏小正十二月元駒賁元駒也者蟻也古今注河內人並河而見人馬數千萬皆如黍米遊動往來從旦至暮家人以火燒之人皆是蚊蚋馬皆是大蟻故今人呼蚊蚋曰黍民名蟻曰元駒也又黑鯉爲元駒韻府蛺蝶一名青駒又株駒枯樹本也列子天瑞篇若櫱株駒又姓周駒伯漢駒幾見萬姓統譜又人名綠駒見上左文二年萊駒爲右　又俱遇切音句義同詩角弓老馬反爲駒　又叶居侯切音鉤易林川深難游少爲我憂多虛少實命鹿爲駒

覩　當古切音睹說文見也从目者聲易乾卦聖人作而萬物覩孟子見未嘗覩之也史記魏世家耳目之所

覩記又〔遼史國語解〕徒覩古邊徼外小國又姓見〔姓苑〕又複姓〔國策〕覩斯贊魏人　〔按〕覩睹本一字說文作睹見中庸睹字注

燔附袁切音煩〔說文〕爇也〔玉篇〕燒也〔廣韻〕炙也〔詩楚茨〕或燔或炙〔箋〕燔燔肉也炙炙肝也〔行葦〕載燔載烈〔傳〕傳火曰燔　又與膰通〔左襄二十二年〕與執燔焉〔釋文〕燔又作膰祭肉也〔定十四年〕腥曰脤熟曰燔〔孟子〕燔肉不至〔注〕史記孔子曰魯今且郊如致膰於大夫則我猶可以止桓子卒受齊女樂郊又不致膰俎於大夫孔子遂行　又叶汾沿切左思魏都〔賦〕琴水而不濡時乘赤鯉而周旋師門使火以驗術故將去而焚燔

慶丘竟切卿去聲〔說文〕行賀人也从心从夊吉禮以鹿皮爲贄故从鹿省〔周官大宗伯〕以慶賀之禮親異姓之國〔疏〕謂侯國有喜可賀王使大夫以物慶賀之也〔大行人〕賀慶以贊諸侯之喜〔禮玉藻〕有慶非君賜不賀〔疏〕有慶謂或宗族親戚燕飲聚會雖吉不相賀唯受君賜爲榮故相拜賀又善也〔書呂刑〕一人有慶〔正義〕天子有善事也〔詩皇矣〕則篤其慶〔傳〕善也〔正義〕福慶爲善事故爲善也又休也〔禮月令〕孟春行慶施惠〔注〕慶謂休其善

也作英也又福也〔易履卦〕大有慶也〔詩楚茨〕孝孫有慶又賜也〔詩箋〕著甚是以有慶矣〔箋〕謂有慶賜之榮也〔宋傳〕有文章斯有福慶矣又賞也〔孟子〕慶以地〔注〕慶賞也益其地以賞之也〔撮言〕三王之世當尚有閒田或亦因六師所移可滅此以與彼王制所謂有功德於民者加地進律必非空言也又州名隋立慶州又姓齊有慶封晉有慶鄭又人名〔史記刺客傳〕衛人謂之慶卿

又叩京切音卿〔易大畜〕五上兩爻有慶也道大行也睽四五兩爻志行也往有慶也並與行叶〔班固白雉詩〕容潔朗兮於淳精發皓羽兮奮翹英彰皇德兮侔周成永長兮膺天慶慶與精英成叶皆庚韻也蓋慶乃卿字去聲轉平聲即卿也故卿雲亦曰慶雲

又叶虛羊切音羌亦福也〔易坤卦〕積善之家必有餘慶叶下殃〔書伊訓〕萬邦有慶叶上祥殃〔詩〕則篤其慶叶下光孝孫有慶叶下疆

蕪

武夫切音無〔說文〕薉也〔孟子〕入其疆土地荒蕪〔離騷〕哀眾草之蕪穢又〔爾雅釋草〕須蕵蕪〔注〕似羊蹄葉細味酢可食〔又〕蔪茝蘪蕪〔注〕芎藭苗也一名薇蕪又藥名後漢桓帝詔種蕪菁以助人食又遽也〔楚辭〕哀郢孰兩東門之可

蕪茱注蕪蕪穢也又小爾雅草也又地名鮑昭蕪城賦注蕪城廣陵故城又湖名前漢地理志丹陽郡蕪湖

掊

父溝切音裒說文把也今鹽官入水取鹽為掊史記封禪書見地如鉤狀掊視得鼎注掊手把土也後漢百官志注鹽官掊坑而得鹽又聚斂也詩蕩篇曾是掊克傳聚斂之臣也孟子掊克在位又房尤切音浮集韻亦把也　又蒲交切音庖集韻引取也或作捊　又彼口切音掊正韻擊也　又普后切音剖義同莊子人間世自掊擊於世俗　又與剖同莊子胠篋篇掊斗折衡　又芳遇切音赴與踣同頓也史記呂后紀顧麾左右執戟者掊兵罷去　又鼻墨切音匐義同　又蒲枚切音陪克也又姓史記袁盎傳乃之掊生所注秦時賢士善術者漢書作棓

貶

方斂切音㾪說文損也公羊隱二年何以不氏貶注猶損也杜元凱春秋左傳序春秋以一字為褒貶又黜也孟子一不朝則貶其爵詩大雅戎位孔貶傳貶墜也又玉篇減也又增韻謫也抑也　又補范切音覂義同

葵

渠惟切音鄈說文菜也埤雅天有十日葵與之終始故葵从癸王禎農書葵陽草

也爲百菜之主備四時之饌【詩】七月傳葵菜名【大全】爾雅曰葵莖大葉小花紫黄色可茹陸氏曰葵有紫白二種葵心隨日光所轉輙低覆其根【儀禮】士虞禮【禮】夏秋用生葵又【左】成十七年鮑莊子之知不如葵葵猶能衛其足【注】傾葉向日以蔽其根又【考工記】玉人大圭長三尺杼上終葵首天子服之【注】杼殺也終葵椎也圭首六寸方正如椎六寸下則兩旁各減殺其下復方正【輯注】以文義推之似大圭三尺自下而上漸殺而所殺至葵首而終葵首謂上端不殺之六寸也據注疏終葵爲椎則文義俱不可通又地名【晉語】吾命之以負葵之田七十萬春秋僖九年會于葵邱【注】陳留外黄縣東有葵邱【彙纂】釋例曰宋地也【彙纂】今在考城縣東三十里屬河南開封府【左】莊八年【注】齊侯使連稱管至父戍葵邱【注】齊地臨淄縣西有地名葵邱【彙纂】後漢志西安縣有蘧邱亭亦名渠邱即古葵邱也今山東青州府臨淄縣西三十里有西安故城葵邱在其處【正韻】葵亦作鄈又姓【通志氏族略】終葵氏【注】左傳商人七族有終葵氏正字通宋葵方直明葵玉　又與揆通【爾雅釋詁】葵揆也【詩采菽】天子葵之【傳】揆

也[疏]篇則莫我敢葵

歃　山洽切音唼[說文]歠也春秋傳曰歃而忘一曰歃血也盟者以血塗口旁曰歃血[孟子]束牲載書而不歃血[注]葵邱之會陳牲而不殺讀書加於牲上申明天子之禁[襄證]凡盟者先鑿地為方坎殺牲於坎上割牲左耳盛以珠盤又取血盛以玉敦司盟者執其器為衆陳其載辭乃北面讀載書以告日月山川之神既告乃取血會同盟者塗口旁尊卑以次謂之歃血置牲坎中加書於上而埋之謂之載書[史記平原君傳]王當歃血定從[淮南子齊俗訓]胡人彈骨越人齧臂中國歃血所由各異其於信一也　又山輒切音萋義同　又迄洽切音歙與歃同[爾雅]嘗也

初　楚居切　楚平聲[說文]始也从刀从衣裁衣之始也徐曰禮之初施衣以蔽形[爾雅釋詁]初哉首基始也[書大禹謨]率百官若帝之初[蔡仲之命]慎厥初惟厥終又[洪範]初一曰五行[孟子]初命曰又[禮檀弓]夫魯有初[注]初謂故事也[疏]言魯有初始以禮又[乾鑿度]太初者氣之始也太始者形之始也[韓愈詩]賢愚同一初又[韻會]姓也

彰　諸良切音章[說文]文彰也[韻會]文章飾也从章从彡

彡毛髮皃謂鳥獸羽毛之文又【廣韻】明也【正韻】著也【書伊訓】嘉言孔彰又【正韻】著明之也【皋陶謨】彰厥有常【畢命】彰善癉惡【論子】以彰有德　又叶之戎切音終【辭綜】騶虞頌奮威揚德豈弟之風聖德極盛騶虞乃彰

糴

徒力切音狄【說文】市穀也从入从糴【廣韻】入米也【左莊二十八年】魯饑臧文仲曰國有饑饉卿出告糴古之制也乃以鬯圭與玉磬如齊告糴齊人歸其玉而與之糴【僖十三年】晉薦饑使乞糴於秦秦伯問百里與諸乎對曰天災流行國家代有救災䘏鄰道也行道有福秦於是輸粟於晉自雍及絳相繼命之曰汎舟之役【十五年】晉饑秦輸之粟秦饑晉閉之糴故秦伯伐晉【孟子】無遏糴【注】鄰國凶荒不得閉糴也又檄糴疾皃【潘岳笙賦】劉檄糴以奔邀　又徒刀切音糴姓也【左成十年】晉侯使糴茷如楚【注】晉大夫【釋文】徒弔反又杜教士弔二反馮氏曰糴今首翟疑徒弔弔字當讀如神之弔矣之弔

盟

武兵切音明【說文】周禮曰國有疑則盟諸侯再相與會十一歲一盟北面詔天之司愼司命盟殺牲歃血朱盤玉敦以立牛耳从囧从血篆文从朙古文从盟今文从明

从皿【釋名】明也告其事於神明也【韻篇】誓約也又信也【書呂刑】以覆詛盟【周官詛祝】掌盟【注】天事曰盟小事曰詛【疏】盟者將來詛者詛往過【春秋正義】凡盟禮殺牲歃血告誓神明若有背違欲令神加殃咎使如此牲也【禮曲禮】約信曰誓涖牲曰盟又盟府司盟之官也【左僖五年】勳在王室藏於盟府【周官司盟注】約辭告神殺牲歃血明著其信也　又兵永切明上聲義同　又眉病切明去聲【莊子齊物論】其留如詛盟郭象讀　又謨耕切音萌義上同徐邈讀　又莫更切與孟同地名【左隱十一年】【注】盟今盟津河内邑【彙纂】在今懷慶府孟縣南十八里【書禹貢】又東至于孟津【傳】孟地名津渡處也杜預云在河内郡河陽縣南今孟津河陽縣也武王師渡孟津者即此今亦名富平津【史記周本紀】武王東觀兵於盟津又澤名【前漢地理志】道荷澤被盟豬【注】今南京虞城縣西北孟諸澤是也【禹貢】作孟諸【傳】地志在沛國睢陽縣東北　又叶莫郎切音茫【詩巧言】君子屢盟下長叶平聲【史記敘傳】殺鮮放度周公爲盟太任十子周以宗彊　又叶莫浪切芒去聲【黃庭經】十讀四拜朝太上先謁太帝後

北向黃庭內經玉書暢授者曰師受者盟

滑 戶八切音猾【說文】利也【周官】食醫調以滑甘【疏】滑者通利往來所以調和五味【集注】內則曰棗栗飴蜜以甘之堇荁枌榆免薨滫瀡以滑之劉氏曰調以滑甘者四時仰土以成其能也【瘍醫】以滑養竅【集注】滑物通利往來似竅【集說】黃氏曰竅者氣之所由以通者也竅不利則氣窮此滑之所以調與又州名【舊唐書地理志】滑州隋東郡武德元年改為滑州又縣名滑縣屬直隸大名府又水名【山海經】求如之山滑水出焉又【廣域記】滑河經滑縣北而東滑最大自洛而西百水皆會於滑又國名【春秋莊十六年】滑伯【注】滑國河南緱氏縣【彙纂】今河南開封府偃師縣南二十里有緱氏故城古滑國也【左襄二十九年】虞虢焦滑皆姬姓也又地名【春秋莊三年】公次于滑【注】鄭地在陳留襄邑縣北【彙纂】今河南歸德府睢州有滑亭【左昭二十六年】王次于滑【注】周地本鄭邑【彙纂】今河南府偃師縣南緱氏故城即古滑地也又水名【左宣八年】楚為眾舒叛故伐舒蓼滅之楚子疆之及滑【注】滑水名【彙纂】當在廬州府東境公穀作郿又珠名【沈懷遠南越志】走

珠之衣爲滑珠又姓漢滑興　又古忽切音骨正韻亂也晉語
君若求置晉君以成名於天下則不如置不仁以滑其中又治
也莊子繕性篇滑欲於俗思以求致其明又滑稽謂俳諧也楚
辭卜居將突梯滑稽如脂如韋以絜楹乎注突梯滑澾皃滑稽
圓轉皃又混也楚辭漁父滑其泥而揚其波滑亦作淈又滑滑
水流皃易林涌泉滑滑又人名孟子此則滑釐所不識也注滑
釐愼子名經注集證孟子雜記滑釐或云即禽滑釐漢書人表
作禽屈釐莊子作禽骨釐呂覽作禽滑釐莊子天下篇不侈於
後世不靡於萬物不暉於度數以繩墨自矯而備世之急古之
道術有在於是也墨翟禽滑釐聞其風而悅之人物備考愼子
學於墨翟弟子禽滑釐之術滑釐等三百人善守禦爲節用自
言能不戰而屈人之兵魯平公因齊湣王之亂欲使愼子伐齊
孟子自齊歸於魯以爲不可愼子曰此則滑釐所不識也蓋禽
滑釐其所尊尚故云愼子聞宋銒之風而悅之稍稍以禁攻寢
兵爲尚故伐齊之事旋亦中止按此則愼子與滑釐係兩人滑
釐既爲愼子所尊師不宜直呼其名意或當時別有愼子名滑

釐者

釐 里之切音離說文家福也又廣韻理也書堯典釐降
乎 二女于嬀汭傳釐降下也史記堯治裝下嫁二女于
嬀水之北使爲舜婦于虞氏之家也又治也堯典允釐百工傳
釐治工官也又數名前漢東方朔傳失之毫釐差以千里淮南
子主術訓審毫釐之計者必遺天下之大數又博雅釐耦也賜也
予也詩既醉釐爾女士傳予也又江漢釐爾圭瓚傳賜也又山
名名勝志釐山在嵩縣西又王鏊莫釐峰記兩洞庭分峙太湖
其峰之最高者西曰縹渺東曰莫釐又草名爾雅釋草釐蔓華
又紙名正字通海藻本名陟釐南越以海苔爲紙其理側側故
又名側理又姓山海經大荒之中有大人之國釐姓注國名記
帝鴻之後也氏族志南北朝有釐艷又人名山海經大皡生咸
鳥咸鳥生乘釐注乘釐是司水土又重陰之山有人食獸曰季
釐又人名禽滑釐見上晉語鼓子之臣曰夙沙釐　又與嫠同
韓詩外傳鄰之釐婦後漢西羌傳納其釐嫂　又虛其切音禧
祠也前漢文帝紀祠官祝釐注如淳曰福也師古曰本作禧假
借用又倉頡篇祭餘肉也前漢賈誼傳上方受釐宣室注徐廣

曰祭禮禰脩也　又同僖史記魯世家季友奔子申入之是爲釐公匈奴傳齊釐公與戰於齊郊注同僖孔子世家汪罔氏之君守封禺之山爲釐姓注音僖又淮南子道應訓釐負羈遺之壺餐而加璧焉左傳作僖　又上來切音胎地名五音集韻部或作釐后稷所封也　又同斄前漢劉向傳貽我釐𪎊注師古曰釐力之反又音來　又與萊同國策齊伐釐莒　又洛蓋切音賚集韻詩釐爾圭瓚沈重讀　又叶力玉切音利曹植皇太子頌祗肅郊廟明德敬恳陽精積善鍾天之釐

亮　力仗切音量孟子君子不亮惡乎執注亮信也揚言與友諒之諒同意朱子或問云言亮不言信者蓋亮之爲義其體則信其義則明罕皆謂本注凡事苟且內亦兼有不明之意第執持之說則自宜主信而言耳古詩君亮執高節賤妾亦何爲　又明也　又姓　又呂張切音良書說命王宅憂亮陰傳亮亦作諒陰古通闇按喪服四制高宗諒陰三年鄭氏注云諒古作梁楣謂之梁闇讀如鶉鴿之鴿闇謂廬也卽倚廬之廬儀禮翦屏柱楣鄭氏謂柱楣所謂梁闇是也宅憂亮陰言宅憂於梁闇也先儒以亮陰

爲信默不言則於諒陰三年不言爲語複矣**寐**密二切音媚〔說文〕臥也徐曰寐之言迷也不明之意〔廣韻〕寢也息也〔增韻〕昧也目閉神藏〔詩小宛〕夙興夜寐〔又〕明發不寐〔孟子〕喜而不寐〔公羊僖二年〕寡人夜者寢而不寐又魚名〔山海經〕諸鉤之山多寐魚〔注〕即鮇魚　又叶美必切音密〔江淹擬古詩〕明月入綺窗髣髴想蕙質消憂非萱草永懷寧夢寐

訑託何切音拕〔說文〕沇州謂欺曰詑今作訑〔燕策〕寡人甚不喜訑者言也蘇代對曰事非權不立非勢不成夫使人坐受成事者惟訑者耳〔注〕音陀〔楚辭九章〕或訑謾而不疑〔注〕詐欺也　又唐河切音鮀待可切駝上聲義竝同　又他可切拕上聲〔類篇〕言不正也一曰欺罔自誇皃　又余支切音移訑訑自得皃又淺意也〔孟子〕則人將曰訑訑〔注〕自足其智不嗜善言之皃　又商支切音施與謻同多言也又獸名〔山海經〕基山有獸狀如羊九尾四耳目在背名曰猼訑　又徒案切音憚〔類篇〕謾訑弛縱〔增韻〕放也〔莊子〕知北遊天知予僻陋慢訑〔正韻〕與誕同

諛容朱切音俞〔說文〕諂也〔孟子〕則讒諂面諛之人至矣〔書冏命〕僕臣諛

厥后自聖[史記叔孫通傳]先生何言之諛也[莊子漁父篇]不擇是非而言謂之諛[荀子修身篇]以不善和人者謂之諛[鹽鐵論]富貴多諛言[史記龜策傳]桀有諛臣名趙良紂有諛臣名左彊　又俞戍切音喻義同[莊子天地篇]孝子不諛其親

鹽

余廉切音閻[說文]鹹也古宿沙初作煮海爲鹽河東鹽池袤五十一里周百十六里[困學紀聞]鹽引池而化山海經鹽販之澤穆天子傳至於鹽晉郇瑕之地而猗頓用是起者也散鹽煮水成夏書青州之貢職方幽州之利齊之渠展燕之遼東而宿沙初作者也形鹽掘地以出之周公閱所云鹽虎形也飴鹽於戎以取之伊尹所云和之美者大夏之鹽也後周四鹽之政徹此古者川澤之饒與民共之自海王之篇祈望之守作俑於齊至漢二十倍於古攷之漢志鹽官三十有五唐有鹽之縣一百五本朝鹽所出者十二路爲池二爲監七爲場二十二爲井六百有九法益詳而利無遺矣全謝山曰鹽盬宋謂之顆鹽散鹽宋謂之末鹽或煮海或煮井而會要以煮鹻者亦與焉其煮鹻是掘地以出者形鹽非散鹽也自生鹵地故曰形飴鹽宋時無

之蓋取之外國者管子海王篇海王之國謹正鹽筴十口之家十人食鹽百口之家百人食鹽終月大男食鹽五升少半大女食半三升少半吾子食鹽二升少半此其大歷也(周官)鹽人掌鹽之政令以共百事之鹽祭祀共其苦鹽散鹽賓客共其形鹽散鹽王之膳羞共飴鹽(注)苦鹽出於池鹽爲顆未涷治味鹹苦散鹽及末鹽出於海及井并煮鹻而成者鹽皆散末也形鹽卽卯鹽積鹵所結形於虎也飴鹽以飴雜和或云生戎地味甘美也(禮內則)卯鹽(注)大鹽也(曲禮)鹽曰鹹鹾又官名(周官)鹽人掌鹽之政令謂斂散收藏之法(孟子)膠鬲舉於魚鹽之中(注)膠鬲遭亂鬻販魚鹽文王舉之又(史記)天官書自唐甘石因時務論其書傳故其占驗淩雜米鹽(正義)淩雜交亂也米鹽細碎也又澤名(史記)大宛傳于闐之東水注鹽澤潛行地下則河源出焉又山名白鹽在四川夔州南連赤甲山(杜甫詩)赤甲白鹽俱刺天又國名(山海經)鹽長之國又無鹽古國名又地名鹽城在蒲州安邑縣一名司鹽城(史記秦本紀)昭襄王十一年齊韓魏趙宋中山五國共攻秦至鹽氏而還又(前漢地理志)無鹽縣屬東

平郡海鹽鹽官屬會稽郡又姓（曾國先賢傳）北海相鹽津又毋鹽複姓齊毋鹽邑大夫之後又牛兩膁上曰陽鹽（甯戚相牛經）陽鹽欲得廣又金鹽五加皮別名又（堅瓠集）關中人謂好爲鹽（施肩吾詩）顛狂楚女歌成雪嫵媚吳娘笑是鹽　又以贍切音豔（廣韻）以鹽醃物也（禮內則）屑桂與薑以灑諸上而鹽之（釋文）音豔又如字　又與豔同（禮郊特牲）流示之禽而鹽諸利（注）鹽讀爲豔行田示之以禽使歆豔之觀用命不也又曲之別名凡歌詩謂之鹽者謂如吟行曲引之類也古樂府有昔昔鹽神雀鹽黃帝鹽諸名茲讀作豔（堅瓠集）隋曲有疎勒鹽薛道衡有昔昔鹽唐曲有突厥鹽阿鵲鹽鹽即曲之別名（字典）鹽即古曲前之豔但歌此曲不定爲曲前曲中直如今宮譜之所謂慢詞也（按）鹽與豔通故齊女目爲無鹽謂醜而無豔耳非女之本名也列女傳謂女姓鍾離名春齊無鹽邑之女無鹽邑亦以生此醜女得名非是邑本名無鹽也

筋　舉欣切音斤（說文）肉之力也从肉从力从竹竹物之多筋者（禮曲禮）老者不以筋力爲禮（周官）瘍醫凡藥以辛養筋（釋名）筋力也肉中之力氣之元

也蘄固于身形也又爾雅釋地北方之美者有幽都之筋角焉又竹名戴凱之竹譜筋竹長二丈許圍數寸至堅利南土以爲矛其筍未成竹時可爲弩絃又藥名本草白芎藭一名王[illegible]筋又姓出姓苑　又渠焉切音乾集韻大腱也　俗作觔

骨古忽切音汨說文肉之覈也釋名骨滑也骨堅而滑也靈樞經腎主骨張筋化髓幹以立身周官瘍醫凡藥以酸養骨注酸木味木根立地中似以骨疏謂似人之骨立肉中者列子天瑞篇精神者天之分骨骸者地之分屬天淸而散屬地濁而聚又牲骨禮祭統凡爲俎者以骨爲主儀禮鄉射禮注以骨名肉骨貴也又姓隋骨儀傳骨儀京兆長安人又唐東夷傳新羅之族名第一骨第二骨以自別又苦骨苦參別名多骨荳蔻別名狗骨枸杞別名並見本草綱目

湖南黔陽縣歲貢生段諤廷訒庵原稿
本縣教諭寧鄉黃本驥虎癡編訂

下孟三 盡心一計三十二字

殀 伊烏切音夭壽之反也玉篇殁也短折曰殀孟子殀壽不貳注殀壽命之短長也貳疑也又斷殺也禮王制不殀夭注殀斷殺也少長曰夭

桎 之日切音質說文足械也徐曰桎之言躓也躓礙之也械在足曰桎在手曰梏詳梏字注又窒也莊子達生篇其靈臺一而不桎又博雅刺也又桎鎋所以制車者孝經鉤命決孝道者萬世之桎鎋詩節南山維周之氐箋氐當作桎言爲周之桎鎋持國政之平疏以鎋能制車喩大臣能制國故以太師之官爲周之桎鎋也

韓 胡安切音寒說文井垣也从韋取其帀也幹聲又國名詩韓奕箋韓姬姓之國也後爲晉所滅故大夫韓氏以爲邑名朱傳韓國名

侯爵武王之後也（序）韓奕尹吉甫美宣王也能錫命諸侯（史記韓世家）韓之先與周同姓姬氏其後苗裔事晉得封於韓原曰韓武子後三世有韓厥從封姓爲韓氏五傳至康子與趙襄子魏桓子共敗智伯分其地地益大於諸侯又五傳至哀侯元年與趙魏共分晉國（前漢地理志）韓地角亢氏之分野也韓分晉得南陽郡及潁川之父城定陵襄城潁陽潁陰長杜陽翟郟東接汝南西接宏農新安宜陽皆韓分也（左桓三年）韓萬御戎（韻會）曲沃桓公之子萬食邑于韓後分晉爲國又地名（左僖十年）帝許我罰有罪矣敝於韓（注）韓晉地（括地志）同州韓城縣南十八里爲古韓國（彙纂）今屬陝西西安府地名韓原（春秋僖十五年）戰于韓原（注）晉地（左僖二十四年）邘晉應韓武之穆也（注）韓國在河東郡界又三韓外夷國名（後漢東夷傳）韓有三種一曰馬韓二曰辰韓三曰弁韓皆在山海閒地方合四千餘里東西以海爲限皆古之辰國也又姓（韻會）秦滅韓以國爲氏　又叶胡千切音焉（孫楚白起贊）神機電斷氣齊卒然南折勁楚走魏禽韓

欿　他韓切音貪（說文）欲得也（玉篇）貪惏曰欿　又

枯含切音龕戸感切音頷 義竝同 又口感切音坎孟子自視
欿然注欿然不自滿之意學林欿讀音坎其義則虛已也集證
字書臽音坎穽也故字凡从臽者皆有虛闕之義又愁皃楚辭
哀時命欿愁悴而委隋兮老冉冉而逮之注欿不自滿足意又
地名左僖二十四年王遂出及坎欿注周地在河南鞏縣東
又與坎同傳雅窞坑也左襄二十六年至則欿用牲加書徵之
注詐作盟處爲太子反徵驗也

皞 胡老切音昊說文晧旰也从日皋聲六書故皞之从白日之譌也廣韻明也類篇白
皃又皞皞廣大自得之皃孟子王者之民皞皞如也又古帝號
禮月令孟春其帝大皞孟秋其帝少皞注大皞宓戲氏少皞金
天氏也左定四年命以伯禽而封於少皞之虛注少皞虛曲阜
也在魯城內彙纂今曲阜故城有少皞陵又姓蜀錄本出武落
鍾離山黑穴中者 又通作昊前漢
鄭崇傳皞天罔極詩作昊音同借用

孩 戸來切亥平聲說文小兒笑也从口亥聲
古文咳从子玉篇幼稺也孟子孩提之童注二三歲之間知孩
笑可提抱者也前漢賈誼傳孩提有識注師古曰孩小兒也提

謂提撕之也（王莽傳）孩提之子（師古注）嬰兒始孩人所提挈故曰孩提也孩者小兒笑也一說頷下曰孩小兒將學語時能鼓頤故曰孩（禮內則）三月之末父執子右手咳而名之（疏）以一手執子右手一手承子之咳而名之朱氏軾曰咳嬰兒笑也咳而名之者父作嬰兒笑狀喜之至且以導其笑使若得名而喜者又蟲類亦曰孩（禮月令）孟春毋殺孩蟲（注）蟲始生如孩　又叶洪孤切音胡（道藏歌）仰翁長庚井練胎反嬰孩太乙保命籍南陵拔夜居　又叶弦鷄切音兮（郭璞遊仙詩）奇齡邁五龍千歲方嬰孩嫦娥揚妙音洪崖頷其頤

提　杜兮切音題（說文）挈也（詩抑篇）言提其耳（禮曲禮）提者當帶（疏）屈臂當帶而提挈其物呂氏曰提者挈之以一手也又舉也（周官田僕）凡田王提馬而走（注）提猶舉也使人扣而舉之（前漢刑法志）一同百里提封萬井（注）提封者大舉其封疆也又鼓名（周官大司馬）師帥執提（注）提謂馬上鼓有曲木提持立馬髦上者又星名（星經）攝提六星在角亢東北主九卿（史記天官書）大角兩旁各有三星鼎足句之曰攝提攝提直斗杓所指以建時節（注）攝提之爲言提攜

也提斗攜角以接於下也離騷攝提貞于孟陬兮注攝提星名隨斗柄以執十二辰者又箸名禮曲禮注今人或謂箸爲梜提又提提安諦也詩葛屨好人提提疏行步安舒而審諦也又浮屠所居曰招提後魏創立伽藍爲拓提俗譌拓爲招杜甫詩已從招提遊更宿招提境又偏提酌酒壺也拾遺記唐元和間謂之注子後仇士良惡其名同鄭注乃去柄安繫名曰偏提又市之切音時朱提縣名前漢食貨志朱提重八兩爲一流注朱提縣屬犍爲郡出善銀北方人名匕曰提又鳥羣聚皃詩小弁歸飛提提傳羣飛安閒之皃　又典禮切音底韻會絕也禮少儀牛羊之肺離而不提心疏祭肺之法刲離之不絕心心謂肺中央少許爾又擲也燕策侍醫夏無且以其所奉藥囊提荊軻史記絳侯世家太后以冒絮提文帝注徐廣服虔提音第蕭該音底蕭音爲得　又大計切音第見上史記注又漢書音義同

豕

施是切音始說文彘也竭其尾故謂之豕象毛足而後有尾讀與豨同玉篇豬豨之總名林氏小說以其食不潔故名之豕大戴易本命四主時時主豕故豕四月而生本草

綱目李時珍曰在畜屬水在卦屬坎在禽應室星易說卦坎爲豕陸氏佃曰坎性趨下豕能俯其首又喜卑穢亦水畜也詩漸漸之石有豕白蹢傳豕喜雨故天將久雨則豕進涉水波禮曲禮豕曰剛鬣周官食醫豕宜稷禮內則豕望視而交睫腥又孟子舜之居深山之中與鹿豕遊又食而弗愛豕交之也又國名左襄二十四年昔匄之祖在商爲豕韋氏注豕韋國名東郡白馬縣東南有豕韋城正義商初豕韋彭姓其後乃以劉累之後代之詳見昭二十九年彙纂今在大名府靑縣東南五十里又星名博雅營室謂之豕韋又史記天官書奎曰封豕又左定四年吳爲封豕長蛇以薦食上國又藥名爾雅釋草茢薽豕首疏南人名爲地菘又名蝦蟆藍又莊子徐無鬼藥也豕零也注豕橐一名苓根似豬屎其塊零落而下故韓文注卽豬苓也又亥豕錯繆之稱正字通家語或讀史云三豕渡河子夏曰己亥渡河已譌爲三亥譌爲豕今稱錯誤者曰魚魯亥豕本此或曰干支內有五亥己亥位居三三豕渡河是隱語也

疢　丑刃切音疹說文熱病也詩小弁疢如疾首箋疢猶病也禮樂記疢

疢不作而無妖祥又孟子人之有德慧術智者恒存乎疢疾注猶災患也又美疢左襄二十三年美疢不如惡石石猶生我疢之美其毒滋多又丑忍切音趁義同

英

於驚切音瑛說文草榮而不實者一曰黃英詩有女同車顏如舜英注英猶華也又爾雅釋木權黃英又葉亦謂之英離騷夕餐秋菊之落英西溪叢話宋書符瑞志沈約云英葉也離騷餐落英言食秋菊之葉也據上函方甘菊三月上寅採苗名曰玉英是英亦謂之葉也又禮禮運三代之英注千人曰英孟子得天下英才而教育之又博雅美也晉書荀闓傳洛中英英荀道明又爾雅釋山再成英疏山形兩重者名英今南郡英山縣蓋取此名也又瓊英美石似玉者詩著篇尚之以瓊英乎而水經注孫盛魏春秋文帝愈增崇宮殿取白石英及紫石英又英英雲皃詩白華英英白雲朱傳英英輕明之皃又清人二矛重英傳以羽飾矛閟宮朱英綠縢疏蓋絲纏而朱染之又樂名前漢禮樂志帝嚳作五英英華茂也又國名史記陳杞世家皋陶之後或封英六楚世家注英在淮南蓋蓼國也又地名春秋僖十七年

齊人徐人伐英氏〔注〕楚與國〔彙纂〕今江南廬州府六安州西有英氏城接英山縣境〔左哀二十三年〕君命瑤非敢耀武也治英丘也〔注〕治齊取英丘英丘晉地又姓〔通志氏族略〕英氏以國爲氏漢有九江王英布又人名女英堯之次女舜妃也　又於虔切音閼〔班固西京賦〕翡翠火齊流耀含英縣黎垂棘夜光在焉　又於良切音央〔楚辭九歌〕浴蘭湯沐芳華采夜兮若英〔毛詩〕本音舜英重英瓊英美如英俱叶讀央〔管子地員篇〕五色雜英各有異章　又於慶切音映飾也

根　古痕切音跟〔說文〕木株也〔左隱六年〕芟夷蘊崇之絶其本根勿使能殖〔文七年〕公族公室之枝葉也若去之則本根無所庇廕矣又〔廣韻〕根柢也〔道德經〕重爲輕根〔管子地形篇〕地者萬物之本原諸生之根苑又〔孟子〕仁義禮智根於心〔注〕根本也〔後漢虞詡傳〕不遇盤根錯節何以別利器乎又〔博雅〕始也又星名〔爾雅釋天〕天根氏也〔星經〕氏四星爲天宿宮一名天根〔周語〕天根見而水涸〔注〕辰角二星也寒露節朝見東方亢氐之間謂之天根又外夷國名〔春秋宣九年〕齊侯伐萊取根牟〔注〕東夷國也瑯邪陽都縣東有牟

鄉[彙纂]今在山東青州府沂水縣南又邑名[左襄二十四年]遂伐莒侵介根[注]莒邑城陽黔陬縣東北計基城是也[彙纂]今膠州西南五里有介根城又車名[古今注]金根車秦制也秦并天下閱三代之輿服謂殷得瑞山車一曰金根車故因作金根之車乃增飾而乘御焉漢因而不改[後漢輿服志]天子車金根[尚書故實]韓昶見太后鹵簿中有金根車奮筆改爲金銀車又門之鋪首銅鍰曰倉瑱根[前漢五行志]木門倉瑱根又杯名[庾信報惠酒詩]山杯捧竹根[杜甫詩]共醉終同卧竹根又山名[宋孝武登作樂山詩]積水溺雲根又姓[姓苑]周人根牟子善著書又叶經天切音堅[三略]軍讖侵侮下民國內譁諠臣蔽不言是謂亂根

睟 雖遂切音粹[類篇]正視皃[正字通]目清明也又[廣韻]潤澤皃[孟子]睟然見於面[注]睟然清和潤澤之皃[林次崖曰]所謂德容自清温也又[南齊高帝贊]端已雄睟　又祖對切音晬[集韻]目際也

盎 於浪切鴦去聲[說文]盆也[爾雅釋器]盎謂之缶[疏]瓦器也可以節樂可以盛水盛酒[後漢逢萌傳]首戴瓦盎[古樂府東門行]盎中無斗儲[譚子化書]湯盎

撥井所以化雹也又盛皃〔孟子〕盎於背〔注〕其背盎盎然盛〔朱注〕盎豐厚盈溢之意〔樓异嵩山賦〕方陽春之盎盎又酒名〔周官酒正〕辨五齊之名三曰盎齊〔注〕盎猶翁也盛而翁翁然葱白也〔又〕門名〔三輔黃圖〕長安城南出東頭第一門曰覆盎門又姓見〔姓苑〕 又烏朗切盎上聲義同

疇 直由切音酬〔說文〕耕治之田也从田象耕屈之形〔按〕說文作𠃬故象耕屈之形隸作疇又〔禮月令〕季夏可以糞田疇〔疏〕穀田曰田麻田曰疇又〔左襄三十年〕取我田疇而伍之〔注〕竝畔爲疇〔史記秦本紀〕男樂其疇女修其業又〔爾雅釋詁〕誰也〔書堯典〕疇咨若時登庸〔傳〕疇誰也又〔韻會〕曩也〔左宣二年〕疇昔之羊子爲政〔注〕疇昔猶前日也〔禮檀弓〕疇昔之夜夢坐奠於兩楹之閒〔左思蜀都賦〕嗟見儔於疇昔又〔書洪範〕帝乃震怒不畀洪範九疇〔傳〕疇類也〔蔡傳〕洪範九疇治天下之大法〔齊策〕今髡賢者之疇也又匹也〔易否卦〕有命无咎疇離祉〔疏〕疇謂疇匹〔嵇康贈秀才入軍詩〕交交黃鳥顧疇弃音〔注〕疇匹也又類也〔前漢韓信傳〕其疇十三人又〔史記曆書〕故疇人子弟分散〔如淳注〕家業世世相傳爲疇又〔淮南子俶眞〕

訓今夫樹木者灌以瀿水疇以肥壤注疇雍也又等也前漢宣帝紀疇其爵邑注漢律非始封十減二疇者等也言不復減也後漢祭遵傳疇等也言功臣子弟襲封與先人等又澤名淮南子本經訓堯乃使羿誅鑿齒於疇華之野注南方澤名也又國名周語昔摯疇之國也由大任注二國名又姓左哀十三年疇無餘謳陽自南方注二子越大夫又人名吳語乃見其涓人疇王呼之曰余不食三日矣疇趨而進王枕其股以寢於地王寐疇枕王以墣而去之　又叶陳如切音除韓愈王宏中銘方平所部禁絶浮屠風雨順易秔稻盈疇

昏

呼昆切音閽說文日冥也从日氐省氐者下也一曰民聲爾雅釋詁代也注代明也疏日入後二刻半爲昏昏來則明往故云代明釋名昏損也陽精損滅也周官司寤氏注日入三刻爲昏不盡三刻爲明淮南子天文訓日至虞淵是謂黃昏至于蒙谷是謂定昏孟子昏莫叩人之門戶又暗也大學章句但爲氣稟所拘物欲所敝則有時而昏又詩谷風宴爾新昏儀禮士昏禮注士娶妻之禮以昏爲期因而名焉必以昏者陽往而陰來日入三商爲昏禮昏

義昏禮者將合二姓之好上以事宗廟而下以繼後世也故君子重之是以昏禮納采問名納幣納徵請期皆主人筵几於廟而拜迎於門外入揖讓而升聽命於廟所以敬愼重正昏禮也又左昭二十五年昏媾姻亞注妻父曰昏重昏爲媾壻父曰姻兩壻相謂曰亞又詩蝃蝀乃如之人也懷昏姻也傳昏姻謂男女之欲又書益稷下民昏墊傳昏瞀墊溺又盤庚不昏作勞傳昏彊也又牧誓昏棄厥肆祀弗荅傳昏亂也疏昏闇於事必亂故昏爲亂也又左昭十九年寡君之二三臣札瘥夭昏注大死曰札小疫曰瘥短折曰夭未名曰昏疏子生三月父名之未名是未三月而死也　又胡困切音惛集韻暗也　又叶許云切音熏曹大家東征賦悵容與而久住兮忘日夕而將昏到長垣之境界察農野之居民　又叶許縣切音暄馬融廣成頌子野聽聾離朱目眩隸首策亂陳子籌昏　按昏从氏省是說文正字从民聲者乃或體也正字通引晁氏說因唐諱改民从氏非也六書精蘊以昏爲昏旦之昏昏爲昏姻之昏强分爲二尤非

叔

式竹切音叔說文作尗豆也象尗豆生之形也今作

敉楊泉物理論菽者衆豆之總名詩七月亨葵及菽傳菽豆也春秋定元年隕霜殺菽疏月令九月霜始降八月未應霜殺菽菽者大豆之苗又是耐霜之穀今以八月隕霜霜能殺菽是非常之災故書之禮檀弓啜菽飲水疏以菽爲粥啜之吳氏澄曰菽者諸種大小豆之總名豆有實在莢中者黃豆黑豆之類是也亦有實在角中者赤豆菉豆之類是也孔疏謂以豆爲粥非也澄嘗食於北方至貧者之家不惟無飯亦無粥但以豆煮湯每人所食約豆一掌所掬雜以米一二十粒煮湯一盂攪起啜之而以療飢始悟古之所謂啜菽者蓋如此儀禮注王公熬豆而食曰啜菽又左成十八年周子有兄而無慧不能辨菽麥注豆麥殊形易別故以爲癡者之候　又與椒通淮南子人間訓申菽杜茝美人之所懷服也注菽音椒茝音采皆香草　又式沼切音少唐韻古音詩七月亨葵及菽叶下棗

瀾

洛干切音蘭說文大波爲瀾爾雅注瀾言渙瀾也逸雅風吹水波成文曰瀾瀾連也波體轉流相及連也孟子觀水有術必觀其瀾注瀾水之端急處也韓昌黎進學解鄣百川而東之迴狂瀾于

既倒(駱賓王啟)文江翻浪織玉激以韜霞學海驚瀾綴珠鱗于濯錦又(安樂昭王碑)宴語談笑情瀾不竭　又郎旰切音爛義同又瀾漫淋漓皃一曰分散也(王褒洞簫賦)憚怯瀾漫亡耦失疇又瀾汗長皃(木華海賦)洪濤瀾汗又米汁也(周官)稾人注潘瀾戔餘不可褻也(禮內則注)潘米瀾也　又叶陵延切音連(陸機文賦)或因枝以振葉或沿波而討源或虎變而獸擾或龍見而鳥瀾

孳 子之切音咨(說文)汲汲生也(廣韻)孳息也　又與孜同(孟子)孳孳爲善者(注)孳孳勤勉之意(禮表記)俛焉日有孳孳斃而後已又與滋通(前漢律歷志)孳萌萬物　又疾二切音字(正韻)乳化也(書堯典)鳥獸孳尾(傳)乳化曰孳交接曰尾(注)音字

蹠 之石切音隻(說文)楚人謂跳躍曰蹠又(廣韻)足履踐也(史記蘇秦傳)被堅甲蹠勁弩(楚辭九章)眇不知其所蹠(注)蹠踐也又(淮南子原道訓)鳥排虛而飛獸蹠實而走(又)自無蹠有(注)適也　又(玉篇)與跖同(國策)蹠穿膝暴(注)蹠足下(淮南子主術訓)明分以示之則蹠蹻之姦止矣(注)盜蹠孔子時人(賈誼弔屈原賦)謂隨夷溷兮謂蹠蹻廉　又章恕切音翥義

同　又職略切音灼與跡同跡也　按跖蹠本
一字孟子盜跖之所樹與作跖蹠之徒也作蹠

摩

莫婆切音
磨說文研
也廣韻迫也增韻指也易繫辭剛柔相摩注相切摩也禮學記
相觀而善謂之摩注相切磋也彙言摩如兩石相摩互相資藉
又樂記陰陽相摩注猶迫也相摩謂陰陽二氣相迫切秦策於
是乃摩燕烏集闕見說趙王於華屋之下注摩言切近過之又
揣摩也管子輕重篇摩之符也內內符者揣之主也鬼谷子摩
篇抱薪趨火燥者先然此言內符之應外摩也秦策得太公陰
符之謀伏而誦之簡練以爲揣摩注簡猶擇練湅帛也取其熟
揣量摩研也游說之術或量其情或研切之又消摩曹毗杜蘭
香傳消摩自可愈疾香以藥爲消摩又摩抄後漢薊子訓傳與
一老翁共摩抄銅狄韓愈石鼓歌誰復著手更摩抄又孟子摩
頂放踵注摩突其頂也四書通摩突如左傳突陳城之突杜注
穿也　又與磨同左昭十二年摩厲以須王出吾刃將斬矣注
以己喻鋒刃欲自摩厲以斬王之淫慝　又莫臥切磨去聲集
韻按摩也孟子爲長者折枝注折枝按摩折手節解罷枝也

又忙皮切音糜集韻漢有施摩神荆巫作祠

頂　都挺切音鼎說文顛也易大過過涉滅頂孟子摩頂放踵又物之最高處曰頂爾雅釋山山頂冢

軔　而振切音刃說文礙車也注止輪之轉其物名軔後漢申屠剛傳光武常欲出遊剛諫不聽遂以頭軔乘輿輪注謂以頭止車輪也又去軔則輪轉而車行故凡事始啟行曰發軔離騷朝發軔于蒼梧兮夕余至乎縣圃注軔楮車木也將行則發之後漢馮衍傳發軔新豐兮徘徊鎬京　又與仞同孟子掘井九軔注與仞同學林軔仞義異音同借用耳　又與韌同管子制分篇故凡用兵者攻堅則軔

餐　七安切餐平聲說文呑也詩伐檀不素餐兮傳素空餐食也又飲饌曰餐前漢高后紀賜餐錢注廚膳錢也又韓信傳令其裨將傳餐注服虔曰立駐傳餐食也如淳曰小飯曰餐師古曰餐古食字千安反又採也王儉褚淵碑餐輿論于邛里贍雅詠于京國注採輿論稱述其德也又膳資曰餐錢前漢高后紀賜餐錢奉邑　又古音先古樂府君子行周公下白屋吐哺不及餐一沐三握髮後世稱聖賢　又蘇昆切音孫與

飧同餔也〔爾雅釋言〕粲餐也〔釋文〕餐七音飧　又蒼案切音粲〔集韻〕餐也

墊都念切音店〔說文〕下也〔春秋傳〕曰墊隘〔書益稷〕下民昏墊〔傳〕昏瞀墊溺也又〔左成六年〕民愁則墊隘〔注〕墊隘羸困也〔正義〕墊下也地之下濕狹隘猶人之羸瘦困苦又人名王子墊〔趙岐孟子注〕齊王子名墊也〔按〕史記田齊世家宣王子湣王名地墊亦从土取墊定之義則墊乃地之字非名也若是地之兄弟古人命名無兄弟同偏旁者孟子爲客卿不應直書王子名又〔後漢郭泰傳〕遇雨巾墊一角　又徒協切音牒〔集韻〕水名〔北史外夷傳〕吐谷渾君長阿豺登其國西彊山觀墊江源問羣臣長史曾和對曰水經仇池過晉壽出宕渠始名墊江又縣名屬四川重慶府忠州〔南史補〕漢之墊江今之合州也隋煬帝改合州爲涪陵而移墊江之名於忠州　又的協切音輒〔集韻〕地下也

蹝所綺切音纚〔玉篇〕同躧〔說文〕舞履也从足麗聲〔廣韻〕躧又作蹝〔孟子〕猶棄敝蹝也〔注〕草履也〔前漢司馬相如傳〕去妻子如脫蹝耳〔注〕師古曰小履也言其便易無所顧也〔淮南子主術訓〕年衰志憫舉天下而傳之舜猶卻行而脫

蹝

許 許斤切音欣【說文】喜也【玉篇】樂也【孟子】終身訢然樂而忘天下【注】訢同欣【賈山至言】天下訢訢焉曰將興堯舜之道三王之功矣又人名皇訢見【史記】王訢見【漢書】又姓訢梵漢章帝時人治歷數 又魚巾切音銀【韻會】和敬皃【前漢】石奮傳僮僕訢訢如也【注】與誾誾同 又虛其切音僖【集韻】蒸也【禮樂記】天地訢合【注】訢讀爲熹熹猶蒸蒸也【疏】熹謂蒸動樂能感動天地之氣使下降上騰也 又許已切僖上聲【集韻】亦喜也字从斤無點

范 房啖切音犯【說文】草也又蠭也【禮檀弓】范則冠而蟬有緌【注】范蜂也【疏】蜂頭上有物似冠蟬喙似冠之緌緌自著蟬非爲蜂設譬如成人兒死初不作衰後畏子皋方爲制服亦如蟬緌不關于蜂也【梁元帝元覽賦】范飛冠而吐蜜又地名【左襄二十四年】晉主夏盟爲范氏【彙纂】范晉邑戰國時爲齊地孟子自范之齊是也漢置范縣今縣東南二十五里有古范城【四書釋地】今東昌府濮州范縣本春秋晉大夫士會邑國語是以受隨范是又半屬魯後漢志東郡范縣有秦亭卽莊三十一年築臺于秦地道記在縣西北是也孟子時屬齊趙注云

范齊邑王庶子所封食邑也又〔前漢地理志〕涿郡范陽又宮名〔竹書紀年〕穆王十四年作范宮又臺名〔魏策〕梁王魏嬰觴諸侯於范臺又門名〔左哀七年〕秋伐邾及范門〔注〕邾郭門也〔按〕春秋之邾即戰國之鄒孟子鄒人也自范之齊蓋孟子葬母後自范門之齊也先儒以爲自范邑之齊非是又姓〔左昭二十九年〕陶唐氏既衰其後有劉累學擾龍于豢龍氏以事孔甲龍一雌死潛醢以食夏后夏后饗之既而使求之懼而遷於魯縣范氏其後也〔潛夫論〕帝堯之後有范氏〔廣韻〕隨會爲晉大夫食采於范其後氏焉　又與範通〔禮少儀〕左右軌范〔疏〕軌謂轂末范謂軾前〔纂言〕范音與洪範之範同〔禮運〕范金合土以爲臺榭宮室牖戶〔纂言〕方氏曰范即荀況所謂形范之范

拘　恭于切音駒〔說文〕止也徐曰物去手能止之也〔廣韻〕執也〔易隨卦〕拘係之乃從維之〔書酒誥〕盡執拘以歸于周〔左僖三十三年〕武夫力而拘諸原又拘留〔孟子〕君子不可虛拘〔注〕留也〔撮言〕拘有羈縻之意虛拘者猶言以虛文拘留也又〔史記汲黯傳〕宏大體不拘文法〔前漢司馬遷傳〕陰陽之術大詳而衆忌諱使人拘而多畏〔注〕

拘曲礙也〔前漢司馬相如傳〕賢君之踐位也豈特委瑣握齱拘文牽俗　又居侯切音勾擁也〔禮曲禮〕以袂拘而退〔注〕以袂拘謂埽時也以袂擁埽之前埽而却行之〔疏〕袂衣袂也退遷也當埽時却遷以一手捉帚又舉一手衣袂以拘障於帚前且埽且遷故云拘而退〔又〕若僕者降等則撫僕之手不然則自下拘之〔疏〕不降等者既敵不受而僕者必授則主人當卻手從僕手下自拘取之示不用僕授也　又與勾同曲也〔荀子哀公篇〕古之王者有務而拘領者矣〔注〕務讀爲冒覆項也勾領繞頸也　又摟聚也　又求於切音渠〔莊子達生篇〕吾處身也若橛株拘　又果羽切音矩〔前漢地理志〕拘澗水至卽鄲入白渠〔注〕應劭讀又俱遇切音句拘挐不展也　又拘玉切與挶通韻會戟持也〔前漢五行志〕撠高后掖〔注〕拘持之也

拙 朱劣切音棁讀若專入聲〔說文〕不巧也〔書周官〕作僞心勞日拙〔道德經〕大巧若拙〔孟子〕大匠不爲拙工改廢繩墨羿不爲拙射變其彀率〔國策〕教人而不能則謂之拙　又〔釋名〕屈也使物否屈而不爲用也〔史記范睢傳〕楚之鐵劍利而倡優拙

殉 松閏切音徇〔玉

篇用人送死也〔禮檀弓〕陳子車死於衛其妻與其家大夫謀以殉葬〔左文六年〕秦伯任好卒以子車氏三子奄息仲行鍼虎爲殉〔注〕以人從葬爲殉〔孟子〕天下有道以道殉身天下無道以身殉道〔注〕殉如殉葬之殉以死隨物之名也身出則道在必行道屈則身在必退以死相從而不離也〔莊子駢拇篇〕小人則以身殉利士則以身殉名天下盡殉也又營也求也〔書伊訓〕殉于貨色〔傳〕求也〔正義〕殉者心循其事是貪求之意〔前漢李陵傳〕殉國家之急〔注〕師古曰殉營也一曰從也又〔班固幽通賦〕豈余身之足殉〔項岱注〕亦訓營，〔書〕殉于貨色徐邈讀

又松倫切音旬義同

又余絹切音橼義同

銳

以芮切音睿〔說文〕芒也〔左昭十六年〕且吾以玉賈罪不亦銳乎〔注〕銳細小也〔疏〕銳是鋒鋩〔釋文〕悅歲反又〔書顧命〕一人冕執銳〔傳〕矛屬也〔左成二年〕銳司徒免乎〔注〕主銳兵者又〔廣韻〕利也〔史記武安侯傳〕魏其銳身爲救灌夫〔前漢淮南王傳〕於是王銳欲發〔注〕王意欲發兵如鋒刃之銳利又〔說苑〕哀公問取人孔子對曰毋取口銳口銳者多誕寡信又〔孟子〕其進銳者其退速又〔左哀十一年〕子羽銳敏〔注〕銳

精也〔傳〕十一年我以銳師宵加於鄭〔王襃四子講德論〕各采精銳[illegible]貢忠　又〔正字通〕今凡物纖利曰銳〔前漢天文志〕下有三星銳曰罰〔注〕上小下大故曰銳〔爾雅釋丘〕再成銳上融丘〔注〕纖頂者〔釋文〕音惠　又〔釋山〕銳而高嶠〔疏〕銳纖也言山形纖峻而高者名嶠　又姓〔姓苑〕升平中鮮卑有御史中丞銳管

又徒外切音兌〔正韻〕矛屬　又都外切義同

緦　息茲切音思〔說文〕十五升布也一曰兩麻一絲布〔釋名〕緦絲也績麻緦如絲也〔玉篇〕三月服也〔禮閒傳〕緦麻十五升去其半有事其縷無事其布曰緦〔疏〕緦麻者治其麻縷其細如絲十五升布而抽去其半縷細而疏織布既成不鍛治其布以三月之喪哀在外故也〔集說〕筬四十齒爲一成一齒兩絲則一升八十縷矣十五升合得一千二百縷今抽去其半則一齒一絲是縷細而疏也　又〔大傳〕四世而緦服之窮也〔疏〕四世謂上至高祖下至己兄弟同承高祖爲族兄弟相報緦麻服窮於此親兄弟服期一從兄弟服大功再從兄弟服小功三從兄弟服緦麻故四世而緦則服窮盡也

湖南黔陽縣歲貢生段諤廷訒菴原稿
本縣教諭字鄉黃本驥虎癡編訂

下孟四

盡心二計三十九字

糜 忙皮切音縻。說文：黃帝初教作糜。釋文：糜，煮米使糜爛也。博雅：粥也，饘也。禮月令：仲秋行糜粥飲食。史記封禪書：施糜之屬。注：施糜粥之神。風土記：俗尚以赤豆為糜，所以象色也。又爛也。孟子：糜爛其民。注：糜爛其血肉也。賈山至言：無不糜滅。又禮少儀：國家靡敝。疏：靡為糜，謂財物糜散凋敝。又與眉同。前漢王莽傳：赤糜聞之不敢入界。注：糜，眉也，古字通。

爛 郎旰切，爛去聲。說文：孰也。从火蘭聲，或从閒，今經傳相承作爛。廣韻：火熟曰爛。左定三年：自投于牀，廢於鑪炭，爛。又廣韻：明也。詩女曰雞鳴：明星有爛。葛生：錦衾爛兮。韓奕：爛其盈門。史記蕭何世家：何之動爛焉。又公羊僖十九年：魚爛而亡。注：魚爛從內發又司馬相如上林賦麗靡爛漫於前注索隱曰列女傳云桀造爛漫之樂 又離開切音闓楚辭九章曾枝剡棘圓果摶兮青黃雜糅文章爛兮韓愈江漢詩淒風結衝波狐裘能禦寒終宵處幽室華燭光爛焉

杵

昌與切音處說文舂杵也易繫辭斷木為杵掘地為臼杵臼之利萬民以濟禮雜記杵以梧注所以擣也書武城血流漂杵孟子注舂杵也或作鹵楯也四書攷異論衡嘗言殷周士卒皆齎盛糧或作乾餱無需杵臼之事安得杵而浮之蓋血流之言既難盡信而杵字尤屬可疑朱子借援國策之文特以備一義耳又砧杵擣衣具儲光羲田家雜興詩秋山響砧杵 又星名前漢天文志彗星曰天杵史記天官書杵曰四星在危南注杵曰二星在丈人星旁主軍糧星經杵三星在貫南主杵臼舂米事

糗

去九切音傀說文熬米麥也又乾飯屑也又糧也博雅糗精也晉書暨嶠乃糗糧疏糗擣熬穀也謂熬米麥使熟又擣之以為粉禮內則糗餌注擣熬穀以為糗餌周官籩人羞籩之實糗餌粉餈注糗熬大豆與米也合蒸曰餌左哀十一年陳轅頗出奔鄭其族轅咺進

稻醴粱糗腶脩焉〔注〕糗乾飯〔孟子〕舜之飯糗茹草〔注〕糗乾糒也〔釋名〕糗齲也飯而磨之使齲碎也又姓〔風俗通〕漢有糗宗爲廬長　又邱救切音齅〔韻會〕義同

茹

人庶切音孺〔說文〕飲牛也〔廣韻〕飲馬也又人諸切音如又忍汝切音汝〔易泰卦〕拔茅連茹〔王注〕根相牽引皃〔程傳〕根之相連者又受也〔詩烝民〕柔亦不茹又食也〔禮禮運〕茹毛飲血〔莊子人閒世〕不飲酒不茹葷又食菜曰茹〔前漢董仲舒傳〕公儀子相魯食于舍而茹葵〔王莽傳〕不茹園葵又啜也〔爾雅釋詁〕啜茹也又度也〔詩柏舟〕不可以茹〔六月〕玁狁匪茹〔臣工〕來咨來茹又柔也〔離騷〕攬茹蕙以掩涕〔注〕茹柔耎也又臭敗也〔呂氏春秋〕以茹魚驅蠅蠅愈至而不能禁又〔左思魏都賦〕神藥形茹〔注〕物自死曰茹又菜茹〔前漢食貨志〕環廬種桑柘菜茹又草名〔爾雅釋草〕茹藘茅蒐〔注〕今蒨草也〔詩東門之墠〕茹藘在阪〔陸疏〕茹藘茅蒐蒨草也一名地血齊人謂之蒨徐州人謂之牛蔓今圃人或作畦種蒔故〔貨殖傳〕云卮茜千石亦比千乘之家又水名〔水經注〕灃水又東茹水注之又地名〔前漢地理志〕上谷郡茹縣又陂名〔魏志劉馥傳〕馥爲揚州

刺史治芍陂及茹陂以溉稻田又姓【晉書五行志】茹千秋爲驃騎咨議【通志氏族畧】茹氏【注】蠕蠕入中國爲茹氏【字典】茹字有平上去三聲皆于字義無分如易之連茹王肅音如易韻讀孺詩之匪茹來茹箋音汝徐音如前漢董仲舒傳茹音汝王莽傳又音如唯茹藘茹字詩箋及爾雅疏皆音如茹毛茹草茹蘆茹字皆音人庶切餘音或平或仄不可泥也

乾渠焉切音虔【說文】上出也从乙乙物之達也倝聲又易卦名【程傳】上古聖人始畫八卦三才之道備矣因而重之以盡天下之變故六畫而成卦重乾爲乾乾天也天者天之形體乾者天之性情乾健也健而无息之謂乾夫天專言之則道也天且弗違是也分而言之則以形體謂之天以主宰謂之帝以功用謂之鬼神以妙用謂之神以性情謂之乾乾者萬物之始故爲天爲陽爲父爲君【說卦】乾健也【疏】乾象天天體運轉不息故爲健【又】乾爲馬【疏】天行健故爲馬【又】乾爲首【疏】尊而在上故爲首【又】乾天也故稱乎父吳氏曰萬物資始于天猶子之氣始于父故乾稱父又【禮禮運】吾得坤乾焉【纂言】說者謂坤乾爲歸藏易則亦古經之書

如周易之有六十四卦但次序不同耳又馬飾曰連乾【韻】況詩
金鞍玉勒錦連乾又姓　又古寒切音干燥也【孟子】旱乾水溢
則變置社稷詩中谷有【蓷】暵其乾矣【左僖十五年】外彊中乾【注】
外雖有强而內實乾竭又徒手取人財曰乾沒【史記酷吏傳】張
湯始為小吏乾沒【注】如淳曰得利為乾失利為沒【正義】乾沒謂
無潤澤而取他人也又曰陽浮慕為乾心內不合為沒又地名
【春秋莊九年】及齊師戰于乾時【注】齊地時水在樂安縣界支流
旱則竭涸故曰乾時【彙纂】今樂安故城在山東青州府博興縣
北時水在縣南又【左昭六年】令尹子蕩帥師伐吳次于乾谿【注】
楚東境【彙纂】今江南鳳陽府亳州東南有乾谿與城父相近又
【春秋昭二十八年】公如晉次于乾侯【杜注】在魏郡斥丘縣晉境
內邑闞駰曰地多斥鹵故曰斥丘【彙纂】今直隸廣平府成安縣
東南有斥丘古城又桑乾又桑乾河卽濕水【水經注】濕水出鴈門陰館
縣東北過代郡桑乾縣南又東過涿鹿縣北又東南出山過廣
陽薊縣北　又叶渠行切音勤【邯鄲淳受命述】洽詠儒墨綸策
公卿昧旦孜孜夕惕乾乾　又叶經天切音堅【韓愈詩】會會新

葉大瓏瓏曉花乾青天何寥寥雨蝶飛翩翩注乾花色不潤也

奮　方問切音僨說文翬也从奞在田上爾雅釋蟲蠢醜奮又釋鳥雉絕有力奮又釋畜羊絕有力奮雞絕有力奮詩柏舟不能奮飛傳奮飛如鳥奮翼而飛去也又動也禮樂記羽翼奮疏飛鳥之屬皆得奮動又奮發也奮迅也易豫卦雷出地奮又禮樂記奮至德之光注奮猶動也山陰陸氏曰奮猶發也若大章所以發堯德之光大韶所以發舜德之光孟子奮乎百世之上又振也禮曲禮奮衣由右上疏自振其衣去塵也又姓左傳楚有司馬奮揚　又叶普麪切音片孫楚韓信贊秦失其鹿英雄交戰遂磨明主超然虎奮

戹　於革切音厄說文隘也徐曰戶小門也又艱也周官鄉師以歲時巡國及野而賙萬民之艱戹又增韻困也史記季布傳兩賢豈相戹哉　又叶乙得切讀入聲王逸九思悼屈子兮遭戹沈玉躬兮湘汨何楚國兮難化迄於今兮不易　按戹阨戹本一字孟子阨窮而不憫君子之戹於陳蔡之閒皆與厄同

悄　七小切音俏說文憂也詩柏舟憂心悄悄孟子注悄悄憂貌詩月出勞心悄兮　又

七肖切音俏韻會忿也

殄

徒典切塡上聲說文盡也一曰絕也書舜典朕堲讒說殄行傳堲疾絕也殄行者謂傷絕善人之事也又盤庚我乃劓殄滅之又畢命餘風未殄又詩緜篇肆不殄厥慍傳殄絕慍怒也言大王雖不能殄絕混夷之慍怒亦不隕墜已之聲聞又周官稻人凡稼澤夏以水殄草而芟夷之注殄病也絕也　又與腆同儀禮燕禮寡君有不殄之酒鄭注古文腆皆作殄詩新臺籧篨不殄箋殄當作腆善也正義腆與殄古今字之異故儀禮注云腆古文作殄是也

隕

于敏切音殞說文从高下也爾雅釋詁墜也落也春秋莊七年夜中星隕如雨孫氏復曰隕墜也星隕如雨謂隕墜者衆也吳氏澄曰謂自天而隕也李氏廉曰經書星隕隕石隕霜於隕字有先後之異者蓋星在天有象先見星而後見其隕石與霜皆隕而後見也易姤卦有隕自天傳猶云自天而降言必得之也書湯誥若將隕于深淵又禮儒行不隕穫於貧賤注隕穫困迫失志之皃又詩緜篇亦不隕厥問　又通作殞左襄三十一年與隕諸樊　又王問切音運義同詩小弁涕旣隕之傳墜也釋

文音韻 又于倫切音鈞義同詩氓篇其黃而隕與下貧叶 又王權切音員詩長發幅隕既長傳隕均也箋隕當為圓朱傳隕讀作員謂周也嚴氏粲曰自其直方言之曰幅自其周圍言之曰員

蹊 胡許切奚去聲說文待也从彳奚聲或从足 又戶禮切奚上聲集韻與奚同待也 又胡雞切音奚博雅徑道也釋名步所用道曰蹊蹊係也射疾則用之故還係於正道左宣十一年牽牛以蹊人之田注徑也史記李將軍傳桃李不言下自成蹊又孟子山徑之蹊閒注人行處也

蠡 盧啟切音禮說文蟲齧木中也孟子以追蠡注蠡者齧木蟲也言禹時鐘在者鐘紐如蟲齧欲絕焦竑筆乘蠡高子以禹之樂用之者多故凡槌擊之處率皆摧殘有如蠡齧之形蓋追者槌也蠡者其形似也又地名書禹貢揚州彭蠡既豬蔡傳地志彭蠡在豫章郡彭澤縣東合江西江東諸水跨豫章饒州南康軍三州之地所謂鄱陽湖者是也又河名南畿志西蠡河在常州府城謂范蠡所鑿又人名吳越春秋句踐既滅吳范蠡乃乘扁舟出三江入五湖莫知所適越王乃鑄金象范蠡之形置之坐

側　又𧔥䖙切音離史記匈奴傳置左右賢王左右谷蠡　又
𧔥顋切音黎韻會瓠瓢也前漢東方朔傳以蠡測海　又洛戈
切音騾義同　又玉篇蠡蠡行列皃劉向九歎登長陵而四望兮
覽芷圃之蠡蠡　又人名晉書姚宏載記桃豐蠡宋書桂陽王休
範傳杜墨蠡　又與螺通類篇蚌屬聖人法蠡蚌而閉戶見文
子焦竑筆乘海中大螺也公輸般見蠡出頭潛以足畫之終日
閉戶不出　又魯果切音倮集韻瘰蠡皮肥也一曰疥病左桓
六年注謂其不疾瘯蠡也注皮毛無疥癬釋文力果反說文作瘰
瘯瘰皮肥也　又力至切音利蟲名

棠

徒郎切音唐說文牡曰棠牝曰杜爾雅釋木杜甘棠杜赤棠白者棠疏今之杜
棃赤色者名赤棠白者亦名棠樊光曰赤者為杜白者為棠詩
甘棠疏甘棠今棠棃一名杜棃赤棠也與白棠同但子有赤白
美惡子白為白棠甘棠也少酢滑美赤棠子澀而酢無味語云
澀如杜是也赤棠木理韌亦可以作弓幹又召南篇名序甘棠
美召伯也召伯之教明於南國又沙棠木名味如李無核呂氏
春秋果之美者沙棠之實其木可為舟李白題新津北橋樓詩

木蘭之櫂沙棠舟又海棠花名又車兩旁橫木【釋名】棠蹤也在車兩旁蹤櫨使不得進却也又地名【春秋】隱五年公觀魚于棠【注】高平方與縣北有武棠亭魯侯觀魚臺【彙纂】今兗州府魚臺縣魚亭山是其地也又【左】襄六年萊共公浮柔奔棠【注】棠萊邑也北海卽墨縣有棠鄉【彙纂】今縣南八十里有甘棠社卽古棠鄉也屬山東萊州府【十八年】齊侯駕將走郵棠【注】齊邑【彙纂】今膠州卽墨縣南八十里有甘棠社卽古棠鄉又【新書先醒篇】楚莊王南與晉人戰于兩棠又【孟子】齊人皆以夫子將復爲發棠【四書釋地】棠卽萊邑也後漢志北海卽墨縣有棠鄉齊靈公十五年滅萊邑故爲齊有今卽墨甘棠鄉左襄二十五年齊棠公之妻注齊棠邑大夫意卽此棠也又【昭二十年】棠君尚謂其弟員【注】棠君奢之長子尚也爲棠邑大夫又山名【淮南子覽冥訓】朝發搏桑日入落棠【注】落棠山名又姓棠無咎齊大夫見【左傳】又復姓夫概王歸自立也以與王戰而敗奔楚爲棠谿氏亦作堂

逐直六切音軸【說文】追也【左隱九年】祝聃逐之【十一年】子都拔棘以逐之又【廣韻】驅也【正韻】斥也放也【李斯諫逐

客書臣聞吏議逐客非秦者去爲客者逐【注】鄭人來間秦秦覺之大臣請一切逐客李斯亦在逐中因上此書【史記管仲傳】三仕三見逐又【玉篇】競也【後漢趙壹傳】捷懾逐物日富月昌又【正韻】逐逐篤實也又馳皃【易頤卦】虎視眈眈其欲逐逐【傳】欲謂所須用者必逐逐相繼而不乏則其事可濟若取於人而無繼則困窮矣古文作浟【前漢叙傳注】浟浟欲利皃又地名【前漢宣帝紀】迎日逐破車師　又直祐切音胄【集韻】奔也【山海經】夸父與日逐　又亭歷切音迪【易】其欲逐逐蘇林音迪　又同門切與豚同【山海經】苦山有獸焉名曰山膏其狀如逐

嵎

元俱切音虞【說文】封嵎之山在吳楚閒注芒氏之國徐曰魯語防風氏守封嵎之山者也又地名【書堯典】宅嵎夷【傳】嵎夷既略者也曰暘谷者取日出之義羲仲所居官次之名蓋官在國都而測候之所則在於嵎夷東表之地也【禹貢】青州嵎夷既略【傳】薛氏曰嵎夷今登州之地又山曲曰嵎【孟子】虎負嵎【注】負依也山曲曰嵎【集韻】嵎亦作隅陬也【趙岐注】虎依陬而怒【文選述懷詩】息肩棲南嵎與隅通

攖

於盈切音嬰【韻會】拈也亂

也又亂也迫近也〔孟子〕莫之敢攖　又娟營切音縈〔集韻〕有所
繫著也〔莊子大宗師〕攖寧也者攖而後成者也〔注〕物縈亦縈而
未嘗不寧也
通作嬰

肢
章移切音支〔說文〕體四胑也从月只聲或从
支〔孟子〕四肢之於安佚也〔管子君臣篇〕四肢
不通六道不達〔顏肩吾詩〕非關能結束
本自細腰肢　又矢利切屍去聲佚也

輝
許歸切音揮〔說文〕
光也从火軍聲今
文作輝〔集韻〕火之光又〔孟子〕充實而有光輝之謂大〔撮言〕
光如日月之光輝如珠玉之輝〔陸機文賦〕石韞玉而山輝

苙
力入切音立郭璞曰蘭闌也〔孟子〕既入其苙〔注〕闌也　又
其立切音及〔廣韻〕草名〔博雅〕白芷葯䕸也〔集韻〕藥草白芷

殍
平表切音摽〔韻會〕餓死曰殍〔孟子〕而民有殍
又符鄙切音痞義同一曰草木枯落也

盆
步奔切坌平
聲〔說文〕盎也
〔考工記陶人〕爲盆實二鬴〔禮禮器〕疏盆者老婦之祭也盛於盆尊
於瓶〔注〕盆瓶炊器也又〔史記藺相如傳〕竊聞秦王善爲秦聲請
奏盆瓶以相娛樂〔注〕盛酒瓦器秦人鼓之以節歌也又〔前漢食
貨志〕募民煮鹽官與牢盆〔注〕牢價值盆煮鹽器又〔周書王會解〕

堂後東北爲赤奕焉浴盆在其中又荀子富國篇王生五穀人
善治之則畝數盆注當時以盆爲量也又史記司馬遷傳僕以
爲戴盆何以望天莊子妻死鼓盆而歌又釋文淹也禮祭義夫
人繅三盆手注置繭盆中以手三次淹之振出其緒也又月令
通考除日送舊神焚松柴謂之颿盆荆楚歲時記七月十五日
僧尼道俗營盆供諸佛唐六典中尚署進盂蘭盆又缺盆人乳
房上骨名史記倉公傳疽發乳上入缺盆又藥名本草釋名蓬
虆一名覆盆亦作葐爾雅釋草堇蒛盆注覆盆也實似莓而小
可食又地名南史齊世祖紀上據盆口城爲戰守備又山名集
仙錄玉女祠前有五石臼號玉女洗頭盆又複姓孟子注盆成
姓括名也晏子春秋盆成括父之孝子兄之順弟也按此則括
乃齊景時人不當在孟子弟子之列疑此另一人也風俗通盆
成括仕齊其子逃難改氏成焉又人名世史光武帝紀赤眉立
宗室劉盆子爲上將軍　又步悶切音坌與湓通通雅盆溢滿
起也後漢陳忠傳徐岱之濱海水盆溢前漢溝洫志作湓溢
又叶符兵切音平易林東方孟春乘冰戴盆蘇軾東樓詩白髮

蒼頡自照兪甚
生端合是前身 **括** 古活切音聒 說文 絜也 从手𠯑聲 隸作括 廣韻 結也 易坤卦 括囊 本義 言結囊口而
不出也 又繫辭 動而不括 疏 括結而有礙也 又增韻 包括也 賈
誼過秦論 囊括四海之意 又廣韻 至也 詩 君子于役 牛羊下括
又檢也 振例也 唐書食貨志 鑄錢括苗 又唐制試士曰試帖 舉
人總括經文以應帖試曰帖括 文獻通考 帖經以其所習經掩
其兩端 中間開惟一行 裁紙爲帖 凡帖三字 隨時增損 可否不
一 或得四 或得五 或得六爲通 唐書選舉志 楊綰疏言 明經者
但記帖括 又與筈通 釋名 矢末曰括 謂與弦相會也 書太甲
往省括于度 傳 矢括也 又與髻通 繫髮也 禮喪服小記 斬衰
括髮以麻 疏 括髮者 爲父未成服之前所服也 親始死著素冠
視斂訖 投冠而括髮 括髮者 以麻自項以前交於頭上 卻繞紒
如著幓頭焉 朱氏軾曰 始死去冠而露笄纚 斂訖並笄纚去之
故髮須括 括 收也 收髮使不散也 檀弓 袒括髮 變也 去飾之甚
又人名 見上 又戶括切音活 與佸同 會也 詩車舝 德音
來括 箋 會合離散之人 又苦活切音闊 集韻 亦與筈同 **軀**

豈俱切音區說文軀體也釋名軀區也是眾名之大若區域也前漢蓋寬饒傳用不訾之軀荀子勸學篇曷足以美七尺之軀哉孟子則足以殺其軀而已矣　又叶祛尤切音邱楊方合歡詩同聲好相應同氣自相求我情與子親譬如影追軀

廋 蘇后切音叟廣雅限也劉向九歎步從容於山廋注言徐步山限也　又所鳩切與廋同隱匿也孟子從者之廋也注侍從者所竊匿也按廋廋本一字論語孟子人焉廋哉竝作廋字

餂 達兼切與恬同玉篇古文甜　又如廉切音黏玉篇相謁而食麥曰餂廣韻餟麥粥也　又他點切音忝韻會鉤取也孟子是以言餂之也注探取之也今人以舌取物曰餂即此意也孫奭曰本亦作銛音奴兼切此別本孟子也　又他念切音掭韻會義同

旋 似沿切音璿說文周旋旌旗之指麾也从㫃从疋疋足也徐鍇曰人足隨旌旗以周旋也左傳二十三年以與君周旋注相追逐也孟子動容周旋中禮者盛德之至也禮玉藻注周旋反行也宜圜折旋曲行也宜方朱氏軾曰周旋由南而北又轉而南其旋轉有似規折旋由南而北又由

北而東其轉折有似矩又易履卦其旋元吉疏旋反也傳旋謂周旋完備无不至也人之所履考視其終若終始周完无疚善之至也是以元吉又考工記鳧氏鍾縣謂之旋注旋屬鍾柄所以縣之也釋文如字李音信犬反又左定三年夷射姑旋焉注旋小便也又莊子達生篇工倕旋而蓋規矩指與物化而不以心稽注旋圓也蓋過也　又與璇同前漢律歷志佐助旋璣　又辭戀切音旋廣韻遶也　又叶松倫切音旬李尤陽德殿賦上蟠蟠其無際兮狀行回以周旋開三階而參會兮錯金銀於兩楹

藐 莫角切音邈說文茈草也从艸須聲或从貌爾雅注可以染紫一名茈莨又爾雅釋詁藐藐美也詩崧高旣成藐藐傳藐藐深皃又抑篇聽我藐藐傳忽畧皃毛傳藐藐然不入也　又止沼切音眇博雅小也左僖九年以是藐諸孤辱在大夫又孟子說大人則藐之注輕視皃又莊子逍遙遊藐姑射之山注邈遠也又張衡西京賦眳藐流盼注藐好輕容也　又眉教切音貌亦染草　又叶美必切音密司馬相如上林賦長眉連娟微睇緜藐色授魂與心愉于側

棖 所遺切音

綏說文秦名爲屋椽周謂之榱齊魯謂之桷爾雅釋宮注桷屋椽也一名榱梠孟子榱題數尺張衡西京賦飾華榱與璧璫注華榱畫其榱也家語五儀篇君入廟如右登自阼階仰視榱桷俯察几筵左襄三十一年棟折榱崩僑將厭焉　又初危切音衰義同

題 杜兮切音啼說文頟也小爾雅頭也禮王制南方曰蠻雕題交趾疏雕刻也題額也雕題謂以丹青雕刻其額史記越世家注謂刻其額湼以丹青也又韻會題椽頭也玉飾曰璇題揚雄甘泉賦璇題玉英孟子注題頭也又廣韻書題釋名書稱題題諦也審諦其名號也正字通注疏有孟子題辭所以題號孟子之書又題目也後漢許劭傳注命品藻爲題目晉書山濤傳甄拔人物各有題目杜甫詩天老看題目又李白上韓荊州書一經品題便作佳士又題湊棺外累木也史記滑稽傳楩楓豫樟爲題湊後漢禮儀志治黃腸題湊便房如禮又國名南史裴子野傳白題及滑骨入貢又縣名前漢功臣表題侯張富昌　又獨計切音第廣韻視也詩小宛題彼脊令傳視也孔子邱陵歌題彼泰山

騁 丑郢切音逞說文直

馳也〔玉篇〕走也〔孟子〕驅騁田獵〔詩節南山〕蹙蹙靡所騁又〔莊子天地篇〕時騁而要其宿〔注〕皆恣而任之會其所極而已　又叶齒兩切音做〔道藏歌〕提攜宴玉賓契駕乘煙騁黃籙命玉符公子運我上

棗

子晧切音蚤〔說文〕果名〔爾雅釋木〕棗壺棗邊要棗櫅白棗樲酸棗楊徹齊棗遵羊棗洗大棗煮填棗蹶泄苦棗皙無實棗還味棯棗〔埤雅〕大者棗小者棘子文並朿爲棘重朿爲棗蓋棗性重喬棘則低矣〔儀禮士昏禮〕婦贄舅用棗栗〔疏〕以早自謹飭爲義棗早也栗肅也〔聘禮〕夫人勞擯〔注〕右手執棗左手執栗〔疏〕棗美故用右手〔孟子〕曾皙嗜羊棗〔注〕實小而圓也又謂之羊矢棗又地名〔左襄三十年〕游吉奔晉駟帶追及酸棗〔注〕酸棗陳留縣〔寰宇記〕今開封府延津縣是縣北十五里有酸棗城又棗強縣名又姓出潁川棘子成之後也避仇改爲棗

諱

許貴切音卉〔說文〕認也〔廣韻〕避也〔玉篇〕隱也忌也〔春秋序〕隱諱以辟患〔公羊閔元年〕春秋爲尊者諱爲親者諱爲賢者諱〔國策〕罰不諱強大〔注〕猶避也〔史記秦本紀〕秦俗多忌諱之禁又畏也〔史記商君傳〕華陽涇陽等擊斷無諱又〔增韻〕護短曰

諱又生曰名死曰諱【左桓六年】周人以諱事神名終將諱之【注】禮既卒哭以木鐸徇曰舍故而諱新謂舍親盡之祖而諱新死者故言以諱事神名終將諱之自父至高祖皆不敢斥言【正義】殷以往未有諱法諱始于周周以諱法敬事明神子生三月為之立名終久必將諱之終將廢之謂死後乃諱之【曲禮】卒哭乃諱禮不諱嫌名二名不偏諱逮事父母則諱王父母不逮事父母則不諱王父母君所無私諱大夫之所有公諱夫人之諱雖質君之前臣不諱也婦諱不出門大功小功不諱廟中不諱詩書不諱臨文不諱入竟而問禁入國而問俗入門而問諱【孟子】諱名不諱姓又不諱謂死也【史記商君傳】公叔病如有不可諱將柰社稷何【後漢桓榮傳】如有不諱無憂家室也【注】死者人之常故言不諱也　又叶呼韋切音揮【東方朔七諫】願乘閒而效志兮恐犯忌而干諱卒撫情以敍漢兮然悄悵而自悲

獧 古縣切音絹【說文】疾跳也又一曰急也【孟子】獧者有所不為也　又隳緣切音翾【玉篇】跳也急也【集韻】疾也　又胡涓切音懸【集韻】犬疾躍也　又古泫切音畎義同【按】狷獧本一字論

語狂猖孟子作獿
嘐 許交切音虓說文誇語也集韻大也孟子其志嘐嘐然注志大言大也又集韻驍兒 又古爻切音交玉篇雞鳴也廣韻詩云雞鳴嘐嘐今詩作膠 又披交切音泡集韻言不實而夸 又蒲交切音庖義同 又郎刀切音醪嘐啁語多也 又巴校切音豹集韻嘐嘐聲也 又眉救切與謬同狂者之妄言也
踽 王主切音齲說文疏行兒詩杕杜獨行踽踽傳踽踽無所親也孟子行何為踽踽涼涼注踽踽獨行不進之兒涼涼薄也不見親厚於人也又踥踽足開兒張衡西京賦踥踽盤桓又類篇踥踽搏物兒 又俱雨切音矩義同
涼 呂張切音良說文薄也从水京聲正韻涼通作凉韻會薄寒為凉前漢五行志尨涼冬殺注師古曰涼薄也 又與諒通前漢五行志高宗涼陰
閹 衣廉切音淹說文竪也宮中閹閽閉門者从門奄聲廣韻男無勢精閉者前漢敘傳閹尹之呰注謂宮人為閹者謂其精氣掩閉不泄也一曰主奄閉門者又孟子閹然媚於世注閹如奄人之奄閉藏之意也又爾雅釋天大歲在戊曰閹茂釋文音淹管子幼

官篇春行冬政肅行秋政雷行夏政閹注陽氣獨盛衣撿切音淹義同　通作奄

莠云久切音酉說文禾粟下生莠从艸秀聲讀若酉孟子注似苗之草也書仲虺之誥若苗之有莠疏莠似苗詩甫田維莠驕驕傳害苗之草也大田不稂不莠魯語馬餼不過稂莠左襄三十年公孫揮與裨竈晨會事焉過伯有氏其門上生莠子羽曰其莠猶在乎注莠害苗之草揮以喻伯友聞其莠猶在以伯有侈久宜亡也又爾雅翼莠似稷無實害稼之草無處不生今之狗尾草也莠既惡物故言之不美者謂之莠言詩正月莠言自口傳莠醜也又地名水經注汳水又東逕莠倉城　又息救切音秀類篇莠茱也

增補蘇批孟子二卷
孟子年譜一卷

清　趙大浣增補

清咸豐六年刻本

咸豐丙辰春鐫

内附孟子年譜全帙

校補蘇氏硃批孟子

雙門底

孟子七篇。史記謂其自作。注疏[illegible]所記二說不同。要其崇正道。闢異端。固韓昌黎所推為功不在禹下者也。即以文論。亦縱横排奡。俯視一切。駸駸乎駕左國而上之。向傳蘇批刻本。約畧指點。為初學之津梁。近錦江趙先生更從而增補之。字解句釋。於文成法立之奥。抉摘無遺矣。所可惜者蘇本批點用硃。故閱者了然於心目。趙概用墨。殊失盧山真面。不忖檮昧。為重校之俾復其故。且附入孟子年譜全帙。未必非知人論世之一助也。若云趙為蘇氏功臣。予更為趙氏功臣。則予豈敢。　嘉慶樀陽相月賁禺後學彭德燀秇門謹述

彭德燀

秇門

序

古者楊墨塞路，孟子辭而闢之，廓如也。其言為明道之言，區區以筆法求之，抑末矣。然觀其筆勢，如鎔鑄而成，非綴緝可就，熟讀亦可以悟作文之法，所以蘇批一書，榛𦡱家珍同拱璧。老泉嘗有言曰：詩人之優柔，騷人之清深孟韓之温醇遷固之雄劉孫吳之簡切校之所向無不如意皆筆妙為之也筆妙而佐以卷軸遂之大家雄視千古前人謂孟子文章妙不可言惟老蘇文深得其妙良不誣矣第此書之在嶺表者多漫漶不可復識矣久欲與一二同志蒐羅參

訂稍加推衍付諸剞劂氏於有志未之
遠也壬申省親南旋適友人趙子錦江
相過道故出其平素著述一端相示
蓋取蘇批訂之集諸儒論説並付以
已見顔曰增補蘇批孟子博而核詳
而精無義不搜無美不彰久爲卷
帛功臣識有失得我心者披讀之下

大慰生平夫制義代聖賢立言拜獻先資恆必由之使為文皆根柢於七篇則不特用筆之工而義理精明又可因文以見道今趙子日與其徒朝稽夕考渙然冰釋發為文章和其聲以鳴

國家之盛又復壽之梨棗以公天下以嘉惠後學于無窮斯不亦仁者之用

心乎孟趙子之博雅好學觀其所著
可以知其人矣
賜進士出身
誥授奉直大夫禮部儀制司主事年愚
弟何朝彥頓首拜

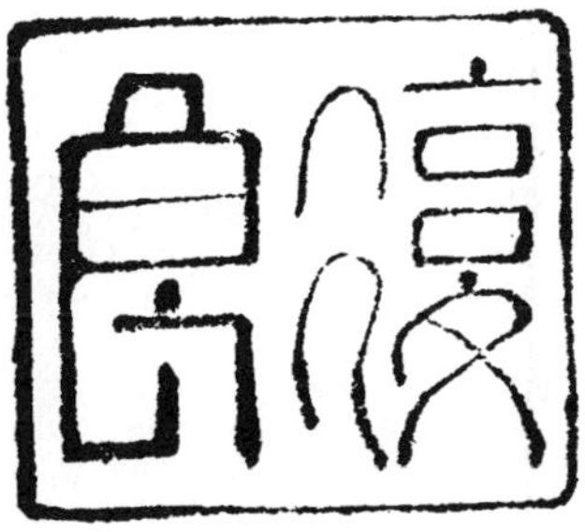

自序

文以載道五經四書聖人之文皆聖人之道也我家試士命題首四書次五經蓋欲學者求聖人出文以通於聖人之道文特顯焉者耳然道非文無以專文非灋無以達明道

之文莫備于四書然論語述孔門問答言簡而明不可以爲法求大學中庸出自曾子子思手著其中提綱挈領條分縷析筆法備矣然深厚渾穌未易窺測求其雄詞傳論馳騁于應對起伏頓挫洋溢乎翰墨浩然之氣

盛大流行而可以筆法求者莫如孟文眉山蘇氏老泉愛其文批而出之其子蘇軾得之以悟文灋良有已也頗其為書傳久失眞字多漫漶 浣自务讀書癖嗜孟子舌耕廿餘年日與及門口講指畫取蘇批訂之竝集

諸儒論說間有所得時亦竊附己意名曰增補蘇批孟子極知繁瑣然不過取其便於初學云爾學者苟於此而詳求孟子之文以通孟子之道于以遍讀四書五經入聖賢之域不難矣韓子云欲求觀聖人之道必自孟

予始吾願與天下同志者共勉

之 旹

嘉慶十七年歲在壬申孟秋初

吉新會趙大浣錦江氏書于

皋頭貞遇堂

年譜

國	
周	正定王二年
魯	悼公元年
衛	悼公二年
鄒	其君年世不可考即古邾國顓頊後穆公改爲鄒
滕	武王封弟叔繡於滕侯爵後君年世不可考
任	風姓太昊後歷唐虞夏商周魯傒公二十二年傳稱任宿須句風姓後君年世
薛	任姓侯爵黃帝孫顓頊少子陽封任後夏封奚仲湯封仲虺於薛武王封仲虺
齊	平公十四年
燕	獻公二十六年
三晉	晉出公八年
宋	昭公二年
秦	共公十年
楚	惠王二十二年

三年

甲申
貞定王十二年

十三年

曾子居衛時四十年

無考弟雍滑之後于薛後世代無考

宣公立陳盤嗣卒子白嗣爲非伯子思遊齊陳莊

韓趙魏攻出公道死立哀公

	十九年	甲午 貞定王二十二年	二十七年
	子思言苟變於衛有齊寇子思守之		
伯與登泰山觀古巡狩之銘			
			子夏之晉辨亥豕之訛

甲辰

二十八年崩弟嵬弒思王自立

考王元年

考王四年

五年

六年

元公元年曾子易簀

子思授業門人

曾子絶吳起

甲寅 考王十四	十五年崩子威烈王立	威烈王元年	六年	甲子 威烈王九年	十一年
	公子亹弒昭公立爲懷公				敬公孫頹弒懷
		魏斯師事子夏	魏斯弒幽公子烈公立		

	十六年	十七年	甲戌 威烈王十九年	二十一年	二十二年
	元公卒	穆公元年尊禮孔伋		子思去魯	
公立為慎公	縣王使衛問喪禮於子思			子思卒于衛葬	
	田太公和立				
			聲王元年		

甲申甲午

二十三年命晉大夫爲諸侯

安王元年

安王五年

安王十五年

十六年命田和爲諸侯

於魯

齊康公徙海上一城

年			孟子			諸國	三晉		
丙申　十七年			孟子生距孔子卒時九十五年			田和卒子桓公立			
十九年			孟子喪父激公宜母仉氏三遷教之						
二十三年						齊康公卒無子田氏遂并齊			
甲辰　安王二十五年							韓哀侯立		
二十六年崩			孟子受業子思門人				三晉廢其君靖公爲家人		
烈王元年　六年							趙成侯立　魏惠王韓懿侯立		

七年

崩

顯王元年

甲寅

二年

三年

孟子娶田氏尋欲去婦母止之

甲子

顯王十二年

十三年

孟子教授于鄒公孫丑萬章之徒受業

十六年

齊救趙敗魏師于桂陵齊始稱王

魏克邯鄲始稱王楚救趙敗魏睢濊之間

甲戌

顯王二十二年

二十三年

魏貶孟子知言號曰養氣四十侯綱不動心日蔵鄒穆公債子思民不救長言尚上孟子以變於上慢殘下此計責之百三曹交願假十八館鄒君受九年業矣

任人屋廬子辨食色與禮輕重屋廬子至鄒問孟子

所謂南辱於楚

二十八年

齊伐魏魏戰于馬陵殺太子申

所謂東敗于齊長子死焉

初秦取魏少梁至是秦虜公子卬魏獻河西地所謂西喪地于秦七百里遂徙都大梁

二十九年

是年楚滅小邾大邾改爲鄒者尚存然友之鄒見孟子則鄒固未滅也

三十一年

孟子之宋與告子論性世子之楚過宋

甲申

顯王三十二年

文公爲世子將之

	三十三年	三十四年	三十五年	三十六年
				成侯卒子平侯立
之楚				
				燕文公卒子易王立
見孟子	惠王卑禮厚幣招賢者孟子至魏約年五十歲	惠王罪歲凶欲爲死者雪恥孟子有問荅之言時卒	魏襄王元年孟子去魏歸鄒	韓宣惠王立

三十九年	滕世子使然友之鄒問喪禮	
甲午 顯王四十二年	孟子至滕文公問爲國	
四十六年	齊楚爭强滕文公有事齊事楚之問	燕初韓燕稱王稱王趙後亦稱王
四十七年	文公因齊	齊築薛以備楚薛滅

年											
				築薛甚恐問孟子							
顯王四十八年								易王卒子噲立			
慎靚王元年								燕王噲元年			
二年			孟子居鄒				孟子至齊為客卿		魏哀王立		
三年				滕文公卒			孟子同王驩出弔于滕			宋偃稱王	
甲辰 慎靚王四年	景公卒子平公立						孟子以母喪去位自齊歸葬于魯				

五年

慎靚王六年崩

赧王元年

終喪焉

燕王噲以國讓相子之

孟子反齊

齊人伐燕孟子見宣王於崇有去志會燕亂不可以請已而諸侯將謀救燕問計于孟子宣王不能用孟子去齊

三宿而後出晝

宣王卒子湣王立

二年

魯使樂正子爲政孟子喜而不寐

平公將見孟子臧倉阻之又欲使愼子伐

孟子歸老於鄒與公孫丑萬章之徒序詩書述仲尼之意

孟子至宋時宋牼以秦楚構兵將之楚說之罷孟子遇于石邱

楚伐秦大敗悉兵襲秦又大敗明年秦伐楚此宋牼所謂秦楚構兵也

齊孟子阻之

戊午 赧王十二年

平公卒

孟子七篇書成

壬申 赧王二十六年

孟子卒于鄒葬四基山

由安王十七年丙申生至赧王二十六年壬申孟子卒年九十六歲

右起貞定王二年甲戌訖赧王二十六年壬申共一百七十九年

危字反對利字

增補蘇批孟子

眉山蘇　洵老泉氏原本
古岡趙大浣錦江氏增補

（蘇云句截住）孟子見梁惠王。王曰、叟不遠千里而來（蘇云[illegible]切）亦將有以利吾國乎。（蘇云直諫）孟子對曰、王何必曰利（提）亦有仁義而已矣。（中）王曰何以利吾國、大夫曰何以利吾家、士庶人曰何以利吾身、（承上）上下交征利而國危矣。（起下）萬乘之國弒其君者必千乘之家、千乘之國弒其君者必百乘之家。（宕開搖曳）萬取

蘇云劃兩段作波瀾就歛上文　再用前語變上句却放在下亦法

蘇云兩句先截住　二王一段下分兩段

千焉千取百焉不爲不多矣苟爲後義而先利不奪不饜未有仁而遺其親者也未有義而後其君者也（蘇云却正就上句分開仁義收繳切應）王亦曰仁義而已矣何必曰利

蘇云此篇務引君當道得進諫之體

此章孟子以仁義格君心之利仁義固重尤重破利開口即以何必曰利一句與之截斷然後進之以仁義下申言利邊獨詳申言仁義邊反略結處重煩之曰何必曰利直與起處利國一問針鋒相對結構精嚴　利在則弒奪必至仁義則遺後亦無是有利必有害而仁義未嘗不利也兩下相形于何必而已矣之神逼得更深更醒　起處承惠王言利來故接以何必曰利句應處承不遺不後君來故接以仁義而已矣句作轉接靈緊之妙　結用前語倒轉是順逆錯綜法亦以兩頭句串開法

孟子見梁惠王王立於沼上顧鴻鴈麋鹿曰賢者亦樂此乎孟子對曰賢者而後樂此不賢者雖有此不（二句一章大指）

此節引詩而釋之以明賢者而後樂此之意

此節引書而釋之以明不賢者雖有此不樂之意

樂也。詩云、經始靈臺、經之營之、庶民攻之、不日成之。經始勿亟、庶民子來。王在靈囿、麀鹿攸伏。麀鹿濯濯、白鳥鶴鶴。王在靈沼、於牣魚躍。（關鍵）文王以民力為臺為沼、（轉折）而民歡樂之、謂其臺曰靈臺、謂其沼曰靈沼、樂其有麋鹿魚鱉。古之人與民偕樂、故能樂也。湯誓曰、時日害喪、予及汝偕亡。民欲與之偕亡、雖有臺池鳥獸、豈能獨樂哉。

賢者亦樂此乎一問梁王蓋疑賢者未必樂此也孟子却曰賢者而後樂此云云就其所欲引歸正路用翻轉一層法妙妙　引詩後復隱括詩詞提出以民力三字跌出民情之歡樂又先將文王之能樂寫透然後推本偕樂倒勘出所以能樂之故筆意靈動　偕樂獨樂兩節眼目故能豈能亦緊相呼應　上節收用正筆下節收用反筆變化

蘇云翻一問作節奏闊住了却放下去不覺文勢奔逸

蘇云先用一句截住宕起下節

梁惠王曰寡人之於國也盡心焉耳矣河內凶則移其民於河東移其粟於河內河東凶亦然（省句法）察鄰國之政無如寡人之用心者鄰國之民不加少寡人之民不加多何也孟子對曰王好戰請以戰喻塡然鼓之兵刃既接棄甲曳兵而走或百步而後止或五十步而後止以五十步笑百步則何如曰不可直不百步耳是亦走也曰王如知此則無望民之多於鄰國也不違農時穀不可勝食也數罟不入洿池魚鼈不可勝食也斧斤以時入山林林木不可勝用也（蘇云又總一二句）穀與魚

蘇云就結一轉翻作二層波瀾

蘇云承上二段方作一句答上關結

鼈不可勝食材木不可勝用是使民養生喪死無憾也養生喪死無憾王道之始也（蘇云發上了結一段）五畝之宅樹之以桑五十者可以衣帛矣雞豚狗彘之畜無失其時七十者可以食肉矣百畝之田勿奪其時數口之家可以無飢矣謹庠序之教申之以孝悌之義頒白者不負戴於道路矣七十者衣帛食肉黎民不飢不寒然而不王者未之有也（蘇云總上七段）狗彘食人食而不知檢塗有餓莩而不知發人死則曰非我也歲也是何異於刺人而殺之曰非我也兵也王無罪歲斯天下之民至焉

盡心二字通章着眼處梁王以救荒爲盡心孟子故歷舉王道之始王道之成以告之見王者經畫區處使天下無一物不得其所不憂乎凶歲不假于移民移粟方是盡心末節極言時政之弊一則曰不知檢再則曰不知發直是全無心肝何得爲君鄙與盡心對針　孟子取譬無不入妙眉山父子長于設喻者皆得力于孟子也棄甲曳兵弃人喻語語切當人後刺人而殺一喻妙語更覺解頤

次節起處不從梁王口中語突出分轍可謂奇峭無望民多于鄰國句緊承上鄰國不加少二句打轉有力然先設一喻方行說出又不見唐突妙　文章要整齊又要變化不違節發排三層用二句總上遞下五畝節發排四層亦用二句總上遞下章法相配是整齊處上節正收下節反收是變化處　梁王何也一問分明有罪歲意王無罪歲二句直應起處　天下之民至則不但多于鄰國而已收應周匝亦是加倍寫法

梁惠王曰寡人願安承教孟子對曰殺人以梃與刃有以異乎曰無以異也以刃與政有以異乎曰無以異也曰庖有肥肉廄有肥馬民有飢色野有餓莩此率獸而食人也獸相食且人惡之爲民父母行政不

蘇云承上二段又作此一段飛舞開合若結上文暫却放下一句繳起

蘇云引證二句只用一句解却只一句繳上文

免於率獸而食人惡在其爲民父母也仲尼曰始作俑者其無後乎爲其象人而用之也如之何其使斯民飢而死也

前路以梃引起刃以刃引起政淺深相形見虐政殺人慘同梃刃也後路以獸食作偪低一層跌起見虐政殺人甚于獸食作偪也通篇全用陪襯跌宕法　向有節正虐政之實孟子何以不肯開口直說蓋借他端遞遞說來使王自認其非然後與其弊而偏言之不惟在我不見唐突在彼亦深服其言而無以罪之自古名臣諫君或設喻引起或遠遠說來皆是此法　率獸食人句語奇而確爲民父母四字極鄭重不免惡在四字極大極冷如之何三字極悽惋極警切

梁惠王曰晉國天下莫強焉叟之所知也及寡人之身東敗於齊長子死焉西喪地於秦七百里南辱於楚寡人恥之願比死者一洒之如之何則可孟子對

殭莫強

蘇云一句起分兩段

曰地方百里而可以王王如施仁政於民省刑罰薄稅斂深耕易耨（養）壯者以暇日修其孝悌忠信（教）入以事其父兄出以事其長上可使制梃以撻秦楚之堅甲利兵矣彼奪其民時使不得耕耨以養其父母（不養）父母凍餓兄弟妻子離散（不教）彼陷溺其民王往而征之夫誰與王敵故曰仁者無敵王請勿疑

蘇云承上二段引證結

開口欲言今日之弱先追昔日之強情致悽愴　地方百里一句通篇轉捩梁王只從強弱起見如何則可一問未免有喪敗之後難以復振之憂孟子却橫空落百里可王一語以破其強弱之見作其有爲之氣蓋曰王則瑣瑣報怨不足言了亦是扶進一層法　王天下在乎施仁政仁政不外教養如字可使字遍節一氣御接貫注筆力雄大收用長句更見壯浪　撻秦楚句正與東敗西喪三句相應　施仁節在梁主邊爲奪時節在秦楚賓邊爲陷溺一句賓主兩邊緫合既轉仁之無敵與制梃可撻相應法密而力健　末引古語仁者二字收拾施仁節無敵二字收拾奪時二節勿疑二

蘇云再用前語結　又關一喻于一句之中前後關鎖

字皺明可作之意收結完密

孟子見梁襄王出語人曰望之不似人君就之而不見所畏焉卒然問曰天下惡乎定吾對曰定于一孰能一之對曰不嗜殺人者能一之（千古定論）孰能與之對曰天下莫（提住）不與也（蘇曰一句答上）王知夫苗乎（引喻）七八月之閒旱則苗槁矣天油然作雲沛然下雨則苗浡然興之矣其如是孰能禦之今夫（轉入）天下之人牧未有（苗槁）不嗜殺人者也如有不嗜（下雨）殺人者則天下之民（苗興）皆引領而望之矣誠如是也民歸之由水之就下沛然誰能禦之

上之五

王字一章主腦

保民二字一章綱領

不忍二字一章骨子孟子只挈定齊王吾不忍其觳觫一句以下反反覆覆開出無數詰問

齊宣王問曰。齊桓晉文之事可得聞乎。孟子對曰。仲尼之徒無道桓文之事者。是以後世無傳焉。臣未之聞也。無以。則王乎。曰。德何如則可以王矣。曰。保民而王。莫之能禦也。曰。若寡人者可以保民乎哉。曰。可。曰。何由知吾可也。曰。臣聞之胡齕曰。王坐於堂上。有牽牛而過堂下者。王見之。曰。牛何之。對曰。將以釁鐘。王曰。舍之。吾不忍其觳觫。若無罪而就死地。對曰。然則廢釁鐘與。曰。何可廢也。以羊易之。不識有諸。曰。有之。曰。是心足以王矣。百姓皆以王為愛也。臣固知王之

（蘇云）

（引小歸大截作上章）

（蘇云就王字轉）

（蘇云就保民字又轉）

（蘇云就應）

（上後欲分成段）

古人文字意在筆先有見牛未見羊一解乃有牛羊何擇一難此亦猛虎項下金鈴惟解得者繫得也

是乃仁術也與是誠何心哉相應見牛未見羊與牛羊何擇焉相應

此節乃前後過峽處處以上結上啟其要識此心以下起下啟其擴充

不忍也王曰然誠有百姓者齊國雖褊小吾何愛一牛即不忍其觳觫若無罪而就死地故以羊易之也曰（蘇云此段又合）王無異於百姓之以王爲愛也以小易大彼惡知之王若隱其無罪而就死地則牛羊何擇焉王笑曰是誠何心哉我非愛其財而易之以羊也宜乎百姓之謂我愛也（蘇云此段又縱文勢至此已萎而不振故必出以縱之）曰無傷也是乃仁術也見牛未見羊也君子之於禽獸也見其生不忍見其死聞其聲不忍食其肉是以君子遠庖廚也王說曰詩云他人有心予忖度之夫子之謂也夫我乃行之反而求之不得

王問足王之故應舉推心之義告之却忽以喻言全是空中問射蓋不如是則事情不透提掇不靈此孟子善于發端處

今恩足以二句難得最緊切乃一章警策處

蘇云此章大抵欲其推愛牛之心然不能推者必有以害之也以下故反覆開合以攻擊之

吾心夫子言之於我心有戚戚焉此心之所以合於（蘇云方開說足以王之語）王者何也（蘇云至此文勢方縱而退合之欲引入保民故引喻起）曰有復於王者曰吾力足以舉百鈞而不足以舉一羽明足以察秋毫之末而不見輿薪則王許之乎（忽然打轉到牛心來平地驚雷奇絕警絕）曰否今恩足以及禽獸而功不至於百姓者獨何與（蘇云頓住作波瀾）然則一羽之不舉為不用力焉輿薪之不見為不用明焉百姓之不見保為不用恩焉故王之不王不為也（蘇云粘仁）非不能也曰不為者與不能者之形何以異曰挾太山以超北海語人曰我不能是誠不能也為長者折枝語人曰我不能是不為也非不能也故

老吾老三句根上不用恩說來亦緊承上折枝以見推恩之易

是心足王全在能推而王不能推其故安在重筆反詰到比王不能下一轉語矣文勢至此水盡山窮看他下文轉變之妙

獨何與下宜緊接興兵構然矣卻又說權度一節者蓋先言物民不可倒置然後說出所以倒置之故也快于心正照前不忍字快字下得狠

王之（繳應）不王非挾太山以超北海之類也王之不王是折枝之類也老吾老（所以字正是善推）以及人之老幼吾幼以及人之幼天下可運於掌（引証）詩云刑于寡妻至于兄弟以御于家邦（斯心二字與上是心相應）言舉斯心加諸彼而已（結）故推恩足以保四海不推恩無以保妻子（三句收束上文卻對下二句）古之人所以大過人者無他焉善推其所為而已矣（覆筆應上節起下）今恩足以及禽獸而功不至於百（蘇云）姓者（繳心字）獨何與權然後知輕重度然後知長短物皆然心為甚（一波）王請度之抑王興甲兵危士臣構怨於諸侯（文意若斷若續水窮雲起）然後快於心與王曰否（因快字逼拶不得不露出私心來）吾何快於是將以求吾所大

蘇云又轉此前更進一步
五句中又用抑字轉亦

波
旣說出五件又明以王豈爲是哉敎則是知其不爲是而故詰之也未說辟土地等句先以王之所大欲可知已起則又知其必爲是而轉難之矣文字起伏不測使齊王不得不入彀中

王怪其甚孟子卻又說殆有甚焉忙趕再進一針把後災兩字嚇他令他雄心灰滅後乃以大勢較之急挽之反本

（又一波）

欲也。曰、王之所大欲可得聞與。王笑而不言。曰、爲肥甘不足於口與。輕煖不足於體與。抑爲采色不足視於目與。聲音不足聽於耳與。便嬖不足使令於前與。（屬盡齊臣）王之諸臣皆足以供之。而王豈爲是哉。（頓爲字一逼）曰、否。吾不爲是也。（緊轉有兜起鶻落之勢）曰、然則王之所大欲可知已。欲辟土地朝秦楚莅中國而撫四夷也。以若所爲求若所欲、猶緣木而求魚也。（生下）王曰、若是其甚與。曰、殆有甚焉。緣木求魚、雖不得魚、無後災。以若所爲求若所欲、盡心力而爲之、後必有災。（七）曰、可得聞與。（一設喻）曰、鄒人與楚人戰、則王以爲

蘇云至此上下之間呼吸變化奔騰控御若捕龍蛇真文之至也

蘇云此一轉方到保民處作大波瀾

文法至此一收締下文又是另起

蘇云又轉方從頭說去孟子畧道幾句便能使王笑又能使王悅又道幾句王卻笑而不言又道幾句

孰勝。曰楚人勝。（蘇云轉就上波瀾）曰然則小固不可以敵大寡固不可以敵衆弱固不可以敵彊海內之地方千里者九齊集有其一以一服八何以異於鄒敵楚哉（一轉喻意）（蘇云結上生下）蓋亦反其本矣今王發政施仁使天下仕者皆欲立於王之朝耕者皆欲耕於王之野商賈皆欲藏於王之市行旅皆欲出於王之塗天下之欲疾其君者皆欲赴愬於王其若是孰能禦之（蘇云應意省御字）王曰吾惛不能進於是矣願夫子輔吾志明以教我我雖不敏請嘗試之曰無恒產（蘇云就反處轉去）而有恒心者惟士爲能若民則無恒產因無恒心苟

王自云吾惛不能進是皆精神鼓舞處亦一篇內機關

仁人又應上不忍罔字落得奇

又將反本意再加一束下乃詳制產之法

蘇云此是保民處

無恒心。放辟邪侈。無不爲已。及陷於罪。然後從而刑之。是罔民也。焉有仁人在位。罔民而可爲也。（蘇云臨了卻又繳上來）是故明君制民之產。必使仰足以事父母。俯足以畜妻子。樂歲終身飽。凶年免於死亡。然後驅而之善。故民之從之也輕。今也制民之產。仰不足以事父母。俯不足以畜妻子。樂歲終身苦。凶年不免於死亡。此惟救死而恐不贍。奚暇治禮義哉。（蘇云關鎖）王欲行之。則盍反其本矣。五畝之宅。樹之以桑。五十者可以衣帛矣。雞豚狗彘之畜。無失其時。七十者可以食肉矣。百畝之田。勿奪其

衣帛食肉二段與仰足事父母應無飢一段與俯足畜妻子應庠序一段與驅而之善應末二句實見得保民而王莫之能禦于果求龍到此結

時八口之家可以無飢矣謹庠序之教申之以孝悌之義頒白者不負戴於道路矣老者衣帛食肉黎民不飢不寒然而不王者未之有也

通篇分五大段讀首段至是心足以王下是許王不忍之心足以保民致王次段至遠庖廚是啟王察識次段至善推所爲是啟王擴充次段至孰能禦之是因王求大欲而示以施仁政末段說到制產則實推不忍之心行保民之政而致王也　王字一篇大主腦入手無以則王乎一引是心足以王矣一斷此心之所以合于王者何也一呼然而不王者未之有也一結數語是通篇線索　王之足王在不忍之心然不忍之心所以足王者在于善推而擴充之但齊王一向蔽錮不忍觳觫之言不過一時偶觸而發若不使之先識得不忍之心如何能教之擴充故着百姓皆以王爲愛句爲發難之端蓋愛則非不忍不忍則非愛拈愛字發難正對面攻擊之法也及王聞言只解脫個愛字竟不知自見得個不忍之心出來故孟子又以牛羊何擇難之王被孟子攻擊得緊終解不去只得權認了愛字是王終不能察識故孟子急以無傷也救轉以見牛未見羊也與之點明而教之察識以下教之擴充便可將老老節告之只緣王不解此心之合于王疑王爲甚難故先分疏個難易發忘使之了然而後可告以用力處也然王之所以不能擴充者以大欲害之欲發其病而藥之故先用興兵構怨一詰再用肥甘輕煖等一猜然後以王之所大欲可知矣爲之道破又極言大欲非興兵構怨

蘇云此篇悲壯頓挫深得告君之體

好樂甚卽是與百姓同樂卻留在下文方說此處含蓄得妙

可求而挽之行仁政此處仁政卻用虛說下段方以制產指仁政之實下段欲言制產之實卻又先反覆言恆產不可不制虛論其理末方指其事看其通篇血脈貫通虛實相足正朱子所謂無一字閒也

莊暴見孟子曰暴見於王王語暴以好樂暴未有以對也曰好樂何如孟子曰王之好樂甚則齊國其庶幾乎他日見於王曰王嘗語莊子以好樂有諸王變乎色曰寡人非能好先王之樂也直好世俗之樂耳曰王之好樂甚則齊其庶幾乎今之樂猶古之樂也蘇云倒問兩語卻起波瀾曰可得聞與曰獨樂樂與人樂樂孰樂曰不若與人曰與少樂樂與眾樂樂孰樂曰不若與眾臣請爲王

音樂今王鼓樂於此百姓聞王鐘鼓之聲管籥之音舉疾首蹙頞而相告曰吾王之好鼓樂夫何使我至於此極也父子不相見兄弟妻子離散今王田獵於此百姓聞王車馬之音見羽旄之美舉疾首蹙頞而相告曰吾王之好田獵夫何使我至於此極也父子不相見兄弟妻子離散此無他不與民同樂也今王鼓樂於此百姓聞王鐘鼓之聲管籥之音舉欣欣然有喜色而相告曰吾王庶幾無疾病與何以能鼓樂也今王田獵於此百姓聞王車馬之音見羽旄之美

（因齊王亦好田獵故并及）（之是帶說）（蘇云分明疎朗）（與上節舉疾首蹙頞）（而相告兩兩相形）

七十里之囿其有無不必深辨只重在與民同能與民同雖大亦小不與民同雖小亦大

舉欣欣然有喜色而相告曰吾王庶幾無疾病與何以能田獵也此無他與民同樂也今王與百姓同樂則王矣

此章因論樂而引王同民善樂不別于古今而別于同獨從好樂上發出一段精義因其欲而利導之孟子善于引君多類此　暴未有對在暴必謂樂不可好好樂恐妨于國于樂乎色亦知樂不可好好樂或妨于齊孟子乃反欲其好之甚且謂好之甚則齊近于治語皆出其意外亦是翻進一層之法　欲為王言樂而先就常情探之啟發上一段公心然後可與言同樂徐徐引入極有步驟　臣請為王言樂句是前後交脫卸處　兩節一反一正言獨樂同樂之效分別出個好樂甚不甚樣子來都是先將憂喜情形從空中描繪方用倒裝文法點出同樂不同樂筆意極空靈極飛舞　上兩節猶是假設情景大概言之到末節方是實勉齊王與百姓同樂所謂好樂甚也則王矣所謂齊其庶幾也直應起處為通章點睛

齊宣王問曰文王之囿方七十里有諸孟子對曰於傳有之曰若是其大乎曰民猶以為小也曰寡人之

欲進一層

阱字落得極新極險爲阱
國中其視文王之與民同
直是仁暴天淵

囿方四十里民猶以爲大何也曰文王之囿方七十里芻蕘者往焉雉兎者往焉與民同之民以爲小不亦宜乎臣始至於境問國之大禁然後敢入臣聞郊關之內有囿方四十里殺其麋鹿者如殺人之罪則是方四十里爲阱於國中民以爲大不亦宜乎

齊宣王問曰交鄰國有道乎孟子對曰有惟仁者爲能以大事小是故湯事葛文王事昆夷惟智者爲能以小事大故太王事獯鬻句踐事吳以大事小者樂天者也以小事大者畏天者也樂天者保天下畏天

蘇云以小大字轉

蘇云以樂畏字轉

四大字喚起下三節

此文王之勇此武王之勇二句從寡人好勇來見王以好勇爲疾如詩書所云這豈不是文王之勇但文武一怒而安天下之民則其勇大矣

不獨文王爲然武王亦然一亦字前後關捩

收尾民惟恐王不好勇恰與寡人有疾二句打一照面極歆動之辭卻正關閉甚緊

者保其國詩云畏天之威于時保之王曰大哉言矣寡人有疾寡人好勇對曰王請無好小勇夫撫劍疾視曰彼惡敢當我哉此匹夫之勇敵一人者也王請（蘇云又發起）大之詩云王赫斯怒爰整其旅以遏徂莒以篤周祜以對于天下此文王之勇也文王一怒而安天下之民書曰天降下民作之君作之師惟曰其助上帝寵之四方有罪無罪惟我在天下曷敢有越厥志一人衡行於天下武王恥之此武王之勇也而武王亦一怒而安天下之民（蘇云就書句結）今王亦一怒而安天下之民民惟

蘇云前立論後引證

恐王之不好勇也

齊宣王見孟子於雪宮王曰賢者亦有此樂乎孟子

對曰有人不得則非其上矣不得而非其上者非也

蘇云四句轉

爲民上而不與民同樂者亦非也樂民之樂者民亦

蘇云四句豎

樂其樂憂民之憂者民亦憂其憂樂以天下憂以天

蘇云一句承上一句結

下然而不王者未之有也昔者齊景公問於晏子曰

蘇云入引證

吾欲觀於轉附朝儛遵海而南放於琅邪吾何脩而

可以比於先王觀也晏子對曰善哉問也天子適諸

侯曰巡狩巡狩者巡所守也諸侯朝於天子曰述職

述職者述所職也（蘇云結上貫下）無非事者春省耕而補不足秋省斂而助不給夏諺曰吾王不遊吾何以休吾王不豫吾何以助一遊一豫爲諸侯度（蘇云二句結）今也不然（蘇云二句轉）師行而糧食飢者弗食勞者弗息睊睊胥讒民乃作慝方命虐民飲食若流流連荒亡（蘇云就解上四字）爲諸侯憂從流下而忘反謂之流從流上而忘反謂之連（蘇云二句承）從獸無厭謂之荒樂酒無厭謂之亡先王無流連之樂荒亡之行惟君所行（蘇云二句結）也景公說大戒於國出舍於郊於是始興發補不足召太師曰爲我作君臣相說之樂蓋徵招角招是也

其詩曰畜君何尤畜君者好君也

雪宮之樂在賢者分上原無許多道理可說故只用一句輕帶過即引到同民上不得則非其上下語稍硬故卽接言民之非然後轉到上之非並直闢其然亦必借上句作襯下句乃倍有力　樂以天下憂以天下兩以字滙成收得上四句住激得下二句起極有氣力　畜君好君爲通篇歸宿觀起處孟子說不與民同樂之非回是畜君術晏子對景公之言既明先王之法復陳今時之弊一則曰無非事者一則曰惟君所行也將畜君好君之意全盤託出結尾一句點明尤有萬鈞之力　巡狩述職省耕省斂豈是觀亦借作襯看所謂諷諫也　無非事者句緊對景公[illegible]王觀之間　束上二項如鐵鎖連環然束上又以起下文法若斷若續　兩節以爲諸侯度爲諸侯憂兩句爲片段參差中有整齊也　先王無流連之樂二句回抱天子適諸侯節與前何修可以比于先王觀句相應　蓋因下文說惟君所行故先覆轉先王之實無流連之樂荒亡之行下面乃閑閑得逆偪擬得緊　結句隱隱見己之納諫都是好君要于聽言與民同樂如先齊故事都與起處神迴氣合然俗是解詩妙不着迹

齊宣王問曰人皆謂我毀明堂毀諸已乎孟子對曰夫明堂者王者之堂也王欲行王政則勿毀之矣王

齊王節節以有疾爲自已不行出脫，孟子卻節節就他有疾偏攖他行，針鋒緊對。

公劉好貨，太王好色，詩本無此意，孟子卻引來做證，所謂因其近似而發揮以足己意也，于此亦可見孟

曰、王政可得聞與。對曰、昔者文王之治岐也。耕者九一。仕者世祿。關市譏而不征。澤梁無禁。罪人不孥。老而無妻曰鰥。老而無夫曰寡。老而無子曰獨。幼而無父曰孤。此四者天下之窮民而無告者。文王發政施仁。必先斯四者。詩云、哿矣富人。哀此煢獨。王曰、善哉言乎。曰、王如善之。則何爲不行。王曰、寡人有疾。寡人好貨。對曰、昔者公劉好貨。詩云、乃積乃倉。乃裹餱糧。于橐于囊。思戢用光。弓矢斯張。干戈戚揚。爰方啓行。故居者有積倉。行者有裹糧也。然後可以爰方啓行。

引言詩之妙
上節重兩有字下節重而無字見公劉太王好貨好色之同民皆補出詩所未有引歸王政本旨
兩個于王何有盡意已竭
篇首勿設引賞

孟子欲問王以四境不治而先設上二事以發之是以他事形起筆意與承教章同

王如好貨與百姓同之於王何有王曰寡人有疾寡人好色對曰昔者大王好色愛厥妃詩云古公亶父來朝走馬率西水滸至于岐下爰及姜女聿來胥宇當是時也內無怨女外無曠夫王如好色與百姓同之於王何有

孟子謂齊宣王曰王之臣有託其妻子於其友而之楚遊者比其反也則凍餒其妻子則如之何王曰棄之曰士師不能治士則如之何王曰已之曰四境之內不治則如之何王顧左右而言他

增補蘇批孟子 二 上之十四

以世臣引出親臣無字正與有字對照

此不得已只形容一個慎字下節數個然後字正承慎字發明

孟子見齊宣王曰所謂故國者非謂有喬木之謂也有世臣之謂也王無親臣矣（蘇云感慨）昔者所進今日不知其亡也王曰吾何以識其不才而舍之曰國君進賢如不得已將使卑踰尊疏踰戚可不慎與（蘇云三段搖擺）左右皆曰賢未可也諸大夫皆曰賢未可也國人皆曰賢然後察之見賢焉然後用之左右皆曰不可勿聽諸大夫皆曰不可勿聽國人皆曰不可然後察之見不可焉然後去之左右皆曰可殺勿聽諸大夫皆曰可殺勿聽國人皆曰可殺然後察之見可殺焉然後殺之故曰

已節以任木形起任賢下節以治玉形起治國兩必使字何等鄭重頭姑舍字何等輕忽其提醒齊王處全在則何如則何以六字

國人殺之也（蘇云二句結）如此然後可以爲民父母

齊宣王問曰湯放桀武王伐紂有諸孟子對曰於傳有之曰臣弑其君可乎曰賊仁者謂之賊賊義者謂之殘殘賊之人謂之一夫聞誅一夫紂矣（蘇云感慨）未聞弑君也

孟子見齊宣王曰爲巨室則必使工師求大木工師得大木則王喜以爲能勝其任也匠人斲而小之則王怒以爲不勝其任矣（蘇云又微上文意一句引下）夫人幼而學之壯而欲行之王曰姑舍女所學而從我則何如（蘇云再引）今有璞玉於此雖

增補蘇批孟子　二　上孟　　三　　卷之五

蘇云三節文雖不屬而意實相足　不任賢正是不愛國也故曰相足

齊王欲取燕要認天意孟子則使之驗民心蓋天意難憑民心有據兩民字正對上天字

宣王先言勿取後言取之意在取也孟子先言取之後言勿取意在勿取也亦軍而已矣句正與打開後舉教之勿取

萬鎰必使玉人彫琢之至於治國家則曰姑舍女所學而從我則何以異於教玉人彫琢玉哉

齊人伐燕勝之宣王問曰或謂寡人勿取或謂寡人以勿取陪襯取之取之以萬乘之國伐萬乘之國五旬而舉之人力不[illegible]八[illegible]襯出之至於此不取必有天殃意亦不敢法定取之取之何如孟子對曰取之而燕民悅則取之古之人有行之者武王是也取之而燕民不悅則勿取古之人有行之者文王是也以萬乘之國伐萬乘之國簞食壺漿以迎王師豈有他哉避水火也如水益深如火益熱亦運而已矣

此節分兩截雲霓以上言湯師未至而民望之切歸市以下言湯師既至而民悅之深上截先引書而後自說下截先自說而後引書議論在中間引証在兩頭左傳多此法

齊人伐燕取之諸侯將謀救燕宣王曰諸侯多謀伐寡人者何以待之孟子對曰臣聞七十里爲政於天下者湯是也未聞以千里畏人者也（二何是大綱下分應）書曰湯一征自葛始天下信之東面而征西夷怨南面而征北狄怨（此節言湯之所以七十里爲政于天下也）曰奚爲後我民望之若大旱之望雲霓也歸市者不止耕者不變誅其君而弔其民若時雨降民大悅書曰徯我后后來其蘇今燕虐其民王往而征之民以爲將拯已於水火之中也簞食壺漿以迎王師（此節言齊不免乎以千里而畏人也）若殺（一轉）其父兄係累其子弟毀其宗廟遷其重器如之何其（二束）

動字落得妙分明是自己惹禍
猶字與速字應止字與動字應

君之民三字極警醒對上吾有司幾千人對上三十三人有司莫以告對上民莫之死

可也天下固畏齊之彊也今又倍地而不行仁政是動天下之兵也王速出令反其旄倪止其重器謀於燕衆置君而後去之則猶可及止也

（蘇云答本問結）（又轉合）

鄒與魯鬨穆公問曰吾有司死者三十三人而民莫之死也誅之則不可勝誅不誅則疾視其長上之死而不救如之何則可也（應何以待之一問）孟子對曰凶年饑歲君之民老弱轉乎溝壑壯者散而之四方者幾千人矣而君之倉廩實府庫充有司莫以告是上慢而殘下也曾子曰戒之戒之出乎爾者反乎爾者也（使人猛醒）夫民今而後

君無尤句應而節節以起下節

此節一曲一折十分悽惋

得反之也君無尤焉君行仁政斯民親其上死其長矣。

滕文公問曰滕小國也間於齊楚事齊乎事楚乎孟子對曰是謀非吾所能及也無已則有一焉鑿斯池也築斯城也與民守之效死而民弗去則是可為也

句撇上　一句開下　一反應上節

滕文公問曰齊人將築薛吾甚恐如之何則可孟子對曰昔者大王居邠狄人侵之去之岐山之下居焉非擇而取之不得已也苟為善後世子孫必有王者君子創業垂統為可繼也若夫成功則天也君如彼

一折跌出下句　蘇云承上　蘇云二句轉

增補蘇批孟子　一　上孟　二二　上之二二

何哉彊爲（應如何則可）善而已矣

滕文公問曰滕小國也竭力以事大國則不得免焉如之何則可孟子對曰昔者大王居邠狄人侵之事之以皮幣不得免焉事之以犬馬不得免焉事之以珠玉不得免焉乃屬其耆老而告之曰狄人之所欲者吾土地也吾聞之也君子不以其所以養人者害人二三子何患乎無君我將去之去邠踰梁山邑於岐山之下居焉邠人曰仁人也不可失也從之者如歸市（蘇云頓挫）或曰世守也非身之所能爲也效死勿去君請

不曰臧倉而必加嬖人二字通節皆是嬖者之詞看其用何哉二字突出驚駭之狀一氣注下儼然命以無見君無見焉一句聲色俱厲非嬖之甚何無所忌憚乃爾一諾字亦寫出昏庸之主嬖倖如畫

據於斯二者

魯平公將出嬖人臧倉者請曰他日君出則必命有司所之今乘輿已駕矣有司未知所之敢請公曰將見孟子曰何哉君所爲輕身以先於匹夫者以爲賢乎禮義由賢者出而孟子之後喪踰前喪君無見焉公曰諾樂正子入見曰君奚爲不見孟軻也曰或告寡人曰孟子之後喪踰前喪是以不往見也曰何哉君所謂踰者前以士後以大夫前以三鼎而後以五鼎與曰否謂棺槨衣衾之美也曰非所謂踰也貧富

不同也樂正子見孟子曰克告於君君爲來見也嬖人有臧倉者沮君君是以不果來也曰行或使之止或尼之行止非人所能也（以人跌出天）吾之不遇魯侯天也臧氏（打轉處）之子焉能使予不遇哉（緩足天字並應通章）

公孫丑問曰夫子當路於齊管仲晏子之功可復許乎孟子曰子誠齊人也（蘇云鏗鏘）知管仲晏子而已矣或問乎（蘇云引證拓開）曾西曰吾子與子路孰賢曾西蹵然曰吾先子之所畏也曰然則吾子與管仲孰賢曾西艴然不悅曰爾何曾比予於管仲管仲得君如彼其（收勢）專也行乎國政

以卑久兩路形起功烈之卑
王字與霸顯字對以字承上二以字說來正答猶不足為之問　以字合孟子之德齊字合時勢
且以二字一氣貫至大行何其中猶字然後字緊相呼應說文王致王之難正與反手對針以起下易字
由湯一層見人心戴商之舊武丁一層見商家貽澤之遠又有一層見衆賢維持之力言商不易失正見文王之不易得也是對面寫法

如彼其（伏行）久也功烈如彼（伏德不足）其卑也爾何曾（伏爵）比予於是曰管仲曾西之所不為也而子為我（正答可復許）願之乎曰管仲以其君霸晏子以其君顯管仲晏子猶不足為與（蘇云一句）曰以齊王（總脫文絕而意未絕）猶反手也曰若是則弟子之惑（開下）滋甚且以文王之德百年而後崩猶未洽於天下武王周公繼之然後大行今言（補上反字）王若易然則（翻駁）文王（句應惑甚）不足法與曰（啟下段）文王何可當也（蘇云雍容似答非答）由湯至於武丁賢聖之君六七作天下歸殷久矣久則難變也武丁朝諸侯有天下猶運之掌也紂之去武丁未久也其故家遺俗流風善政猶有存

上之九

久而後失在商邊略作一
收束是以難也方作一大
束
今時則易然句應止反手
開下二節
飢者二句引喻不用我正
意而正意自明咏歎淫泆

者又有微子微仲王子比干箕子膠鬲皆賢人也相
與輔相之故久而後失之也（蘇云總承）尺地莫非其有也一民
莫非其臣也然而文王猶方百里起是以難也（蘇云結應）齊人
有言曰雖有智慧不如乘勢雖有鎡基不如待時今
時則易然也（蘇云釋上時字）夏后殷周之盛地未有過千里者也而
齊有其地矣雞鳴狗吠相聞而達乎四境而齊有其
民矣地不改辟矣民不改聚矣行仁政而王（蘇云應以齊王）莫之能
禦也（蘇云振起）且王者之不作未有疏於此時者也民之憔悴
於虐政未有甚於此時者也飢者易為食渴者易為（形容致王之易又應以齊王何）

飲。孔子曰。德之流行。速於置郵而傳命。當今之時。萬乘之國。行仁政。民之悅之。猶解倒懸也。故事半古之人。功必倍之。惟此時爲然。

蘇批：應首節

蘇批：時字結

此章分兩大截看以齊王猶反手句作一篇樞紐以上黜霸功而崇王道以下詳言王齊之所以易通篇以德時勢三字爲眼目謂既有時勢而無德文王有德而無時勢今齊王則以德而乘時勢也　上截凡作兩次開合可復許乎一開而子爲我願之乎一合猶不足爲與一開以齊王猶反手也一合下截亦一開一合是以難也一開惟此時爲然一合　下截又分兩截是以難也以上言文王所以致王之難非德不足而時勢之不足也以下言王齊之所以易以德而乘時勢也由開引齊人之言借點出時勢二字承上落下結以齊王猶反手句爲通篇樞紐而齊人有言節又爲下截之樞紐也　由湯至于武丁一段言文王之時難尺地莫非其有一段言文王之勢雖夏后殷周三段言齊之勢易與尺地一段相對且王者不作一段言齊之時易與由湯一段相對又引孔子言德本速轉還德一邊以上三節尚虛論個時勢德道理如此到末節纔承上而申斷之當今之時是有時萬乘之國是有勢行仁政是有德事半功倍二句總明王齊反手之易與文王百里之難爲首篇大結應

通章以不動心爲主其所以不動心者由于知言養氣而知言養氣卻從願學孔子來

過在借孟賁爲言故孟子亦借黝舍之養勇以引入養氣之說以黝陪舍以黝舍陪曾子子夏卻子以子

公孫丑問曰夫子加齊之卿相得行道焉雖由此霸（霸夫）王不異矣如此則動心否乎孟子曰否我四十不動（蘇云一轉）心曰若是則夫子過孟賁遠矣曰是不難告子先我（蘇云二轉）不動心曰不動心有道乎曰有北宮黝之養勇也不膚撓不目逃思以一毫挫於人若撻之於市朝（以上是不挫於人）不受（以下是必受）（報仇人 下是進一步）於褐寬博亦不受於萬乘之君視刺萬乘之君若刺褐夫無嚴諸侯惡聲至必反之孟施舍之所養勇也曰視不勝猶勝也（上二句是自省）量敵而後進慮勝而後會（上三句是識別人）是畏三軍者也舍豈能爲必勝哉能無懼而已矣孟施舍似

夏陪曾子孟子之學源本曾子說曾子正陪出自己一路說到空中形影皆顯神化之筆

告子正是孟子陪客

曾子。批宮黝似子夏夫二子之勇未知其孰賢然而孟施舍守約也昔者曾子謂子襄曰子好勇乎吾嘗聞大勇於夫子矣自反而不縮雖褐寬博吾不惴焉自反而縮雖千萬人吾往矣孟施舍之守氣又不如曾子之守約也曰敢問夫子之不動心與告子之不動心可得聞與告子曰不得於言勿求於心不得於心勿求於氣不得於心勿求於氣可不得於言勿求於心不可夫志氣之帥也氣體之充也夫志至焉氣次焉故曰持其志無暴其氣既曰志至焉氣次焉又

上之三十一

此四節由言至養氣前二節就養成後言後二節以平時直養工夫言

蘇云引喻先提一句甚妙多此法

此兩節總歸結直養無害一句

曰持其志無暴其氣者何也曰志壹則動氣蘇云五章氣壹則動志也今夫訓蹶者趨者是氣也而反動其心蘇云六轉敢問夫子惡乎長曰麽字對針告子我知言我善養吾浩然之氣敢問何謂浩然之氣曰難言也其爲氣也浩然之體段至大至剛以直養而與子跟二轉無害字首尾相應則塞乎天地之間其爲氣也浩然之功用配義與道無是餒也是集義所生者非義襲而取之也行有不慊於心則餒矣我故曰告子未嘗知義緒應告子以其外之也必有事焉而勿正心勿忘勿助長也以下借喻以明助長之害無若宋人然宋人有閔其苗之不長而揠之者芒芒然歸謂其人曰今日病

此節申言知言上四句因外而知內下六句即始而知其終

上言知言養氣已盡此下則言願學孔子故于上下分界處特着此節總上起下

矣予助苗長矣其子趨而往視之苗則槁矣天下之不助苗長者寡矣以爲無益而舍之者不耘苗者也助之長者揠苗者也非徒無益而又害之（淳歸養氣）（此喻失爲以忘勿助）何謂知言（蘇云七轉）曰詖辭知其所蔽淫辭知其所陷邪辭知其所離遁辭知其所窮生於其心害於其政發於其政害於其事聖人復起必從吾言矣宰我子貢善爲說辭（蘇云八轉）冉牛閔子顏淵善言德行孔子兼之曰我於辭命則不能也然則夫子既聖矣乎曰惡是何言也（呼）昔者子貢問於孔子曰夫子聖矣乎孔子曰聖則吾不能我學不

不敢當聖又不欲安于賢
且不願同于他聖層層爲
願學孔子作勢

厭。而教不倦也。子貢曰、學不厭。智也。教不倦。仁也。仁且智。夫子既聖矣。夫聖。孔子不居。是何言。也（蘇云九轉）昔者竊聞之。子夏、子游、子張、皆有聖人之一體。冉牛、閔子、顏淵、則具體而微。敢問所安。（蘇云便簡）曰姑舍。是。曰、伯夷伊尹何如。（蘇云十轉）曰、不同道。非其君、不事。非其民、不使。治、則進。亂、則退。伯夷也。何事非君。何使非民。治亦進。亂亦進。伊尹也。可以仕、則仕。可以止、則止。可以久、則久。可以速、則速。孔子也。皆古聖人也。吾未能。有行焉。乃所願、則學（蘇云三句一承一轉一結）孔子。孔子也。（蘇云十一轉）伯夷伊尹、於孔子。若是班乎。曰、否。自有生民

以下言孔子尤盛于羣聖以見其所以願學之意

未有夫子未有盛于孔子應上未有孔子以明願學

以來。未有孔子也。蘇云十二轉曰、然則有同與。曰、有。得百里之地

而君之。皆能以朝諸侯有天下。行一不義、殺一不辜、

而得天下。皆不爲也。是則同。蘇云十三轉曰、敢問其所以異。曰、宰

總我、子貢、有若、智足以知聖人。汙不至阿其所好。分宰我

曰、以予觀於夫子。賢於堯舜遠矣。子貢曰、見其禮而

知其政。聞其樂而知其德。由百世之後。等百世之王。

莫之能違也。自生民以來。未有夫子也。有若曰、豈惟

民哉。麒麟之於走獸。鳳凰之於飛鳥。泰山之於坵垤。

河海之於行潦。類也。聖人之於民。亦類也。出於其類。

此以霸功形起王道上言王霸之心有誠僞下言應之者亦有誠僞

首二句一章大旨好惡二節言仁則榮之實今國家一節言不榮則辱之實末又以自求總結而引証之卻惡之一轉極有力

拔乎其萃。自生民以來。未有盛於孔子也。

孟子曰、以力假仁者霸。霸必有大國。以德行仁者王。王不待大。湯以七十里。文王以百里。以力服人者。非心服也。力不贍也。以德服人者。中心悅而誠服也。如七十子之服孔子也。詩云、自西自東、自南自北、無思不服、此之謂也。

孟子曰、仁則榮。不仁則辱。今惡辱而居不仁。是猶惡溼而居下也。（蘇云頓挫）如惡之。莫如貴德而尊士。賢者在位。能者在職。國家閒暇。及是時。明其政刑。雖大國。必畏之

上亙節暢言感應之理末節方是實事信能行此五者句爲通章轉關

矣。詩云。迨天之未陰雨。徹彼桑土。綢繆牖戶。今此下民。或敢侮予。孔子曰。爲此詩者。其知道乎。能治其國家。誰敢侮之。今國家閒暇。及是時。般樂怠敖。是自求禍也。禍福無不自己求之者。詩云。永言配命。自求多福。太甲曰。天作孽。猶可違。自作孽。不可活。此之謂也。

孟子曰。尊賢使能。俊傑在位。則天下之士。皆悅而願立於其朝矣。市廛而不征。法而不廛。則天下之商。皆悅而願藏於其市矣。關譏而不征。則天下之旅。皆悅。而願出於其路矣。耕者助而不稅。則天下之農。皆悅。

而願耕於其野矣。廛無夫里之布。則天下之民皆悅。而願爲之氓矣。（蘇云總上又一振）信能行此五者。則鄰國之民仰之若父母矣。（蘇云轉）率其子弟。攻其父母。自生民以來。未有能濟者也。（蘇云又轉）如此則無敵於天下。無敵於天下者。天吏也。然而不王者。未之有也。

孟子曰。（蘇云陡起）人皆有不忍人之心。（尖接先王。略從上人字來）先王有不忍人之心。斯有不忍人之政矣。（骨上）以不忍人之心。行不忍人之政。治天下可運之掌上。（蘇云就起語作一大轉）所以謂人皆有不忍人之心者。今（對上）（先生）人乍見孺子將入於井。皆有怵惕惻隱之心。（連下三非字是）非所以內交於孺子之父母也。非所以要譽於鄉黨朋友也。非惡其聲而然也。極小形容自見時情景。

由是觀之。無惻隱之心。非人也。無羞惡之心。非人也。無辭讓之心。非人也。無是非之心。非人也。蘇云轉作波。發下四個無字都有字反照上意一正。個非人也爲人字提擊。

惻隱之心。仁之端也。羞惡之心。義之端也。辭讓之心。禮之端也。是非之心。智之端也。蘇云總。

人之有是四端也。猶其有四體也。蘇云翻兩層。有是四端而自謂不能者。自賊者也。謂其君不能者。賊其君者也。蘇云轉。

凡有四端於我者。知皆擴而充之矣。用功之始。若火之始然。泉之始達。苟能充之。用功之成。足以保四海。苟不充之。不足以事父母。

蘇云活潑變幻不可端倪若游龍若迅雷

此章文法如累臺然一層問一層至舜而地位亦極末節言舜而由禹在其範圍中矣

孟子曰、矢人豈不仁於函人哉。矢人惟恐不傷人。函人惟恐傷人。巫匠亦然。故術不可不慎也。孔子曰、里仁爲美。擇不處仁。焉得智。夫仁、天之尊爵也。人之安宅也。莫之禦而不仁。是不智也。（蘇云解答）不仁不智。無禮無義。人役也。人役而恥爲役。由弓人而恥爲弓。矢人而恥爲矢也。如恥之。莫如爲仁。仁者如射。射者正己而後（只中言偏意而正首）發。（自明妙妙）發而不中。不怨勝己者。反求諸己而已矣。

孟子曰、子路人告之以有過則喜。禹聞善言則拜。大舜有大焉。善與人同。舍己從人。樂取於人以爲善。自

從舍已說到取人從取人說到與人筆意極活

節一節敘事末節總斷

此節一步緊一步總書出瑕字

此節一步鬆一步總書出不恭字

耕稼陶漁以至爲帝無非取於人者取諸人以爲善是與人爲善者也故君子莫大乎與人爲善（又就由禹舜推開說）

孟子曰伯夷非其君不事非其友不友不立於惡人之朝不與惡人言立於惡人之朝與惡人言如以朝衣朝冠坐於塗炭推惡惡之心思與鄉人立其冠不正望望然去之若將浼焉是故諸侯雖有善其辭命而至者不受也不受也者是亦不屑就已柳下惠不羞汙君不卑小官進不隱賢必以其道遺佚而不怨阨窮而不憫故曰爾爲爾我爲我雖袒裼裸裎於我

增補蘇批孟子　上孟　三六　上之三六

側爾焉能浼我哉故由由然與之偕而不自失焉援而止之而止援而止之而止者是亦不屑去已孟子曰伯夷隘柳下惠不恭隘與不恭君子不由也

孟子曰天時不如地利地利不如人和三里之城七里之郭環而攻之而不勝夫環而攻之必有得天時者矣然而不勝者是天時不如地利也城非不高也池非不深也兵革非不堅利也米粟非不多也委而去之是地利不如人和也故曰域民不以封疆之界固國不以山谿之險威天下不以兵革之利得道者

蘇云一句折下

四非不字

三不以字

蘇云鋪張

多助失道者寡助寡助之至親戚畔之多助之至天下順之以天下之所順攻親戚之所畔故君子有不戰戰必勝矣（蘇云就勝下）

起處總提下面分應孟文多用此法然此篇提處以天時陪地利以地利陪人和用遞法注重人和故二節三節申應之後末二節只暢言人和之無敵與他處總提分應之法又變　次節言天時處用虛宕之筆三節言地利處用實排之筆　得道多助二句從正面說到反面寡助之至二句從反面轉還正面此四句猶反正對舉以天下二句則以正面串反面作一層看其轉接靈蕩處妙用頂針句法

孟子將朝王王使人來曰寡人如就見者也有寒疾不可以風（以不可召意）朝將視朝不識可使寡人得見乎（蘇云敘事）對曰不幸而有疾（託疾以辭隱示）不能造朝明日出弔於東郭氏公孫丑曰

王之敬子二句爲下截段

[illegible]端語有關鍵

昔者辭以疾今日弔或者不可乎曰昔者疾今日愈（亦未告以託疾）

（本意）如之何不弔王使人問疾醫來孟仲子對曰昔者有

王命有采薪之憂不能造朝今病小愈趨造於朝我（孟子託疾之意見此晦）

不識能至否乎使數人要於路曰請必無歸而造於

朝不得已而之景丑氏宿焉景子曰內則父子外則

君臣人之大倫也父子主恩君臣主敬丑見王之敬

子也未見所以敬王也曰惡是何言也齊人無以仁

義與王言者豈以仁義爲不美也（折筆）其心曰是何足與

言仁義也云爾則不敬莫大乎是我非堯舜之道不

蘇云孟子乃不可召之臣齊王召之所以不去引三達尊見不可召意

蘇云此言道德字正應達尊

敢以陳於王前故齊人莫如我敬王也景子曰否非此之謂也禮曰父召無諾君命召不俟駕固將朝也聞王命而遂不果宜與夫禮若不相似然曰豈謂是與曾子曰晉楚之富不可及也彼以其富我以吾仁彼以其爵我以吾義吾何慊乎哉夫豈不義而曾子言之是或一道也天下有達尊三爵一齒一德一朝廷莫如爵鄉黨莫如齒輔世長民莫如德惡得有其一以慢其二哉故將大有爲之君必有所不召之臣欲有謀焉則就之其尊德樂道不如是不足與有爲

蘇云結語似翩翩欲舞不敢召就君說不可召就臣說以不敢召跌出不可召以管仲跌出自巳收拾上文歸結全篇絕大筆力

也。故湯之於伊尹。學焉而後臣之。故不勞而王。桓公之於管仲。學焉而後臣之。故不勞而霸。今天下地醜德齊。莫能相尚。無他。好臣其所教。而不好臣其所受教。湯之於伊尹。桓公之於管仲。則不敢召。管仲且猶不可召。而況不爲管仲者乎。

蘇云引証

孟子不應召只大有爲之君節數語可了乃前路御用公孫丑仲子景子作襯寫出旁人情意又以公孫仲子引起景子故寫景子處凡作兩層辨駁前一層明巳之敬王猶遠遠說來未說到不應召上後一層說到不得以一慢二雖巳含不當召意然猶未擲直至大有爲之君節方明說出末又引湯桓不召尹仲爲大有爲之君作証以自況看其前後借陪中間虛實相足何等層次何等筆力

陳臻問曰。前日於齊。王餽兼金一百。而不受。於宋。餽七十鎰。而受。於薛。餽五十鎰。而受。前日之不受是。則

實是也一句斷定下甲明皆字與一字對是字與非字對

若於二字從上二節轉下未有處照上遠行戒心

失伍借說失職打轉正意即用上喻意字面孟子最多此法

今日之受非也今日之受是則前日之不受非也夫子必居一於此矣孟子曰皆是也當在宋也予將有遠行行者必以贐辭曰餽贐予何爲不受當在薛也予有戒心辭曰聞戒故爲兵餽之予何爲不受若於齊則未有處也無處而餽之是貨之也焉有君子而可以貨取乎

孟子之平陸謂其大夫曰子之持戟之士一日而三失伍則去之否乎曰不待三然則子之失伍也亦多矣凶年饑歲子之民老羸轉於溝壑壯者散而之四

蘇云事已在前只用喻說
入云此喻切當下待詳說
而人已悟之矣

方者幾千人矣。曰、此非距心之所得爲言。曰、今有受人之牛羊而爲之牧之者、則必爲之求牧與芻矣。求牧與芻而不得、則反諸其人乎、抑亦立而視其死與。曰、此則距心之罪也。

爲王誦之句括上三節省
卻多少筆墨此是撮記法
亦議中夾敘法

他日見於王曰、王之爲都者、臣知五人焉。知其罪者、惟孔距心。爲王誦之。王曰、此則寡人之罪也。

孟子謂蚳鼃曰、子之辭靈丘而請士師、似也。爲其可以言也。今既數月矣、未可以言與。蚳鼃諫於王而不用、致爲臣而去。齊人曰、所以爲蚳鼃則善矣、所以自

此章解不美之疑以盡於人心四字爲主悅字恔字都不盡心來不以天下儉其親乃所以盡心也　公

爲則吾不知也公都子以告曰吾聞之也有官守者不得其職則去有言責者不得其言則去我無官守我無言責也則吾進退豈不綽綽然有餘裕哉

孟子爲卿於齊出弔於滕王使蓋大夫王驩爲輔行王驩朝暮見反齊滕之路未嘗與之言行事也公孫丑曰齊卿之位不爲小矣齊滕之路不爲近矣反之而未嘗與言行事何也曰夫既或治之予何言哉

孟子自齊葬於魯反於齊止於嬴充虞請曰前日不知虞之不肖使虞敦匠事嚴虞不敢請今願竊有請

節說先王之制三節說已所以美其木之意是就人子身上說四節又就化者說末節引語作結正與木君以美然相應

上節見燕有可伐之罪下節見齊非伐燕之人上節發明可字下節發明不也二字私字一章之案天字一章之斷

也木若以美然曰古者棺椁無度中古棺七寸椁稱之自天子達於庶人非直爲觀美也然後盡於人心不得不可以爲悅無財不可以爲悅得之爲有財古之人皆用之吾何爲獨不然且比化者無使土親膚於人心獨無恔乎吾聞之也君子不以天下儉其親

沈同以其私問曰燕可伐與孟子曰可子噲不得與人燕子之不得受燕於子噲有仕於此而子悅之不告於王而私與之吾子之祿爵夫士也亦無王命而私受之於子則可乎何以異於是齊人伐燕或問曰

勸齊伐燕有諸曰未也沈同問燕可伐與吾應之曰可彼然而伐之也彼如曰孰可以伐之則將應之曰爲天吏則可以伐之（喻）今有殺人者或問之曰人可殺與則將應之曰可彼如曰孰可以殺之則將應之曰爲士師則可以殺之（語妙）今以燕伐燕何爲勸之哉（正與未也相應）

燕人畔王曰吾甚慙於孟子陳賈曰王無患焉王自以爲周公與孰仁且智王曰惡是何言也曰周公使管叔監殷管叔以殷畔知而使之是不仁也（以知形起不知）不知而使之是不智也仁智周公未之盡也而況於王乎賈

此節承上過字問語一番
責賢為王文過之意

請見而解之見孟子問曰周公何人也曰古聖人也
曰使管叔監殷管叔以殷畔也有諸曰然曰周公知
其將畔而使之與曰不知也（出脫齊王在一且字）然則聖人且有過與曰
周公弟也管叔兄也（誚刺齊王在一宜字）周公之過不亦宜乎且古之君
子過則改之今之君子過則順之古之君子其過也
如日月之食民皆見之及其更也民皆仰之今之君
子豈徒順之又從為之辭

孟子致為臣而歸王就見孟子曰前日願見而不可
得得侍同朝甚喜今又棄寡人而歸不識可以繼此

三

蘇云長于喻者辭不追而意獨至

蘇云但解龍斷二字正意已躍躍言外

而得見乎。對曰、不敢請耳。固所願也。他日、王謂時子曰、我欲中國而授孟子室、養弟子以萬鍾、使諸大夫國人皆有所矜式、子盍爲我言之。時子因陳子而以告孟子。陳子以時子之言告孟子。孟子曰、然。夫時子惡知其不可也。如使予欲富、辭十萬而受萬、是爲欲富乎。季孫曰、異哉子叔疑。使己爲政、不用、則亦已矣。又使其子弟爲卿。人亦孰不欲富貴。而獨於富貴之中有私龍斷焉。古之爲市者、以其所有易其所無者、有司者治之耳。有賤丈夫焉、必求龍斷而登之、以左

右望而罔市利人皆以爲賤故從而征之征商自此
賤丈夫始矣
孟子去齊宿於晝有欲爲王留行者坐而言不應隱
几而臥客不悅曰弟子齊宿而後敢言夫子臥而不
聽請勿復敢見矣曰坐我明語子昔者魯繆公無人
乎子思之側則不能安子思泄柳申詳無人乎繆公
之側則不能安其身子爲長者慮而不及子思子絕
長者乎長者絕子乎
孟子去齊尹士語人曰不識王之不可以爲湯武則

蘇云懷形于辭意之表格而不整亂而不亂纚纚縷縷則離騷似之

此節又進一層言歸志既伏猶且惓惓不忘益見三宿出晝之非濡滯

是不明也識其不可然且至則是干澤也千里而見王不遇故去三宿而後出晝是何濡滯也士則茲不悅高子以告曰夫尹士惡知予哉千里而見王是予所欲也不遇故去豈予所欲哉予不得已也予三宿而出晝於予心猶以為速王庶幾改之王如改諸則必反予夫出晝而王不予追也予然後浩然有歸志予雖然豈舍王哉王由足用為善王如用予則豈徒齊民安天下之民舉安王庶幾改之予日望之予豈若是小丈夫然哉諫於其君而不受則怒悻悻然見

蘇云分析

承上辭意的是予所欲只此一起竟了

從頭出不得已何以明非濡滯

不承不得已

已鉄進一層言宿字正破他濡滯字留意兩二字翻出了何二字俱應

委折紆徊勢如繞水

孟子本意

五十三

作一句讀何等鼻力

會補蘇批孟子二三二

於其面去則窮日之力而後宿哉尹士聞之曰士誠小人也。

此孟子自明三宿出晝之故通篇着眼處在王由足用數句其行道濟時之本心愛君澤民之德意至今猶令人想見于千載之下　尹士譏孟子只重濡滯一層上二層乃就今日去齊之去而并譏其前日來齊之先耳看其上二層都用則是字後一層獨用是何字賓主分明下面孟子亦全是解明非濡滯意予不得已節非濡滯意已明下了三宿節總方出晝時心事夫出晝節為出晝後心事皆申言不得已意以見三宿出晝之非濡滯也至入後借小丈夫反形不覺嫌慨宗淡頑石亦為之點頭矣尹士安得不自認其非

孟子去齊充虞路問曰夫子若有不豫色然前日虞聞諸夫子曰君子不怨天不尤人曰彼一時此一時也。五百年必有王者興其間必有名世者由周而來七百有餘歲矣以其數則過矣以其時考之則可矣

[illegible]云平生自任如此

夫天未欲平治天下也如欲平治天下當今之世舍我其誰也吾何爲不豫哉（想不豫了）

孟子去齊居休公孫丑問曰仕而不受祿古之道乎曰非也於崇吾得見王退而有去志不欲變故不受也繼而有師命不可以請久於齊非我志也

滕文公爲世子將之楚過宋而見孟子孟子道性善（伏後法）言必稱堯舜世子自楚反復見孟子孟子曰世子疑（一語喝破）吾言乎（應性善）夫道一而已矣（証道）成覸謂齊景公曰彼丈夫也我丈夫也吾何畏彼哉顏淵曰舜何人也予何人也

上節釋世子之疑下節勵世子之志

親喪固所自盡句最重不可他求是在世子堅其自盡也是誠在我信其所自盡也弔者大悅又自盡者所感動也

有爲者亦若是。公明儀曰文王我師也周公豈欺我哉。今滕絕長補短將五十里也猶可以爲善國。（蘇云就此）書曰若藥不瞑眩厥疾不瘳。（警語結）

滕定公薨世子謂然友曰昔者孟子嘗與我言於宋於心終不忘今也不幸至於大故吾欲使子問於孟子然後行事然友之鄒問於孟子孟子曰不亦善乎。親喪固所自盡也。曾子曰生事之以禮死葬之以禮祭之以禮可謂孝矣。諸侯之禮吾未之學也。雖然吾嘗聞之矣。三年之喪齊疏之服飦粥之食自天子達於庶人三代共之然友反命定爲三年之喪父兄百官皆不欲曰吾宗國魯先君莫之行吾先君亦莫之行也至於子之身而反之不可且志曰喪祭從先祖曰吾有所受之也謂然友曰吾他日未嘗學問好馳馬試劍今也父兄百官不我足也恐其不能盡於大事子爲我問孟子然友之鄒問孟子孟子曰然不可以他求者也孔子曰君薨聽於冢宰歠粥面深墨即位而哭百官有司莫敢不哀先之也上有好者下必有甚焉者矣君子之德風也小人之德草也草尚之

風必偃。是在世子。然友反命。世子曰。然。是誠在我。五月居廬。未有命戒。百官族人可謂曰知。及至葬。四方來觀之。顏色之戚。哭泣之哀。弔者大悅。

滕文公問為國。孟子曰。民事不可緩也。（蘇云一句了便證）詩云。晝爾于茅。宵爾索綯。亟其乘屋。其始播百穀。（即民之不自緩處見君之不可緩）民之為道也。（蘇云提起）有恆產者有恆心。無恆產者無恆心。（見恆心由于恆產此民事所以不可緩）苟無恆心。放辟邪侈。無不為已。及陷乎罪。然後從而刑之。是罔民也。焉（蘇云振一語）有仁人在位。罔民而可為也。（緊承民不可罔來）是故賢君必恭儉禮下。（[illegible]）取於民有制。（將分田來）（此節結上起下）陽虎曰。為富不仁矣。為仁不富矣。夏后

此下三節總見助法常行

氏五十而貢殷人七十而助周人百畝而徹其實皆

什一也徹者徹也助者藉也龍子曰治地莫善於助

以助爲主詳言貢法之不善正見助法之善也　釋

莫不善於貢貢者校數歲之中以爲常樂歲粒米狼

此句不

戾多取之而不爲虐則寡取之凶年糞其田而不足

重凶引起凶年二句

則必取盈焉爲民父母使民盻盻然將終歲勤動不

蘇云就凶年句翻下

得以養其父母又稱貸而益之使老稚轉乎溝壑惡

坐實世祿起下行助頓挫

在其爲民父母也夫世祿滕固行之矣詩云雨我公

蘇云又引證

田遂及我私惟助爲有公田由此觀之雖周亦助也

設爲庠序學校以教之庠者養也校者教也序者射

此節見行助之後便可教民總見助之當行應上恒心只帶說

也。夏曰校。殷曰序。周曰庠。學則三代共之。皆所以明人倫也。人倫明於上。小民親於下。有王者起。必來取法。是爲王者師也。詩云。周雖舊邦。其命惟新。（蘇云引證結）文王之謂也。子力行之。亦以新子之國。（此答爲國之問）使畢戰問井地。孟子曰。子之君將行仁政。選擇而使子。子必勉之。夫仁政必自經界始。經界不正。井地不均。穀祿不平。是故暴君汙吏。必慢其經界。經界既正。分田制祿可坐而定也。夫滕壤地褊小。將爲君子焉。將爲野人焉。無君子（此以要制祿）莫治野人。無野人莫養君子。（此以要分田）請野九一而助。（蘇云方是叙）國中什

此節言井田之能善民俗
會見助法之善　鄉田同
結上生下爲一節樞紐

節詳井田之形體

蘇云君與子子之君雖非
着意語自相終始

一使自賦。卿以下必有圭田。圭田五十畝。餘夫二十五畝。死徙無出鄉。鄉田同井。出入相友。守望相助。疾病相扶持。則百姓親睦。方里而井。井九百畝。其中爲公田。八家皆私百畝。同養公田。公事畢。然後敢治私事。所以別野人也。此（總結）其大略也。若夫（拓開）潤澤之（層結）則在君與子矣。

民事不可緩何是一章大旨通章分兩截看新子之國以上是詳民事而望其力行以下詳法制而期其潤澤以行助爲主故前極言助法之善後復以正經界詳告之纔完得一個民事二字制禄乃行助裏面事而學校亦因行助來俱帶說　上截勉君下截勉臣然以君爲主故下截捏處曰子之君收處曰君與子帶定君說賓主分明　上截對文公說只言助法之善其法制之詳留出對畢戰始言之乃淺深詳略法亦一意分作兩層法

神農始爲耒耜收民稼穡
又教民日中爲市起句
伏並耕同價之根

有爲神農之言者許行自楚之滕踵門而告文公曰遠方之人聞君行仁政願受一廛而爲氓文公與之處其徒數十人皆衣褐捆屨織席以爲食陳良之徒陳相與其弟辛負耒耜而自宋之滕曰聞君行聖人之政是亦聖人也願爲聖人氓陳相見許行而大悅盡棄其學而學焉陳相見孟子道許行之言曰滕君則誠賢君也雖然未聞道也賢者與民並耕而食饔飧而治今也滕有倉廩府庫則是厲民而以自養也惡得賢孟子曰許子必種粟而後食乎曰然許子必

此節當在害于耕處作一段落下節末二句作一段落上截說爲不自織一遍下截何不爲陶冶三層又一遍上截曰害于耕下截曰不可耕俻綢相配雖長短多寡之不同然正須于參差中識其整齊也

蘇云此下若決江河

織布而後衣乎曰否許子衣褐許子冠乎曰冠曰奚冠曰冠素曰自織之與曰否以粟易之曰許子奚爲不自織曰害於耕曰許子以釜甑爨以鐵耕乎曰然自爲之與曰否以粟易之以粟易械器者不爲厲陶冶陶冶亦以其械器易粟者豈爲厲農夫哉且許子何不爲陶冶舍皆取諸其宮中而用之何爲紛紛然與百工交易何許子之不憚煩曰百工之事固不可耕且爲也然則治天下獨可耕且爲與有大人之事有小人之事且一人之身而百工之所爲備如必自

治人治於人承勞心勞力說下食人食於人又承治於人治人說下都用頂針句法

蘇云以下反覆考証以見大人之事

此處單說是作一小束

為而後用之是率天下而路也故曰或勞心或勞力勞心者治人勞力者治於人治於人者食人治人者者字相應而非相病食於人天下之通義也當堯之時天下猶未平洪水以洪水爲注橫流氾濫於天下草木暢茂禽獸繁殖五穀不登禽下五句皆洪水所致獸偪人獸蹄鳥跡之道交於中國堯獨憂之舉舜而勞治二段之後下敷治焉舜使益掌火益烈山澤而焚之禽獸逃匿禹三節使字管五六句見堯命益禹稷契皆舜承堯命而使之也故下專言堯舜疏九河瀹濟漯而注之海決汝漢排淮泗而注之江與上五穀不登相應然後中國可得而食也蘇云結一段當是時也禹八年於外三過其門而不入雖欲耕得乎蘇云耕字后稷教民稼穡樹藝五穀接上中國可得而食句

此節固是承上，然而不得字又起下得人。農夫也用倒筆縈出，見非堯舜之所憂，正明斥並耕之説。以分財教善襯起得人僻。上載以不得舜爲己憂二句

五穀熟而民人育。（上養引落教）人之有道也，飽食煖衣，逸居而無教，則近於禽獸。聖人有憂之，使契爲司徒，教以人倫：（教之之道）父子有親，君臣有義，夫婦有別，長幼有序，朋友有信。放勳曰：勞之來之，（教之之法）匡之直之，輔之翼之，使自得之，又從而振德之。（蘇云：結一節）聖人之憂民如此，而暇耕乎？（蘇云：二耕字）堯以不得（蘇云：鎖二句正）舜爲己憂，（對）舜以不得禹皋陶爲己憂。夫以百畝之不易（蘇云：二句反合）爲己憂者，農夫也。分人以財謂之惠，教人以善謂之忠，爲天下得人者謂之仁。是故（一意中作相足）以天下與人易，爲天下得人難。孔子曰：大哉堯之爲君！惟天爲大，惟堯

蘇云三段通作一段

用心字應上勞心

此引爲不倍師之證凡四句皆而尤重曾子一句蓋曾子不改所事與陳相正相反故下獨言與曾子

則之。蕩蕩乎民無能名焉。君哉舜也。巍巍乎有天下而不與焉。堯舜之治天下。豈無所用其心哉。亦不用於耕耳。

蘇云繳堯舜　蘇云辨難　蘇云三耕字

吾聞用夏變夷者。未聞變於夷者也。陳良楚產也。悅周公仲尼之道。北學於中國。北方之學者。未能或之先也。彼所謂豪傑之士也。子之兄弟事之數十年。師死而遂倍之。

旨　陳良用夏變夷　陳相變於夷

昔者孔子沒。三年之外。門人治任將歸。入揖於子貢。相向而哭。皆失聲。然後歸。子貢反。築室於場。獨居三年。然後歸。他日子夏子張子游以有若似聖人。欲以所事孔子事之。彊曾子。曾子曰

轉入許行今也二字與上昔者二字緊照

以膺字蹋學字以方且字跌亦字不善變句結上四句實回應用夏變夷二句

說許子之道可從不獨爲許子辨亦是爲倍師辨

不可。江漢以濯之，秋陽以暴之，皜皜乎不可尚已。今
也南蠻鴃舌之人，非先王之道，子倍子之師而學之，（抑跌）（斷上）（申倍之）
亦異於曾子矣。（應）吾聞出於幽谷遷於喬木者，未聞下
喬木而入於幽谷者。魯頌曰：戎狄是膺，荊舒是懲。周
公方且膺之，子是之學，亦為不善變矣。（頂學之）從許子之道
則市賈不貳，國中無偽，雖使五尺之童適市，莫之或
欺。布帛長短同，則賈相若；麻縷絲絮輕重同，則賈相
若；五穀多寡同，則賈相若；屨大小同，則賈相若。曰：（申言不齊之極致）（開）夫
物之不齊，物之情也。或相倍蓰，或相什伯，或相千萬。

獨借屨爲喻者以許行與
屨就其所明者而通之也
亦前後映帶處

子比而同之是亂天下也巨屨小屨同賈人豈爲之哉從許子之道相率而爲僞者也惡能治國家

合　喻中明亂天下意　應前破他無僞句　結

通篇作兩大截看不善變以上是闢許行並耕之說以下是闢許行同價之說然以闢並耕爲主上截又分三截首三節許行陳相託爲並耕之說以上是緣起種粟三節就許子所不能兼者以明諸其不能耕當堯之時二節敘堯舜憂民之切而不暇耕堯以不得舜三節斷堯舜所憂之大而不必耕總是闢並耕之非以上是正位以下責其倍師是餘意　凡辨難攻詰須拿定一件眼目則理勝詞達孟子先拿定許子自身且不能兼這一着則並耕之說不攻自破　種粟兩節以種粟句作一頭一衣冠作一腳釜甑鐵耕作一腳皆種粟之身所不能兼者但中間多以粟易械器四句便覺變化不可捉摸耳　闢並耕下有不暇耕不必耕而層見尤重不必耕以折許行厲民之說然必俟說完不暇耕力條及不必耕則文勢緩散故趁勢插入易械器四句將有相濟非相病道理提明以照應滕民自養一筆如神龍出沒于雲中若隱若見眞有變之極也　且許子數句又追進一步就他本身詰問三個何字一氣直下逼出他一個不可耕且爲來　不可耕且爲分明是說並耕之不可矣少在不知不覺使他自己口中可出乃見前路逼法之妙　陳相先說害于耕已理屈詞窮矣乎尚不違折他復以釜甑鐵反覆窮詰直到他自吐百工之事固不可耕且爲然後一言折倒曰然則治天下獨可耕且爲與此一句方折得極有力然則二字如驚風掣電勢決江河有此一折下面乃得大暢其旨滔滔汩汩陳相直目瞪口呆無從吐氣　然則二句既將他折倒却特地提起大綱來說

有大人之事有小人之事見各有其事不必相兼下方用且字一轉見一人之身不能為百工之事就陳相固不可耕且為之意而再暢言之見得小人尚不能相兼何況大人欲兼小人之事然不能兼正有不必兼底道理故又接引古語而以勞心勞力六句發明有大人之事有小人之事二句之意文法反覆相因展轉相足　引古語闢並耕之說正大簡切已無剩義下則引古人以證之　當堯之時兩節以堯獨憂之二句作頭益禹稷契作兩股聖人之憂民如此二句作一束　兩股中上股重禹邊而以益引起下股重契邊而以稷引起極參差亦極整齊　堯獨憂之聖人有憂之聖人之憂民如此並堯舜以不得舜禹皐陶為己憂俱以一憂字為眼目乃上承勞心下注豈無所用其心何等針線　堯以不得舜為己憂承上堯獨憂之舉舜敷治舜以不得禹皐陶為己憂承上舜使益四段堯舜憂在得人任治所謂勞心于治人也大人之事也農夫以百畝不易為憂所謂勞力以食人也小人之事也相提並論見大小廣狹之不倫則不暇耕不必耕可知束上起下警動異常

自當堯之時至亦不用于耕通三段作一大段一則曰雖欲耕得乎再則曰而暇耕乎三則曰亦不用于耕耳凡三次提掇耕字照顧獨可耕且為與句一不得耕以勢言不暇耕以時言不用耕以心言一步深一步見得聖人非獨不得耕不暇耕即使得耕暇耕直不用耕以上闢並耕之說下乃責陳相倍師一說陳良之賢正以見相之不可倍說師之不可倍愈以見許行之不可學而並耕之說之非益曉然言下矣前後話雖兩端意只一線蓋餘意仍歸根正意也　下喬入谷已是個不善變影子然尚只就陳相自身說至引許說戎狄荊舒與上南蠻鴃舌相照應見得如許行輩為聖人所必誅而陳相顧惟是之學謂其不善變顯責陳相正痛斥許行也　許子始託神農並耕之說欲齊人而不知人有大小之等不可以相兼繼託神農市價之說欲齊物也而不知物有精粗之殊不能

□□夷之而必援墨者二字是原敘法是立案法

通章以道字爲眼曰觀其自不直則道不見以薄爲其道儒者之道亦必有道處處提醒道字可見

□子曉得孟子兩路撥□□□□保赤子之言援儒入墨□□子□□□□爲□□□始之言推□附儒

以同價一結尾惡能治國家一語不獨爲末段收煞直結盡通章蓋通章所關皆治國家事也

墨者夷之因徐辟而求見孟子孟子曰吾固願見今

五句說得字字慈婉足令

夷子誠心欣慕

吾尚病病愈我且往見夷子不來他日又求見孟子

孟子曰吾今則可以見矣不直則道不見我且直之

蘇云補

蘇云□

吾聞夷子墨者墨之治喪也以薄爲其道也夷子思

以易天下豈以爲非是而不貴也然而夷子葬其親

厚則是以所賤事親也徐子以告夷子夷子曰儒者

反激法

蘇云夕轉

之道古之人若保赤子此言何謂也之則以爲愛無

先折法

差等施由親始徐子以告孟子孟子曰夫夷子信以

佛氏已厚非辨所謂
也故孟子闢他親其兄五
句先解吾儒並無兼愛之
説且天之三句正破墨子
愛無差等之説

此節言厚葬之心以深明
一本之意

點重末二句言可見夷子
厚葬不失仁人孝子之用
心正以感悟他
憮然爲閒四字畫出夷子
悔悟神情眞寫生手

爲人之親其兄之子爲若親其鄰之赤子乎彼有取爾也赤子匍匐將入井非赤子之罪也且天之生物也使之一本而夷子二本故也蓋上世嘗有不葬其親者其親死則舉而委之於壑他日過之狐狸食之蠅蚋姑嘬之其顙有泚睨而不視夫泚也非爲人泚中心達於面目蓋歸反虆梩而掩之掩之誠是也則孝子仁人之掩其親亦必有道矣徐子以告夷子夷子憮然爲閒曰命之矣

蘇云綺縕緻

陳代曰不見諸侯宜若小然今一見之大則以王小

枉尺 直尋

竽口意

增補蘇批孟子 卷上 上之四二

非其招尙不肯往奈何不
待其招而往耶是翻進一
層說

此云是閒語粘上折利字
前引虞人見其能守義此
引王良見其不徇利此處
輕輕敍過重範我馳驅及
我不貫二句爲下蓋與射
者比句亦峯一終日不獲
一一朝而獲十之故留在
良不可處方行說出折前
層後詳法一意分作兩層

則以霸。且志曰。枉尺而直尋。宜若可爲也。平孟子曰。昔齊景公田。招虞人以旌。不至。將殺之。志士不忘在溝壑。勇士不忘喪其元。二句孔子贊虞人之言孔子奚取焉。取非其招不往也。如不待其招而往。何哉。且夫枉尺而直尋者。以利言也。此層以勢言。如以利。則枉尋直尺而利。亦可爲與。應昔者趙簡子。引事使王良御者與嬖奚射者乘。終日而不獲一禽。嬖奚反命曰。天下之賤工也。或以告王良。良曰。請復之。彊而後可。一朝而獲十禽。嬖奚反命曰。天下之良工也。忽良忽賤寫出小人之喜怒無常簡子曰。我使掌與女乘。謂王良。良不可。曰。吾爲之範我馳驅。終

後者三句收拾上文鬱婉
枉質句法緊若以
倒裝之不肯枉法實占
君子以枉道是低一層跌
法　子三句再進一層
家之人矣

是焉得為大丈夫乎正駁
他豈不誠大丈夫句此
一語喝破即引證
以妾婦反對丈夫見丈夫
且不是況大丈夫乎
末節言大丈夫之事一氣

曰不獲一為之詭遇一朝而獲十詩云不失其馳舍
矢如破我不貫與小人乘請辭御者且羞與射者比
比而得禽獸雖若丘陵弗為也如枉道而從彼何也
且子過矣枉已者未有能直人者也

此章見孟子守身之義陳代欲孟子枉已以有為孟子詳言已不可枉而枉已不可以有為者
告以不可往見之意下三節申言枉尺直尋之非凡作三轉一步深一步且夫節言利不可為
言昔者至何也言即有利亦羞為之以守言且子二句言枉道必不得利以理言篇中亦可為
為也正折他豈若可為何

景春曰公孫衍張儀豈不誠大丈夫哉一怒而諸侯
懼安居而天下熄孟子曰是焉得為大丈夫乎子未
學禮乎丈夫之冠也父命之女子之嫁也母命之往

增補蘇批孟子　卷上

後下筆力雄壯寫出孟子泰山巖巖氣象　以居廣居三句爲主而又從得志不得志揭出三個大關頭方是居之立之行之底實證正與以順爲正反對此之謂三字與上是焉得三字緊相呼應

眉宵提出一急字便隱爲後文難字作勢是一章眼目

此節以諸侯失國形士之失位下節以農夫之耕形士之仕兩節一樣起法是整齊處上節由言從容說倒主下節則但由言急邊

送之門戒之曰往之女家必敬必戒無違夫子以順串重此句順字承瀉爲正者逆說妾婦之道也居天下之廣居立天下之正位行天下之大道得志與民由之不得志獨行其道富貴不能淫貧賤不能移威武不能屈此之謂大丈夫倒煞應上

周霄問曰古之君子仕乎孟子曰仕傳曰一證孔子三月無君則皇皇如也出疆必載質公明儀曰二證古之人三月無君則弔三月無君則弔不以急乎曰士之失位也猶諸侯之失國家也禮曰引諸侯耕助以供粢盛夫人蠶繅以爲衣服犧牲不成粢盛不潔衣服不備不

上詳下畧上節從主位收應常字下節從客位收應出疆字是變化處

此問重出疆二字與三月對看言下似微疑其急正言外越無解于其難乃着看用倒跌法

原齊本欲諷孟子之難仕卻先從急仕重重跌入意謂一字已入其彀中卻被孟子提出一道字救轉真有山窮雲起之妙

蘇云三段從方折入本意欲字從上願字生來惡字從上賤字生來以欲字引起惡字

敢以祭惟士無田則亦不祭牲殺器皿衣服不備不敢以祭則不敢以宴亦不足弔乎出疆必載質何也曰士之仕也猶農夫之耕也農夫豈爲出疆舍其耒耜哉（以言喻意而正意自明妙）曰晉國亦仕國也未嘗聞仕如此其急仕如此（總承上文）其急也（跌入難字二句爲通篇轉捩）君子之難仕何也曰丈夫生而願爲之有室（引喻）女子生而願爲之有家（四句影下欲仕意）父母之心人皆有之不待父（五句）母之命媒妁之言（影下不由其道意）鑽穴隙相窺踰牆相從則父母國人皆賤之（結前生急仕）古之人未嘗不欲仕也又惡不由其道不由其道而往者與鑽穴隙之類也（應轉折意）（結後生難仕）

增補蘇批孟子　卷上　孟　昌　上之四六

蘇云轉換如走丸

筆不逞巧最事與子如通之是一俛一仰之詞空中振蕩文法

於此有人人說得士事所謂中流砥柱也

梓匠輪輿何其輕爲仁義何其重乃重其所輕輕其所重何施之悖承上兩層辯駁殆盡

蘇云至此難倒用志字倒而復起似溪迴路轉一翻

彭更問曰後車數十乘從者數百人以傳食於諸侯不以泰乎孟子曰（蘇云對說）非其道則一簞食不可受於人如其道則舜受堯之天下不以爲泰子以爲泰乎曰否士無事而食不可也曰子（蘇云對說）不通功易事以羨補不足則農有餘粟（蘇云就一邊翻下）女有餘布子如通之則梓匠輪輿皆得食於子於此有人焉入則孝出則弟（極言士之有功當食）守先王之道以待後之學者而不得食於子子何尊梓匠輪輿而輕爲仁義者哉曰梓匠輪輿其志將以求食也君子之爲道也其志亦將以求食與曰子何以其志爲哉其

既曰食功則以上爲無事而食者豈與夫梓匠輪輿而輕爲仁義者哉○亦有其向道意殊明不必非○其道而求○食自足者此斷其志也

此三節言湯能行王政宋有不必畏○伐之者此○寫○湯之於葛委曲周至敎誨葛之於湯極力拒命肆虐故爲下鄰伐師張本

有功於子可食而食之矣且子食志乎食功乎曰食志曰有人於此毀瓦畫墁其志將以求食也則子食之乎曰否曰然則子非食志也食功也

萬章問曰宋小國也今將行王政齊楚惡而伐之則如之何孟子曰湯居亳與葛爲鄰葛伯放而不祀湯使人問之曰何爲不祀曰無以供犧牲也湯使遺之牛羊葛伯食之又不以祀湯又使人問之曰何爲不祀曰無以供粢盛也湯使亳衆往爲之耕老弱饋食葛伯率其民要其有酒食黍稻者奪之不授者殺之

分明是畏齊楚了

此節民望之民大悅及下節君子小人相迎等語編見王政之得民爲未節欲爲君立案

此二節言武王能行王政未有罷而伐之者　有攸不爲臣五句從綏厥士女說到士女來迎是順與書詞其君子以下乃是倒釋書意從君子小人之所以

有童子以黍肉餉殺而奪之書曰葛伯仇餉此之謂也爲其殺是童子而征之四海之內皆曰非富天下也爲匹夫匹婦復讎也湯始征自葛載十一征而無敵於天下東面而征西夷怨南面而征北狄怨曰奚爲後我民之望之若大旱之望雨也歸市者弗止芸者不變誅其君弔其民如時雨降民大悅書曰徯我后后來其無罰有攸不爲臣東征綏厥士女匪厥玄黃紹我周王見休惟臣附于大邑周其君子實玄黃于匪以迎其君子其小人簞食壺漿以迎其小人救

又迎取出取殘救民節一頓一逆回環相應
引書無心適合湯一節如蘇云一折有萬鈞之力又更有操縱
四海對齊楚望字對畏字爲君對伐字大字殊無他小字

蘇云此喻從語事罯不貫串而文章燦然此最妙于喻者

民於水火之中取其殘而已矣太誓曰我武惟揚侵于之疆則取于殘（許上取殘）殺伐用張于湯有光（折入本）不行王政云爾苟行王政四海之内皆舉首而望之欲以爲君齊（進進）楚雖大何畏焉（虚）

孟子謂戴不勝曰子欲子之王之善與我明告子（設喻）有楚大夫於此欲其子之齊語也則使齊人傅諸使楚人傅諸（喻長幼卑尊皆非薛居州）曰使齊人傅之曰一齊人傅之（含下誰與爲善）衆楚人咻之（喻長幼卑尊皆薛居州）雖日撻而求其齊也不可得矣引而置之莊嶽之閒數年雖日撻而求其楚亦不可得矣（含下誰與爲不善）子謂薛居州善

在王所二段泛論其理未
此句方實歸到不勝身上
■一字與前一字衆字應
如宋王何與欲王之善應

士也使之居於王所在於王所者長幼卑尊皆薛居州也王誰與爲不善在王所者長幼卑尊皆非薛居州也王誰與爲善一薛（卓今同歟）居州獨如宋王何

公孫丑問曰不見諸侯何義（此句一篇大旨）孟子曰古者不爲臣不見段干木踰垣而辟之泄柳閉門而不內是皆已甚迫（況不見）斯可以見矣陽貨欲見孔子而惡無禮大夫有賜於士不得受於其家則往拜其門陽貨矙孔子之亡也而饋孔子蒸豚孔子亦矙其亡也而往拜之當是時（不必不見）陽貨先豈得不見曾子曰脅肩諂笑病于夏畦子

蘇云敘治亂畧無痕瑕

路曰未同而言觀其色赧赧然非由之所知也由是觀之則君子之所養可知已矣（所以不見諸侯）

戴盈之曰什一去關市之征今兹未能請輕之以待來年然後已何如孟子曰今有人日攘其鄰之雞者或告之曰是非君子之道曰請損之月攘一雞以待來年然後已如知其非義斯速已矣（案斷）何待來年（照）

公都子曰外人皆稱夫子好辯敢問何也孟子曰予豈好辯哉予不得已也（蘇云一篇骨子）天下之生久矣一治一亂（一篇綱領）當堯之時（蘇云敘事）水逆行氾濫於中國蛇龍居之民無所定下

一亂

一治

此節分兩截不得衣食以上包二[illegible]以下專屬紂悅重下截爲下節周公相武下一治

一亂

此節亦分兩截大悅以上敍其驅除之功以下明其制作之由兩截相承下截乃足上截之意

一治

者爲巢上者爲營窟書曰洚水警余洚水者洪水也

使禹治之禹掘地而注之海驅蛇龍而放之菹水由（提起禹）（三句過脈應上洚洪二句）

地中行江淮河漢是也險阻既遠鳥獸之害人者消

然後人得平土而居之堯舜既沒聖人之道衰暴君（應上無所定二句）（遞洚洪）（提起）

代作壞宮室以爲汙池民無所安息棄田以爲園囿

使民不得衣食邪說暴行又作園囿汙池沛澤多而

禽獸至及紂之身天下又大亂周公相武王誅紂伐（提起周公）（此四句陪）

奄三年討其君驅飛廉於海隅而戮之滅國者五十（入宮應上邪說暴行又作）（此句除物害應上沛澤禽獸）

驅虎豹犀象而遠之天下大悅書曰丕顯哉文王謨（總）

亂

一治

此節亦分兩截禽獸批以上斥楊墨並孜之非下著楊墨為害之大通節以處士橫議句為綱以為我兼愛四字為案以無父無君四字為斷以率獸食人二句為結

丕承哉武王烈佑啓我後人咸以正無缺世衰道微（周公稱武以成其烈乃歸功周公）
邪說暴行有作臣弒其君者有之子弒其父者有之
孔子懼（提起孔子）作春秋春秋天子之事也是故孔子曰知我
者其惟春秋乎罪我者其惟春秋乎（見亂賊在懼）聖王不作諸侯
放恣處士橫議楊朱墨翟之言盈天下天下之言不
歸楊則歸墨楊氏為我是無君也墨氏兼愛是無父
也無父無君是禽獸也公明儀曰庖有肥肉廄有肥
馬民有飢色野有餓莩此率獸而食人也楊墨之道
不息孔子之道不著是邪說誣民充塞仁義也仁義

一亂
懼字從孔子懼來即堯舜皆余之心也
連節以閑先聖之道句爲主距放正所以閑之亦一治
蘇云三句總收大有筆力
旨者節結當堯之時以下六節我亦節結聖王不作以後二節

充塞則率獸食人人將相食吾爲此懼閑先聖之道（緊接）距楊墨放淫辭邪說者不得作（以下指其害正見當放距處）作於其心害於其事作於其事害於其政聖人復起不易吾言矣（蘇云遒勁）昔者禹抑洪水而天下平周公兼夷狄驅猛獸而百姓寧孔子成春秋而亂臣賊子懼（拾作一段結）詩云戎狄是膺荆舒是懲（引詩起下）則莫我敢承無父無君是周公所膺也我亦欲正人心息邪說距詖行放淫辭以承三聖者豈好辯哉（緊應）予不得已也能言距楊墨者聖人之徒也

此章孟子自明扶持世道之心不得已則非好辯而其所以不得已者欲撥亂爲治也中間歷敘治亂見救世之心自古聖賢皆然予何爲獨不然我亦欲正人心節爲通章歸宿　治亂二字一篇綱

領不得已三字一篇骨子下文洚水警余孔子懼皆爲此懼全是畏天憫人萬不得已處故每以徵
句值憑越見爲　篇終總結大指雖是餘意然既專其責于己又欲公其責于人不得已情和逼
得更緊　自古聖賢憂患此敘緯特筆由此此一道自堯舜以至孔孟無二致也看其第四節丁寧堯
舜既沒、特提聖人之道見綿不云堯舜之道徵又云孔子之道不著又云閑先聖之道見得道字是
全篇着眼處　孟子文章每段自有一二句綱領其後只是解此一二句第四節聖人之道四字是
其提綱挈領處餘可類推　章內敘治亂處一代甚一代敘聖賢救亂處一代難一代此雖事勢固
然然亦文章一步緊一步法

匡章曰、陳仲子、豈不誠廉士哉。居於陵。三日不食。耳無聞。目無見也。井上有李。螬食實者過半矣。匍匐往將食之。三咽。然後耳有聞。目有見。孟子曰、於齊國之士。吾必以仲子爲巨擘焉。雖然。仲子惡能廉。充仲子之操。則蚓而後可者也。夫蚓上食槁壤。下飲黃泉。仲

蘇云宛切

欲抑先揚法

蘇云提起

一句折倒

寫得盡

蘇云拈出題字

此節伏下以妻則食以於陵則居

此節句句敘事下節方斷之

此節伏下以母則不食以兄之室則弗居

蘇云四句斷仲子之非

子所居之室伯夷之所築與抑亦盜跖之所築與所食之粟伯夷之所樹與抑亦盜跖之所樹與是未可知也（蘇云敘過字）曰是何傷哉彼身織屨妻辟纑以易之也曰仲子齊之世家也兄戴蓋祿萬鍾以兄之祿爲不義之祿而不食也以兄之室爲不義之室而不居也辟兄離母處於於陵他日歸則有饋其兄生鵝者己頻顣曰惡用是鶂鶂者爲哉他日其母殺是鵝也與之食（收拾上文指提）之其兄自外至曰是鶂鶂之肉也出而哇之以母則不（收小節籠柄收若）食以妻則食之以兄之室則弗居以於陵則居之

蘇云冷語反收

是尚爲能充其類也乎（蘇云繳充字）若仲子者蚓而後充其操者（蘇云繳蚓字操字）也

此章總見仲子必不能廉仲子惡能廉一句斷定下俱發明此意　匡章以仲子世祿之家而能若節如此故取其廉孟子正以仲子本世祿之家無用爲此苦節而不成其廉起訖借蚓相形以窮仲子之操前後照應皆用游戲之筆　孟子此章俱是反詞既許子之不憚煩同一機括本欲明相兼之不可反責以交易之爲煩本欲明母兄食室之當安反責以槁壤黃泉之爲潔此文字最巧最深處

民不被澤二句即不能平治天下也不行先王之道即不以仁政也承上說入一順一逆

增補蘇批孟子

眉山蘇　洵老泉氏原本
古岡趙大浣錦江氏增補

離婁章句上　凡二十八章

孟子曰、離婁之明。公輸子之巧。不以規矩。不能成方員。師曠之聰。不以六律。不能正五音。堯舜之道。不以仁政。不能平治天下。今有仁心仁聞。而民不被其澤。（蘇云承上翻亂破）不可法於後世者。不行先王之道也。故曰徒善不足以爲政。徒法不能以自行。詩云不愆不忘。率由舊章。（引詩起下）

爲政句獨用反跌方見主筆

上無道揆止不仁而在高位此句通節大綱下五句疊層推出乃播惡于衆之實

遵先王之法而過者未之有也。蘇云再提起 聖人既竭目力焉，繼之以規矩準繩，以爲方員平直，不可勝用也。既竭耳力焉，繼之以六律正五音，不可勝用也。既竭心思焉，繼之以不忍人之政，而仁覆天下矣。蘇云一句入本意 故曰：蘇云結上 爲高必因丘陵，蘇云二句開 爲下必因川澤。開一 蘇云入仁字 爲政不因先王之道，蘇云後一句反跌 可謂智乎？是以惟仁者宜在高位。不仁而在高位，蘇云六句總承 是播其惡於衆也。開 蘇云就揆下去 上無道揆也，下無法守也，朝不信道，工不信度，蘇云一句結 君子犯義，小人犯刑，國之所存者幸也。故曰：城郭不完，兵甲不多，非國之災也；田野不辟，貨財不聚，非國

此篇是橫擔體首二節欲
八法堯舜之仁末二節欲

之害也。上無禮。轉字無着眼下無學。賊民興。喪無日矣。詩曰。天之方蹶。無然泄泄。泄泄猶沓沓也。事君無義。進退無禮。言則非先王之道者。猶沓沓也。故曰。責難於君謂之恭。陳善閉邪謂之敬。吾君不能謂之賊。轉接泄泄

不以仁政不能平治天下二句爲通章主腦首三節言非仁政無以爲治詩云三節言仁政所當遵惟仁者二節責君當行仁政天之方蹶四節責臣當輔君行仁政四段四箇故曰字收繳章法極爲整齊　通篇純用借賓形主法首節以第五節俱以制器音律陪出行仁政首段收處以徒法陪徒善二段收處以爲高爲下陪爲政三段收處以城郭兵甲田野貨財陪無禮無學末段收處以責難陳善陪吾君不能數語是通篇眼目

仁政者先王之道也不行先王之道即非先王之法不因先王之道非先王之道

孟子曰。規矩。方員之至也。聖人。人倫之至也。欲爲君。盡君道。欲爲臣。盡臣道。蘇云二句承上生下二者皆法堯舜而已矣。不以

人鑒幽厲之不仁中間引孔子之言爲上下樞紐

舜之所以事堯事君不敬其君者也不以堯之所以治民治民賊其民者也孔子曰道二仁與不仁而已矣暴其民甚則身弑國亡不甚則身危國削名之曰幽厲（蘇云頓入）雖孝子慈孫百世不能改也詩云（蘇云又總二句）殷鑒不遠在夏后之世此之謂也

孟子曰三代之得天下也以仁其失天下也以不仁國之所以廢興存亡者亦然天子不仁不保四海諸侯不仁不保社稷卿大夫不仁不保宗廟士庶人不仁不保四體今惡死亡而樂不仁是猶惡醉而强酒

起處用逆，下申言處用順

孟子曰：愛人不親，反其仁；治人不治，反其智；禮人不答，反其敬。行有不得者，皆反求諸己，其身正而天下歸之。詩云：永言配命，自求多福。

孟子曰：人有恆言，皆曰天下國家。天下之本在國，國之本在家，家之本在身。

孟子曰：為政不難，不得罪於巨室。巨室之所慕，一國慕之；一國之所慕，天下慕之；故沛然德教溢乎四海。

孟子曰：天下有道，小德役大德，小賢役大賢；天下無道，小役大，弱役強。斯二者，天也。順天者存，逆天者亡。

不重景公順無道之天只重文王能回有道之天如此之句爲一章轉換

厚其字便含自取意

齊景公曰既不能令又不受命是絕物也涕出而女於吳今也小國師大國而恥受命焉是猶弟子而恥受命於先師也如恥之莫若師文王師文王大國五年小國七年必爲政於天下矣詩云商之孫子其麗不億上帝既命侯于周服侯服于周天命靡常殷士膚敏祼將于京孔子曰仁不可爲衆也夫國君好仁天下無敵今也欲無敵於天下而不以仁是猶執熱而不以濯也詩云誰能執熱逝不以濯

引文王作証

二句又就文王上開說

引孔子之言釋詩

入時事

斷

引詩証喻意而正意自明

孟子曰不仁者可與言哉安其危而利其菑樂其所

虛起

實寫不仁者不可與言

引孺子之歌及孔子之言傍點出自取字以起下自侮自毁自伐真有明提暗承之妙

引書証自取意

首四句雖是陪起實是今之諸侯樣子已為末二節伏案

此章以今天下節為主前三節泛論民心歸仁而以

以亡者不仁而可與言則何亡國敗家之有（反收應上語前段意）有孺子歌曰滄浪之水清兮可以濯我纓滄浪之水濁兮可以濯我足孔子曰小子聽之清斯濯纓濁斯濯足矣自取之也夫人必自侮然後人侮之家必自毁而後人毁之國必自伐而後人伐之太甲曰天作孼猶可違自作孼不可活此之謂也

孟子曰桀紂之失天下也（反）失其民也失其民者失其心也（正）得天下有道得其民斯得天下矣（層解一層）得其民有道得其心斯得民矣得其心有道所欲與之聚之所惡

必王動之來二節申言好仁當速而以死亡惕之

勿施爾也民之歸仁也猶水之就下獸之走壙也故

上節就上之感下說此節就下之應上說

民本

歸仁況又有不仁者爲之敺此節又進深一層

爲淵敺魚者獺也爲叢敺爵者鸇也爲湯武敺民者

入時事精神鼓舞

桀與紂也今天下之君有好仁者則諸侯皆爲之敺

就欲王翻下

矣雖欲無王不可得已今之欲王者猶七年之病求

三年之艾也苟爲不畜終身不得苟不志於仁終身

憂辱以陷於死亡詩云其何能淑載胥及溺此之謂

也

孟子曰自暴者不可與有言也自棄者不可與有爲

申言暴棄

也言非禮義謂之自暴也吾身不能居仁由義謂之

提開見暴棄不得

嘆人以暴棄

自棄也。仁人之安宅也。義人之正路也。曠安宅而弗居。舍正路而不由。哀哉。

孟子曰。道在邇而求諸遠。事在易而求諸難。人人親其親。長其長。而天下平。

孟子曰。居下位而不獲於上。民不可得而治也。獲於上有道。不信於友。弗獲於上矣。信於友有道。事親弗悅。弗信於友矣。悅親有道。反身不誠。不悅於親矣。誠身有道。不明乎義。不誠其身矣。是故誠者。天之道也。思誠者。人之道也。至誠而不動者。未之有也。不誠未

大意只說二老歸則天下歸耳然用父子二字以擬之便覺奇警

有能動者也。

孟子曰伯夷辟紂居北海之濱聞文王作興曰盍歸乎來吾聞西伯善養老者太公辟紂居東海之濱聞文王作興曰盍歸乎來吾聞西伯善養老者二老者。天下之大老也而歸之是天下之父歸之也天下之父歸之其子焉往。諸侯有行文王之政者七年之內必為政於天下矣。

孟子曰求也為季氏宰無能改於其德而賦粟倍他日孔子曰求非我徒也小子鳴鼓而攻之可也由此。

觀之君不行仁政而富之，皆棄於孔子者也，況於爲之强戰？爭地以戰，殺人盈野；爭城以戰，殺人盈城。此所謂率〔句法〕土地而食人肉，罪不容於死。〔蘇云一句住〕故善戰者服上刑，〔蘇云散結〕連諸侯者次之，辟草萊任土地者次之。」〔蘇云又轉〕

孟子曰：「存乎人者，莫良於眸子。眸子不能掩其惡。胷中正，則眸子瞭焉；胷中不正，則眸子眊焉。聽其言也，觀其眸子，人焉廋哉？」

孟子曰：「恭者不侮人，儉者不奪人。侮奪人之君，惟恐不順焉，惡得爲恭儉？恭儉豈可以聲音笑貌爲哉？」

蘇云一句一跌

淳于髡曰男女授受不親禮與孟子曰禮也曰嫂溺
則援之以手乎曰嫂溺不援是豺狼也男女授受不
親禮也嫂溺援之以手者權也（溺字援字即借上文影說妙）曰今天下溺矣夫子
之不援何也曰天下溺援之以道嫂溺援之以手子
欲手援天下乎

公孫丑曰君子之不教子何也孟子曰勢不行也教
者必以正以正不行繼之以怒繼之以怒則反夷矣
夫子教我以正夫子未出於正也則是父子相夷也
父子相夷則惡矣古者易子而教之父子之間不責

蘇云正字變善字夷字變離字惡字變不祥字

善責善則離離則不祥莫大焉

孟子曰事孰爲大事親爲大守孰爲大守身爲大不失其身而能事其親者吾聞之矣失其身而能事其親者吾未之聞也孰不爲事事親事之本也孰不爲守守身守之本也曾子養曾晳必有酒肉將徹必請所與問有餘必曰有曾晳死曾元養曾子必有酒肉將徹不請所與問有餘曰亡矣將以復進也此所謂養口體者也若曾子則可謂養志也事親若曾子者可也

（四句平說）（四句串說側重守身）（打轉句平）（蘇云一句結）（緊上雙頂）

末節單結事親似絕不回顧守身不知事親獨舉曾子正以其平日能守身也舉單結雙之法

以格君心之非句爲樞紐上二句引起此句下又承此句而言其效

孟子曰、人不足與適也。政不足閒也。惟大人爲能格君心之非。君仁、莫不仁。君義、莫不義。君正、莫不正。一正君而國定矣。與上兩不足相呼應

孟子曰、有不虞之譽、有求全之毁、

孟子曰、人之易其言也、無責耳矣、

孟子曰、人之患在好爲人師、

樂正子從於子敖之齊、樂正子見孟子、孟子曰、子亦來見我乎。曰、先生何爲出此言也。曰、子來幾日矣。曰昔者。曰、昔者。則我出此言也。不亦宜乎。曰、舍館未定。

蘇云四句整後樂字御翻作一段其中亦句相乘

曰子聞之也舍館定然後求見長者乎曰克有罪

孟子謂樂正子曰子之從於子敖來徒餔啜也我不意子學古之道而以餔啜也

孟子曰不孝有三無後為大舜不告而娶為無後也君子以為猶告也

孟子曰仁之實事親是也義之實從兄是也智之實知斯二者弗去是也禮之實節文斯二者是也樂之實樂斯二者樂則生矣生則惡可已也惡可已則不知足之蹈之手之舞之

孟子曰天下大悅而將歸己（蘇云正反二句）視天下悅而歸己猶草芥也惟舜爲然（蘇云提起一句帶下）不得乎親不可以爲人不順乎親不可以爲子舜盡事親之道而瞽瞍厎豫（蘇云又提）瞽瞍厎豫而天下化瞽瞍厎豫而天下之爲父子者定（蘇云又以一句結）此之謂大孝

孟子曰舜生於諸馮遷於負夏卒於鳴條東夷之人也文王生於岐周卒於畢郢西夷之人也（蘇云四句開承）地之相去也千有餘里世之相後也千有餘歲（蘇云二句前總）得志行乎中國若合符節（蘇云二句中結）先聖後聖其揆一也

子產聽鄭國之政，以其乘輿濟人於溱洧。孟子曰：惠而不知爲政。歲十一月徒杠成，十二月輿梁成，民未病涉也。君子平其政，行辟人可也，焉得人人而濟之？故爲政者，每人而悅之，日亦不足矣。

孟子告齊宣王曰：（蘇云：句句開合）君之視臣如手足，則臣視君如腹心；君之視臣如犬馬，則臣視君如國人；君之視臣如土芥，則臣視君如寇讎。（蘇云：轉）王曰：禮爲舊君有服，何如斯可爲服矣？曰：諫行言聽，膏澤下於民；有故而去，則君使人導之出疆，又先於其所往；去三年不反，然後收

條云就寇讎字結簡脉

其田里。此之謂三有禮焉。如此則爲之服矣。今也爲臣，諫則不行，言則不聽，膏澤不下於民。有故而去，則君搏執之，又極之於其所往，去之日遂收其田里。此之謂寇讎。寇讎何服之有。總上

孟子曰：無罪而殺士，則大夫可以去；無罪而戮民，則士可以徙。

孟子曰：君仁莫不仁，君義莫不義。

孟子曰：非禮之禮，非義之義，大人弗爲。

孟子曰：中也養不中，才也養不才，故人樂有賢父兄

以欲其自得句爲主首句
是自得工夫下皆自得中

也如中也棄不中才也棄不才則賢不肖之相去其閒不能以寸

孟子曰人有不爲也而後可以有爲

孟子曰言人之不善當如後患何

孟子曰仲尼不爲已甚者

孟子曰大人者言不必信行不必果惟義所在

孟子曰大人者不失其赤子之心者也

孟子曰養生者不足以當大事惟送死可以當大事

孟子曰君子深造之以道欲其自得之也自得之則

妙用

通章俱就水說只末一句

緊出正意

居之安居之安則資之深資之深則取之左右逢其原故君子欲其自得之也

孟子曰博學而詳說之將以反說約也

孟子曰以善服人者未有能服人者也以善養人然後能服天下天下不心服而王者未之有也

孟子曰言無實不祥不祥之實蔽賢者當之

徐子曰仲尼亟稱於水曰水哉水哉何取於水也孟子曰原泉混混不舍晝夜盈科而後進放乎四海有本者如是是之取爾苟為無本七八月之閒雨集溝

蘇云本字聯起

蘇云存之句爲下四章總冒

蘇云至此文章漸開又以兼上四段

滄皆盈其涸也可立而待也故聲聞過情君子恥之

孟子曰人之所以異於禽獸者幾希庶民去之君子存之舜明於庶物察於人倫由仁義行非行仁義也

孟子曰禹惡旨酒而好善言湯執中立賢無方文王視民如傷望道而未之見武王不泄邇不忘遠周公思兼三王以施四事其有不合者仰而思之夜以繼日幸而得之坐以待旦

孟子曰王者之迹熄而詩亡詩亡然後春秋作晉之乘楚之檮杌魯之春秋一也其事則齊桓晉文其文

兩乎字作意低徊兩也字黯然意遠當年直接尼山一段深情至今可想

則史。孔子曰。其義則丘竊取之矣。

孟子曰。君子之澤。五世而斬。小人之澤。五世而斬。予未得爲孔子徒也。予私淑諸人也。

孟子曰。可以取。可以無取。取傷廉。可以與。可以無與。與傷惠。可以死。可以無死。死傷勇。

逢蒙學射於羿。盡羿之道。思天下惟羿爲愈己。於是殺羿。孟子曰。是亦羿有罪焉。蘇云一句意盡 公明儀曰。蘇云又一往反作波 宜若無罪焉。曰。薄乎云爾。惡得無罪。鄭人使子濯孺子侵衛。衛使庾公之斯追之。子濯孺子曰。今日我疾作。不可以執

[illegible]云文勢至此欲絕而文情正酣趯躍下文引取友之端以証逃得無罪之論不須聯絡呼吸自應前龍斷齊同此只引學射更貼的當益長于喻者不迫而切

取友必端句最重蓋孟子取友端而能免禍則羿之所以殺身者由于取逢蒙之不端也不用找上而上意自明

弓吾死矣夫問其僕曰追我者誰也其僕曰庾公之斯也曰吾生矣其僕曰庾公之斯衛之善射者也夫子曰吾生何謂也曰庾公之斯學射於尹公之他尹公之他學射於我夫尹公之他端人也其取友必端矣庾公之斯至曰夫子何爲不執弓曰今日我疾作不可以執弓曰小人學射於尹公之他尹公之他學射於夫子我不忍以夫子之道反害夫子雖然今日之事君事也我不敢廢抽矢扣輪去其金發乘矢而後反

不忍二字與上思字相應

兩有字兩者字寫出紛紛雜雜惟有孟子在旁早爲皆字獨字伏案況弔禮未行紛譁雜沓如此又畫出

孟子曰西子蒙不潔則人皆掩鼻而過之雖有惡人齊戒沐浴則可以祀上帝

孟子曰天下之言性也則故而已矣故者以利爲本所惡於智者爲其鑿也如智者若禹之行水也則無惡於智矣禹之行水也行其所無事也如智者亦行其所無事則智亦大矣天之高也星辰之遠也苟求其故千歲之日至可坐而致也

公行子有子之喪右師往弔入門有進而與右師言者有就右師之位而與右師言者孟子不與右師言

個不成禮樣子來

不愛人敬人何以見其以仁禮存心不到人恆愛恆敬何以見我爲愛人者敬人者層層從上脫出卽層層從下綴轉一二節懸空立案爲下三自反地連下五必字正見君子仁禮存心之真切

右師不悅曰諸君子皆與驩言孟子獨不與驩言是簡驩也孟子聞之曰（蘇云開鎖）禮朝廷不歷位而相與言不踰階而相揖也我欲行禮子敖以我爲簡不亦異乎

孟子曰君子所以異於人者以其存心也君子以仁存心以禮存心仁者愛人有禮者敬人愛人者人恆愛之（蘇云忽然起波）敬人者人恆敬之有人於此其待我以橫逆則君子必自反也我必不仁也必無禮也此物奚宜至哉其自反而仁矣自反而有禮矣其橫逆由是也君子必自反也我必不忠自反而忠矣其橫逆由是也

三　下之十三

于禽獸又何難句一面將橫逆劈開一面仍以仁禮自反故下面直接是故君子有終身之憂

蘇云又分憂患作一段

人字遍篇線索天下有聖人有鄉人有妄人妄人則爲禽獸鄉人俚矣君子不與妄人校亦不肯流于鄉人而必要學聖人此君子之所以異于人

首二節是敘三節是斷四節五節發明同道末二節設喻以足上文

平世亂世便爲地字伏案兩賢之便爲同道及易地皆然伏案

君子曰此亦妄人也已矣如此則與禽獸奚擇哉於禽獸又何難焉是故君子有終身之憂無一朝之患（上句總括上反節）也乃若所憂則有之（申有終身之憂）舜人也我亦人也舜爲法於天下可傳於後世我由未免爲鄉人也是則可憂也（蘇云畧收就歇下）憂之如何如舜而已矣若夫君子所患則無矣（申無一朝之患）非仁無爲也非禮無行也如有一朝之患則君子不患矣

禹稷當平世三過其門而不入孔子賢之顏子當亂世居於陋巷一簞食一瓢飲人不堪其憂顏子不改其樂孔子賢之孟子曰禹稷顏回同道禹思天下有

蘇云只用是以何義[illegible]稷心事顏子已燎然更系必說　此舉單見雙法孟子省文之妙

蘇云兩股終上文未盡之意

而可也遙應兩賢之乃正明其爲同道也

五不孝從輕說到重連用三不顧養爲下文不得近地步私妻子正對出妻屏子哉字危字正對責善

溺者，由己溺之也；稷思天下有飢者，由己飢之也，是以如是其急也。禹、稷、顏子（明加來應上同道）易地則皆然。今有同室之人鬬者（以喻禹稷），救之，雖被髮纓冠而救之，可也；鄉鄰有鬬者（以喻顏子），被髮纓冠而往救之，則惑也，雖閉戶可也。

公都子曰：匡章，通國皆稱不孝焉，夫子與之遊，又從而禮貌之，敢問何也？孟子曰：世俗所謂不孝者五：惰其四支，不顧父母之養，一不孝也；博弈好飲酒，不顧父母之養，二不孝也；好貨財，私妻子，不顧父母之養，三不孝也；從耳目之欲，以爲父母戮，四不孝也；好勇

首句喝起下五句情致悽惋

上面兩提章子末句綰承兩總結之作意沉吟自見得所以與遊之故

上二節敘事末節論斷上節兩先生字已爲師字伏案次節伋字君字已爲臣字伏案

鬬狠以危父母五不孝也章子有一於是乎夫章子（蘇云一句承住）（蘇云朋其所以）

（失處）子父責善而不相遇也責善朋友之道也父子責善

賊恩之大者夫章子豈不欲有夫妻子母之屬哉爲（蘇云切其不得已處）

得罪於父不得近出妻屏子終身不養焉其設心以

爲不若是是則罪之大者是則章子已矣

曾子居武城有越寇或曰寇至盍去諸曰無寓人於

我室毀傷其薪木寇退則曰脩我牆屋我將反寇退

曾子反左右曰待先生如此其忠且敬也寇至則先

去以爲民望寇退則反殆於不可沈猶行曰是非汝

蘇云四語參見只隔六字然不覺冗複是其運筆之妙處

所知也昔沈猶有負芻之禍從先生者七十人未有與焉子思居於衛有齊寇或曰寇至盍去諸子思曰如伋去君誰與守孟子曰曾子子思同道曾子師也父兄也子思臣也微也曾子子思易地則皆然

儲子曰王使人瞯夫子果有以異於人乎孟子曰何以異於人哉堯舜與人同耳

齊人有一妻一妾而處室者其良人出則必饜酒肉而後反其妻問所與飲食者則盡富貴也其妻告其妾曰良人出則必饜酒肉而後反問其與飲食者盡

蘇云三字前意俱在俱不覺客
上節卽是下節影子所以求三字包却無限情狀在內今若此三字有說不出光景所以求三字亦然
蘇云轉作斷語舊評韓柳諸傳皆如此

富貴也而未嘗有顯者來吾將瞯良人之所之也蚤起施從良人之所之徧國中無與立談者卒之東郭墦間之祭者乞其餘不足又顧而之他此其爲饜足之道也其妻歸告其妾曰良人者所仰望而終身也今若此與其妾訕其良人而相泣於中庭而良人未之知也施施從外來驕其妻妾由君子觀之則人之所以求富貴利達者其妻妾不羞也而不相泣者幾希矣

萬章問曰舜往于田號泣于旻天何爲其號泣也孟

蘇云斷所引從容不迫不紆

此承上節推進一步三段遞下正下文所謂人悅之好色富貴者

此節就上節覆說一番語脈緊貫如窮人句來

蘇云反覆重叠愈不厭如跳層纔但見其華

了曰怨慕也萬章曰父母愛之喜而不忘父母惡之勞而不怨然則舜怨乎曰長息問於公明高曰舜往于田則吾既得聞命矣號泣于旻天于父母則吾不知也公明高曰是非爾所知也夫公明高以孝子之心爲不若是恝我竭力耕田共爲子職而已矣父母之不我愛於我何哉帝使其子九男二女百官牛羊倉廩備以事舜於畎畝之中天下之士多就之者（[illegible]）帝將胥天下而遷之焉爲不順於父母如窮人無所歸（故節以解憂言爲愛字作縱出好意也）天下之士悅之人之所欲也而不足以解憂好色人

增補蘇批孟子　下孟

蘇云轉到常情方喚得大孝精神出來

蘇云復折歸方見收拾

之所欲妻帝之二女而不足以解憂富人之所欲富有天下而不足以解憂貴人之所欲貴爲天子而不足以解憂人悅之好色富貴無足以解憂者惟順於父母可以解憂人少則慕父母知好色則慕少艾有妻子則慕妻子仕則慕君不得於君則熱中大孝終身慕父母五十而慕者予於大舜見之矣

萬章問曰詩云娶妻如之何必告父母信斯言也宜莫如舜舜之不告而娶何也孟子曰告則不得娶男

女居室人之大倫也如告則廢人之大倫以懟父母是以不告也萬章曰舜之不告而娶則吾既得聞命矣帝之妻舜而不告何也曰帝亦知告焉則不得妻也萬章曰父母使舜完廩捐階瞽瞍焚廩使浚井出從而揜之象曰謨蓋都君咸我績牛羊父母倉廩父母干戈朕琴朕弤朕二嫂使治朕棲象往入舜宮舜在牀琴象曰鬱陶思君爾忸怩舜曰惟茲臣庶汝其于予治不識舜不知象之將殺己與曰奚而不知也象憂亦憂象喜亦喜曰然則舜僞喜者與曰否昔者

右子一章主意大旨孟子
總愛二字封之國是親愛
大仁使吏治亦所以全其
親愛無已之仁一封之也
二句一章眼目次節明其
封之故末節明其或曰放

有饋生魚於鄭子產子產使校人畜之池校人烹之
反命曰始舍之圉圉焉少則洋洋焉攸然而逝子產
曰得其所哉得其所哉校人出曰孰謂子產智予既
烹而食之曰得其所哉得其所哉故君子可欺以其
方難罔以非其道彼以愛兄之道來故誠信而喜之
奚偽焉

萬章問曰象日以殺舜爲事立爲天子則放之何也
孟子曰封之也或曰放焉萬章曰舜流共工於幽州
放驩兜于崇山殺三苗于三危殛鯀于羽山四罪而

爲之說

故謂之放以上答淸或曰於焉之問雖然一轉最重見得不專愛民正親愛其弟之無已歸併上節仁字曲折如化工

天下咸服。誅不仁也。象至不仁。封之有庳。有庳之人奚罪焉。（蘇云長句不滯）仁人固如是乎。在他人則誅之。在弟則封之。（蘇云承上生下之筆）曰。仁人之於弟也。不藏怒焉。不宿怨焉。親愛之而已矣。親之欲其貴也。愛之欲其富也。封之有庳。富貴之也。身爲天子。弟爲匹夫。可謂親愛之乎。敢問或曰放者。何謂也。曰。象不得有爲於其國。天子使吏治其國而納其貢稅焉。故謂之放。豈得暴彼民哉。（進有庳之人奚罪句）雖然。欲常常而見之。故源源而來。不及貢。以政接于有庳。此之謂也。

咸丘蒙問曰語云（蘇云引語以明事）盛德之士君不得而臣父不得而子舜南面而立堯帥諸侯北面而朝之瞽瞍亦北面而朝之舜見瞽瞍其容有蹙孔子曰於斯時也天下殆哉岌岌乎不識此語誠然乎哉孟子曰否此非君子之言齊東野人之語也堯老而舜攝也堯典曰（蘇云引經以辨疑）二十有八載放勳乃徂落百姓如喪考妣三年四海遏密八音孔子曰天無二日民無二王舜既爲天子矣又帥天下諸侯以爲堯三年喪是二天子矣咸丘蒙曰舜之不臣堯則吾既得聞命矣詩云（蘇云引經以明事）普天之下莫

非王土率土之濱莫非王臣而舜既爲天子矣敢問瞽瞍之非臣如何曰是詩也（蘇云引證以決疑）非是之謂也勞於王事而不得養父母也曰此莫非王事我獨賢勞也故說詩者不以文害辭不以辭害志以意逆志是爲得之如以辭而已矣雲漢之詩曰周餘黎民靡有子遺信斯言也是周無遺民也孝子之至莫大乎尊親尊親之至莫大乎以天下養爲天子父尊之至也以天下養養之至也詩曰永言孝思孝思維則此之謂也書曰祗載見瞽瞍夔夔齋栗瞽瞍亦允若是爲父不得

而子也。

萬章曰：堯以天下與舜，有諸？孟子曰：否。天子不能以天下與人。然則舜有天下也，孰與之？曰：天與之。天與之者，諄諄然命之乎？曰：否。天不言，以行與事示之而已矣。曰：以行與事示之者，如之何？曰：天子能薦人於天，不能使天與之天下；諸侯能薦人於天子，不能使天子與之諸侯；大夫能薦人於諸侯，不能使諸侯與之大夫。昔者堯薦舜於天而天受之，暴之於民而民受之。故曰：天不言，以行與事示之而已矣。曰：敢問薦

〔翻新出奇〕〔將示字換他命字妙〕〔主〕〔賓〕〔賓以上泛論〕〔八個〕〔繳應本節〕

天與之國天也人與之亦民也天字繳得有則天子不能以天下與人之故方煞得透

之於天而天受之暴之於民而民受之如何曰使之主祭而百神享之是天受之使之主事而事治百姓安之是民受之也天與之人與之故曰天子不能以天下與人（繳應起處）舜相堯二十有八載非人之所能為也天也堯崩三年之喪畢舜避堯之子於南河之南天下（天子）諸侯朝覲者不之堯之子而之舜訟獄者不之堯之子而之舜謳歌者不謳歌堯之子而謳歌舜故曰天（又正繳天字）也夫然後之中國踐天子位焉而居堯之宮逼堯之子是篡也非天與也（又反繳天字）泰誓曰天視自我民視天聽自

下之二十

明與賢之事自應兼言具見
但本章以禹爲主不敘竟

我民聽。此之謂也。

此篇是翻案文字。堯以天下與舜，舊有成案，但既以爲可與，則亦以爲可取，且將以爲可奪，又知篡借與之名，文奪之實者，故孟子特拈出天字，翻去常談，使知天下公器，天子即欲與人而不能，正以消天下後世奸雄窺竊之謀，此大有功于世教之論也。通篇以天字作骨，總是發明天子不能以天下與人意。萬章就不能字要曲詰難，一層入細一層，直窮到底；孟子就不能字反覆分剖，一節痛快一節，直透到頭。此是抽繭剝蕉手段。天與之句通篇綱領，中間從天受，推到民受，朝覲一段，俱納入天字中。末節引書作結，亦只以民驗天耳。故曰天子不能以天下與人一句結過天與之意已盡，相堯節又推舜當堯在時攝相之久，至堯崩後人心之歸，統始終本末言之，見其莫非出乎天與之意。

萬章問曰，人有言。至於禹而德衰。不傳於賢而傳於子。有諸。孟子曰。否。不然也。天與賢。則與賢。天與子。則與子。此言天與賢之事昔者舜薦禹於天。十有七年。舜崩。三年之喪畢。禹避舜之子於陽城。天下之民從之。若堯崩之後。不

舜不可直從堯舜敘起又不可看其從禹說起在禹爲前補堯舜子事不漏而賓主又極分明眞化工之筆

從堯之子而從舜也禹薦益於天七年禹崩三年之喪畢益避禹之子於箕山之陰朝覲訟獄者不之益而之啓曰吾君之子也謳歌者不謳歌益而謳歌啓曰吾君之子也丹朱之不肖舜之子亦不肖舜之相堯禹之相舜也歷年多施澤於民久啓賢能敬承繼禹之道益之相禹也歷年少施澤於民未久舜禹益相去久遠其子之賢不肖皆天也非人之所能爲也莫之爲而爲者天也莫之致而至者命也匹夫而有天下者德必若舜禹而又有天子薦之者故仲尼不

（此言天與子之事）

（此言天之所以與賢也）

（此言天之所以與子也）

（蘇云總括二句折出天字與起處兩天字相應）

（計天字）

（蘇云明言不盡益暢發以足其意）

（命即天）

予伊尹述其事下周公言其意變化無方

蘇云只以孔子語結更高

有天下。繼世以有天下。（蘇云明言天不廢啟）天之所廢。必若桀紂者也。故（蘇云）益伊尹周公不有天下。（開口）伊尹相湯以王於天下。（蘇云申伊尹）湯崩。太丁未立。外丙二年。仲壬四年。太甲顛覆湯之典刑。伊尹放之於桐。三年。太甲悔過。自怨自艾。於桐處仁遷義。三年以聽伊尹之訓己也。復歸于亳。周公之不（蘇云半虛公）有天下。猶益之於夏。伊尹之於殷也。孔子曰。唐虞禪。（應前啟）夏后殷周繼。其義一也。（應前）（便見與子非德衰）

徐忠曠曰辨論古今聖人無如此章爲最要看其議論詳悉處又要看其章法變化處簡括處立子一箇與賢與子兩大案前從堯舜說來後從殷周說去幾千百年大局一舉而歸之於天可見禹之心正與堯舜一般其相去久遠與子之賢不肖聖人原無庸心亦庸心不得前猶有相道未久處至殷周無相道雖久亦不論矣仲尼節見聖德不足據繼世節見天子薦亦不足憑總一歸于與子不

歷舉三代證之總論千古大局以斷禹益此義論詳悉處至天下之民從之不實叙謳歌止言若堯崩之後云云又簡省又帶堯舜周公之不有天下止舉益君爲例省文又是總束此節意也其中又有敘事論斷錯綜處○禹薦益于天至其子之賢不肖皆天也方是斷以天而自天下兩節是論斷伊尹二節又是敘事敘處下不得斷斷處亦不得敘又在相其章法變化末節合好二語收全章結出一義字以前論天道聖人不得參其權此又論理之當然聖人必盡其理方見天人合一不但無庸心並一毫私心也用不得　以天與賢二句爲綱首節敘民之從賢從子次節承上節而斷爲天意之與賢與子總見禹之不傳賢而傳子本于天意非關德衰正意已盡下復歷語益之所以不有天下而禹傳子之故乃益明末引孔子之言總結上文正與天與賢二句相應　前二節敘與賢與子事以堯舜形禹益後數節引伊周不有天下以形益之不有天下仲尼不有天下又以引起伊周前禹益爲主堯舜爲賓後益爲主伊周爲賓仲尼則又賓中賓　周公節原借伊周以形益今又借益伊以形周是周爲賓中主益爲主中賓伊則爲賓中賓此反賓爲主反主爲賓賓主錯綜法

萬章問曰：人有言，伊尹以割烹要湯，有諸？孟子曰：否，不然。伊尹耕於有莘之野，（蘇云：一句起下，分兩意承。）而樂堯舜之道焉。非其義也，非其道也，祿之以天下，弗顧也；（不遺乎大。）繫馬千駟，弗視也。

達時所行之正

非其義也非其道也一介（不忽乎小）不以與人一介不以取諸
人湯使人以幣聘之囂囂（蘇云翻轉）然曰我何以湯之聘幣爲
哉我豈若處畎畝之中由是以樂堯舜之道哉湯三（則就上意）
使往聘之既而（蘇云飄揚）幡然改曰與（蘇云擬上一句）我處畎畝之中由是以
（翻轉）樂堯舜之道吾豈（蘇云排三句）若使是君爲堯舜之君哉吾豈若
（上文申明己所以應聘之意）使是民爲堯舜之民哉吾豈（蘇云承上兩句）若於吾身親見之哉天（此序）
之生此民也使先知覺後知使先覺（推論大意）覺後覺也予天（轉入自己）
民之先覺者也予（先正一句）將以斯道（即堯舜之道）覺斯民也非予（此反説一句以見所任之）覺之而
（轉）誰也思天下之民匹夫匹婦有不被堯舜之澤者若

既曰堯舜之道便不見要湯其承認要字正痛關要字也此乃掉弄機關之筆

已推而內之溝中（繳上兩節）其自任以天下之重如此故就湯而說之（便入斷湯）以伐夏救民吾未聞枉己而正人者也況辱己（通章斷案）以正天下者乎聖人之行不同也或遠或近或去或不去歸潔其身而已矣吾聞其以堯舜之道要湯（蘇云應結）未聞以割烹也伊訓曰天誅造攻自牧宮朕載自亳

此章反覆辨伊尹無割烹之事揭舉二節詳言正己之事繳然三節詳言正天下之事是案吾未聞二節言其能正天下必無辱己之事是斷末節引書証伐夏之事愈見非辱己所能為　樂堯舜之道句為一篇骨子下非其義非其道由是以樂堯舜之道使君民為堯舜君民以斯道覺斯民有不被堯舜之澤處處跟定堯舜之道來可見其窮之所守者堯舜之道達之所行者亦堯舜之道何嘗有辱己之事故收處再繳吾聞其以堯舜之道要湯未聞以割烹一句自應起處為通篇歸結

萬章問曰或謂孔子於衛主癰疽於齊主侍人瘠環

曰司城貞子者謂其後在宋爲司城之官沒而諡以貞也曰爲陳侯周臣者謂當孔子過宋適陳時貞子方仕陳也曰臣明其非癰疽侍人比曰貞見其爲賢一句中當時所仕之君後日所爲之官人品之賢無一不備而又以後日陪今日用一爲字賓主又極分明眞化工之筆

（主頗讎由便非主癰）

有諸乎孟子曰否不然也好事者爲之也於衛主顏（癰疽一句斷定然後復引孔子不肯主彌子事以斷其必無主癰疽瘠環之理）讎由彌子之妻與子路之妻兄弟也彌子謂子路曰孔子主我衛卿可得也子路以告孔子曰有命孔子進以禮退以義得之不得曰有命而主癰疽與侍人（蘇云一折）瘠環是無義無命也孔子不悅於魯衛（又引証）遭宋桓司馬將要而殺之微服而過宋（提句以見處魯衛不得主而況處常）是時孔子當阨主司城貞子爲陳侯周臣（蘇云又一折）吾聞觀近臣（蘇云對承）以其所爲主觀遠臣以其所主若孔子主癰疽與侍人瘠環何以爲孔子

萬章問曰或曰百里奚自鬻於秦養牲者五羊之皮

此段先敘奚去虞入秦事爲下文論斷張本
敘晉假道事夾入宮之奇一諫以諫形起不諫正見百里之智處故下段即緊接說　轉落去虞入秦處重頓年已七十一筆下文俱動
凡四點智字兩點賢字極錯綜變化之妙直如團花簇錦令人滿目迷離千古可觀

食牛以要秦穆公信乎孟子曰否不然好事者爲之也（原敘法）百里奚虞人也晉人以垂棘之璧與屈產之乘假道於虞以伐虢宮之奇諫百里奚不諫（後法緊）知虞公之不可諫而去之秦年已七十矣曾不知以食牛干秦穆公之爲汙也可謂智乎不可諫而不諫可謂不智乎知虞公之將亡而先去之不可謂不智也時舉於秦知穆公之可與有行也而相之可謂不智乎相秦而顯其君於天下可傳於後世不賢而能之乎自鬻以成其君鄉黨自好者不爲而謂賢者爲之乎

此節暗伏個清字

此辨奚無子去之事中節敘事末節論斷其斷案只在百里奚不諫句內看出智字來又從智字上推出賢字來賢智二字是通篇眼目　末節一智一賢分兩截而智有四段賢如兩段四段中以首段爲主下三段總申明首段蓋極形他智以見必知食牛干主之爲汙不諫一段見他知默之智申首段中不可諫先去一段見他知幾之智申首段中知虞公擧秦一段見他知穆之智申首段去之秦究之三段雖平列却又以不諫一段爲主下二段即從此遞推而出既言智又兼言賢者世亦有明知此事之汙但或人品非賢亦未必不爲自汙之事所以復從智推出賢自足追進一步說見自鬻成君賢者斷不出此前四段從不可爲智反跌入智是先立反案而後下正斷後二段從相秦之賢說入自鬻非賢者所爲是先立正案而後決以反斷也前四段以第一段爲提綱後二段以末一段爲歸宿反復詳明據理剖斷好事者之誣更何處置喙

孟子曰、伯夷目不視惡色、耳不聽惡聲、非其君不事、非其民不使、治則進、亂則退、橫政之所出、橫民之所止、不忍居也、思與鄉人處、如以朝衣朝冠坐於塗炭也、當紂之時、居北海之濱、以待天下之清也、故聞伯

此節暗伏箇任字

此節暗伏箇和字

夷之風者，頑夫廉，懦夫有立志。伊尹曰：何事非君？何使非民？治亦進，亂亦進。曰：天之生斯民也，使先知覺後知，使先覺覺後覺。予天民之先覺者也，予將以此道覺此民也。思天下之民，匹夫匹婦有不與被堯舜之澤者，若已推而內之溝中，其自任以天下之重也。柳下惠不羞汙君，不辭小官，進不隱賢，必以其道，遺佚而不怨，阨窮而不憫，與鄉人處，由由然不忍去也。爾爲爾，我爲我，雖袒裼裸裎於我側，爾焉能浼我哉？故聞柳下惠之風者，鄙夫寬，薄夫敦。孔子之去齊，接

此節收處再加孔子也一結便含三聖不足語此意

首句正喻全提集大成也者六句是以喻意解集大成始條理四句方以正意補上孔子之謂

淅而行去魯曰遲遲吾行也去父母國之道也可以速而速可以久而久可以處而處可以仕而仕孔子也孟子曰伯夷聖之清者也伊尹聖之任者也柳下惠聖之和者也孔子聖之時者也孔子之謂集大成（此節以樂喻）集大成也者金聲而玉振之也金聲也者始條理也玉振之也者終條理也始條理者智之事也終條理者聖之事也（此節以射喻）智譬則巧也聖譬則力也由射於百步之外也其至爾力也其中非爾力也

北宮錡問曰周室班爵祿也如之何孟子曰其詳不

可得聞也諸侯惡其害己也而皆去其籍然而軻也嘗聞其略也天子一位公一位侯一位伯一位子男同一位凡五等也君一位卿一位大夫一位上士一位中士一位下士一位凡六等天子之制地方千里公侯皆方百里伯七十里子男五十里凡四等不能五十里不達於天子附於諸侯曰附庸天子之卿受地視侯大夫受地視伯元士受地視子男大國地方百里君十卿祿卿祿四大夫大夫倍上士上士倍中士中士倍下士下士與庶人在官者同祿祿足以代

其耕也、次國地方七十里、君十卿祿、卿祿三大夫、大夫倍上士、上士倍中士、中士倍下士、下士與庶人在官者同祿、祿足以代其耕也、小國地方五十里、君十卿祿、卿祿二大夫、大夫倍上士、上士倍中士、中士倍下士、下士與庶人在官者同祿、祿足以代其耕也、耕者之所獲、一夫百畝、百畝之糞、上農夫食九人、上次食八人、中食七人、中次食六人、下食五人、庶人在官者、其祿以是爲差、

萬章問曰、敢問友、孟子曰、不挾長、不挾貴、不挾兄弟、

友字在中間首尾以不挾挾

本說獻子不挾却從其友之不有其家看出而五人與之友看出都是對面寫照法　一正一反與友不與友在兩頭無獻子之家有獻子之家在中間又一顛逆回環法

以本節論引來證不挾似重上半截然不終於此乃爲不挾之至故連說弗與數句文勢一直注到舜與舜上去可知文章抑揚之妙

而友友也者友其德也不可以有挾也孟獻子百乘（不挾貴）之家也有友五人焉樂正裘牧仲其三人則予忘之矣獻子之與此五人者友也無獻子之家者也此五人者亦有獻子之家則不與之友矣非惟百乘之家（疏落法將相法）爲然也雖小國之君亦有之費惠公（不挾貴）曰吾於子思則師之矣吾於顏般則友之矣王順長息（此句爲師之友之作襯）則事我者也非惟小國之君爲然也雖大國之君亦有之晉平公（不挾貴）之於亥唐也入云則入坐云則坐食云則食雖疏食菜羹未嘗不飽蓋（文勢至此一歇下乃轉入正意）不敢不飽也然終於此而已矣弗

與共天位也弗與治天職也弗與食天祿也士之尊賢者也非王公之尊賢也舜尚見帝帝館甥于貳室亦饗舜迭爲賓主是天子而友匹夫也用下敬上謂之貴貴用上敬下謂之尊賢貴貴尊賢其義一也

不挾貴四

繳應友德

此論交友之道以友德一何爲主不挾貴正以友德而不挾貴處至天子友匹夫爲極至前從孟獻子費惠公晉平公遂將觀逐節卸一步進一步過到堯之友舜然後暢然意滿曰是天子而友匹夫也爲此篇歸宿末節以貴貴尊賢歸重德也與亂處友德相應

萬章問曰敢問交際何心也孟子曰恭也曰卻之卻之爲不恭何哉曰尊者賜之曰其所取之者義乎不義乎而後受之是以爲不恭故弗卻也曰請無以辭

蘇云一折

蘇云一折

御之以心御之曰其取諸民之不義也而以他辭無受不可乎曰其交也以道（蘇云三折）其接也以禮斯孔子受之矣萬章曰今有禦人於國門之外者其交也以道其餽也以禮斯可受禦與（蘇云四折）曰不可康誥曰殺越人於貨閔不畏死凡民罔不譈是不待教而誅者也殷受夏周受殷所不辭也於今爲烈如之何其受之曰今之諸侯取之於民也猶禦也苟善其禮際矣斯君子受之敢問何說也曰子以爲有王者作將比今之諸侯而誅之乎其教之不改而後誅之乎夫謂非其有而

取之者盜也充類至義之盡也孔子之仕於魯也魯人獵較孔子亦獵較獵較猶可而況受其賜乎（蘇云入畫）曰然（孔子生一句）則孔子之仕也非事道與曰事道也事道奚獵較也曰孔子先簿正祭器不以四方之食供簿正曰奚不去也曰爲之兆也兆足以行矣而不行而後去是以未嘗有所終三年淹也（蘇云敘上齊平正結）孔子有見行可之仕有際可之仕有公養之仕於季桓子見行可之仕也於衛靈公際可之仕也於衛孝公公養之仕也

孟子曰仕非爲貧也而有時乎爲貧娶妻非爲養也

粘爲會

而有時乎爲養爲貧者辭尊居卑辭富居貧辭尊居

居卑二句綴於一問

卑辭富居貧惡乎宜乎抱關擊柝孔子嘗爲委吏矣

曰會計當而已矣嘗爲乘田矣曰牛羊茁壯長而已

蘇云對結下字而有次第

矣位卑而言高罪也立乎人之本朝而道不行恥也

萬章曰士之不託諸侯何也孟子曰不敢也諸侯失

國而後託於諸侯禮也士之託於諸侯非禮也萬章

曰君餽之粟則受之乎曰受之受之何義也曰君之

於民也固周之曰周之則受賜之則不受何也曰不

敢也曰敢問其不敢何也曰抱關擊柝者皆有常職

蘇云又新[illegible]

以食於上無常職而賜於上者以爲不恭也曰君餽之則受之不識可常繼乎曰繆公之於子思也亟問亟餽鼎肉子思不悅於卒也摽使者出諸大門之外北面稽首再拜而不受曰今而後知君之犬馬畜伋蓋自是臺無餽也悅賢不能舉又不能養也可謂悅賢乎曰敢問國君欲養君子如何斯可謂養矣曰以君命將之再拜稽首而受其後廩人繼粟庖人繼肉不以君命將之子思以爲鼎肉使己僕僕爾亟拜也非養君子之道也堯之於舜也使其子九男事之二

欲知士不可往見之義當
知君欲見士之心用且字
訣八是對面寫法

女女焉百官牛羊倉廪備以事舜於畎畝之中後舉
而加諸上位故曰王公之尊賢者也
萬章曰敢問不見諸侯何義也孟子曰在國曰市井
之臣在野曰草莽之臣皆謂庶人庶人不傳質爲臣
不敢見於諸侯禮也萬章曰庶人召之役則往役君
欲見之召之則不往見之何也曰往役義也往見不
義也且君之欲見之也何爲也哉曰爲其多聞也爲
其賢也曰爲其多聞也則天子不召師而況諸侯乎
爲其賢也則吾未聞欲見賢而召之也繆公亟見於

引子思以明士不可召

友猶是平等召則卑矣是高一層跌法

庶人一層從上虞人推出妙于覆舉上文下又添此

子思曰古千乘之國以友士何如子思不悅曰古之人有言曰事之云乎豈曰友之云乎子思之不悅也（推子思不悅之言）豈不曰以位則子君也我臣也何敢與君友也以德（以位形德）則子事我者也奚可以與我友千乘之君求與之友而不可得也而況可召與齊景公田招虞人以旌不（引虞人皆形士一不可應召）至將殺之志士不忘在溝壑勇士不忘喪其元孔子奚取焉取非其招不往也曰敢問招虞人何以曰以皮冠庶人以旃士以旂大夫以旌以大夫之招招虞（比照跌宕分出賓主整齊文法最）人虞人死不敢往以士之招招庶人庶人豈敢往哉

看況乎字乃起跌得醒

當仕有官職則非市非草莽之臣以其官召之則非比以其多聞以其賢召之矣末節看似文外餘波實乃箇中要指

上節取友盡乎今下節取友進乎古中用一句脫卸

況乎以不賢人之招招賢人乎欲見賢人而不以其（詳明所以必不應召之意）道猶欲其入而閉之門也夫義路也禮門也惟君子（此四句緊承欲入閉門生出見召子所以不見正爲諸侯不以禮義行）能由是路出入是門也詩云周道如底其直如矢君（引詩單證義路而出入禮門亦在其中）子所履小人所視萬章曰孔子君命召不俟駕而行然則孔子非與曰孔子當仕有官職而以其官召之也

通篇論士不可往見而士之不可往卻轉從君之不可招透出前二節以分言後六節以道言然論分意輕論道意重故以義路禮門作通章歸宿末節掉轉不傳質意首尾相應則論分亦歸論道不往見之意益明

孟子謂萬章曰一鄉之善士斯友一鄉之善士一國

萬章下節

蘇云一句進一句至此打
折下用一語結

之善士斯友一國之善士天下之善士斯友天下之
善士以友天下之善士為未足又尚論古之人頌其（此句是通章關鍵）
詩讀其書不知其人可乎是以論其世也是尚友也
齊宣王問卿孟子曰王何卿之問也王曰卿不同乎
曰不同有貴戚之卿有異姓之卿王曰請問貴戚之
卿曰君有大過則諫反覆之而不聽則易位王勃然
變乎色曰王勿異也王問臣臣不敢不以正對王色
定然後請問異姓之卿曰君有過則諫反覆之而不
聽則去

從他處學生出戕賊字以折之卽又先以順字覷出戕賊字

最二句用倒裝文法

言性本善順之而無不善末節言性本無惡反之而後爲惡總見性非無定體以破告子湍水之說

告子曰性猶杞柳也義猶桮棬也以人性爲仁義猶以杞柳爲桮棬（蘇云二句開）（蘇云二句合）孟子曰子能順杞柳之性而以爲桮棬乎將戕賊杞柳而後以爲桮棬也如將戕賊杞柳而以爲桮棬則亦將戕賊人以爲仁義與（轉有力）率天下之人而禍仁義者必子之言夫（蘇云結得斬截）

告子曰性猶湍水也決諸東方則東流決諸西方則西流人性之無分於善不善也猶水之無分於東西也（蘇云文勢稍緩）孟子曰水信無分於東西無分於上下乎（以上下二字換他東西二字妙）人性之善也猶水之就下也人無有不善水無有不下今夫（蘇云人正意岩）（蘇云急應）

因告子借水喻性孟子亦全就水駁論最爲確切

蘇云三反覆如層崖斷岸

水搏而躍之可使過顙激而行之可使在山是豈水之性哉其勢則然也人之可使爲不善其性亦猶是也

蘇云振起

告子曰生之謂性孟子曰生之謂性也猶白之謂白與曰然白羽之白也猶白雪之白白雪之白猶白玉之白與曰然然則犬之性猶牛之性牛之性猶人之性與

告子曰食色性也仁内也非外也義外也非内也孟子曰何以謂仁内義外也曰彼長而我長之非有長

於我也猶彼白而我白之從其白於外也故謂之外
也曰白馬之白也無以異於白人之白也不識長馬
之長也無以異於長人之長與且謂長者義乎長之
者義乎曰吾弟則愛之秦人之弟則不愛也是以我
爲悅者也故謂之內長楚人之長亦長吾之長是以
長爲悅者也故謂之外也曰耆秦人之炙無以異於
耆吾炙夫物則亦有然者也然則耆炙亦有外與
孟季子問公都子曰何以謂義內也曰行吾敬故謂
之內也鄉人長於伯兄一歲則誰敬曰敬兄酌則誰

先曰先酌鄉人所敬在此所長在彼果在外非由內也公都子不能答以告孟子孟子曰（蘇云再起）敬叔父乎敬弟乎彼將曰敬叔父曰弟爲尸則誰敬彼將曰敬弟子（蘇云碗轉開合）曰惡在其敬叔父也彼將曰在位故也子亦曰在位故也庸敬在兄斯須之敬在鄉人季子聞之曰敬叔父則敬敬弟則敬果在外非由內也公都子曰冬日則飲湯夏日則飲水然則飲食亦在外也

公都子曰告子曰性無善無不善也或曰性可以爲善可以爲不善是故文武興則民好善幽厲興則民

以告子曰兩或曰陪起今曰皆非一句掃盡三說

好暴。或曰、有性善、有性不善、是故以堯爲君而有象、以瞽瞍爲父而有舜、以紂爲兄之子且以爲君、而有微子啟王子比干、今曰性善、然則彼皆非與。孟子曰、乃若其情（以情字證性善）則可以爲善矣、乃所謂善也。若夫爲不善、非才之罪也。（才亦指善）（蘇云波瀾）惻隱之心人皆有之、羞惡之心人皆有之、（此八句申情善）恭敬之心人皆有之、是非之心人皆有之。（蘇云再叠）惻隱之心仁也、羞惡之心義也、（此八句申性善）恭敬之心禮也、是非之心智也。仁義禮智、（以下八句申才善）非由外鑠我也、我固有之也、弗思耳矣。故曰、求則得之、舍則失之。或相倍蓰而無算者、不能（蘇云應才）

提出天字并性善緣頭指出

蘇云以非殊字變作同字又以同字變似字一轉精神燦然

故龍子曰一故字緊承聖人與我同類直貫至聖心與我同然却妙用龍子極粗淺之言徐徐襯入借粗

盡其才者也詩曰天生蒸民有物有則民之秉夷好是懿德孔子曰為此詩者其知道乎故有物必有則民之秉夷也故好是懿德

孟子曰富歲子弟多賴（蘇云二句對）凶歲子弟多暴非天之降才（蘇云二句收）爾殊也其所以陷溺其心者然也（蘇云詳）今夫麰麥播種而耰之其地同樹之時又同（蘇云生下同字緊相）浡然而生至於日至之時皆熟矣雖有不同（於不同處正見其同）則地有肥磽雨露之養人事之不齊也故凡同類者（提出關節）舉相似也（蘇云轉）何獨至於人而疑之（蘇云徑捷）聖人與我同類者（通篇關鍵）故龍子曰不知足而為屨我知其不

蘇云反覆比喻及正意如駿馬下峻坂高屋建瓴水勢不可遏其至于心獨無所同然乎一句斡轉筆力萬鈞

為蕢也。屨之相似，天下之足同也。口之於味，有同耆也。易牙先得我口之所耆者也。如使口之於味也，其性與人殊，若犬馬之與我不同類也，則天下何耆皆從易牙之於味也。至於味，天下期於易牙，是天下之口相似也。惟耳亦然。至於聲，天下期於師曠，是天下之耳相似也。惟目亦然。至於子都，天下莫不知其姣也。不知子都之姣者，無目者也。故曰：口之於味也，有同耆焉；耳之於聲也，有同聽焉；目之於色也，有同美焉。至於心，獨無所同然乎？心之所同然者何也？謂理

有此四句反跌下一句正面喚便醒

此一節用虛寫法

此節用反疊筆法變換

收拾上文跌出心字

蘇云又用同字總作一段

蘇云收入本意

蘇云情思對照感慨有味

郊字牧字梏字皆死字活用法

此節領山木借喻以起下節伐之牧之兩層照重牧之上照與下發論對看

也。義也。聖人蘇云應聖人同類先得我心之所同然耳。故理義之悅我

心。猶芻豢之悅我口。

此明人性之善首節提出陷溺其心四字使見性無不善處辨麥二節就物之同引起人之同提出聖人與我同類龍子節至末又就形之同引起心之同提出聖人先得我心正見人之不異二聖而降才不殊也通章重一心字起處提明下面層層襯托總以人心理義之同見人性之皆善也

孟子曰。牛山之木頓住嘗美矣。以其郊於大國也。斧斤伐

之。可以為美乎。是其日夜之所息。雨露之所潤。非無

萌蘖之生焉。牛羊又從而牧之。是以若彼濯濯也。人蘇云

上下收放

見其濯濯也。以為未嘗有材焉。此豈與首句應山之性也哉。雖

蘇云正意

存乎人者。豈無仁義之心哉。其所以蘇云起第一節放其良心者。亦

操存正示以養之之方上四句懸空說末句方點出心字是倒裝法

開口無或乎三字下二節意已在言前無限歎息

猶斧斤之於木也旦旦而伐之可以爲美乎其日夜（蘇云第一節喻）之所息平旦之氣其好惡與人相近也者幾希則其（蘇云證第二節）旦晝之所爲有梏亡之矣梏之反覆則其夜氣不足以存夜氣不足以存則其違禽獸不遠矣人見其禽（蘇云四句）獸也而以爲未嘗有才焉者是豈人之情也哉（亦倒首二句應）故苟得其養無物不長苟失其養無物不消孔子曰操則（蘇云引證結本意）存舍則亡出入無時莫知其鄉惟心之謂與

孟子曰無或乎（蘇云正一句）王之不智也雖有天下易生之物也（蘇云就人喻）一日暴之十日寒之未有能生者也吾見亦罕矣吾（蘇云二句緊合收）

孟子之于齊王既進見時少而齊王之于孟子又聽信不專併進見時亦罕之時王之不智又何怪焉下節當進一步看雖與俱學以上是順遞法爲是二何是翻弄法非然也三字王坐實他不專心致志言外神廻氣合便隱有無或乎王之不智在

蔡云二段對看

退而寒之者至矣（以上意用比喻意字而妙）吾如有萌焉何哉今夫弈之爲數（又設喻）小數也不專心致志則不得也弈秋通國之善弈者也使弈秋誨二人弈其一人專心致志惟弈秋之爲聽一人雖聽之一心以爲有鴻鵠將至思援弓繳而射之雖與之俱學弗若之矣爲是其智弗若與曰非然也

孟子曰魚我所欲也熊掌亦我所欲也（以此段引起下段）二者不可得兼舍魚而取熊掌者也生亦我所欲也義亦我所欲也二者不可得兼舍生而取義者也（蘇云就承分析上意）生亦我所欲所

二節宛轉悱惻低徊反覆
要人認取極有意味

欲有甚於生者故不爲苟得也死亦我所惡所惡有（節分作兩層）
甚於死者故患有所不辟也如使人之所欲莫甚於（蘇云反）
生則凡可以得生者何不用也使人之所惡莫甚於
死者則凡可以辟患者何不爲也由是則生而有不（蘇云又歸正）
用也由是則可以辟患而有不爲也是故所欲有甚（蘇云進一步）
於生者所惡有甚於死者非獨賢者有是心也人皆（以起下句）（二語結）
有之賢者能勿喪耳（正過此者）一簞食一豆羹得之則生弗得（可見人皆有之）
則死嘑爾而與之行道之人弗受蹴爾而與之乞人（緊從上節轉出一層緊一步）（右是正意）
不屑也萬鍾則不辨禮義而受之萬鍾於我何加焉

蘇云分開三節作波

向已不已殊非本心孟子說到此處直欲爲此輩人放聲一慟矣

以雞犬之放襯出心之放是借粗淺處相形下二章以指形心以桐梓形身皆同此法

爲宮室之美妻妾之奉所識窮乏者得我與鄉爲身死而不受今爲宮室之美爲之鄉爲身死而不受今爲妻妾之奉爲之鄉爲身死而不受今爲所識窮乏者得我而爲之是亦不可以已乎此之謂失其本心

摇曳頓挫

此言羞惡之心人所固有首四節反覆推勘以明秉彝良心自必舍生取義一一追出人皆有之二句來一簞食節點明人皆有之萬鍾節見是後來喪失末節兩兩較量憫人自失本心正與人皆有節相應

孟子曰仁人心也義人路也舍其路而弗由放其心而不知求哀哉人有雞犬放則知求之有放心而不知求學問之道無他求其放心而已矣

推原意用倒點作收下節
即便起接用筆靈變

孟子曰今有無名之指屈而不信非疾痛害事也如有能信之者則不遠秦楚之路爲指之不若人也（低一）指不若人則知惡之（層跌法）心不若人則不知惡此之謂不知類也（蘇云結斷截）

孟子曰拱把之桐梓人苟欲生之皆知所以養之者至於身而不知所以養之者豈愛身不若桐梓哉（一折跌出小句）弗思甚也

以愛引起養從養分出善
不善又從善不善分出貫

孟子曰人之於身也兼所愛兼所愛則兼所養也無尺寸之膚不愛焉則無尺寸之膚不養也所以考其

[illegible]

賤大小又從貴賤大小分出大人小人

正織一節反掉一節總以終養其小者爲小人之意而養其大者爲大人之意自見

善不善者豈有他哉於己取之而已矣體有貴賤有（蘇云兩節貴賤大小照明）小大無以小害大無以賤害貴養其小者爲小人養其大者爲大人今有場師舍其梧檟養其樲棘則爲（蘇云兩段引喻又以後証前）賤場焉養其一指而失其肩背而不知也則爲狼疾人也飲食之人則人賤之矣爲其養小以失大也飲（蘇云兩段意一折一揚總）食之人無有失也則口腹豈適爲尺寸之膚哉

公都子問曰鈞是人也或爲大人或爲小人何也（蘇云先折）孟子曰從其大體爲大人從其小體爲小人曰鈞是人（蘇云再折）也或從其大體或從其小體何也曰耳目之官不思

而蔽於物物交物則引之而已矣心之官則思思則得之不思則不得也此天之所與我者先立乎其大者則其小者不能奪也此爲大人而已矣

蘇云用大人結

孟子曰有天爵者有人爵者仁義忠信樂善不倦此天爵也公卿大夫此人爵也古之人修其天爵而人爵從之今之人修其天爵以要人爵既得人爵而棄其天爵則惑之甚者也終亦必亡而已矣

孟子曰欲貴者人之同心也人人有貴於己者弗思耳人之所貴者非良貴也趙孟之所貴趙孟能賤之

詩云既醉以酒既飽以德言飽乎仁義也所以不願人之膏粱之味也令聞廣譽施於身所以不願人之文繡也

孟子曰仁之勝不仁也猶水勝火今之爲仁者猶以一杯水救一車薪之火也不熄則謂之水不勝火此又與於不仁之甚者也亦終必亡而已矣

孟子曰五穀者種之美者也苟爲不熟不如荑稗夫仁亦在乎熟之而已矣

孟子曰羿之教人射必志於彀學者亦必志於彀大

匠誨人、必以規矩、學者亦必以規矩、

任人有問屋廬子曰、禮與食孰重、曰、禮重、色與禮孰重、曰、禮重、曰、以禮食則飢而死、不以禮食則得食、必以禮乎、親迎則不得妻、不親迎則得妻、必親迎乎、屋廬子不能對、明日之鄒、以告孟子、孟子曰、於答是也何有、不揣其本、而齊其末、方寸之木。可使高於岑樓。金重於羽者。豈謂一鉤金與一輿羽之謂哉。取食之重者。與禮之輕者。而比之。奚翅食重。取色之重者與禮之輕者。而比之。奚翅色重。往應之曰。紾兄之臂而

人皆可爲堯舜原重一爲字交以形體自負是不知所爲孟子開口以爲之而已句斷定下徐行節言堯舜本不難爲子服節教之爲末節使之自爲章內兩爲耳所不爲也歸而求之等句皆緻歷亦爲之而已矣句

奪之食則得食不紾則不得食則將紾之乎踰東家牆而摟其處子則得妻不摟則不得妻則將摟之乎

曹交問曰人皆可以爲堯舜有諸孟子曰然交聞文王十尺湯九尺今交九尺四寸以長食粟而已如何則可蘇云截上生下曰奚有於是亦爲之而已矣有人於此力不能勝一匹雛則爲無力人矣今日舉百鈞則爲有力人矣然則舉烏獲之任是亦爲烏獲而已矣蘇云應爲字夫人豈以不勝爲患哉弗爲耳徐行後長者謂之弟疾行先長者謂之不弟夫徐行者豈人所不能哉所不爲也堯

舜之道孝弟而已矣子服堯之服誦堯之言行堯之行是堯而已矣子服桀之服誦桀之言行桀之行是桀而已矣曰交得見於鄒君可以假館願留而受業於門曰夫道若大路然豈難知哉人病不求耳子歸而求之有餘師

蘇云結 此字去要 爲之應

公孫丑問曰高子曰小弁小人之詩也孟子曰何以言之曰怨曰固哉高叟之爲詩也有人於此越人關弓而射之則已談笑而道之無他疏之也其兄關弓而射之則已垂涕泣而道之無他戚之也小弁之怨

親親也親親仁也固矣夫高叟之爲詩也曰凱風何以不怨曰凱風親之過小者也小弁親之過大者也親之過大而不怨是愈疏也親之過小而怨是不可磯也愈疏不孝也不可磯亦不孝也孔子曰舜其至孝矣五十而慕

宋牼將之楚孟子遇於石丘曰先生將何之曰吾聞秦楚構兵我將見楚王說而罷之楚王不悅我將見秦王說而罷之二王我將有所遇焉曰軻也請無問其詳願聞其指說之將何如曰我將言其不利也曰

懷利者必去仁義懷仁義
者必須去利補出于理始
備亦兩節交互之法
利不可言便當言仁義此
此意思從對面想出但歸
重不可言利一邊故收處
仍用何必曰利一句徼轉

欲抑先揚

先生之志則大矣先生之號則不可先生以利說秦楚之王秦楚之王悅於利以罷三軍之師是三軍之士樂罷而悅於利也為人臣者懷利以事其君為人子者懷利以事其父為人弟者懷利以事其兄是君臣父子兄弟終去仁義懷利以相接然而不亡者未之有也

推開說

先生以仁義說秦楚之王秦楚之王悅於仁義而罷三軍之師是三軍之士樂罷而悅於仁義也為人臣者懷仁義以事其君為人子者懷仁義以事其父為人弟者懷仁義以事其兄是君臣父子兄弟

此句應前文正以決言其不可也

鄒與任各國處守有專責平陸與齊近爲相止輔理敘事中已伏下不得之鄒得之平陸之根

不成享句分明有季子不得之鄒儲子得之平陸之意妙在含蓄不露留在屋廬子口中方行說出

去利懷仁義以相接也然而不王者未之有也何必曰利

孟子居鄒季任爲任處守以幣交受之而不報處於平陸儲子爲相以幣交受之而不報他日由鄒之任見季子由平陸之齊不見儲子屋廬子喜曰連得閒矣問曰夫子之任見季子之齊不見儲子爲其爲相與反而一漏曰非也書曰享多儀儀不及物曰不享惟不役志于享爲其不成享也屋廬子悅或問之屋廬子曰季子不得之鄒儲子得之平陸

淳于髡曰先名實者爲人也後名實者自爲也夫子
蘇云一折
在三卿之中名實未加於上下而去之仁者固如此
乎孟子曰居下位不以賢事不肖者伯夷也五就湯
五就桀者伊尹也不惡汙君不辭小官者柳下惠也
蘇云就引入仁
三子者不同道其趨一也一者何也曰仁也君子亦
仁而已矣何必同曰魯繆公之時公儀子爲政子柳
蘇云再折
子思爲臣魯之削也滋甚若是乎賢者之無益於國
也曰虞不用百里奚而亡秦穆公用之而霸不用賢
蘇云三折
則亡削何可得與曰昔者王豹處於淇而河西善謳

蘇云總下三段

縣駒處於高唐，而齊右善歌；華周、杞梁之妻善哭夫，而變國俗。有諸內，必形諸外。為其事而無其功者，髡未嘗覩之也。是故無賢者也，有則髡必識之。」曰：「子為魯司寇，不用，從而祭，燔肉不至，不稅冕而行。知者以為為肉也，其知者以為為無禮也。乃孔子欲以微罪行，不欲為苟去。（蘇云藐睨一世）君子之所為，衆人固不也。」

孟子曰：「五霸者，三王之罪人也；今之諸侯，五霸之罪人也；今之大夫，今之諸侯之罪人也。天子適諸侯曰

蘇云三段齊整莊重錯綜古雅氣勢甚稱

此節以巡狩述職爲綱省耕省斂併言入疆二段申巡狩之事言賞罰之權出于天子一不朝三段申述職言征伐之權出于天子是故天子二句單承上征伐立一案以起下摟伐之罪

巡狩諸侯朝於天子曰述職春省耕而補不足秋省斂、而助不給、入其疆、土地辟、田野治、養老、尊賢、俊傑在位、則有慶、慶以地、入其疆、土地荒蕪、遺老、失賢、掊克在位、則有讓、一不朝、則貶其爵、再不朝、則削其地、三不朝、則六師移之、是故天子討而不伐、諸侯伐而不討、五霸者、摟諸侯以伐諸侯者也、故曰五霸者三王之罪人也、五霸桓公爲盛、葵丘之會、諸侯束牲、載書而不歃血、初命曰、誅不孝、無易樹子、無以妾爲妻、再命曰、尊賢育才、以彰有德、三命曰、敬老慈幼、無忘

此節先列五霸之禁而以犯禁一句斷諸侯罪案文法與上節同

此章有殃民過制二意而歸重在殃民以斷慎子罪案一戰勝齊以下是進一步說見縱不殃民而土地過制亦干先王之典況必殺人耶緊接到殃民上來

賓旅、四命曰、士無世官、官事無攝、取士必得、無專殺大夫、五命曰、無曲防、無遏糴、無有封而不告、曰凡我同盟之人、既盟之後、言歸於好、今之諸侯、皆犯此五禁、故曰、今之諸侯、五霸之罪人也、長君之惡、其罪小、逢君之惡、其罪大、今之大夫、皆逢君之惡、故曰、今之大夫、今之諸侯之罪人也

魯欲使慎子爲將軍、此慎子以之故十言臨孟子曰、不教民而用之、謂之殃已與存民、殃民者、不容於堯舜之世、一戰勝齊、遂有南陽、然且不可、慎子勃然不悅曰、此則滑釐所不識也、曰吾

歸宿遵志仁亦重仁一邊然且二字便含未必一戰能勝意語意俱歸注殃民工夫

着地非不足一折正見先王定制凛然可畏

仁者不爲解不可之意已孟更以殺人句激轉殃民本旨摶捖有力

收句結應過制殃民

以兵方百諸侯

明告子。天子之地。方千里。不千里。不足以待諸侯。諸此眉

先引書制方案固實下引齊魯始封一層更緊

侯之地。方百里。不百里。不足以守宗廟之典籍。周公

與引齊魯

爲証皆以魯侯齊侯

之封於魯。爲方百里也。地非不足。而儉於百里。太公

之封於齊也。亦爲方百里也。地非不足也。而儉於百

里。

轉入魯過制

今魯方百里者五。子以爲有王者作。則魯在所損

徐後所損論徵

乎。在所益乎。徒取諸彼以與此。然且仁者不爲。況於

殺人以求之乎。君子之事君也。務引其君以當道。志

於仁而已。

孟子曰。今之事君者曰。我能爲君辟土地。充府庫。今

貉道句便見二十取一之法可行于貉而不可行于中國兩意俱到下即兩邊串明

五穀二句是所出之少無城郭三句是所費之少惟所出者少故所費自不能

之所謂良臣古之所謂民賊也君不鄉道不志於仁而求富之是富桀也我能爲君約與國戰必克今之所謂良臣古之所謂民賊也君不鄉道不志於仁而求爲之強戰是輔桀也由今之道無變今之俗雖與之天下不能一朝居也

白圭曰吾欲二十而取一何如孟子曰子之道貉道（蘇云截上生下）（[illegible]）也（先說喻）萬室之國一人陶則可乎曰不可器不足用也曰（詳說）夫貉（中說貉）五穀不生惟黍生之（連當三無字句語有長短參差）無城郭宮室宗廟祭祀之禮無諸侯幣帛饔飧無百官有司故二十取一而足

多惟所載者少故所取亦不必多相承遞下一句收足

也今居中國（轉入中說中國）去人倫無君子如之何其可也陶以寡（蘇云）且不可以爲國（即以前意作洩）況無君子乎欲輕之（蘇云斷說）於堯舜之道者大貉小貉也欲重之（此比層層說作對形）於堯舜之道者大桀小桀也

白圭曰丹之治水也愈於禹孟子曰子過矣禹之治水水之道也是故禹以四海爲壑今吾子以鄰國爲壑水逆行謂之洚水洚水者洪水也仁人之所惡也吾子過矣（應）

孟子曰君子不亮惡乎執

魯欲使樂正子爲政孟子曰吾聞之喜而不寐公孫

丑曰樂（蘇云三反覆）正子強乎曰否有知慮乎曰否多聞識乎曰否然則奚爲喜而不寐曰其爲人也好善好善足乎曰好善（蘇云又進一步）優於天下而況魯國乎夫苟好善則四海之內皆將輕千里而來告之以善夫苟不好善則人將曰訑訑予既已知之矣訑訑之聲音顏色距人於千里之外士止於千里之外則讒諂面諛之人至矣與讒諂面諛之人居國欲治可得乎

陳子曰古之君子何如則仕孟子曰所就三所去三迎之致敬以有禮言將行其言也則就之禮貌未衰

故字緊承上節推本天意將字與必先字相應所以字總承一氣貫注

言弗行也則去之其次雖未行其言也迎之致敬以有禮則就之禮貌衰則去之其下朝不食夕不食飢餓不能出門戶君聞之曰吾大者不能行其道又不能從其言也使飢餓於我土地吾恥之周之亦可受也免死而已矣

孟子曰舜發於畎畝之中傅說舉於版築之間膠鬲舉於魚鹽之中管夷吾舉於士孫叔敖舉於海百里奚舉於市故天將降大任於是人也必先苦其心志勞其筋骨餓其體膚空乏其身行拂亂其所為所以

然後知三字就上文三意看出有恍然而悟光景

盡心由于知性二句用逆知性則知天二句用順以知性作上下轉關

動心忍性曾益其所不能人恒過然後能改困於心（此二句虛）衡於慮而後作徵於色發於聲而後喻入則無法家（此四句實）拂士出則無敵國外患者國恒亡然後知生於憂患（總結有力）而死於安樂也

孟子曰教亦多術矣予不屑之教誨也者是亦教誨之而已矣

孟子曰盡其心者知其性也知其性則知天矣存其心養其性所以事天也殀壽不貳修身以俟之所以立命也

孟子曰、莫非命也、順受其正、是故知命者、不立乎巖牆之下、盡其道而死者、正命也、桎梏死者、非正命也、

孟子曰、求則得之。舍則失之。是求有益於得也、求在我者也。求之有道。得之有命。是求無益於得也、求在外者也。

孟子曰、萬物皆備於我矣、反身而誠、樂莫大焉、彊恕而行、求仁莫近焉、

孟子曰、行之而不著焉、習矣而不察焉、終身由之而不知其道者、衆也、

以賢王引起賢士以見字
引起臣字全用跌宕法

孟子曰人不可以無恥無恥之恥無恥矣
孟子曰恥之於人大矣爲機變之巧者無所用恥焉
不恥不若人何若人有
孟子曰古之賢王好善而忘勢古之賢士何獨不然（蘇云轉得好）
樂其道而忘人之勢故王公不致敬盡禮則不得亟
見之見且猶不得亟而况得而臣之乎（蘇云結語最嚴）
孟子謂宋句踐曰子好遊乎吾語子遊人知之亦囂
囂人不知亦囂囂曰何如斯可以囂囂矣曰尊德樂
義則可以囂囂矣（蘇云接上生下）故士窮不失義達不離道窮不失

義。故士得己焉。達不離道。故民不失望焉。古之人。得志。澤加於民。不得志。修身見於世。窮則獨善其身。達則兼善天下。

孟子曰。待文王而後興者。凡民也。若夫豪傑之士。雖無文王猶興。

以凡民引起豪傑。若夫二字為四句轉捩。而凡民豪傑。在中間待興不待興。在兩頭筆緊而括。亦一逆一順法。

孟子曰。附之以韓魏之家。如其自視欿然。則過人遠矣。

孟子曰。以佚道使民。雖勞不怨。以生道殺民。雖死不怨殺者。

通章用也字煞脚但是[illegible]
[illegible]語及孟子一樣文法

孟子曰霸者之民驩虞如也王者之民皞皞如也殺之而不怨利之而不庸民日遷善而不知爲之者夫君子所過者化所存者神上下與天地同流豈曰小補之哉

孟子曰仁言不如仁聲之入人深也善政不如善教之得民也善政民畏之善教民愛之善政得民財善教得民心

孟子曰人之所不學而能者其良能也所不慮而知者其良知也孩提之童無不知愛其親也及其長也

不臣孽子是疢疾達其德慧術知慮籠處用逆實証處用順

無不知敬其兄也親親仁也敬長義也無他達之天下也。

孟子曰、舜之居深山之中與木石居與鹿豕遊其所以異於深山之野人者幾希及其聞一善言見一善行、若決江河沛然莫之能禦也

孟子曰、無爲其所不爲無欲其所不欲如此而已矣、

孟子曰、人之有德慧術知者恒存乎疢疾。獨孤臣孽子。其操心也危。其慮患也深。故達。

孟子曰、有事君人者事是君則爲容悅者也。有安社

講云一步進一步

稷臣者以安社稷為悅者也有天民者達可行於天
下而後行之者也有大人者正己而物正者也
孟子曰君子有三樂而王天下不與存焉父母俱存
兄弟無故一樂也仰不愧於天俯不怍於人二樂也
得天下英才而教育之三樂也君子有三樂而王天
下不與存焉
孟子曰廣土衆民君子欲之所樂不存焉中天下而
立定四海之民君子樂之所性不存焉君子所性雖
大行不加焉雖窮居不損焉分定故也君子所性仁

義禮智根於心，其生色也，睟然見於面，盎於背，施於四體，四體不言而喻。

孟子曰：伯夷辟紂，居北海之濱，聞文王作，興曰：盍歸乎來，吾聞西伯善養老者。太公辟紂，居東海之濱，聞文王作，興曰：盍歸乎來，吾聞西伯善養老者。天下有（蘇云二句發上）善養老，則仁人以爲己歸矣。（二段）五畝之宅，樹牆下以桑，匹婦蠶之，則老者足以衣帛矣。五母雞，二母彘，無失其時，老者足以無失肉矣。百畝之田，匹夫耕之，八口之家可以無飢矣。（蘇云節上文經句語）所謂西伯善養老者，制其田里，教

之樹畜導其妻子使養其老五十非帛不煖七十非
肉不飽不煖不飽謂之凍餒文王之民無凍餒之老
者此之謂也（打轉節首謂字）
孟子曰易其田疇薄其稅斂民可使富也食之以時
用之以禮財不可勝用也（蘇云引喻）民非水火不生活昏暮叩
人之門戶求水火無弗與者至足矣聖人治天下使
有菽粟如水火（蘇云引綴語）菽粟如水火而民焉有不仁者乎
孟子曰孔子登東山而小魯登太山而小天下故觀
於海者難爲水遊於聖人之門者難爲言觀水有術

必觀其瀾日月有明容光必照焉流水之爲物也不
盈科不行君子之志於道也不成章不達
孟子曰雞鳴而起孳孳爲善者舜之徒也雞鳴而起
孳孳爲利者蹠之徒也欲知舜與蹠之分無他利與
善之間也
孟子曰楊子取爲我拔一毛而利天下不爲也墨子
兼愛摩頂放踵利天下爲之子莫執中執中爲近之
執中無權猶執一也所惡執一者爲其賊道也舉一
而廢百也

饑渴者人心之飢渴也入正意即用喻意字面孟子多用此法

孟子曰飢者甘食渴者甘飲是未得飲食之正也飢渴害之也豈惟口腹有飢渴之害（從口腹跌入人心）人心亦皆有害人能無以飢渴之害為心害則不及人不為憂矣

孟子曰柳下惠不以三公易其介

孟子曰有為者辟若掘井掘井九軔而不及泉猶為棄井也

孟子曰堯舜性之也湯武身之也五霸假之也久假而不歸惡知其非有也

公孫丑曰伊尹曰予不狎于不順放太甲于桐民大

小蘇云此至字斷明白駭蹤

悅太甲賢又反之民大悅賢者之爲人臣也其君不賢則固可放與孟子曰有伊尹之志則可無伊尹之志則簒也

公孫丑曰詩曰不素餐兮君子之不耕而食何也孟子曰君子居是國也其君用之則安富尊榮其子弟從之則孝弟忠信不素餐兮孰大於是

王子墊問曰士何事孟子曰尚志曰何謂尚志曰仁義而已矣殺一無罪非仁也非其有而取之非義也居惡在仁是也路惡在義是也居仁由義大人之事

蘇云

一句起

蘇云三段詩說

蘇云二句便結

備矣。

孟子曰仲子不義與之齊國而弗受人皆信之是舍簞食豆羹之義也人莫大焉亡親戚君臣上下以其小者信其大者奚可哉

桃應問曰舜爲天子臯陶爲士瞽瞍殺人則如之何孟子曰執之而已矣然則舜不禁與曰夫舜惡得而禁之夫有所受之也然則舜如之何曰舜視棄天下猶棄敝蹝也竊負而逃遵海濱而處終身訢然樂而忘天下

孟子自范之齊望見齊王之子喟然歎曰居移氣養移體大哉居乎夫非盡人之子與王子宮室車馬衣服多與人同而王子若彼者其居使之然也況居天下之廣居者乎魯君之宋呼於垤澤之門守者曰此非吾君也何其聲之似我君也此無他居相似也

孟子曰食而弗愛豕交之也愛而不敬獸畜之也恭敬者幣之未將者也恭敬而無實君子不可虛拘

孟子曰形色天性也惟聖人然後可以踐形

齊宣王欲短喪公孫丑曰為期之喪猶愈於已乎孟

子曰是猶或紾其兄之臂子謂之姑徐徐云爾亦教之孝弟而已矣王子有其母死者其傅爲之請數月之喪公孫丑曰若此者何如也曰是欲終之而不可得也雖加一日愈於已謂夫莫之禁而弗爲者也

孟子曰君子之所以教者五有如時雨化之者有成德者有達財者有答問者有私淑艾者此五者君子（我上中旨是指點神理）之所以教也

公孫丑曰道則高矣美矣宜若登天然似不可及也何不使彼爲可幾及而日孳孳也孟子曰大匠不爲

拙工改廢繩墨羿不爲拙射變其彀率君子引而不發、躍如也、中道而立能者從之、

孟子曰、天下有道、以道殉身、天下無道、以身殉道、未聞以道殉乎人者也、

公都子曰、滕更之在門也、若在所禮、而不答、何也、孟子曰、挾貴而問、挾賢而問、挾長而問、挾有勳勞而問、挾故而問、皆所不答也、滕更有二焉、

孟子曰、於不可已而已者、無所不已。於所厚者薄、無所不薄也。其進銳者、其退速。

黄爆字驅字碻字俱下得
奇警

孟子曰君子之於物也愛之而弗仁於民也仁之而

弗親親親而仁民仁民而愛物　順　逆

孟子曰知者無不知也當務之爲急仁者無不愛也

急親賢之爲務堯舜之知而不徧物急先務也堯舜

之仁不徧愛人急親賢也不能三年之喪而緦小功

之察放飯流歠而問無齒決是之謂不知務　通章結應

孟子曰不仁哉梁惠王也仁者以其所愛及其所不

愛不仁者以其所不愛及其所愛公孫丑曰何謂也

梁惠王以土地之故糜爛其民而戰之大敗將復之

恐不能勝，故驅其所愛子弟以殉之，是之謂以其所不愛及其所愛也。

孟子曰：春秋無義戰，彼善於此，則有之矣。征者上伐下也，敵國不相征也。

孟子曰：盡信書，則不如無書。吾於武城，取二三策而已矣。（斷案）仁人無敵於天下，以至仁伐至不仁，而何其血之流杵也？（翻案）

（提綱）孟子曰：有人曰我善爲陳，我善爲戰，大罪也。（轉入意）國君好仁，天下無敵焉。南面而征北狄怨，東面而征西夷怨，

曰奚爲後我武王之伐殷也革車三百兩虎賁三千人王曰無畏寧爾也非敵百姓也若崩厥角稽首征之爲言正也各欲正已也焉用戰

武王好仁無敵

結攜

孟子曰梓匠輪輿能與人規矩不能使人巧

孟子曰舜之飯糗茹草也若將終焉及其爲天子也被袗衣鼓琴二女果若固有之

湯好仁無敵

孟子曰吾今而後知殺人親之重也殺人之父人亦殺其父殺人之兄人亦殺其兄然則非自殺之也一閒耳

孟子曰、古之為關也、將以禦暴、今之為關也、將以為暴、

孟子曰、身不行道、不行於妻子、使人不以道、不能行於妻子、

孟子曰、周於利者、凶年不能殺、周於德者、邪世不能亂、

孟子曰、好名之人、能讓千乘之國、苟非其人、簞食豆羹見於色、

孟子曰、不信仁賢、則國空虛、無禮義、則上下亂、無政

事則財用不足

孟子曰不仁而得國者有之矣不仁而得天下未之有也

孟子曰民為貴社稷次之君為輕是故得乎丘民而為天子得乎天子為諸侯得乎諸侯為大夫諸侯危社稷則變置犧牲既成粢盛既潔祭祀以時然而旱乾水溢則變置社稷

孟子曰聖人百世之師也伯夷柳下惠是也故聞伯夷之風者頑夫廉懦夫有立志聞柳下惠之風者薄

收句從聞風興起低徊為
予慨慕無窮

夫敦鄙夫寬奮乎百世之上百世之下聞者莫不興起也非聖人而能若是乎而況於親炙之者乎（蘇云結一句可敵前）

孟子曰仁也者人也合而言之道也

孟子曰孔子之去魯曰遲遲吾行也去父母國之道也去齊接淅而行去他國之道也

孟子曰君子之戹於陳蔡之閒無上下之交也

貉稽曰稽大不理於口孟子曰無傷也士憎茲多口詩云憂心悄悄慍於羣小孔子也肆不殄厥慍亦不隕厥問文王也

此借茅字作物欲字妙

蘇云以一句答[illegible]法

孟子曰賢者以其昭昭使人昭昭今以其昏昏使人昭昭

孟子謂高子曰山徑之蹊閒介然用之而成路爲閒不用則茅塞之矣今茅塞子之心矣

高子曰禹之聲尚文王之聲孟子曰何以言之曰以追蠡曰是奚足哉城門之軌兩馬之力與

二句斷就入喻

齊饑陳臻曰國人皆以夫子將復爲發棠殆不可復

孟子曰是爲馮婦也晉人有馮婦者善搏虎卒爲善士則之野有衆逐虎虎負嵎莫之敢攖望見馮婦趨

有性也命也一頓則有命有性句轉得尤有力不謂字斬截

而遁之馮婦攘臂下車衆皆悅之其爲士者笑之

孟子曰口之於味也目之於色也耳之於聲也鼻之於臭也四肢之於安佚也性也（命爲抑性）有命焉君子不謂性也仁之於父子也義之於君臣也禮之於賓主也智之於賢者也聖人之於天道也命也（性爲抑命）有性焉君子不謂命也

浩生不害問曰樂正子何人也孟子曰善人也信人也何謂善何謂信曰可欲之謂善有諸己之謂信充實之謂美充實而有光輝之謂大大而化之之謂聖

聖而不可知之謂神、樂正子、二之中、四之下也

孟子曰、逃墨必歸於楊、逃楊必歸於儒、儒歸、斯受之而已矣、今之與楊墨辯者、如追放豚、既入其苙、又從而招之、

孟子曰、有布縷之征、粟米之征、力役之征、君子用其一、緩其二、用其二而民有殍、用其三而父子離、

孟子曰、諸侯之寶三、土地、人民、政事、寶珠玉者、殃必及身、

盆成括仕於齊、孟子曰、死矣盆成括、盆成括見殺、門

君子以有才爲幸小人以無才爲幸信然

人問曰夫子何以知其將見殺曰其爲人也小有才未聞君子之大道也則足以殺其軀而已矣

孟子之滕館於上宮有業屨於牖上館人求之弗得或問之曰若是乎從者之廋也曰子以是爲竊屨來與曰殆非也夫子之設科也往者不追來者不拒苟以是心至斯受之而已矣

孟子曰人皆有所不忍達之於其所忍仁也人皆有所不爲達之於其所爲義也人能充無欲害人之心而仁不可勝用也人能充無穿踰之心而義不可勝

用也人能充無受爾汝之實無所往而不爲義也上

未可以言而言是以言餂之也可以言而不言是以

不言餂之也是皆穿窬之類也

孟子曰言近而指遠者善言也守約而施博者善道

也君子之言也不下帶而道存焉君子之守修其身

而天下平人病舍其田而芸人之田所求於人者重

而所以自任者輕

孟子曰堯舜性者也湯武反之也動容周旋中禮者

盛德之至也哭死而哀非爲生者也經德不回非以

皆制何最重在我者無古制本領不免大言自誇耳安能藐之

干祿也、言語必信、非以正行也、君子行法、以俟命而已矣、

孟子曰、說大人則藐之、勿視其巍巍然、堂高數仞、榱題數尺、我得志、弗爲也、食前方丈、侍妾數百人、我得志弗爲也、般樂飲酒、驅騁田獵、後車千乘、我得志弗爲也、在彼者、皆總上跌出下句我所不爲也、在我者、皆古之制也、吾何畏彼哉、應藐之

孟子曰、養心莫善於寡欲、其爲人也寡欲、雖有不存焉者寡矣、其爲人也多欲、雖有存焉者寡矣、

曾皙嗜羊棗而曾子不忍食羊棗公孫丑問曰膾炙與羊棗孰美孟子曰膾炙哉公孫丑曰然則曾子何爲食膾炙而不食羊棗曰膾炙所同也羊棗所獨也諱名不諱姓姓所同也名所獨也

萬章問曰孔子在陳曰盍歸乎來吾黨之士狂簡進取不忘其初孔子在陳何思魯之狂士孟子曰孔子不得中道而與之必也狂獧乎狂者進取獧者有所不爲也孔子豈不欲中道哉不可必得故思其次也敢問何如斯可謂狂矣曰如琴張曾皙牧皮者孔子

之所謂狂矣何以謂之狂也曰其志嘐嘐然曰古之人古之人夷考其行而不掩焉者也狂者又不可得欲得不屑不潔之士而與之是獧也是又其次也孔子曰過我門而不入我室我不憾焉者其惟鄉原乎鄉原德之賊也曰何如斯可謂之鄉原矣曰何以是嘐嘐也言不顧行行不顧言則曰古之人古之人行何爲踽踽涼涼生斯世也爲斯世也善斯可矣閹然媚於世也者是鄉原也萬章曰一鄉皆稱原人焉無所往而不爲原人孔子以爲德之賊何哉曰非之無

舉也刺之無刺也同乎流俗合乎汙世居之似忠信行之似廉潔衆皆悅之自以爲是而不可與入堯舜之道故曰德之賊也孔子曰惡似而非者惡莠恐其亂苗也惡佞恐其亂義也惡利口恐其亂信也惡鄭聲恐其亂樂也惡紫恐其亂朱也惡鄉原恐其亂德也君子反經而已矣經正則庶民興庶民興斯無邪慝矣

蘇云鐵案

引入鄉原

孟子曰由堯舜至於湯五百有餘歲若禹皐陶則見而知之若湯則聞而知之由湯至於文王五百有餘

歲若伊尹萊朱則見而知之若孔子則聞而知之由孔子而來至於今百有餘歲去聖人之世若此其未遠也近聖人之居若此其甚也然而無有乎爾則亦無有乎爾

四書翊註（孟子）十四卷

清 刁包輯

清咸豐六年祁州刁氏刻本

四書翊註

前賢刁包蒙吉幨　男再濂　孫顒謳　繼祖　承祖　與祖　曾孫鎔　鍇　錄　鏜　鑰　銓　仝校

平湖陸龍其稼書鑒定

後學黄越際飛校訂

孟子見梁惠王章

聖學不明人心陷溺自天子以至於庶人罔不惟利之圖孟子出而痛斥之以仁義爲對症之藥其言用則霸術息而王道興其言不用猶可轉喻利小人爲强仁慕義之君子其功大矣

朱子曰孟子守不見諸侯之義今梁王卑辭厚幣以招賢者故往荅其禮亦義也在本國則須其見而見之在異國則諸侯無越境之義故如此或曰如此則見齊宣無詭矣只以從權學孔子爲是竊謂學孔子則所如豈特齊魏乎朱子之言是也

梁王開口便露本象曰亦將有者以策士目之也方今縱横捭闔之徒各挾其術以售於時叟既惠然辱臨下邑亦將如策士之有所挾持以獻乎否則跋涉山川之謂何

言何必言無所用之也使利之外更無所有猶可言也利之外亦有仁義在盍反而求之而已矣者只此便了吾國事不待他求也大全以五行五性發明二字最爲詳盡蓋仁者惻然慈愛雖錙銖之利不忍取之人也義者截然斷制雖丘山之利不屑取之人也兩者皆利之反也

曰利吾則不知有大夫士庶人矣曰利吾國則不知有大夫之家士庶人之身矣人之好利誰不如我上行下效所固然耳征不只訓取如兵戈之戰鬬也此句承上起下之辭上下交征利承上而國危矣都在下面見得禍至弑君言起初上利下究竟下害上也二必字言比

逼則利心益熾也天子萬乘諸侯取其千諸侯千乘大夫攻其百以數計之豈不甚多苟忘动道誼而逞逞焉惟利是圖則谿壑之欲其可滿乎千乘者勢必盡奪萬乘而後已百乘者勢必盡奪千乘而後已言利之害遂至此

危其國至于弑奪遺親後君甚矣若仁義則斷斷無此仁者惻怛及物而路人其親有是理乎義者慨慷奉公而膜外其君有是理乎孝所以作忠不遺其親則不後其君可知忠所以報國不後其君則不危其國可知舉國皆孝子忠臣利莫大焉非上有以倡之而然乎註補

躬行仁義一段極是詠上兩節觀之利者害之媒也仁義者利之媒也故專用前語叮嚀一番極有意味

王立於沼上章

在諸臣媚子不識匡救之義必有以樂爲賢而逢其君以縱欲者在法家弼士不識將順之義必有以樂爲不賢而强其君以拂欲者矣孟子不縱欲亦不拂欲將順中寓有匡救之妙格心手段此亦其一端也

此字統承所立所顧爲是蒙引專指鴻鴈麋鹿非也玩亦字乎字意賢君無溺於觀無佚於遊當不樂故斷于心而飾辭以問也

非以樂不樂分賢不賢也正以賢不賢分樂不樂賢者而後樂此固有爲之先者矣所以消受的起不賢者雖有此不樂寧負好光景了如何假借的過二句統括下意且虛虛說實講便犯手矣

欲樂賢者之樂莫如師文王文王之樂見于詩庶民攻之一句結上兩句見其以民力爲之也經始勿亟庶民子來兩句解上一句言上愈欲緩之下愈欲急之安得不速成乎臺下有囿囿下有沼囿沼中有麋鹿魚鼈文王立而顧顧而樂之萬物咸若太和在囿沼間矣文王以下釋詩之辭古人二句又原其故而解之臺沼之成由小民拮据之力在不賢之君不知卹何怨咨而反不樂其欣幸也快于心而形于口則有靈臺靈沼之謂靈者若有神助也劉向積仁之說鑿矣文之民樂君之樂如此蓋繇文王先有以樂民之樂也古人卽指文王言熙皥之風遐哉不可追矣偕樂者在君有臺池鳥獸之樂在民有田里樹畜之樂惠鮮懷保登一世于春臺而後鳶飛魚躍景象不徒在文之臺之囿之沼而在文之心也賢者而後樂此賢者而後能此也

若夫不賢而能之乎不賢者之不樂見于書桀以日自況故民欲偕日而甘心焉匹夫匹婦皆仇讐欲一日立

乎朝廷之上不可得而況享有太平之奉哉不賢者雖有此不樂非不能樂也不與民偕樂也撫今之監而愈令人遐想乎古之人

寡人之於國也章

爲國者欲盡其心須以先王之心爲心先王之心徵諸其經畫布置纖悉畢盡所謂功奪造化而氣數不能也又烏用臨時補救爲

談盡心便有度越鄰國意移民則壯者跋涉而兒啼之苦移粟則老者稚者安坐而忘流離展轉之悲此曰根本重地也無一人不盡心所固然也至河東凶

亦如之兩河亦子一視同仁又無一處不盡心矣在已則只盡心在鄰國則日用心見鄰國不惟不盡心併亦無所用其心也下字亦有低昂心之用大致懸絕如此起而視其民宜乎有消長之分矣然在彼未見分外消耗在此未見分外繁殖用心與不用心者同歸豈天災流行人力固無如之何耶殊使人不可解矣

舊說作金鼓之鼓亦是但玩之字似于文理未當蔡虛齋云如孫武子傳所謂于是鼓之于是復鼓之者一例是也兩軍對壘勝負攸分棄甲曳兵極摹其狼狽之狀也或百步或五十步亦約畧之辭耳敗北同而趾足之

地偶不同遂用爲笑柄可乎知笑人而不知人之笑其笑亦惑矣王如知此則鄰國之政百步之走也王之政五十步之走也望民加多是五十步之走果可以驕百步矣無然也

欲民加多莫若行王道試言之八政先食故王者恒以農事開國惟是作訛成易無誤宵旦之勤則家有餘粟矣竭澤而不虞其易盡雖造物無以贍其欲必若古者網罟用四寸之目而後所生浮于所殺食之不盡矣斬伐而不留爲可繼雖造物無以給其求必若古者草木零落然後入山林而後所息浮於所消用之不竭矣極

民之情不過生死兩端而止俯仰有賴則無憾于生安厝有資則無憾于死雖一切法制未備而經綸參贊之道王者從此兆基矣今而後夫乃可次第舉行也

宅非可耕之地樹之桑使地無遺利也王者蠶事與農事並重故如此夫然後五十者優游焉煖衣以自適矣

諸物瑣細王者似不必經心而一一有制務令生息幾于魚鼈之繁殖焉夫然後七十者含鼓焉飽食以自樂矣按王制五十始衰六十非肉不飽七十非帛不煖與此差異未知誰是百畝之田受自一夫而分給數口之家若失時是失業也故勿奪或曰勿奪與不違何以異

曰不違者順其及時之心勿奪者清其害時之役也在五十七十者享受豐美其餘則只云無飢不出閭門而教行矣然教亦豈盡于是乎庠序者敎學之地是人才風俗所繇出也敎條必嚴不以具文故事相視曰謹操術必正不以異端邪說相參亦曰謹謹厥敎者敎以五倫也于五倫中又提出孝弟兩大端叮嚀告戒不厭諄復盡義也別也信也固可從孝弟中推而廣之也即天下萬事萬物無不可從孝弟推而廣之也頒白不負戴单舉親遜之一端耳若以此該謹申之效則非矣言七十則五十在其中言七十衣帛食肉黎民不饑不寒則

欸在其中老者安少者懷便是萬物咸若氣象天下有不愛戴而歸往之者哉註云此言盡法制品節之詳極則成輔相之道以左右民是王道之成也確不可易今也子王道漫不用心而其政有日非者在王者之世狗彘不失時為人所食已耳今反食人之食而無以節制之死亡載道移粟固云盡心然不知發倉廩以賑救之則所移者特民閒之粟科派逼奪初未嘗出所有以共之也人本生而我死之人就死而我又無以生之撰厥所繇是誰之咎而一則曰河內凶再則曰河東凶畧無反躬責己之意是操刃以殺人而藉之為口實也王

其回心易行無委諸渺茫不可知之數則必自怨自艾某也食人宜簡之某也人食宜發之王道自我舉行而天下之民喁喁向風矣鄰國之民皆吾民又何煩屑屑焉與之較多寡哉

學者恒疑孟子直以王許齊梁之君將置周天子于何地試細玩程註及諸儒之言則了然矣朱子曰孔子尊周孟子不尊周如冬裘夏葛饑食渴飲時措之宜異爾胡雲峯曰不有孔子之論則在下者不知有尊王之義而民可以無君矣不有孟子之論則在上者不知天命之改不改民心之向背而君可以無民矣陳新安曰人心知尊周可驗天命未改則當守天下之經文王孔子之事是也人心不知有周可驗天命已改不得不達天下之權武王孟子之事是也讀者不可不斷破此意雖然此為有天下之責者言也若夫人臣事君則不然雖天命已改人心已去而所以竭力周旋者則不容以此少懈文天祥曰人臣事君猶子事父母父母有疾雖甚不可為豈有不下藥之理盡吾心焉不可為則天命也此又學者所當知

寡人願安承教章

政所以生人也而行者不察往往至于殺人故孟子教

惠王反覆告戒務令除其政之所以殺人者而人乃可得而生矣或以為拔本塞源之論信然

聞上章之言而欣然有動于心故不禁其言之懇摯也

挺刃殺人其所明也政殺人其所蔽也因明以通其蔽而後知殺人之政與挺刃同科矣

民與物貴賤懸隔今賤者肥而貴者瘠以死則奪此與彼有餘然矣率獸食人則原情定罪孟氏鐵案也

此慘其辭以動之也為民父母則當保之如赤子矣乃坐觀吞噬顧名思義能無愧厥職乎可惡意常于言外見之郭洙源曰為民父母行政六字一氣讀不如四字

附句與末句相應爲是

此危其辭以惕之也作偏只是粧點造作未嘗有殺人之心亦未嘗眞有殺人之事也而仲尼有覆宗絶祀之戒況枵腹待斃我實爲之其何以自安如之何者欲其因仲尼之言而悚然畏懼也

晉國天下莫强章

惠王之恥不仁者之辱也孟子之對仁者之榮也仁者自强以强其民人人皆腹心處處皆干城除暴安民端必賴之制勝雪恥討無踰此者矣子弟淪亡疆宇割裂以天下莫强之晉一旦削弱至此撫今追昔愴乎有餘

悲焉曰寡人恥之恥其貽羞于死者也死者不指太子申卽天下莫强之晉也

王不待大雖百里可也況堂堂千乘之國乎開口便欲動的他起行仁政意且不必露方字作纔足之意爲是以爲方圓之方則非矣

承上節發明可王之實也仁政者以不忍人之心行不忍人之政也省刑罰好生之德惟欽惟恤也薄稅斂惟正之供議緩議捐也刑清賦簡而民乃可盡力于南畝矣農之力有餘而後可以盡地之力故耕務深田之功有餘而後可以省農之力故耨稱易耑言壯者爲制梃

張本也暇雖耕耨之暇亦有化日舒長意修竭力之職則爲孝修克恭之誼則爲弟修其朴誠以居心修其長厚以應物則爲忠信修有二義修明之使其理不昧修治之使其業不荒也入事出事卽就平日之所修者而一一克踐之也長上不指君或尊以分或高以年事之者以父兄之禮禮之也在家則孝子悌弟在國則義士忠臣亦何必稱乃干比乃戈厲乃鋒刃卽制梃以往行見秦楚之甲兵失其堅利矣當時天下之大勢在秦楚秦楚可撻則齊不待言矣厥後陳勝吳廣之徒竟以斬木揭竿起乎孟子之言豈誣也哉噫此聖賢兵畧也

承上節發明可撻之故也彼敵國嚴刑暴斂使民日不暇給而耕耨爲之廢業矣父母兄弟妻子保聚不得又何有于孝弟忠信之事哉

凍餓離散其民如坐陷阱墜深淵義旗所指不啻引手而出之泥中也倒戈恐後誰復與之爲難者

又引古語總結上文三章之意而實其百里可王之言也仁者之勢天下所不敢敵仁者之心天下所不忍敵也古之人豈非確乎有見于此而爲之言乎在王習聞功利富强之說未免以此爲迂濶而遠于事情豈知考古證今理固不爽請無疑可也蓋惟克果斷而後能洒

死者之耻不然如之何其可。

孟子見梁襄王章

一見而知其無能爲又何足與有言乎因其言而據理以答却人人所可爲也故曰今夫天下之人牧大都皆襄王類耳如有一人不襄王者則久旱之時雨降而萬物有起色扼要全在不嗜殺三字

孔子居是邦不非其大夫孟子誦言其君之失先儒以爲聖賢之分然與容貌辭氣德之符也其容鄙俚其辭躁遽則中之所知可知已干戈擾攘如蜩唐如沸羹其能有定乎須是居中制馭四海一統天下一家而後可

然晝野分疆各有攸屬如何能合一的豈知天地之大德曰生人君以生物爲德則天之子而民之父母也一家之親一統之尊所優爲耳王又疑上統下須是下歸上與則一不與則不一也豈知天下盡好生惡死之人那有不響應者此句正意全在下面實講不得苗待命于天猶民之待命于君也天之旱喻酷烈之君苗之槁喻憔悴之民興雲致雨而苗怒生喻布愷流膏之政也苗如是民胡不如是人性皆善未有不嗜殺人何量人牧之薄也曰咨一己之慾則流弊至此率獸食人爭城爭地以戰而殺人盈城野此其証也果能痛除積習以保釐撫字爲心則天下之民如垂斃更生豈有不嚮慕瞻依之理引領而望有同情矣望之切則歸之亟如江河傾倒沛然朝宗于海誰能禦之則誰能不與之也一德一心天下自此定矣蘇註最佳

齊桓晉文之事章

此章要于心字着眼不忍者心之德也保民以致王推恩以保民制產以推恩莫不取給于一心故孟子先以是心挑動之而宣王一則曰何心再則曰有心曰吾心曰我心反覆言心終無以自解于心也孟子曰舉斯心度斯心其所以啟發其心者至矣而又恐別有怏心者

以蠹其心也於是就王之大欲反窮歷詰而後漸及其盡心者以怵之戒之使之索然意盡則制產以推恩推恩以保民保民以致王者乃可得而詳陳之矣自發政施仁以至終篇其言不憚諄復要之使斯民全其恒心而已致君以心澤民亦以心此仲尼嫡傳也齊桓晉文先詐力後仁義畢竟喪却此心故其事不足傳亦不足道也至其爲文有開有闔或操或縱呼吸變化各極其妙讀者當自得之也雖然試取哀公問政章併讀之則淺深虛實厚薄固自有辨此又聖賢之分也

齊桓晉文之事戰國所喜談而樂道之者也宣王之問

其以此自期乎仲尼錄桓文之功筆諸春秋所以存君臣之義也若夫學術則以詭遇獲禽爲戒故其徒守之兢兢罔敢出諸口孟氏又安得而聞之至于王道是仲尼之徒津津道之不置而私淑者所習聞也請以是陳于前可乎嘗考衛鞅之說孝公繇皇帝王而降之霸則其君立見施爲孟子之告宣王黜霸而進之王則其君徒善之而終不能行也此亦可以觀世變已於桓文則曰事于王則曰德一字之間寓有軒輊此其識志亦不凡矣保者提携護持之意一德所格其應如響齊桓失其正晉文失其譎王者許能禦之

不曰寡人可以王而曰可以保民謙言也孟氏非輕許可者蓋確有證據故以聞之臣者質之君也吾不忍其觳觫一句爲通篇辯難張本禮既不廢而牛又免就死地此意只平平敘述若十分着講便犯手矣及牽牛者發難遂以羊兩全之必欲保全此牛以遂不忍之心也傳聞之言未審未據以爲信否

果如是則偶然呈露之心卽天地好生之德也以之保民有餘以之致王豈不足乎只虛虛說漫說到擴充處爱者人欲之私不忍者天理之公兩者相去遠矣以百姓之言與已之見比勘對說止要王自察識耳按史宋眞宗祀汾陰見一羊自擲道左怪問之曰今日何食殺其羔眞宗慘然不樂自是不殺羊羔韓維讀寶訓至此奏言曰此特眞宗小善耳推此心以及天下則仁不可勝用矣哲宗在宮盥而避蟻程頤講書畢請曰有是乎上曰誠恐傷之耳頤曰推此心以及四海帝王之要道也二公皆本孟子之意以告其君者

王說百姓原有這班話說但寡人撫有一國豈遂吝鄙至是當日情事正如夫子云云也

孟子又說百姓這班話王莫要怪他物有大小其迹既在所可疑罪無彼此其情又均有可矜王其何以解于

百姓乎如此說來併王亦不自知其爲何心了故自問自訴不辭爲百姓愛過也我非愛其財或作自信說非也還是自疑言我若不是愛則何故以羊之小易牛之大百姓紛紛之口有自來矣吾何異焉反覆論難只是要他察識奈孟子這班說他就隨着這班說孟子那班說他就隨着那班說隨話說話全無察識意思故下節明白開論着他豁然

百姓之言彼惡知之之言也何傷乎本惻隱之心而委曲周折以全之觳觫之牛既免就死地釁鐘之禮又照舊舉行是巧于行仁也故曰術聖賢有時用術只是無

私心有私心則近于機變矣牛羊之罪固無可擇而見
不見則有分矣見者情所難已不見者權可暫行也蓋
君子于禽獸有一體之懷焉見其生併見其死則愀然
不樂聞其聲與食其肉則慘然傷心雖然有生須有殺
有仁須有義若以好生爲仁而諱言殺彼祭祀宴享禮
之制自先王者庸可廢乎是以讀書知道之君子務遠
庖厨不見死不聞聲要以全吾不忍之心焉已矣註預
養此心而廣爲仁之術最宜玩大抵縱口腹之欲暴殄
天物固不足言矣即佛氏慈悲以放生爲教亦吾儒之
罪人也

齊王有心孟子忖度之如劵故引詩以贊美之也自我
行之自我求之茫不解其故聞夫子之言而後惻然有
動于心也戚戚者悲愴感傷觸起當日光景也賴夫子
忖度得此心矣而此心合王之故乃未之有得故轉詰之
設爲不情之語以決于王料王之必不許也在人則不
許在已則躬自蹈之恩及禽獸何以異于百鈞之舉秋
毫之察功勴百姓何以異于一羽之不舉輿薪之不見
也能其緩者難者而遜其切者易者豈人情乎孟子問
而王不能答仍自答之故用然則二字轉下舉者以力
勝見者以明勝保者以恩勝所主不同而斯于用則一

也不用則不爲吝惜而未肯自施是偷安而未肯自振
也奈何以不能藉口哉
形猶影象也莫高者泰山之形莫廣者北海之形挾而
超之雖烏獲無以勝其任此而自以爲能則羣斥之矣
其曰不能宜也枝之形渺以小也折之形捷以易也況
奉長者之命是孺子所優爲也此而自以爲不能則羣
斥之矣其誰信之一則困手足莫措之勢一則憚聊舉
一手之勞兩者烏可同類而語哉王試審其形之異而
反其類之同亦爲之而已誰曰未能
此言用恩保民以見此心合王之實也用吾之恩以保

吾之老即用吾老之恩以保人之老凡杖鄉杖國杖朝
者莫不見保矣用吾之恩保吾之幼即用吾幼之恩以
保人之幼凡壯丁弱丁未成丁者莫不見保矣言老幼
則盡天下之人言老老幼幼則盡天下之治反手而厝
諸安全之域故曰可運于掌黃氏曰此處便當提出心
字非也引詩始明白點出耳寡妻以心刑兄弟以心至
邦家以心御鮲之盈徑寸放之彌六合斯心也然則老
幼吾老幼以及人之老幼者豈非此心乎因心而出之
則爲恩心舉則恩推矣推恩則老安少懷無一處不沐
[illegible]膏澤者故曰保四海否則有身弑國亡之禍故曰不

保妻子一正一反極言恩之不可不推也古之人德業著當時勳名垂後世豈其有震世駭俗之行哉只是善推所為便了為者用心之恩見諸行事也善推者有斯而後有彼有舉而後有加審于先後緩急之序也今王之不善推如是倒行逆施可不深思而究其故乎有合王之心而無以過人故反覆窮詰使自反也

功不至百姓不行也不行只是不知故又從本源處提醒一番天下未有不知輕重之人亦未有無所藉而憑臆以知輕重之人則權居其先矣天下未有不知長短之人亦未有無所藉而憑臆以知長短之人則度居其

先矣聖人制器尚象以利用而無遁形者此其大凡也若夫心為萬物之靈使悠悠忽忽漫無權度則輕重失平長短失次顛倒迷亂貽患有不可勝言者矣豈僅與物之失權度者等乎王請度之某也輕某也重如權之不失銖黍某也長某也短如度之不失毫釐則功加百姓而禽獸亦蒙次沾匃矣

王之不度夫固有所蔽之也曰事干戈與諸侯為難豈猶謂心之權度哉故又下一轉與王作商量話頭所謂巽與之言也

王之快者不在是彼蓋有所甚快者以驅其心也是以逗出大欲二字來為下面規戒勸勉張本

笑而不言自慚其欲之大而未便出口也肥甘五者皆所以蠱此心然欲之流而非欲之源也孟子知王之大欲不在是而必一一致問者欲窮流以遡源也皆字指五者說不指諸臣說大欲四句相因不平說土地闢則業廣而威立故可朝秦楚秦楚朝則列國奔趨恐後故可蒞中國中國蒞則居重馭輕無遠弗屆故可撫四夷

若是甚與駭之也殆有甚焉危之也質盡心力徒惹禍災把齊王平日熱腸索然都盡然後可回頭也借鄒楚做樣子他自曉然大小以諸侯之國勢言眾寡以士臣

言強弱以兵甲言正應上三句小則寡弱大則眾強故下面專言地之大小而眾寡強弱不待言矣舍却根子只在梢上盤算日益削弱了若向根本處培擁起來枝葉自然暢茂只如此說下面發政施仁即其本也

欲求一人之大欲宜遂天下之公欲發政者發保民之政也施仁者施不忍之仁也開口曰使天下見海內之地方千里者九莫不傾心輸志豈止有一之齊哉仕者慕尊賢之仁政故欲立朝以行其學耕者慕薄斂之仁政故欲耕野以肆其業商賈慕不廛之仁政故欲藏市以遂所獲行旅慕不征之仁政故欲出途以利攸往天

下之欲疾其君者慕弔民伐罪之仁政故欲赴愬以拯
塗炭憔悴之苦也其如是指五項人說同心歸附小者
大寡者衆弱者强那一个沮撓的他天下之公欲遂而
一人之大欲無不遂矣
言王則曰德言教則曰志用字極有領會但志字是主
腦還要自家振勵起來今也以惛自居而借明于人以
不能自居而借力于人故其語似欣然自任而曰嘗曰
試究非眞實下手也惛以資質暗劣言
此言不制産之害以起下文也恆産常業也即下文田
宅樹畜之類恒心即下文所謂善所謂禮義所謂孝弟

也資身無策而秉禮守義孳孳爲善非佩服聖賢砥礪
學問者未易能也豈可槩望之編氓乎此句輕特引起
下文耳民所知者惟有日用飲食饑寒切身則寡廉鮮
耻肆無忌憚矣放以狂逞言辟以偏蔽言邪以奸惡言
侈以誇張言無不爲已即從上句見得壞法亂紀國有
常憲無不爲則陷于罪陷于罪則執刑而隨其後抑思
誰實陷之又誰實刑之乎與掩其不知而取之者無以
異矣民之無罪而就死地覩觳觫之牛更有甚焉者故
又援引仁人以感動其戚戚之心也仁人滿腔皆不忍
之心孜孜以施仁爲事豈有罔民之理

産不制則民喪心喪心則君不得有其民矣是故明君
云云以其能憫恤曰仁人以其能權度曰明君古之大
過人而善推所爲者也制産只虛說實事都在下面必
使二字該下四句俯仰裕豐凶周就中寓有大籌畫在
故曰必使驅而之善要見誘掖其恒心從之也輕則民
也而士行矣
今也制民之産只是虛文故事甚至借古人成法以行
其掊克之私所以俯仰無依豐凶交困也雖欲驅而之
善民將以爲不情其誰從我世豈有奄奄待斃之人而
與之談禮說義者乎

王曰願輔吾志請嘗試之是欲行之也欲行之則盡行
明君之行乎前面本字指發政施仁說後面本字指制
産說註解極是
制産云何五十七十者衣帛食肉老其老也黎民之八
口無饑幼其幼也此身之恒産也謹其教而申以孝弟
之義則繇身之産而漸及于心之産也敎從養出平說
不得故註統以此節爲制民之産之法産制而民有暇
日以治禮義驅而之善其從也輕矣所謂是心足王保
民而王莫之能禦者不信然哉即使桓文復生將稽首
歸命之不暇又何必與聞其事也

卷一終

四書翊註

前賢刁包蒙吉輯　男再濂　孫顯祖　繼祖　承祖　興祖　曾孫鏞　鈞　鎔　錄　鎧　鑰　銓　仝校

平湖陸隴其稼書鑒定

後學黃越際飛校訂

莊暴見孟子章

通章只是與民同樂一句同樂者好樂甚也好樂甚者合獨于人推少于衆使之共樂其樂也共樂其樂則民無咨嗟愁恨之聲有熙皥悅豫之色太和洋溢兩間又何古何今何先生何世俗之異乎

好樂之說不及孟子而及暴者無所憚而狎之也暴以為宜好則逢其惡以為不宜好則拂其欲故欲對而未得其辭也豈知王之好特患不甚耳甚則暢樂之情極樂之量而齊國之治駸駸乎其近之矣只虛說不得指出同樂及可王意

孟子開其端而未竟暴已置不復問矣若不明白說破他日暴以孟子之言對幾何不以蕩心溺志為得計也哉故見王復理前說也王慚于心故形于色自意世俗之好未可使聞于賢也故遜謝先王而甘以世俗自云是謙辭亦是本情

孟子又以告莊子之言進還是虛說只要得歆動齊王意古之樂以平心宣化今之樂以導欲增悲古今人豈相若哉夫古今之所以不相若者以聲容節度之間也若樂之情期于歡愉而止有古今乎樂之量期于充滿而止有古今乎古之樂能甚今之樂亦能甚也按禮記子夏與魏文侯論險力辨古今之異抑今以歸古孟子與齊宣王論樂力辨古今之同援古以勉今譏同而法異不同耳

曰好樂甚既心動曰齊其庶幾又生平所大欲也夫是以欣然欲有聞也獨之不若人也人甚而獨未甚也少

之不若衆也衆甚而少未甚也夫人而知之矣豈顧問哉特設問以開導其同樂之心也如是問教他須如是應權自我操也孟子往往用此法大露談鋒

不知人之樂甚于獨難言也不知衆之樂甚于少難言也明乎人與衆之樂而樂乃可得而言矣

縱一己之欲恝然置四境赤子于膜外夫固有優游自如者矣試一聞呼籲之聲試一見愁苦之狀無慘然傷心乎未有人不樂而獨能樂者也未有衆不樂而少能樂者也不與民同樂之貽害如此也因鼓樂而併及田獵從王所甚好者言之也

擴一視之仁惻然置四境赤子于意中夫固有痌瘝切身者矣試一聞其歡忭之聲試一見其踴躍之狀能無快心賞心乎未有人樂而獨不樂者也未有衆樂而少不樂者也與民同樂之貽休如此也無疾病者合一世之和爲一身之和故二氣不能賊也

今王與百姓同樂則今之樂猶古之樂而世俗嬿美先王矣王之王尙待再計決哉齊其庶幾非虛語也樂經自秦火後無傳矣繇此篇推之樂之爲言樂猶禮之爲言理也自一心言天理樂人欲不樂自一世言同體樂隔膜不樂樂則樂仁則樂也子曰人而不仁如樂何不

雜一物仁之體正樂之體不遺一物仁之用正樂之用從事于克己之學而禮在是樂亦在是矣竊則不改其樂達耶與民同樂竊以是爲樂譜

文王之囿章

囿有公私無小大公則利民囿雖大亦小私則病民囿雖小亦大大與小不繫地之廣狹但繫君之仁暴而已文王方百里起而囿居三分之一有餘不經殊甚昔漢武帝規上林苑二三十里羣臣共爭之宋仁祖時有司請以玉清舊地爲御苑帝曰吾奉先帝苑囿猶以爲廣何以是爲豈有文王之囿反如是其大者乎蘇子繇以

爲山林藪澤與民共之而以囿名張南軒以爲蒐田所及而民以爲王之囿恐亦曲說註云在三分有二之後亦非也且周有厲禁斧斤以時入山林若君之囿全無限制卽使草木暢茂鳥獸繁殖不踰時而盡矣此于理俱難通但孟子志在救民故隨時君之問說出一段道理來初不問其眞與僞也于傳有之亦宜斟酌說若曰傳者傳也據古書所傳聞固亦云然耳

曰若是其大乎欲借文王爲口實也曰民猶以爲小則文之囿異于齊之囿明矣而宣王歸咎于民意以爲齊之囿視文之囿差小而齊之民視文之民則有大謬不

然者豈知文之囿非一人之囿而億人兆人大同之囿也樵者獵者任其所之如取諸寄文之囿其名民之囿其實也以爲一人之囿誠大以爲億人兆人之囿則渺乎小矣何怪當時之民存乎見少也

入國問禁禮也國中有四十里之囿庶幾追踪文王矣而崇禽獸之命處以極刑芻蕘雉兎者又誰敢望而入乎以囿爲阱以麋鹿爲餌百姓且重足而立安得不凜凜畏大也

交鄰國章

此章始終皆言交鄰之道以仁交鄰大國之道也以智

交鄰小國之道也以勇交鄰又大小因時濟變之道也三者皆所以安民皆所以奉天也剛與柔兼施德與威併濟是道也古之人有行之者非孟氏之臆說也

交鄰國者息爭講好以玉帛從事也鄰需道而後能交道待人而後能有故曰惟仁者惟智者也仁乾道也其于坤無所不覆以大事小存恤而安全之也湯事葛祭祀是供以己之仁開其奉先之仁也按詩肆不殄厥慍亦不隕厥問是太王事孟子此章及貉稽章皆以爲文王事必有所考蓋厥慍不殄則昆夷儞正之惡可見厥問不隕則文王包荒之仁亦可見也智坤道也其于乾

無所不承以小事大輸將而服役之也太王事獯鬻皮幣不已而犬馬犬馬不已而珠玉蓋所見有重于此者故一切不遑恤也邠人以爲仁孟子以爲智其圖存之哲有足多者句踐請臣請妾幾于辱其身矣然爲宗廟屈爲社稷屈君子憫焉故亦以智歸之也

天下勢而已矣大者勢在我而小是事不見勢而見理也其中心之悅豫有然也名分所在其理確不可易也兢兢焉守而勿失常若有鑒觀者非畏彊禦畏天也樂天者與天合德者也合天之德而天以下皆在帡幪中矣故曰保天下畏天者奉若天道唯恐失墜創不足而

守有餘故曰保其國上節及此節註解確甚宜熟玩引詩言畏天保國一證也而樂天者之保天下亦可類推矣天道福善禍淫故曰威

道理說的曲盡故嘆其言之大好勇則處大不能容小處小不能奉大此宣王引疾之意也

好勇非疾也好小勇則疾好大勇則全體豁然且可以療天下之疾故戒其小而勉其大也王請無好小勇在下四句見得王請大之在下三節見得項王喑啞叱咤千人自廢而淮陰以爲匹夫之勇其有見于此乎其叔父教之曰劍一人敵不足學學萬人敵烏在其爲萬人

敵也

試考諸詩文王怙冒之仁者也仁窮而不以勇濟之是養奸也迄今讀王赫斯怒一章強者寢謀弱者帖席天下仰天討焉文王之勇若此其大也天下之大勇寓有天下之大仁以大伐小仍是以大事小之心所激而發也一怒之功何可廢也

試考諸書武王養晦之智者也智窮而不以勇濟之是誨亂也迄今讀天降下民一章上承帝心下荷民命天下奉天吏焉武王之勇若此其大也天下之大勇寓有天下之大智以小伐大仍是以小事大之心所廹而出

也一怒之功何可沒也文王之怒因赫見武王之怒從耻來都要認的註云所引與今書文小異看來只是寵之四方一句以之字易綏字其解自是不同註云寵異之于四方謂以四方擔子付之也輔氏兼亶聰明說來確雖其寵之四方故討有罪安無罪其責不可得而辭矣天下曷敢有越厥志從源本處淸楚也一人指紂說不妨橫行如滅德作威之類詳泰誓武王耻之耻其不足以助上帝而寵四方之寵也

今之天下非復武王之天下矣然今之民猶是文武之民也則今之王獨非可文可武之王乎不謂文一怒武

一怒王遂煩再怒也志在除殘恕便安安便休初不留滯胸中故曰一怒今王亦怒文之怒則天下之心對矣今王亦怒武之怒則天下之志不敢越而行不敢橫矣怒者勇之發也安者勇之遺也王好勇民亦好安民恐已不安故恐王不勇勇不好而上下痿痺不仁痾癢不知諸症交發矣然則好勇者其却疾之良方乎奈何引咎也

齊宣王見孟子於雪宮章

說已便及人是滿其量說樂便及憂是原其情此其辭不煩而意已至矣又稱引景公晏子者何蓋景公晏子

世俗之君臣也而能以先王相勉勵豈非輓近之盛事乎孟子不沒而詳述之與人爲善之意切矣若夫學術心術則羞稱凜凜乎其不可假也

特地來見自是致敬有禮曰齊宣王見孟子於雪宮錄尊賢之美書法也亦有此樂分明自矜曠典疑賢者未必有此也曰有則亦以爲分內事耳一字點過隨說到人身上去人不得而非其上則賢者亦無以安其居矣人有賢否情無異同不得則加上以不義之名亦可念也

不見德便見怨分之所不得爲也非也雖然下之非緣

上之非成之耳樂所同也與所獨也誰實坐擁崇高之位而隔膜視之元后父母之謂何其權有司故其責有歸也非謂上與下平分其咎也

章旨通說樂而以憂併言非同憂未可同樂也因流遡源兩平不得田里樹畜民之樂也樂民之樂則所欲與聚矣民亦樂其樂則王風所鼓徵應相告萬年之嵩呼也饑寒流離民之憂也憂民之憂則上恩易施矣民亦憂其憂則大義所在奔趨恐後一體之痛癢也樂憂以天下所謂君以民爲體民以君爲心也所謂聯屬天下以成其身也註兼君民說或專主樂民憂民二句而以

下一句意屬然而不王非也
與民同樂無乃與爲太上不可幾及之事乎卽以齊先
公言之其君臣聞亦有可述而誌焉者春秋書觀魚于
棠觀非美事也景公開口具見雄心初非爲民事起見
但景仰先王直思與之齊驅並駕則其志趣過人遠矣
故晏子善之
天子下觀諸侯則有十二年巡狩之舉巡所守者巡其
所守之土地人民而慶讓行也諸侯上觀天子則有六
年述職之舉述所職者述其所司之典章法度而功過
見也上二句述下二句解要以言乎其有事也非事而

慢遊則其志荒矣先王之觀無有也此句承上起下春
觀民耕則有補不足之事春者民事所繇始也東作失
時則西城何望故省其不足而補之秋觀民斂則有助
不給之事秋者民事所繇終也倉箱告歉則俯仰何依
故省其不給而助之夏諺畿內之諺畢承上二句說不
遊不豫則民無繇見德遊豫之關係大矣哉以身之所
及言曰遊以心之所適言曰豫以上之行惠言曰助以
下之沐恩言曰休豫與遊相因休與助相因意同而義
則異非疊出也無論立綱陳紀足爲諸侯觀法卽一遊
豫而已然矣遊豫爲諸侯度則諸侯之遊豫其所以助

小民者亦可知已此先王之觀可以修而比焉者也
今之觀大非先王比矣師行糧食困不取給民間民其
能堪乎困于供奉而朝夕無資疲于奔命而息肩無日
繇是怨謗四起矣睊睊怒于貌胥讒怒于言胥者怨聲
如出一口也民乃作慝作奸宄以謀上也只云怨惡恐
與上句無別天子衆建諸侯以安民也今若此是逆天
子之命而虐民矣又言飲食者推明餓者弗食之故也
曰若流併勞者弗息之故亦在其中矣在先王但曰遊
豫云爾在今便有許多情弊出來此豈獨爲民憂哉直
爲諸侯憂矣憂其騷擾無已時也

流者滔蕩忘歸也連者接續罔閒也荒者廢棄光陰而
不顧也亡者喪失事幾而不理也一一解釋欲戒之以
爲覆轍也
先王畏天命恤民喦故無流連之樂先王戒禽荒惡旨
酒故無荒亡之行君若行先王之行則先王矣君若行
今之行則今矣是在審察以從事焉耳
景公聞晏子之言而知修先王之行者只是修民事故
悅也大戒于國申飭境內使知吾君將有所施行奉行
惟謹也出舍于郊見向來宴安深宮殊非君國子民之
道故註云出舍自責蓋便于省民亦反躬罪己之意也

于是始言曠典前此未有也典發者舉發倉廩以振貧
也舊兼耕斂說非世豈有一時兩省之理乎或因補不
足而直以爲省耕亦非只合作想像語若曰春耶秋耶
省耕耶省斂耶俱不可知然而損上益下其德意固已
廣被民間矣此一段敘景公之行晏子以先王之觀悅
景公而景公悅景公以此先王之觀悅晏子而晏子悅
可知已君臣相悅是宜被之管絃以傳此一段盛美也
故召司樂者而命之此一句述景公之言舜之後封于
陳自陳敬仲奔齊而招在齊故以康庶事阜兆民者上
追虞廷之歌曰徵招角招夫君悅臣宜作宮招臣悅君
宜作商招乃舍宮商而獨于是乎有取者原其所重也

是樂至宣王時猶存故孟子得指而言之此一句述景
公之樂易之大小畜皆以止爲義止君之欲是處其君
於無過之地也而已反過乎故曰何尤此一句從樂章
中擇其切要者而言之畜君者欲聖明其君而不欲庸
眾其君也其一種忠愛至情有可深念者此一句則孟
子解詩之辭也噫景公能悅晏子之言而修其行以比
于先王觀宣王獨不能悅孟子之言而修其行以比于
景公觀獨何與

人皆謂我毀明堂章

此章以行王政爲主坐王者之堂須行王者之政行王
者之政須施王者之仁仁者不殖貨善施之雖好貨亦
好仁也仁者不邇色善施之雖好色亦好仁也王仁施
而王政行王政行而王業立人誰謂我毀明堂
人以王者不復巡狩故明堂議毀豈知宣王素有大欲
未能忘情此明堂也故以質諸孟子語雖兩可而意則
有在也毀諸稍斷連讀便非
周世明堂見于冬官大小戴禮記及朱子之論則其說
當不誣也黃葵峯深非之其言亦明辨有理但必以爲
享祀之所而云未嘗朝諸侯出政令則非也昔者祭祀

宗祀文王于明堂以配上帝原以義起至于天王巡狩
所至四鎮皆必告至于天而祀其方之名山川虞書所
謂柴望秩于山川也故周于四鎮祭所即如明堂之制
爲之既柴望而朝見其方之諸侯則亦何必另有所在
次舍乎故孟子以爲朝諸侯布政令王者之堂也王者
之堂宣王豈不知之而必云云云所以歆動齊王使之
行王政也王政即文王治岐之政此處且虛虛說不必
如諸理齊所稱陳詩納貢等也王政行則王者之堂儼
然坐鎮之矣方將整飭之不暇而又議毀爲
王政爲明堂左券故齊王欣然願畢其說也文王以侯

封而王且周之明堂實基之故首及焉岐有耕者治以九一之政倣先代井田遺法也岐有仕者治以世祿之政推先人功德以及子孫也岐有關市治以譏而不征之政覺察維嚴奸宄所以屏迹也賦稅維寬商旅所以傾心也岐有澤梁治以無禁之政山林川澤有厲禁者禁其不以時取也及其時則恣所欲取矣岐有罪人治以不孥之政罪及其身足矣若及妻子是濫刑也豈王者之心乎此句與世祿句可參看在書則賞延于世罰不及嗣之意在春秋則善善長惡惡短之說也老而無妻五句見王制但序之先後及天民字微不同耳骨肉仳離形單影隻一一描畫所以曲盡顛連之狀也既窮于人復窮于天天不可告人又不可告而文王如此則獨加之意焉發政施仁連上五句亦是先斯四者不耕而食不仕而祿不關市而獲不澤梁而利雖有罪不加刑焉若此者何也哀之也哀之故先之所以救生民之阨而補造化之憾也試取詩言讀之雖在旁觀尚且惻焉傷心況視民如傷之主乎

孟子之言良藥也王善之則宜服之而乃自托于疾疾不諱而失醫其何能瘳故孟子又引公劉引太王皆經驗良方也只用百姓做引子無不效者公劉原非好貨孟子亦非眞以公劉爲好貨也但據詩乃積乃倉一句便斷他好貨然而居者有居者之貨行者有行者之貨皆從好貨一念推之也王如好貨自士農商賈以至鰥寡孤獨無不遂其好貨之心者則公劉復生而文之治在是文之業亦在是矣

太王原非好色孟子非眞以太王爲好色也但據詩爰及姜女一句便斷他好色然而在內有在內之色在外有在外之色皆從好色一念推之也王如好色自士農商賈以至鰥寡孤獨無不遂其好色之心者則太王復生而文之治在是文之業亦在是矣蘇氏文章之妙自稱得力于孟子蓋無中生有如此類是也

王之臣有託其妻子章

責人明而責己昏天下通病也故孟子于齊王先從明處開之而昏者可以類悟諱意其諱疾忌醫寧滅其身而無悟也哉噫

朋友居五倫之一託妻寄子其分內也奈何受者任意若事轉盼遂成負心乎情斷義絕王知所以處朋友矣士師刑官也鄉士掌六鄉之獄遂士掌六遂之獄縣士掌縣獄皆其屬也今也肆情出入而士師束手無策不能業乎其官即不得立乎其位罷而黜之王知所以處

士師矣。

若夫受命天子。而撫有四境之內。不啻一家之託也。不啻一職之理也。四境之內不治。人物凋耗。風紀敗壞。不啻一家之凍餒也。不啻一職之廢弛也。原情引法。王豈無說而處此。使其反躬罪己。則必曰。不義之友。不忠之臣。責有攸歸矣。我實負重託。我實誣大治。其能以旁觀自諉耶。使其願安承教。則必曰。四境不治。予之辜。四境治。予之休。若之何可以轉不治而為治也。夫子其明以教我乎。如是則四境有起色矣。奈何耳不欲聞。口不欲言。則心之不能受善也審矣。尚安望哉。

所謂故國者章

此章以進賢為主。賢者國之幹。而民之望也。進賢者。授其權于民。以謀國。而後民可親也。有親民則有親臣。臣親斯以延于世。臣世斯以光于國。乃所謂故國也。喬木樹國之觀瞻。世臣樹國之聲靈。相故國者。當不以彼易此。世臣者。世世有奇勳偉伐。銘鐘鼎。勒旗常者也。如史所稱伊陟象賢。丁公繼美。詩所稱召公是似之類是也。若尹氏及仍叔之子。世官耳。豈世臣哉。親臣者。審邇左右。朝廷倚之為緩急者也。如虞廷之股肱。周室之承弼。是也。若春秋所書燮五之屬。倖臣耳。豈親臣哉。置其臣于膜外。而進退不與聞。無親臣可知已。無親臣。何以有世臣。

王以為今者不知其亡。緣昔者不識其不才也。果識之。則昔無冒進。今豈有輕亡乎。欲識其不才而舍之。惟識其才而用之可矣。進賢者。諉其權于衆。則其識濫。專其事于己。則其識偏。既懲濫。又戒偏。不知幾番躊躇。幾番審決。而乃庶幾一當也。殆如不得已云。進之者尊之也。不賢將以卑代之。是躋卑于尊之上也。故曰卑踰尊。進之者戚之也。不賢將以疏代之。是躋疏于戚之上也。故曰疏踰戚。國君其難其慎。良有見乎此耳。此註說也。余

意中開省一轉。直云進賢者。以匹夫徒步之賤。而驟登顯榮。以草野疎逖之伍。而遽列腹心。不循資格。度越舊人。此何等事。苟或不才。將羞朝廷而誤社稷。若之何易言之也。先輩亦有如此說者。敢存之。

國家用舍。大半取信于左右諸大夫之口。而國人不與焉。為國君者。須痛除此風。使貪緣無所售其奸。毀譽無所乘其隙。而謀淑慝。權進退。一木之愚。夫愚婦之心。蓋左右之言得已。諸大夫之言得已。而國人之言必不得已也。但智不足以操鑑。聲或出于衆和。固亦有之。是以不得已而察。不得已而見然。而不得已而用之去之也。

數然後字正傳如不得已之神始之以公議終之以獨斷則尊尊親親咸稱職又何有卑踰疏踰之慮乎有用則有舍故因賢而及不可統是進賢一件事

註因進退人才而及用刑所謂天命天討皆非人君之得私也極確李衷一王荊川諸公俱云借殺人以形容用賢見得用心于進賢當如用心于殺人一般牽合紐揑不通甚矣只要見得國人重言這般大事也須索合他商量秉三代正直之道操一國斧鉞之權則人之用非國君用之國人用之也人之去非國君去之國人去之也亦總括在此句內矣試以三代後用刑者畧言之

蕭望之之殺左右殺之也晁錯之殺大夫殺之也豈足以厭天下後世之心哉若楊國忠賈似道之殺始可云國人殺之矣然其君亦何嘗察之何嘗見之而又何足以爲民父母哉

如此二字緊承上句來以上句總括兩節之意故也或曰此與大學絜矩不同彼重能同民心此要得兢兢業業體恤百姓意非也觀註直引傳不另作解可見蓋國之故以世臣故之也臣之世以親臣世之也而親臣務在親民故言故國而以爲民父母句解之齊自田和立國葢亦有年矣晏子而外遂成絕響可謂國有人乎厥後卒付之柲耶柏耶之歌亦以見喬木之不足恃也

湯放桀章

齊王有窺周室之心故借湯武爲辭孟子說的恁地激烈使之悚然畏懼知所自量也若曰絜仁度義恐難于一夫之誅而況周室雖衰其惡固不桀紂若耶書稱成湯放桀于南巢泰誓三篇皆伐紂之辭也故曰於傳有之

桀紂君也湯武臣也而可放而可伐則亦可弑乎言外便有藉爲口實之意註凶暴淫虐滅絕天理顛倒錯亂傷敗彝倫四語極盡仁義合內外言之自內言之喪惻

隱之心是賊仁喪羞惡之心是賊義自外言之酗狠無良是賊仁貪黷無厭是賊義賊仁大抵如滅德作威毒痛四海之類賊義大抵如播棄黎老賊比匪人之類皆是侈言其惡之辭師曠曰天生民而立之君俾司牧之豈其使一人肆于民上以逆天地之性必不然矣人而殘賊所謂逆天地之性以肆于民上也天怒人怨其何以爲君非君則爲天下除殘爲天下討賊曰之爲弑可乎皇極經世云能利民者正則謂之曰王矣能害民者不正則謂之曰賊矣以利除害安有去王耶以王去賊安有弑君耶嘗謂孟子之言誠有過者其此類與然此

孟子之言也。書曰獨夫紂，又曰天命誅之，則其言固有所本耳。大抵紂之惡浮于桀，故言紂則不復及桀；武之伐甚于放，故言武則不復及湯。此又倘論者扼要法也。

爲巨室章

賢者行其所學以治國家，猶木之于室，玉人之于王也。宣王明于室與玉，而于賢者之學未免倒行逆施，此其故眞有不可解者。故孟子兩借厲焉。不求大木則巨室不可爲，不使工師則大木不可求，此勢之必然者也。木大而勝巨室之任則王喜，木小而不勝巨室之任則王

怒，此情之固然者也。若夫洋洋大國之風，豈特巨室也哉！棟隆之吉，所宜汲汲求之，以勝其任而愉快也。夫人自髫年來，佩服孔顏，步趨伊周，其學則大學，及其強仕，直欲堯舜其君民，而于吾身親見之，其行則大行。王曰盡自貶損其事，此功利之習，其爲斲而小之也甚矣。啇怒逆施，無乃謀國不如謀室乎，則何如欲其還自審處也。

再設一譬，仍是明舍學從已之非。萬鎰或以爲多，或以爲少，畢竟是說少，萬乘之富視萬鎰幾何也。言雖是這些兒，必不敢輕忽他，須要付託得人也。懸玉以謔而已，

不與何嘗教之曰如何如何也哉。至于國家所值，豈特萬鎰，治之之術，固有使玉人讓能者矣。爾乃云云，是好臣其所教而不好臣其所受教也，與不信玉人而教之彫琢者何以異？治玉者玉人之能，非王之能也，而教之則必毀玉；治國者夫人之能，非王之能也，而教之則必誣國家。然王於玉人實使之而不教以從我，王于夫人奈何教之而不使行其所學哉？此說本朱子，然橫渠嘗謂王安石曰：公如教玉人琢玉，則宜有不受命者矣。是張子已先如此說，而後儒多不之從，以何以異爲駭然之辭，未免抹殺教字。蔡虛齋曰：如此說的教字穩，然于

愛國不如愛王句將晦了。如余說却亦未嘗晦也。

齊人伐燕勝之章

據此章則伐燕明是宣王事，而史記以爲湣王，荀子亦以爲湣王，此亦不得強爲之說。齊王言天，孟子專言人。人心不說而矯誣上天，可乎？其亦燕之續也已矣。伐燕貪兵也，史稱孟軻謂齊王曰此文武之時不可失，謬矣。勝之倖勝也，燕自搆難，非齊果有克敵之能也。據非其分，豈國之福乎？

宣王志在取之，故神其說于天，欲借孟子爲辭耳，何其不度德量力也。

以文武之取否占民心向背其然豈其然乎朱子曰非
果爾也只是論其理如此此亦爲之辭耳張子問不容
髮之說恐亦未然高中玄曰使武王處文王之時不免
伐紂使文王處武王之時只是事殷故取之悦亦不取
者文王是也取之悦則取之者武王是也噫得之矣
燕之民其所爲蘊象陷溺之苦與商民同故簞食壺漿
以迎王師與商民亦畧同齊不爲之遏其流而揚其波
不爲之滅其燎而烈其焰夫民也向以避商者避燕今
又以避燕者避齊矣所謂前車覆而後車不戒也如亦
只是肖像之意蔡虚齋以上水火句無如字故作假如

之如非也文字各因其勢曰避水火安得加如字乎

齊人伐燕取之章

此章以行仁政爲主湯之所以爲政只是行仁政齊之
所以畏人只是不行仁政然不能行之于先尚可行之
于後改過以遷善天下之勝勢在我矣聖賢應猝定變
之道只是如此

胡傳曰取者不義之辭又曰取者得非其有之稱凡春
秋書取所以著其罪也伐燕書取之其亦春秋遺意乎
諸侯非眞篤恤鄰之意非眞修方伯連帥之職特借燕
爲辭以興兵耳而記曰救燕善辭也凡春秋書救未有

不善之也曰謀者多則寡不敵衆何以待言如何抵對
他詢却敵制勝之策也千里七十里相去遠矣一則王
制寓內一則惴惴不保豈不駭人聽聞乎

征葛之始天下便曉然共諒其心知其志在救民非富
天下也民之憔悴于虐政不能須臾待自再征者覩一
征者便有觖望之意故怨也奚爲後我言我之塗炭不
或于彼我之義旗奈何遂遲于彼也此以上述書辭也
徒曰望雲未足以喻其懇切曰雲而又曰霓則其徬徨
不能自定之意可想見也歸市者行將遂其藏市之願
何止也耕者行將遂其耕野之願何變也親見湯師秋

毫無犯人人安堵也誅其君天威也弔其民天德也弔
者憫恤矜惻之意若時雨降非復向之雲霓兩念交戰
胸中矣所望慰而所怨釋故大悦也此以上孟子申書
意而描寫一番也未復以書言結之曰我后者德其撫
我不以爲異邦之君也蘇者爲苗已枯槁而一旦得時
雨潤澤之生意頓復也起死回生其大覺爲何如乎此
一節發明七十里而爲政于天下之故也

今燕虐其民與葛何以異王往而征之與湯之一征何
以異民以爲拯己于水火之中簞食壺漿而迎之與大
旱之望雲霓何以異若殺其父兄云云則與誅君弔民

若時雨者大不倖矣其何以拯民于水火之中其何以對簞食壺漿以迎王師之意也哉殺父兄係子弟非父兄便殺子弟便係累也錯綜成文耳毀宗廟獲罪于先王先公多矣遷重器是伐燕本謀爲殺爲係爲毀皆以濟其貪也四句是已然事虛齋泥若字以爲未然事非也若猶言這般樣也如之何其可言怎生使得天下畏齊懼其強盛爲已患害也今又倂千里之燕而加一倍之地則益強矣益強則益畏矣不行仁政即殺係毀遷之類倍地貪也不行仁政暴也貪且暴則諸侯之興師問罪爲有名是天下之兵實自我開其端也挑釁速禍

直在諸侯曲在齊矣此一節發明千里畏人之故也天下事從何處壞便從何處補兵之動以倍地而不行仁政也今唯行仁政而以地還燕則無復事矣此反躬罪已救難急着也出令者下令于伐燕之衆也速者不容頃刻停待也徐氏曰父兄之已殺者不可復續矣猶幸有子弟之係累者可反也宗廟之已毀者不可復完矣猶幸有重器之未遷者可止也如此說極是而王氏以爲非過矣二句是出令之辭要使悔罪之意曉然其信于燕人而已然而燕之國未可一日無君也一代之血食攸繫一國之性命攸關此何若事若徇私自用即

協輿情豈足以服天下之心哉故必合匹夫匹婦之公心爲之以下民之視聽卜上帝之鑒觀謀之臧也易屯之初九曰利建侯象曰以貴下賤大得民也民不得則侯不可建此可爲萬世置君者法矣置君而後去之見伐燕全是爲燕而已無所與于其間也反旄倪易暴爲仁也止重器易貪爲廉也謀衆置君而去以燕之國公之燕之君興滅繼絕之義也如是則諸侯之兵將無辭而又何以動哉猶字與速字相呼應言速猶可止少緩則無及矣要之宣王之待之也俟其既發而思有以應之也孟子之待之也先其未發而早有以息之也始若

聽孟子言便該如此做此正所謂王政也蔡氏云行王政或可取誣矣

鄒與魯閧章

穆公平日不以民之死尤有司而至此乃以有司之死尤民情耶法耶兩失其平矣孟子直撥到報施上去則穆公亦豈得辭其責哉須是不尤人而尤已則上好仁下好義中外同仇矣

鄒與魯閧便見不量力不識彼已宜其敗績也曰吾有司曰死者三十三人言之有餘痛焉至于民則唯恨其不死也草菅之意見乎辭矣誅之則勢有不能宥之則

情有難忍如之何則可畢竟要處置他未肯放手也
年凶則歲饑是相因的舊兼疾疫之類恐與下文老弱
壯者及倉廩府庫意未合幾千人逼承上二句說均是
性命以民之幾千人較有司之三十三人奚啻數十倍
若使國無多藏則亦已矣而倉廩實府庫充既若罔聞
知有司職司民命使竭力陳請發粟散財豈不足以拯
溝壑之老弱回逃亡之壯者哉而乃結舌緘口不一關
心也是君與有司怠緩成習疾視其民之死而不救亦
已久矣豈非犯曾子之戒而蹈出爾反爾之覆轍哉夫
民也積怨深怒未嘗一日甘心特格于勢沮于力而無

可如何耳今乘疆場之役假手以洩其憤固好還之常
理也又安得而苛責之君但念有司之出爾者則民之
反爾者無足怪矣
然豈惟民不當尤郎有司亦不必尤何也有司所以莫
告者要亦承望君之風旨耳君果行仁政乎仁政者養
老恤弱而壯者有暇日之修也且也倉廩無所惜府庫
無所愛有司承宣德意必有繪溝壑四方之圖以獻者
矣民情上達王澤下布報怨之民轉而報德其親上死
長也必矣又安有疾視其長上之死而不救者哉或曰
親以必報死以身報都就患難時說與前疾視句相應

不分無事有事[illegible]
滕小國也章
謀國于危急存亡之日不過守與遷二策守經也遷權
也然皆以善爲主何謂爲善註所云守義愛民是也效
死守義非愛民而民誰與守遷國徙義非愛民而民誰
與遷故曰皆以善爲主也爲善而與君子固謂之福爲
善而亡君子亦不謂之禍盡其在我告無罪于先王而
已若夫乞憐于不可知之人徼倖于不可知之天則謀
臣策士之談孟子所不道也
以蕞爾攝兩大之閒併事之則疲于奔命既有奄奄待

盡之憂擇一而事則問罪之師朝發而夕至矣莫知適
從故向孟子決之
二國之強大同其勢既均有可畏二國之凶暴同其德
又均無足倚故曰是謀非吾所能及必欲言之不已則
有一道焉發憤自立而已恃人不可恃而已可恃也實
壑候職也故池鑿而深實墉候職也故城築而高與民
守之合閭里爲干城也效死而民弗去君守死社稷之
義民守死君之義也使非素有恩德以結其心眞若父
兄子弟能保民不中變乎論是非不論成敗理之可爲
者如是而已若惟勢是趨惟力是附則非所可爲也春

秋書楚師滅蔡執蔡世子有以歸用之胡傳曰世子繼世有國之稱必以此稱蔡有者與民守國效死不降至于力屈就禽雖用其身而不顧也則有之爲世子之道得矣觀此則知孟子勉滕君之意後世若張巡許遠之流其亦庶幾此道者乎

齊人將築薛章

薛築則滕其不免矣曰吾甚恐惴惴懼禍之不暇豈能效死以守哉

大王居邠小國也爲狄人所侵能無恐乎守不可爲則去可爲也然周之王業實自岐山始亦豈預占形勝以

爲興王之基哉計出無聊姑借此以自全耳

然大王不以意取之未嘗不以善取之也苟爲善則惠者吉之廸積者慶之餘不于其身于其子孫必有媺美大王者矣夫善也以性言之則曰繼以爲言之則曰創夫爲善也儻諸一時則曰業傳諸來世則曰統君子創而垂之使子孫有所憑藉也豈希冀夫成功哉功之成彼蒼實爲之非人力所能與也君不能與天較安能與彼較耶彊以君子之可繼者自勉而已矣業無所資强以善創之統無所寄强以善垂之我之國弱我之志强彼以其强爲惡我以其强爲善不愧天不愧子孫又何

恐之有當戰國時七雄割據就是岐山之地滕文仁政未行就是歸市之民孟子援引大王只是道理皆如此故此節只言爲善不及遷國集註亦只以善爲天理無遷國意蒙引都說到遷國上去且云遷國便是爲善迂矣

滕小國章

力竭矣而大國之求無厭其何以堪然大王居邠嘗竭力以事狄人矣犬馬皮幣有加珠玉視犬馬又有加力竭可知而究不免故會集耆老而告之使父兄轉諭其子弟也或曰狄人之所欲者非皮幣也非犬馬也非

珠玉也恐未是宜云皮幣犬馬珠玉未足以厭狄人之欲也須是兼併吾土地而後已夫皮幣等吾所有也吾何愛焉若土地則人之所資以爲性命者使不量力而輕與爭鋒將殲斯人于鋒鏑之下豈君子所忍爲乎二三子何患乎無君向來皆以爲君狄人張南軒之說極好惟蔡氏云若與狄人爲難是二三子無君也我將去之則有君矣細玩此說極有理蓋委棄赤子于狄人則近忍欲其從己而佯爲遜避之辭則近詐豈所以爲大王乎但我將去之以下三句俱大王告耆老之辭若曰我將去之何往乎去此地從梁山過直到那岐山下成

邑成聚了故下面邠人云云君以三句爲記事是大王到岐而後邠人從之也非理矣仁人指平日恩德言而臨別叮嚀懇惻之意亦在其中矣失之則失其養而有無君之患矣故從之者如歸市也

遷國圖存固是一道然又有別立說者曰土地傳之先君先君受之天子豈是一身可以擅專的可守則守之不可守則死之若棄前人之命是于家爲不孝于國爲不忠也其可乎後世若北地王諶可謂明于此義者矣果有大王之地大王之民則屬其耆老而告之自是故事不然有死無貳以報先人于地下而已二者之間請

君斟酌而審處之文公初問孟子便教他死守及再問三問乃稱大王其實大王之事非文公所能爲也故上節稱大王而終之爲善此節稱太王而終之效死意可見矣楊氏註不可不讀

魯平公將出章

從來賢者之進用人國也有君子援引之則必有小人讒間之讒言易入正論難合其實顛倒于造物而莫之知也學者看破此消息則可以斷然自信矣

記魯平公將出而不曰見孟子者以其未命有司也臧倉明知見孟子而佯爲不知者以示公也何哉驚而怪之之辭也所謂猶言做這樣事也匹夫而賢則輕身可也賢者緣情制禮因宜制義將爲人儀刑也後喪踰前喪則無禮義矣無禮義則不賢之匹夫耳奈何輕身以先之也公曰諾唯唯聽命昏庸本色顯露矣蓋見孟子原非本心特偶動于樂克之言也

君前名其師禮也見孟軻原是一段尊德樂道盛心若之何其不終也公不直語臧倉爲嬖人譖也後聞與前聞異故欲見而中止也前以士則前以三鼎後以大夫則後以五鼎朝廷名分所在不可假也此中便含禮義意一問一解亦以陰折臧倉不情之口也公聞其言而

無辭故遁之棺槨衣衾是知貴賤不同之未爲踰而不知貧富不同之未爲踰也喪祭稱家之有無無則不得以爲悅有則不敢儉其親此正秉禮守義賢者之所爲也樂正子之言其是乎其明辨有理而竟不見聽惑于嬖人也

克見君而君不可悟矣只得再見孟子一明其故也然未免有不平臧倉之意孟子援天來壓倒他見小人只枉費心口耳行也人行之然或有翼贊其中者非人能使之行也止也人止之然或有阻撓其中者非人能尼之止也吾之不遇魯侯蓋天未欲平治天下故冥冥中

陰尼之耳臧氏之子人也安能奪天之權以自予哉遇者相得益歡行其平生所學也一人遇則一世蒙其福一人不遇則一世罹其禍此何等事而人能以私心勝天也天以氣數言伊川涪州之行或曰此公族子與邢恕爲之先生曰族子至愚不足責故人情厚不敢疑孟子既知天焉用尤臧氏哉其語意視子輿之言更覺溫和

四書翊註

前賢才　包蒙吉輯　男再濂孫　顯祖　纘祖　承祖　興祖　曾孫　錦鈞鎔錄鏜錀銓　仝校

平湖陸龍其稼書鑒定

後學黃　越際飛校訂

夫子當路於齊章

成功之道三曰德曰勢曰時文王專以德而時勢一無可乘故其功不易言管仲專以勢與時而德一無可觀故其功不足言孟子抱文王之德其勢其時又有易于管仲者處之當路其功顧可量乎而齊人何足以知之

當路者居要地而專權在握也管晏之功震耀一時亦可再見于今日而高自期待乎此疑而未敢必之辭也學者貴有域外之觀丑也生于齊長于齊所見所聞亦止于齊管晏而外不復知有聖賢之學何陋也

曾西仲尼之徒也擬之子路則不敢當擬之管仲則不屑道蓋子路原是曾西先子一流人以彼光明磊落無些子回曲曾子安得不敬服他若管仲則其先子所羞稱也尊之爲仲父舉國以聽四十年如一日焉究其功烈不過挾天子以令諸侯而已非眞能中興周室也曾氏仲尼之徒我亦仲尼之徒也曾子所若將浼焉者

而子爲我嚮慕之，是自外于曾氏，郎自外于孔門也，而可乎？只如此說，若有薄曾西意便失之。知管仲則晏子不必言矣。

桓公孱主也，管仲以之雄長泗上，諸侯罔不俛首歸命者，其覇業顧可少乎？景公無德而稱，丑獨以爲顯，無亦齊人之見與？盖孔子所言者德義也，丑所言者功名也。在位五十九年，知晏子之賢而信用之，卓然于列國之中，郎謂之顯可也。功烈如管仲，大爲人君生色矣，而猶不足爲，誰是足爲者與？

以君覇，以君顯，偏安之業也；以君王，則一統之盛矣。然

可旋至而立效，豈若管晏數十年而後有成哉？

薄管晏而不爲，弟子惑矣。反手王齊之說，則更有甚焉者。他不具論，且從文王說起：其德則至德也，其年則大年也，三分有二，其行則未大行也。洽者，浸漬透徹之意。武王繼之以善政，周公繼之以善教，父子兄弟世濟其美，然後文王之德大洽于天下也。以其無深弗入，言曰大洽；以其無遠弗届，言曰大行。合百年暨兩聖嗣，纔成就一個文王之德。然則文德而不百年，百年而不再世，周未易王也；再世而不聖人，聖人而不兩聖人，周未易王也。今言王一切不道，而直任其在我者以誇效于旦夕，若是則過文王遠矣，管晏不足願也，豈文王亦不足法與？弟子之惑愈不可解矣。

文王之德法天下傳後世，盖莫之與京矣，如何敵對的他？然必一世再世而後王者，則亦有其故矣。湯而後，武丁而前，若太甲、太戊、祖乙、盤庚，或處仁遷義，或起替興衰，號稱賢聖者盖六七君矣。以六七君之深仁厚澤洽于天下，天下之傾心而輸志也，豈一朝一夕之故哉？怎生搖動的他？自小辛、小乙繼立，商道寢衰，諸侯四畔，天下幾非殷有矣。武丁崛起，得艮弼，戒雉雊，伐鬼方，赫然中興焉，光復舊物，直反手耳。雖無道如紂，宜有速亡之

理，然下焉者勲舊之家、淳龐之俗，上焉者脩齊之化、綱紀之政，猶有留遺而未泯者，祖宗之德在人者可繹思也。又有同姓異姓之卿五人，其人皆比德六七君，左右夾輔，雖其君未能信用，而維持周旋亦與有力焉，久而後失，職此故耳。此以上總言時之難，下總言勢之難。尺地二句，見全勢之在商也。文王百里之地，視尺地莫非其有之地幾何？百里之民，視一民莫非其臣之民幾何？夫是以興起爲獨難耳。或云二句總承上文，非也，蒙引单承二句爲是。

此節承上意起下意。作事不乘勢，雖知慧無所用之；耕

田不待時雖鎡基無所用之故曰不如先輩云今時猶
言今日兼時勢在內是也
此言齊之勢可乘也三代盛時尺地莫非其有而王畿
之地不過如此今齊已如此矣三代盛時一民莫非其
臣而王畿之地鷄鳴犬吠之實不過如此而齊已如此
矣延擬三代何用再開闢一番民擬三代何用再生聚
一番以此之勢行仁政齊爲夏后殷周其誰禦之
此言齊之時無待也五百年必有王者興繇文王至戰
國七百餘歲矣疎濶不旣甚乎或困于賦或困于刑或
困于兵憔悴之甚古無有也有能以仁政易虐政則王

者作而民免憔悴矣其易于見德也不猶飢渴者之飲
食哉賈子曰寒者利裋褐飢者甘糟糠天下嗸嗸新主
之資也與此意同或實講謬矣
詳言時勢而不及德是絕知慧而乘勢廢鎡基而待時
也故復引孔子之言以明之在孔子只是言德若入時
勢則添足矣若直云不藉時勢則文王之德說不去此
中須用斡旋德自心性措之政事所傳者天之命也置
郵所傳者人之命也傳人之命者行而至疾而速傳天
之命者不行而至不疾而速也
當今之時易王之時也萬乘之國易王之勢也行仁政

則速于置郵之德也三者合而民之悅之猶解倒懸則
饑者易食渴者易飲驟免憔悴之苦也故做事甫及古
人一半而功烈過焉俄頃奏百年之績小試收大行之
效也古人指文王看惟此時爲然句則泛說爲是不必
專指文王也此時時字卽今時時字曰惟此者千古難
遇之機會也

夫子加齊之卿相章

孟子一生學術得力在不動心三字而心之所以不動
者自知言養氣來知言養氣又自集義來義唯直則集
孟子所謂直卽孔門所謂縮一脉淵源有自來也其舍

顏閔異尹夷直以孔子自期待者程子所謂莫說道將
一等讓與別人做第二等才如此說便是自棄也總之
不動心勇也知言智也養氣仁也三德合而卿相之位
霸王之業不足道矣
夫子乘齊之時勢而大行其所學則匡王定霸直分內
事耳未足多也但不識方寸之地亦差異疇昔否註疑
惑恐懼四字應知言養氣固是然恐如此說未能不異
霸王之業也竊意動心者只是帶驚喜意未能安然行
其所無事如謝安聞淝水之捷不覺屐齒之折寇準處
澶淵之役未免有自功之色是也豈知孟子胸中鎮定

天大事作等閑看過那裏震撼的他王與覇如美玉珷
玞之不可同語孟子言之詳矣丑復併舉之識何陋也
孟賁勇悍强有力之人以之贊孟子非其倫矣故提出
告子來爲下文舍張本將欲抑之故先揚之也
言覇王而問心言不動心而問道丑之學于是乎近裏
矣
不膚撓膚不動也不目逃目不動也然皆本于心之不
動人加已雖至小也而以爲至大睚眦有所必報已加
人雖至貴也而以爲至賤刺殺有若固然大抵剛愎强
項目無一世註稱刺客之流是也或曰不曰無嚴天子

而曰無嚴諸侯何也曰當時舉世不知有天子矣所畏
憚者諸侯耳諸侯無嚴則其餘無足嚴者也此有必勝
之道而不動心者也
開口立案胸有成算矣量敵而進知彼知已也慮勝而
會好謀成事也而皆以爲怯無足言蓋一人豈有百戰
百勝之理哉只要自家膽子信的過進而已矣敵無庸
量也會而已矣勝無庸慮也大抵悍戾堅忍恃其在我
註稱力戰之士是也此有無懼之道而不動心者也
三子豈是曾子子夏一流人但其氣象有大畧彷彿者
一務在內而取必于已一務在外而取必于人故也此

其勇都是血氣用事亦難分優劣然彼善於此則孟施
舍之守差爲約而易操蓋取必于人固不若取必于已
者之有據也
此不動心源頭也孔子傳之曾子曾子傳之孟子自反
而縮即直養無害也千萬人吾往即塞乎天地之間也
不縮而惴褐寬博即行有不慊于心則餒也曰惴則亦
何必以無懼爲能哉曰惴褐寬博則亦何必以不受于
褐寬博爲勇哉曰千萬人吾往則亦安問萬乘與褐夫
哉自反而縮胡傳所謂天下莫大于理而强有力不與
焉者也萬乘失其貴三軍失其衆若賁若黝若舍失其

勇矣此有反身循理之道而不動心者也
合視黝雖曰守約究其實只是守氣氣上把捉的定固
不若理上體勘的到也守約二字畢竟屬之曾子豈孟
施舍所可同日語哉
以上歷言不動心之道皆客也非主也故丑又就孟子
告子之不動心一致詢焉矢口脩辭未能暢然無碍不
得于言也須從心上理會纔是告子曰如是則心爲言
動矣只是不着意便了應事接物未能釋然無憾不得
于心也須從氣上調攝纔是告子曰如是則心亦爲氣
動矣只是不着力便了下面深破勿求于氣之非而[illegible]

云可者彼善于此也註急于本而緩于末告子緩于末
誠有之亦何嘗急于本哉只宜云不得于心勿求者氣
也則心尚有望其求之時這窽能了不得于言勿求者
心也是委置其心而不有矣以不動心之故而至于廢
其心此則斷斷乎不可也然不可者固不可而可者亦
豈眞可哉夫志所以管攝提綴乎氣而爲之主宰者也
氣則流行灌注于百體之中而爲志之役使者也氣非
志固泛濫而無所統志非氣亦寂滅而無所寄志極而
氣即次之兩者未嘗相離也故曰持其志又當無暴其
氣功固不可偏廢耳持志者拿的定守的堅不敢放鬆

也無暴者調劑其氣使不亂也薛子曰言要緩行要徐
手要恭立要端以至作事有節皆不暴其氣之事怒生
于過喜至于流皆暴其氣也學者最宜服膺此語
既曰云云則志與氣似分先後矣而又必兼圖併驚者
豈曰至曰次之意耶抑知兩者權有分操不可誣也志
壹二句或单作不好邊說或兼作好不好兩邊說或上
句作好邊說下句作不好邊說看來下句証佐見在下
面如何說好上句動氣二字下的不好且程子云志在
淫僻豈不動氣氣在喜怒豈不動志朱子云志動氣是
源頭濁者故下流亦濁也氣動志者卻是下流壅而不

波反濁了上面也畢竟作不好邊說然則壹非專一之
一乃偏一之壹耳志壹動氣志固當持矣氣壹動志氣
固可暴耶二句側重下句不平說顛蹶趨走出自卒然
不暇着意則此心爲之怔忡不寧此氣壹動志之驗也
即一端以例其餘是氣也如之何勿求
悟告子之短故覓孟子之長丑之問益近裏矣告子不
得于言孟子之長在知言則心不至以言動矣告子勿
求于氣孟子之長在善養浩然之氣則心不至以氣動
矣註解精確宜理會但此處且虛虛說若講明則丑何
須問

註云孟子先言知言而丑先問養氣者承上文方論志
氣而言也後來又云不然乃是公孫丑會問處如大學
說正心誠意只合殺在致知在格物上一句蓋是用工
夫起頭處故留在後面問看來亦未是竊意知言是尋
常話頭浩然之氣乃自古聖賢發揮不到處偶爾創聞
欣然願畢其說故未暇知言之問而遽及此也浩然之
氣須是養養浩然之氣須是善工夫積久自有憬然會
悟時若索之口舌豈不戛戛乎其難之哉
試從難言者而想像言之其爲氣也有恢乎不可涯際
者焉上天下地莫非此氣之充周至大也有確乎不可

震撼者焉天經地義莫非此氣之擔荷至剛也養之者直則善而害則不啻直者自反而縮下面所謂配義與道集義以生也害者自反而不縮下面所謂襲義行有不慊于心而餒也直養無害者還其本體不以私意累之則至大者還其至大至剛者還其至剛一身正氣盈滿兩間矣西銘云天地之塞吾其體言吾之本體如是非有加也玩塞乎天地一語浩然之氣彷彿如見然究不可以形象求故曰難言也

這氣如何會塞天地以其合乎道義而行耳合乎道義乃塞天地之眞實本領也併不用助字言助是二之矣

以義之全體言曰道以道言妙用曰義非判然兩物氣與道義亦非判然兩物也從來有氣餒有氣節人都向綱常名教上去做所以至大至剛不然舍却道義則爲血氣爲客氣或進銳退速或色厲內荏氣安得而不餒乎如此說較是若舊說氣餒指道義道義那裏有餒時非矣

氣以道義塞天地則義可不集乎集者漸次積聚之義自一事以至事事莫不合宜則仰不愧天俯不怍人浩然之氣生矣生者日滋月長浡然莫遏也按左傳輕行而掩之曰襲按胡傳取者得非其有之稱襲而取之專在外面做好事粉飾人耳目也浩然之氣那裏假借的一是一非較乎其不相蒙也所以然者義不集則行有未宜行有未宜則心有未安心有未安則其氣索然盡矣觀此則義本根心者也而告子以爲外豈知義者哉不知義故不養氣不養氣而矯語不動心雖先我亦徒然耳

義不可襲而可集養氣之能事具此矣要竭力做工夫故曰必有事必恐涉于正矣而勿之先難後獲也至此點句爲是勿正恐涉于忘矣而勿之此心常惺惺法也勿忘又易至于助長矣而勿之有節次有機候不可強

也按近思錄或問必有事焉當用敬否程子曰敬只是涵養一事必有事焉須當集義只知用敬不知集義却是都無事也夫敬非集義不可集義非敬亦不可勿正忘助即所謂敬也引宋人影切告子也閔苗之不長而揠之猶之憂氣之不充而助之也據宋人倉皇回首自謂以人力奪天工興也勃焉而抑知其槁也忽焉乎天下負氣用壯之徒坐此病者正自不少也以養氣爲無益罔識个中受用而舍之與不耘苗者等耳未爲害也全不做工夫硬要把捉奏效于旦夕則揠其苗而槁之者也非徒無滋長之望而戕賊本體並生之根斷矣觀

在養而無害者豈不天淵。
養氣之說詳矣丑故更端而願畢所長也詖者以一人
之私見蔽天下之公議也此蔽其心壅塞滯錮察理未
分明故至此也淫者放浪不根唯意所之也此蔽其心
陷溺如墜落坑塹不自拔出也邪者誣聖賢而毀仁義
不軌于道也此則其心畔去正理不可招捄也遁者出
此入彼出彼入此前後自相剌謬也此則其心寡陋窘
迫計無復之也千態萬狀大抵以四端概之然究不能
逃吾之鑑中也瞹昧者如此則光明者不待言矣四病
相因朱解甚詳宜細玩若此者豈特爲口舌之害哉生

于其心必將以辯言蠱人心而大政爲之顛越矣發于
其政必將以學術禍天下而萬事爲之瓦裂矣聖人復
起必以正人心爲第一義而立綱陳紀所先務也能不
從吾生心害政發政害事之言也哉
善爲說辭所長者說辭也善言德行所長者德行也孔
子以兩者擅長而于辭命反謙遜未遑今夫子自謂知
言則善爲說辭可知自謂善養氣則善言德行可知能
孔子之所不能豈不既聖而度越前人乎此語不是贊
他還是駭而不滿之意
孟子憮然曰吾子之言過矣昔子貢以聖推孔子孔子

術不敢居而以學教兩者自信而已子貢以學聖人之
道而不厭是領會个中旨趣不肯罷手智也以聖人之
道教人而不倦是視萬物爲一體而偕之人道仁也仁
且智聖人之體用全矣聖如孔子且不敢居而以加我
不亦過乎故重言以斥之子思以成功言故仁爲體智
爲用子貢以用功言故智爲體仁爲用仁智分言之可
互言之亦無不可也
得一體者各善聖人之一長以自見也如文學威儀之
類具體而微者大段完備但能守而不能化耳敢問所
安欲孟子于數子之中擇一以自處也姑舍是者且置

數子勿論非薄之也有所取故有所舍此時已涇顧學
意在內矣顏子勝孟子而舍之取法乎上僅得乎中恐
蹈程子自棄之說也然以顏子爲未足而直任孔子還
是他心粗處若以孔子爲指歸而功夫則自顏子泰山
巖巖氣象當進之乎和風慶雲矣
伯夷伊尹亦古今推重者故及之不同道孟子所謂言
各成其是趨向攸殊也清者以已律人以高尚爲道紂
非君武亦非君周非民商亦非民有退無進以避亂而
待治也任者視人猶已以拯濟爲道湯可君桀亦可君
商可民夏亦可民有進無退以撥亂而致治也時者可

以仕可以久則進而事是君使是民也可以止可以速則退而罔事是君罔使是民也或治或亂或進或退無可無不可者也且三平渾說若有抑揚則丑無庸間矣其行誼皆到至極處吾所望而不可企及者有平生所期許而直欲接踵者則孔子一人而已道所同也願所獨也未能行者務求能行而後已

丑因皆古聖人之言故疑其班豈知孔子之聖不獨伯夷伊尹不能班自生民以來未有班焉者也

三聖無尺土起家故不獲享南面之尊若使少有倚藉俱當統馭萬國然而非義非道之事則一毫點汚他不

得 蓋道義爲重天下爲輕其素操有如此者是則斷斷乎出于一而其他未必然矣此是大頭腦處不同如何喚做聖人三代而後朝諸侯有天下者皆不能不愧斯道已矣

欲知聖人之所以異求諸知聖者之言足矣知足知聖高明之見加人數等矣又豈有卑下之慮縱使卑下其學正其心公當不至阿私空譽而況智足知聖萬萬無是理乎一正言一反言所以深明其言之可信也

開口曰以予觀千古特出之見也從來推至人者至堯舜至矣而夫子遠賢之蓋以開萬世之晦蒙視奏一代

之勛華者相去固倍屣也此宰我之知足以知聖人也或以見禮聞樂連夫子亦在其中非也或以見知聞知指夫子不指子貢益非矣此子貢欲推聖人而先述其生平尙論之大凡也古人之政與德不可得而知矣其禮樂所傳不可誣也見其禮之質文而知政之煩簡聞其樂之美惡而知德之性反因此識彼觸類可旁通矣立乎百世之下仰而差別百世之王如操左券豈能遁其情乎自生民以來造化靈氣特鍾一人亘古今罕有倚匹夫子此子貢之知足以知聖人也

先用一句引起下面歷引羣類然後推到聖人身上去

聖人之于民其猶麟鳳之于鳥獸山海之于丘潦乎出于其類泛以林總言拔乎其萃進一步說蓋聚合其尤者而又持拔不偶也聖人出類孔子出聖人之類聖人拔萃孔子拔聖人之萃麟鳳不能擬其靈瑞山海不能擬其高深亘古今豈有與之較盛者哉此有若之智足以知聖人也程子曰語聖則不異語事功則有異三子之言須如此纔說的去蒙引非之以爲三子之意未必如此其說亦鶻突未見曉暢

以力假仁章

曰以力假仁曰以德行仁言覇僞而王誠也曰覇必有

大國曰王不待大言霸難而王易也霸者僞而難而人
又以僞應之王者誠而易而人又以誠應之圖治者柰
何舍易求難釀成上下相蒙之世也哉
恃土地甲兵之力而外博救人濟物之名霸者之事也
使非有大國則土地不廣甲兵不强雖欲假之而不可
得矣懋敬天勤民之德而宏施救人濟物之實王者之
事也聞風慕義無遠弗屆焉用大湯文其明徵已湯以
聖敬日躋之德行其代虐以寬之仁文以望道未見之
德行其視民如傷之仁故一以七十里一以百里不待
大而王也

霸者假仁固已然人之所以服之者非服其仁服其力
也力可敵則出而相雄長矣豈肯俛首聽命乎若以德
服人者行修于已而恩加于人無所事乎威靈也人之
服之有異焉者矣中心悅而誠服者家人父子之間佩
服聖明神魂寤寐之際歌咏君父也引七十子形容上
句極言其服之誠耳億萬人之性命無非王者安全正
猶七十子之身心無非孔子作成也是以感恩圖報有
同焉者也鎬京之詩言服之遠孟子引來全重思字蓋
服唯思則誠也一注念一着想渾是這个乃所謂中心
悅而誠服也蒙引以此節爲申明上節亦好終不如舊

說爲妥

仁則榮章

禍福之權操諸天者也榮辱之權操諸人者也有道焉
不問天不問人而問已已果自强則天人之權在我矣
此考諸古先聖賢之言而歷歷有據者也人莫不欲榮
而不知仁則榮仁者善之長何榮如之人莫不避辱而
不知不仁則辱不仁者惡之魁何辱如之夫不仁之名
辱猶居下之名濕也以惡若彼以居若此則亦終身陷
溺而已矣
果惡辱而思所以遠之莫如强仁强仁者非特一身好

仁也必也貴德而尊士大抵好仁惡不仁者有德之士
也貴重其德則尊崇其人不是兩件事賢者以道義著
稱則舉而加諸輔弼之位俾表正上下能者以才諝見
長則拔而列諸庶司之職以敭歷中外或孜馬不生于
郊則國家閑暇矣及是時者愛日惜陰恐過此則無及
也入政五刑非講求有素其能不僭不濫乎孜孜乎與
賢者能者共明之政施于有政刑翊于無刑國家所以
奏郅隆之上理也政刑中具有干盾甲冑雖大國畏之
則小者可知仁者之榮如此
詩曰迨即所云及也曰天即所云時也曰未陰雨即所

云閑暇也曰徹彼桑土即所云賢能之任也曰綢繆牖戶即所云政刑之明也曰今此下民或敢侮予即所云大國之畏也孔子讀是詩而嘆其知道以其知思患預防之道也制治于未亂保邦于未危人豈有侮之者哉詩曰或敢侮其辭婉見當局謙遜之美予曰誰敢侮其辭直見旁觀論斷之公聖賢立言一字具有一義讀者詳之

同一閑暇也彼曰及是時此亦曰及是時陳新安引書所謂吉人爲善惟日不足凶人爲不善亦惟日不足者識是也般樂者淫于聲色田獵之類也怠者昏迷而甘

心暴棄也傲者尊大而肆意狎侮也豈待人之敢侮而後見禍哉即此荒廢厥職無復過人之志不祥莫大焉不仁者之辱如此

繇前觀之福無不自已求之者求之以仁也繇後觀之禍無不自已求之者求之以不仁也以此句總結上文而下又引詩書以証之

人知永言求福而不知永言配命永言配命者自省自語時時與天命之本然相爲孚合也自求多福者求之自非求之天也天作孽无妄之災也猶可違可脩德以禳之也自作孽欺天昧已慢神虐民也不可活死亡之無日也此之謂兼指詩書詩之言福自已求之猶書之言禍自已求之謂也

尊賢使能章

常說上五節只舉王道末節方着當時方說民歸之未是按李九我云此章勉諸侯行王政上五節言行王政可以得民末節據上五節之意申繳之而結其可以致王也此說視常說爲優蓋王者奉天者也親之則曰天子尊之則曰天吏而其實惟是以天之心爲心天不外乎民民不外乎士農商旅士農商旅歸心而天從之矣其奉天繼統也宜哉

尊賢者隆之以禮親而委任在其中使能者假之以事權而優禮在其中賢能皆俊傑也尊之使之則在位矣天下之士各欲行其所學有君如此誰無委贄之志哉士爲四民之首此輩歸心則餘皆響應矣故首及之戰國時此風杳矣觀燕昭王待郭隗一事亦可以見其言之信而有徵也

市宅另讀廛是市物邸舍官爲之以居商者作活字看謂取其稅也先王之制逐末者多則廛以抑之而不征其貨逐末者少則但治以法平物價理爭訟而已併其廛亦不賦之蓋王者待商取其廛亦非本心要爲抑末

重本故耳不然則絲豪無取矣商以逐利爲事有所入無所出詎不爭先樂附哉

古者重門擊柝以待暴客若因之爲利則禦暴者不反爲暴乎據周禮以節傳出納之法審察真僞而一無所利焉則天下之往往來來者咸思遵王之路矣饒氏節是使者所持之節傳如今路引及州縣移文

田家作苦自古念之貧其力以裕國不利其財以病民則農夫有南畝之慶而天下之服田力穡者莫不興恩樂土矣

明明是五件事而此節與第二節從來都作市廛說豈孟子破四爲五乎蒙引云廛無夫里之布之廛與廛而不征之廛當有分別爲廛而不征下則曰天下之商廛無夫里之布下則曰天下之民有此不同也此說極是文云在市曰商在野曰農今出此夫里之布謂之民則廛宜不爲市而亦非在野者欲以鄉村民居之貨市者爲廛則不免迂而鑿矣存疑非之說亦說去究竟沒的說且夫里之布四字從來俱援周禮解之自宋儒以至明儒莫不皆然夫字內附有家字布字內附有征字又附有稅字布縷也米粟也力役也三征皆在其中加數字于一句之上而後其意始完孟子文理不應如是闕

畧難通必待後人附益之也故郭青螺謂本文只云夫里不必以周禮全文添之其說近是然一句內夫字單出下卻云里之布是何文法且一家而俾出一里二十五家之布其法亦似太酷橫渠諸公皆疑之惟葵峯黄氏力辯其非其言曰宅即五畝之宅里者五畝之宅也即所制之里一夫所受者也孟子謂夫里之布即一夫所受五畝之宅應辨布縷之征也民有受五畝之宅而不種桑麻雖說不曾種的免他布縷仍罰他出辨一夫所受五畝之宅之布縷也此說可謂特識破從前疑案然商與民亦未有分別反覆看來前廛字是前朝後市之市廛後廛字即許行所謂願受一廛而爲氓之廛也註云廛民居也蒙引亦嘗及此却說到市上去則非矣竊意前節曰天下之商則知廛爲商廛此節曰天下之民則廛爲民廛可知前節曰藏其市則知廛爲市廛此節曰爲其氓則廛爲氓廛可知楊升菴曰氓字從亡從民謂流亡之民也蓋去其本土而占藉于他國者以此說而參諸許行之言則大段了然矣蓋廛爲異國來受者言即受此一夫五畝之宅也受一夫五畝之宅即應辨一夫五畝之宅之布縷也行仁者以其背違鄉井間闕于此特施格外之恩爲免其一夫五畝之宅之布縷

故曰無夫里之布也覩本國之民倍加矜恤天下聞風嚮慕咸思去本土而占籍于吾國矣故曰爲其氓如此看全不用周禮而商自商民自民五者乃有歸着矣自孟子立言夾此義久爲周禮湮沒故特表而出之

退谷按此節辨廛字是民廛非市廛辨氓字是氓悅非商悅辨行五者是五者非四者與前典確有證驗于白文確有指實從朱子見之定當首肯此于格物亦所謂至也到也于事理之極處無不到也正格物之學也先生謂語孟五經皆格物之書于此尤信

信能行者眞實做去不作虛文故事也盡天下之人身未至而心先往焉意其能生成我也故曰仰之若父母仰若父母則鄰國之民皆子弟矣自古無子弟攻父母

之理故勝負不問可知允若茲智者効謀勇者効力稽首歸命之不暇誰敢有逆我願行者乎凡鄰國之君不敬士不重農不恤商旅不撫逃亡則必聲其罪而討之是謂荷天寵而代天理物者天吏也天吏則王豈再計決哉請以五者爲劵

人皆有不忍人之心章

先王不作四海相殘把元來一點不忍人之心無錄認識矣孟子特從乍見時提出而又自一端推之四端自四端推之四海能有先王之心豈不能有先王之政第無如自賊賊人何耳昔能以不忍孺子者而不忍人人以不忍孺子之入井者而不忍人人之陷溺其于治天下也何有

天地之大德曰生人生于天地得其好生之心以爲心故皆不忍也曰不忍而必曰人者人吾同胞其尤關切者耳

不忍之心人皆有而不能保其有也求其能無虧負者則惟先王乎先王不忍人之凍餒也則所以經紀其身家者有政焉制田里教樹畜之類是也先王不忍人之晦蒙也則所以陶鑄其身心者有政焉敷五教和三德之類是也斯字呼應甚緊見不待擴充也以其心行其

政非徒法又非徒善雖時雍風動之治在指顧間耳運掌卽反掌之意先輩俱云不同只要治運于心非也

謂人皆可以爲先王鮮不疑且怪者試從其心之所以然一舉似焉當曉然共信矣曰今人見不止先王也曰乍見言倉卒之際着一毫安排計較不得也曰孺子見無親疎恩怨之私也曰將入于井見軀命所關刻不容待也怵惕驚駭惶恐之意惻隱惻傷酸楚之意四字皆不忍人之心所發見也方是時天機盎然觸之卽動且不知有孺子父母而暇內交乎且不知有鄉黨朋友而暇要譽乎且不知有聲而暇惡乎惡其聲朱子曰惡被

不救人之名
繇乍見一節觀之惻隱之心有則人無則非人其理固
不爽也這一句是本下三句從此推去蓋心之惻隱時
而激發不忍有不義之行也則爲羞惡之心無羞惡是
無惻隱非人也時而謙遜不忍有非分之取也則爲辭
讓之心無辭讓是無惻隱非人也時有辨別不忍有倒
置之見也則爲是非之心無是非是無惻隱非人也一
則曰非人再則曰非人非絕之也只要申明上節之意
耳謝顯道聞程子玩物喪志之言而面發赤汗流浹背
程子不以爲羞惡之心而以爲惻隱之心正從源本處

說
上節從惻隱而推之羞惡辭讓是非皆情之用所以遡
流也此節從仁而推之義禮知皆性之體所以窮源也
仁義禮知原無形影可據從何處見得須就人所皆有
之心驗之則可已仁者愛人故有戚戚動念時仁者惻
人故有刺刺痛心時惻隱之心豈不是那一段慈藹的
道理發見出來義宜獨善故已有不善則慚之義宜同
善故人有不善則厭之羞惡之心豈不是那一段裁制
的道理發見出來禮于已無貪故解使去已禮于人無
吝故推以與人辭讓之心豈不是那一段品節的道理

發見出來有千古常明之是非知所共知也有一念偶
露之是非知所獨知也是非之心豈不是那一段甄別
的道理發見出來四者皆曰端向來有端首、端本、端尾
之說總不如集註端緒二字爲確陳潛室曰端者端倪
也物之緒也譬之繭絲外有一條緒便知的內有一團
絲若其無絲在內則緒何繇而見于外可謂明曉
天下無無四體之人則豈有無四端之人不知其心盍
亦視其體乎保護四端猶之保護四體明此暗彼暴棄
是甘作孽多矣自賊賊君孟子蓋危言以動之也舊以
此節爲承上起下之辭艮是

借口不能者非不能也不知也若知四端如四體有則
人無則非人當無不竭力從事者故曰皆擴而充之擴
充二字有淺深朱解極透知、皆、二、字、中間、一斷向來連
讀非是緣上面反覆發明皆有之意至此點出知字喚
醒迷人最爲吃緊四端光輝發越故擬之火火以燃爲
性其始也燃之端也從此不撲滅之則有燎原之勢而
況因之烈其燄乎四端流連灌注故擬之泉泉以達爲
性其始也達之端也從此不過抑之則有放海之勢而
況因之揚其波乎苟能充之火無不燃泉無不達也充
仁之端則無不得所之人充義之端則無不合宜之事

充禮之端則無不秩敘之文充知之端則無不著察之理心先王之心行先王之政所謂治天下可運之掌上者取諸此而足也否則不仁不義無禮無智衛負四端即毀傷四體自賊也哉父母之賊也而又何足以事之上句云苟能充之下句云苟不充之言人自不充耳充則未有不能者下字正有深意註添能字非也

矢人豈不仁于函人章

此章始終以仁勉人中間說到智上去豈非是非之心乎又說到耻上去豈非羞惡之心乎未借射來形容一番辭讓之心又見矣仁包四德而亦各不相離操是術

也天下莫強焉又何至俛首聽命于人哉矢人函人皆有不忍人之心者也謂仁特異其誰信之然一業矢則以殺人為事一業函則以生人為事巫利生匠利死其情亦與有同焉何也術使之也一術分則其人之仁不仁攸分可無慎所擇與擇術舉學術治術皆在其中非獨為藝術言也

孔子之言教人擇里孟子引之御教人擇道立意不同而其取必于仁則一也天命五常如五官森列而仁以一德統攝其上莫之與偶故曰尊爵念念事事在天理上心逸日休終身受用不盡故曰安宅註精絕最宜熟讀尊爵是天錫的人誰得而卑之安宅是天造的人誰得而危之人不能卑而我自卑人不能危而我自危皆昧甚矣盍取孔子之言一繹思之

緊承上來不仁則頑冥不靈故不智不智則顛倒錯謬肆意妄行又奚有于禮義哉全德一齊彫喪了無爵可尊無宅可安其僕僕見役于人宜也而又悻悻不平何益哉借弓人矢人來譬他以見其當然固然必不能免也

知耻自是好念頭但思我之所以自耻厥耻者安在惟是不仁故耳反其所為而發憤強仁焉役人而不役于

人矣又何耻之有言仁不及三者註解自明

為仁者取射做樣子其則不遠矣首句提起下面只講射而正意自在其中正已而後發求諸已也發而不中求諸已者未至也于人乎何尤故到底反求諸已之正不正再無別法也當時諸侯兵爭日日倘怨無肯反已責躬者故孟子借射以曉之然我輩脩己處世之法亦不外是

子路人告之以有過章

尚論古人務求極至者以為則自子路而遡之禹自禹而遡之舜斯其極至矣乎不攻過不遷善而驟希夫大

舜必不得之數也學者喜由之喜拜禹之拜以漸尋大
舜之樂地焉可矣
過須知而後改亦須告而後知喜者喜其知而改之也
世人之聞過而耻而怒而佗者可以省矣周子曰仲由
喜聞過令名無窮焉今人有過不喜人規如諱疾而忌
醫寧滅其身而無悟也噫程子曰子路亦可謂百世之
師矣書稱禹拜昌言指益陳天道皐陳謨謩二事孟子
之言蓋本此也註云不待有過輔氏以為聖賢之分至
舜舍己又云已有未善則其說後先不相應矣且堯設
誹謗之木置敢諫之鼓禹懸鍾鼓磬鐸鞀以待四方之

士有所謂教以道論以義者亦有所謂語以憂者聖人
豈有不聞過之理乎然因大舜有大焉一語而進禹于
子路則未嘗不是
子路與禹大哉不可及矣進而求之舜之度量規模又
有大焉者抑由禹以揚舜固非泛說舜之大而不指禹
禹亦非也維皇降衷厥有恒性而善繼之善原天下公
共的物事舜只還他本體內不見己外不見人故曰公
天下之善而不為私也註謂已有未善則舍之人有善
則從之作兩對語不如一氣串講為是蓋舍己正所以
從人從人正所以取于人也舍己卽毋我之意從人者

見人之善皆已之善而欣然見諸行事也此其胸中浩
浩落落任是木石鹿豕都有鳶飛魚躍光景故曰樂取
註以無所繫吝訓舍字以不待勉強訓樂字又以下二
句為善與人同之具皆確不可易也
無窮通無貴賤始終都是取于人的正界舜之樂處或
曰側重為帝邊謂耕稼陶漁取善易為帝恒至矜貴取
善難非所以論聖人也
已取者幸其見錄而知勸未取者愧其見棄而知勉是
俻人入于天道矣善與人同者同人而胥為善也故曰
與與則天之所以命於人者一切還諸天人之所以受

于天者一切還諸人陶冶一世鼓鑄羣生君子之善豈
有大于此者哉君子卽指聖人說莫大大字與有大大
字正相呼應故曰推開說未是
伯夷非其君不事章
學者矢志希古必以中道為歸依道或間中難以聖人
猶不足法而況大賢以下者乎觀孟子之不繇夷惠則
學者可以審所適從矣
不若武王誰是可事者不友太公誰是可友者不立朝
則非特不事而已不與言則非特不友而已下又從二
句反言以譬之以見其必不與立不與言也塗訓泥塗

故亦全類也。皆言瑞污之意。蒙引以爲水火之分。不亦遠乎。鄉人非知禮者。其冠不正。亦是常事。而去之唯恐不遠。直以惡人待之。代推其心。嚴刻至此。是故諸侯雖有善其辭命而至者。非其君也。肯事之乎。非其友也。肯友之乎。不事不友。肯受之乎。不受則不就。蓋其胸中有所不屑故也。不屑者。鄙薄之意。若曰彼何人哉。而能召致我乎。這裏便見隘的意思。存疑發明一節深一節之意、連諸侯句在內、殊失是故二字之意。丘月林駁之。知言哉。

君污乎我自潔。故事之而不以爲羞。官小乎我自大。故

居之而不以爲卑。事污君居小官。豈能展布生平乎。宜其與世浮沉矣。而盡其在我。不自淹沒。必以直道事之而不隱賢。直道事人。難乎免于遺佚阨窮矣。夫我實自遺戶佚。彼當局者。豈能遺佚哉。又何怨。我實自阨自窮。彼當局者。豈能阨窮我哉。又何憫。遺佚只是身在局外。阨窮則有困頓之憂。亦是進一步說。其行如此。故徵其言有大露本色者。爾爾我我。若黑白之分。而天淵之隔也。任爾多班醜態。自與我無干涉。安能以爾之污污我。爾之卑卑我哉。故辭懸和光同塵。而未嘗稍自貶損也。與人相過。不必他徵聘我。不必他禮貌我。但一引乎耳。便唯唯奉命。援而止之而止也。止則不去。蓋其胸中亦有所不屑故也。不屑者鄙薄之意。若曰彼何人哉。而能屏棄我乎。這裏便見不恭的意思。

二子斷案千秋特識。故復加孟子曰三字。隘與不恭。直言二子之偏。非流弊也。伯夷視天下無一可相處的。故孤高峻絕。膜外不能容一物。非隘而何。柳下惠視天下無一不相較的。故疎畧慢易。玩弄儔偶。有如嬰兒。非不恭而何。君子即孟子自道。皆言君子。願學孔子。視萬物皆吾一體。豈有悻悻不相容之人。其隘也如何辭之。視匹夫皆能勝予。豈有泄泄不爲禮之人。其不恭也如何

辭之。蒙引云。辭其清。不辭其隘。辭其和。不辭其不恭。既歧清和隘不恭而二之。存疑直云不辭其清與和、又舉隘與不恭而遺之。皆非也。不知平平還他口氣。而君子之不辭清與和在其中矣。

四書翊註

前賢刁包蒙吉輯　男再濂孫　顯祖 繼祖 承祖 興祖　曾孫　鏻 鈞 鍩 鎵 鑑 鑰 鋡　仝校

平湖陸龍其稼書鑒定

後學黄越際飛校訂

天時不如地利章

戰國時日事干戈一則曰天時再則曰地利而人和不與焉即孫吳之流亦或及此然不過以智術籠之非能以德義結之也故孟子取三者權其輕重而一一發明其故仍歸結在得道上蓋道得則人和人和則不必問時于天問利于地而勝技在我矣聖賢兵法端不外是

兵家以背孤擊虛因相乘旺爲良策則天時是也然天時之茫然難憑豈若地利之顯然可據乎兵家以高城深池據險扼要爲良策則地利是也然地利之塊然無爲豈若人和之翕然有用乎漸次推到人和上意有所主對講不得註解俱在下面實講亦不得

三里七里其城郭眇乎小矣曠日攻圍其間豈盡有孤虛旺相耶然而竟窮于技則必其地有利焉者也人時不如地利可于是信之

高城深池且兵食無不足焉此其地之利視三里七里矣啻霄壤無如人心不和委置而去則城雖高池雖深可憑陵而上兵革雖堅利米粟雖多適足以爲敵國之資而已地利不如人和可于是信之

域民三句舊不主地利說玩故曰二字承上節來即主地利說亦無妨畫土分疆原爲域民也設險原爲固國也鍛乃戈矛穀乃甲冑原爲威天下也而所以然者不在此惟有得道而已道者以德行仁與民同其好惡者也得之則羣策羣力畢集不封疆而民可域不山谿而國可固不兵革而天下可威故曰多助失之則人懷異志雖有封疆不能域民雖有山谿不能固國雖有兵革

不能威天下故曰寡助寡助之至親戚畔之離心離德也多助之至天下順之同心同德也如士願立朝農願耕野之類唐荆川曰兩至字即從親戚天下上見之非推極而言是也昔神宗在東宮時孫思恭爲侍讀一日講孟子思恭泛引古今助順之事而不及親戚畔之者上顧曰微子紂之諸父也抱祭器而歸周豈非親戚畔之耶思恭瞿然嘆服

以天下所順之國攻親戚所畔之國和不和相去遠矣

故得道君子原無一戰即以戰言之前徒倒戈攻于後以北又安有不勝之理哉舊講不戰句虛戰句實余意

不戰句實戰句虛盖不戰而屈人之兵君子本意也昔
高宗問天地人三陣之說員半千越次而進曰臣觀載
籍此事多矣或謂天陣星宿孤虛地陣山川向背人陣
偏伍彌縫以臣愚見殆謂不然夫師出以義有若時雨
得天之時此天陣也兵在足食且耕且戰得地之利此
地陣也善用兵者使三軍之士如父兄子弟得人之和
此人陣也三者去矣其何以戰高宗甚嘆賞之

孟子將朝王章

當時皆以君臣之禮律孟子而忘其賓師之義故自弟
子以至齊臣紛紛有異議焉孟子所以堅不可易者以

仁義自處以大有為望齊王也方辭疾而即出弔其教
王乎畧示其意于及門而詳著其說于景丑其教丑以
教王乎王不能受安能學終圖今天下故習也去齊之
志從茲決矣

王不使人來孟子朝王矣如者擬議之意者也擬議已
定之意言筭計來見了偶有寒疾故不獲遂所願耳既
以疾托又曰且將視朝則其為偽託也審矣彼以疾來
此亦以疾在不是褻他套子先儒以為與孔子瞰陽貨
之亡同意是也

辭疾出弔正欲使王知其非疾也丑乃介介不安獨何
與孟子亦直答之而不告其故將使之深思而自悟也

王使人問疾醫來未知其出弔故也孟仲子宜以實對
而乃粉飾其辭曰不能造朝解其違王命之故也曰趨
造于朝狀其奉王命之謹也曰我不識能至否乎言其
勉強趨赴將益之疾且為不能造朝留地步也其辭可
謂善矣又使數人要之請必造朝以踐其言其慮可謂
周矣而于孟子之意却大晦世俗情面展轉相欺大抵
若此可勝慨哉

不得已非為數人要之也出弔本意被仲子一場話說
亂了欲造朝既義有不可欲歸又道有不明進退俱窮

只得寄宿景丑氏庶幾因間發明一番使之轉而上聞
也景子援引父子與君臣併列題目甚大但全在禮貌
上計較殊不知責難陳善之敬遠過于奔走承順之敬
也齊人不以其美者獻王而私心厭薄之君臣主敬之
謂何何大倫之為也所以然者敢于昏庸其君而不敢
于聖明其君耳若我則不然我別無所以敬王者敬之
以放勳敬之以重華祇方今可與言仁義者惟王一人
而已不敢二字正傳敬字之神陳堯舜亦不是拘拘在
二典上發揮言言本乎仁義卽言言法乎堯舜也舍仁
義豈復有堯舜之道哉伊尹曰予弗克俾厥后為堯舜

其心愧恥若撻于市此孟子之志也而齊人何足以語此

又舉君父併言把賓師意思全沒了豈知不俟駕之禮非所以施諸孟子奈之何過相比擬也

孟子之言非景子之意景子之言亦非孟子之意故各云云蓋景子謂孟子不可不赴王之名孟子則謂王原不可名已也曾子以下皆言不可名已之意晉楚有國言富而爵在其中矣富者裕于財仁者裕于性性備萬善而塵視金玉何富之足云貴者優于勢義者優于理理踞物表而銖視軒冕何爵之足云曰彼日我非僅相

抵對也直超而上之矣慊字郎大學自慊之慊此處用之作缺欠意註解不能無疑竊意還他快足意若曰吾自有仁義在何以彼之富爵爲慊乎哉亦通曾子得孔氏嫡傳而爲之說豈有不義之理是或一道舊對世俗說不如對景子說蓋景子所言不俟駕之禮是一道曾子所言更有出于常禮之外者又別是一道也天下達尊三爵居其一而齒與德儼然鼎立焉或施之朝廷或施之鄉黨或施之世與民各有攸重不相下也輔世者翼贊斯世使不墮敗長民者主持斯民使不陷溺德之功力大矣哉德者居仁由義之總名也惡得句先儒多

爲回護未免牽强孟子畢竟有些英氣不如顏子正此類也但講中不必直抑齊王不必直揚自已只云爵之一視齒德之二不敵也惡得而慢之則不可名之意曉然矣

所謂不得慢者以君之倚籍若人正急也大有爲之君以堯舜自期待舍談仁說義者其能成厥功耶故將如彼先如此其有所不名之臣必也不名故運籌决策則造膝而請教焉其尊德樂道有如是者否則卑其所尊憚其所樂以庸君世主自安倘可與之講有爲之業哉湯有商大有爲之君也尊伊尹之德樂伊尹之道學焉

而後臣之故不勞而躋九圍之業桓公有齊大有爲之君也尊管仲之德樂管仲之道學焉而後臣之故不勞而成一匡之功湯學伊桓學仲亦無明文孟子亦據湯聿求元聖之誥及桓公一則曰仲父再則曰仲父之稱而知其以師禮尊之也

今天下諸侯王競相雄長其土地之廣狹德業之崇卑大段未能遠過者豈有他哉以頤指氣使爲能不以長善救失爲賢故也

此節又申明學焉後臣以結不名之義而因以自表也湯學于伊尹而後臣之不敢名尹也桓公學于管仲而

後臣之不敢名仲也伊尹無論已管仲未必有德可尊
有道可樂然且尊之樂之不敢以君命臨之也而況夙
抱堯舜之道厭薄功利羞稱霸佐者乎吾子必律以不
俟駕之禮過矣

陳臻問曰章

士君子立身須從授受一節處情楚起來然後大段不
差溺于利而不能合無足言矣即一意狷介而辭其所
當受殊不近情惟權衡于義而無所私則時中之道也
讀孟子此章可見
陳臻執定一條路從前後互異中看出孟子破綻故兩

下攻擊料他無處躲閃矣
天下事惟義所在當受受之義也不當受辭之亦義也
統歸一是豈得過生異同乎禮以義起要本人情違行
餽贐有資斧相通之情焉情在相通則于宋有處非貨
之也如之何不受聞戒餽兵有患難相恤之情焉情在
相恤則于薛有處非貨之也如之何不受
若于齊則尒有行也未有戒也未有行未有戒而餽非
情也非情則非義是以賄賂相加也君子取嚴一介受
辭萬鍾視富貴如浮雲豈至爲賄賂所籠絡乎受固有
受的是不受又有不受的是道並行而不相悖也子何

疑焉

孟子之平陸章

孟子于齊之君臣說的曉暢不繇他不首肯說的酸楚
不繇他不心動其慨然知罪也宜也所惜者知罪之言
一出口而已究未能轉罪爲功則亦奚以知罪爲哉雖
然視世之悻悻遂非者則亦有間矣大全輔氏志小氣
輕一段最宜玩
從來俱云軍士離其行伍不切距心按漢疏云軍法以
五人爲伍而以下士一人爲之長則持戟之士伍長之
士所以保衞其伍者也不能保衞其伍故一日三失伍

此不稱其職也以諭平陸大夫保衞邑民而使人人失
所爲不稱職如此說極得孟子諷切距心之意去誅殺
恐太過只作罷其伍長說亦多矣即指下面幾于人言
其失伍不止于三也幾千人連老羸在內不单承壯者
此與士師相類言距心明于罪士而暗于罪已也彼則
以制命在君奉命在臣君不爲臣惟有束手而已安得
專擅以行吾意乎此句已伏寡人之罪句了
受牛羊而牧之則死生之命惟我求牧與芻其所得爲
也不得爲則宜告束手于主人豈有旁觀待斃之理夫
牧民者何以異于是距心至此始無所逃其咎而甘心

承當矣
知罪亦是距心好處故譬于王然意在諷王非徒譬距心也為王誦時輕重抑揚間必有感發齊王處故王又不得不以距心之罪罪已也大全輔氏解註說而不繹從而不改一段極中病痛宜玩

孟子謂蚳鼃章

靈丘有官職者也鼃之辭必有不得其職者矣其請士師則不得于職而欲得于言也故孟子諷切之使伸其志而齊人遂援例有後言豈知守道守官固自判然不相謀乎

士師以刑罰事君者也或有不中則以其職爭之如張釋之對文帝之類故曰為其可以言也數月不言則不如無請不如無辭先輩云激之使言非激之使去是也蚳鼃因孟子之言而諫諫不行而去可謂明于去就之義者矣以齊臣之庸鄙而其中不無賢者于此可見韓昌黎作諍臣論以諷陽城而城用其言與此亦大相類譏孟子忠于謀人成其勇退之節而已反處拘于齊不能去豈愛已不若蚳鼃哉是皆一隅之見不足與有言也
公都子亦不能無惑于齊人之言故據實以告也

開口稱引古語即所謂一日立乎其位則當一日業乎其官苟不得一日業乎其官則不當一日立乎其位之意進退決于君而已不與焉者也孟子居賓師之位以格非為第一義勢難責效于旦夕故須積漸以悟俟究難訓誨而後優游命駕未晚也進退皆謀之道豈與有官守有言責者爭一日之功名哉齊人不識此義而以蚳鼃律之過矣

孟子為卿於齊章

註引遯卦大象解此章輔氏發明極好宜閱之但不與驩言原是弔公行子故事答丑則亦托辭耳

春秋滕侯書卒不書葬傳曰怠于禮弱其君而不會者此類是也以齊國强大而滕之壤地褊小也訃告及則恤之可謂法古邦交之制不以强弱為謹慢矣況儼然臨之以大賢乎孟子王禮尊之也王驩輔行親之也賢不肖共事在齊未免有漢平帝寵董賢之意孟子不與言則所以愧後世之孔光也
以其官論之非不可言者以其時考之非不得言者而行事終付之默默丑所不解也孟子則謂行事之有言者以其不治也凡儀文器數之類一切就理則無所容于釐正矣予何言乎平對他併不顯言其故聖賢忠厚

之道如此。

孟子自齊葬於魯章

此章見人子送終者務期盡心而後已曰悅曰恔皆盡心之效也曰古人曰君子皆盡心之人也心盡而化者安生者亦安矣爲居儉而避乎

孟子方葬母于魯而逮反齊則張江陵當不開議于後世矣此不可解也當時墨氏之教盈天下故充虞有過美之疑而俟其間以請也

古時禮未制故棺椁各以其意爲之自周公制禮而其度始定雖庶人皆得從其厚者禮記門人葬夫子而曰

四方于是乎觀禮觀美也尤要的只是不至爲此故用

非直字若曰非直爲此直爲彼也人皆有心則誰不宜自盡者然必如是而後少伸萬一之報所謂必誠必信勿之有悔也

欲盡或束于分而不得盡或限于財而不能盡兩者皆遺憾也幸免于此而不因之以自盡其心焉有愧古人矣何爲其然也

且字承上來不作更端之辭是比訓爲不如訓附言棺椁附于身者厚則土不近膚而親之體骨爲不朽矣此正人子盡心之大端故曰恔恔與悅同但悅主發揚而恔主快慊也

一句總結言子所謂美正合君子不以天下儉其親之意而又何請焉註爲天下愛惜此物原指棺椁說蔡林諸公曰非也是泛說得之矣

沈同以其私問章

沈同之問原有意孟子之答卻無心因其事而據理斷之未嘗逆億未形之事也及其事已舉而人有妄言則又據理而直斷斷其事未嘗假借已形之事也其心公正其理著明其辭則長于譬喻而使聞者立悟也究不能勝小人之口何哉

不奉王命而以其意問之故曰私沈同私問不過以國內大亂有可乘之勢耳孟子所謂可伐則從亂本言之也土地人民天子所有而以分寄列侯者也戰國割據公然視爲已有矣故孟子因子噲子之一事而發明其義蓋私授受王法所必誅也大夫之祿爵受之諸侯猶諸侯之祿爵受之天子也大夫弁髦王命不容于諸侯則諸侯弁髦王命不容于天子可知意專重王命註傳之先君一語可無用

齊人伐燕必借口孟子之言以爲重勸齊之說所自來也豈知君子教人以義豈有勸齊伐燕之理惟是答者

有待問者中止故不違進而畢其說耳試思燕之可伐以其違王命也違王命則違天命矣齊人伐燕豈曰王命而安得妄稱天命乎如殺人者死載在王章然非司寇則不得以擅殺明乎刑罰之從司益審乎征討之從歸矣是故以燕論之燕燕也以齊論之齊亦燕也誰宜受兵誰宜王兵予不得強爲異同也彼然而伐之豈知有謬不然者乎佘意齊人伐燕已有成說特取決于孟子之一言耳若曰燕固可伐今天下地醜德齊未有所稱天吏者則燕亦不得而伐也如是則燕不被齊之師齊不致燕之畔其利溥矣柰何不盡其辭使當日紛紛

有勸齊之疑而史記亦因之以傳後世蓋亦有其故矣朱子曰君預言之則是猜防險詖之私豈所謂聖賢之心哉恐未然

燕人畔章

從來小人逢君之惡者未嘗不援引一段道理使人主聞之鑿鑿可聽故肆然無忌併欲欺罔正人及與一切辨駁則伎倆立窮矣然終不能不爲君心之蠹柰何懸其不用孟子順民之心弭兵之策而致燕人之畔也知恥之勇庶幾近之矣無如王有蓋惡之心而賈無是非之心也賈豈不知不敢望周公而故以相較使王賅其言而益信也周公以骨肉手親左右武庚其慮可謂周矣而不能禁武庚之畔人情之難料如此知而使之是養惡于天倫如鄭伯之于叔段不仁也不知而使之坐昧幾先之哲不智也仁與智周公有慙德焉而王鰓鰓然若不能自解者是患周公所不患也試以此語孟子料彼亦當無辭矣賈之意在不知邊必與不仁並言者使周公必居一于此也以般辟借與復爲名耳後儒以之寬其罪亦可或擬于文王以服事殷之心外矣

援引周公專爲重問其人問其事又問其處事之情無非要歸結到聖人有過上去以爲齊王地也聖人誠有

過但兄弟之間以情以理須索如此處置纔是故曰周公之過不亦宜乎使周公當此而無過則非所以爲聖人矣註不忍逆探其兄之惡而棄之及舜誠信而喜象周公誠信而任管蔡此天理人倫之至其用心一也俱宜熟玩

且字進一步說以古今相形見其相反之甚也順依從之而不改也皆見見其有過也皆仰仰其無過也不指日月說是順已無可見無可仰矣而又遮蓋掩護曲爲辭說以文之務置之無過之地而後已是誠何心哉噫賈眞小人之尤者矣

孟子致爲臣而歸章

士君子負當代之望其身重則其去就愈不得輕一或遷就人將藉爲口實而後代因之遂成厲階矣壟斷之踰賤丈夫之誚有爲乎其言之也哉

孟子爲齊客卿分國人臣也故記者云云進則致身退則致臣致不同而愛道之心則一耳

王果有意孟子則就見時宜曲致挽留之意而乃市追前情隨商後會別之耳豈留之哉日願見日棄日繼見皆在齊王身上說中間突出羣臣甚無謂不如直作得侍而與之同朝與上下文爲合日固所願行道之心切矣日不敢請見枉道未可以直人也辭無多而情理備至矣

王巳面別孟子矣見其遲留不去故又用萬鍾欣動他一番意若日孟子之道施之政事未必有用若借他虛名彈壓一時還有用今且處之要地資之厚精俾師弟問朝夕講學問業以表正中外是或一道也子言之孟子其爲我留也信斯言是賢者可虛拘也

齊王不自言而轉托之時子時子又不自言而轉托之陳子皆以鄭重其事也陳子所告者時子之言卽齊王之言豈亦以此爲盛舉乎

然謂齊王留我之意誠渥矣但在我有斷斷不可留者則非時子所得而知也萬鍾之養不幾富我乎欲富者辭少受多而揆我今昔之所爲何如者所以不可之故誠難顯言但彼以利祿相動則亦姑與言利祿巳耳

夫時子殆未聞季孫之言耳叔孫疑不知何許人意其人必謝政家居以高尙爲名而其子弟復膺顯仕所以來季孫之口也富貴人所同欲而必私據之衆怒難犯何可長也爲政不用寓自嘆之意子弟爲卿則以諭弟子萬鍾之養也壟斷可私視國中爲奇貨矣

此一節釋壟斷二字之義以見其貽禍于天下萬世也

古之市使有司治之通其有無而無所爭斯巳矣無所謂商賈之征也征商自賤丈夫始天地間至貴者義至賤者利惟利是視故丈夫以此得名必求壟斷而登之舉市中之利一網打盡而後巳也貪風漸長征之聊以懲貪耳一時懲貪而後人因之爲例不復能改貽禍遠矣時子之言無乃壟斷我乎萬鍾之養是叔孫我弟子也吾何能作此賤丈夫行徑使季孫笑我哉

孟子去齊宿於晝章

孟子夙昔以子思自期待客不能爲繆公之人安能爲齊宣之人其見絕于正人宜也因其絕而絕之何容心

哉
晝之宿不果所去致令旁觀者揣摩其心欲因之樹德
焉殊可笑爲王留行而不奉王命欲使孟子作無王之
賓乎誰教之坐而坐誰教之言而言傲慢不恭甚矣不
應若弗聞其言也者隱几而臥若弗見其人也者皆所
以絕之也
積誠而來不見聽未免孤負盛心豈知有愛賢之意而
無待賢之禮獨不聞前輩已事乎前已坐矣復命之坐
見其拂衣而起也昔者魯繆公之于子思也以師禮尊
之朝夕有人焉通慇懃道款曲然後能安子思不然則

有飄然去之耳泄柳申詳之側繆公未能有人焉如子
思之側也然而繆公左右御朝夕有人爲維持調護其
間然後能安其身不然則亦有飄然去之耳孟子直接
子思之傳意在以子思自處泄柳申詳只帶言耳觀下
但及子思可見
子爲長者慮當勉王如繆公處長者如子思誰謂今昔
人遂不相及者乃不能如繆公之人所以待子思者而
私待之是子不爲長者地而貽之以安長者亦何能曲
專乎也子絕長者乎長者絕子乎平心審處當不至尤
人而自訶其失慮矣二句平平說始終持兩端問之着

隨自悟一語說殺便非
　君子去齊尹士語人章
尹士之言愛孟子也愛之切故疑之深其言不無見處
及聞勤勤至意然後知大丈夫用意廣遠非淺人所能
測識也欣然愛過尹氏眞君子哉
尹氏議孟子作三段說第一段說原當初不該來第二
段說不該來而來分明有所爲了第三段說來既徒來
去宜速去而又遲遲其行焉于去就之義何居曰士則
茲不悅見平生行事夙所欽仰獨此一番不快人意耳
或曰尹氏意專在濡滯一段故下面專辯濡滯非也王

猶足用爲善是王未必不可爲湯武也安齊以安天下
豈干澤者比哉安得謂孟子專辯濡滯一段也
予之心有大欲存焉慰所欲雖千里不爲遙拂所欲雖
咫尺不爲邇此其間有無如何者予知之尹氏豈知之
哉
三宿出晝在尹氏視爲濡滯者在予心尚覺其遽然也
予之徘徊瞻顧冀王庶幾改之耳改則翻然悔悟挽晝
之駕同予所欲矣註云所改必指一事而言然今不可
考矣或曰改其功利之習而傾心仁義也亦通
晝既出而王不反予予于是始絕望于王矣雖然王舍

予予豈舍王哉王賦性淳朴喜近正人喜聞正事從不
文過遂非其善足用也王用予則予用王豈徒用王之
善以善齊抑且用王之善以善天下無一民不被善善
之澤矣夫一改而舉世之安危攸分改之關繫大矣哉
予何能一刻置諸懷也慰予之望以慰齊之望亦以慰
天下之望予所爲日夜關心者此耳或曰民安着齊王
心上說正其足用爲善處非自誇有安天下之具也亦
是

小丈夫度狹而量淺往往以小嫌介意不用其言則怒
怒則有拂衣之色怒則去去則無返轅之意只在一身

上計較全不在斯世斯民一計較也大人君子之用心
豈若是哉三字貫到底兩哉字一氣串說
一聞孟子之言遂自嘆其鄙陋可謂勇于服義矣此其
人何可于齊人中求之小人與小丈夫同但彼以量言
此以識言少異

孟子去齊充虞路問章

孟子以名世而際五百興王之會不可謂非其時矣柰
有其時而無其過天人兩遭其阨日老巖穴中亦復有
情何能遣此故若有不豫惟此時爲然
據前日之言樂天知命其本色也當茲長途寥落之際

形之容貌辭氣者彷彿不豫光景無乃與前日之言不
甚孚合乎諸氏云舊說疑言行不相顧非弟子對師之
語竊意弟子事師無犯無隱豈有見爲如此而不一言
者乎

彼一時從容有待此一時迫促無及今昔其異時矣時
異故豫不豫異非指怨天尤人也天人豈有可怨尤之
時乎不豫者悲天憫人非怨天尤人也

自堯舜禹至湯共五百八十年自湯至文武共六百二
十八年言五百年者舉成數耳貞元會合篤生聖人代
天理物故曰王者王者興則必有同心一德之人左右

贊襄其間故曰名世名世者負王佐之才抱輔世長民
之德而馳聲當代者也此二句爲數過時可張本正不
豫根源也

彼一時謂數之一定者當不爽也豈意繇文武至今五
百年之數過矣以其時考之憔悴虐政亦云極矣否極
而泰誰曰不可而天尙有需而未果也夫自古豈有不
欲平治天下之天乎但阨于氣數而無可如何自望治
者觀之以爲冥冥中若有吝惜遲留其間者卽彼蒼亦
無所辭其責也雖然未者有待之辭也未欲平耳豈遂
不欲平也哉未欲治耳豈遂不欲治也哉一旦厭此殺

遷而勃然動其好生之心。則轉敗爲平。轉亂爲治。將付其事于王者。而赫然中興矣。求名世于當今。豈能舍我而往他哉。君臣道合。天與人歸。亍方賡明良歌喜起。何爲不豫哉。惜也不然。吾所以不豫耳。此章始終明不豫之緣、此節反言以見正意也。註及大全以前言不豫後言未嘗不豫。添入樂天知命意。恐未然。

孟子去齊居休章。

前數章未去而望其留。既去而望其反。此章卻云去齊之志兆于始見之時。何前後不相侔也。蓋齊王大段不足有爲。原自一見而決。但一種慈悲意思。視列國之君頗有微長。惜也緣染太深耳。如人百骸皆病而元氣未絕。則藥石可施。然必絕去嗜欲而後可。不然。日甚一日。雖國手技窮矣。孟子始而失望于齊。既而注意于齊。無非欲奏一日之効也。其如一暴十寒何哉。居休于齊。已矣。丑又取不受祿一事考證一番。仕不受祿。今之人未聞有行之者。行之自夫子始。意者古有往轍。倣而爲之乎。不受祿實出心裁。非古道也。見下于崇。與王言。領其丰采。知未能大異乎尋常。千里亦從芳耳。去志卜諸此矣。志在去而依違受祿。是素飱也。故十萬可辭。聊以明吾志耳。只重不苟祿。若云一受祿便爲所縻。未然。

去志未伸。軍興旁午。一時君若臣經畧武事。言去既非所暇。止其朝者同其難。言去又非所忍。夫是以遷延未去。久于齊耳。去于齊我志也。久于齊非我志也。吾豈以十萬變吾志哉。饒氏曰。戰國之時高節如許。孟子一人而已。庶幾焉者其魯仲連乎。愚謂孟子之道果行。雖百萬可受。況十萬乎。孟子之道不行。雖空銜且用爲愧。而又安得拘拘于祿仕之常道也。若魯仲連則一意高尙耳。豈孟子比哉。然則孟子仕而不受祿者也。魯仲連不仕而不受祿者也。不受祿同而仕不仕異。則其道之相去遠矣。

四書翊註

前賢刁　包蒙吉輯　男再濂孫　顯祖 繼祖 承祖 興祖　曾孫　鑑鈞鎔錄鍄錀銓　仝校

平湖陸龍其稼書鑒定

後學黃越際飛校訂

滕文公爲世子章

謂堯舜可爲鮮不疑且畏而以爲欺我也。豈知堯舜無二道，滿其性分之善而已。歷考古人之言，皆堯舜可爲之意，則皆性善之意也。世子其亦發憤爲堯舜，無負所性之善可矣。爲世子則必奉君父之命。之楚將以事大，非假道于宋也，而必紆其途以來，緩于事大而急于見賢，雖君父之命不遑恤，此亦性善之一端矣。青宮毓德，緣染未深，故道性善。性字從心從生，人心之生理也。生之理純粹至善，與堯舜同。乃同是性而不能保其性，同是性善而不能有其善，遂與之胥壞矣。豈知勳華事業震古鑠今，只是性中緒餘而已，堯舜之善豈能有加于性外哉。夫所言者不一，其理要以性善爲宗；所稱引者不一，其人要以堯舜爲歸。此孟子告滕世子之大畧也。謂仁義不假外求，聖人可學而至，精絕一見不已而再見，蓋以性善之說懲涉臘創堯舜之擯

易承當將求決焉者以自居也。孟子知其意，故告之曰：世子未能深信吾言乎？吾所言者道固如此，非有殊旨也。此道自堯舜相傳以來，人一其性也，性一其善也，原無兩般事業，原無兩樣功夫，又安得于其中強覓他途也。是道也，非獨吾言之，昔之人常言之矣。齊景公凡主也，自成覸言之，直與古聖賢比肩。蓋丈夫以性生得名，彼我有共繼之善也，吾畏彼則吾不丈夫矣。重華協帝，豈寡人予能步後塵哉。自顔淵言之，忘乎其爲貴賤窮通矣。舜何人，盡性焉耳；予何人，豈遂不能盡性者。果發憤有爲，則我之性即舜之性，舜之善即我之善，安得岐而二之。周公于文王，以父子爲師友；公明儀視之懸矣。乃周公問師于一堂之上，本天性以盡人；公明儀問師于千載之下，極人性以合天。公信文，儀信公，古今有同心焉。三子蓋有見于道一而爲之言，故辭異旨同，洞然不復致疑也。絕長補短近五十里，言壤地褊小也。或曰言其國不甚小，非矣。國雖小，將爲君子焉，猶可以爲堯舜之臣；將爲野人焉，猶可以爲堯舜之民。若之何不可以爲堯舜之國乎。善字觀性善來，推性之理，內以善身，外以善國，亦

爲之而已矣振衰弱之運除沉痼之症豈尋常藥餌所能奏效哉書言良可服也

滕定公薨章

人性皆善堯舜可爲此章其明效也喪禮久廢舉世莫行天性疑于淹沒矣自世子一聞孟子之言而欣然有得則性中之善端于此見而當局者一事之堯舜何可誣也父兄百官合力沮撓天性又幾于淹沒矣自世子再聞孟子之言而斷然力行于是疑者信怒者喜則性中之善端又于此具見而旁觀者一念之堯舜何可誣也上章方託空言此章遂見實事孟子豈欺我哉

言念昔者如在目前世子亦可謂嚮慕有道者矣孟子所言者性善也于心不忘則有盡性之思孟子所言者堯舜也子心不忘則有希聖之想大變之來若不一切悉裁所謂不忘者終成虛願耳是以不憚其傳之跋涉而越境就正也孟子開口稱善善其所問者舉世所不能問者也送死大事人子藉是以稍伸烏犬之私蓋天性自不容已者非假諸外來也孝子一生罔不以禮爲本所自盡者盡此耳引成語全重禮字引到諸侯上去諸侯之禮未學者節目之詳也習聞者綱領之大也以三年之喪爲主齊疏哀之發于衣服者飦粥哀之發于飲食者俱三年內事自天子達庶人無貴賤咸用此禮三代共之無古今咸用此禮或日不宜平對言貴賤同禮自三代皆然矣

定爲三年之喪以孟子之言行事也父兄百官襲常蹈故共駭爲不經反援魯先君及先君爲辭而直斥其非抑思自魯先君以來二百餘年于兹矣父兄百官豈足以知之特誣舉所見所聞之先君以當之耳且喪禮從先祖志之言何嘗不是但彼所受者制禮之先祖非壞禮之先祖也高自稱引以蓋其非謬矣按春秋文公禫制未終而思娶宣公喪未期年而逆女魯先君殆謂是乎

父兄百官不勸善而沮善將順之義謂何世子全無歸咎之意惟是自怨自艾陳其素行不足以服人豈獨資質過人哉註云學問之力不可誣信矣問孟子者問其如何息衆論而使我得盡于大事也孟子曰然言人情大抵如是若此輩豈可與商行止哉歷述孔子之言見上人自盡其在我則下之人從風而靡矣世子抱君子之德而操風行草上之權盡亦反求諸已乎

世子聞孟子之言而然之是以慨然承當不復他求也諸侯五月而葬故居廬五月喪禮居倚廬不塗寢苫枕

塊或唯而不對或對而不唯故未有命令告戒即孔子所謂君薨聽于冢宰之禮也按三年之喪知者可以觀其理焉仁者可以觀其愛焉強者可以觀其志焉此獨曰知者以其識高而能斷不惑于衆人之口也未葬之先聞其盡禮故葬期至其于是觀禮也四方畢來天性所感動不約而同也顔色二句哀之發于容貌聲音者正自盡之實即孔子所謂歠粥面深墨即位而哭之禮也言弔者則觀者在其中大悅者以其爲從來不經見之盛美也無親疎無遠近莫不稱快即孔子所謂上好下甚而小人之草偃于君子之風矣

滕文公問爲國章

迺章重民事不可緩一句仁人仁于民事者也賢君賢于民事者也下面雖兼承禮下取民二意然禮下無非爲民事計耳中間詳言取民之制歷述三代務求其盡善者末復以學較結民事之局師王者以民事師之也新國以民事新之也及畢戰問井地則專言民事無他及矣張南軒云周家自后稷以農事爲務歷世相傳其君子則重稼穡而室家則勤織紝相與咨嗟嘆息相與服習乎艱難咏歌其勞苦此實王業之根本也使爲國者每念稼穡之艱難而其后妃又不忘織紝之苦則必嚴恭朝夕而不敢忽矣則必儆保小民而不敢康矣[illegible]何自而生乎發揮不緩民事之意甚透

甫爲國而得一代大儒諮訪政事亦奇遇也問喪禮問井地使人可也問爲國則必親承謦欬亦重其事之意

註以禮聘孟子是從前後文推出來的

爲國者爲民而已爲民者爲民之事而已事屬民爾天命之向背國運之盛衰恒必由之安得一刻置諸懷乎身黼黻而心田野足殿陛而口芻茭非好爲勞瘁也不如是有斷不可者

試取詩辭歌咏一番而知民之遑遑于其事如此民急

而君可緩乎舊說旨是紫溪諸公俱云言成周盛時不緩民事而欲文公之法之也說的濶大却非立言之旨

楊氏云民之爲道猶言民之爲民耳道常理也言民之常理固如此耳恒産民身之事也恒心民心之事也罔民把身心都壞了豈仁人所爲乎

賢君即仁人也以其心之慈藹曰仁人以其行之純良曰賢君惟仁人不罔民是故賢君必恭恭者屈已以養民也是故賢君必儉儉者薄已以厚民也如此說纔合章旨或欲偏重儉却難說禮下根恭來恭者謙光之德不侮人也不侮人豈有簡賢棄士之理則必接遇唯謹

而不敢慢也取民有制根儉來儉者淸約之德不奪人也不奪人豈有非分踰涯之理則必供賦惟正而不敢過也下二句進一步說是或以爲恭儉之實者非恭必禮下禮下必重祿不富矣儉必節用節用必寡取不富矣若此者正所以爲仁人也仁與富無兩全之理陽虎嘗言之矣益上者必損下益下者必損上情理自然但陽虎孟子之意各有取焉耳註甚的勝君子不以人廢言之意語曰富者好聚仁者好施施不得聚道相反也可作二句註疏

禹湯文武正以仁人在位而稱恭儉之賢者蔡氏以五

十七十百畝爲制産而貢而助而徹則取民之制分析極是吳氏王氏非之過矣林氏云三句渾淪說以下面有孟子自解二句故也此爲作文言耳夏后氏水土初平地未甚闢故一夫授田五十畝至殷漸闢故增至七十至周大闢故增至百畝此說固是但世代遷則生齒漸繁戶口日增安知人遂不浮于地也故朱子嘗疑之以爲孟子之言恐不如此先王疆理天下之初做許多畝澮溝洫之類大段是費人力了代代增加則田開許多疆理俱合更改恐無是理大抵孟子之言雖曰推本三代之遺制甚其疏通簡易自成一家乃經綸之活法

豈拘儒曲士牽制文義者之所能知哉徐氏引暴君代作、棄田以爲園囿之說謂殷周之際、疆界無存、故代有變更亦曲爲之辭耳天下之田豈有盡棄作園囿之理乎鄉遂用貢法十夫有溝周禮遂人所掌也都鄙用助法八家同井周禮考工記匠人所掌也陰氏陳氏云、鄉遂平曠之地可畫萬夫之井都鄙包山林陵麓在內故隨處畫爲井田馬氏云、行助法之地必須平地之田行貢法之地則無問高原下隰截長補短徐氏云國都之立大抵因山川形便如國立于平曠則鄉遂在平曠之地如在山藪則鄉遂便在山藪中今山西平陽乃堯舜

故都其鄉遂豈能平曠耶然則鄉遂固有在山藪都鄙固有在平曠者即今郡縣觀之可見三說當以徐氏之言爲是然而鄉遂用貢都鄙用助何也朱子曰鄉遂以五五相聯屬所以行不得九一之法想當然耳或曰貢輕而助重助輕而貢重其說甚多皆不須理會觀孟子什一之言自是名異而實同豈能大相遠哉但貢法是于十分之內取其一助法是于十分之外取其一徹有異同大槩皆同歸也洛陽横渠皆以徹爲通徹之徹耕則通力合作通徹也收則計畝均分均徹也徹者兼貢助二法非兼夏商二代也助者藉其力以耕公田而不

復稅其私田正見君民一體之義若貢則不待言矣貢猶今之計畝收租助猶今之就田分稻

引龍子之言欲滕文舍其不善而善是圖也開口總斷兩句下面專言貢之不善而助之善自見較者比擬衡量之意數歲之中或豐或凶或不豐亦不凶共計收成每年應得若干則應貢若干立爲格式永久行之故曰以爲常狼戾狼籍不整也多取非虐極言倉有餘粟非眞欲其多取也寡取者蓄積多只依常例去取便存乎見少非眞謂其寡取也糞田以糞有年也年凶則糞田之費都枉然了何以償之而猶取足常數民安堪命乎

爲民父母將使傴游卒歲奉事二親無公家之累也今且經年勞苦菽水無資負私債而償公家岌岌乎性命之不保以人則不仁以君則不賢負此父母之名多矣貢之貽累至此若助則萬萬無此也按貢法有春秋補助二典在周鄉遂亦有可稼之官覸年之上下以出斂法其弊未至如龍子之言也不過當時諸侯之弊耳忽然出此一句要見助法之當行耳世祿以惠君子助法以惠小人行世祿則處君子者有道矣豈處小人遂可不得其道乎且世祿原自助法得來助法不行則無公田無公田則世祿何以給之恐行者亦終歸于廢矣一班要緊事有固然者有未然者不可不察也意思全包含在固字內

助法之廢久矣併冊籍無存者故孟子但據大田之詩二語想像成周助法耳周用助則周之子孫可知非舍周而遠希殷代也

行助法無緩乎養民之事也則敎民之事至此又有不可緩者矣古者建國君民敎學爲先于是設爲庠序學校以敎之只如此泛說爲是蔡氏林氏俱直指文公說恐未然且云使之兼設四學倣周制尤非四學之說雜出他書孟子既稱周曰庠安得以四學爲周制哉庠取

養老之義兼國老庶老在內校取考較之義或稽察其工之勤惰或品定其藝之高下序取觀德之義或序賓以賢或序賓以不侮射義云爲人父者以爲父鵠爲人子者以爲子鵠爲人君者以爲君鵠爲人臣者以爲臣鵠射者各繹已之鵠是禮樂之事非徒張弓挾矢之事也三代鄉學各取一義以立名至國學則奕世同歸葢鄉也國也規模有大小名號有異同而究其所以然無非爲明倫而設也記曰學之爲君臣焉學之爲父子焉學之爲夫婦長幼朋友焉庠者庠此者也校者較此者也序者序此者也天下達道命于天而成于君豈其有

殊指哉明于上者學建而教肅闡發其義類無餘蘊焉一道德以同風俗小民盖莫不蒸蒸然互相愛敬矣五品遜而百姓親自上世以來未之有改也饒氏說宜知教養二事王者之大經大法也參酌古今而處其當興王復起豈能易哉是訓是行必且仰而慕之崇而奉之曰吾師乎其尊貴蔑以加矣許之以師王者而不許之以王天下可見致王原是大國做的孟子于滕文亦不敢輕易許也

周自后稷始封于邰至不窋遷于戎至公劉避狄遷邠至古公又遷岐其爲諸侯之國舊矣洎文王三分有二而天命是以維新蓋厥生之蹶蹶于文王故大命之集于文王不待一戎衣天下大定之日也力行者憤發有爲不以卑弱自安舉井田學校一一見諸實事則國爲善國一時規模氣象必有煥然改觀者矣新國所以新命文公其爲周文王乎借文王來歆動他亦是後世子孫必有王者之意

只說助法當行至于井地之制都未明白指出故使畢戰問之唯仁君能行仁政然非得其人則不行選擇而使責有所歸矣勉者勉其翼贊仁政無負選擇之意也欲行仁政將以利民也民非經界無攸利故須從此做

起經界者經畫其溝塗封植之界使秩然有條理也註云此法不修則田無定分而豪强得以兼併故井地有不均賦無定法而貪暴得以多取故穀祿有不平穀祿二字分貼君子小人細看畢竟不如註說爲是果如所言則孟子當云經界不正則井地不均井地不均則穀祿不平矣穀祿二字看饒氏撥其穀以爲祿之說自明暴君汙吏必慢其經界以利己則仁君廉吏必敬其經界以利人可知經界正則田有定分無不均之田賦有定法無不平之穀祿不勞餘力而仁政之行裕如矣故曰可坐而定也

蔡氏以殆字解將字不作將然說是有君子應有處置君子的道理君子國之表也有小人應有處置小人的道理小人國之本也無君子則井地無由均誰治小人而祿安得不制無小人則穀祿無由出誰養君子而田安得不分不可以壤地褊小遂苟且從事也

助法久廢而十一亦踰制多矣故開口曰請請者欲其毅然更始也一則力復古制一則革横暴之習而示以惟正之供也自賦者不煩追呼而終事也野九一都鄙用助法國中十一鄉遂用貢法正周之徹法也考滕卽今滕縣四望平衍併無山林陵麓蔡氏之說非矣其國

中用貢者。或當如朱子之說。祿之外又加祿焉。所以厚君子。此即百畝。半分。從分田。皆授之也。自卿大夫以至于士。其祿皆有差等。唯圭田則不然。蓋凡爲君子者。皆得立廟而以其田祀之。故一視同仁。此先王特恩使各得隆其孝思于先人也。祭賞黍。故田曰圭。趙氏之說誠鑿矣。田之外又加田焉。所以厚小人。此即百畝。四分。從分田。時授之也。民年六十歸田。長子受之。次子便是餘夫。以其在五口八口之外也。授之田使自食其力。欲游惰不得。然田止二十五畝。欲奢侈亦不得。亦見寓教于農之

意。

先王化民成俗之道。不待學校。即在井田中見之。人民安土重遷。非甚不得已。豈肯離其故土乎。死喪遷徙無出鄉者。正見其得所也。鄉田同井。便自然相聯屬了。出入相友。同作息即同德也。守望相助。同防禦即同仇也。疾病相扶持。同救恤即同患難也。恩義交篤。宛若家人骨肉一般。所謂小民親于下者。早有其徵矣。

此言井田形體之制。所以正經界也。井地必先取方。故曰方一里爲一區。而井之井九百畝。以足公田百畝。及八家各百畝之數。一里如是。里里皆如是。一井如是。井井皆如是。舉一區以例其餘也。中公外私。便有手足腹心之義。先公後私。便有父兄子弟之義。所以分別野人使不得同于君子。尊卑之等。亦報効之公也。

一國之中。大畧不外君子小人。一國之君子小人。大畧不外祿與田。分田制祿。大畧不外正經界。及下所云云而開國規模畧具矣。然徒法不能以自行。酌古準今。審先後緩急之序。察剛柔燥濕之宜。使彈丸小邑再見一隅之三代焉。則惟君若臣力行何如耳。潤澤有細膩浸灌意。註解最精。後世王莽行井田。王安石行周官。而皆不足與有爲者。正坐不能潤澤故耳。自古未聞無治人而有治法者也。

有爲神農之言章

此章以闢異端爲主。而題目有三。一闢並耕之謬。一闢悖師之謬。一闢一賈之謬。闢並耕則以堯舜爲主。而及于益禹稷契皋陶。雖數聖如出一轍。而耕之不可並也明矣。闢悖師則以孔孟爲主。而及于子貢曾子。雖沒世如唔一堂。而師之不可悖也明矣。闢一賈則併無所援引古人。而但就其言窮之。彼自無所置喙矣。其文字闘鎖照應。俱有法。讀者詳之。

滕行井田之法。復古也。許行曰。更有古于是者。是以稱

述神農之言居然度越三代而上之加一爲字其爲造作附會也明矣遠方慕義以爲仁政之感召速也而豈知其藏禍心乎其待數十人而只請一廛志不在爲氓可知捆屨織席便寓自食其力之意

稱陳良之徒見學術之正不宜見惑于人也負耒耜而來便是悅並耕的種子其開口動聖人之慕出于中心非有他腸也惜未有定識定力耳

陳相一見許行被他一場話說動了故盡棄陳良之學而學之且特來見孟子誇示其所學正是大悅處賢滕君者將欲敗之故先褒之也未聞道卽未聞神農之道

賢者二句正其所聞之道也民以耕食我亦以耕食食之暇推其力以治民諺所謂吃自家飯做人家事也以爲人我一體不欲其厲之故如此若滕君不耕而食倉廩府庫皆民膏民脂非道甚矣賢者固如是乎按並耕之說粗淺迂鄙極可笑而陳相譽之不容口何愚也

反覆窮詰大意要引出交易意來其文法有似宜詳而畧者如許子衣褐亦是布類豈能不織而衣而不之詰如釜甑鐵之屬皆以粟易然則許子奚爲不自爲而不之詰蓋其意具于一冠中故不嫌畧也其文法有似宜畧而詳者如許子以並耕爲賢則種粟而食不問可知而必以此開端如冠以粟易而不自織曰害于耕可以立折之矣而必及于釜甑爨以鐵耕以結局蓋欲畢獻其情使無躲閃之處故不厭詳也詳而畧畧而詳顛倒陳相唯意之從具見孟子舌鋒之妙文字之奇

此節大意要引百工之事不可耕且爲一句來以爲辨折之地也農夫陶冶各以所有易所無兩利之道豈曰厲之云乎陳相盍亦因此識彼也四句原是破厲民自養之說但承以粟易之句來口氣甚緊解釋滕君自在言外見得蔡氏直入之便覺緩了舍解止亦通似不如讀屬上句爲是言許子何不自成陶冶所在一切器械

取給于宮中用之不窮何爲終日勞擾既易此又易彼其瑣屑亦甚矣三何字反覆作不可解之辭使彼自解也陳相果說道一手一足之力那裏做的許多以農夫兼陶冶必不得之數也此語明明自己剌謬了只是被孟子窮究的要不如此說也不得存疑稱孟子之雄辨末云以朱子之正學精義而不能屈服陸氏兄弟于一時之語次以雄辨不如孟子故也余以爲不然孟子之陳相韓信之龍且也朱子之象山孔明之司馬懿也孟子之辨雄朱子之辨精其道固同但所遇之敵有勍不勍耳

治天下遺大投艱覛百工何如以百工所不可者而治
天下獨可有是理乎此卽上句之明以通其蔽也有大
人焉以治爲事者也人大故其事亦大有小人焉以耕
爲事者也人小故其事亦小各有攸司無相侵也且身
一而工百相須固甚慇矣若必躬必親則旣爲此又爲
彼是率天下踉蹡之不暇又安有休息時乎此四句又
就其所明者推極言之以見治天下不可耕且爲斷斷
如也故古有見于此而爲之語曰或有殫智竭慮而勞
心者或有胼手胝足而勞力者勞心者立綱陳紀覛人
之事爲已之事而治人勞力者受型受治唯意指之從

而治于人治于人者子弟之義宜有以報之則食人治
人者父兄之責宜有以享之則食于人此六句皆古語
註指四句以上二句不待言也天生下許多人來須索
有个尊卑貴賤纔相安的通義者合上下而各得其宜
也若宜于此不宜于彼則拘滯不通矣通卽達德達字
或作通融之通未是
堯之時天下平矣當洚水警予之時猶未平也橫流言
不由故道也氾濫于天下世界盡成水鄉矣水盛則草
木得以滋長故暢茂草木盛則禽獸有所憑依故繁殖
草木禽獸交爲五穀之害其能登乎不登者在外無以

登于場在內無以登于倉也跡跡交中國禽獸實逼處
此而與斯人爭此土矣堯爲當時之大人勞其心以治
人者故獨憂之憂者獨而勢有難兼故舉舜敷治以分
其憂焉舜亦不能兼所憂也故使益掌火而焚山澤以
爲治水之地火烈則草木不復暢茂草木盡則禽獸失
其巢穴不復逼人如此治水之功從此施矣禹稷不言
使省文也疏瀹決排皆以分其勢也或注海或注江皆
因其勢而利導之也按九河集註分簡潔爲二蔡氏書
傳合簡潔爲一其說紛紛惟吳氏云南皮明有潔河則
集註確有可據矣註考四水入江爲誣金氏曰當是疏

九河瀹濟排淮漯而注之海決汝泗而注之淮決漢而
注之江雖朱子云只是行文之失無害義理不必曲爲
之說然仁山之說不可不知也水患旣息然後五穀從
此登而粒食有日矣得食只輕輕說大泥便是五穀熟
而民人育句了八年于外睽違何其久三過其門聞問
何其便而往來自若未嘗一停驂也蓋其所[illegible]甚切十
分忙迫那裏有留止時節骨肉之間且如此況分憂
于不急之務耶卽有其心亦無其事雖欲[illegible]乎所謂
可得而食者禹甫開其端耳又有稷以結其局焉稷以
農爲官亦未嘗親稼穡之事也教民而已分別五穀而

示以種殖之法正教之事向憂其不登者今且歲歲告成而生養遂矣人有道即天命之性也飽煖無教則忿情縱欲喪失乎天之所以命我者與禽獸又何擇焉聖人有憂之兼堯舜說憂者憂百姓不親五品不遜近于禽獸而遠于人也使契者舜奉堯命使之也教以人倫教以人所固有之道也父子君臣夫婦長幼朋友乎其人也親義序別信詳言乎其道也五有字與有道有字相應上五句言人倫之道放勳則備陳教法也有竭覽于人倫者從而獎勵之有趨向于人倫者從而招集之勸善也心悖于倫則邪匡之使正行反于倫則枉

矯之使直懲惡也輔如車輔扶其怠志而使立也翼如羽翼教在上而復其固有則在人故使自得之自得在人而教者不終諉之人也故曰又從而振德之振者振動振作之意註解提撕警覺最盡德解惠猶云仁義固所以利之也掌引存疑俱以離欲耕得乎承禹說而以暇耕乎承放勳數句說細玩上下文勢上单承禹是也下单承堯則非矣自堯獨憂之以下皆言大人勞心治人之事也豈有遺却舜益稷契之理看來聖人之憂民如此一句通承數聖人言也因過門不入于不暇耕之意尤切故重申一段至此則總結之也若曰古人行文只取意足恐不成文理矣

上兩節發明不暇耕之意已盡此以下三節又言不必耕也堯之憂思得舜以釋之舜未得堯之憂正未巳也舜之憂思得禹皋陶以釋之禹皋陶未得舜之憂正未巳也若夫繫心百畝勤作息謀豐凶此小人勞力而治于人者之所為豈可與堯舜同日語哉

分人以財是亦利濟之一端然謂之惠非仁者普被之道也教人以善是亦化導之一端然謂之忠非仁者同風之道也惟渾忘人我直從天下起見得其人以施惠則財不待分而人人蒙其惠得其人以効忠則善不待

教而人人荷其忠此萬物一體之心肫懇篤摯無不及為者故謂之仁以天下與人句不過借此以形容為天下得人者之極難耳說者以其易言之遂云非傳位與人也而曲為之說誣矣以天下與人只要無私心割捨的為天下得人須是有辨別一世的眼力覆冒一世的胸襟至誠感格竊寐交通若此者談何容易也

引孔子贊堯舜之辭要見堯舜德業之盛如此豈漠然無所用其心而能爾哉只是從天下最難處用心而不肯分用于瑣屑之務耳

陳良楚產夷也乃不為風氣所囿而獨慕中華佩服孔

孟盖堯舜以來相傳之嫡派也用夏變夷矣北方學者固多翹楚然以夏用夏視以夷用夏者豈能出其右哉誠所謂出類拔萃之士而終身可依歸者也陳相兄弟北面已久居然中夏矣肉未寒而反面易心變于夷焉豈不異乎吾所聞哉

上言師死遂倍故此節引孔子沒而諸子不倍師者歷示之蒙引作三段看存疑作四段以子夏等爲丁蘭刻木之類亦是不倍師看來三子不倍師已在三年廬墓相向而哭皆失聲之內見得了至于有若一段則不能爲賢者諱過何也昔者曾子責子夏曰商汝何無罪也

吾與汝事夫子于洙泗之間退而老于西河之上使西河之民擬汝于夫子爾罪一也使人以夫子擬之不免于罪况直以事夫子者事他人乎雖云姑寄其無聊之思然其事則未免迂而左矣况此節援引三子只要形容曾子不倍師耳重曾子不重三子也在三子從言論氣象上見聖人故欲以有若當之曾子從心體上見聖人故守的恁地堅定說的恁地親切江漢濯無一毫點汚也秋陽暴無一毫翳障也舊說一疵不萌萬理明盡極好皜皜不可尚即從上二句見得彼有若者不過竊其餘波分其餘點又惡得而似之

南蠻鴃舌所謂匪我族類也先王豈以並耕爲道而許行假之以文其陋是先王之罪人也相不學其是先王者而學其非先王者以視曾子何如曾子不事似聖之有若而陳相乃師反聖之許行大有逕庭矣

舍卑暗而進于高明出谷遷喬也下喬入谷者反是陳良學周孔之道巍巍大觀喬木也許行誕妄詭秘幽谷也只影正意爲是不必粘鳥

詩頌僖公而直以周公當之說者遂謂僖公非能膺戎狄者惟周公爲然亦曲爲之辭也孟子文法如此者每有之註以爲斷章取義或然南蠻鴃舌及戎狄荊舒等

語似近詈罵孔子或不如是相不學周公而學周公之所膺者居然夷狄矣變于夏則善變于夷何善之有

並耕之說窮矣又以一價之說進謂價一則物有格式賢愚不相欺負長者重者多者大者爲一例短者輕者寡者少者爲一例不必過事區別一寓目而知之一舉手而定之矣此即剖斗析衡而民不爭之說也

人有情物亦有情情者實理之不可掩者也天之氣化有厚薄故生物有美惡人之工力有巧拙故成物有精粗若泥其理之一而昧其分之殊名實混淆適所以滋亂也從履一端推之則其他可知已陳相修談許子之

道正在國中無僞句見得面不知其反以長僞也只期索價于人不復審物于已蒙面喪心而莫可窮詰也雖一時一事行不去況欲治國家乎蕭道成嘗曰使我治天下十年當使黃金與土同價蘇長公云意則善矣夫金之不可賤如土猶土之不可使貴如金也物豈有此理哉然則莊周齊物亦可從此而知其謬矣

墨者夷之章

此章極得納約自牖之意程傳曰人心有所蔽有所通通者明處也當就其明處而告之求信則易也厚葬夷子之明處也其牖乎反覆辨折以曲動其天良就其明

處告之也其孟子之納約自牖乎宜其渙然自信而直悟夫有生之初也

夷子業墨于心終有未安故向吾儒就正非若陳相之矜其說以相角也援墨歸儒衛道婆心故願見然未知其誠與否故又以病自託也曰我往見而夷子不必來恐無此理益見其爲託辭矣

他日又求見則其意誠矣今則可以見或曰病愈或曰不必粘病畢竟不粘病爲是初託病權也今又求見便全不提起病來直也直者披衷以告無所隱諱也見者斯道著明也且者不待面見而已如此也開口便曰夷子墨者明與吾儒異道矣墨者治親之喪不異于衆人故薄也夷子由其道以移易天下之風俗又豈有異議而不珍重率循之理然而思易天下者却不先易一已則是不用其所貴而用其所賤何爲也哉此就夷子是處喚醒他教他自家認識庶幾得其本心也

夷子之言牽合儒墨所謂騎兩頭馬者開口述儒者之言自問而又自解之意以保民若保赤子是儒者之愛無差等也與兼愛同矣保赤子而必曰若是儒者之施由親始也則厚葬其親豈爲過乎書曰立愛惟親記曰立愛自親始夷子似有見于此但其所謂施由親始者

亦是施其無差等之愛有先後而無輕重也註以爲遁辭信然孟子先解康誥而後示以天道之自然書原來有个取意彼以小民無知犯法與赤子無知入井一般不得歸罪于彼而忘哀矜之心也豈愛無差等之謂乎且物生于天都從一个父母來的而夷子把自家父母當路人看是又添一本了故其說爾爾也天一本而人二之逆天甚矣要順人情反逆天理天下豈有逆天理之人情乎

夫本有一而無二何以見之蓋上世云云上世禮制未興其親死則委而棄之已耳及他日一觸于目見肢體

殘壞有不能爲情之甚者不覩則情有難忍正視則情有難堪其顙有泚豈曰對人無以施面目因爾爾耶蓋良心眞切之地有萬不容已者所以露此形狀也此而不求所以掩之得乎掩之即聖人制棺槨之意其事則偶然其理則固然此其間亦若有天使之者則孝子仁人素篤一本之愛便從是處生出道理來貴厚而賤薄所必然也然則夷子厚葬正合孝子仁人之心何不因其明以通其蔽哉故使夷子以厚葬爲是則墨道非此以墨道爲是則厚葬非也必居一于此矣

或曰憮然斷句蓋茫然自失有難遽出諸口者少頃始

有言故曰爲閒雖一話一言俱屬徐子口授而已儼然面命非復向者愛無差等之之矣微夫子言幾何不自喪其本哉夫是以憮然受教大悟從前之非也

四書翊註

前賢才　包蒙吉輯　男再濂孫 顯祖 繼祖 承祖 興祖　曾孫 錦 鈞 鎔 鎵 鎧 錀 銓 仝校

平湖陸龍其稼書鑒定

後學黃越際飛校訂

陳代曰不見諸侯章

從來只爲利害二字躭閣了多少人品豈知守道則利枉道則害就裏看的分明王霸不足云矣且如虞人拒招害不能動矣御人辭命利不能動矣雖有道之士何以加焉而況誦法孔子居然以有道自命者反兩人之

不若耶

以招大夫者招虞人非分也故守死不應所謂可殺而不可辱者非耶王陽明曰不忘者念有所屬也雖在顚沛死生之際而不忘其志與勇其說亦通終不如集註爲妥蓋人情所悚然畏懼者刻刻作意中事可謂貞且烈矣故孔子以二說亟稱之非其招且不往況不待招而輕身以先之無志無勇甚矣是甘出虞人下而自絕于孔氏之門也何哉駭異之辭昔人有讀孟子志士勇士二語而慨然有得者謂能守此則無不可爲之事湛甘泉亦云人怕此心做主不起如志士云云何等灑

利字是學者病根此處割的斷然後可與言守身據陳
代所以告其師者則溺于利而不自覺矣故孟子明教
之且夫進一步說利者君子之所不言也吾子計較得
失審量多寡則專言此矣專言此則始也期望猶奢既
也意願漸卑雖枉尋直尺有不遑恤者利一爲將無不
可矣玩而字亦字與字自疑自猜正以深明其不可爲
也
御人也而倏賤倏良取憑于毀譽之口簡子若木偶然
非變奚顛倒王良乃王良顛倒變奚也良一試其奇即
堅守馳驅之法雖君命不顧也雖小人之怨怒不恤也

亦庶幾志士勇士之風矣
御者與射者較藝也非行道也然且用顯比而不屑比
之匪人無他羞惡之心重利欲之心輕也使枉道而與
諸侯比是王良之不若矣羞惡之心安在至此指出道
字正是不見諸侯的種子且子過矣又進一步說已既
枉則全體盡壞人皆不我服從矣其能收匡救之功耶
朱子曰援天下以道枉已便已枉道是已失夫援天下
之道矣更說甚事試取揚雄荀彧華歆輩觀之可見昔
有權貴托人致意張九成曰肯從吾遊當薦之館閣九
成笑曰王良尚羞與嬖奚乘吾可爲權貴遊客耶

景春曰公孫衍張儀章
景春以名位赫奕氣燄薰灼爲大丈夫而不知性命中
有眞正榮華在可共見之天下亦可獨見之一室超然
世外無入而不自得也若儀衍輩何足道哉
從人衡人皆小人也然從人合六國以抗秦猶愈于衡
人連六國以事秦也衍儀皆主衡曾蘇秦之不若而景
春侈談之一怒則搆怨興兵而天下懼安居則釋怨罷
兵而天下熄此春之所謂大丈夫也
先王制禮分陰陽剛柔各有攸宜不可亂也學禮則知
衍儀皆沐猴而冠有愧父兄之命多矣按冠禮始加日

順爾成德再加日淑慎爾德三加日以成厥德二子何
有焉然此句不重只要引起嫁禮來禮稱女子十年不
出姆教婉娩聽從故母之命嫁皆此意也女子以夫爲
家必敬敬夫子也必戒戒其違夫子也末二句則統承
上意而論斷之蓋其性柔其職隨故其道與丈夫有迥
異者二子以口舌恐嚇諸侯曷言乎以順爲正也當時
秦之勢壓六國則道之併六國是以順秦爲正也六國
之必畏秦則道之事秦是以順六國爲正也阿諛逢迎
無所不至豈復有鬚眉氣哉
然則所謂大丈夫者云何天地萬物皆同體也稍以私

意闡之則隘矣居廣居者四海一家中國一人莫不歸
吾函葢之中也天成位乎上地成位乎下人成位乎天
地之中三才鼎立天下之正位也立之者適還其鼎立
之體而已君臣有義之道父子有親之道夫婦長幼朋
友有序别信之道五倫攸敘天下之大道也行之者適
符其攸敘之用而已朱子分仁分禮分義分心分身分
事又以上二句下二句各分體用又總以上句爲主其
說皆不可易也得志則吾之居與民共居之吾之位與
民共立之吾之道與民共行之不私此志于天下也不
得志則吾有居吾自繇之吾有位吾自立之吾有道吾

自行之不負此志于天下也富貴非吾之幸斯民之幸
也使我徒爲富貴中人不亦鄙乎何淫焉貧賤非吾之
不幸斯民之不幸也我自有不貧不賤者在何移焉人
以勢爲威我以理爲威人以暴爲武我以仁爲武勝負
固不侔矣何屈焉註蕩其心變其節挫其志三句精甚
昔人云此節是大丈夫贊亦是孟子自作贊信哉
　周霄問曰古之君子章
周霄之意與陳代同但立論全不粘在孟子身上傍孟
子說的十分廹切然後露出本意來本意在難仕二字
孟子只據義理答他亦仍是枉巳未能直人之意但說
的越覺明顯親切耳
不言今之君子而托諸古考古所以証今也皇皇一句
一直讀下出疆亦載質正是皇皇處無君則弔孟子分
疏自明或曰只作憂戚之意非也
弔字似太甚故周霄疑之
借諸侯來拌說要見士之位與諸侯之國家一般關係
重大耳諸侯夫人二句及唯士無田二句俱孟子約畧
禮意而言之下則自解禮意諸侯有國家則有犧牲粢
盛衣服之具以祭失國家則無所出矣故不敢士有位
則有田有田則有牲殺器皿衣服之具以祭失位則無

所出矣故不敢兩不敢字非特爲不備物也亦有非分
之懼意豺獺尚知報本不敢以祭則無以伸其孝愛之
心于先人當有戚然不安者矣已不安旁觀者亦代爲
不安故弔之情理之當然也饒氏曰恐是爲士先有位
後失位者言之一年有四時之祭失位三月便廢一祭
故可弔弔其不得祭非弔其不得君也宜知
周霄甚疑無君之弔故先問之而載質之義亦有未曉
然者是以再及焉士以仕爲業猶農夫以耕爲業也士
非仕則君民之責莫塞猶農夫非耕則父母妻子之責
莫塞也農夫舍耒耜則無以耕出疆何爲士舍質則無

以仕出疆亦何爲哉不但理不可舍抑亦勢不能舍也傳曰惟楚有材晉實用之晉國固四方之士所景從者故曰亦仕國也以若所聞這樣急以若所見這樣緩宵幾不可解矣丈夫有室女子有家皆其父母爲之也誰不中心願之但男女非有行媒不相知名禮記之矣若棄二親之命背禮苟合則辱人賤行莫此爲甚父母羞以爲女國人羞以爲婦矣卓王孫曰女無媒自嫁辱吾家終身不復相見正此意古人欲仕若父母願男女之有室家然而必行義路出入禮門未敢踰越尺寸者所惡甚于所願故也若希世取容不以道自重則與鑽穴

隙者無異而父母國人皆賤之矣然則六禮不備貞女不行古人以之見金夫不有躬君子羞焉昔謝湜自蜀之京師過洛而見程子子曰爾將何之曰將試教官子弗答湜曰何如子曰吾嘗買婢欲試之其母怒而弗許曰吾女非可試者也今爾求爲人師而試之必爲此媼笑也後世功名中人不爲此媼笑者蓋鮮矣甚至公行賄賂揚揚意得則又所謂婚娶而論財夷道也可勝嘆哉

彭更問曰後車數十乘章

彭更以孟子不用于諸侯從未樹尺寸功而虛糜廩糈爲非分孟子則謂諸侯雖不用我我未嘗無用于諸侯功在世道功在人心即大烹非過又奚有于目前之廩糈也反覆辨難使彭更辭窮而後已其道尊其功偉矣開口三句鋪張點綴泰意便在其中下句特足之耳孟子指出道字見得一介不取此道有天下而不與亦此道也更意匹夫不宜食于人故引匹夫而安受天下者喻之子以爲泰乎與不以泰乎正相呼應或指舜說非也

食人之食者事人之事非以食爲過也無事而食則過矣貽素飧之譏可乎哉

不通融其功交易其事以有餘補不足則羨者偏羨不足者偏不足農與女各有其有將滯積而無所用之矣如通而易之雖技藝之家皆得以功食于子也于此二氏朋興邪說橫行之日有人焉繼承道統之人也堯舜之道不外孝弟出入以此躬行而實踐之也先王之道大中至正天下古今所共由也守者保護唯嚴凡表章修明皆其事也異端利用攻故吾儒利用守以待後之學者尊信而服從之所謂爲天地立心爲生民立命爲往聖繼絕學爲來世開太平者此人也以爲無事則不得食于子是居仁由義之士反梓匠輪輿之不若何其

失尊卑輕重之序也。

更又謂君子之所以尊于梓匠輪輿者、以其謀道不謀食也。若志在謀食、則自輕甚矣。不知視功之大小爲食之多寡、其理自不可易也。若專食志、則貪饕者得以恣其欲、而廉靜寡欲輩皆餓死矣、豈理也哉。孟子設兩端以問、非更果昧之也。特欲自伸其說、故不得不強辭以對也。

毀瓦畫墁、不惟無功、而且有害矣。雖欲堅守食志之說、其可得乎。不食志而食功、畢竟逃此情理不得、則奈何忘守先待後之功也。區區傳食、正未足當報功之典、而以爲泰謬矣。

萬章問曰宋小國也章

弔民伐罪、王者之政也。平居以大公至正爲心、臨時以救焚拯溺爲念。是故義旗所指、到處傾心、雖有強國、豈能惡人之所好而伐人之所迎哉。盡取湯武已事觀之。

萬章以孟子動稱王政、意其行之輒效也。今宋方有志、便爲齊楚所圖、不幾挑釁速禍乎。王政可行、疑亦空言云爾。

湯之于鄰國也、動之以孝思、資之以物力、助之以境內之赤子。至仁大義、可謂曲盡矣。使葛伯而有人心也、豈不惜然悔過也哉。奈何怙惡不悛、殘暴滋甚、童子一獄、無所容于天地之間矣。書此爲伯仇餉一句、孟子爲詳述本末如此。

葛伯因逆多端、豈止殺童子一事。然兵端自此始矣。四海以仁政故、共諒無他、而有以白其仇葛之本心也。匹夫匹婦泛就四海說、專指童子之父母便小了。

湯之王政、豈特行之葛而葛無敵哉。凡十一國皆然也。東西南北、情有同慇、而勢難併暨、故不免後時之怨。如置身烈焰之中、其能忘情甘澍哉。歸市者芸者、皆匹夫匹婦也。知其爲已復讎、又何疑焉。誅君弔民、不平誅其

害吾民者、正所以弔之也。大旱而沛然霖足、其悅爲何如哉。無罰、悅其不妄戮一人也。

引武成不用全文、只從助紂爲虐者說起、恐當時藉爲口實也。士女即匹夫匹婦、而鄭重言之、綏者撫馭安全之意。匪厥玄黃、當征誅時見揖讓之舉也。去商而繼承我周王、躬逢休美之政、幸之也。曰我周王、親我后、又加親矣。告也、不爲臣有廹脅之者故耳。今始遂其臣附之願矣。以上約畧書辭、下則孟子自解也。君子、商之臣也。迎其君子、周之將帥也。小人、商之民也。迎其小人、周之卒徒也。君子用文、文從厚、故以玄黃迎之。小人用質、質

從僉故以食漿迎之若此者豈有他哉有殘吾民者民是以在水火之中也援其陷溺爇炙之苦而出之唯是取殘而止更不求多于其外也書曰以殘虐于爾萬姓殘字明指紂說而孟子諱言之亦不必指出葢取殘所以救民也救民所以其君子小人之來迎者唯恐或後也舊以爲倒解書辭良是

引泰誓總結上意或曰只重取殘一句非也我武唯揚侵于之疆所謂桓桓如虎如貔如熊如羆于商郊也則取其殘取其暴虐百姓以奸宄于商邑殺伐之功從此張大矣湯伐桀唯有慚德今武亦爲之則湯不愧故曰

有光蔡傳云武王伐湯之子孫覆湯之宗社自世俗觀之謂之湯讐可也然湯放桀武王伐紂皆公天下爲心非有私于巳者武王之事質之湯而無愧湯之心驗之武而益顯是則伐商之舉豈不于湯爲有光哉透甚郭氏曰前引湯事太多後得于湯有光一句便有關鎖便打成一片便不排比便不至前重後輕此是文字妙處可謂善讀孟子者矣

然則宋所云行王政者要亦有虛名無實事爾苟見諸實事若湯之復仇武之取殘則四海之內悅若雨之降見震動之休方且徯我后紹我王之不暇矣齊楚雖大罔不畏威懷德者何畏焉又誰敢惡而伐之

孟子謂戴不勝章

正國者必先正君使非衆正盈庭則君亦不可得而正也戴不勝薦賢爲國庶幾引君以當道者惜也孤立無助爾何以收格心之效故孟子罕譬曲喻告之兼收併蓄以成就其君德也

爲人臣而欲善其君靖獻之良圖也然不可以無其道試言之聲音囿于風故五方各不同若不安其故而學諸人焉則可以轉不善而爲善必也擇地而處進之又久乃可以奏厥功不然一傅衆咻齊人其名而楚人其

實也求遂其欲豈可得哉賈太傅曰習與善人居不能無不善猶生長于齊不能不齊語也習與不善人居不能無善猶生長于楚不能不楚語語意從此變化來

以薛居州爲端人正士使之朝夕密邇君側所以愛其君至矣盍亦從居州而廣之旁招俊彥布列庶位則君子道長小人道消而國運日以泰而君德日以益矣若徒恃一手一足之力支持于羣小沸揚中則小人道長君子道消而國運日以否而君德日以損矣然則薛居州一齊人也衆非居州則長幼卑尊皆楚人也王所非莊嶽而居州必不能久于其位惟有束手嘆誰何而已

子欲子之王之善與何迂也昔周公作立政謀及綴衣虎賁趣馬小尹左右攜僕百司庶府穆王命伯冏亦曰小大之臣咸懷忠良其侍御僕從罔非正人以旦夕承弼厥辟又曰實賴左右前後有位之士匡其不及皆此章之意也

公孫丑問曰不見諸侯章

先儒以干木泄柳爲太過以曾子子路所言爲不及以孔子之待陽貨爲中道其說極是後儒非之都要歸到不見諸侯上去恐太泥大抵孟子守孔氏家法與曾子子路同其養若干木泄柳之事則所不爲也

戰國時希世干進古道蕩然矣故孟子因丑之問而述之古者律身謹嚴不爲臣則士也士而往見諸侯非義矣故卓乎有以自守也所謂不見諸侯者諸侯不來見故士不往見也若魏文侯之于段干木魯繆公之于泄柳則造廬而請矣造廬而堅拒之豈非過高不近情者之爲乎不可見而見非義也可見而不見亦非義也若孔子則不爲已甚者陽貨欲見孔子而惡無禮秉彝之良也矯禮以欺孔子則小人本色矣使孔子于此而不答其賜是以惡陽貨之故而失禮也使答其賜而墮

小人術中是徒知守禮而不知從義也間不容髮故經權于是併見焉易不云乎君子以遠小人不惡而嚴答其賜不惡也瞯其亡則嚴矣陽貨先豈得不見但見矣究竟有不見者在尋常處置中具許大本領學聖者不可不知楊雄以孔子見陽貨爲詘身以伸道身詘矣道從何伸乎宜其失身賊莽也

方烈日之中而胼手胝足豈不病甚矣乎曾子則以爲脅肩諂笑者殆有甚焉在小人屈意逢迎方自謂得計而誰知其可憐一至此也言者心之聲也未同而言愧于心是以徵于色其色赧赧然是在巳亦無以自容也

丈夫不能揚眉吐氣而乃若是乎恐恥包羞也是殆不可解也由二子觀之剛大浩然之氣溢于言表則其所以蓄積于平日者可知已惟蓄積有素闖盡人情不以塵世紛華動其心是以所言痛切如此耳

戴盈之曰什一去關市之征章

易象遷善改過獨有取于風雷之震蓋天下事未有嘗試而爲之者也嘗試爲之則情有所繫而不忍割物有所制而不能斷究竟與遂非者等耳宜孟子深儆盈之而教之震以赴義也

什一惟正之供也供復古而又革商賈之稅焉正所謂

王政也乃以未能爲辭以請輕爲法以來年爲期宋之
王政亦于此可見矣
攘雞盜也日攘月攘有以異乎而乃與或人較量于輕
重之間久暫之際亦惑矣
暴歛橫征上下習染成風百姓在水火中矣一旦悔悟
而思革之當如救焚拯溺奈何優柔不斷復需歲月也
或曰此節仍指攘雞說非矣
公都子曰外人皆稱夫子好辯章
予豈好辯哉二句前後照應以其爲問答大頭腦也天
下之生久矣二句括盡通章大意下面節節歸到這裏

來堯時洪水天下無以安其生矣一亂也禹奉堯命不
得已而立功以生之則一治紂時肆虐天下無以保其
生矣一亂也周公相武王不得已而立功以生之則一
治春秋時弒父弒君亂賊戕天下之生也一亂也孔子
不得已而立言以生之則一治戰國時楊墨之言盈天
下禽獸食天下之生也一亂也孟子不得已而立言以
生之則一治轉亂爲治皆所以扶天下之生于不替也
辯而曰好似樂以口舌見長者故公都子疑而問之孟
子於此有不禁憮然者言予追古撫今不得已而辯非
好爲是呶呶也天地之大德曰生天下共被其德而生

生無窮焉一治一亂于兹凡幾易矣註氣化盛衰人事
得失反覆循環之常也四句如何少得聖賢之生凡
以爲天下也天下之治亂不一撥亂世而反之治豈異
人任哉
自生民以來不知幾治亂獨從堯說起者以其爲道統
之祖也無所定民爲蛇龍所廹遷徙靡常也爲巢爲營
窟隨其地之高下爲棲身之所也古人遇災異而恐懼
修省故曰警予輔氏曰此一亂純繇乎氣化也
水以海爲歸故掘地而注之蛇龍以水爲歸故驅而放
之由地中行則行之順而不復氾濫于中國矣不氾濫

則不險阻蛇龍失其居而鳥獸不爲人害矣得平土而
居則民有所定而不復爲巢爲營窟矣輔氏曰此一治
氣化人事相參者也
堯舜沒而聖人治世之道日以陵夷故曰衰不行仁政
故曰暴君代作指夏商之末世也壞宮室爲汙池棄田
爲園囿正其君之所以爲暴者也無所安息不得衣食
則蕩析饑餓而無以爲生矣無以爲生則無恒產因無
恒心放僻邪侈無不爲已是以邪說暴行又作也又作
繼暴君而言上行下效也饒氏即指壞宮室棄田宅說
則于又字說不去園囿汙池二句重由暴君之害言險

眡生禽獸出而害人也以上輕敘過重講及紂之身二何將以爲下節張本也紂搶惡而助紂者人人父肆其惡故曰天下大亂

以誅紂爲主奄也飛廉也五十國也皆黨紂而助之爲虐者也或曰前諱紂而此何以不諱也曰前與萬章言宋事又及齊楚故諱之恐其借口也此則與門弟子泛論道理耳何嫌而諱之討者奉行天命也驅于海隅而後戮之不與同中國也滅者絶其種類不使復容于天地之間也按史記紂益廣狗馬牧廣沙丘苑臺多取野獸蜚鳥置其中故驅而遠之禽獸何知遠之足矣無所

事乎戮與滅也天下大治故大悅悅其無生而有生也引書文王武王不平看言武王能光大文王之謨謀者武王是主文王是客又須補周公輔相意周公是主武王又是客也董思自曰引書亦只言文武謨烈之垂以證當世天下之大治便可何必拘拘牽合周公也誤矣觀上面稱堯使禹而後面專以禹結此稱周公相武王而後面專以周公結孟子蓋借二聖之臣道自見也若不重周公豈不失章旨乎佑啟者保助開發之意蓋其所以爲後人計長久者周全曲盡無毫髮滲漏也三代而後如漢大綱舉萬目未張是萬目有缺也唐萬目張未舉是大綱有缺也周之謨烈無不舉之綱併無不張之目矣

世衰由于道微道微而不顯世道所以日下矣先以邪說迷惑了正道然後肆意妄行悍然罔顧故言暴行而必先之以邪說也上又作承上此有作起下也或曰承上一治來非也因下面兩有字云云也弒父弒君古今大惡故一則曰有之再則曰有之似其爲創見之事也若曰連這傺事都有了

子曰作易者其有憂患乎則作春秋之懼可知已懼者懼亂臣賊子接踵于後世也春秋魯史舊名而孟子直

曰作以其微言與義固多特筆也周室東遷天子徒寄空名故孔子以身任之其或筆或削皆天子治天下之事也知我者知其憂深慮遠不得已而爲之非好作也罪我者則以匹夫而行天子之事爲口實矣集註解此節專引胡傳不別贊一辭此集註之所以不可易也歟學者熟讀之當自了然不可惑于紛紛之說也張橫渠曰春秋一書乃孔子所自作唯孟子知之後儒未及此而治之故其說多鑿竊意孟子知之知此章及王者之迹熄春秋無義戰兩章是也自此以後知春秋者則程子胡子朱子而已程傳微開其端胡傳大暢其旨未了

綱目則又載諸行事之深切著明者也其他若王陽明張洪陽高中玄王荆川諸公皆謂孔子匹夫爽不黜陟進退諸侯而于春秋天子之事及知我罪我等語俱曲爲之辭豈非未至此而治之故其說多繆耶善乎鄒汇泉之言曰或者以假權爲僭是與亂賊爲之辭也程子春秋序云五經之有春秋猶法律之有斷例也故近思錄論讀書之法自大學而語孟而詩書以及中庸與易了徹後理明義精達乎造化之蘊然後可以識聖人之大用而讀春秋嗚呼春秋豈易言哉

聖王不作則無以統馭諸侯而肆意狂逞矣故曰放恣

處士不得志而恣其落寞不平之氣訕謗君父非刺聖賢無復忌憚故曰橫議楊朱墨翟倡其教布滿天下天下所見所聞無非二氏之教是以出此入彼出彼入此目是眞可歸依者楊氏爲我而忘致身之義故無君墨氏兼愛而薄一本之愛故無父凡人之所以異于禽獸者以其有君臣父子之倫也今既滅絕則人類而禽獸公明儀之言所不免矣蓋邪正不並立邪漸長則正漸消理之常也是楊墨以無父無君之邪說蠱聾天下之民假仁假義盈滿塡積于兩間眞仁眞義反一步行不去了如荆棘塞路一般故曰充塞仁義仁義充塞則利欲熾而爭奪起率獸食人人將相食又有甚于公明儀之所言者矣朱子引東晉淸談醸夷狄亂華之禍及梁武帝事佛社稷丘墟以爲率獸食人之驗痛快的甚程子曰佛老之害甚于楊墨由今觀之佛老之道息而未嘗息也庶人顯用之士大夫陰用之謂之息也可乎孔孟之道著而未嘗著也庶人顯棄之士大夫陰棄之謂之著也可乎爲此懼而著其所息息其所著者誰耶

弑父弑君者有之則孔子懼無父無君者遍天下孟子能無懼乎是亦願學之一端也先聖之道由堯以至孔孟之道也閑者嚴其界限峻其防表使異端曲學不得

竊而入也閑先聖則必著先聖著先聖則必息楊墨息之而無以距之可乎距者以禽獸絕之也淫辭卽無父無君之辭放者驅而遠之也孔子論帝王之政而曰放鄭聲遠佞人孟子閑先聖之道而曰距楊墨放淫辭楊墨如佞人其辭如鄭聲距而放之以其均爲政事之害也治統道統豈其有殊理耶

前面許多說話通用三言收煞爲自已張本也水汎濫則其勢揚矣故治之利用抑書曰地平天成萬世永賴時乃功天下平之謂也周公誅伐戮滅未必皆夷狄也皆以此目之者春秋之法中國而夷狄則夷狄之也猛

猷指虎豹犀象百姓免于八物之害故寧也通書云春秋正王道明大法也亂臣賊子誅死者于前所以懼生者于後也自古亂賊之徒恃其權謀智力往往儌倖以自全至于聖人之口誅筆伐則斷乎不能逃也故懼孔子以懼亂臣賊子而作春秋又以成春秋而懼亂臣賊子春秋一書殆與懼相爲終始矣

楊墨初間原是要做好人立教垂世至今孟子以戎狄荆舒擬之蓋以無父無君夷狄之教也周公膺之而孟子肯容之乎

禹周孔子同懷萬物一體之心故所欲有若彼者予獨

何心遂不倣而行之乎開口便說正人心此端本澄源之法也蓋人心不正則邪說乘間而入邪說入則行必偏僻行偏僻則其辭必有洋溢流蕩而不返者矣故正人心是大主意而爲息爲距爲放則其正之之事也若此者以三聖相傳之道恐至此無人承當耳重言豈好辯哉予不得已也反覆致意愴乎有餘戚焉蓋有此一亂須用一治予實任厥責又將誰諉乎

予于楊墨亦既距之不遺餘力矣有人焉能言予之言不爲邪說所誣則亦同心一德之士以稱聖人之徒可矣聖人之教不外忠與孝而已距楊之爲我則知有君臣距墨之兼愛則知有父子爲君臣父子中人卽吾道中人也安得不收之門以內而推之門以外乎如自古創業之君其人尚未立功但知向化與敵國爲難則以殊賞旌之是鼓舞人心一大機括也孟子不吝聖人之徒亦此意

匡章問曰陳仲子章

古今稱廉士者莫伯夷若也伯夷之廉在篤父子兄弟之愛而仲子偏薄其父若兄且也伯夷棄國而逃偕其弟也未聞偕其妻仲子則避兄而未避妻離母而未離妻倫紀之間倒置甚矣故孟子始終以蚓窮之易曰苦節貞凶其道窮也仲子之謂乎

匡章出妻屏子與仲子避兄離母正不同而章亟稱之古人有七日不火食者未聞其廢聞見也而仲子三日遂至此顧瞻井上螬食半李未必足延餘生乃三咽耳目復其聰明豈情也哉當時言之而章信之無非附會窮餓光景耳以貴介公子而甘心窮餓至是宜其侈談之也

齊人溺于功利不復知有淸介一途若仲子可謂振拔流俗之外矣故以巨擘許之雖然傷廉非廉也矯廉亦非廉仲子過矯惡能廉則亦能蚓而已蚓廉物也非蚓

無以充仲子之操矣孔子于老氏曰猶龍孟子于陳氏曰猶蚓何大小之殊絶也槁壤黄泉蚓所食所飲也而一上一下居亦在其中矣蚓之居豈有求于人哉仲子之室必待人而後居蚓之食豈有求于人哉仲子之粟必待人而後食使所築所樹莫不假手于伯夷則其所從來者廉矣若出自盜跖能無愧于槁壤黄泉乎清濁之間正未可定又何以知其廉也

章若曰必問所從來是何傷于廉士哉非獨仲子廉也其妻亦廉一織屨一辟纑共食其力無所資于人又何必爲盜跖之慮也

戴以世家而享萬鍾之祿非不義而得之也仲子盜跖視之若將浼焉不亦過乎辟兄離母處于於陵以不義其兄之故而及母矣辟兄則失從兄之義離母則失膝下之義彼徒見兄之不義而豈知已之不義哉他日歸自是天性之恩未泯生鵝之饋亦禮尚往來之常事奈何遂至頻顣徵于色而發于聲也其母殺而食之其兄愛子至情豈不愈于螬食過半之李哉其兄告之故亦未至斥責之也而乃出而哇之其不近情亦甚矣

以母則不食緊接出而哇之來以妻則食之徵諸章之

言也辟兄而處於陵其取舍見矣豈母兄之食與室則盜跖而妻與於陵則伯夷乎妻可食也母之食亦可食也於陵可居也兄之室亦可居也乃不因此以通于彼是尚爲能充其類也乎不能充其類則蚓之外無以安置仲子矣抑思蚓物也在人倫之外故俯仰得以自如仲子人也在人倫之中安得從事槁壤黄泉而已乎充其操固不若易其操也

四書翊註

前賢刁　包蒙吉輯　男再濂孫　顯祖繼祖承祖典祖曾孫錦鈞鎔録鐠錀銓仝校

平湖陸龍其稼書鑒定

後學黃越際飛校訂

離婁之明章

此章勉爲政者行先王之道也先王之道者何不忍人之仁政是也仁非知無以明非禮無以守非義無以宜四德合而後可以行先王之道也主之者君君舍先王之道無以爲君輔之者臣臣舍先王之道無以爲臣若非君臣同心大家刻厲做去其何以行仁政而庶幾斯道哉

借兩者引起正意來見天下原有一定之理不可易也離婁之明能察秋毫于百步之外公輸子之巧能得意于運斤成風之妙然不能自矜其明巧以爲方圓也須于規矩乎成之師曠之聰能合乎八風之調然不能自矜其聽以爲五音也須于六律乎正之堯舜以仁政爲規矩而步之趨之所以範圍天下也以仁政爲律呂而宜之導之所以鼓舞天下也若徒曰亶聰明作元后而無所事乎治曆明時命官討罪諸仁政則堯舜失其道

又何以亮天工釐百工而咸熙庶績哉有愛人之心而人稱道之故曰仁心仁聞非蓋然而事也然而民不沾恩沭德無以垂模範于將來者以其人從托空言而不能舉先王之道見諸實事故也雖有好心腸好聲聞不法古則一切無用人奈何不以先王自期待哉

引二語不平對言空懷好念頭而無紀綱法度如何爲政直與徒法不能自行者等耳承上起下全在上句下句只帶說

引詩見師心之不如師古也不愆無紛更以滋亂也不忘無悠忽以失機也率繇遵也舊章先王之法也以體言則曰道以用言則曰法遵法所以遵道也遵先王之道而行則媲美古人又豈有僭差之患哉遵字不無改革無變通要期不失先王之意而已

此節與首節不同首節是譬喻此則直作正意也第一段就制器尚象說第二段就作樂崇德說第三段就創制立法說皆聖人治天下之事也竭目力者目無不殫之明也目力既竭而寄之乎規矩準繩則方圓平直于是乎出焉考工之記遂爲生民利矣竭耳力者耳無不殫之聰也耳力既竭而寄之乎六律則五音于是乎出

爲聲音之道遂與天地通矣張氏云繼之以規矩準繩
繼之以六律絕句宜知竭心思者極深研幾通德類情
無復毫髮遺憾也心思既竭而無以繼之則索然盡矣
繇是不忍人之失養也則有井田之政以厚生不忍人
之失教也則有學校之政以正德匹夫匹婦無不被其
澤者而仁覆天下矣樂書云于耳目言力于心言思者
蓋人以心爲君無爲以運其思于內以耳目爲官有爲
以竭其力于外故也
因丘陵以爲高因川澤以爲下不待智者而後知也先
王之道豈非爲高之丘陵爲下之川澤哉因之則逸而

易爲力不因則勞而難爲功奈何坐失成模智出爲高
爲深者下也
是以惟仁者必智智者爲政必因先王之道其在高位
也則推恩造福宜也不仁必不智不智必鄙夷先王之
道而貽禍無窮也可不畏哉
上指在高位者謂君上也無道揆則旁門曲徑生矣下
謂臣下也無法守則恣情肆欲多矣朝謂立朝近君者
以仁義爲迂闊不信道也工謂庶官以紀綱爲故事不
信度也君子在位者敗名喪節甘得罪于名教小人不
在位者壞法亂紀甘陷身于綱羅合一國之人莫不喪

心至此是尚可以爲國乎即僥倖偶存不足道也
國有宜完宜多者非城郭兵甲之謂也即稱弱國未云
災也國有宜辟宜聚者非田野貨財之謂也即稱貧國
未云害也惟禮以行先王之道在上曷可一日無也無
之則大防掃地矣學以明先王之道在下曷可一日無
也無之則邪說誣民矣其喪亡可立而待也災害可勝
道哉
自惟仁者至此危言以動不行先王之道之君此以下
則正言以責不行先王之道之臣也人臣偷安無復憤
勵之氣故引詩言告之若曰胡不相畏不畏于天乎

當時必有以沓沓二字作諺語者故孟子借之以解經
文也
上釋泄泄之意此徵沓沓之實也事君無匡救之意進
退無簡身之禮開口鄙夷先王之道意中不知有天矣
不以庸君世主待其君而以堯舜望其君責難也責難
者尊其君而不敢褻故曰恭陳善閉邪即進思盡忠退
思補過之意然陳善即所以閑邪也不陳善而一意閉
邪則扞格不相入者多矣惟日以格言至論反覆詳說
于前則非僻之萌必有潛移默化者矣欽其君而不敢
慢故曰敬吾君不能者或以爲才分庸劣而不足有爲

或以爲習染深錮而不能有爲是視其君有邪無善而置之不足責也非賊君而何朱子曰恭與敬大槩也一般只是恭意較闊大敬意思較細密責難之恭是先立箇大志以先王之道爲必可信必可行陳善閉邪即是做那責難的工夫賈太傅張子房庶幾近之

規矩方員之至章

此章言聖人可學而至堯舜正吾師也人皆以堯舜爲必不可能幽厲爲必不可爲豈知出乎堯舜入乎幽厲所爭者仁不仁耳可不愼哉

規矩者聖人竭目力而繼之故其理可通于聖人也以

方員言變化亦多端矣而不能逃規矩之繩墨是規矩者方員之極則也以人倫言常變異遭經權異用矣而不出聖人之範圍是聖人者人倫之極則也然則人倫其聖人之方員聖人其人倫之規矩乎

倫有五專言君臣而不及其四君臣者四倫之綱也下又專言君而不及臣君者又臣之綱也盡君道求至乎君之倫也盡臣道求至乎臣之倫也欲者作聖之思仁心所激發也自古盡君臣之道而可以滿吾盡道之欲者豈有加于堯舜乎舍堯舜而問道猶舍規矩而問方員也法者奉爲章程斤斤不失尺寸也事君不法舜是

視吾君同于凡庸而非悖倫之君也豈不誣吾君乎治民不法堯是視吾民習于偷薄而非降衷之民也豈不誣吾民乎不曰舜事堯而必曰所以事堯所以事堯者存道心化人心歸于精一而已不曰堯治民而必曰所以治民所以治者明峻德親九族躋于昭明而已

堯舜之道仁也法堯舜則仁不法堯舜則不仁此二道者判在幾微差則千里也仁者何天理也極堯舜之道不過完天理而已不仁者人欲也極幽厲之道不過肆人欲而已列孔子之言于堯舜幽厲之間以一言據起兩端也

不仁則暴其民矣至此句絕甚字連下讀爲是蓋甚不甚只以禍之輕重言也幽厲身危國削視身弑國亡似未甚者然身蒙惡謚貽辱子孫則亦不爲不甚矣可畏哉按謚法最得春秋之意降至後世大半以子孫之强弱爲美惡何足憑也

紂當鑒桀後人當鑒幽厲讀詩言使人懍然矣不然前車覆而後車蹈焉獨不爲孝子慈孫地乎

三代之得天下以仁章

此承上章仁不仁之說而推言之自天子以至于庶人說的毛骨悚然此上章又痛切矣先正云讀詩書如和

風甘雨讀春秋如震雷迅電余亦自讀二論如和風甘雨讀二孟如震雷迅電此類是也

三代之初天人交應非甚盛德其能膺圖受籙乎及其末世天怒人怨非凶殘悖逆又何以中絕命也仁則得不仁則失如左券然自是而後秦以無道併天下然二世而亡謂之得不可也五代六朝有天下如傳舍又不足言矣

諸侯之國以仁興以不仁廢以仁存以不仁亡要不外此理也

天子以四海為家不仁則我后轉而我仇矣求為匹夫不可得况保有四海乎諸侯不仁則社稷丘墟大夫不仁則宗廟不血食矣二句俱以祭祀言士庶人不仁則有亡身隕命之憂雖欲靦顏人世得乎所云不保者非一豈可以死亡盡之樂不仁者豈非樂其所惡乎惡醉強酒一喻殊為痛快但無如舉世皆醉何耳

愛人不親章

仁智禮皆天命之性也天命之性備于身大半為責人貌闊故孟子以反求示之反求者耑在自己身上用工夫則行無不得而天下無不歸矣受福豈有量乎

愛人仁也仁無不親之人而人之寡恩如故此必我之仁未洽也反之益敦吾惻隱之情而已治人智也智無不治之人而人之躍冶如故此必我之智未周也反之益窮吾曲成之理而已禮人敬也敬無不答之人而人之橫逆如故此必我之敬未孚也反之益撝吾謙光之德而已天下事沮格一番便長進一番此真實學問也

此承上節而申結之不作推廣說愛人治人禮人皆行也不親不智不答皆行之不得也反仁反智反敬皆反求諸己也反求諸己則身為體仁秉智復禮之身而直方貞一天下莫不傾心嚮慕之矣歸兼有位無位說有位者天下以勢歸之無位者天下以理歸之觀上章從

天子說到士庶人可見

其身正則天之所以命我者渾然具足于一身是命也不以人之不我諒而懈其志是永言也永言者時時刻刻皆天理也天下歸則吉祥善事無以踰是多福也皆反求諸己是自求也自求者福不操于命而操于己也詩人之言若先得我心者故因而咏嘆之焉上章言禍所以悚懼之此章言福又所以歆動之也

人有恒言章

此因恒言而解其所已言補其所未言也人皆曰天下國家則以為天下國家已耳習矣而不察也抑知其中

確有次第不可易乎天下之本在國國之本在家繇遠
以遡近也所謂解其所已言也家之本在身從流以之
源也所謂補其所未言也大全云此大學修身爲本之
敎曾子傳之子思子思傳之孟子信然也大抵里談巷
議每有至理寓其間但不經聖賢尋繹則不出耳

爲政不難章

爲政者必使沛然德敎溢乎四海而後無扞格不洽之
理爲政不甚難乎吾獨謂不難者則以大要在巨室而
先務在不得罪乎巨室也蓋世臣大家其權力威望足
以傾動一國之人而于朝廷行事又耳目最眞故宜于

是加之意也然所謂不得罪者亦豈徇私廢法期以順
適其意乎惟是公好惡明賞罰端揆建極不開之以眥
議之端而已彼旣欣然愛戴則繇一國而天下有不隅
隅向風者乎沛然德敎溢乎四海者湛恩汪濊漸被四
訖管子所謂下令于流水之原也爲政不難職此故耳
註引麥丘人及裴度之言十分確切無遺議矣

天下有道章

此章大旨全重師文王三字文王以弱小而當紂之强
大惟兢兢好仁卒能轉商爲周轉無道爲有道可見天
下有道當修賢德以奉天天下無道當修賢德以回天
天且不能禦而况于天下乎

天下有道則泰泰則君子道長矣小德小賢居小位大
德大賢居大位量能授任無竊位之譏也大德秉彝醇
備小德則以一得自鳴也大賢品詣超卓小賢則以薄
技自効也天下無道則否否則小人道長矣小役大弱
役强惟力是視而德賢一空也斯二者皆有天道存焉
以順逆爲存亡不可不察也註云天者理勢之當然泰
極則否否極則泰理之當然也盛極則衰衰極則盛勢
之當然也順天非若齊景之無可奈何而安之也修人
事以聽造化耳逆天今之諸侯是也舍人事而抗造化
必無幸矣

齊之國非弱小也而甘爲人役讀其辭亦可悲矣令即
命也不能命人又不爲人所命是與物睽絕也横涕議
婚徒知已不絕于吳而不知其女已絕于異類矣雖有
羞惡之心亦何益哉

不觀今之小國乎大國荒淫無度岌岌乎受命于人矣
而乃倣而行之豈非大國之弟子乎天下無不受命之
涕子而又用爲恥不啻齊景之涕泗也亦惑矣先師者
先知先覺之師也

如恥之莫若改絃易轍以其師大國者師文王師文王

則小者可大弱者可強無道者可有道爲政于天下必
矣五年七年以國勢之難易爲遲速也
商之孫子四句大役小強役弱也殷士膚敏二句小德
役大德小賢役大賢也夫其麗不億衆矣殷士膚敏出
衆矣乃受命于周服役奔走之不暇豈非歸周之仁故
耶仁者以理詘勢悪他多少人出來到此都無用了是
衆者遇之失其衆也國君好仁二句又孟子引詩及孔
子之言而申明其理耳
強國須用仁猶執熱須用濯也今也所好反其所欲其
將能乎繇詩言觀之誰能執熱而不以濯則誰能無敵

于天下而不以仁哉

不仁者可與言章

此章全重自取二字凡禍患之來鮮不歸咎于人或歸
咎于天豈知天與人司與而已不能司取明于自取之
說不仁者可以廢然返矣
不仁者喪其本心蔽錮已深不知天理爲何物豈尸居
所能爭哉莫危于不仁而彼安之莫菑于不仁而彼利
之不仁所以致亡者而彼樂之迷謬至此從何處開悟
他末句雖反言以決敗亡亦有望其聽言意言若可與
言則不仁者尚可轉而爲仁何至遂莫之救哉

孺子豈欲淺而天機深其發爲詩歌也豈非天籟之自
鳴乎水分清濁濯分纓足孺子亦庶幾明于物理矣
此聖門窮理之功也閑閑俚語不作等閑放過教二三
子理會之取其語增減一二字悠悠涵泳便覺意味無
窮自取之也在孺子無其心在孔子則已有其理矣清
濁之間可不慎與
此孟子又因孔子自取二字而推言之人必先媟褻不
自重則媟褻之者至矣家必先破敗不自全則破敗之
者至矣國必自斬削不自立則斬削之者至矣曰侮曰
毀曰伐皆因不仁而異其名也曰自侮自毀曰自伐皆

因自取而別其義也
引太甲之言見天下亦不得與已分咎而自取之爲禍
烈也總爲不可與言者反覆言之也聖賢之愛人豈有
已哉

桀紂之失天下章

此章以好仁二字爲主好仁者好其聚民欲去民惡者
也民之欲惡遂而民歸矣民歸而不王者未之有也我
爲湯武則諸侯皆爲桀紂蓋瘡痍之民一反而念仁者
起死回生之良藥也
借桀紂之失引起得來漸次説到根本上去得乎丘民

然後可以爲天子得乎丘民之心然後可以元后作民父母也所欲與聚所惡勿施註引鼂錯之言甚當張南軒曰不特此也用舍從違無不合其公願始得盡之矣欲與聚而惡勿施仁也仁則得其心而民焉在乎故歸之歸者民之情亦民之性猶就下者水之性走壙者獸之性也

民魚也爵也湯武淵也叢也桀紂獺也鸇也所欲莫甚于生前旣有以生之所惡莫甚于死後又有以死之去死而就生其歸也惡得不速

今天下之君有好仁者是湯武復出也諸侯之不仁者

皆將爲桀與紂敺民以歸之矣得民而不得天下未之有也

今之欲王者須挐一世沉痾霍然有起色而欲乃可遂也然病日益深則所以瘳之也日益難欲奏效于目前得乎三年之艾曷可少也蓋蓄之平日然後可用之一朝乎日旣無遠慮及今圖之所謂失之東隅耳若再耽延不打起精神來發憤爲仁則病入膏肓不可救藥已終身云云如之何其可也

引詩來慨嘆一番皆惕然警省之辭欲其出陷溺而登之善地也

自暴者章

仁義者天命之性也須臾離他不得而乃則自暴棄置之無何有之鄉使一身茫無安頓處在旁觀者亦絕望焉付之一嘆而已

人必有求益之心而後可與言自暴者不求益者也如何啓發他人必有求進之心而後可與爲自棄者不求進者也如何振厲他凡有言不過講明禮義耳而肆口詆毀以爲沒此道理此自暴之謂也凡有爲不過奉行仁義耳而甘心遜謝以爲沒此力量此自棄之謂也

夫自暴自棄者以仁義爲何如耶仁者心之德不以嗜

欲撓之則確然貞吉矣非人之安宅乎義者心之制不以非僻干之則坦然蕩平矣非人之正路乎

天下豈有不擇居之人乃荒廢其貞吉者而放蕩于險阻之野天下豈有不擇路之人乃舍置其蕩平者而奔走于荊棘之途使彼亦無安宅無正路則亦任所之可耳自家絕好產業自家拋棄了豈不可哀也哉自暴自棄雖分屬言行究其歸則同一曠安宅舍正路而已故此節總承兩項爲是大全俱以自棄者不可化誨絕望了此則專望自棄者恐未然程子曰自暴自棄非必皆昏愚也往往强戾而才力有過人者商辛是也噫豈特

商辛爲然哉今之學者與言聖學則以爲迂闊與行聖
學則以爲矯餙暴棄不亦甚乎

道在邇而求諸遠章

親長道也道在几席庭除不亦邇乎而泛求諸天下則
遠矣親之長之是也事在良知良能不亦易乎而強求
諸天下平則難矣莫遠于天下莫難于天下平而親而
長則分內之事也而親其親而長其長則大公之道也
求諸人人而具足豈不邇且易哉堯之治天下也親睦
九族而百姓昭明舜之治天下也底豫二親而天下化
且定書曰立愛惟親立敬爲長始于家邦終于四海則

帝王平天下之道可推類而知矣

居下位章

此章以誠字爲主誠未至者利用思思則明明則誠誠
則悅親信友獲上治民無所往而不善無所往而不盡
其道也誠之時義大矣哉

居下位者奉上之德意而布之民者也不獲則動多掣
肘一切不得行其志民其可得而治乎獲上之道在信
友友不我信則名譽無以揚于朝而上何以獲也信友
之道在事親親不我悅則素行無以孚于衆而友何以
信也悅親之道在誠身反身不誠則內無以承歡外無

以錫類而親何以悅也若夫誠身之道則又在于明善
焉剖天人性命之關察幾微疑似之介處常而經可以
守遇變而權可以通否則有徑情直行之失而身其能
誠哉

誠者全體無妄與於穆相爲流通天命不已之道也思
誠者未能誠而擬議以通之勉強以中之懸不欺以企
无妄人身不息之道也

思誠者以人合天則其誠至矣至誠則金石可貫豚魚
可格天地鬼神可通而見于血氣心知之倫乎動親而
親悅動友而友信動上而上獲動民而民治其蒸動在

志氣之微其風動在朝野之顯至誠之道神矣若不誠
者則萬不足以語此葢天人之間畢竟假借不得思動
者思誠而已

伯夷避紂章

爲政者以收天下之望爲第一義伯夷太公商周之望
也文王以善政收之而天下莫不景從矣諸侯葢亦師
文王

紂無道極矣所謂天地閉賢人隱也伯夷太公避其亂
擇地而蹈及聞文王爲西伯行養老之政則欣然就養
不謀而合可見二老同心初非一意爲仕隱也厥後一

鷹揚一抑馬遇不同耳故曰太公進而以功業濟世伯夷退而以名節厲世各爲世間辦一大事可謂無須文王所養矣

上節叙事此又因其事而推之爲爲政于天下張本也二老品地因望冠絕一代故曰天下之大老大老歸而四方接踵至矣父子之說亦因父老子弟之意而親切言之未必本老子也

文王養老之政患諸侯不行耳果行之而稱善焉制田里教樹畜導其妻子使養其老則天下必有如伯夷太公之歸來父倡子和爲政于天下必矣援引二老言外

亦有自負意孔子言善人教民嘗以七年期之孟子亦曰七年或當有說今只作約畧之辭看

求也爲季氏宰章

戰國之時舍富國强兵無策矣聚斂富也戰爭强也連諸侯正所以謀强闢草萊任土地正所以謀富孟子痛切言之無非欲改其德而行仁政耳然罪有重輕首强而從富何也橫征暴斂大半取以奉戰征若戰爭息而聚斂之風息矣

借冉求引起當時富君輩來但言孔門之法而王法亦在其中矣說戰爭處慘然傷心如讀弔古戰場文一般

率字彙引作率獸之率獸可率也土地亦可率乎畢竟註是繇土地之故使人肝腦塗地其所死者不知幾何人矣原情定罪如苐死之而已是以一人之命而償數十萬人之命也可乎哉故曰罪不容于死

當時朝廷所尊禮四方所推重莫善戰若矣豈知乖天地生生之大德爲禍最酷故處以極刑也連結諸侯導之爭戰實開殺人之端但求身與其事故次之盡地力開阡陌存疑以爲上壞先王之良法美意是也以爲下浚民之膏血恐未然開懇草萊分土授民使任耕稼之責于民未必無小補但志在利民則爲功志在利國則

爲罪一功一罪公私之分而已此孟子正誼明道之學術也

存乎人者章

此孟子特出相法也從來觀人之法頗多未有自眸子着眼者經孟子指出然後知其爲徵心之官傳神之符以之補聽言之所不及百不失一矣

存對發言極是即繫辭存乎其人存乎德行之存也或以爲存而察之鑿矣良即良知良能之良天機逼露着一毫做作不得也曷良乎眸子不能掩其惡故良也人有惡莫不欲掩而眸子偏着之遮覆蔽蓋都無用處故

曰不能掩其惡眸子何以不能掩其惡也胸中正者神
不愧儆不怍端莊貞一見于目者自是有精彩可見的
若胸中不正則外畏人內畏己周章惶遽便覺昏昧不
靈了如之何其可掩也
言雖發于外亦自胸中流出然而因之以掩其惡者多
矣若合之觀眸子則胸中不正者與胸中正者自是另
一樣光景而又安所逃吾鑒哉此章專爲掩惡者發故
語意少有抑揚
恭者不侮人章
當時之君必有慕恭儉之名專在聲音笑貌上打點而

不免于侮奪人者故有此論也恭與慢相反不慢豈有
侮人之理儉與貪相反不貪豈有奪人之理侮奪人者
恣情肆意以求必獲一不如意則拂然矣故曰惟恐不
順言其信爲固然也以爲恭儉得乎若徒襲取已也聲
音煦煦然笑貌嘻嘻然便教做恭儉反其實而竊其名
吾不信人亦未之信也大全以賢君必恭儉節辯此極
當又曰當時必有無故而加兵于人無故而取人之土
地者尤中時君病痛
男女授受不親章
聖賢援天下之心未嘗一日忘也但援天下以道而守

身以禮禮與道殊途同歸者也棄禮則枉道枉道則束
手而不得有爲矣髡何足以知之
按禮非喪非祭不相授器其相授則女授以篚其無篚
則皆坐奠之而後取之所以遠嫌而厚其別也况嫂叔
不通問其禮更嚴但在危廹存亡之際若畏禮而袖手
旁觀則忍心害理豈復人也哉故處常則用禮之經處
變則用禮之權權正所以濟經之不及也凡事到行不
去時須索變通一番而本然斤兩則莫之能易也學者
泥于可與立未可與權之說謂權者聖人之大用非末
學所敢議懸嫂叔一事觀之可見日用常行間皆有權

但恐窮理未到易至錯誤耳
問男女授受不親便伏有嫂溺援之以手一句問嫂溺
手援便伏有今天下溺矣一節此辯士之舌鋒也若曰
天下溺奚啻嫂溺而秉禮自尊不一試其經綸之手行
權之謂何
天下之溺不外身與心兩端制產之道所以援其身也
興學之道所以援其心也此豈一手之力哉而乃引嫂
溺以爲例左矣抑思道者康濟天下之具枉道則失其
具何所恃以援天下譬之身在水外乃可以救水中之
人一失腳則載胥及溺矣其能濟乎是故守禮重道寓

有爲世磨鈍意正所以拔天下也而况入孝出弟守先
待後其所以援之之道尤大且遠矣

君子之不教子章

此章必有爲言之也子曰愛之能勿勞乎傳曰愛之者
教之以義方弗納于邪子而賢智也教固易爲力矣子
而愚不肖也尤思多方成就之若已不可教而望之人
其何能穀故曰有爲言之公孫丑明有所指非泛問也
父子主恩以情勝者也非勢所得而驅故曰勢不行必
以正教之爲克家之子也若抗不奉教則怒怒則反傷
其子矣夫子教我以正夫子未出于正公行毀謗無父

實甚固知爲不肖子言也父子互相傷賊恩害義人倫
之大惡矣

或曰易非交易轉易也亦是古人立意深遠其所以防
不肖者至矣父有評子則身不陷于不義豈子可責父
之善而父不可責子之善乎爲此語者意者子諫父則
下氣怡聲父訓子則婉譬曲喻無所事乎苛細與責善
以正也離者夷也不群者惡也總以申明上意或曰成
語想當然

事孰爲大章

此章專言人子事親之道也事親者事親之志焉耳養
志而後可以事親守身而後可以養志此其道惟曾子
能之故特錄養志一節以見曾子守身以事親爲人子
之規則也

開口作問答語欲人審察以從事也事親則尊于親卑
于親者皆包含其中矣故事君事長皆不得與較大也
守身則身以內身以外者皆統括其中矣故守國守官
皆不得與較大也身生于親若兢兢罔敢失墜則全生
全歸所以顯親揚名者在此自古仁人孝子豈二人乎
一失其身則虧體辱親雖左右就養未足云也吾嘗謂
王祥蔡邕不足以爲孝以此耳

皆事也而親獨大以其爲事之本故大也皆守也而身
獨大以其爲守之本故大也本字註解盡矣非守身無
以事親則守身似爲事親之本非事親亦無以守身則
事親又爲守身之本兩句到底低昂不得故又平說四
句總上四句

三必字見終身如一日也曾子養曾皙此曾元所親見
者然曾子必請所與而元則不請曾子必曰有而元則
曰亡豈非其父析薪其子弗克負荷者耶將以復進鄙
嗇甚矣徒養口體亦不能守身之驗也曾皙自受教夫
子時便以同人爲志曾子曲體而承奉之則其養爲有

本而所關大矣按禮記哀公問孔子曰君子無不敬也敬身爲大身也者親之枝也敢不敬與不能敬其身是傷其親傷其親是傷其本傷其本枝從而亡最切守身事親之義曾子一生戰兢臨深履薄體其受而歸全焉可謂善守身者矣孟子偶未之及故解者于此須當補入

事親若曾元則不可若曾子則可曾子守身以養志所謂視于無形聽于無聲先意承志諭父母于道者也程子解可字推到周公事君上去恐孟子亦匪夷所思

人不足與適章

大人德業聞望既足以悚動人主而遇巷納牖又多方焉是以人適政間且自放過只在本源上做工夫非心如欲敗度縱敗禮之類格者潛移而默奪之也朱子引程傳曰至誠以感動之盡力以扶持之明義理以致其知去蔽惑以誠其意盡矣非心格則君無不仁之心而以好生爲心起視中外莫不油然好生矣非心格則君無不義之心而以順理爲心起視中外莫不截然順理矣君而仁且義是中心無爲以守至正也下而莫不仁莫不義是自朝廷以至百官萬民莫敢不一于正也曰仁曰義分仁義析言之曰正合仁義統言之也一正君而國定與一人定國不同彼注君言此注臣言也若曰大人一正君足矣人與政又足適間耶一正君則所用皆正人所行皆正事故無用適間也國定指社稷奠安說此一句申明大人奏效之速意三代而後事君者專在人才政事上理會若夫端本澄源之學槩乎未有聞也且以唐言之使房杜能格太宗之非則許敬宗不用而唐無武氏之禍矣使姚宋能格明皇之非則李輔國不用而唐無天寶之亂矣

有不虞之譽章

人情以愛憎爲毀譽有悠忽自安素無志于修行而聲

聞偶至如鄭綮作宰相之類有刻厲自修恐貽譏于公議而非刺橫加如直不疑盜金之類世俗之尸其足悲乎註修已者不可以是遽爲憂喜觀人者不可以是輕爲進退極得孟子言外之意余嘗有言曰聞人之譽而喜喜則驕溢生聞人之毀而怒怒則報復起凡此俗氣此內斷無人品聞人之譽而愧愧則自強聞人之毀而懼懼則自反平心直道就中都是工夫亦可爲當局者一助也

人之易其言章

聞有慎言恥言者矣若之何易其言也子曰傷易則誕

恭恣意肆口無復忌憚則以未經懲創故耳責者被君子之斥責受國家之譴責皆是也

人之患章

學有得而公諸人此君子同善之心也若過自尊大樂于矜已見長則滿假而不足與有爲也審矣此學人之大患也

樂正子從于子敖章

孟子與王驩嘗共事于滕于公行氏皆峻絕之未嘗交一語此樂正子之所知也而乃假其餐斧以達于齊此之匪人不亦傷乎故孟子拒之嚴責之婉使曉然知罪而後已也

樂正子從孟子久矣之齊將以見孟子也而甘從子敖記者書之立罪案也

從子敖之齊而見孟子非其倫矣故孟子開口便有非吾徒之意若曰子自有所見子自有所以來見者而亦來見我乎出望外矣曰先生何爲出此言訝其不情也故孟子窮詰來日以明其言之非過也曰舍館未定便見制于子敖而行止不得以自繇也孟子止詈之但責其急于安身緩于有道爲禮所未聞也

孟子之言婉而中理不繇他不知罪然亦可謂勇于服義矣畢竟是餐質好不失善信本色也

孟子謂樂正子章

緩見之罪小失身之罪大故又不得不顯責之餐其輿馬僕從以自便故曰徒餔啜言惟口腹是計也學古之道則誦法周孔佩服仁義使當有藐大人薄萬鍾氣槩而乃作如此行徑豈不使古人笑我乎迥出意料之外矣程子內重則可以勝外之輕得深則可以見誘之小樂正子果然學道有得當不至是

不孝有三章

程子曰舜雖不告堯告之也朱子曰意其未及告而受

堯之命耳其後固不容不告而遂娶以歸也此皆以禮曲度之也按書釐降二女於嬀汭在克諧以孝之後則瞽瞍亦願舜有室矣不告而娶亦好事之言也孟子不辯有無只據理解之其他倘論如此類者正多

趙氏之言必有所本饒氏以爲臆度非也三者都是要做好人的只不窮理便至此以順親爲孝而不能柔聲氣以盡幾諫之道有愧上孝一不孝也王宇塗門譬父見及此耳以潔身爲孝不能邀升斗以伸菽水之歡者有愧下孝矣二不孝也毛義捧檄色動見及此耳或苟且自安或詭異自好使祖宗之血食自已而斬不仁甚

矣故其不孝覦二者爲尤大也釋老出家以至陽城之
賢兄弟不娶終其身忘乎其爲大不孝矣舜有鑒于大
不孝故不告而娶冒一時之小嫌全百世之大義權而
不失其經者也告以奉親命不告以全親祀無非爲親
故也迹異而心同故君子舍其迹察其心註末段與湯
放桀末倪氏以爲補孟子未足之意大有功于世教諒
哉

仁之實章

戰國學者華而不實性命之學置之弗講久矣孟子特
地指出合天下之道約之仁與義合仁義之道約之孝

與弟至于智也禮也樂也亦皆團結于此而莫能外焉
此窮理盡性至命之學也
朱子名實事實華實之辨甚矣實者道理聚于此而無
復餘蘊也仁之道施民與物無不愛也然愛必有所自
始則膝下承歡之地其藹然者矣從此地培擴而孩提
之良知不可勝用也義之道弟長忠君無不敬也然敬
必有所自始則庭前恭克之地其肅然者矣從此地培
擴而稍長之良能不可勝用也
外二者而言智不高遠則卑陋非智也知斯二者而弗
克允蹈之或時有出入非智也惟是明其理而精之熟

之如饑食渴飲之不可廢焉則智之實畢括此矣外二
者而言禮或繁縟不情或固執不通非禮也故必節文
斯二者節者天秩天敘而不可易也文者有威有儀而
不可掩也此禮之實正叔孫通所不解也被管弦播聲
歌樂之文也其實則天倫樂事盡之以父子之和兄弟
之和爲心氣之和則鼓舞不倦就中道理種種發生出
來口引月長欲罷不能此際光景難言矣足蹈手舞極
狀其神情盎溢浩蕩活潑別有天地非人間也鳶飛魚
躍之致吟風弄月之懷正于此可想上四是字指點之
辭言無庸他求也下則想像形容名言之不得矣故不

曰是

天下大悅章

天下先親而悅且歸不足以慰事親之心天下繼親而
化且定始足以完事親之事舜之大孝如此
開口先提一句下不厭重文法特異要以見業之顯鑠
也先述其事而後指人特表其爲古今一人也天下大
悅而親不悅不足以解憂天下歸已而已如窮人無所
歸故不足以動念也親得親順親爲第一件大事故親
天下歸自然小了得親者得其我愛之心也順親得又
加進益論親于道而非徒無拂逆之謂也不可以爲人

不可以爲子雖天下歸安所用之
舜所盡者祗載齋栗之道也道而曰盡非有加于其外
但無歉于其中也瞽瞍底豫則得乎親順乎親矣得親
之心而因使天下之爲親者皆得其心順親之心而因
使天下之爲親者皆順其心化矣未化之前父有若瞽
瞍者則群然以爲不慈責望無已父子豈有定時乎既
化然後知天下無不是的父母父母的不是都是人子
的不是天下果有盡道之子則無不盡道之父矣父子
間有一成之格式而不可易故定也以一人之孝成天
下之孝而又合天下之孝以成一人之孝如此而曰大

孝始克稱耳真子曰罪已而不非其親者仁人孝子之
心也怨親而不反諸已者亂臣賊子之志也四語宜書
以自警

四書翊註

前賢刁包蒙吉輯 男再濂孫顯祖 承祖 繼祖 興祖 曾孫錦 鈞 鎔 錄 鏜 鑰 銓 仝校
下湖陸龍其稼書鑒定
後學黃越際飛校訂

舜生於諸馮章

古今只是一箇道理聖人特其極至者耳獨引舜文所
以例其餘惟志一故其揆一也蔡氏云聖莫盛于舜文
觀孟子于堯舜湯武分性反而程子曰文之德則似堯
舜禹之德則似湯武此其間亦似有分但此章專言聖

之合正無取乎其分之也
先述舜文履歷爲尚論張本東夷西夷只作東鄙西鄙
之人爲是蓋中國荒服之地也若作夷狄之夷謬矣舜
卒鳴條與南巡不反葬于蒼梧之說不合然既無所考
則亦不必深求矣
以東夷西夷之地考之相去千有餘里風氣剛柔習俗
美惡判乎其不相謀也以生之世考之世運推移人情
變遷藐乎其不相及也及得志行乎中國則千餘里有
若同堂千餘歲有若一日與符節之合一般以德言之
舜之精一與文之純同也以臨民言之舜之好生與文

之求寧同也以任人言之舜之五臣文之四友同也以
遇言之舜之君臣與文之父子同而重華濟美亦同舜
之父子與文之君臣同而引慝負罪亦同且也舜之事
瞍不殊乎文之事季文之事紂不殊乎舜之事堯而君
臣父子開尤無不同也符節雖詳周禮只看註自明
豈獨舜文然哉自有聖人以來或先或後無不若合符
節者陸氏云千百世之上有聖人出焉此心此理同也
千百世之下有聖人出焉此心此理同也正可作此註
疏其揆一言憑他那箇聖人比度審量起來莫不脗合
揆字及上節行字俱宜補道字出

四書朝註　孟子　離婁下　二　卷八

子產聽鄭國之政章

據左傳之言子產非不知為政者然孔子嘗曰惠人也
又曰衆人之母能愛之不能教也則當時必有恩勝處
如乘輿濟人固其一端也孟子聞之恐後來為政者轉
相慕效將以歡虞而忘皞皞之風故特辨之以垂訓也
書乘輿濟人而必冠之以聽鄭國之政五字見權自已
操便當務其大者不可徒事瑣細也濟人而不吝已之
乘輿不知者以為視人猶已矣故感而樂道之溱洧雖
二水觀鄭人出遊之詩亦併言之則一處渡濟亦未可
知蒙引曲為之說鑿矣

坡公云有及人之小利無經世之遠圖朱子亦取他惠
而不知為政一句立案下則示以為政之體而明惠之
無用也

先王知為政之要故歲十一月云云所謂用力少而成
功多也先成徒杠而後成輿梁此亦為政之序若二役
並興則勞民矣蒙引以難易為遲速似未然子產濟人
無非憂民病涉耳如此則民不病涉了又焉用乘輿往
來不憚煩也周人不改時而改月故十一月即夏九月
十二月即夏十月孔子不改月而改時故春秋首書春
王正月如此看其義自明蒙引又疑夏時冠周月之說

四書朝註　孟子　離婁下　三　卷

于胡傳未之深考耳

君子平其政以天德行王道無偏黨無私曲也政平則
人人普濟即道辟行人亦是名分當如此那有許多力
量使國中無不濟之人而後為得也

故為政者不市恩亦不避怨若要人人歡喜便日不暇
給矣註日少人多言決然行不去耳或非之過矣

孟子告齊宣王章

孟子之言誠有過者如此類是也昔宋高宗問尹焞曰
君視臣如草芥臣可遽視君如寇讎乎焞對曰此非孟
子之言書曰撫我則后虐我則讎高宗大喜雖然此亦

未爲確論也我后我讎泛爲無知之百姓言耳若臣事君以聖賢自期以禮義自處而乃視人主之厚薄爲恩怨不亦陋乎且孟子于橫逆者嘗言三自反矣至其君反不少恕何哉陳潛室曰天下無不是的君父陳白沙曰寇讎國人之喻不可以諭其臣責善則離之論不可以告其子須知此義纔可讀孟子不然恐開萬世亂賊之口矣

君之視臣如手足痛癢相關倚而用之若不可一日離左右者然臣之視君如腹心呼吸相通保而護之生死存亡唯命矣人臣而至君以犬馬視之豈能・朝居乎

若甘受其豢養而又漠然置之是犬馬之不若矣此孟子一時警戒齊宣之辭非定論也寇讎前論已明

王疑孟子之言太甚而辭氣和平徐以舊君有服之禮爲問眞足用爲善矣此言儀禮也按檀弓事親之禮致喪三年事師之禮心喪三年事君之禮方喪三年後人以日易月此禮遂廢不講矣

人臣諫言無非爲斯民計也行其諫聽其言則膏澤下于民矣饒氏以閉邪爲諫陳善爲言自是餘意兩者皆兼陳善閉邪言之反覆詳說曰諫約畧陳辭曰言膏澤下于民則行慶施恩也有故只當云有他故或曰以自已事故言又何以先于其所往也朱子曰非大義所繫不必深求是也導之出疆防衛出境不使貽道路之憂也先所往蒙引之疑余亦疑之竊意賢人以行道爲志雖在列國使之行其志而我無私焉理固然也孟子亦據理爲之說耳收田里必待三年之後屬望之至意也三有禮即指上三事亦是似不如禮意慇懃有加無已爲渾先王緣情制禮如此則其情渥矣爲之服固情所不容已也

拒諫失言是以屯其膏有故而去搏執之使不得去也極之于其所往使無容身之地而後已也遂收田里惟

恐其去之不速也一切與前相反恩義絕矣不曰土芥而直曰寇讎見彼以寇讎自處故臣因而寇讎之也註引晉錮欒盈其事正與此類胡氏亦用此節之言爲傳按商任沙隨之會春秋備書所以責晉之土芥欒氏也及盈入晉入曲沃則又以甚逆之辭罪之所以責盈之寇讎晉君也然則君雖視臣如土芥臣不當視君如寇讎益明矣按禮記穆公問于子思曰爲舊君反服古與子思曰古之君子進人以禮退人以禮故有舊君反服之禮也今之君子進人若將加諸膝退人若將墜諸淵毋爲戎首不亦善乎又何反服之禮之有孟子之言實

本諸此而辭則加厲矣。

無罪而殺士章

殺士者。殺大夫之漸也。殺民者。殺士之漸也。漸不可長。其能一日安乎。孔子適趙。臨河而反。正爲此。穆生之去楚。梅福之去莽。袁閎之去漢。皆明于斯道也。昔夏公炎與嚴分宜不相能。而未去。時人爲之歌曰。夏桂州。夏桂州。得便休時且好休。晴天不肯去。只待雨臨頭。其後卒以殺身。可爲永鑒矣。

君仁莫不仁章

此與論語重出而逸其半者不同。以前章專主臣言。此

章專主君言也。表正影隨。其理不爽。人君宜建極以爲天下則。以辭同而義異。舊復牽用人行政。未是。

非禮之禮章

以爲非禮也。却是禮。以爲非義也。却是義。其閒自有一段好處。但非其極至者耳。如唐五王尊崇武氏位號。固亦人臣之禮。而不知其得罪于社稷。魏孝宗致喪三年。固亦人子之禮。而不知其祖母馮氏爲其父之讎。成王以周公有大勳勞。賜魯得用天子禮樂。而不知周公之功。皆臣子之分所當然。此皆非禮之禮也。如子路死衛。忠義矣。而不知孔悝之難。實以子拒父。申生死父。孝義矣。而不知陷父于惡。爲仁之賊。孔明取劉璋。復漢室。仗大義矣。而不知其異于王者之無私。此皆非義之義也。大人精義入神以致用。當無此失矣。王弇州以爲非禮而托之禮。非義而托之義。無忌憚之小人也。何以說大人弗爲。不通甚矣。蒙引之說多是。而令色足恭等語。未免弇州之病。存疑以曾子襲裘而弔爲非禮之禮。亦未切。高中玄引喻二義。大段有意思。

中也養不中章

此言子弟之賢不肖。皆父兄之責也。中以性言。中也養不中。滋培其德性也。才以氣言。才也養不才。變化其氣

質也。語涵育薰陶盡矣。南軒發明四字。尤爲曲盡。不可不讀。父兄賢。則子弟之不中者轉而中。不才者轉而才。裨益宏多。故足樂也。樂只是幸之之意。徐氏實講樂字。鑿矣。如父兄獨爲善人而已。子弟不善。則付之無可奈何。棄子弟。即所以自棄也。其賢不肖之相去。豈能大相遠哉。棄之不可。甚有養成其惡。若楊某某諸公者。其賢不肖爲何如也。子弟而賢。父兄實任功。子弟而不肖。父兄實任咎。父兄子弟。正不得岐視之也。此章可以補君子不教子章之不及。

人有不爲也章

上句言有守立節也下句言有猷立功也平居廉節寡欲不胡亂去做及事到手頭自然振厲起來成大名顯當世裕如已如伊尹一介不取與方將囂囂終其身及相成湯父子便以一身親見堯舜如孔明淡泊寧靜方且覩吳魏富貴若將浼及輔昭烈父子便以一身媲美伊周二公其古今表著者與其餘可類推坡公伊尹論說此理亦透

言人之不善章

大舜隱惡孔子教人無攻人之惡惡者人情所諱也若稱之訐之則必怨之讎之後患自指報復羅方之說異

矣程子曰前輩不言人短每見言人之短者則曰汝且取他長處眞長者之言也馬援戒子書曰聞人之惡當如聞父母之名耳可得而聞口不可得而言也阮嗣宗與人言不評論時事臧否人物噫遠害之道備于此矣

仲尼不為已甚者章

註本分之外不加毫末形容聖人最盡錄于已甚二字未甚顯觀唯何甚是皆已甚等語則知不為已甚者只是平易近人無峻絕過高之行而已學聖人者願于天理人情中求之

大人者言不必信章

天下無不信果之義而有不義之信果大人析之精矣兩箇不必字便是唯義所在一箇唯義所在便是言信行果所謂隨時變易以從道也所謂聖人之常以其情順萬事而無情也如孔子與蒲人盟毋適衛及出門遂適衛子貢曰盟可負耶子曰要盟也神不聽此言不必信之驗也如周流列國志在行義以達道也及不過而歸遂刪述六經做萬世的事如請討陳桓大義也及公與三子皆不可則亦留此一段公義于人間而已此行不必果之驗也

大人者不失其赤子之心章

通書云聖可學乎曰可有要乎曰有請問曰一為要一者無欲也無欲則明明則通無欲則公公則溥明通公溥庶矣乎大人之心明通公溥者也赤子之心無欲而一者也無欲而一便該盡明通公溥道理明通公溥不過自無欲而一中流出耳故赤子之心不喪失便了却大人事言本體非言工夫也註擴充意不必用蒙引存疑俱忌只是二字亦非也

養生者章

養生送死俱人子事親大事但養生之事須至送死而始完送死之事不因養生而或寬也此所以有可當不

可當之分也當讀去聲或作擔當之當則平聲非也送
死之禮子思之言備矣

君子深造之以道章

此爲學道者備示其功效也君子深造之也何以哉以
道也君子深造之以道也何欲哉欲其自得之也深造
者刻勵以求之漸積以致之不狃于近功不囿于小成
也以道者歸諸大中至正不溺于虛無不雜于功利也
欲其自得者繇思以至不思繇勉以至不勉從容以中
之也程子曰積累既久脫然自有貫通處又曰嘗愛杜
元凱語若江海之浸膏澤之潤渙然冰釋怡然理順然

後爲得也發明深造自得意甚透自得之則本體寧謐
確乎其不可拔也是以居之安居之安則生趣盎溢淵
乎其不可竭也是以資之深資之深則橫衝直撞都是
道理時任移局任換無不適逢其本來故物也居之安
其安汝止乎資之深其淵泉如淵乎取之左右逢其源
其左之左之無不宜之右之右之無不有之乎一自得
而箇中丕應如是君子之傾心矢志有以也蒙引仍繳
深造之以道良是道者進爲之方註本趙氏說也

博學而詳說之章

蒙引于上章云文中子陸象山皆未免有助長之病以
其不講深造而直語自得也余于此章則云文中子于
六經皆有著述能博而不能約也陸象山以六經皆我
註脚能約而不能博也多識前言往行所以窮理然豈
必窮盡天下之理哉但內之有關于身心意知外之有
關于家國天下者其理皆不可不明也雖然理不說則
不明爲其支離而無所得也說不詳則亦不明爲其含
糊而未能盡也故須詳說詳說者出之于口筆之于書
皆是也或以爲心說謬矣如讀經須明其源流體用讀
史須明其是非得失說來說去務究極夫殊途同歸百
慮一致之妙而後博者不至玩物喪志詳者不徒誇勝

鬬靡也蓋不博則寡陋無以約不詳則疎畧無以約然
非約亦無所貴乎博與詳也反者復還本然之意朱子
曰約自博中來通貫處便是約不是通貫了又去裏面
尋討箇約此理不可不知

退谷按詳說即大學格物文孝講此章不但盡孟子詳說之意併先生所以著翊註之意亦盡其認真惣之于格物格字欲其至欲其到欲其極處無不盡也孔子曰窮理曰精義一以貫之矣

以善服人章

善者性之本然非我有而人無也服人者誇示所長求
以勝人人將菲薄之其誰與我以善養人者視斯人爲
一體而多方玉成之如天地之養萬物如父兄之養子

弟所不輸誠效欸者非情矣。朱子引張華成湯及南軒引齊桓晉文四証佐俱確不可易明是爲王天下立言。末二句足首句之意言以善服人人必不服即使服之。亦非中心所願也。豈有致王之理乎。何若養人者之不期服人而人自服也。

言無實不祥章

依前說兩實字同而首句難通。蓋一言僨事自古因空言受實禍者不知其幾也。依後說兩實字異且不成文理。陳新安闢之誠是也。薇暨蒙顯戮所謂不祥者豈特禍國家殃民人哉早及其身矣。

徐子曰仲尼亟稱於水章

川上一嘆程子以爲言道體語上也。孟子因徐子之問。而以有本無本立論爲中人以下言之也。然則古人之言有盡而理無窮顧後人取之者如何耳。

水固人所習而不察者仲尼亟稱之豈無所會心云爾乎。

原泉混混不舍晝夜言水之體也。盈科而後進放乎四海言水之用也有本者如是言有體而後有用也。體用一源故亟稱之

七八月之間偶際天時也。雨集溝澮皆盈偶邀天澤也初非有人力之施。故其涸也。可立而待。無本者如是。是以貽羞大觀也。以上俱就水說影出正意。末二句始結到人身上去。蓋實大聲宏君子且謙讓未遑若原無厚德積行而驟得美名與七八月之間何異其集也易散其盈也易虧。君子耻之。耻其無本也。故君子取之

人之所以異於禽獸章

四章通以幾希二字爲主。幾希。微也。所謂道心也。此理實昉自舜故首以証君子之存而禹湯而文武而周孔則皆共存此理于勿去而爲奕世之君子也。人禽之關從此分聖凡之關亦從此分孟子固有不得辭其責者

矣。雖退之原道論內所敘道統之傳意亦本此乎。

饑而食渴而飲牝牡而相求與夫趨利避害貪生畏死之情禽獸與人無以異也。然人之所以異于禽獸者惟是一點靈明烱烱不容昧而已。庶民溺于物欲不識本來面目所以喪失了幾希與禽獸無異。君子晝作宵思息養瞬存終身保守此幾希而後可以爲人也

幾希之理發見爲仁義而仁義不外乎人倫庶物之中。也。舜益不待存之而自存矣。凡有形皆物也。自天地山川風雷以及百僚萬民下至禽獸草木之類皆有理。皆舜之所了微無遺者也。人則君臣父子夫婦昆弟朋友

是也。舜于五者皆遭古今之變。而安處之。要以不失其常。其剖晰于幾微疑似之界者審矣。明也察也以言乎其知也。知之則必有以行之。舜其仁之至義之盡乎。繇耆安安然固有之也。隨其念之所起。身之所歷。都有恰好道理。在非以道理爲美而有心踐履之也。蓋安仁而非利仁。精義而非集義也。

禹惡旨酒章

周公作酒誥。其辭甚嚴。武王數紂之惡。曰沉湎于酒。亂侯正義和之罪。相酒荒于厥邑。酒之爲害大矣。禹惡旨酒。又不止菲飲食已也。殆以甘酒之心爲人心而危之。故惡之乎。善言或有益于身心。或有益于天下。皆是也。非中心好之而何以師之拜之也。此亦道心之肫切處也。

湯執中。泛以全體言也。立賢無方。則就執中裏面抽出一事言之。無方亦執中也。處事用人對說。恐未是中之大者。如桀與葛。初皆以多方挽回爲中。終則以放伐誅討爲中。蓋揆時度勢而無不妙合乎天則也。執有定守定力。莫之或移意。唐虞官人率用世族。至湯而始破其格。敷求哲人。旁招俊乂。皆惟其賢。不惟其舊也。

有文德有武功。文之民適觀厥成矣。而視之如在痌瘝。不敢自暇自逸也。或以爲如傷爲傷已。非也。明道先生作縣。凡坐處皆書視民如傷。曰顥常愧此四字。無畔援。無歆羨。文之道誕先登岸矣。而望之如隔霄壤。不顯臨。無射保也。以而爲如。朱子之辨甚精。蒙引曰看他讀書是甚樣功夫。

邇在几席庭除之間。人情恒至慢易。而武不泄。莅敬以臨之。遠在侯甸要荒之外。人情恒至疎遺。而武不忘。貞誠以通之。此敬勝義勝之學也。存疑發明人與事甚好。

思兼三王以施四事。舉數聖人之責。合萃于一身。是何等願力。且以臣行君之事。以叔父攝孺子之位。則公所

爲者極難耳。其字緊接四事來。而蒙引存疑俱指四事之外說。以四事無有不合故也。竊嘗思之。禹之事存乎好惡。施之者非專在旨酒善言上討生活也。湯之事存乎中與賢。施之者商周之中異執。商周之賢異立也。存如傷未見之心者。文之事乎。施文之事。則治民尚有許大經濟。求道尚有許大功夫在。存不泄不忘之心者。武之事乎。施武之事。則處置遠邇尚有許大道理在此。其間豈能一一脗合。不思而得乎。而況子丑寅之異建。所以折中。忠質文之異尚。所以合道。貢助徹之異尚。庠序較之異學。所以爲民。二公徒知求之四事之外。而不知

其已盡于四事之中矣總之從四事說則二公之說已其從二公說反遺却四事非本旨矣且其字如何說的去掌引之說無暇悉辨姑以第一事言之禹惡旨酒周公亦惡旨酒則無不合矣乃禹僅惡之而已周公則作誥以垂訓天下萬世此非思之而何以合乎餘可類推矣註時異勢殊故其事或有所不合思而得之則其理初不異此尤可證一惡旨酒一作酒誥其事未嘗相襲而理則同歸也仰而思之以思兼三王之思還而質之三王也夜以繼日無時不與三王相晤對也幸而得之非爲一人幸爲天下幸也得者無不合之事坐以待旦

則立見諸施行矣古今制作至周而大備豈非周公之思爲之哉

一　王者之迹熄章

程子曰五經之有春秋猶法律之有斷例也又曰五經如藥方春秋如用藥治病蓋以春秋者聖人見諸行事之書也孟子敘孔子之存幾希直以春秋當之不復及五經者特舉所重與前章各舉一事以爲言者不同故近思錄論讀書之法繇大學而語孟詩書而中庸理明義精達乎造化之蘊然後可以觀聖人之大用而讀春秋嗚呼豈易言哉

謂王者之迹熄而詩亡爲天子不巡狩列國不陳詩其說似通然邶鄘以下多春秋時詩如何說的去且巡狩之禮其廢已久不自平王四十九年隱公元年也故註本胡安定而以政教號令不行于天下爲迹熄以黍離降爲國風天下無復有雅爲詩亡斷斷乎不可易矣詩絶響而春秋嗣興詩美刺春秋褒貶有相爲表裏者也舉晉楚以例其餘也乘字註存兩說今從其後取記載當時行事而名之今之家乘亦然古人不記善而記惡以其反常也楚檮杌尚存古人遺意後世郡縣志則反是矣春秋之說本杜預言雜舉二時以該四時也三國

之名雖異而褒善貶惡則一而已矣春秋記列國之事列國莫盛于五霸五霸莫盛于桓文故特舉之其文則史官相次記録也考其事其文則魯國之春秋考其義則孔子之春秋也胡傳曰史書一官之守春秋萬世之典其用固不同矣此正以其義言也所謂經世之典撥亂反正之書百王不易之大法也程正叔春秋傳序曰春秋大義數十其義雖大炳如日星乃易見也惟其微辭隱義時措咸宜者爲難知也或抑或縱或與或奪或進或退或微或顯而得乎義理之安文質之中寬猛之宜是非之公乃制事之權衡揆道之模範也此段發明

義字甚透學者明乎此序併安定序庶幾可與言春秋矣

君子之澤章

高氏揚引色澤聲容之說鑿矣依註流風餘韻說則德澤惡澤也君子小人以有位無位言蓋恩義之及人有限故五世後則杳然無復存者楊氏五服之說本禮記大傳以親盡服窮爲斬若曰君子小人澤亦若是焉則已矣

孔子之澤則萬世不斬者矧予幸生五世之內雖未獲親承尼山之訓然其澤之流溢而漸被于人者尚可挹而取也因彼澤之人以親炙聖人豈敢自外門牆乎孟子之私淑即孔子之竊取辭雖異而自任之意則同矣

可以取章

註分自許自疑與再思可矣意同愚謂與非禮之禮非義之義同恭事屬兩可閒不容髮稍涉依違便失中道非精義入神未易言也三段平對不得註以前一段爲不及用固字後兩段爲過用反字極有斟酌不可不知也傷廉如王文正受美珠之賜之類傷惠如冉求與五秉之類傷勇如程嬰立孤而必以死謝亡友于地下之類

逄蒙學射於羿章

春秋書弒君如楚商臣之類皆責備其君父端本澄源之法也孟子罪羿其亦春秋之法乎取友不可不端然已非端人則端人不可得而取況在篡弒之賊乎以逆召逆亦天道然也則其罪恐不得而厚薄之即首羿從蒙亦可

左氏云潛師掠境曰侵已去而躡之曰追疆場之內恍乎見掩遯之風焉端人之報固如是近思錄引程子之言曰孺子事孟子只取不背師之意人又理會事君之道如何徒費心力耳大全又及殺之舍之之說則其于事君之道已曲盡矣愚謂兩國各挾私忿互相攻擊均不義之師也爲之使者必窮兵而較勝負豈非逄君之惡乎來則禦去勿追道理亦如是故孟子取焉

西子蒙不潔章

此章言人情無私天心嚮善雖美質萬不可恃而醜行儘足自新也西子之美有目所共睹也一蒙不潔則好好色之心不能勝其惡惡臭之心可畏哉揚雄之才之學擅名古今及其失身王莽遂令萬世掩鼻焉是其驗也惡人註解醜貌對西子言也或以爲惡行非矣洗心滌慮上帝居歆何幸如之周處不檢至令鄉里憂之擬

之蛟與虎及其翻然修行不期年而徹辟至卒以忠義傳史冊是其驗也

天下之言性章

程子曰此章專爲智發朱子言之詳矣或以爲論性非也中間一節實發正意首節言性所以窮智之源末節言天所以遡智之流也張乖崖云智猶水也不流則腐其亦見一端而不見全體乎

據朱子引荀楊之說則天下之言性二句似指他人說末句仍用一轉玩羞惡惻隱等意則只是以公共之理言前後兩故字正相照應蓋知愛知敬已然之跡也不

學不慮自然之勢也利者故之本故者性之本性者天下之本也

程子曰人之情各有所蔽大率患在于自私而用智自私則不能以有爲爲應迹用智則不能以明覺爲自然此所以鑿也鑿者役役于權謀術數而非其故也惡者惡其舍本而趨末也如智者若禹之行水還其故而無所于鑿又何惡焉禹之行水也疏瀹決排何嘗不有事然因其勢而利導之實未生一事此古今所以稱大智也如智者師禹之智以無事處天下事則擴然而大公物來而順應神禹不得嵩美于前矣此節專言利即故之利也

行所無事非獨人事爲然也推而極之于天道亦莫不然天高而星辰繫焉故望之甚遠天人懸隔似無處可推測者然運行有常度次舍有常分已然之數莫之或爽也苟從其已然者求之則千歲之日至不勞餘力而得之矣天之高星辰之遠如在目前矣朱子曰夏至者日之長至此極冬至者日之短至此極非至到之至乃至極之至也必言日至者造曆者以上古十一月甲子朔夜半冬至爲曆元也金氏以求其故爲已往千歲之日至爲方來亦是蓋求則向源頭上求得則合盡頭處得

也朱子都就已往說以求者求其故得者亦得其故其說尤長致即學以致其道之致無工夫大段都在求其故內有了至此不煩推算或以爲推致或以爲算而得皆不必此節專言故即利之故也

公行子有子之喪章

孟子之意只是行禮不以王驩故貶損也或云本惡其人知借大題目來壓倒他豈聖賢之心哉

書曰右師往弔日入門當日氣燄赫奕光景至今猶可想見進字作踈可攻揖巫馬期而進之進不如作趨進之進爲是蓋右師方入門即進前獻媚也若日進右師

使就已恐非當日人情所設
衆人視王驩爲重王驩又視孟子爲重故不以衆人之
與言爲榮而以孟子之不與言爲辱亦秉彝之良心也
朝廷之說註引周禮自明歷位而言踰階而揖違禮卽
違朝廷矣孟子凜凜奉行正所以示敬而子敖僩之何
其知有已而不知有朝廷也此亦齊人莫如我敬王之
意但其語太露圭角朱子之論詳矣

　君子之所以異於人者章

君子以古今第一流自期待則非如舜不可舜也者古
今遭横逆之第一人也而彼能蒸蒸乂之然則天下豈

有不可化之横逆哉三自反者不患天下有不仁無禮
之人惟憂一人有非仁非禮之心去其非仁非禮之心
而心存矣心存而君子斯有以異于人矣
君子與人同而心獨異君子與人同心而存獨異是故
卓越流俗使人望而震焉以爲不可及非有他也存心
且虛說所以然處尙在下面以仁存心則視天地萬物
皆一體之人與刻薄自私者異矣以禮存心則合視聽
言動無不克之已與侮慢自矜者異矣
愛人而後仁之存于心者施于人也敬人而後禮之存
于心者施於人也蒙引本註分存發極是存疑非之過

矣
此泛論報施之常爲下文張本也
我愛人而人不我愛我敬人而人不我敬則亦已矣乃
悍然以非道加之横逆者殘暴不仁淩虐無禮也君子
必反而求之心術隱微之間及世俗應酬之際若曰人
不仁非人不仁也必我之不仁有以召之也人無禮非
人無禮也必我之無禮有以激之也不然天下事豈有
無因而至者哉刻勵自責莫之或怨也
平心內照可謂愛之敬之矣而彼猶昨則君子曰仁之
愛未敢或違意者仁之曲折有未盡乎禮之敬未敢或

失意者禮之曲折有未盡乎忠非他卽仁禮之盡心而
無以加焉者也
以仁言之則曲盡其愛以禮言之則曲盡其敬忠矣而
彼猶昨至此則無可奈何矣曰妄人曰禽獸皆不足較
之辭也難字有不作去聲讀者謬矣陽明曰此妄人爲
禽獸此處覺未渾融横逆之來自謗訕怒駡以至于不
道之甚無非是受用得力處初不見其可憎也滿世界
皆藥物山河大地盡是黃金可以之爲禽獸乎此說進
孟子一步畢境亦露英氣或曰矜憐哀痛同畜之仁禮
之中意極好亦非立言之旨也

三自反故無終身之憂又何難故無一朝之患也乃若所憂則有之言其有故也不如此說便似重出聖人獨舉舜者以舜遭人倫之變繇匹夫崛起且底豫之前未嘗解憂故也均是人也舜德業顯鑠為天下後世之一人而我獨庸庸碌碌無関于天下無關于後世不幾重負此人乎不如舜便不如人欲如人須要如舜特出鄉人之中法天下傳後世而後克稱此人也必無分用汲皇在這裏便不暇在那裏此患所以亡也為非仁則患以其為不仁之人也行非禮則患以其為無禮之人也不為非仁不行非禮則存心可以對天下後世矣又何

患如有一朝之患是鄉人所不能忘情者君子無與也

禹稷當平世章

天下有有道無道之時而吾之道必不可無何也隨地而在達也可窮也可舍已救人也可避人修已也可要歸諸時中而已矣否則出乎禹稷入乎楊朱出乎顏子入乎墨翟可不慎與

因孟子禹稷顏回同道之言而先述其事為論列地也君臣合德故曰平世過門不入者禹也而禹稷並稱則以救稼穡之心無異夫平水土之心也孔子賢之賢其立功也

上下無邦故曰亂世當日栖栖遑遑有孔子在故顏子可以安享簞瓢陋巷之樂也孔子賢之賢其立德也一用世一遯世其迹判乎不相謀矣而孟子直斷其同道何也道者當然之理也禹稷顏子不過各盡其當然之理是以殊途而同歸也蒙引直把心當道說與註意未合存疑辨之極是

治水之責禹以一身任之則下民昏墊伊誰咎乎播穀之責稷以身任之則黎民阻饑伊誰咎乎故曰猶己溺猶己饑不過引為同體之患曰繇己溺之繇己饑之則直懼夫首惡之誅也其思如是故其身有不得不如是

者過門不入匪云急也若顏子之地不同故思不同而緩急亦不同耳

易禹稷而居顏子之地必能簞在中不改之樂易顏子而居禹稷之地必能奏萬世永賴之功其道同也推而言之自古聖賢凡居廊廟之上者皆可以為顏子凡處畎畝之中者皆可以為禹稷其道無不同也

大意已完復申二譬使人易曉也坐視同室之鬭不情甚矣禹稷視天下如同室安得不被髮纓冠乎

奔赴鄉鄰之鬭甚無謂也顏子視天下如鄉鄰則唯有閉戶而已

匡章通國皆稱不孝章

按章子之母得罪于父其父殺之埋于馬棧之下齊王因章子擊秦有功勸以更葬章子曰臣之母得罪于父未命而死不得父命而更葬母是欺死父也憶固矣早見預防使父母無反目之禍上也禍既成則無及矣要亦視父母之治亂何如耳使母果有可殺之罪則父殁不得以私葬也使母罪不至死而父以私殺之則父在時即當號泣以諫而况乎其殁也而况乎其臨之于君命也觀孟子責善之言則章子之父必未出于善而馬棧之下豈可以終寘其母哉惜也章子遊孟子之門而未達于義也

蒙引云匡是姓章子是字稱匡章猶云顏淵皆去了子字愚意不然匡姓也章名也公都子曰匡章孟子則曰章子呼其名而子之也公都子以通國爲公論而疑孟子阿私故問之

世俗對通國言五者有一于此君子絶之從耳目之欲以爲父母戮恣情肆志虧體辱親也

章子以子責父之善而致父之逐爲其母故也其情亦可憐矣

朋友以義合者也以義合而不責善楊子所謂面朋也

若父子以恩勝責望太過骨肉從此乖離矣故曰賊恩之大

夫章子豈不欲一堂完聚享有琴瑟好合之樂哉子母指章子妻子說屬者聯結不相離之意爲父所逐不得承膝下之歡而妻子宴然何以自安故出而逐之以此示所遇之窮亦以感動其父故也責善不得而責躬反覆計億以爲妻不出子不屏則得罪名教無所容于天地之閒矣章子之所以爲章子者只是如是無他罪惡也方且哀其窮悲其志而豈忍摒之門牆之外哉先儒以此章與陳仲子章爲衆惡必察爲衆好必察信然

曾子居武城章

孔子時中之道曾子子思傳焉曾子居武城以去爲中子思居衛以守爲中地不同故中不同而道則未嘗不同也孟子傳曾子子思之道故有以深信其必然也

曾子居武城設科于武城宰也有越冦攻城掠地之滋也曾子之言屬其守舍之人也曰無寓人于我室毀傷其薪木方去之時早已爲反之之地矣及其反則仍前意也至于冦之所以至所以退則始終不與其事也門人私議疑其報施之閒有太恝然者而沈猶行則嘗驗之昔者矣沈猶行曰昔者沈猶云云明是自道而說者

俱云未必一人以其姓氏無考故也朱子曰無害義理
不必深求類是矣
又曰子思居于衛便知有君在非武城也臨難無苟免
與君同難而棄之以逃豈致身之義哉君死社稷臣死
封疆古有明訓矣以上二節俱平平敘事下如斷其是
非
同道義見前章師以身率人臣以身事人師則父兄豈
可屈己而狥于弟之難臣則微賤豈可貪生而逃君父
之難要見相反意曾子能爲子思以其臨大節不可奪
也子思能爲曾子以其不受鼎肉也昔陸九齡謂輿國

教授未上會河南茶冦劉廬陵人必震攝或請公王義
耻以備冦門人多不悅公曰文事武備一也古者有征
討公卿卽爲將帥比閭之長卽五兩之卒也士而恥此
則豪俠武斷者專之矣遂領其事調度有法郡縣依以
爲重說者以爲善學曾子信哉

儲子曰王使瞯夫子章

王使人瞯夫子連下句讀或以下句爲儲子問辭非也
王見孟子說聖稱賢以古人自待意其燕居之際語默
動靜必有以大異于人者故使人瞯之何以異于人哉
孟子自道也厥賦維均豈獨孟子爲然卽堯舜古今至

人不過無虧于人之中非有加于人之外也踐形盡性
是實理但孟子大段言之此意尙未明白揭出耳雖然
言人則同言人之所以爲人則異程子曰不能大同者
亂常拂理之人也不能獨異者隨俗習非之人也故聯
之
曰君子以同而異

齊人有一妻一妾章

排軒說眞有此事看來只是孟子設言形容當時之
求富貴利達者耳蒙引以爲日攘一雞之類是也
極力描寫昏夜乞哀驕人白日光景殆如畫出必饜酒
肉而後反一可疑而不知肉食者鄙盡富貴一可疑而

不知富貴亦只是酒肉度人未嘗有顯者來一可疑而
不知顯者皆齊人也遍國中皆談富貴者故視齊人若
將浼焉卒之東郭墦閒之祭者平生本色盡露矣妻若
妾看破老脚色方且怒罵之痛哭之而良人尙作富貴
態效顯者行徑意氣揚揚甚自得也豈不令妻妾羞殺
繇世俗觀之別是一番眼目如何看得此輩出繇君子
觀之則難逃公鑑矣君子卽孟子自道秉禮守義饒有
浩然剛大之氣者人言之求富貴利達而必曰所以見
情狀多端不可得而舉似也羞惡之心猶幸于婦人女
子見之彼丈夫則掃地盡矣雖然妻妾羞且泣亦以理

言也若富貴利達者之妻妾忘其所自來能不忘得意滿以其良人驕人也

四書翊註　孟子離婁下　三　卷八

四書翊註

前賢刁　包蒙吉評　男再濂孫

平湖陸隴其稼書鑒定

後學黃　越際飛校訂

孫　繼祖　承祖　興祖

曾孫　鍔鈞銘錄鑾鑰鏳　仝校

萬章曰舜往于田章

此章只怨慕二字盡之下四節皆發明此意也瞽瞍未底豫之先以怨爲慕瞽瞍既底豫之後則全是慕而忘怨矣新安分怨分慕未是父母之不我愛如窮人無所歸惟順于父母可以解憂皆從慕親之極流出

四書翊註　孟子萬章上　一　卷九

在耕歷山見逐于其父也不曰昊天蒼天而曰旻天冀其閔已而佑之得親也怨者怨已慕者慕親須如此分析始得葢不得乎親不可以爲人子故引咎責躬也親與子一氣必渾乎若同氣之初而後敢即安故眷戀不忘也在孟子口中且包含說若太分明則萬章不疑其怨親矣

萬章泥住怨字其不知舜也與長息等公明高知而未言又待孟子言之夫不得于親遂付之無可奈何而已是恝也非孝子之心也孝子之心以竭力耕田子職之常也父母不我愛必于尋常子職之外別有虧欠處

然天下豈有不愛子之父母乎展轉躊躇而未喻故呼天呼父母以求之也

九男帝子事畎畝之匹夫如何處置兒益以丹朱之傲乎帝女下降處頑嚚傲之間如何安妥况二女同居乎百官有司也以深山有鏍驟膺百官牛羊倉廩之奉皆所以試之也註相視二字蒙引謂堯老舜攝與之共視乎天下也亦有理以上數者可謂古今之寵遇矣而其心則云云言零丁孤苦不能爲情之甚矣

此節串言上意也前四段鋪張一番後一段約畧一番總以見諸福之駢臻耳而舜視之曾不足當順父母之

萬一蓋憂已之憂故不樂人之樂也不言九男及百官牛羊倉廩者以其括在富有天下貴爲天子句內也當孩提之時一切世味不入其胸中惟知有父母而已故一啼一笑無非爲父母發也知好色則慕少艾人欲從此始矣有妻子則慕妻子室家念切也史記舜之言曰孝衰于妻子早見及此矣仕則慕君功名念重也熱中如火之沸騰而不可遏也大孝不知有少艾不知有妻子不知有功名終其身如孩提之童而已五十始衰禮所謂不致毀之時也一切世味莫不閲歷過至此猶慕則終身慕矣如言三月不違也楊子曰事父母自知不足者其舜乎孝子愛日此深得舜心亦可証終身之慕

詩云娶妻如之何章

此章之言不可盡信而說者紛紛如瞍畏後妻周旋舜得不死及漢高大風破圍康王泥馬渡江之說皆穿鑿附會失之遠矣蓋孟子之意只要發明聖人處變之心故就事論事初不辨其有無也真西山曰使其有是處之不過如此豈必真有是哉此爲至論愚意孟子之言如此類者多與桃應問答章一例看則得之矣

詩之言豈有不足信者但舜之不告而娶權也非經也

正不得以南山律之也瞍之心不欲舜有室家告則從中沮之欲娶而不可得矣有夫婦然後有父子有父子然後有君臣男女居室人道所繇始也故曰大倫詩首關雎易首咸恒皆此意也懟指父母說觀註仇怨于父母可字可見若曰徒惹一塲煩惱云爾

章疑帝妻舜不使其父母知之似亦非禮故問之帝素悉瞽瞍之爲人一告則臣之勢雖不可以抗君而父之勢尚可以制子子爲父制則君令有所不行矣故亦不告也在堯應曰告則不得妻而亦曰不得娶者見堯行的去舜如何行的去程說又是一段大道理

秦府僚謂太宗曰使舜浚井不出則爲井中之泥塗廩不下則爲廩上之灰是後世以此爲實錄也以殺兄爲功而侈談之可謂窮凶極惡然父母所用者奉之親父母所不用者私之已將欲竊孝親之名乎往入舜宮忩所欲取也舜在牀琴大掃入宮之興矣外雖飾思念之語內實動羞惡之心是以見于面目者有忸怩之色也惟茲臣庶二語畢竟不可曉封之有庳尙不得有爲于國豈當此而輕以臣庶相託乎若曰因其思已而權應之非聖人至誠之道也存疑諸衆引之疑大深曰使爲看視耳于治字亦不切舜雖知象殺已却全不介意同

休戚故同憂喜也象謀殺已象憂矣舜愀然曰我何以使象如此又何以使象不如此這箇念頭無時刻放下一旦出好語相慰藉象喜矣舜欣然曰象何以便如此我何以當的象如此事則望外情則意中初不逆億其詐不信也

喜不自舜而自象故章疑其僞也不聞子產之事乎饋者以生魚而受者畜之滿腔皆生意也使校人欽承主人之命則天地好生之德于一事見之豈料其烹而食之也哉反命之言歷歷如畫得所一嘆生意盎然適以彰校人之愚豈足傷子產之智哉君子于天下事莫不

以理斷之理本有而拒之是天下有不循理之君子也理本無而誣之是天下有不燭理之君子也可欺不可罔仁智有兼成者矣愛兄而鬱陶以思弟之道也正如圉圉洋洋而遊于池魚之道也舜方覩爲蒸蒸之乂故轉憂爲喜自是情不容已奚僞焉

象日以殺舜爲是章

聖人處兄弟之變而不失其常不失其仁也仁人之于弟于他人法則異而情則同也何也誅四凶之不仁所以仁天下也封象之不仁所以仁弟也仁其弟而弟之不仁亦未嘗不早見而預防之則仁之恩被者廣而曲

成者至也舜之仁其至矣乎

章覩殺舜之罪不容赦故放猶以爲失刑豈知其封之乎曰封之僉出章意外矣

四凶于四裔之地各居其一所謂迸諸四夷也三苗在書稱竄程子曰殛死猶言貶死此見聖人用刑之寬而宋太祖所稱嘆也章以竄爲殺猶以封爲放但孟子辨其大故不暇辨其小者耳章疑舜于他人則公于弟則私未能一視同仁也豈知仁人之于弟以親愛爲主而他不遑恤也本自無怒何藏之有本自無怨何宿之有如此說纔得聖人之心若曰有怨怒而不藏不宿固非

卽以怨怒指弟說亦多一轉存疑謂親愛無分未是貴則分位尊然後可以親近于我不則疎遠而難親矣富則遂所願然後可以伸吾愛不則吝惜而非愛矣若曰親之欲其富愛之欲其貴可乎要之不封則不富貴不富貴則不親愛不親愛則仁人之心滋戚矣

象不得有爲於其國有爲者吏也天子選賢任能俾之代理庶務象惟南面稱尊坐享玉食之奉非有民人之責也欲暴之其可得乎此其迹似放其慮則遠矣雖然不得暴彼民者其勢也若舜之心則又不如是欲常常而見之故源源而來以篤吾親愛之情而已諸侯五年

一朝所以述政事也有庳政事付之吏而象無事故旣可以時來而又不必以政也不及貢以政斷何言不待諸侯朝貢之期以政事來則欣然接見之此天子特恩非諸侯所敢望也蒙引釋政不釋政之說亦本註存疑非之却有理吳註極好朱子又發明之不能贊一辭矣

咸丘蒙問曰語云章

據咸丘蒙所引是天下有無父無君之盛德也惑世誣民莫此爲甚故孟子力辨之自堯老舜攝至二天子矣辨舜無臣堯之理也白是詩也至此之謂也辨舜無臣父之理也末節引書另是一意言父不得而子須如此纔說的去但語者見不及此且君不得而臣無說矣纔以見其爲齊東野人之語也

古語謂盛德之士君也臣他不得父也子他不得舜之德盛矣南面而立堯率諸侯北面而朝之是臣其君君不得而臣也瞽瞍亦北面而朝之是子其父父不得而子也舜見瞽瞍其容有蹙戚戚不安正是盛德發見處孔子之言則深明盛德之失幾釀敗亡之禍也前日語云末曰不識此語誠然乎哉自是一套話蒙引謬之而其說未免一口兩舌也孟子曰否此悠謬不根之談君子不爲也君子知有君父者而豈忍以此出口哉堯老

舜玄德升聞乃命攝行天子之事舜猶未爲天子堯緣何北面而朝之及攝位二十八載之後堯崩畿內百姓如喪考妣三年之內四海遏密八音是天下皆爲堯服三年喪也饒氏曰四海無服恐未然三年之喪固天下感放勳之德而實舜率天下諸侯爲之也此皆未爲天子以前事也若旣爲天子而如此則堯是一箇天子舜又是一箇天子豈不是兩箇天子了孔子之言何居而堯典亦未之深考矣蒙引有不以天子待堯之說未通存疑辯之併辯孟子之失極有理

固矣夫咸丘蒙之爲詩也其間益陋矣詩人以爲王家

之事凡在普天率土之中者咸與有責焉而畢委之一人使鞅掌盡瘁不得一伸蔬水之報其何以爲情耶然則普天之下莫非王土率土之濱莫非王臣辭也大夫不均我從事獨賢則其志也故說詩者不泥定一字而害一句之辭不泥定一句而害立言之志也意者心之所向志者心之所之逆者虛我之心遠追曲遡往迎古人之心心心相照有千載合符者是爲得之也如雲漢之詩志在憂旱耳周餘黎民靡有孑遺則極愬困敝之辭也豈可以其辭而害宣王憂心如焚之思哉

此節以尊親爲主而養則其尊之之實也言天子尊則

爲天子父者更尊豈有卑其父而臣之者哉至以孝之極言大以孝之量言上四句泛論理下四句則指瞽瞍以實之也末又引詩咏嘆之永言孝思所謂終身慕也孝思維則所謂法天下傳後世也下武之詩其爲舜之尊養言乎若如人言又何則之足云

乃若父不得而子則亦有說矣如書言是也據註敬事瞽瞍往而見之則當以祗載見瞽瞍爲句蒙引存疑俱以祗載爲句見父母屬夔夔齋栗如此說則事就人子職事言敬者稟稟奉職唯謹也儼威嚴恪非所以事親故夔夔齋栗也註戒謹恐懼正負罪引慝之形于貌者

瞽瞍允若則子盛德父亦盛德矣教誨爾子式穀似之父子之常也今舜以子而式穀其父是大有造于父也卽謂之父不得而子也亦宜註云非如咸丘蒙之說則咸丘蒙不以書意解古語可知而蒙引開手卽牽合此意誤矣

堯以天下與舜章

天子不能以天下與人是一章綱領然天子所不能者天能之人又能之天與之似亦操其勝乎非也天固所以爲天子也民固所以爲天也帝天之命主于民心自古皆然故末引太誓以終之

堯禪舜人皆知之章之問甚常也而孟子之答則甚剏蓋以天下公器非天子所可私相授受也以此爲訓而後世禪受者尚借堯舜爲口實豈不謬哉

受終文祖書有明文今日不能豈非有操堯之權者乎天也天主宰之堯奉行之堯不得與天分權也

天與之便當諄諄命之其將能乎

天不言如何諄諄命之只是四行與事以傳布其與之意而已註行之于身謂之行措諸天下謂之事極分曉蒙引又以出乎身加諸身解之亦其意也

自天子以至于大夫明揚之典要惟盡其在我而聽之

天無容私心計度其間也諸侯大夫亦曰天何也天子
諸侯之天諸侯大夫之天也上一投是主下二段是客
因主以及客也前曰天與此又忽出民與天併言者行
與事必于民乎徵之非民則行與事無繇見而天亦不
可得而示矣
主祭對越在天也百神享之即所謂類于上帝禋于六
宗望于山川徧于群神是也天錄其德故曰天受之主
事歷試諸艱也而事治百姓安之即所謂慎徽五典五
典克從納于百揆百揆時叙賓于四門四門穆穆是也
民戴其德故曰民受之天人交受即天人交與天子又

何力之有焉
舜相堯歷年久則德澤之入人深此天授非人力也然
舜則不敢以天意自居故虛天位以待嗣子而已唯恐
其及之也已愈益避之天下愈益就之朝覲于舜乎述
職訟獄者于舜乎輸誠謳歌者又于舜乎載賡而載揚
也凡此皆人與也而直歸其故于天者舍人無所謂天
也蓋位可避也天不可避也天不可避而遂不避則其
迹近于逼而其罪凝于篡矣烏覩所謂天意乎可見天
理人欲間不容髮惟聖人察之精而處之決也
皋陶謨曰天聰明自我民聰明大誓之言本此也天之

視也無形而以民之有形者爲視之自天之聽也無聲
而以民之有聲者爲聽之自是故朝覲訟獄謳歌者之
歸舜也民之視聽歸之正天之視聽歸之也然則舜有
天下也天與之即曰民與之亦可矣

　人有言至於禹而德衰章

天與賢則與賢天與子則與子是一章綱領章內與子
是主與賢是客禹是主堯舜是客啓是主丹朱均是客
益是主伊尹周公孔子是客或先主後客或先客後主
或主客錯綜唐虞禪天與賢則與賢也夏后殷周繼天
與子則與子也以此開以此收且見文法之妙

泥禹傳子之迹而不諒其心則其德與堯舜異世俗之
見大抵然也豈知天與賢則與賢傳賢非堯舜也天與
子則與子傳子非禹也禹之薦禹之避與舜同禹之從
與舜亦同虞之天猶夫唐之天也益之薦益之避與禹
同益之從則與禹異夏之天非猶夫唐虞之天也當舜
禹避時獨非吾君之子哉而人心攸異則以其子有賢
不肖故也故下節云云
徐氏朱均論云不肖謂不似其父也非如世俗所謂不
肖也余謂不然觀書之言曰無若丹朱傲惟慢遊是好
傲虐是作罔晝夜額額罔水行舟朋淫于家用殄厥世

則商均亦可知已丹朱見于書故指名商均偶未有者故只曰舜之子亦知之爲知之不知爲不知之意也禹相舜益相禹歷年有多少則施澤有久近施澤有久近則及人有淺深而況其子之賢不肖又適絕乎祇台德先禹之敬也敬者帝王傳心之法而禹即以爲傳家之法按書舜命禹一則曰惟汝賢再則曰惟汝賢啓能象之豈不以敬哉非敬則不能承繼禹之道非賢則不能敬渾作一句說言啓賢能以敬而承繼禹之道也嘗引存疑俱作二句讀恐未然舜禹益相去久遠自是指爲相說但久字不無可疑意者舜禹爲相久遠益爲相不

久遠故云相去耶據盛德之報三聖人皆宜有令子而賢不肖懸絕若如人言又當云禹德盛堯舜矣而不知皆運數爲之也舜禹益相去久遠其子之賢不肖二句通承上數句說皆天也一句又通上二句說末二句又因皆天也而推言之耳自我做的去曰爲原未曾做却自然做的去曰莫之爲而爲此豈人力所及哉天也自我召的來曰致原未曾召却自然召的來曰莫之致而致此豈人意所及哉命也註以理言之謂之天以人言之謂之命天與命非二也命與天命之謂性命字兩樣究竟是一樣朱子言之詳矣

仲尼之德古今一人而已無天子之薦故以匹夫終天意又別有在也

其先世有功德于民子孫襲成業非惡貫滿盈人心未盡去天命未遽改也益之啓尹之太甲周公之成王皆守成令器天命眷注如之何其廢之繼世不廢雖命世之賢其能與乎

上言益伊尹周公不有天下益不待言矣故繼言伊尹以文勢論之太丁既曰未立而死則外丙仲壬宜爲立而死矣且章內曰十有七年皆以年爲年不應于此還以年爲歲也故註以趙氏之說先程氏但伊尹放太甲

蓋做古者君薨百官總己以聽于冢宰之義觀書王徂桐宮居憂可見也若外丙仲壬立六年矣太甲何以居憂而尹又何辭以放之哉且先儒以康節數推之併無外丙仲壬之名其未立尤爲有據又檀弓記仲子舍其孫腯而立衍曰夫仲子亦猶行古之道也孔子曰否立孫太甲嫡嗣豈得舍之而立丙壬哉是故程氏之說爲優後儒亦多從之者太甲顛覆湯之典刑所謂嗣王不惠于阿衡茲乃不義習與性成也伊尹放之于桐三年所謂營于桐宮密邇先王其訓無俾世迷也太甲悔過自怨自艾所謂予小子不明于德自底不類欲敗度縱

敗禮以速戾于厥躬也于桐處仁遷義所謂率乃祖攸行克終允德也三年以聽伊尹之訓已也復歸于亳所謂尚賴匡救之德圖惟厥終伊尹以冕服奉嗣王復歸于亳也

伊尹不有天下夫既詳誌其事矣若周公則無庸再贅也其不有天下惟借益于夏伊尹于殷一比類觀之而已方殷周時使湯薦伊尹于天武王薦周公于天天下之民從之當不若夏之時之啓而不之益也但揖讓之風遐哉不可追矣嗣王不背訓之戒之俾克繼世則傳子亦何異于傳賢乎

義者宜也宜經則經宜權則權揆時審勢而爲之者也唐虞禪其權乎權未嘗或戾于經夏后殷周繼其經乎經未嘗或戾于權經權異用其爲奉天之義則一而已矣義一則德不容有二安見禹之衰于堯舜也語曰五帝官天下三王家天下其本孔子而爲言與

人有言伊尹以割烹要湯章

此章全在樂堯舜之道五字上着眼獨樂其樂則堯舜在一心賡歌而見先王之風共樂其樂則堯舜在一世覲面而逢唐虞之盛荷其擔于天繫其思于人無處非道無處非樂也若割烹要湯則其身不正遑問人乎此

以理斷之而知其爲必無之事也太史公復筆之書謬矣

戰國時好事者肆爲不根之談不獨誣今人也并誣古人負鼎俎以干湯爲此說者蓋援聖賢以自爲地也

耕于有莘之野其耕田鑿井而置身堯舜之世乎樂道則從事危微精一之學也註以誦詩讀書解樂道陳新安又以康衢之謡賡之歌之之類解詩以二典三謨解書盡矣以體言曰道以用言曰義義即道之見諸行事者也道義二句不平堯舜之道莫重于從義義之所不宜即道之所不載雖天下千駟有漠然不以動其心者

矣然觀人者不于其所勉而于其所忽若先立其大而小者不免苟且非執中之道也尹視斯人皆堯舜之徒以廉自處而不以廉處人豈大公乎故一介必嚴而視人猶已務期同歸于堯舜而後已也此何等期負何等志節他日覺世澤民許大功業皆從此做出

湯聞有莘匹夫躬荷二帝之統故使人以幣聘之幣聘者所以將其好賢之心也囂囂然者以道自重而守義也我何以湯之幣聘爲哉弗顧弗視本色也我豈若處畎畝之中繇是以樂堯舜之道見性分不見勢分也畎畝中何以樂堯舜也堯舜之道莫大于微危之辨道心

惟微則樂人心惟危則不樂尹之樂也無非去人心以
存道心而已
三使往聘之尊德樂道之心誠矣故幡然改改者以道
自負而徙義也處畎畝而樂堯舜之道獨論未可告人
立廟堂而樂堯舜之道公溥廣被而不已私也堯舜其
君使君爲放勳重華之君也堯舜其民使民爲擊壤歌
衢之民也末句即從首二句申言之非另是一層也昔
也見堯舜于心今也見堯舜于身虛實固不侔矣
尹之欲親見堯舜者蓋善承天心也天之生此民也莫
不與之以知覺之性矣惟氣質有清濁故知覺有先後

在先者則後之師也天能生此民不能成此民故付其
權于出類拔萃之人也天民與有天民者不同民生于
人皆可以天名惟尹則荷天之託而不容辭也斯道即
堯舜之道覺斯民即使是民爲堯舜之民也非予覺之
而誰言責不容遁也即當今之世舍我其誰之意也註
云知謂識其事之所當然覺謂悟其理之所以然知淺
覺深確不可易或有謂知深而覺淺者豈其然
即其言而推其心思天下之民無以異于堯舜之民也
匹夫匹婦皆與已同生于天而又寄其生于已者也不
被堯舜之澤非已陷之而誰也見孺子入井且有怵惕

惻隱之心況已實推而納之溝中此心能堪刻安乎其
視天下匹夫匹婦不以爲分形異體之人而以爲同休
共戚之人也出一[illegible]擔始克釋
故就湯而說之俾匹夫匹婦無不被堯舜之澤也蓋尹
唯樂堯舜之樂故能憂堯舜之憂亦惟憂堯舜之憂而
後能樂堯舜之樂也有莘一生心事形容曲盡矣
尹之志在正天下也而不自爲地乎枉已與辱已所失
有重輕正人與正天下所造有大小以其輕且小者例
其重且大者則知割烹要湯萬無是理也聖人之行無
所事乎蹈襲雷同也或遠而去卓立塵埃之外固云潔

身或近而不去置身功名之中而身亦未嘗不潔也立
身則殊途潔身則同歸自古無苟且塵埃之聖人也嘗
引因四篇或字作四件說反不顯不若依先儒併爲二
說是
湯有求于尹尹無求于湯何要之有即云要湯即以堯
舜之道要之耳堯舜之道可以厭飫一世而與含哺鼓
腹之歌焉湯所爲亟以鼎鼐處之耳若曰割烹未之前
聞
註云引此以證伐夏救民之事也輔氏云於此見其任
重之意亦有理若曰看他那樣手段豈做婞鄙的事情

蓋奉天討罪首創非常之原黎民儼焉而不自隱諱直告諸天下萬世尹之行義以達其道此也堯舜之道在揖讓而樂之者則以征殊其斯以爲善學堯舜也與

或謂孔子於衛主癰疽章

假權倖爲進身之階士君子所羞稱也而借大聖人爲尸實乎孟子力辯之後世猶有若柳宗元劉禹錫之結王叔文元稹之結崔潭朱穆之從梁冀者不知命故耳昔陳居仁當秦檜時或勸之一見可得美官居仁曰是有命焉終不自通庶幾孔子之徒矣當時好事者喙喙爭鳴矣不有孟子之好辯雖聖賢其

能自白乎間尸便引顏讎繇其賢有表表在人耳目間者以賢召賢其理固不爽也彌子因內戚而特致慇懃在世情將許其一念慕善之心也一易主而得衛卿轍環之志遂矣子路月中豈見有權勢者意者因南子之見公山佛肸之往而至此欲有所假借乎孔子曰有命辭不煩而小人結舌矣聖人立命造命者也至其與彌子瑕及公伯寮言則必曰命所以遏世人勢分踰涯之思也禮可進則徐進焉雍容揖遜而無所于急遽也義可退則急退焉剛決果斷而無所於濡滯也至于得之不得一付之命而已不與若如人言是與世俗同其俛仰無義無命也有是理乎舊云不言禮者以義該禮者也蒙引云此處只消用義字以其言退不言進也極是上節言平時無苟主此節又言當阨且然而況平居無事之時是進一步意不悅于魯阨于宋固也不悅于衛阨于鄭邦也又遭桓司馬之難其阨益甚矣孔子既以天自信而又必微服過宋何也此聖人處變之權也可見君子于小人既不可以禮論又不可以義曉則委曲遜避之未爲過也註既云司城貞子宋大夫之賢者也又引史記云孔子去至陳主司城貞子豈朱註自相矛盾乎蓋言孔子去宋適陳主司城貞子貞子本宋司城

時則見爲陳侯周臣也不言爲陳侯周臣一句則孔子似在宋主之矣豈有過宋而反于宋主之也哉如此則諸說可盡廢矣存疑斷以邵二泉之說極是其曰臣者明其非癰疽待人之倫也恐亦未然

居停旅寓似亦偶然而人品之賢不肖于是乎徵之若孔子主癰疽與侍人瘠環則近臣如此其如觀遠臣者何哉又何以爲進禮退義之孔子也顧好事者未之思耳

或曰百里奚自鬻於秦章

百里奚飯牛之說似亦有據但謂其自鬻以要秦穆公

則誣也。孟子力辨之。不必旁徵遠引。但從去虞入秦一事反覆提掇。以明其智與賢。則好事者之口不攻而自破矣。伊尹可誣。孔子可誣。何有于百里奚。然誣賢與誣聖一也。故孟子並斥之。

先述履歷。正明其無自鬻之事也。奚未虞人方晉人假道之時。奚與宮之奇業有官守矣。又安用假五羊之皮以進身乎。此意未經人說出。蓋人臣之義。當以宮之奇爲正。宗國滅亡。果何等事。而可付之默默。爲也諫于君而不聽。乃以其族行。雖去國。尚懷感悟之心。智與仁兼盡矣。奚獨緘口旁觀。能無愧乎。孟子特節取焉。故以知幾予之。

前四段都歸結到首段上。去。後二段都歸結到末段上。去虞公。黷于貨賄。非可以口舌爭也。知而去之。年已七十。閱歷世故。不爲不熟矣。若昧于食牛干主之汚。其智豈足稱乎。卽以其去虞入秦言之。不失言。知默也。見幾而作。知廢也。擇主而事。知與也。其智種種有足稱者。如此而獨于飯牛干主。則不智無是理也。遠非獨其智足稱也。其賢又有足稱者。以西戎而主盟中國。相秦而顯其君于天下也。秦人襲其餘威。累世霸。可傳于後世也。此非有經濟抱負者不能也。賢也。置身于市販以成就其君之霸業。可恥孰甚焉。豈賢者反出鄉黨自好之下。不鄉黨自好。謂市井間稍知愛惜者也。

四書翊註

前賢才　包掌吉輯　男再濂　孫熙祖繼祖承祖興祖　曾孫鑾鈞銘錄鏳錀鈴　仝校

平湖陸龍其稼書鑒定

後學黃越際飛校訂

伯夷目不視惡色章

以聖推三子亦是孟子創論然其意則在借三子之偏形容孔子之全也如樂然三子各備一音以奏響而孔子則太和元音也如射然三子各擅一技以命中而孔子則中鵠神技也程傳云中重于正正不必中也明乎中正二字則知孔子與三子之分矣

視聽不苟所以從心也耳目之清也事使不苟所以愛身也身之清也治則進是客亂則退是主二句不平對進退之清也橫政之所出橫民之所止不忍居仁暴之不相侔也居之清也思與鄉人處如以朝衣朝冠坐于塗炭污潔之不相侔也處之清也撥其心要以待天下之清耳當紂之時聲色皆惡君民皆非政俗皆橫有亂而無治所以擇地而蹈也故聞伯夷之風者云云則頑而立志者又可知已看註無知識有分辨字則廉只宜作廉隅之廉然頑者昧于利廉者審于義則貪冒貞潔之意亦在其中矣懦者柔弱不前有立志則能自振拔也

事是君則使是君為堯舜之君何有不可事之君使是民則使是民為堯舜之民何有不可使之民治固進而佐治亂亦進而撥亂為治也前數句都歸結到末句上去為下文張本也或疑伊尹出處合乎孔子而不得為聖之時何也程子曰終是任底意思在朱子曰此處極難看且放那裏久之看道理熟自見強說不得若謂伊尹有這意在則孔子皇皇汲汲去齊去魯非無意也所以異于伊尹者何也引而不發與程子言孔顏之樂一般這裏須是思得之

一日不忍居仁者潔身之心一日不忍去仁者愛物之心也故聞柳下惠之風者云云則寬而敦者又可知已鄙者褊急狹隘不能容人寬則度量擴大足以有容矣薄者殘刻寡恩不能愛人敦則性情長厚是以有愛矣去齊熱不容待去魯則俟微罪而後行故因子路趣行而以進遲曉之去父母國之道雖解遲遲吾行一句而去他國之道亦可反觀矣仕止久速又從去齊去魯推之而言其全體也南軒曰易公孫丑篇則字為而字更見從容不迫與時偕行之意此先正看書傳神處上三

節只平敘過此獨以孔子也解之見非三子所可同日
語也爲夷之退可爲尹之進可爲惠之不進不退亦無
不可也陳新安曰凡言聞其風者皆道不行于當時而
流風餘韻足以聳動後世者也若伊尹有功業可見不
待以風言矣孔子則太極元氣之運風不足以盡之也
此理須要曉得
承上四節而總斷之以見孔子之迥異三子也淸者皎
然無累于世如水之徹底澄清無少渣滓也和者藹然
無忤于世如風之透體薰和無少痕迹也任者慷然擔
當一世以天心自任而不分其責于人也聖者造其極

而自然安行無所勉強朱子之言盡矣孔子之清至矣
欲以淸名之則不可孔子之和至矣欲以和名之則不
可孔子之任至矣欲以任名之則不可所謂不凝滯于
物而時與物推移也如天　上面春夏秋冬不爽其
期溫凉寒燠不忒其氣也
承上聖之時一句而極贊之也舉古聖人群芳衆美萃
不會歸于一身故曰集大成集大成也者如樂之作八
音克諧必擊鎛鍾宣而揚之以極其變又必擊特磬節
而收之以成其章也而字相承之意包絲竹匏土革木
在內也不曰金石而曰金玉石之精美彼玉也玉主收

而必曰振與金聲相應也金聲也者合衆音之條理從
此開其端也玉振之也者合衆音之條理從此結其局
也條理謂綱紀井井有序不相紊亂也始條理者析衆
理于毫芒莫之或爽明睿所照智之事也終條理者備
衆理于一貫莫之或遺德[illegible]所極聖之事也智聖兼備
此孔子所以集大成也伊川引此四句解易知至至之
知終終之又引易二句解此四句其義一也
智之事云何智譬則巧得心應手之技也聖之事云何
聖譬則力挽強破的之技也夫射非巧無以命中非力
無以及遠二者交須而巧尤要何也射者大抵以百步

爲侯繇百步之外射之其及遠者爾力所能爲也其命
中者非爾力所能爲也巧也惟巧生而後稱全力惟知
至而後稱全德孔子之集大成其集以智與通章尙論
聖人上節忽出智字見孔子之聖所以殊絕三子者智
爲之也末又以射譬之力繇于巧則聖繇于智可知已
智者致知之事也聖者力行之事也孔子匠心而出創
古今未有之準的其智無不周故行無不到也三子或
東或西各見得一邊亦各中得一邊正中紅心却未之
見也知偏故聖亦偏于此益見窮理之爲要矣
[illegible]谷接聖由於智孔子大聖其所以大亦是合下知
得个分盡不比三聖尚有見不到處可知窮理

支孝所以王張格物務至務到卽凡天下之物務使其極處無不到以語孟中庸經史皆爲格物之書有以也矣

北宮錡問曰章

孟子之說與周禮王制不同。不能不開後世之疑。朱子嘗以周禮爲是。南軒嘗以孟子爲正。此亦皆以意度之。學者讀孟子。且理會孟子。讀周禮。且理會周禮。讀王制。且理會王制。俟王者作參酌折衷而用之。雖三書互異。固不害其爲同也。

註云班列也、竊以爲班布班給之意。如今班胙之班。諸侯兼併則班祿之籍害已矣。故去之。僭竊則班爵之

籍害已矣。故去之。去其籍。使後人不得與聞也。用然而一轉。又特稱名。雖曰粗識其梗槩乎。儼然有以典籍自任之意。蓋班爵班祿雖不存于先王之籍。猶幸存于布衣之口也。

天子與君亦在班爵之中。見位定自天。賤位者特一一奉行之也。天地定位而貴賤位焉。位者截然一定之分。不可亂也。孫疏、父天母地而爲之子者天子也。爵位盛大以無私爲德者公也。斥堠于外以君人爲德者侯。

體仁足以長人者伯也。子字也。字養也。而其德足以養人者。故曰子也。男任也。任安也。而其德足以安人者。故曰男也。出命足以正衆者君也。知進退而其道上達者卿也。智足以帥人者大夫也。才足以事人者士也。註五等通于天下。累言天下之爲君者。六等施于國中。則兼王朝與侯國之君言也。

地者。祿所繇出。故制地所以班祿也。位有尊卑。則地有廣狹。天子邦畿之地十倍公侯。所以居重馭輕而杜尾大不掉之患也。公侯伯子男漸次以殺。所以珠聯星貫而奏藩垣屛翰之勲也。制地二字兼該公侯伯子男。方觧正不作地方之方。凡四等能自達于天子者也。不能五十里。如所謂字者方三十里。名者方二十里。人民者

方十五里是也。其地狹。其祿薄。力量無以自通于天子。則附其職于諸侯而代之述焉。旣不廢其歲事。而亦所以統于尊也。或曰庸民功也。

天子之卿與列國之卿不同。其受地視侯。天子之大夫與列國之大夫不同。其受地視伯。天子之元士與列國之元士不同。其受地視子男。蓋內臣班祿直與列國之君等。尊天子而重王畿。朝廷之體宜然也。

公侯百里。大國也。公侯與天子之卿等。公侯之地居天子十分之一。故公侯之卿之祿居公侯十分之一。可類推也。若大夫。則居卿四分之一。蓋大夫以上祿殊厚。不

殺之則不可得而詳大夫而上中下漸減一倍各居二分之一蓋大夫以下祿寖薄遞殺之則無以養也至下士之祿則與庶人在官者同無所事乎倍矣不百畝而坐給公家各以其職事耕也

士初入官僅以百畝之入食之俟其漸圖報効則下可中中可上漸次加多矣故代耕之祿百畝也下士與庶人在官者所同也末節又就庶人在官者而推言之不關下士矣接府治藏史掌書皆官長所自辟除言辟召除其課役而使之也胥徒民給徭役者亦分二職

一夫一婦佃田百畝此耕者所獲之定額也然而所食

之人數不同者則以力有勤惰故耳力之勤惰以糞之多寡為率而農夫于是乎分五等焉糞之利地甚矣哉王制嚴棄灰之罰而商鞅遂用為誅即此意也農以五等為差庶人在官者亦以五等為差則農之差視其力之勤惰在官者之差則視其事之繁簡也周室班爵祿大略如是其詳則不可得聞矣

　敢問友章

朋友一倫都被貴人翁掩沒故此章以不挾貴而友德為主友五人之德獻子不挾貴也友子思顏般之德惠公不挾貴也友亥唐之德平公不挾貴也友舜之德堯不挾貴也人知貴者貴而不知賢者更貴但使尊賢之意與貴貴並行于世則五倫皆舉矣不挾兄弟不挾兄弟之貴也友也者以道義相往來以名節相砥礪若恃其所有以驕人則蔑德甚矣烏乎可

舊以獻子忘勢與五人忘人之勢相對說蒙引非之專主獻子不挾貴說極是蓋五人目中不見有獻子之家五人之德也獻子友之職此故耳不然五人亦趨勢附利中人獻子肯與之定交哉五人皆是傳樂正裘牧仲傳矣其三人名雖不傳而實則已著也

此孫有家而進之有國也述費惠公成語王順長息只

帶說子思大德則師之顏般文德則友之王順長息不德則供使令而已豈以之褻交道而分交情哉

此孫小國而進之大國也人云則云三句想見唯唯奉命光景雖蔬食菜羹咀之饒有餘味不敢不飽畏其自外于賢者也雖然謙光備至而不能有加于其外是虛拘也弗與共天位非所以寵其德弗與治天職非所以展其德弗與食天祿非所以養其德有尊賢之名而無其實負此賢多矣負此王公亦甚矣在士則是在王公則非也

王公尊賢必若堯之尊舜而後可蒙引不承上文恐非

舜以匹夫而見天子故曰尚舜見帝帝館甥于副宮則舜爲賓而堯爲主帝亦就而饗舜之食則堯爲賓而舜爲主是交互爲賓主也交互爲賓主則不見有天子併不知爲匹夫一德相將而已以天子而下交匹夫則共天位治天職食天祿亦在其中蒙引曰不暇及亦非也前四節皆言用上敬下而此忽先之以用下敬上者註所謂當時但知貴貴而不知尊賢故並提而論以見其不容或偏也用下敬上天之設位如斯尊卑之等也故謂之貴貴用上敬下天之鍾德如斯秉彝之良也故謂之尊賢尊賢貴貴要以共成其是其義豈有二哉

敢問交際何心章

孟子在當時受諸侯之餽多矣萬章疑其繇來者之不義也故進而商夫郤之之方豈知孟子願學孔子者也孔子不爲已甚交以道接以禮則不必問其繇來者之不義矣故詳而示以受之之理未及孔子出處見交際者出處之兆而道之所繇行也事道而不事交際則自絕其兆而道無繇行矣孔子不爲也孟子亦不爲也惟其有恭心故形而爲禮儀幣帛此亦諸侯一念之天理也

[illegible]言郤之固郤也禮稱尊者之賜以長言此稱尊者之賜以位言也較量于義不義之間義則受不義則郤是以不肖之心待人也彼以恭來此以不恭往非報施之平故弗爲也

章以爲取之者不義則受之者亦不義矣請無以辭顯拒之而以心默喻之託爲他故以善辭焉既不彰彼之不義又不傷我之義庶乎其可以兩全乎不知交以道則其餽爲有名矣接以禮則其儀爲无咎矣雖守道秉禮如孔子且受之若之何不受孔子之受也

先設禦人于國門之外一段爲諸侯張本若曰此而不可受則諸侯無辭章以受諸侯爲受禦故斷乎以爲當

郤也本意至此始露註殺而顛越之蒙引云是既殺了將尸去擲而棄置之恐未然顛越只是取貨之意玩註因字可見閔不畏死頑冥不知死之可畏也凡民罔不譈人人雖怨也誅而待教望其改也禦者之罪殺無赦何教之有殷受至爲烈十四字朱子以爲衍大全存三說尤首趙氏彼謂三代相傳以此法不須辭問也于今爲烈烈明法如之何受其餽也此說近通

章以諸侯爲禦禦則郤諸侯則受所不辨也故至此復明辯之有王者作所受者夏殷周之法也諸侯誠有罪然視不待教而誅者則有間矣赦而宥之以待改過遷

善所固然也安得是目爲與盜乎夫以非其有而取之爲盜此析義之精推而極之到盡頭處纔有此說然以律身則可以之責人則不可也必以之責人恐爲盜者不獨諸侯矣魯人獵較其來舊矣孔子亦獵較不遽革其俗也夫獵較世俗所尚且姑容之而見受諸侯之賜居然交以道接以禮乎註趙張二說未知孰是接趙氏以爲田獵相較奪禽獸以祭與孔子先簿正祭器意合宜從之

孔子之仕也固事道也孔子之獵較也亦事道也何也道無峻拒之迹而有潛移默奪之功也徐註先簿正祭

器則器有常數不以四方難繼之物實之則實有常品二句一串說不平對歸結到實有常品上與獵較久而自廢句關合纔是此聖人端本澄源之道也奚而不去則又疑道既不行何用費此委曲也爲之兆也專承獵較言固窄不承獵較言亦非孟子答萬章之意還是承獵較推開說若曰孔子委曲行道如先簿正祭器之類多端要以見吾道之可行耳端既引而不人能竟則雖欲淹留不得矣輔氏曰于此一事見聖人同物之仁處事之智制行之勇極好

因仕魯而併及衛事者所以終章首問答之意也故註以爲受其交際問餽而不卻之一驗見道之可行而仕固仕也接遇以禮則行道有望亦仕也國君養賢則行道有望亦仕也仕于定公而稱季桓子者權在桓子意出桓子不沒其實也靈公無道而知人善任使故接遇以禮則亦安之孝公無可考註疑出公輒或曰出公無謚孝之理或曰臣爲君諱皆不可知然其爲出公輒則近是

仕非爲貧也章

此章專爲貧仕者立案也首節言爲貧而仕二節言爲貧而仕者宜辭尊富而處貧賤三節言辭尊富而處貧

賤者所宜四節把孔子來做榜樣五節則直解其故也爾疇乎爲貧言偶然耳非仕之常也娶妻只伴說平對不得

禮記孔子曰君子辭貴不辭賤辭富不辭貧平居如此而見爲貧而仕乎

繫辭曰重門擊柝以待暴客抱關擊柝是守門而司邏視者其官卑其祿薄其職易稱故爲辭尊富而處貧賤者所宜也

會計當史所謂料糧平也苗壯長史所謂畜蕃息也蒙引解長作益曰生息滋繁本史意而推廣之言肥美盛

天而又生生不已也蒙引以而已矣爲職易稱恐非聖
人雖居卑官不敢懷輕易之心豈自言云爾乎竊意而
已矣者如是而止言本分之外不加毫末也
列在散秩而出位以傳名高未達于括囊之義也職司
要務或敷奏或明試厥任重矣而有言不見聽有謀不
見用平生所學之謂何豈不内愧于心乎言立人之朝
而必曰本者猶曰朝内要緊官也若作根本重地則太
狹矣除爲貧而仕外誰不宜行道者註以出位爲罪則
無行道之責見爲貧而仕不與居尊居富者等也以廢
道爲恥則非竊祿之官見居尊居富者有許大責任豈

爲貧而仕之事乎尊與卑富與貧畢竟中立不得故一
辭一居斷斷如也四句總申明辭尊居卑辭富居貧之
故也陳新安曰始爲爲貧而仕者發終爲位高祿厚者
發非其旨矣

士之不託諸侯章

此言士之所以自處于國君者而因及國君之處士要
在各盡其道而已夫士也上之不敢擬于君中之不敢
擬于臣必下列編氓而後可卑莫卑于士也然而養之
則必去其褻與瀆悅之則須法乎堯與舜尊莫尊于士
也故國君養賢宜戒曾繆而追唐堯士受國君之養則

子思不足法也而孟子之自處可知已

章意諸侯以折節下士爲賢君士失位而託之以自養
亦未爲過乃固自遜避何也孟子曰不敢也言不敢
擬于諸侯也鄰邦有兄弟之誼失國出奔恤其急難此
情理所宜先王所以有寓公之禮也士無爵土貴賤不
侔安得濫竽非分乎其不託于諸侯亦曰兢兢循禮而
已

餽之粟非託也故受之受之者以俍自安而享君之惠
也

周也賜也其惠皆出自君者也施者異名則受者異實

無他以民視之則敢以臣視之則不敢也官雖卑有常
職則有常食所謂食人之食者事人之事也士不事人
之事而食人之食是託于諸侯也以是爲不恭故不敢
也不恭亦非分意

餽則受受則益當餽矣恐有難乎其繼者故又發此問
也繆公于子思數數存問數數餽遺是常繼其餽者也
子思不悅斷句註于其末後復來餽時句則不當混屬
上句明矣麾使者出門辭而卻之具見嚴毅方正氣象
犬馬之言于情有難堪者矣繆公果愧悟不以君命餽
可也而遂無餽則又加一失矣據其亟問亟餽肉益亦

知子思之賢而亟亟乎其饋之也豈知悦賢者在於舉賢不能舉而徒能養且不能安其身况所養又不能乎悦賢者當不若是

章意繆公之于子思可謂慇懃矣而不以為能養然則能養者如之何其可也孟子則以養賢者始餽而不以君命將之是褻賢也故須重其事于養之先繼餽而猶以君命將之是勞賢也故須簡其儀于養之後此養君子之道也子思承繆公之養而不悦蓋厭其煩而惡其勞以君子之道自重也不然瑣屑之物役役不遑豈所以隆重而優渥之也哉

堯之養舜也云云所謂廩人繼粟庖人繼肉者又不足言矣後舉而加諸上位上位指攝政之位若作天子則失之矣能養能舉悦賢之道于是為極故曰王公之尊賢也

敢問不見諸侯章

此章以禮義二字為主第一節指出禮字第二節指出義字後又以禮義並言與前相照應其所謂德得此禮義于已也其所謂道行此禮義于人也其援引孔子子思則禮義之宗其援引虞人則禮義之一得也士師孔子子思而虞人之不若則不賢之士君亦無貴乎其見之矣

章亦知有義在但未精耳故問之均之臣也而未仕與已仕異禮所謂辨上下定名分者此也

均之召也役則往見則不往義不義之分也註往役者庶人之職市井草莽之分所固然也不往見者士之禮知學問希聖賢不得自夷于市井草莽也曰庶人曰士只是一人以分言則庶人不得自抗故往役以德言則士不得自貶故不往見也

存疑云兩曰字皆孟子自設問答非也孟子問而萬章答萬章答而孟子辯也多聞以學問該洽言屬知賢以

道德醇備言屬行即一人而分言之也多聞備顧問故為天子師能自得師者王故天子不召師而諸侯可知已賢者剛不可召召者頤指氣使之事非所以施于賢也豈自為其賢而又以不賢處之耶是自拂其欲也多聞常師賢當就見偶以其意之相近者解之不得太分別繆公以友士自多曰古千乘見不當于今人中求之矣子思亦引古人之言以事字壓倒他友字正所以折其驕心也孟子又從其意而推之若曰彼以其位我以吾德位者一時之分德者千秋之光也千乘之君一介之士求為平等而不可得况驟然以上臨下乎

引繆公之事見君不得而招士以子思知之引景公之事見士不得而應君之召也以孔子取虞人知之也虞冠以虞人所有事者招之也因虞人而併及大夫士庶不平說按先正云旃本無文象庶人之質素旂畫交龍象士人之變化旌有華采象大夫之文明古人取意或然存疑亦從此鎔化之耳士與未仕者所謂上士中士下士也虞人不敢以大夫自居庶人獨何心敢以士自居哉士本賢人也招則不以賢人待之矣故曰以不賢人之招招賢人借虞人引起庶人來又深一層故曰況乎

道者賢人所繇入而進見之門也閉其門而延之入亦甚負此欲矣夫義者制事之宜權衡所繇出也舍此便一步行不去故曰路禮者簡身之則節文所繇生也舍此便無所措手足故曰門惟君子多聞足以窮義禮之變而賢又足以標義禮之坊故能繇是路而往來不窮出入是門而範圍不過也周道如砥言平無險側也如矢言直無回曲也君子所履小人所視前規而後隨也然則義爲君子獨繇之路而卽人人共繇之路出入是門亦從可類推矣按詩本作道里之道引來咏嘆一番則道理之道便于言外見之若直以道理之道解詩則固矣

孔子所以不俟駕而應召者以其傳質爲臣而不得以士禮律之也在士以不應君命爲義在孔子又以應君命爲義義以時措而事君之禮守身之禮具見之矣

一鄉之善士章

此章言交友者止于至善之道也繇一鄉而極之天下繇今人而進之古人善在友而所以友善者則視乎一身之善之偏全也夫亦早爲友善地可矣

兩箇一鄉之善士似當一例看士之善冠絕一鄉而後能友冠絕一鄉之士推之國與天下亦莫不然分量適

相當也不然我之善未能度越等夷而遽求與勝我者友將不之許矣

友天下之善士是亦足矣而以爲未也又仰取古人而尚論之夫誦其詩則必尚論詩中之人讀其書則必尚論書中之人若不舉其人之源流本末洞悉胸中則詩書亦紙上空言耳是以考其當年行事之迹如堯舜之世當揖讓湯武之世當征誅禹稷之世當立功顏子之世當立德之類莫不明辨詳說一一歸于至當卽世而得其人卽人而得其心雖世代懸隔有以神相往來者蓋不啻同堂親炙之也故其人而盡善也吾與之敬請

仁之功其人而盡美未盡善也吾爲之效責善之道以是言交庶乎其無以加而切磋靡竟矣詩書槩以古人文章言專指二經不得

齊宣王問卿章

此章有温公疑孟篇說的好文章亦妙然畢竟有此理觀霍光以異姓能行之昌邑王况同姓乎使箕子比干廢紂而立微子豈非千古快事惜乎其不然也勢有不可與力有不能與抑亦泥于嫌疑之際而見不及此也孟子爲卿于齊而宣王及此意亦審其職事之所任也然卻有異姓而不知有貴戚故孟子併稱之而宣王卽

首以爲問也過足亡國滅身故曰大誅者皆口力爭也反覆者至誠懇惻凡所以開導感悟之者無所不至而竟付之罔聞也則亦無可奈何焉矣宗廟爲重目擊其先人將不血食而無以處之非所忍也于是乎不得已而有易位之事

易位之言逆耳甚矣故勃然變色也

王勿異臣正非敢爲異說也天下有正理正論披情見隙而不得過自諱忌者此類是也

變色不學之過也甫慰之而色定亦足用爲善之一微

矣以匡救爲職不[illegible]開悟之而至誠懇惻亦未敢自後于貴戚也惟是言不見用則痿痹是羞見幾而作不俟終日所固然耳臆非常之原黎民懼焉易位未易言也不得已若屈平之于楚劉向之于漢可乎異姓之卿則若漢高后之王陵唐高宗之房玄齡杜如晦亦庶幾無愧矣張華晉室棄人何足云

四書翊註

前賢刁　包蒙吉　著

平湖陸　龍其稼書　鑒定

後學黃　越際飛　校訂

男再瀛　孫顯祖 繼祖 承祖 興祖　曾孫錦 鈞 鎔 鎵 鑑 鑰 鏗　仝校

告子曰性猶杞柳章

孟子倡性善之說而告子不悟也思為說以勝之孟子不別立說只就其說一一反詰而合下立窮也然一說窮一說出一說出一說又窮告子亦徒費口舌耳不然天下後世幾何不以告子之言為知性也哉

杞柳生于天者也桮棬成于人者也以杞柳擬性以桮棬擬仁義則是性自天生仁義自人為判然兩物也若曰兩件好題目都是後人造作做成的非元來本色也豈知舍却仁義從何處見性仁義正從性中標出名目無所為而為之者也

子能順杞柳之性而以為桮棬乎設辭以問之言其必不能也將戕賊一物以成就一物所不免也若使人與杞柳同歸恐仁義未成而人性已滅矣幸天下之人不以仁義為美德而以仁義為長途規避遜謝唯恐其戕賊我也其為仁義之害豈小哉一言而禍天下胡吾子之不慎也

性猶湍水章

先儒曰有以水喻性者加一湍字則謬矣水無東西以決者為東西性無善惡以習者為善惡告子之意不在人有力只要見性無權也陽明曰無善無惡心之體無乃近是乎

謂水無分于東西信矣謂水無分于上下其誰信之人以善為性猶水以下為性也人之性莫不愛親敬兄猶水之性莫不盈科就坎也人無不上達之善地無不下流之水其性一而已矣

性本善可轉而惡與水本下可逆而上者何以異今夫水豈能過顙哉有使之者未嘗不可過顙也豈能在山哉有使之者未嘗不可在山也過顙在山非水之性也水無勢仗搏擊之勢以為勢人之可使為不善亦其勢使之然而非性之固然也或為物欲所誘或為利害所劫性不任咎或過顙或在山水亦豈任咎哉

生之謂性章

生之謂性一章是告子主意故註以為前後四章其意皆本乎此也人稟二氣以生有是形便須有是性生之謂性未嘗不是但其意專主知覺運動言則淺矣彼徒

見曰知食目知色則以爲知覺也而忘乎其知愛知敬彼徒見手能持足能行則以爲運動也而忘乎其能愛能敬。蓋不以性爲萬物皆備之性而直視爲一隙獨明之性宜乎其有此謂也朱子曰生之謂氣生之理謂性此發孟子所未發而後聖無以加也

先詰問一番使盡其意而無所逃也原是這樣只得還他這樣此告子發論之意也故不得不承之曰然繇其意而廣之既是這樣凡同類的便一切都是這樣告子于此亦覺的說開但如是說須如是應故又不得不承之曰然然則可以即其說而直破之矣白同而貴賤輕

重之質不同如何强同的不幾齊物之論乎白無異白則性無異性是犬馬與人皆可混而爲一無復差別矣豈理也哉按易坤爲牛故其性順艮爲狗故其性守是犬與牛其性已自不同而况于人乎惟人也得其秀而最靈安得下同于犬牛也告子理屈辭窮而又不能服善則其人不足觀矣

食色性也章

告子初心以仁義皆爲外物及孟子反覆詳辯亦似覺的不是但未肯認不是故又以仁內義外爲獨見反孟子之說也意以食色者生而知之能之故謂性猶然生之謂性之說也仁主于愛甘其食悅其色愛之也愛在心故曰內義主于宜食可甘色可悅宜之也宜在物故曰外以義爲事之宜而不以爲心之制其不知義也固矣昧乎心之德而又以愛爲欲不以爲理也豈知仁者哉

告子仁內義外之意孟子非不知之覆審一番但要他自供口詞以爲難端耳他謂長長義也彼原是長的我便以長還他殊不關我事如彼原是白的我便還他個白是白外看出耳故謂之外也

子言白吾亦與之言白子言長吾亦與之言長夫白馬

之白白人之白詳言之亦當有異但從白上取齊即謂無以異可也若夫長人長馬漫無異同則滅性矣何也馬之長不過從口裏說過便休至于人之長則名分所在恭敬之心生焉豈得下同于馬乎此亦姑置勿論且說長者義乎長之者義乎如以長爲義則義在彼也外也如以長之爲義則義在我也內也夫亦可深思而得其故矣

以愛論則秦人之弟與吾之弟自有親疏悅之實在我與彼無干故仁謂之內以長論則楚人之長與吾之長非有異同悅之實與我無干故義謂之外

緊承上段來長楚人之長亦長吾之長無以異夫人與
有然者耆秦人之炙亦耆吾之炙無以異夫物則亦有
然者炙在外而耆亦在外與耆炙不在外而長長獨在
外與觸類而通之不得復言義外矣耆炙畢竟在肚皮
裏面告子如何再開口此孟子辯折最妙處

孟季子曰何以謂義內也章

告子持義外之說與孟子爭衡其徒信之甚至及門子
弟亦有起而和之者賴公都子謹守師說不以一日邪
辭奪我千秋至論也其亦孟門之錚錚者乎
人皆以義爲外夫子獨云義內此則余所未解也子盍

爲我言之義主于敬敬在外而所以行其敬者則吾心
爲之繇敬以觀義繇吾以觀內其故瞭然矣此本孟子
長長之意而言之亦可謂辭約而理明也易曰君子敬
以直內義以方外非敬無以行義非直內無以方外亦
可與此互相發

季子辯鋒似有孟子餘風惜其差却題目也鄉人長而
伯兄親卽年長以五年長以十亦不得奪天倫之愛而
况長甫一歲乎故曰敬兄鄉人賓而伯兄主主無踰賓
之理故曰先酌鄉人兩人問答確乎其不易也而季子
則于是乎分彼此焉所敬在此彼雖長不得分此之敬

也所長在彼此雖親不得沒彼之長也轉移全在兄與
鄉人我要從中做主不得畢在外非繇內也此又襲告
子彼長而我長之之餘論別出機鋒也
公都子忘却吾字矣若曰所敬在此吾之敬行于此也
所長在彼吾之長行于彼也從吾起見儘自有說奈何
不能答乎孟子之代答之也主意全要看在位故也一
句若驟而詰之彼將逃其說惟更端詰之教他自家說
出然後以其說說之則其說無所逃也以叔父與弟較
尊卑懸矣弟雖當敬不能分叔父之敬也安得不曰敬
叔父弟爲尸則儼然祖考矣叔父雖當敬不能分祖考

之敬也安得不曰敬弟子若藉尸叔父之敬以求勝于
弟彼將藉尸祖考之敬以求勝于叔父曰弟在尸位故
也然則前所云先酌鄉人者子亦曰在賓位故也因彼
逕此其故曉然矣然則兄之敬以天雖終身無可易庸
敬也鄉人之敬則斯須而已不可以爲庸也或久或暫
因時制宜而吾心之權度出焉謂之外可乎

季子終不悟而又畧其久暫從叔父從弟起見也曰叔
父當敬雖欲敬弟不可當弟當敬雖欲敬叔父不可得
一切憑之人而已不與果在外非繇內也公都子則有
以答之矣冬日凜冽利溫則飲湯夏日溽暑利涼則飲

水湯與氷在外也然則飲食亦在外耶飲湯飲氷不在外也然則敬叔父敬弟獨在外耶我有以知其必不然矣此又本孟子嗜炙之論而觸類通之也

性無善無不善章

自性學不明諸子各以其說鳴于世微孟子獨揭性善二字闡明宗旨將源頭處一差其爲學術之禍可勝言哉故其驗性之善也曰情曰才曰則曰德其復性之善也曰思曰求曰盡曰好要使人曉然于天之與我者又使人勉然于我之所以合天者而性學乃以大明于天下孟子之功偉矣

人有善性不任功人有不善性不任咎性只是知覺運動其[illegible]非所能也其說近于淸虛寂滅使人莫可捉摸矣先儒以爲大禪宗有以哉

文武興則民好善見得性可以爲善幽厲興則民好暴見得性可以爲不善善不善一切聽之上而已不與居兩可之間全然做主不起分明是箇糊塗的性了

生下來好的到底是好生下來不好的到底不好以堯之善而不能化象之不善以瞽瞍與紂之不善而不能移舜與微子比干之善況善不若堯不善不若瞽瞍與紂者乎天生就了如何變動的他退之三品之說又援許多証佐說的越確惜其未達于氣質之性也微子明是紂庶兄而以此爲兄之子殊不可曉宜註疑其誤也

三說俱與性善相左此是則彼非自然之理也公都子篤信孟子者故此章發明性善之旨獨爲曲盡三說不辯而自明矣其情可以爲善故性不得不謂善也若夫縱肆其情而至于爲不善則物欲陷溺使然耳豈可歸咎于才哉性無形于情乎徵之因動可以識靜也情有意于才乎發之因實可以識虛也如穀然性則其種也情則其萌芽也才則有秀實之望矣如水然性則其源也情則其波流也才則有灌漑之功矣才猶云能幹本

領也以性情言則性爲體而情爲用以才情言則情爲體而才又爲用也蒙引云以爲字只如謂之相似不謂情去爲善也愚意未然上云可以爲善下云若夫爲不善兩爲字正相應恐不得有異同也如情是惻隱等惻隱便是仁連才字也在內了如何只作虛字看過

惻隱之心以言乎其情之懇也人皆有之羞惡之心以言乎其情之憤也人皆有之恭敬之心以言乎其情之謙也人皆有之是非之心以言乎其情之辨也人皆有之此一段申明乃若其情則可以爲善之意也不言辭讓而言恭敬者恭敬體辭讓用即禮可以該用也其情

惻本天性之惻隱而生仁也其情憤本天性之慷慨而生義也其情謙本天性之退讓而生禮也其情辨本天性之聰穎而生智也仁義禮智配乾四德非自外面鑠化而成是我天分帶來故物也此一段申明乃所謂善之義也置故物于若罔聞知則以茫茫蕩蕩漫不經心故耳思則求求則得所固有不思則舍舍則失所固有固有喪失遂與天命之初相去懸隔者偷安不振甘自沮遏掩沒其天分故也人負才耳豈才誤人哉罪有攸歸矣看不能盡才句是惡與善相去之遠語善惡相去之遠句宜善看

此非一人之臆說也嘗徵諸詩與孔子之言矣詩曰天生蒸民正從皆有之人言也曰有物有則者渾仁義禮智之名而歸之格式也有物有則正所謂我固有之也曰民之秉夷言執持得定確乎有常而不可易也曰好是懿德懿德即四德也人有惻隱仁之德美矣人有羞惡義之德美矣人有恭敬禮之德美矣人有是非智之德美矣[illegible]好好固情之真切而亦性之篤至也孔子贊之曰爲知道道者天人不易之理也或即以爲性情之道抑不必性情固道必出孔子口中則添足矣旣贊之又述其成文而咏嘆之一加必字兩加故字

有以信其必然而又有以明其所繇然也繇吾之言考諸古人則知人性果善當不惑于諸說之紛紛矣孔子于繫易曰一陰一陽之謂道繼之者善也成之者性也此從天地之性言之也于魯論曰性相近也習相遠也唯上智與下愚不移此即從氣質之性言之也後人不察無能闡發其旨而性學晦矣自孟子性善之說出而性始不雜于氣即孔子繼善成性之說也自程張氣質之說出而氣始不雜于性即孔子性習智愚之說也諸子誤以氣質之性當天地之性故其說愈多而謬愈甚儒者知有天地之性矣而又說玄說妙不復理會所謂

氣質者其所以異于佛氏也者幾希惟朱子合孔孟程張之言反覆詳說曲折明備然後性之理始無餘蘊後聖有作不能復贊一辭矣大抵孟子之言未備得程張而始備程張之言明矣而人未之明得朱子而始明學者備錄其言朝夕省玩自當有得

退谷按義理之性氣質之性格物之大者其根源于孔子其歸定于朱子文孝總論一段原始要終融會貫通正所謂極處無不到也讀者不覺心開目明勿易視之

富歲子弟多賴章

此章以天之降才申明性善之意也自今夫麰麥節至下節從物之同說到人之同上去見天之降才于物不

殊豈天之降才于人獨殊乎自龍子節至末節從身之同說到心之同上去見天之降才于身不殊豈天之降才于心獨殊乎一則曰聖人再則曰聖人又以見聖人之才不殊于人而人皆可以爲聖人也究其實則以性善故耳

富歲則俯仰寬裕子弟有所憑藉以爲善而盡其才凶歲則公私匱窘子弟無所顧惜以爲惡而負其才若是者豈天之降才于凶歲子弟特殊于富歲子弟哉饑寒切身禮義有不暇顧其心日汩沒于泥塗故也其心沉迷其才繆戾所固然耳

今夫麰之播種于地猶人之降才于天也地同樹同生同至于告成功成之日安得不同乎存疑以日至之時是氣候到該熟之時不如直作夏至之日爲是其所收多寡有不同者則以肥磽之不同雨露有盈歉之不同人事有勤惰之不同也豈地之降種爾殊耶陳新安以譬降才同而養其心與陷溺其心不同亦是蒙引非之過矣

繇麰麵推之凡物之同類未有不相似者何獨至于同類之人而反疑其多賴多暴之不相似耶人至于聖人人之至者也人之至者亦非有以加于人也與我同性與我同才故與我同類也

述龍子之言引起下文耳足無殊屨則人無殊足可知也

易牙雖善味亦共性然耳性同故嗜同豈能同人類于犬馬哉然而天下之味莫不以易牙爲歸口無殊味則人無殊口可知也

易牙聖于味師曠聖于音舉二人爲下聖人張本也易牙先得我口之所耆者則師曠先得我耳之所聽者耳耳無殊聲則人無殊耳可知也

子都之姣有目所共賞也目無殊姣則人無殊目可知

也註稱子都古之美人蒙引以詩之子都當之或然

口非心則無以耆耳非心則無以聽目非心則無以見心者口耳目之宰也口耳目皆有所同然至于心獨無所同然乎口之同然者味也至于心則無味而耆矣耳之同然者聲也至于心則無聲而聽矣目之同然者色也至于心則無色而美矣何也謂理也義也註引程子之言在物爲理以天然不易者言也處物爲義以當然不窮者言也理靜故謂體義動故謂用聖人體用兼備卓越群倫豈有他哉只無歉于我心同然之內非有加于我心同然之外也然則聖人無所謂聖因人之失言

見爲得聖人無所謂先得因人之得之後而見爲先得
與我同類者與我同心也故理義豈獨悅聖人之心哉
有心者所同悅也咀嚼之厭飫之雋有至味可獨喻未
可告人殆猶芻豢之悅我口乎程子曰此語親切有味
須實體察得理義之悅心眞猶芻豢之悅口始得程子
之意引而不發欲學者反而求之吾心也愚謂理義與
物欲相反知物欲之爲荼毒則知理義之爲芻豢矣

牛山之木章

此章以山木喻人心亦申明性善之意也美者山之材
也材者山之性養其性而不伐則山有美材山之性也

善矣仁義者人之才也才者人之情亦人之性也養其
性而不伐則以良心爲美才人之性善矣雖然山無情
人有情山無心人有心存其心以貞其情則才盡而性
見又何至有牛山之悲哉
開口曰牛山之木嘗美矣便寓無限感慨意郊于大國
則人類繁聚便見木之不幸意斧斤伐之日就戕賊美
者失其美矣上二句意至此方說完息對消言故曰生
息曰繁息長育之意也易曰雨以潤之潤者滋灌浸漬
之意萌蘖復生可以救斧斤之害而復嘗美之初矣無
如牛羊又從而牧之何也蓋其嘗美之美牛羊所不能

牧而斧斤遂以肆其力及其萌蘖之生斧斤所不必伐
而牛羊遂以飽其餘齧蘗既失其勢萌蘖又斷其生一
望索然是以若彼濯濯也人見之不歸咎于斧斤不歸
咎于牛羊而歸咎于山其誣山也亦甚矣山以生物爲
性世豈有無材之山哉此先設譬以起下文也
存卽其人存之存言雖僅具有人形者豈原無仁義之
良心哉其所以不仁不義放其心而至于無良心正如
斧斤之于木一般物欲人心之斧斤也斧斤之于木有
時伐有時不伐伐人心者無時不然故曰旦旦而伐之
旦旦與平旦之旦不同猶言日日也人心日爲物欲所

汩沒美者失其美矣氣化流行無分人與物故亦曰日
夜之所息平旦者詩所謂旭日始旦也此時未與物接
諸緣絕而天心見亦知好仁而惡不仁亦知好義而惡
不義情之所發固亦差正然一點靈明依稀無多所謂
萌蘖之生也故曰幾希使于此保之護之以旦旦之伐
爲戒豈不足以再見仁義之美乎奈旦晝時一與物接
好惡頓非或營營于人情役役于世故顛倒迷謬如手
足拘繫一毫展轉不得則亦任其喪失而已旦晝之旦
又旦旦之旦也今日牿之明日牿之循環無復已時則
其夜氣之存焉寡矣夜氣卽平旦之氣但以近于人者

言則曰平旦之氣要其[illegible]也以達于人者言則曰夜氣
源其始也夜氣不足以存則仁義之良心漸滅殆盡于
禽獸何擇焉人見其禽獸也不歸咎于旦晝之伐不歸
咎于反覆之牿亡而歸咎于人其誣人也亦甚矣人之
情可以為善而才于是乎見焉世有無才之人豈有無
情之人哉不言性而言情情著于性也
朱子曰夜氣之說于學者極有力宜熟玩而深省之也
愚謂夜氣者吾人夢覺之關此處如何着力須于旦晝
間省察夫外物之所以牿亡我者而一一克治之也如
聲色貨利不待言矣其他敗名喪節逐流隨波鬬智角

力傲物凌人以至發憤讀書要做官做官要多得錢多
得錢要肥身家誇閭里皆牿亡良心之具也學者不痛
懲此病而茫茫蕩蕩置夜氣于無何有之鄉幾何不淪
于禽獸也哉真乎夜氣箴不可不讀林氏旦氣箴亦煞
有意思
山木人心平說以見天之降才不殊于人并不殊于物
也苟得其養則日夜之息雨露之潤而加以栽培無不
長之物矣苟失其養則斧斤之伐牛羊之牧而益以牿
亡無不消之物矣物之消長全繫乎養之得失安可不
自為地哉陳氏此節上二段以起下文所引孔子語之

意也
凡物固莫不資養以長矣然人心之難養又有甚于物
者不觀孔子之言乎提起便有那裏放下便自逸去一
存一亡只視乎一操一舍之間而已存則入亡則出出
入豈有定時乎出則在外入則在內內外豈有定處乎
無定時無定處將何以知其鄉乎孔子之意當于言外
會之操則存舍則亡若不舍而操則不亡而存矣出入
無時莫知其鄉若不亡而存則有入時無出時心常在
腔子裏又何以莫知其鄉也哉註所以又引程子敬以
直內之言以補之也惟心之謂與見其靈妙不測殊難

捉摸非他物所得而擬也心無出入程子有取于范氏
之言而敬以直內又特為補出孟子之意始全矣朱子
曰孔子之言大約汎言人心如此非指已放者而言亦
不必要于此論心之本體極是陽明直以為心之本體
豈其然乎
無或乎王之不智章
此深咎王之不智而為之原其所自來也前後雖設二
譬雖樊實相因朝夕與小人狎處則有以蠱惑其聰明
而心益放惟其心益放故雖偶與正人接而志意不屬
小人將乘間而入之矣王之不智豈王之性也哉此亦

申明性善之意

王之不智盖亦有其故矣奚足怪乎兼下二節說

易以陽爲君子陰爲小人一暴十寒正其意也暴者陽氣之發舒也寒者陰氣之閉固也有閉固而無發舒雖易生者亦難乎其爲生矣吾見亦罕一日暴之也吾退而寒之者至十日寒之也内陰外陽雖有萌蘖之生不勝履霜之漸吾將如之何哉

王之不智此亦其一端耳外廹于堅冰内奪于鴻鵠内外其互寒矣今夫奕之爲數小數也豈能當治國之萬一哉然非專心致志則不得專心者心作主而不惑于

他岐也致志者志歸極而不留餘憾也奕秋一時絶技無能出其右者故曰通國之善奕者也使奕秋誨二人奕一段皆設詞誨之則必耳提面命非有私于二人也其一人慕國手必欲盡其技而後已其一人對面千里心懸鴻鵠不禁張弓挾矢之思也學同而心與志不同豈能相若哉說者以其學之弗若也而智是咎亦惑矣故又設爲問答之辭以明其非智之罪也前節云吾退而寒之者至寒在心矣王素稱有寒疾者豈能堪此積陰耶程范之說極有益于君德志帝王之學者當與孟子此章併錄

魚我所欲章

此章以義字爲主義者人皆有而賢者能無喪之本心也本心徵于欲惡欲惡明則生死關頭看的破取舍路徑認的真堅守吾義身外皆長物矣不然欲惡顛倒方抗節殉難之時偷生苟活甚且遂希一身之富貴雖宫室輝耀妻妾顯榮知交稱誦自賢者視之曾行道乞人之不若也本心失而其人足道哉中間人皆有之及嘑爾蹴爾節正性善逗露處故此章大段亦發明此意也

上段只是引起下段耳不並重魚與熊掌均我所欲也不得兼則須擇其

味之尤善者以厭吾欲則情也生與義二者均我所欲也不得兼則須擇其理之尤善者以適吾欲欲性也擇其理之尤善者以適吾欲則情也大抵綱常名教所在全生則害義全義則隕生不兩立之勢也則安得不急自引決以全夫綱常名教之重乎孔子于殺身則曰成仁孟子于舍生則曰取義皆以秉彝之良心言也

生則形存義則理存存吾理不愈于存吾形乎貪生何爲也死則形滅不義則理滅滅吾理不甚于滅吾形乎怖死何爲也故不苟得不辟患順受其正而已

天下有生賢于死之時亦有死賢于生之時惟義所在

耳若義之不恤一唯利害是計則軀命重名節輕矣
以得生避患者莫不蒙面喪心以求之矣如是則生不
如死而况死生定數究亦不能逃耶此承上節一反
繇是只是繇義秉彛良心註蓋益之以釋義字耳不必
出孟子口中明知生尚有用但大節攸關用義則不用
生義固所以生也下句添可以二字又退一層不得依
上句放過言審時度勢未嘗不可以全身而遠害但義
之所在無所逃于天地之間故患可避而不避也與計
無復之而甘心一死者又未可同年語矣自古殉義者
不可勝計陳新安獨舉張巡以釋此節之義非以此公

尤爲表表者與方臨刑時謂南霽雲曰男兒死則死耳
不可爲不義屈可謂從容繇是者矣程子曰古人殺身
成仁只要成就的一箇是亦此意也此承上節一正
繇是則生而有不用所欲有甚于生故也繇是則可以
避患而有不爲所惡有甚于死故也欲惡之心固自肫
以篤矣非賢者道德修明獨以是心見長也人皆有而
皆喪之惟賢者能勿喪故獨以是心歸之耳註又于此
添羞惡之心義之一端也前章以理義之全體言故曰
聖人曰得此以義之一端言故曰賢者曰勿喪勿喪所
以得賢者所以希聖也分量固有偏全耳

何言乎人皆有之也一簞食一豆羹物之至微者也得
則生弗得則死所關亦大矣即隱忍以活餘生似未爲
過然嘑爾蹴爾在與之者出于非禮在受之者見爲不
義拒之若浼行道乞人有同心焉蓋卒然勃然之頃不
及思索良心發見雖賢者無以加正有合于程子所謂
饑死事小死節事大之意也
何言乎人皆有而喪之也簞食豆羹則辨禮義萬鍾則
不辨禮義而受之何廉于前而貪于後也抑思萬鍾之
倘來曾何裨于身心正不若簞食豆羹爲軀命所關而
未可膜外置之也其目昧以受則亦有所爲耳爲宮室

之美則失却人之安宅爲妻妾之奉則好德不如好色
爲所識窮乏者得我則市私恩樹小惠非一視同仁之
懷也三者亦于我何加而沉酣其中此固有之心所以
喪而富貴紛華中遂無人品矣奉字或云奉養妻妾還
作妻妾供奉自家爲是得我註云感我之惠則德當作
德若云分我所有以自潤則得直作得亦可
此又重申上意而一一喚醒之也身死是一件莫大事
情這裏倒遣過了怫然不受今爲宮室妻妾知交等有
甚要緊如何把持不住胡亂受了鄉也不可已而已之
今也可已而反不已盍亦深長思乎若論本心所欲有

甚于生所惡有甚于死歷歷分明這些事情豈有不能已的爭奈忘却全不管他遂敗壞至此言言皆提撕警覺之意

仁人心也章

江西頓悟之說本此當時目爲異學自陽明一倡遂舉而加諸紫陽之上至今尚有沒習其說者學者所宜早辨也

仁之體至于與物胞民仁之用至于博施濟衆而語其德則不離方寸者近是仁人心也心凝然不動然虛而靈靈而能應生生之理具焉註所謂爲此身酬酢萬變

之主而不可須臾失者此也義之體主于扶綱植紀義之用主于達化入神而語其宜則不離跬步者近是義人路也事事物物隨處有權衡在舍此便一步行不去若肆意馳騁如瞽者之于路貿貿乎何之註所謂爲出入往來必繇之道而不可須臾舍者此也

義人路也舍其路是舍其人而不由也舍其人之路則無路可繇矣徬徨岐路豈止蹈履錯之愆乎仁人心也放其心而不求是放其人而不求也天下莫大于心死而身死次之昔人所謂行尸走肉耳哀哉哀其無以爲人也

上節繇體以及用此節繇用以歸體此以下則專言體而用在其中也此節須提醒知字雞犬知放故求之心放而自昧其知故不求雞犬猶或得或不得至于心求則得之非若雞犬之爲外物也如之何勿求

謂學問之道只求放心便了却不是舍却讀書窮理此心茫無捉摸處其何以求之哉故註云學問之道固非一端然其道則在于求其放心而已此語都有含蘊所當理會故饒氏述勉齋之言曰講習討論玩索涵養持守踐行擴充克治皆所謂學問之事也其事詳其道則約蓋心一放則口耳便自支離故就中許多功夫都要

歸結到求放心上去求放心所以求仁也仁得而義在其中終身繇之不盡矣故曰無他日而已矣非謂虛空孤守一心如禪家所謂靜定也故余又曰求放心之道學問而已矣

今有無名之指章

此章以一體之明通其全體之蔽也心天君也浩然常信于百體之上而莫之或屈者也苟屈于物欲而不信則疾痛害事有不可勝言者矣而棄置之以不若人自甘至不得與無名之指同其護惜豈不失其輕重之甚乎且心之信之也無所事乎人也求之已而已無所事

乎秦楚之路也求之方寸之間而已若忘其勞而此憚其逸何昧昧也謂之曰不知類其顛倒迷人也至矣

拱把之桐梓章

此章以一物之明通其一身之徵也夫人未有愛其身不若桐梓者彼無關于身尚克盡養之之法至于身反等閒置之不知也不知者不思也思則知此身爲三才鼎立之身養之則與聖賢並爲不養之則與庸衆同歸安得不急求所以養之之道乎養身之道自養心養氣以至養其動容周旋之禮皆養也詩書以灌溉之禮義以滋培之根心生色睟面盎背四體不言而喻矣然其

入門得力則全繫乎思思則知知則愛愛則養養則生生則惡可已矣惡可已則不知手之舞之足之蹈之而後可稱養身也

人之於身也章

上章爲不知養身者發此章又恐人誤認養身而至于不善也故爲之分貴分賤分大分小分大人分小人而又反覆譬喻以見養小體之不善則養大體之善可知已

兼愛則無所不愛兼養則無所不養而必申重之何也兼者大段言之也尺寸之膚者微密言之也凡以曲盡

人情焉耳人情之無不愛無不養是也然有善不善焉考其善者則取之考其不善者則勿取豈待兼之人而後決哉求諸已而已矣此處且渾涵說善不善都在下面

體有貴賤有小大分別之使人知所取也無以小害大無以賤害貴警戒之使人慎所取也養其小者爲小人養其大者爲大人悚之以其所可厭誘之以所可慕使人專所取也貴者尊而能役人賤則役于人而已大者擴而能容小則容于人而已無以小害大便自無以賤害貴二句不平說觀下專言小大而貴賤在其中則可

見矣無害者不以小體爲大體之累非不養口體也養其小者全在醉飽中着意其人庸足比數乎養其大者全在性命上用功其人顧可限量乎一生之品從此定奈何昧所取也

舍其貴而養其賤則其人亦賤矣此以賤害貴之喻也

養其小而失其大寔然不之覺也若徘徊審顧不至此故曰狼疾人肩背非大視一指之小則大故借之以爲小害大之喻也

飲食之人或指貪饕富貴乞墦登壟者說恐未然只是一飲一食務期精美適口或重味或兼味或食前方丈

全不解蔬食菜羹滋味因其人也則人賤之鄙夷而賤薄之也賤其陷溺世味不以道充腹不以德潤體不以飽仁義爲膏粱也

飲食之人所以爲人賤者爲其養小以失大也養小失大爲其營營口腹無非爲尺寸之膚也若能無有失則不以小害大不以賤害貴雖飲食可以知味雖終食可以存仁口腹雖小大者存焉何但爲尺寸之膚哉人之無尺寸之膚不養者夫亦可以進而取之矣

公都子曰鈞是人也章

上章以口腹與心分體之大小此章以耳目與心分體

之大小以其爲口腹也故與心皆曰養以其爲耳目也故與心皆曰從要其極則皆盡人以合天也天所降之衷天官也其諸體則庶官也官有大小大還他大小還他小則我不愧天之肖子直與造物爲徒矣

鈞是人而其人之名目不同何也以其所從者異也從其備萬物具萬物之體體大而人不得獨小矣從其拘一隅通一竅之體體小而人不得獨大矣一存乎其識一存乎其力識有昏明力有厚薄故其人有偏全也

鈞是人而其人之趨向不同何也以其所從者之官異也耳司聽目司視各守一官不待命則不能舉其職不思故也不思則不能辨其是非邪正而定所從故恒爲物所蔽外物物也耳目亦物也物與物相交接則引之而去引之則從之從之則愈引之莫適爲主矣役于聲色貨利中欲不爲小人其可得乎心之官從天君得名也故至思洪範云思曰睿睿作聖濂溪云思者聖功之本無思而無不通曰聖人心之所以靈萬物而應萬事者此物此志也思則昭昭得其理即得其職無曠厥官也不思則昏昏不得其理即不得其職有忝厥官也此天之所與我者或耑指心說非也統承耳目心爲是天與人以心須與人以耳目非心則耳目無所寄非耳目

則心無所通但其中有主輔之分耳先立乎其大者此心炯炯挺然常伸于萬物之上也徑寸虛靈則百竅莫不虛且靈繇是耳効其聰凡物莫有蔽吾耳者目効其明凡物莫有蔽吾目者物雖交而耳目不物于物又豈能引而奪之乎畢天之所以與我者若大若小無不一一恰還其天則希賢希聖以希天非尋常等夷所敢望也明矣名之曰大人豈有他哉范箴妙甚不可不讀

有天爵者章

世之人徒見有人爵而不知天爵爲何物矣故孟子特爲指出以致慨于古今人之不相及也受爵者亦惟合

人于天無難進今工、古矣
均爵也有賦畀自天者有錫予自人者兩者並行于世
而不可一日無者也忠信不在仁義外離忠信則仁義
爲襲取之具文樂善不倦又不在仁義忠信外離仁義
忠信則樂善不倦爲浮慕之虚聲二句正所謂性善也
正所謂懿德之好也故曰天爵公卿大夫則自朝廷班
爵時定之上佐君下理民者也故曰人爵有人爵而無
天爵則高官厚糈祗爲溫飽之資有天爵而無人爵亦
無以行其仁義忠信之學而兼善天下天也人也給之
爲一則可分之爲二則不可

古之人風俗醇厚學術端正修其天爵孳孳在身心性
命上做功夫初不計及人爵也然行修于家而名譽揚
于朝徵聘下及其理固不誣耳
今之人則惟知有富貴利達而已砥躬礪行無非欲朝
野知我及功名一到手則畢其生平而盡棄之初則誣
認天爵既又褻視人爵大迷不悟終併其人爵而亡之
矣又安問天爵哉漢賢良方正孝廉茂才諸科猶有古
人遺意焉至于今則專以文藝從事併所謂修其天以
要人者無之矣隱朝廷取士不以天爵爲弓旌之左劵
士人入官不以天爵爲贄獻之先資天下其可得而治
乎

　欲貴者人之同心章

上章言天爵可以致人爵此章言天爵在己併無所事
乎人爵矣以其爲良貴故也良貴者仁義充于内闇然
華于外天之所貴人不得而賤之也人皆欲貴而忘其
貴于己者孟子以思字點醒之使之早從當體尋覓而
快其欲也周子曰不軒冕而貴信然
所謂人人有貴于己者良貴也若人之所貴則非良矣
過眼浮雲奚足慕哉趙孟能貴人亦能賤人其貴也非
眞榮其賤也乃眞辱矣

詩言醉酒飽德沐恩懷惠之意也孟子引之直作德行
之德古人斷章取義類如此飽乎仁義者仁義悅心猶
芻豢悅口而充足饜飫之也不肥醲而膏不菽粟而粱
又何願人之有仁義在躬而聞譽因之以起蓋人人無
不聞此良貴無不譽此良貴者故施于身者若是乎其
光榮顯鑠也不章施而文不黼黻而繡又何願于人之
有兩不願程子所謂内重則可以見外之輕得深則見
誘之淺也周子所云見其大則心泰心泰則無不足也
至味在己穅粃膏粱至美在己泥塗文繡良貴之受用
大矣哉

仁之勝不仁章
仁者道心之澄淸猶水不仁者人心之昌熾猶火道心爲主人心退聽猶水勝火今之爲仁者或浮慕其名或假竊其實其爲道心幾何以偶萌之道心勝積漸之人心豈能滅方揚之勢哉不熄則旁觀者以爲水眞不勝火也此說一倡則人將藉口難于爲仁易于爲不仁是助他喪心滅性已甚一日者也終將併其淋沐之仁而亡之矣或通作一人說與不解助非也

五穀者種之美章
用五穀引起熟字來言五穀不熟則失其美矣仁不熟

四書翊註　孟子　告子上　元　卷十一

則元善之本體無繇見可以爲美乎夫仁亦在乎熟之而已矣自勉而利利而安猶五穀之苗而秀秀而實也以天理爲田而耕之以人欲爲莠而耘之以夜氣爲本而擁護之以勿忘勿助長爲工而滋培之以根心生色爲氣候之到而收穫之其庶乎聖王之治天下也以五穀爲仁所以大其用聖賢之治心體也以仁爲五穀所以養其體其理兩相通耳故程子曰心如穀種仁則其生之性也

羿之教人射章
射也匠也形而下者也其師所以教其弟子所以學皆當然之格式不可易焉而況形而上者乎在止于至學者之彀也動容周旋中禮學者之規矩也爲師爲弟子者其亦無愧于羿與匠可矣

四書翊註　孟子　告子上　卷十一

四書翊註

前賢丁包蒙吉輯　男再濂　孫顯祖　繼祖　承祖　興祖　曾孫錦　鈞　鎔　録　鑪　鑰　鏗　全校
平湖陸龍其稼書鑒定
後學黃越際飛校訂

任人有問屋廬子章

任人之言真邪說也然對之誠難一經孟子辨折便覺恁地痛快其有功于世道人心大矣哉

蒙引云任國之人固多記者不得其姓名故曰任人愚意未然當是其人不足錄故諱其名而泛以任人目之

也任人以屋廬子受教于孟子必以爲禮重于食色故先設問而後窮之也饑死則傷生而滅其性不得妻則廢人之大倫而絕其嗣此何等事雖少不如禮而所全者大所失者小正自無妨若泥禮之重而甘死亦徒然耳豈足以成烈烈之名哉若泥禮之重而絕婚則迂甚矣豈足以成子孝之義哉此任人之意也屋廬子則以禮重于食色其常也據任人之言則食色重于禮其變也常能對而變不能對此其所以窮于口而不能措一辭也

于答是也何有指末一節言也中二節則反覆發明以

解屋廬子之惑也春秋譏不親迎禮哀公問孔子曰冕而親迎不已重乎孔子愀然曰合二姓之好以爲宗廟主君何謂已重乎又曰男先于女剛柔之義也

岑樓之與寸木高卑何懸絕也若舍其本而末是齊則高卑可使倒置矣抑思方寸之木高也歟哉

金重羽輕不問而可知也若重者加少輕者加多則輕重可使倒置矣然所謂輕重者非此之謂也

上兩設譬此節則直指正意也取食色之重者與禮之輕者而比之畸輕畸重勢有偏勝故重者輕而輕者亦見其重猶之高寸木于岑樓等輿羽于鈎金也豈理也

哉俗所謂只見這一頭不見那一擔也須兩平說纔是明乎此則往應之不難矣以禮食則饑而死誠性命危急之秋也然非紾兄之臂而奪之食則死終不免此惡之凶者禮所不容也則將逆禮以救饑乎抑守禮而待斃也不親迎則不得妻此誠宗祧絕續之關也然非踰東家墻而摟其處子則妻終不得此惡之淫者禮所不容也則將犯禮以求匹乎抑守禮而有鰥也此見食色與禮同重而禮終有重于食色者可以伸屋廬子之說矣任人將何說之辭總註極盡

人皆可以爲堯舜章

此章要在爲字上着眼亦爲之而已矣是一篇綱領下面弗爲耳所不爲也與此句相應後面曰行堯之行行之所以爲之也曰歸而求之求之所以爲之也爲之則堯舜吾師也何不可之有

曹交之問全不講功夫只說人都做的堯舜故下遂自負也孟子然之亦據理以答之耳

爲堯舜者莫若湯文文十尺湯九尺交之形體居然在湯文之間宜乎爲堯舜矣然只是吃飯漫無甚立如之何其可爲也

所謂可爲者視乎其爲之者也那裏在形體上只是竭力去做便了有人丁此柔懦不振一匹雛之不勝則爲無力人而其人不可以有爲矣一旦憤勵起來以舉百鈞自強則爲有力人而其人可以有爲矣推而至于烏獲亦只是有力人耳舉烏獲之任則爲烏獲何多讓焉天下無不可勝之任亦無不可勝任之人人無庸鰓鰓過慮爲也所患者暴棄自甘不肯着力去做耳弗之爲則人皆可以爲堯舜遂成虛語矣

堯舜可爲正無需乎血氣之力也需乎義理之力耳如徐行後長甚省力然一念恭敬之心流出故謂之弟疾行先長却費力然一片傲慢之氣流出故謂之不弟夫徐行者豈有不勝之任哉即吾所謂弗爲者是也爲徐行便是爲堯舜試看一段雍容和順氣象恍如遊揖讓世界一般然則堯舜之道固可以孝弟盡之矣堯之德本乎親睦九族舜之德本乎克諧以孝烝烝乂不格姦是故如天好生時雍風動莫不自孝弟中做出又豈有異道哉故曰事父孝則事天明事母孝則事地察通神明光四海皆是物也

上言堯舜可爲此則明示以爲之之道也所服者堯之法服所誦者堯之法言所行者堯之法行非必一一模倣而爲之也事事物物合乎道即合乎堯是堯而已矣所謂唯狂克念作聖也不服法服則爲桀之服不言法言則爲桀之言不行法行即爲桀之行非必蹈襲而爲之也事事物物出乎堯即入乎桀是桀而已矣所謂唯聖罔念作狂也一聖一狂只從日用間簡點便自見得可不慎所爲哉

受業自是好念頭但見鄒君而必曰得假館而必曰可以滿戶是貴介氣故孟子拒之

受業將以問道也問道將以知道也夫道若大路一般人所共繇豈難知哉人病不盡心尋覓耳盡心尋覓隨處皆道隨處皆師也益師也者教人爲堯舜者也事親

從兄有堯舜則事親從兄有師衣冠言動有堯舜則衣
冠言動有師亦爲之而已矣豈必假館而後爲師哉

高子曰小弁章

小弁之詩孔子不曾刪去或有如孟子所云者前越人
一譬甚妙後發明怨不怨之故自是至理末引舜一節
似覺不倫蓋孔子作春秋斷自平王著詩亡之本也因
詩而錄其孝以上擬于舜必不然矣故蒙引云其實不
着此意尤好

以其怨故目爲小人之詩若曰溫柔敦厚詩教也怨豈
所以爲教乎怨如何辜于天我罪伊何君子秉心維其

忍之君子不惠之類

讀詩者須設身以處其地而察其心然後爲得也不察
其心而辭是泥則拘滯不通故曰固越人與已渺無干
涉雖殺人大惡直等閒視之兄弟手足若親見其陷身
不義情固有不容已者矣小弁之怨所謂垂涕泣而道
之親其親而不敢疏其親正一點良心不容泯沒處仁
也而高叟苛繩之固矣

以凱風之不怨形小弁之怨丑亦未免于固也

母有七子而不安其室過在身家故曰小幽王寵庶廢
嫡宗社從此顛覆矣其過豈特衛母之比哉故曰大坐

視其過之大而漠然不以屑意是越人其親也因親之
疏而疏之則愈疏矣親之過小爲子者惟有引咎責躬
而已若遂至于怨詎所謂微激之而遽怒也激者石怒
者水水不能容石喻子不能容母也愈疏者忘其親忘
親不仁也不仁不孝也弁之所以怨也不可磯者逆其
親逆親不仁也不仁不孝也此凱風之所以不怨也安
得以此律彼

引舜之慕以徵其怨也舜至孝嘗怨慕則小弁之怨亦
何可深非乎註云不爲不孝又引趙氏云未足爲愆其
語皆有斟酌不肯許他盡均之怨也舜之怨怨已之不

得乎親小弁之怨怨親之不容乎已相去迥懸絕矣又
按先輩云舜三十登庸已不格姦而允若矣豈至五十
猶怨慕乎大抵孟子于舜事只據理說不詳考其本末
非獨此一節也

宋牼將之楚章

戰國時挾策以干諸侯者大約不出利之一字孟子于
其間思以仁義挽回之旣不得之齊梁之君而又望之
遊說之士其兩兩
知人心之趨向關國運之存亡
幸勿守其說而不變可也

孟子之于宋牼呼之爲先生又稱名意其人必老成而

負一時之望者非儀秦之徒比也國莫強于秦楚二國罷兵則天下無事矣宋牼之意亦是在頭腦處做

孟子知宋牼之指當有在故欲引其端而竟之秦楚趨利而避害故宋牼之指不過如此夫兵一構勢難卒解其爲生民之禍烈矣說而罷之志在造福斯民豈不甚大惜乎以利爲號則不免習俗之移人而未能遂厥志也

說者以利進則秦楚之王以利倡三軍之士以利和其所樂而悅之者有同心也推而至于一國之人莫不樂而悅之矣爲人臣等或指三軍之士說非也懷者抱而不脫之意臣懷利心以事君則不知有名節子懷利心以事父則不知有天性弟懷利心以事兄則不知有手足臣子弟以利接其君父兄君父兄亦以利接其臣子弟丟了仁義不知爲何物大家都在利上較量繇是據奪篡弑之禍成矣豈有不亡國者乎

若易利之號而爲仁義則其指正矣仁以愛爲心必不忍肆虐而戕民于鋒鏑之下義以宜爲事必不敢違制而居已于貪忿之師以此說之則秦楚之王以仁義倡三軍之士以仁義和樂而悅之有同心焉推而至于一國之人莫不樂而悅之矣存疑云不是把仁義去事只

是懷仁義之心以事分析的是臣以仁義事君則致身爲心不愧忠臣義士子以仁義事父則竭力爲心不愧仁人孝子弟以仁義事兄則克恭爲心不愧後長徐行臣子弟以仁義接其君父兄君父兄亦以仁義接其臣子弟視利若浼大家在仁義上勸勉繇是親上死長之誼篤而遺親後君之風寢矣豈有不王天下者乎亦有仁義而已矣何必曰利以自誣厥指也

孟子居鄒章

此章見孟子善讀書應物各有心裁然所以裁諸心者却自書本上來非臆揣也屋廬子未問而能疑既問而能悟亦可謂會心者矣

一曰居鄒則與任異國矣雖相亦無越境之理而況代兄守國者乎一曰處于平陸則齊之境內也雖處守可以造廬而請而況相國與守國又自不相侔乎雖交幣同受幣同不在答其拜同而此處已伏下斷案矣

他日繇鄒之任見季子報其幣交之禮也繇平陸之齊不見儲子不報其幣交之禮也始同而終異當有意義存焉連所以喜于得間也得間非疑其師有間隙蓋喜其開我以窮理之端也

相國之權輕于處守問者非疑其真爲此也蓋設其未

必然者以究其所以然者耳
按書詞享奉上也諸侯享天子也孟子引書取義只還他享字不必言奉上矣幣交謂之享享者必多其恭敬之儀而後曰享若恭敬之儀無以及幣帛之物則幣有餘而禮意不足不曰享直曰不享矣享者惟不役志于享而誠不足也誠不足則敬不足敬不足則無以爲禮矣此書詞自釋之意也
註云孟子釋書意如此享以儀享以志也志不役則享祗虛名其實成不得享了或云書已自釋何用再釋此直指儲子說看來屋盧子曰爲其爲相與孟子曰非爲

其爲相也亦爲其不成享也宜于書詞述畢徵此一句纔畢問答之意纔有照應或曰如此恐或人不必問矣曰孟子只云我之不見儲子爲其不成享也正意俱未說出非解人如何了悟的
悅者悅其得處事之權衡也問者問其幣交同而何以有成享不成享之分乎不知季子居攝無擅離職守之禮則幣交而志與之俱交矣志役則成享故報之儲子居相位于旄之禮所當舉而行也咫尺間竟吝一往其志可知志不役則不成享又何報焉
淳於髡曰先名實者章

此章大意在仁賢二字髡初譏孟子不仁孟子既援引三仁以自見矣又借許多証佐又譏孟子不賢孟子曰子不識聖豈識賢乎聖人之用心爾爾則賢而希聖者不言可知已
立名曰名立功曰實先者視爲急務也爲人者志在兼善天下也後者置之度外而不以營懷也自爲者志在獨善其身也夫子在三卿之中明是先名實矣乃漫無豎立而去可謂仁乎仁者或爲人或自爲須要做得一件豈若是之一事無成也
伯夷不屑就柳下惠不屑去心迹自明伊尹五就湯五

就桀殊未易言故註引楊氏之言獨詳之最得任聖心事不然後世必有若柳子厚輩以爲大人欲速其功矣
伯夷一意于去逃上下而不以名實相加者也柳下惠一意于就雖依依上下間而名實亦未加也伊尹就與去參半實則一意于就而名實加諸上下者也三子之道各不同矣然其指意之所在則有不謀而合者即子所謂仁是也審時揆勢要以求其心之所安也君子繼往聖以道自任要亦求其心之所安豈必因仍蹈襲而拘拘然曰若是若是哉註無私心而合天理最宜玩味或以天地民物爲己任或以綱常名教爲己責皆所謂

無私心而合天理也

從來賢者亦徒負虛名耳魯有繆公亦可謂知人善任矣公儀子當時有賢相之目子柳子思當時有眞儒之稱或職要或職詳同心輔政宜其坐臻上理矣而日益侵削賢者之于國豈足恃哉史稱公儀休者魯博士也以高第爲魯相奉法循理無所變更百官自正使食祿者不得與下民爭利受大者不得取小客有遺之魚者不受客曰聞君嗜魚故遺之何故不受也曰嗜魚故不受也今爲相能自給魚受魚而免誰復給我魚者故不受也食茹而美拔其園葵而棄之見其家織布而疾出

其婦燔其機云欲令農士女工安所讎其貨乎又說苑云公儀相魯魯君薨左右請閉門休日止池澗吾不稅蒙山吾不賦苛令吾不布吾已閉心矣何閉門哉此其爲政之大較也又按魯自襄昭定哀之時已爲三家所制削弱甚矣繆公用此三人是以崎嶇強暴之閒而有不陸之勝迨于共公猶能伐齊以復陽關魯竟與戰國相終始安在其削之滋甚也孟子不于此置辨其亦未之詳考與

子以魯之削爲諸賢之咎豈知魯之削亦諸賢之力乎一百里矣也或用或不用關而國之興亡使魯無諸君子在則其國不知當何如而安得以爲無益也

王豹綿駒技藝之有諸內者也河西善謳齊右善歌則爲其事有其功形諸外矣善哭其夫婦子女子之有諸內者也而變國俗則爲其事有其功形諸外矣此髡之所睹其理固不爽也方是時未見有其事功而形諸外者則其無諸內可知已雖高自稱許豈能逃髡之明鑒哉變國俗就善哭說或云篤夫婦之情非其旨矣按檀弓齊莊公襲莒于奪杞梁死焉其妻迎其柩于路而哭之哀莊公使人弔之對曰君之臣不免于罪則將肆諸市朝而妻妾執君之臣免于罪則有先人之敝廬在君

無所辱命一婦人而守禮不屈如此善哭有自來矣

日爲魯司寇正在三卿之中影子也曰不用正揭出去齊的原繇從而祭已有去志矣燔肉不至則無復留之理故不脫冕而行也淺人見肉故以爲爲肉曉人見禮故以爲爲無禮其實不知者固不知知者亦豈眞知哉乃孔子則欲以微罪行又不欲無故苟去以自處于不義也微罪從來俱指君相說蒙引獨指自已說以爲善歸君過則歸已之意其說亦有本看來不如舊說爲是上云不知者以爲爲無禮無禮即微罪也人但知無禮之爲微罪而不知其以微罪之意固別有在也何也

受安樂而怠于政事君相之大惡也若遂用此爲辭則君相無所用矣故渾涵不露只借膰肉不至之微罪以行在人既使爲可受在巳又求爲可安則君子之用心婉曲深至有出于常情億度之外者而人何足以知之夫孔子去魯一事微孟子言之其心固未易識然則孟子去齊亦必有願學孔子者特不欲顯言其故耳註見幾明決用意忠厚二語最盡不可易

五霸者三王之罪人章

此章先定罪而後原情也首節平平立三案下三節逐段解之情有重輕罪有首從要以漸次而深謂孟子之

筆舌即天王之斧鉞可也

三王創制立法百世不可易奉行之則爲功踰越之則爲罪無諸侯無大夫一也奈何律五霸于三王業不可以爲諸侯矣而今之諸侯抑又甚焉而今之大夫抑又甚焉世益降而罪益增孟子剖決至此其勝今昔之感乎按五霸註首趙氏之說以爲秦繆宋襄楚莊今皆從之先儒力詆其非誠自有理但丁氏所謂夏昆吾商大彭豕韋者亦未見其可信也詩曰昆吾夏桀與桀並稱何覇之足云

天子適諸侯二句統言其綱自入其疆至六師移之州

詳言巡狩述職之目也省耕省斂兼天子諸侯言入其疆巡狩也土地闢無閑曠之地也田野治無遊惰之民也養老凡所以授几設杖之禮無不備尊賢凡所以崇德樂道之禮無不隆俊傑在位所謂庶官無曠天工人其代之也若此者稱其所守則有慶慶以地則非但錫予之常儀而已土地荒蕪兼不闢不治言遺其老而不養則有播棄之惡失其賢而不尊則黷于貨賄而大爲民蠹矣若此者曠其所守則有讓讓不言地亦可以慶推之也貶其爵公降爲侯侯降爲伯也削其地百里減而七十七十減而五十也六師移之則興師問罪變

易其君而更立也或貶或削或移在王朝固無廢法繇一而再繇再而三不忍遽置重典無非俟其悔過遷善之意在司寇亦豈有失刑是故二字統承上文說天子奉將天威下尺一之檄申六師之令安坐以觀成功故曰討而不伐諸侯奉天子之命修方伯連帥之職無敢專征故曰伐而不討五霸者或幸此以攻彼或幸彼以攻此顯合衆人之公陰行一人之私不復知有天子之命矣繇此推之凡巡狩述職以至慶賞刑威一切不命于天子專擅也此豈非三王之世所必誅而不以聽者乎故曰五霸者三王之罪人也

五霸莫盛于桓公以其尊周攘夷名義爲獨正天威咫尺惶恐下拜猶知有天子故也葵丘之會諸侯春秋于五霸中首與之故特舉之以昭其盛也束縛其牲而不殺以匱書加于上即五命之辭也蒙引匱作櫃是出血以示信不歃血威信服人也五刑之屬三千罪莫大于不孝故以誅不孝爲首左傳云內寵並后嬖子配嫡亂之本也國語云內有疑妻之妾此宮亂也庶有疑嫡之子此家亂也無易樹子無以妾爲妻其懲亂乎惟樹子不可易故首止之盟桓公以諸侯定王世子春秋猶與之惟妾不可以爲妻故仲子惠公之妾也天子使來歸

珥則冢宰稱名成風莊公之妾也天子使來會葬則王不稱天春秋于嫡妾之分嚴矣賢者抱德而處則尊顯之才者養分可以進德則養育之皆表章有德以示勸也記曰敬老爲其近于父也慈幼爲其近于子也二者繇親親之道推之也無忘賓旅凡賓客之至其國者行旅之出其途者皆有以安置資給之不可忽也春秋譏世卿慮其鮮克繇禮也故有世祿無世官官事無攝士命也孔子又以之責管仲之不儉何哉意者諸侯之官事宜無攝大夫之官事宜攝與此國與家之分也取士務斯得人不敢冒濫以混仕途也春秋凡稱國以殺皆

惡其專也專輒行之而不歸獄于司寇其可乎記曰以舊坊爲無所用而壞之者必有水敗防可也曲則不可無曲防與鄰國同利害也秦饑晉閉之糴春秋書之無遏糴與鄰國同休戚也封而不告專封也專封與專殺同專殺濫刑專封僭賞也不專彼而專此可乎五命者先王之成命也桓公既備述之以爲諸侯之禁而又自相約云云言歸于好相期于和和無相陵犯侵奪也陳新安無搆怨之說是蒙引非之作不違五命之禁說恐未切好意左傳載此一段不及五命又曰葵丘之會既尋盟且修好禮也則好字不必牽合五命可知薛敬軒

易桓公之言曰凡我同盟之人既盟之後有不歸于好者請以王命討之如此則得矣惜仲之智而不及此也今之諸侯皆弁髦五禁而違犯之惡在其爲諸侯乎故曰今之諸侯五霸之罪人也春秋凡書盟者惡之而于葵丘獨有取焉爲其壹明天子之禁故也

嚴子陵云阿諛順旨要領絕君惡日滋爲之臣者不能過止之徒以容悅爲事此其獲罪豈小也哉但視逢君者之罪較小耳逢君者逆探其惡而成之凡所以蠱惑引導者無所不至所謂詭秘叵測小人之尤者也其罪可與長惡者同科哉今之大夫或逢其聲色遊獵之惡

或逢其功利富強之惡陷君子敗亡而莫之恤罪可勝
誅哉故曰今之大夫今之諸侯之罪人也五霸三王之
罪人三王存矣誰與正五霸之罪哉今之諸侯五霸之
罪人五霸在矣誰與正諸侯之罪哉若夫今之諸侯與
今之大夫同朝共事而視其得罪而漠不一問無感乎
君臣之間罪大惡極而不可解也

魯欲使愼子爲將軍章

通章以仁字爲主開口說殃民便伏不仁意次節深一
步言雖不殃民亦未見其可也自吾明告子至然皆仁
者不爲皆發明然且不可之意指出仁者正見不可根

源而況于殺人以求之乎又繳還殃民意相照應末節
則總括通章之意而以仁者之道結之也愼子事君者
盍亦識此乎

魯欲使愼子爲將軍明望之以戰勝之事殺人所不問
也

民必訓誨有素而後可以敵愾禦侮否則以民予敵也
謂之殃民殃者干天和而傷好生之德豈盛世所宜有
乎直曰不容于堯舜之世凜乎哉其言之矣

愼子爲將軍將伐齊而取南陽也故孟子云云一戰勝
齊言奏捷之速也遂有南陽則魯之大欲得矣然且不
可況未必然乎不可者據理斷之即下面論制之意陳
新安已驕敵怒爲禍方深之說恐非旨

大拂其心故勃然不悅不識者以爲孟子之言迫于情
理之外使人不可解矣

吾明告子欲其有以識之也借天子引起諸侯來一客
一主不平重諸侯朝覲聘問則天子必成宴享之儀必
豐錫予之典親之也然莫不取給于王畿之地地不千
里則所出者易竭其何以待之諸侯祭祀會同則必有
犧牲粢盛必有廷實贄幣載在典籍藏諸宗廟不可廢
也然莫不取給于封域之地地不百里則所出者易竭

其何以守之

因周公而及太公一主一客不平重以二公之勤勞當
分封時滅國五十即廣土衆民胡不可者而必以百里
限之蓋先王封建確有定制未敢踰越故也儉者節制
不過之意

周之地非有餘也而魯方百里者五不儉甚矣王者可
作有損無益豈待問哉而必擬議其辭者正欲愼子發
深省也

不勞餘力而損齊以益魯非先王分封之意仁者所不
[illegible]況乎戕民于鋒鏑之下以求之忍心害理仁者[illegible]

爲之哉。

然則仁者之道。君子所以使將軍在此。君子所以事君者亦在此。非有他也。當道志仁。不平對。修道以仁。志仁正所以當道也。志仁則以愛民爲心。不忍其殃之也。以此當推恩之道矣。志仁則以愛國爲心。不忍其僭之也。以此當遵王之道矣。當者慷慨自任之意。志者憤勵自強之意。引則多方開導之也。慎子識此。又何將軍之榮哉。

今之事君者章

此章有感于慎子。而痛言當時事君者之害也。上陷其

君。下虐其民。恬不知怪。習以成風。不及今圖之。其能徼萬一之幸乎。

兩日字。侈談樂道。誇示一時之意也。辟土地與上章土地辟同。開墾而地無遺利也。若作上孟辟土地看。則失之矣。辟土地充府庫。富國也。約與國。戰必克。強兵也。都相因說。天地生財。只有此數。不在官則在民。一意要富。是瘠民以肥國也。兵須以民充之。一切糧食甲冑器械之屬。何一不取給于民。一意要強。是剝民以奉軍也。賊民甚矣。正堯舜之世所不容者。而反自爲良臣。今之好惡拂古之性矣。夫不鄉道。不志于仁。君甚桀矣。而富之強之。豈不助桀爲虐乎。是今之事君者。非特民賊。抑亦君賊也。且也富桀則淫侈益甚。輔桀則驕肆益甚。臣賊君。君又賊民。相賊而未有已也。

奈何臣自矜其能。君自暴其良。日思得天下。而君之亦可謂不知量之甚者矣。果其因循蹈襲。今所行之道不復改。絃易轍。變今所習之俗。行將滅亡不暇。豈有得天下之理。雖與之天下。人且有時日曷喪之悲。如何享受的起。然則今之君。其亦念賊在腹心。猛然警省。早爲善後之計可也。

白圭曰吾欲二十而取一章

白圭治生之術。君子所不道也。而況欲施之國乎。以夷狄之道治中國。而智不及一陶。窺其意。欲度越堯舜。而不知下同于桀也。亦可以廢然反矣。

二十取一。矯橫征之害也。

日貉道。則不可以爲訓。此處輕遞過。正意在下面。

先王制器以利用也。以一人而給萬室之陶。有坐困已耳。圭于此固無不曉然者。

五穀不生。則無以爲輸將之資矣。惟黍生之。其生幾何。所恃者。無城郭則無營築之費。無宮室則無興作之費。無宗廟祭祀之禮。則無獻饗之費。無諸侯幣帛則無六

際之費無饔飱則無饋遺之費無百官有司則無俸養
之費故二十取一而足也
今居中國而以貉道行之則去人倫矣人倫所以綱紀
中國者也則無君子矣君子所以治安中國者也而去
之而無之中國淪于夷狄矣如之何其可也
陶以寡不可以爲國君子以寡亦不可以爲國也而況
乎其無之乎祀器不足用者當何如前言頗詳上節只
及人倫君子此節只及君子舉要以例其餘也
欲輕之于堯舜之道者初亦有激乎孟之于堯舜之道
者而爲此耳豈知病則一般輕之者彼爲大貉此爲小

貉重之者彼爲大桀此爲小桀輕重不同其爲背違中
道一也圭奈何遽聽而廢先王之法乎
丹之治水章
白圭上章之言言其志耳此章則直舉其見諸行事者
以爲言矣彼方自加其功于禹之上孟子非惟不錄其
功而又甚其害則禹之罪人也尚何言
禹之治水也古今一人而已自以爲愈不亦異乎
過者咎其失言也禹之疏瀹決排皆因其勢而利導之
要以還其常然之道也註順水之性宜看率性之謂道
水亦然故云

禹惟以水之道治水故水各有所歸而以四海爲壑吾
子竊曲防之故智不以其道則惟以鄰國爲壑而已鄰
國非海也以爲壑鄰國其魚矣一奏萬世永賴之功一
貽鄰國無窮之害相去不甚遠乎
堯之時洪水爲災嘗有洚水警予之言矣無非以其逆
行故也今以鄰國爲壑則水逆行逆行便喚做洚水洚
水便是洪水故曰洪水橫流逆行之謂也仁人吉凶同
患必有隱痛于心者故惡之惡其逆行之非道也禹因
洪水而有治吾子因治而有洪水比而同之且不可況
超而上之乎再言過者深咎之也

君子不亮惡乎執章
亮字註解信或解貞固俱未確還作明亮之意爲是天
下事須是心下明白認的眞然後堅定去做纔有益所
謂擇善而固執之也不然茫茫眛眛却要掌定局子去
做如何不誣罔的王安石性執拗不曉事卒以禍宋正
其驗也
魯欲使樂正子爲政章
此章見爲相者不以才勝而以德勝又不以一人之德
勝而以合天下之德爲一人之德勝此孟子師弟平居
所相砥礪如有用我我舉而措之故不禁其躍然也

魯欲使樂正子爲政所以行其所學矣道之行也不于其身于其弟子亦可以慰生平夢寐之思故喜而不寐也

強力量過人也有知慮計畫過人也多聞識學問過人也此亦爲政之資而非其先務故不以之許樂正子也丑以爲舍此則無長矣喜而不寐何爲者

其爲人也不以才技見長而孜孜乎慕善若渴故足喜也丑少之好善足乎疑其未足以爲政也

好善者集衆思廣忠益網舉而目張故優于天下也優于天下以言乎其無不足也于魯國乎何有此泛論道

理不指樂正子說家語云定公問孔子曰學子之治以治魯國何如孔子對曰雖天下可何但魯國而已語氣正如此

好善何以優于天下也夫苟好善其度能容其誠能動四海之內聞風慕義行見接踵而至各効其所長舉人人之強知問識皆一人之強知聞識也豈不優于天下輕者不以千里爲遠爲難而自沮也

夫苟不好善則自負其強知自多其聞識驕盈矜誇人將嘖嘖有後言矣或以予字指不好善之人說非也還將四海之人說此一句蓋四海之貌見本色之言也訑訑之聲音恣以肆顏色倨以侮正人君子將有不望之而却步者也正人君子無所容則諂臣媚子爭先而巧爲逢矣此輩無一善狀惟有稱功頌德相率爲小人之歸而已國欲治得乎若好善則斷不至此益以見其優于天下矣

陳子曰古之君子章

註引孔子三仕以証三就最爲關合然末節只是彷彿大意耳蒙引遂以官卑祿薄抱關擊柝者當之誤矣註云未至于饑餓不能出門戶則猶不受也其曰免死而已則其所受亦有節矣此皆窮理到微細處併就字說

不得安得果以爲公養之仕乎

陳子所問者仕也孟子併不仕及之蓋有就須有去故統言之以見古之君子律身之嚴也

迎接遇之意內致其敬賢之誠而將之者備至則有禮不曰將行其言而曰言將行其言或以爲許行其道是也文質兼隆則就之若禮貌雖未衰而言弗行文至實不至豈可虛拘乎則去之此以道爲去就者也

其次未行其言與言弗行同迎之致敬以有禮與禮貌未衰同乃彼去而此就者何也彼以既迎之後言禮貌雖知敬而言弗行無復望其能行矣故去此則方迎之

始言雖未行而致敬有禮尚望其行吾言也故就之
一而顛倒其辭遂大有分別不可不知至禮貌衰益絕
望矣安得不去此以禮爲去就者也
其下去之不能就之不可以爲絕糧陳蔡將近之君若
聞而悔過以爲大者旣不能行道以顯其身次又不能
用言以糊其口慢棄之罪吾當之能無愧于心乎周之
而受非以道就也非以禮就也暫爾免死僕能出門戶
則去矣古之君子所就三所去三蓋如此也

舜發於畎畝之中章

人皆以安樂爲幸至于憂患則避之唯恐其及已也豈

知憂患正自得力安樂類至失脚自古聖賢豪傑以至
中人以至有國莫不皆然然明其理者安樂則知懼憂
患則知憤無所處而不可矣
舜繇徒步爲天子以耕稼起家故曰發于畎畝之中高
宗夢帝賚良弼俾以形旁求于天下說築傅巖之野惟
肖繇是爰立作相文王舉紂五臣膠鬲與焉史又有甲
子報期之事則始終爲紂臣矣蒙引疑其旣事紂而避
亂隱處販鬻文王復舉用之恐難通當是文王薦之于
殷而殷用之如湯之以伊尹事桀也管仲釋檻車而相
齊故曰舉于士謂其自士師之囚舉也孫叔敖隱處海
濱用虞丘子薦爲楚莊王令尹百里奚自鬻以干秦穆
公之說孟子嘗辯其誣矣此又曰舉于市明以販牛言
也予前固言之飯牛非誣以爲干秦穆則誣也舜獨言
發君也奮起自已也五人皆言舉臣也甄拔自人也
繇舜說諸人觀之大抵皆有天意在焉天于是人將降
之以天地民物之擔非苟焉而已矣欲付託于後必作
興于先苦其心志備嘗艱辛也其如茹荼毒乎勞其筋
骨備歷險阻也其如負痌瘝乎餓其體膚冀一飽之無
時也其如遭毀傷乎空乏其身通承上三句說言空匱
窮之而此身幾無以自存也每一舉事與其平日所營

謀者偏相背戾所謂不如意者十常八九也若此者所
以竦動其心使之惕惕靡寧而道理出堅忍其性使之
烝烝自治而嗜欲薄道理出則識力日益宏通嗜欲薄
則操守日益貞固其玉汝于成也豈可量哉天之于人
正猶父母之于子愛之不得不有以勞之也
天于大任之人所謂因材而篤也若常人則固無天可
恃矣彼其平日不知省察克治爲何事故必一誤再誤
而至于不勝誤也然後幡然有悔過之期無能改則
非復前日之人矣下二段正言改過之事過有藏于已
而不可解者其心則屈逆而不伸其慮則閉塞而不通

然後慨然興曰予獨非人也歟哉奈之何萎爾不前
天是以振厲而能作作雖在人而所以作者亦天機之
奮發也過有形于人而不可掩者徵之色則嗳拒而莫
容發之聲則暴厲而難堪然後懔然悟曰予獨非心也
歟哉奈之何冥頑不靈也夫是以開明而能喻喻雖在
人而所以喻者亦天心之呈露也然則人患自絕于天
耳天豈有絕人之時哉徵色發聲兼愛我惡我兩項人
說
無佑者多憂患故歷言其生有國者多安樂故專言其
亡以惕之也法度之世家朝夕納誨以輔君德者也輔

弼之賢士出入諷議以補君過者也法家是世臣拂士
是新進者兩者無其人則無所嚴憚而敢于爲非敵國
外患嘗引做兩般看以爲魯有武仲之據防楚有子胥
之在吳正外患非敵國也如此說殊是且與上句對的
說兩者無其人則無所畏懼而敢于肆志一入一出皆
養心伐性之地國安得不亡乎范氏曰自非聖人外寧
必有內憂盍釋吳爲外懼乎意正如此
前事者後事之師前車者後車之鑒孫舜說及恒過之
[illegible]所以生人不得甘自暴棄孫有國而知安
樂所以死人不得妄自侈大也依陳氏如此分說[illegible]

家引不然過矣西銘云富貴福澤將厚吾之生貧賤憂
戚庸玉汝于成也其言尤爲渾備

教亦多術矣章

敎者隨其資分而曲成之術固不一至于不以爲潔而
非絕之疑其窮于術矣豈知激勵之術正以鞭提命之
術之所不及也不敎之敎不誨之誨安可誣乎

四書翊註

前賢刁包蒙吉輯　男再濂　孫顯祖繼祖承祖與祖　曾孫錦鈞鎔鋒鎰鑰銓仝校

平湖陸隴其稼書鑒定

後學黃越際飛校訂

盡其心者章

此章以事天為第一義。欲事天非知天不可。然知天者正不自天知之也。惟于心性之間克舉其職。則天命在當身矣。

上天下地一心所充周也。往古來今一心所流通也。體莫大焉。用莫神焉。有所域者不能盡。為無以統乎其外也。有所遺者不能盡。為無以貫乎其內也。無內無外。適滿其本量而無餘憾焉。斯云盡其心者。雖然心之盡。徒向方寸討生活乎。懸空去盡。究竟盡个甚麽。則必知其性而後可。了却仁之性。始盡得父子之心。了却義之性。始盡得君臣之心。了却禮智信之性。始盡得兄弟夫婦朋友之心。盡其心者知其性也。所固然也。性具于心而命于天。天其性所從出之源乎。知則俱知。無先後之可言矣。一性也。在天為元亨利貞。在人為仁義禮智。名異

而實同。非有二也。此節俱以成功言。下二節纔是功夫實際處。程子盡心知性一順說。似亦有理。經朱子剖分。始知推原說為是。朱子于心則曰人之神明所以具衆理而應萬事者也。于知則曰心之神明所以妙衆理而宰萬事者也。下字何等斟酌。蒙引又有發明。極好。但云理曰衆理。事曰萬事。蓋事尤多也。則恐泥矣。凡一事必有一理。天下豈有無理之事乎哉。安得謂事多而理少也。

知天者。必知所以事之矣。事天云何。要不外乎心與性也。心必存而後盡。不存未有能盡者。性必養而後知。不養未有能知者。上節知性在盡心之先。知性所以盡心也。此節存心在養性之先。存心所以養性也。存心養性俱兼動靜說。存心靜時居多。而動一如其靜。養性動時居多。而靜一如其動。存心固所以養性。養性亦所以存心。兩者蓋交相成也。存者操之持之。使本心凝定貞一。無些子做作處。養者保之護之。使本性溫厚和平。無些子暴戾處。蓋心也性也。皆天之所以與我者也。存心者存其天心。不以人心雜之。養性者養其天性。不以人為參之。故曰所以事天也。宵晝瞬息。無非對越靈承之地。然則匹夫馨香。直與帝王之郊祀分權。豈誣也哉。蒙引云。養其性就應事接物言。如當仁而仁。當義而義。事事

順理而不逆以害之便是養性如此說則存心養性
持其志無暴其氣句亦可參看
事天者奉行天命也奉行之久則命自我立矣立命一云
何必也夭壽不貳修身以俟之乎生死關頭最難勘破
此而不貳則天下事無足以動心者矣故曰知性知天
之力也修身從存心養性之功統體言之而扶植綱常
砥礪名節則其大端也俟之二字指夭壽言曾子所謂
得正而斃也如此則窮理力行都到極至處凡天之命
我者完完全全無復虧欠則命自我立壽固壽夭亦壽
造物不得操其權矣所謂形滅而神存與天地同老也

二氏以脫離生死出而駕吾儒之上豈知立命二字是
吾儒不死法門也彼形存而理亡何若形亡而理存也
哉

莫非命也章

註云此章與上章蓋一時之言所以發其末句未盡之
意故兩命字不得有異同註吉凶禍福從夭壽推言之
也莫非命言有一定之數在豈人力所可移乎坦然安
行吉與福固順受之不以動其心凶與禍亦順受之不
以介其懷即所謂修身以俟之也自古逆命衜命者不
知凡幾雖終身勞攘究未能逃乎數則何益哉

受正命者知正命者也知正命則安宅是居豈真為而
置身危地哉蒙引云巖墻不可泥須會其意愚謂非禮
榮華非義富貴皆巖墻之下也
曷言乎知命而順受其正也凡吾生所應得之職業一
一克盡而無餘欠所謂盡其道也盡其道而死雖死于
非命亦正也在已無以致之而順受焉非正命而何孔
明之死漢張承業之死唐文天祥之死宋皆盡其道者
也
若道之不盡而死于桎梏在已有以致之非正命也楊
雄之死于莽蔡邕之死于卓柳宗元之死于柳皆桎梏
類也

求則得之章

文勢以逆入由輕說到重由虛說到實要使人挽無益
之求為有益之求也
求就得了舍就失了言易失亦以形容易得也求有益
于得得足以應其求也緣是自家的物事故隨取隨給
如此耳此言仁義禮智我固有之應念具足極是便宜
人亦何憚而不求哉
求有道不可妄求也得有命不可必得也求無益于得
得不足以應其求也緣是外面物事自已要做主張不

得耳此言富貴利達自有主者違道徇命徒自苦耳彼妄求者可以反矣

萬物皆備於我章

萬物皆備仁之體也其得之也以誠其求之也以恕恕則漸進于誠而我庶幾皆備之仁者矣

萬物各得太極以爲體我雖藐然一身而全體太極則全體萬物也分自殊理自一其渾然具備也所固然耳

反身觀我也反身而誠萬物皆備之我眞實無虧欠也

反諸父子之身眞實盡那孝的道理反諸君臣之身眞實盡那忠的道理推而至于事事物物莫不眞實盡那道理仰不愧天俯不怍人其爲快慊受用可勝言哉莫大焉者所謂不知天地間何樂可以易此也

若夫未至于誠爲私意所隔則其于仁也遠矣求之之方須用恕恕非强不可奮厲剛果以大公無我之心克治私意而去之則萬物之障蔽消而本來之面目見矣求皆備之仁豈有近于此者乎朱子引程子之言曰無忠做恕不出此處須加忠字愚謂恕而曰强無不盡之心無不竭之力卽所謂忠也

行之而不著焉章

此章當與人莫不飲食也鮮能知味也參看卽易所云

百姓日用而不知也道在天下昭如日星凡在行習之中誰是可不知者無如其行之而不著焉習矣而不察焉何也如行子之事而不明乎子之理當孝行弟之事而不明乎弟之理當悌只是茫茫昧昧過去如習于子之當孝而不察其爲親親之仁習于弟之當悌而不察其爲敬長之義只是泄泄沓沓過去之字輕矣字重亦是許他積久了宜少有見處而竟未也夫行之習之終身由之也不著不察不知其道也若此者比比而是可勝慨哉

人不可以無恥章

名爲人則不可以無恥無恥非人也羞惡之心旣喪不復知名節之足畏矣其可乎若以其不修行簡者憤然恥之則必改過遷善有以馴至其人無有可恥者矣四恥字都就心說是

恥之於人大矣章

註云存之則進于聖賢失之則入于禽獸讀其語使人不可易也或云不必如此說可笑

爲機械變詐之巧者以智籠人以術愚人鬼蜮其心不可測也有人心者知羞之而彼且揚揚得意自以爲智術過人雖有恥心無所用之矣無所用者任是甚麼去

處都用他不着也

註二說前說以不恥爲無恥後說與人同耳目而不若其聰明與人同心思而不若其睿智可恥孰甚焉若乎此恬不知恥則自暴自棄安于不若人又那有若人所在兩章俱發明以恥心[illegible]章雖言以誘之此則危言以動之也

古之賢王章

此章爲朝秦暮楚輩發也言上無賢王敬士之枉道而趨勢遂至此下半節則因古之賢士而稱述大段以自見也王非士之善則無以成其賢故只見有士之善不

見有巳之勢也士非道之樂則無善可稱亦無以致王之好故只見有巳之道不見有王之勢也所謂相反而實以相成也何獨不然讀至樂其道而忘人之勢句始住兩句相呼應也王公于士敬矣而未致則情屬牽强有禮矣而未盡則儀屬缺畧便非好善而忘勢者矣士方且樂其道而忘人之勢欲亟見之得乎見且不得亟則儼然自重亦肯少有假借明矣况欲委贄策名而臣之哉此古賢王之于賢士所以學焉而後臣之也

孟子謂宋句踐章

此章以尊德樂義作骨子而囂囂二字則一生受用處也窮亦囂囂達亦囂囂在人之知有及不及在巳之志有得不得而實則無不囂囂也以此好遊策士也而聖賢矣當時遊說莫不以口舌見長孟子諄諄于句踐若曰易子之好從吾所好而巳

遊而人知之則諫行言聽非有加于我也何欣之有無所欣則囂囂矣遊而人不知則諫不行言不聽非有損于我也何戚之有無所戚則囂囂矣註自得無欲相因說自得者內有所慊于巳也無欲者外無所慕于人也惟內有所慊于巳故外無所慕于人內重者外自輕也德居于無偶一爲物欲所屈則卑矣惟適還其本體豈

不超然有餘裕乎義集于有事一爲權勢所勝則餒矣惟適昭其大用豈不欣然有餘榮乎夫是以無所往而不囂囂也

士惟尊德樂義故貧賤則孤高抗節不失義也富貴則慷慨奮庸不離道也註所謂見于行事之實亦約畧大段耳太着講則犯下矣

得巳者有得于巳俯仰可以自如也不失望者無負于人中外可以相信也方窮居時夙繫朝野之望及出而有爲果能爲朝廷樹勳爲蒼生造福豈不大慰其心也哉

古之人所謂尊德樂義而囂囂者也得志者得其堯舜君民之志也澤民之道二加諸其身豈旨交給加諸其心智思同歸也不得志者不得其堯舜君民之志也修身之義亦有二踐形盡性以修其內身講學明道以修其外身見于世者易所謂見龍在田天下文明也不得志則窮矣窮于遇不窮于身聲律身度獨躋聖賢之域得志則達矣達其身併達其學化行俗美共躋勳華之境註所謂得已不失望之實是也句踐好遊其亦以古人自期待可乎

待文王而後興章

此進凡民爲豪傑也興者感動奮發之意言感激于古人而動其心故奮發有爲也有所待則興無所待則不興矣故曰凡民凡民不得說太低了只是尋常而無以異于人者耳若夫豪傑之士高自期待雖一無依傍而崛起爲善有勃然莫過者若曰我待文王文王果誰待乎文王商周之豪傑我豈不可作方今之文王乎必言文王者南國之化被夫遊女有士君子之風焉自古作興善類者莫文王若也

附之以韓魏之家章

夫人胸中漫無所挾持一旦附以韓魏之家未有不志

滿氣盈者也如其自視歉然則退然若虛不自盈滿此非胸中確有所得不能也豈儕伍中人所可步其後塵哉附者本無而增益之也滿目浮華畢竟是身外物不能加性分之毫末歉然見及此矣是以度越尋常萬萬也

以佚道使民

易之兌所謂說以先民民忘其勞說以犯難民忘其死也註以使民爲播穀乘屋之類是民事非使也或謂築城鑿池之類爲是註以殺民謂除害去惡之類遂指征伐說非也王者之師有征無戰豈至于殺哉還指用刑

說爲是朱子曰彼有惡罪當死吾求所以生之者而不得然後殺之以安衆而勵其餘此以生道殺之也是也道者理之當然非可以私意爲也使民以道雖勞亦佚何也不勞則民不可得而佚也殺民以道雖殺亦生何也不殺則民不可得而生也此如父母以勞爲愛如天地以肅殺爲生成一般感戴之不暇而況怨乎

霸者之民章

以霸者引起王者來中間詳言王而不及霸末只用小補一句帶出首節平對不得

霸者之民只是私意籠絡他得些便宜便歡喜若王民

則優游于光天化日之下。俯仰自適。豈可同日語哉。註最精。先儒枯槔之夏畦雨露之草木二喻亦妙

殺之而不怨。王者好生之心有以相信也。利之而不庸王者同利之心有以相忘也。善如父子有親之類。日遷善者日從事于五常日有進長也。不知爲之者。忘乎其爲輔翼之德也。此正王民皞皞氣象也。

此因上節而贊其德業之盛也。夫君子所經歷者。物變風。移過而化也。孟子所謂有如時雨化之者也。所存王者天動機。隨存而神也。易所謂神也者妙萬物而爲言者也。惟所存者神。故所過者化。體立而用行。非兩件也。

朱子曰。經歷不必爲經行之地。凡其身之所臨。政之所及。風聲氣俗之所被。皆是也。上天下地。莫非神化之流行。而王者以一身範圍之。凡天地流行之處。亦君子流行之處。故曰同也。有罅隙。然後有補塞。君子全體造化豈有補塞之可言乎。此王者皞皞之民。所以異于驩虞也。

仁言不如仁聲章

此章見爲政者務臻上理。不得以小效近功自沮也。

仁言仁聲善政善教。都少他不得。但得效有淺深耳。仁言我諭人也。仁聲人須我也。我諭人。尙有待乎其踐之也。人須我。則沾被爲已久矣。一虛一實。故曰不如也。此句只引起下句耳。不平說。

善政非不可以得民。較之善教。則不如。致治者所當循序而深求之也。以輕重言。則上節輕。此節重。以虛實言則上節實。下節虛。蓋仁言仁聲比勘。實發無妨善政善教須是虛虛較量。以着解在下面故也。

法制禁令。凛凛奉行。唯謹。善政民畏之也。道德齊禮。欣欣向慕。恐後。善教民愛之也。民畏之。則得其財矣。畏憚之。則惟正之供。不敢逋負。罔其情也。得財。君足也。而註必兼言百姓足。恐富國者得以藉口也。民愛之。則得其

心矣。得心只從感激處說。則無以加于愛。蓋善教者欲胥一世而善良之。而民莫不以上之心爲心。所謂同道是也。使民不敢玩我。何若使民不忍忘我乎。使民不惜脂膏。何若使民不愛肝腦乎。善政之不如善教。信矣。

人之所不學而能章

世人把仁義看的太高了。都不向自性上理會。豈知其生而有之也哉。試從孩提稍長時觀之。滿腔愛敬。便是滿腔仁義。知能之良。有合下具足者矣。奈之何自失故物也。

不待學習自然幹的來此非可以人力能也良能也不待思慮自然曉的去此非可以人力知也良知也良者云胎裏帶來也

孩提稍長不學不慮者也而愛親敬長無不知信乎其為良知矣上節知能併言此專言知者知愛知敬便是能愛能敬也

親親即所性之仁謂孩提為仁人可也敬長即所性之義謂稍長為義士可也大人仁莭義正要不失此赤子之心耳無他者言無人外却此道也達之天下無不愛親之人則無不仁之人無不敬長之人則無不義之人

以其為良知良能故也此存疑說與註異余意亦如此

舜之居深山之中章

此孟子為舜傳神也舜之居深山之中與木石居寂焉其不動也與鹿豕遊羣焉其不擾也其所以異于深山之野人者無多則以為混沌中人耳及其聞一善言則聲入心通見一善行則意傾神孚若江河之决浩浩蕩蕩不可得而遏止也蓋聖人之心虛靈洞徹萬善具備是以觸之輙動投之輙入也彼深山之野人只以為茫洋浩瀚已耳豈能窺其涯涘哉

無為其所不為章

此勉人不失其本心也所不為所不欲本心也本心自明或牽于物欲或怵于時勢則其心不克自保矣惟困然自強一如其初心君則全是道心而人心不足以間之如此而已豈有餘事哉為就行事說欲就發念說此內外併治之學也

人之有德慧術知者章

此章當與舜發畎畝章參看德之慧慧德也謂性分之醇備也術之知知術也謂才分之濬發也恒存乎疢疾謂從疢疾中得之也疢疾解災患非病也凡天否之人厄之皆是也當局者方戚戚焉思所以解免之豈知其

為磨礪玉成之資哉

臣而孤遠疢疾之臣也子而庶孽疢疾之子也其操心也危則恐懼修省無頃刻之或寧其慮患也深則憂勤惕厲無變故之不悉是以達于人情物理而德慧術知所由日生也與晉文公出亡在外十九年險阻艱難備嘗之民之情偽盡知之所謂疢疾非耶其覇諸侯獎王室則德慧術知之效也

有事君人者章

舊說第四臣之品事君人無品何第之云也只是因鄙夫妾婦之習而遞推其最上者耳

名之曰事君人則不可以爲臣矣謂之也事是君不問其何君也專務爲容悅而已容者取損苟容進退無禮也悅者諂媚取悅事君無義也其心惟知富貴不恤乎其他也

名之曰安社稷臣則學術事功必有卓犖可觀者矣故不復言容而專言悅又不計君之悅而專計社稷之悅蓋志安社稷顯庸吝顧固悅誅殛流竄亦悅也

這天民與伊尹所云天民不同彼泛以天所生之民言此指其全于天之理者言也審時度勢必機會可乘而後出而展布其所學否則求志山林已耳陳新安曰此

主其不輕出而言非以伊尹等後來出當大任而言也此意要知

大人者以天地萬物爲一體之人也正已物正者作則建極而物自不出其範圍也其出則表正萬邦其處則垂範萬世所謂德博而化也

君子有三樂章

此章以不愧不怍爲主一有愧怍則父母兄弟之間有難以施而目者矣天下英才其肯從我遊乎故樂雖有三其所可自恃者則一而已

世人所稱第一樂則王天下云爾然此勢分之樂非性分之樂也性分之樂三或自天或自己或自人雖貴爲天子不足分此中之一得也

父母俱存其依依膝下乎兄弟無故其怡怡堂上乎此天之所以與我人力不得而預者故稱樂之首也

仰與造物同遊無不可告天之心事也俯與斯人同體無不可告人之心事也人欲净盡純是一團天理其快適當如何者二樂也程子原本克己而以心廣體胖形容之盡矣

英才掌引導以資質言非也或以識勝或以學勝或以守勝皆英才也得而訓誨之成立之上以繼斯文之統

下以開絕學之傳三樂也合天下英才盡在門牆之中其孔子乎若孟子則不能無憾于此矣

末復申言之以應首節見天下之樂無以加而學者所當反觀内省也在天者不可恃在人者不可恃吾惟盡乎其在己以俟乎其在天在人者可矣

廣土衆民章

上章不以王天下爲樂此章以中天下定四海爲樂何也王天下非不樂也畢竟對三樂不過故曰不與存中天下而定四海樂矣畢竟對所性不過故亦曰不存辭雖異而旨未嘗不同也

地闢民聚澤可遠施君子利濟之素也故欲之然其及人爲有限未足以暢所懷來故所樂不存程子曰言一廳則中央爲中一家則廳非中而堂爲中一國則堂非中而國之中爲中中天下而立推此類可見蓋宅中圖治會極歸極之義也若日不偏于東西南北誠泥矣定四海之民者遂生復性躋一世于安寧之域也以視廣土衆民何如樂可知已然只是性之緒餘故日其所得于天者不在是也

君子所性渾然醇備不以富貴添却些子不以貧賤減却些子所以然者性分一定隨遇確然不可以易故也

註云分者所得于天之全體故不以窮達而有異細玩之正是此意而說者俱以禀賦前定解之恐是命分非性分也恐是言數非言理也看來分定二字只宜就君子身上說

此節正形容定性之實也仁義禮智性也仁義禮智根于心君子所性也此根人皆有之但物欲不除去便將根子斬斷了惟君子之根滋培深厚則枝葉盛長起來所爲燦然生色也生色貫到底無非仁義禮智之發見耳睟然見于面面生色也是四德之英華也盎于背背生色也是四德之暢茂也施于四體四體不言而喻四體生色也是四德之暢達也四體指兩手兩足說朱子手容足容二喻盡矣所謂動容周旋中禮也此定性之妙而大行所以不加窮居所以不損者乎所欲所樂安得而擬之

伯夷避紂章

詳文王之政究竟只是善養老養老之政行必有伯夷太公之徒起而應之天下豈有不歸心者乎爲政者盍亦師文王天下有善養老不着文王倂不指當時之君只承上文而泛論道理如此善養老則以仁人之心行仁人之政故仁人樂從之仁人大老先儒以爲齒德之

分良是

此言文王治岐之政且浸露養老意

所謂西伯善養老者豈必家賜而人益之哉或蠶或耕而雞豚之時無失制田里教樹畜也或衣帛或食肉導妻子使養其老也人人有妻子人人有老養者其老也導者其妻子也文王亦因民而利之耳且也少者只期無饑老者務求飽煖此亦養中之教也不煖不飽便以爲凍餒此亦視民如傷之心也文王之民無凍餒之老者不過制田里教樹畜導妻子使養其老而已豈含此而他有所謂哉易日乾始能以美利利天下而不言所

利文王養老之謂也

易其田疇章

戰國之民日相偷於不仁其患皆生于不足也富其財而無不足則禮讓生而風俗美雖聖人治天下不過如是

易田疇自不奪農時來薄稅歛則惟正之供也二句俱就上人說故曰民可使富富者餘三餘九之藏也食以時如魚不盈尺不食果實未熟不鬻于市之類用以禮如養老及冠婚喪祭之類俱主在上者教民節儉說財不可勝用則又非特富而已

以軀命所關之物而緩求緩應急求急應無他水火有餘故也聖人治天下使菽粟之有餘如水火史書大有野慶豐年則有無相通緩急相濟人人篤士君子之行又焉有不仁者乎使字即在上兩節內地無遺利朝無横征中外無傒費而調爕陰陽之意亦在其中矣故有菽粟如水火也

孔子登東山而小魯章

此章異說頗多總不如註說爲妥按註第一節言聖道之大第二節言聖道之大有本第三節言學聖人之道者必以其漸各自爲段不相關合而實則一節深一節也朱子又以中一節爲詩之比體以其取譬不露正意也以首節末節爲詩之興體以其先取譬而後露正意也盡之矣

孔子者天下萬世所仰止也登東山而小魯登泰山而小天下言其地位絕頂俯視一切耳蒙引遂以上句爲賢人地位下句爲聖人地位誤矣觀于海者難爲水承上句起下句也海者衆水所滙歸也觀于海則凡水不足以當一盼矣聖人之門羣言所折衷也遊其門則凡言皆在範圍之中豈能特出異論哉然則聖人海也羣言水也千流萬派莫不于是乎朝宗觀其言當不驚諸

子之言若河漢而無極矣

徒見聖道之大幾于莫可捉摸矣然有本焉可借觀而喻也觀水者必觀其波流湍急之處而後知水之有源也無源則其流不繼安能如是猛急哉遡流窮源此其術蓋以逆而觀也合日月以成明明者日月之體也貞明以爲體故無遠不届無微不徹而容光有所必照因體識用此其術蓋以順而觀也源即瀾之本明即照之本非别有所謂本也

聖道固有本矣夫豈一蹴而至哉流水之爲物也滿一坎然後更進一坎君子之志于道也何獨不然[illegible][illegible][illegible]

力造一件做成片段然後再做那一件日積月累務期造乎高明光大之域乃所謂達也不然半上落下既鶩此又馳彼到底沒有結果先儒善信美大聖神之論可謂明切須節節體驗將去

雞鳴而起章

此章教人認取初念早自決擇也雞鳴而起一意向天理路上走雖未至于舜便是舜一流人矣雞鳴而起一意向人欲路上走雖未至于跖便是跖一流人矣張南軒曰凡有所爲而爲皆利也程子曰利不獨財利之利凡作一事須尋自家穩便處去做皆利心也是可不明

辨之乎

舜與蹠之分奚啻天淵哉苟欲知之所爭無幾只在利與善之間耳間非中間之間是間不容髮與其間不能以寸之間間隔之意也入于利便與善隔入于善便與利隔舜惟向善一邊去便不回轉遂成古今第一個善人蹠惟向利一邊去更不回轉遂成古今第一個惡人所謂差之毫釐謬以千里也危哉可不慎與

楊子取爲我章

斯道自堯舜相傳以來只是一個中字而中非權不能用也楊墨師心自用無所事乎稱況權乎子莫有稱而無錘與無稱同其爲賊道均也是以君子惡之

取字註解僅足不如作取必之意爲確蓋但知有我一膜而外更不知有人矣拔一毛及摩頂放踵皆假借形容之辭楊子曰古之人損一毫利天下不爲也人人不利天下天下治矣彼以治天下自負豈規規自全者哉墨子一意爲人萬物之內併不知有已矣故捐其身以利天下所甘心焉若佛氏不愛頭目腦髓以利濟正與此同

二氏皆偏于一者也失中甚矣子莫矯其偏而比擬于二者之間以爲中爲我不中則兼愛以濟之兼愛不中

則爲我以濟之此其意差善庶幾近之然不審輕重以爲低昂則固滯不通猶夫楊墨之執一耳豈能相尙哉

上三節立案以執一二字該之此則承上而指言其害也執一者居然以道自鳴而必惡之何也爲其執爲我則害仁執兼愛則害義執爲我兼愛之中則仁義兩害道之賊也夫道約言之則一也博言之則百也殊途而同歸者也執一則惟見有一而一之外一切棄置不問廢百矣百廢則併其一而非一亦豈能與哉爲字直貫到底不專指賊道句

饑者甘食章

此章當以高中玄之說爲正只照本文解去不必添出貧賤來飢渴正貧賤之一端也人當飢渴時雖不甘者亦以爲甘是未得飲食之正味也飢渴害口腹故也夫人爲飢渴所迫遂不顧禮義廉恥而爲之以致喪其良心則飢渴豈特爲口腹之害哉兼亦爲人心害矣人能無以飢渴之害口腹者害其心則此心確有主張不爲世味所動根底立得好以之希聖賢不難矣又何有不及人之憂哉子思七日不火食而歌聲若出金石正其人也

柳下惠不以三公章

人皆知惠之和不知惠之和而不流故特表而出之未爲三公固不降志以求合即爲三公亦不貶節以求容故曰不易其介介者截然有界限一毫踰越不得也註以此章與孔子論夷齊不念舊惡正相類皆聖賢微顯闡幽之意信然

有爲者譬若掘井章

此章與辟如爲山章小異彼兼建立功業言此專爲學者言也學道者必左右逢源而後可云深造也不然終日勤勞于源頭茫無見處雖行潦且不得與分功果何益哉

堯舜性之也章

此章言帝王殊途同歸覇者則千里也性之謂純粹以精之體也一切道理自然從天性流出堯舜無所庸其力也身之謂克己踐形之功也一切道理無不躬行而實踐之湯武無所謝其據也假之則專在外面襲取而不復反求諸吾身固有之性也此孟子學春秋一字之褒貶也久假而不歸若固有之故不自知其非有也如初假人物本權借爲一時之用耳既久則忘其爲人之物直謂爲己之物矣豈知仁義性生覇者一反身而具足何必

粉飾造作掩人之物爲己有哉

伊尹曰予不狎章

按書伊尹曰予弗狎于弗順營于桐宮密邇先王其訓王徂桐宮居憂克終允德惟三祀十有二月伊尹以冕服奉嗣王復歸于亳此居喪免喪之禮固然無所謂放之之說也公孫丑畧述書辭而益以放太甲于桐一句此必當時好事之言耳孟子不辯其誣而直以伊尹之志明之其平生尚論古人類此者正多可考也

註以不順爲太甲所爲不順義理而尹不欲習見之恐非人臣之義蔡傳更之曰言我不可使其狎習不順義

迺之人得之矣放于桐反于亳大說爲仁民計也民之大悅宜哉

丑之言是爲亂臣賊子藉口也孟亦觀其志乎尹之志在宗廟社稷而無一毫擅權自利之心可告先王可告天下萬世是以翊非常而不嫌也若無伊尹之志則與于篡元惡大憝法有必誅而無赦矣後世霍光廢昌邑王賀而立宣庶幾漢之伊尹矣而南軒先生尚以嚴延年一奏微示不滿之意愚謂霍光廢立武王之征誅也延年劾奏夷齊之扣馬也其道並行而不相悖安得以彼議此乎

詩曰不素餐兮章

丑之意以孟子不耕而食爲素餐故引詩諷之與彭更傳食爲泰之意同豈知君子之功在人國也何可沒乎居是國則爲一國之寵光其君嚮慕其道而用之則若安宅而弗危也擁富厚而弗貧也修尊爵而弗卑也享榮華而弗辱也此其上有功于君者也居是國則爲是國之師表其子弟佩服其教而從之則入而爲孝子也出而爲悌弟也事君而爲忠臣也交友而爲信士也此其下有功于民者也區區廩肉曾何足以償之而云素餐乎古所謂大烹以養聖賢者胡不問焉

王子墊問曰章

志者士之事也仁義者士之志也其名則士其實則大人也在易遯之上九曰高尚其事象則曰志可則也此亦以見志事之合一矣

墊之問以士上不謀國下不謀家優游其間無所事事也

所尚者志趨向不凡亭亭萬物之表也

志在仁無以尚之仁者萬善之長也志在義無以尚之義者萬變之宗也殺一無罪則其志慘慘者慈之反非仁也非其有而取之則其志貪貪者廉之反非義也四

句泛說以下纔說到士身上共居在仁安上以敎之止而不遷也路在義躬行以踐之遵而恐後也居仁禮立由義用行體用兼備大人之事豈復有加于此哉備者完全無虧欠之意窮居而硋大行之畧韋布而主帝王之權在田之大人無以異于在天之大人也

仲子不義章

此章見制行者必先立乎其大而其餘乃可觀也仲子之廉傾動一時故其不受不義之齊國人皆信其然也人信之方以爲驚天動地的大事孟子直以爲舍簞食豆羹之義何也對親戚君臣上下而言也人莫大焉亡

親戚君臣上下作句讀在齊亦必有親戚君臣上下然後可以爲國不則國非其國矣而况于人乎奈何以讓國之小廉遂無疑于敦倫之大節乎論人者必其大信其小可也以其小信其大則斷乎不可

姚應問曰章

說此章者或以舜爲天子必不使瞽瞍妄殺人就使殺人自有八議之法在恐皐陶不得而執之且皐陶既執之舜安得竊負而逃乎又舜爲天地神人之主恐當時必不聽其逃辯難俱是但未得孟子立言之旨也詳玩註說當自得之存疑窺其微矣其言曰此是就各人安身立命天理精微極致上說都未及權變處此本朱子之言而大有解悟也

上有至尊之天子下有執法之刑官而瞽瞍以天子父殺人法既無所逃情又不容已此古今一大難局也桃應之問亦自奇創

法之所在豈以天子之父居乎執之而已他非所恤也

坐視其父見執而不之禁其如爲天子何

天討有罪五刑五用哉朝廷之法本乎天制乎聖人法官世守之兢兢罔敢失墜者也舜豈得以一人之私情廢天下之公法哉

以天子而屈于士師之法有不能爲情之甚者矣如之何

天倫爲重四海爲輕屣于天子何有哉舍一日之鼎名全終身之孺慕其樂陶陶適愜吾爲人爲子之願而已

孟子自范之齊章

主意在居天下之廣居一句前借王子開其端後借魯君暢其說耳

喟然一歎歎齊王之子正歎廣居也居移氣養移體謂變化其氣象體貌也二句泛說不得指出勢分性分大哉居乎正歎居之關係匪淺鮮也均是人子而王子之

氣體何迥異也王子有宮室人亦有宮室王子有衣服人亦有衣服所與同者多矣而氣體獨若彼其不同者則所居之地位然也前言居養此獨言居者言居而養在其中也况坐擁安宅以天地萬物爲一體其心廣體胖面睟背盎又當何如乎

呼魯君自呼也明知非吾君而其聲之酷似如此故守者共訝之也此無他居相似也是孟子語以見居之能移人而居天下之廣居者亦可想像其氣體矣

食而弗愛章

戰國時上以幣帛拘士而士亦以幣帛自拘無[illegible]

恭敬矣故孟子慨焉與嘆而進求其實也
夫人而至于使人以豕交之獸畜之鮮不怪且怒者豈知食而弗愛愛而不敬者固然盍亦少自重乎
恭敬其人而罔敢狎忤然後以幣帛將之故此心雖與幣併行而實有不與幣併見者發已結注于其先也豈曰修一時之辦儀已哉
若徒以幣帛爲恭敬而無將之之實是豕交獸畜矣君子去之唯恐不速豈可以虛文相羈留哉吾終穆然于尊賢禮士之風矣

　形色天性章

有形斯有色色非出于形之外也有性斯有天天卽行于性之中也形色天性如貌便有個恭之理言便有個從之理視便有個明之理聽便有個聰之理心便有個睿之理常人都作軀殼躭閑了所以頑冥不靈惟聖人盡性然後能一一實踐其理而作肅作乂作哲作謀無些子缺欠也所謂不虧其體全而生之全而歸之也踐者脚踏實地之意若佛氏視此形爲幻爲妄而脫離之別求所謂清虛寂滅之性焉是舍火而求明也不亦遠乎

　齊宣王欲短喪章

一則禮之所本有者自以其意減之一則禮之所本無者自以其意增之一過于薄一過于厚其相去遠矣丑安得援以自解也
期之喪視三年雖不及視已則過丑謂曰幾于逢君之惡矣
紾兄之臂天倫大惡也雖徐徐庸愈乎亦教之孝弟謂以孩提眞心點醒他或當一悟也本教弟而必兼言孝者書所謂弟弗念天顯大弗克恭厥兄不弟正自不孝來也此句只指紾兄說短喪意言外見之並說不得
壓于嫡母不敢終喪古制也至我朝始得各伸人子之

情矣王子之傅一請所謂禮雖先王未之有可以義起者也丑見此事以爲傅請數月之喪果是則已所論期之喪未爲非矣故及之
王子之喪欲爲而不得者也故雖一日可以見終天之情宣王之喪得爲而不欲者也故雖期月適以薄三年之愛奈之何同年而語也謂夫莫之禁而弗爲上須如註添我前所譏四字

　君子之所以教者五章

開口云君子之所以教者五結尾云此五者君子之所以教也中列五教燦然明備而前後照應確不可易然

則聖賢之教雖專以道德乎而文章亦在其中矣學者天質醇備人力宏深生趣正在浡浡莫可已之候一經點醒豁然大悟全體其靈通矣正如雨之潤物不先不後適當其時就中造化之妙豈可以言傳乎註五教皆以人實之確甚性地溫雅器量寬厚德也從而涵育薰陶之縮其小以極于大也資分明膺識力英敏材也從而誘掖開導之擴其偏以歸于全也無問及門不及門但隨其所問而答之自有一段道理不可磨滅處罔君子之教澤也

或時同而地遠切聞風之慕或時不同而世後竊取嘉言懿行以自善其身心此皆君子之教澤宏播地無遠近時無後先皆有以取之不窮也孟子嘗曰私淑此則曰私淑艾或曰淑進善也艾懲惡也於義亦通且不失朱子斬絕自新之意君子以斯人爲徒而成就後學其急務也故帝王之五教窮于上則聖賢之五教行于下可遞而誌也此五者因材而篤如天之生物一般蓋君子之所以立範垂模而有功于天下來世者也

道則高矣美矣章

註末數語最盡最確陳氏曰道有定體謂中道而立教有成法謂繩墨彀率卑不可抗高不可貶申言中道而立也語不能顯謂引而不發默不能藏謂躍如也尤爲詳明美卽從高處見之不平說以爲宜若登天然張本也不可及則自棄若使彼爲可幾及將日孳孳而弗能已矣語氣一順說去大匠與羿皆喻辭宜影射正意講言彼豈以拙工拙射之不可幾及而擅有變更哉註以引爲引弓發爲發矢承上文彀率而言也引者循

循善誘之意也不發者不罄洩其中藏也雖不發而彷彿如見故躍如也朱子曰引而不發謂漸啓其端而不盡其說躍如謂義理昭著如有物躍然于心目之間正是此說中道而立不鶩于高遠不狃于卑近恰好的繩墨彀率也能者從之卽躍如者而發其所未發以無負君子接引之意也如工之匠心如射之破的高美之道豈有不可幾及者乎若不能者則末如之何矣

天下有道章

此爲以道殉人者發也殉者生死不相離之意天下有道則致君澤民不使道離乎身天下無道則隱居獨善

不使身離乎道世有治亂遇有窮達而身與道未嘗須臾離也

若以道殉人則此身漫無挾持第隨人俛仰而已我未之前聞也

公都子曰滕更之在門章

君子教人之心固懇以切矣然求者不誠則拒之是亦不屑之教誨也不答其問則不在所禮矣公都以爲非所宜也故問之

答者至公無我何貴何賢何長何勳勞何故之有哉五者皆在所答也一有挾則皆在所不答也挾則自恃驕

盈之氣橫在胸中無以爲受教之地矣答之奚益滕更國君之弟貴也慕義來學賢也有二指貴賢講中且漫露出只虛虛說五者有一于是則不答而況二乎

於不已而已章

首節之弊在不及次節之弊在過註過猶不及之說自是受切後儒往往非之過矣

凡事有于情于理不得不做的須是做如綱常之大是也若此處泄沓放過則天下事無復有措手者矣凡人有于情于理不得不厚的須是厚如骨肉之親是也若此處刻薄寡恩則天下人無復有鍾情者矣

此兼爲學爲治兩頭說天下事退之不如進也固矣若一意勇猛向前而不留餘地爲可繼則氣易衰力易竭亡何而索然盡矣從來矢志厲精而究猶鮮終之嘆者豈少也哉

君子之於物也章

前逆說後順說總見君子之情不混用也愛物是愛惜不殘害不暴殄也至于仁則若有所禁而弗予矣仁民是慈祥愷悌不忍其失所也至于親則若有所禁而弗予矣豈禁之哉留餘地以待施耳親親重講以仁民愛物上而有了而親親二字至此始出故也親親者左右

奉養求得其歡心以至出言舉步無所不用吾情也親須親若夫民則仁之而已以親親者親民是視至親如路人也民須仁若夫物則愛之而已以仁民者仁物是同人道于牛馬也親疎貴賤各有差等所謂序也若作先後之序則非旨矣註食有時用有節二句解愛字極好若釋氏之不殺生梁武帝之不用犧牲則以仁爲愛倒行逆施矣

智者無不知也章

此章言仁知之全體在乎扼要兩平對說不可作一串講堯舜是借來做樣子末節偶舉一二事爲不知務之

凡以見仁知所當先之務不可不急知也

智者照普萬物無不知也而非無不務也急當務而已急當務則職要不必職詳而叢脞就理其爲知也大矣仁者則萬物無不愛也而非無不務也急親賢而已急親賢則任人不煩任己而惠澤下究其爲仁也溥矣以堯舜之欽明濬哲而不泛置其心于不可勝窮之地惟先務是急如堯治曆明時舜舉相去凶之類是也以堯舜之如天好生而不濫用其恩于不可勝窮之地惟親賢是急如堯以不得舜爲己憂舜以不得禹皋陶爲己憂是也

觀于堯舜夫亦可以知務矣世之人或滅其天性而加意于疏屬或喪其威儀而致詢于末節顛倒錯謬豈云知務者乎不知務則雖無不知而不足以爲知雖無不愛而不足以爲仁矣盡就顯而易見者一推廣之也

四書翊註

前賢　刁包蒙吉輯　男再濂　孫顯祖 繩祖 永祖 興祖　曾孫錦 鈞 鎔 錄 鎧 鑰 銓　仝校

平湖陸隴其稼書鑒定

後學黃越際飛校訂

不仁哉梁惠王章

孟子之言非承上三章之意而發註以其類也故言之然其理則固相通矣當時諸侯王大抵皆犯不仁之病直斥惠王所以警諸君也仁者無不愛所愛者固愛所不愛者究亦愛之矣不仁者始而愛其所不愛究則併所愛者亦不愛之矣兩及字不同上及字推及也下及字累及也此處且虛說爲丑問張本

土地所不愛也以其故而驅民于鋒鏑之下肝腦塗地已爲失策至于子弟所甚愛者又驅而殉之天性殘滅豈不慘然傷心乎以其所不愛及其所愛不仁矣

春秋無義戰章

春秋一書褒貶並行至于戰伐之事則有貶而無褒或書人或書名或書遂或書及皆不義之辭也若夫均之不義而于其中有差勝一籌者則亦偶見之如召陵之師之類是也

諸侯有罪。天子命方伯討之則曰征。征者。上伐下之名。也。敵國稟命于天子。無私自搆兵之理。故不相征。春秋。皆敵國相征。未有出于上命者。此所以無義戰也。末二句。正釋首句之義。

盡信書則不如無書章

首節言讀書之法。下則即武成以例其餘也。人情當疑。證時鮮不援載籍以自解。殊知載籍遂足盡信乎哉。讀古人之書。貴斷之以理。理不可信而强信之。則執拘迷錯害義甚矣。如此是書無以益人。而反以誤人。豈若無書之爲愈哉。

程子曰。取其奉天伐暴之意。反政施仁之法。盡矣。其他若有道曾孫周王發之類。語近驕誣。未可盡信也。

仁人無敵于天下。此古語之必當信而不以疑者也。若血流標杵。則仁人反不足信于天下矣。可乎。按書。前徒倒戈。攻于後以北。蔡傳曰。紂衆離心離德。持刼于勢而未敢動耳。一旦因武王弔伐之師。始乘機投隙。奮其怨怒。反戈相戮。其酷烈遂至此。然則血流標杵。言不仁之自相敵。非言仁者果無敵也。

有人曰我善爲陣章

自梁惠王章至此。皆言戰則不仁。仁則不戰之意。胡氏曰。四章意亦相承也。然則善爲國者不師。善師者不陣。善陣者不戰。豈不信哉。

善陣善戰者。上啟人君殺伐之心。亦賊生靈億萬之命。所謂服上刑者也。故曰大罪。

國君好仁。天下無敵焉。二句是一章眼目。言其君不戰而屈人之兵也。

湯武。國君之好仁者也。東西南北無敵焉。其已事可考也。

武王。國君之好仁者也。其伐殷也。革車三百兩。言車之少。虎賁三千人。見仁人不以兵威取勝也。

于曰二句。從好仁之心發而爲好仁之言也。稽首若崩。豈有敵之者哉。此孟子直以其意爲文也。書無王曰二語。若崩厥角。言商民畏紂之虐。懍懍然若崩摧其頭角也。與此亦全異。

征之命名。蓋有取于正之義也。除其不仁以歸于仁。則正矣。夫人各欲仁者正己而沐其恩。是以怨後稽首之不暇。焉用戰。戰者仁人所不用。而善陣善戰之人。方且侈然自多。豈非大罪乎。

梓匠輪輿章

此如詩之比體也。只照梓匠輪輿說去。而正意隱躍言外孟子曰中只一句正意不得若曰引繩切墨授受之方若夫得之心應之手則存乎其人非可以言傳也舍規矩以爲巧不得執規矩以爲巧亦不得其所能者不可誣其所不能者不可强也是所望于神而明之者

舜之飯糗茹草章

此見聖人之天定不以貧賤而有所損不以富貴而有所加也飯糗茹草在人情方且難堪而舜若將終身焉無厭而思去之心被袗衣鼓琴二女果極天下之至樂矣在人情方且驚喜出意外而舜若固有之無盈滿自多之色其恭已正南面也無以異侶木石友鹿豕也此

段光景非孟子能想像而形容之乎

吾今而後章

要看註必有所爲而感發一句天道神明人不可獨殺而況于父兄乎雖假手于人實釀禍于已所爭幾何亦閒耳然則愛親者不敢惡于人敬親者不敢慢于人亦可從此理反推之矣

古之爲關章

原設關之本意而古今人之不相及也遂至此可慨也譏察非常本思患預防之道征稅出入則惟利是狗矣舉古人之美意良法罔不假借以行其私豈獨爲關一事哉

身不行道章

身者妻子所則傚也行道者無妄言無妄動也若一言一動不向天理當然做去則身不修家不齊其何以行之哉非獨身不行道在妻子閒行不去就是使人小節若因循含糊没个道理妻子亦將不奉吾命矣妻子不能行而況他人乎古人進德者必卜諸妻子有以也

周於利者章

上句引起下句不平說周于利者蓄積淳而俯仰無虞何畏乎凶年周于德者行道而得于心完完全全無少

虧欠也邪世卽邪說暴行之世不能亂者無以搖奪其學術也先正云識不到則眩荀彧之從操是也守不到則貶楊雄之爲莽大夫也氣不到則懾王坦之之倒執手版是也其說最精余反之云識到則不眩管寧之避曹操是也守到則不敗陶潛爲晉處士是也氣到則不懾韓琦之可取吾頭去是也

好名之人章

程子云好名與好利雖清濁不同然其爲利心則一也千乘之國大利也讓千乘之國大名也讓千乘之國之名之利更勝于千乘之國之名之利故好名之人能之

苟非其人指貪能讓國之人說蓋利鈍根子種在心裏故簞食豆羹之利露出本相來以其無名可名故耳或曰三代以下惟恐不好名苟非其人卿指好名之人說非旨矣

不信仁賢章

國所與立將在仁賢矣仁賢分言之則懷德之人抱道之賢士也合言之則居仁安仁而德業之可希者也不信則疑而不用擯之山林國固無人羈之廊廟國亦無人也傳曰不有君子其能國乎

禮義由仁賢出無仁賢則無禮義矣禮義國之維也無則犯分干名而尊卑貴賤失其序上下能無亂乎

政事由仁賢立無仁賢則無政事矣政事國之紀也無則壞法敗度而賦式出入失其經財用其能足乎三者皆治安之先務也而仁賢爲之本可不思所以信之乎

不仁而得國章

當時有國者日以得天下爲事而不仁滋甚豈知不仁者奮其詐力竊據一國容有之若夫得天下則萬無是理也孟子之意蓋警諸侯之不仁而厭其大欲耳自是而後若秦若魏若晉若惰不仁得天下矣然不旋踵而滅亡綱目繼春秋皆不以正統與之其法則本孔子其

意則本孟子此章之旨也

民爲貴章

君爲貴社稷次之民爲輕此常論也孟子反之以矯時君之妄自尊大而視民如草芥者首節立案下始着解不得實講

民惟其貴也是故得丘民之心則神器歸焉天子之貴必以民之貴貴之其貴爲何如乎若夫得乎天子不過爲諸侯得乎諸侯不過爲大夫豈能與民爭權哉此節釋民爲貴

天生民而立之君俾司牧之若諸侯不恤其民而社稷幾至傾覆則更求賢君而立之是社稷重于君也此節釋君爲輕

備物以祭罔敢後時所以祈有年也然而雨暘不時旱乾水溢則社稷不稱厥職故毀其壇壝而更置之是民又重于社稷也或旱乾或水溢有一焉則爲變置之舉非俟水旱相仍而後然也

胡氏曰變置諸侯改立其人也變置社稷改立其祀神之壇壝而非改立其神也說本梁子亦註意此節釋社稷次之

聖人百世之師章

自古未有以聖人稱夷惠者稱之自孟子始百世之師亦是創論言其儀刑奕代也下面都發明此句伯夷之風如秋當之者百物振肅柳下惠之風如春當之者百物照蘇亭亭物表不屈于世故曰奮厭去其積習而植立不仆曰興起奮者百世以上之興起也興起者百世以下之奮也上下以性情相在還有不知其然而然者此其有關于世教甚大非品詣其極者能之乎此句正應首句而兄于親炙之者薰其德而善良又當何如也易曰雷出地上二子之奮雷以動之也詩曰風行草偃二子之聞于後世風以散之也雖分造化之功未免有

迹在孔子太和元氣也覆載萬物而不尸其功渾然無迹此孟子所以推夷惠而不及孔子也

仁者人也章

此亦道不遠人之意但指出仁字爲更醒耳仁非人則其理虛而無所寄人非仁則亦塊然血肉而不靈故仁者人也原是合一不離的而古今共由之道統是矣言道者奈何求之幽渺哉詳言之仁統萬善親義序別信皆仁也人備五倫父子君臣夫婦長幼朋友皆人也親就在父子上見的義就在君臣上見的序別信就在夫婦長幼朋友上見的仁者人也合而言之豈非天下之

達道哉

君子之尼於陳蔡章

尼于陳蔡以絶糧言也無上下之交只是君臣不致敬併際可公養之禮都廢了是以七日無所資耳史記陳蔡發兵圍之之說豈足信哉蒙引說最當

貉稽曰章

此章言士當以孔子文王自勉也理訓賴未醒蒙引曰壞于衆口亦無謂按理字或曰分理或曰問理或曰審理皆取分辨之意大不理于口者言衆口妄加訾議大没分辨也

稽之意豈不曰所傷實多乎無傷也憎從土作增言爲士者行益高則知者益寡名益盛則嫉者益衆亦通但不如還他本字從心爲是憎者疾惡之意唯其憎之是以毀之言士以聖賢自期待故見憎于此多口也引詩見孔子文王古今之至人也而不免于人之慍正不免于人之憎兄下此者乎反躬自强盡其在我者而已太王之詩以文王當之似也衛莊姜之詩以孔子當之憂心悄悄如何說的去豈說詩者應如是耶

賢者以其昭昭章

指有治人之責者言昭而又昭明睿之至也昏而又昏

闘汶之極也一則躬行以率人一則政令以强人參矣昭昭望治之心固同而原本處則相去遠矣邇賢者以傷今不平說

孟子謂高子章

山徑之蹊閒人所率而繇之之路也介然用之則往來自如一旦開豁而光亨矣少閒不用立見茅塞欲復成路豈可得哉今子目前有理義之大路在而甘心不用使一掬內皆荊棘滿胸中盡葛藤也亦將何以爲心耶天與我一潔潔淨淨坦坦蕩蕩好田地乃任物欲横生蕪穢不治盍反而求之

高子曰禹之聲章

高子之樂無以異于高子之詩也其亦茅塞之驗乎孟子罕譬而諭想當心開目明矣

不問性情不問功德不問時勢直取禹與文王之聲而優劣之何其憑臆自用也

窮其立言之意則日有見于追蠡云爾以鍾紐之完虧卜聖樂之高下高子曰是亦足矣

是果足據則一車兩馬之力亦足以卜城門之軌乎哉軌之深不深係于歲之久不久有未可狥迹而論者正先文王千餘年子欲比其聲而同之過矣

齊饑陳臻曰章

救饑者仁人君子之心也卽一再爲之庸憚煩乎但前日發棠齊王雖勉從之在庭小人必有譏其掠美市恩者若又不識忌諱祗取辱耳此陳臻以爲不可復而孟子亦有馮婦之戒也

苛政猛于虎齊王之政負嵎之虎也國人知爲己謀食暇爲孟子謀道乎其厚望無已也是亦趨而迎馮婦之意也果復發棠則攘臂下車矣是狥情干譽而不免于士君子之非笑也烏乎可

口之於味也章

此章只要拿定天命之謂性一句天之所賦命也人之所受性也一而二二而一者也前五者原是性君子却不說是性而安吾命後五者原是命君子却不說是命而盡吾性此亦矯而得中之意也

此五句屬性卽在五句內見的蓋耳目口鼻四肢各有其所甘各有其所悅各有其所便是生而知之生而能之者也性也玩之於二字有自然相宜之意然貧賤則欲適情而不得富貴則欲恣情而又不敢有命焉天之所以節制乎人也付之在天人豈得而妄干乎君子不謂性蓋所以忍性耳

此五句爲命須從命也句着解謂厚薄期稟常變異遺
故也譬之仁自然在父子見得然有文武之父子有舜
闕之父子義自然在君臣上見得然有舜禹之君臣有
湯武之君臣禮自然在賓主上見得然有陽貨之非禮
以爲禮智自然在賢者上見得然有晏嬰之似智而不
智聖人與天道自然脗合得然有性之之聖人有反之
之聖人有在天之聖人有在田之聖人是皆數有前定
而非人能爲也命也然既生稟五行之秀以成形即備
五常之德以成性有性焉人之所以凝承于天也勝之
在人天豈得而坐限乎君子不謂命蓋所以立命耳者

作否亦通不如還他者字爲是

　浩生不害問曰章

樂正子孟門之巨擘也許其所已能勉之也詳其所未
能進之也一勉一進之間其所以曲成者至矣
樂正子之爲人度未有以遠過乎人也據其目前擅長
處則固有不可沒者其人亦可以爲善矣其人亦可以
爲信矣只閑閑許他實講善信不得
凡立心制行使人慕而愛之則可欲之善也善者秉彝
之德人所同好故于欲乎徵之雖說人欲已却固在其
之善有可以致人之欲處

以可欲之善而大段體備于身無假借以自欺者則有
諸已之信也從此而見師于銘定之後不襲無諸已
乎未幾而闇章修然亦未爲大失也
其善圖滿而無虧欠也其善篤至而無虛怓實也充
實則渾然具足有可觀仰美也朱子曰雖其隱微曲折
之間亦皆清和純懿而無不善之雜精甚
其積之也深以塞則其發之也熾以昌瑟僩赫喧斐焉
彰施一身禮樂文章燦焉黼黻一世此其人尚可限量
乎註引樂記曰和順積中而英華發外又引易之坤曰
美在其中而暢于四支發于事業盡矣

大而化則氷消凍釋無復形象之可求矣人至此其至
矣乎程子曰仲尼無迹顏子微有迹孟子其迹著正化
不化之說也
聖而至于不可以耳目心思相窺測也則視聖又進一
格矣孟子明指爲四則聖神當作兩樣緣程朱有說不
敢異棠引疑之亦未决新鄭云湯武皆聖人也可謂神
乎堯舜孔子皆聖人也可不謂神乎是聖人之上固有
一等神人也此說自是
在善信之間故曰中善有餘信不足也其于美大神聖
則懸望焉而未敢企及故曰四之下總之樂正子天資

功學力淺故所成亦止此耳

逃墨必歸于楊章

孟子嘗曰能言距楊墨者聖人之徒也既欲其距之也嚴此章奠其來歸而歸咎于辯楊墨者又欲其待之也恕嚴與恕併施此先儒所以有義盡仁至之說也墨氏兼愛泛濫不近人情若厭苦之則爲我者猶爲約而易操也故必歸于楊楊氏爲我究至絕人逃世豈距足之地乎一旦厭苦其不情則思大中至正之道爲確而可循也故必歸于儒此皆以理勢之固然者言之非謂楊果勝墨亦非謂逃墨者必先歸楊而後歸儒也歸

斯受之專就歸儒說斯受者無所留難而已矣者無事他求也無非與其自新之意耳

若然則不復與之辯矣今之與楊墨辯者諄諄然苛繩其既往之失則彼畏其已甚一去而不可反矣如追放豚者不過爲入苙討耳既入其苙又從而招之豈非施之以難堪也哉此譬恐亦是禽獸楊墨之意

有布縷之征章

布縷出于五畝之宅匹婦所蠶也唐之調倣此粟米出於百畝之田匹夫所耕也唐之租倣此力役出于同井之家丁男所賦也有軍賦工賦二役唐之庸倣此征之有者君子豈得而無之于其中有調劑之法在用一縷二也夏用布縷則緩粟米力役之征秋用粟米則緩布縷力役之征冬用力役則緩布縷粟米之征取之中有不忍盡取之意是以民樂生而父子相保也不然一時併取其二則民不保其身一時併取其三則民不保其家曰殍曰父子離何等堪憐長民者聞之能無痛心

諸侯之寶三章

當時諸侯爭寶珠玉而置土地人民政事於度外故孟子別其真僞而示之諸侯有國土地有國所資以爲業者也人民有國所資以爲守者也政事有國所資以爲

治者也三者諸侯至寶所宜珍重護惜而不可頃刻忘也若舍此而寶珠玉則政事亂而人與土兩無所賴矣身之災也日可俟也憶投珠抵璧堯舜之風藐矣齊威王不以徑寸之珠爲寶楚王孫不以白珩爲寶亦庶幾知寶者哉

盆成括仕於齊章

孟子之斷盆成括雖曰理有固然蓋亦危言以懼之使之知所戒而獲免于禍也而卒不悟其及也固宜大道者所以擴人之才而使不窮亦所以範人之才而使不過也盈虛消長進退存亡其理皆不外是況在仕途而

可貿貿乎拓小有才不過些須聰明耳而未聞君子仁義中正之大道則憑臆舞智露頴張鋒勢不至捐性命以殉之不已也後世若智伯晁錯之流是也徐注甚好不可不知

孟子之滕章

其事惡孟子亦無所置辭而特記之註以爲有合于聖賢之指誡是也

舘于上宮意孟子自鄒非滕君舘之也何以知之以其有業屨于牖上知之也舘人業屨之人也求之弗得求之牖上而弗得也

問而曰或似是旁觀者非失屨之人也以從者爲廋則滕之來是爲竊屨矣蒙引以來爲來學誡可笑或人曰殆非也註以爲自悟其失亦非其設問之意原不如是也意以夫子之設科也于來學者全不揀擇以致賢愚猥雜而竊屨之人亦在其中矣豈知聖賢大道爲公若追其往而拒其來則瑣屑苛刻心之不廣甚矣豈與人爲善之心乎陽明曰今之時苟有一念相尋于學者與所謂空谷見似人者喜矣况其章縫而來者能不欣然以接之然其間亦豈無濫竽假衒之弊但在我不可以此意逆之亦將于此而求其眞者耳此論正合此章之意

人皆有所不忍章

仁義之量甚大而端甚微非識取而推廣之鮮不爲物欲所汨没矣是故極其量則曰充引其端則曰達唯達而後能充無非完其皆有之初心焉耳

人雖甚不仁必有所不忍者存焉人能繇此通彼以惻隱之良心易其殘刻之習心則天心藹然矣仁也人雖甚不義必有所不爲者存焉人能繇此通彼以羞惡之良心易其黙汚之習心則天心秩然矣義也

此從上節之意而申言之非又進一層也害人者人之

所不忍也以其所不忍達之于其所忍則滿其無欲害人之心而民胞物與無之不愛仁可勝用乎穿踰者人之所不爲也以其所不爲達之于其所爲則滿其無穿踰之心而砥節礪行無之不宜義可勝用乎

人所以不爲穿踰者以其爲人所甚賤故也今夫爾汝之稱非人甚賤之而然乎無受其名一慚忿而遂已無受其實則凡一切躬行有不足取重于人者皆在所不爲也又安往而非義哉此朱子之說與註不同須如此纔講的眞字出存疑非之以爲不得註申明上文之意誣矣

餂志在探人之隱情也若當默而默則人之情隱矣故陽爲語以誘之使彼之情不覺囫語而發露也是以言餂之也若當語而語則人之情亦隱矣故陰爲默以待之使彼之情不覺因默而發露也是以不言餂之也朱子曰餂者鉤致之意先儒媚悅等語未切只此便是心地不光明便是穿踰之類所謂充類至義之盡也充此心則一語一默無不可告人者而義在是而仁亦在是矣前仁義併言而後則專言義者仁統體義萬殊也

言近而指遠章

平天下者不外言行兩端言有遠近行有博約而其理

因之有輕重焉君子重其近且約者輕其遠且博者夫是以言道盡善而天下平也

今之言其近者既淺陋而無味其遠者復荒唐而不經近與遠皆未善也惟言近指遠者典要而趣無不該周其言善矣今之守其約者既拘滯而不通其博者復泛濫而寡要約與博皆未善也惟守約施博者易簡而理無不得則其行善矣君子之言不下帶何其近也而道存焉何其遠也修辭不離乎目前日用而人倫事物之理該焉此君子之所以爲善言也

君子之守修其身何其約也而天下平何其博也能此

不出乎反躬克己而經綸參贊之業畢焉此君子之所以爲善道也

上兼舉言行此則專言不守約而務博施之病行重于言故也人病舍其田而芸人之田引起下文耳所求于人者重以平天下爲期也所以自任者輕舍其身而不修也茫然無所守究至人己兩病非求諸君子恐不可救藥矣

堯舜性者也章

堯舜湯武皆聖人然有性反之分此孟子創論也三節言性之德三節言反之功却都不着在堯舜湯武身上

只是要學者反其性焉耳湯武不如堯舜武又不如湯程朱之言備矣

存疑于性上添賦字謂堯舜賦性者也夫人豈有不賦性者何獨堯舜哉無謂矣只宜云堯舜原是性生的合下便純粹以精全不勞思勉耳者字與之字不同之字指理言者字指人言也湯武之性非有異于堯舜但從顧諟執競之功來故曰反橫渠所謂善反之則天地之性存焉是也言復還其故物也反之與身之亦不同身之以用功言反之以成功言也

動容以顏色言周旋以履蹈言中禮者在在皆天則也

動處便是禮便可爲天下萬世模範非所性之德詣其極而能之乎哭死而哀所性之痛悼自不容已也若爲生者情面則有意矣經德庸德也達德也如孝弟忠信之類是也不回直內方外也此所性之醇懿非富貴功名所得參入些子又何容心焉必非期必一出言而確不可易也以信言之只是言語以言語之必信言之則行已在其中矣言信而行自正非以正其行也此所性之篤實無所庸其擬議也以上四段皆言性之發而中節也

上言性者孫仁義行之事此則反者行仁義之事也委

命者廢法而不知所爲行便命者妄行而不知所謂法雖君子則行法以俟之一言一動罔敢踰越乎規矩準繩之外至于吉凶禍福畢付之命而已不與此亦無所爲而爲之但較性者差費心力耳

說大人則藐之章

此章氣象太露先儒嘗言之矣但恐學者未到此地位一至王公貴人之前不覺張皇失措囁嚅而不能語也宋范質王溥畏止英明輒廢坐論之理豈非以其巍巍哉

說大人而有其崇高富貴則不敢罄所欲言矣故藐之藐非慢易之謂也見其巍巍直作等閑看過會不足當吾一盼也

巍巍如堂高數仞之類是也其志意舒展言語得盡二句要看一段言大人宮室以鳴得志也我得志將使人人得其恒產安宅之志而豈爲是哉二段言大人逸豫以鳴得志也我得志將使人人得其飲食男女之志而豈爲是哉三段言大人宴遊以鳴得志也我得志將使人人得其含鼓嬉遊之志而豈爲是哉我所不爲以其踰制故耳在我者一居一處一食一色一宴一遊莫不有古聖賢之成法在罔敢踰也以我爲彼則我不屑以

彼爲我則彼不能此其志願器量之相去遠矣若之何其畏之古制即上章所行之法也昔齊宣王見顏斶曰斶前斶亦曰王前宣王不悅斶對曰夫斶前爲慕勢王前爲趨士使斶爲慕勢不如使王爲趨士此亦藐大人之意然不免于貧賤驕人矣

養心莫善於寡欲章

孟子曰寡欲周子曰無欲立言正自不同若曰寡未盡而更期于無則誣矣周子所謂欲對理言人心之離于道心者也故宜無孟子所謂欲指聲色臭味言若一切絕却則淪于枯槁寂滅矣故用寡寡與多相反多欲者

淫佚無防簡而天君爲之坐馳矣寡欲者清淨有節制而神明爲之守舍矣此養心所以莫善于寡欲也與一養心而養性養氣俱在其中然測省察克治之功曷可緩也

曾晳嗜羊棗章

禮云父沒而不能讀父之書手澤存焉耳母沒而杯圈不能飲口澤之氣存焉耳曾子見羊棗如見曾晳焉故不忍食之蓋惻然悲感與禮意正同

丑以膾炙美于羊棗皆嗜羊棗未有不嗜膾炙者美者忍食之不美者則不忍食何也是未免以私心窺聖賢

四書翼註　孟子　盡心下　亖　卷十四

也豈知其有同與獨之分乎父嗜所同子不得而獨也此不諱姓之說也父嗜所獨子不得而不獨之也此諱名之說也父名所獨子不忍出諸口父嗜所獨子豈忍入諸口乎然則亦言孝思曾子之謂也

孔子在陳章

天下事只要一個眞而經術學術盡之經術則絕霸者惡其假也學術則絕鄉原惡其似也惡似所以存眞也狂獧造詣未成豈能適眞中道然而立心制行都向眞的一條路上走是以聖人取之而崇正闢邪之君子反覆辨析蓋所以扶天下之大經而學術在是而經術亦在是矣

簡言狂者一切脫略不在細曲上做進取言不以目前自安也不忘其初言不失其本來面目也章之意以狂士未是任道之器孔子越境而思之謂何

章所問者狂也孟子併獧及之據孔子之言耳中道而下獨屬望狂獧者狂有志度越凡流獧有守屏除非僻也蓋孔子之言而想其心不得于彼而後致意于此蓋將裁其過不及者而歸大中至正之途也

章問狂而孟子取孔門三人當之牧皮無考琴張臨喪而歌一事與曾晳同然亦俱似未遊聖門以前事惟曾

四書翼註　孟子　盡心下　亖　卷十四

晳異乎三子者之撰其春風沂水之樂直與童冠置身唐虞以上是何等襟期爲人大段固可想見然則欲知三子之所謂狂即曾晳以例其餘而已

章不解三子之爲人故仍不解狂而再問也嘐嘐承志字下兼曰字故註以爲志大言大也一則古之人再則曰古之人高自稱許不少退讓也夷平也平考其行者衡量之意不掩焉者不能盡如其言而踐之也有疏漏而無彌縫有破綻而無遮蓋蓋正見其光明磊落直任本色也

上既云某某者孔子之所謂狂矣至此又云不可得何

故言此輩亦非容易的。故聖人又覓其格以求之也。不潔者。非道非義之事。不屑者。鄙夷而若將浼之也。大則樹立名節無失身之悔。小則砥礪廉隅無模稜之羞。此亦孔子所急欲得之。以羽翼斯道者也。是獧也。是又狂之次也。或曰次于中道、恐非。既云狂者又不可得。故欲得獧而與之。則獧次于、狂可知已。

許以此節爲萬章引孔子之言、誤矣、存疑非之、又全以此節爲孟子之言、亦誣也。孟子因狂而及獧以明其進道者。又因獧而及鄉原以明其害道者。皆非萬章所能問。故自其志嘐嘐然節曰字。直到鄉原德之賊也。始完孟子之言。下曰字則萬章所問也。從後觀之。自非之無舉也節曰字。直到孔子曰及末節始完。孟子之言。此固可以例推。從前觀之。孔子不得中道而與之。上既有孟子曰。則孔子豈不欲中道哉三句。雖孟子之言。便不用曰字矣。若孔子之言果萬章所引。則何如斯可謂之鄉原矣上曰字。當移在孔子曰之上。而何以不然也。此亦可以例推也。且下一鄉皆稱原人節。特稱萬章曰。不應此處引孔子詳鄉原之言。反全不提起萬章也。反覆前後語意。當如愚說無疑。存疑兩曰字俱作孟子說。甚不通。又援爲其多聞也兩曰字爲証。豈知爲其多聞也兩

曰字。亦未純是孟子之言也。孔子之大也。于人何所不容。乃鄉原獨以不見親就爲幸。深惡而痛絕之。抑亦不屑之教誨耶。

鄉原。無賢不肖皆媚之。而于聖人所注意者。偏加譏議。蓋狂獧動多齟齬。故彼隨鄉人之聲而附和之也。于狂則曰言行不相顧。徒嘐嘐然稱引古人何爲也。于獧則曰行何爲踽踽涼涼。亦不近人情甚矣。詩曰獨行踽踽。言孤立無徒也。涼涼言涼薄寡恩。不在情面上周旋也。生斯世則當爲斯世之人。使一世相推許。不亦可乎。閹如奄人之奄。雖曰深自閉藏。亦鄙其無丈夫意也。媚于世者。一意逢迎。不敢一毫立異也。孔子之所謂鄉原者如是而已。

章之意。以謹厚亦美德也。合一鄉之人莫不樂以此名相加。而又推之處處皆然。亦可謂無遺議矣。孔子獨以爲德之賊。何哉。得無怒于他人而苛于鄉原乎。

非之指摘其不是也。却無可舉似處。是他揜飾的好。刺之攻擊其不備也。却無可間隙處。是他彌縫的到。流俗謟溺不返之俗也。漫無主持而同之。污世穢濁不堪之世也。茫無分辨而合之。其居心也宛然是箇長厚樸實的人。其制行也宛然是箇清高耿介的人。無賢愚貴賤

人人都歡喜他自情得討能籠絡一世之人即生斯世爲斯世善斯可矣之意也全是一團人心不知天理爲何物如何要入堯舜之道此孔子所以目爲德賊而揮諸門牆之外也用孔子之言起用孔子之言結中間以己意明之說破鄉原情狀矣首一句是綱下六句是目中五句是客末一句是主須要識得惡似是而非者惡其眞爲混淆也莠與苗全無分辨似莠非苗故惡其亂苗佞才智之稱本是不義事被他穿鑿粉飾一番便生出一段道理來纚纚可聽似義非義故惡其亂義利口是口給便利絕無影響事被他說得活現恰像實有的一般似信非信故惡其亂信鄉原模倣中道似忠信非忠信必亂忠信矣似廉潔非廉潔必亂廉潔矣似堯舜非堯舜必亂堯舜矣故惡其亂德似斯亂亂斯賊矣數恐字有凜凜畏懼之之意君子祖堯舜而宗孔子者也是孟子自寓之意不必兼德位說經即上文所謂德所謂中道也註專主大倫五品說極是不必兼應事接物說蓋大綱舉而萬目自張君子非一槩用力也反經有二意或離經而創立門戶則以挽回爲反或假經而竊附名字則以辨析爲反經反則正正者註所謂是非明白無所回互也大抵異端之中人也嘗始于庶民蓋其

期[illegible][illegible]無知識一有異說則入之如原人之名必自鄉人成之亦可見也今既大道昭然有路可遵有的可赴其誰不鼓舞踴躍而從之乎此輩嚮化則俗之流者化而美世之汚者轉而清人人崇尚孔子相率而入堯舜之道又何鄉原之爲賊也此孟子轉移世道人心一大權輿也

由堯舜至於湯章

此孟子歷叙往聖而以道統自任也總堯舜湯文以至孔子傳道者率五百歲而一遇然孔子而前道在君與相其遇遲孔子而後道在布衣其遇速言外正有自幸之意

按邵子經世書堯舜至湯凡四百五十二年湯至文王凡六百三十九年文王至孔子凡五百八十七年統曰五百有餘歲者約畧之辭也禹之知道九疇其大端也皋陶之知道天秩天叙五典五禮其大端也觀書舜禪位于禹禹固讓皋陶則兩人之造詣固可見矣不言稷契者以兩人例之也猶第三節不言武周亦以文王例之耳自堯舜以一中相授受上帝所降之衷至湯始發之而中之體用以全此其傳心之綱領也尹之知道訓太甲其大端也萊朱之知道仲虺之誥其

大端也若文王之見道則統備諸易彖中而散見于詩書者又可述而誌矣太公之知道敬勝怠義勝欲四言其大端也散宜生之知道兹廸彝教一言其大端也若孔子聞知註以子貢之言徵之竊意文王既沒文不在兹乎二語尤異世同堂之明驗也

蘇孔子至孟子凡一百四十三年故曰百有餘歲按林註云孔子至今時未遠鄒魯相去又近然而已無有見而知之者矣則五百餘歲之後又豈有聞而知之者乎語覺太死朱子云若使今此已無有見而知之者則知前所云五百歲之後豈復有聞而知之者乎語意較活斷爲得之愚竊以爲未然顏曾子思皆見而知之者也孟子不應舍諸子而直以見知自居且孟子嘗曰予未得爲孔子徒也予私淑諸人也則其爲聞知而不爲見知也明矣細玩立言之意只當云若當時沒有見而知之的人則今日亦沒有聞而知之人的人了言外蓋曰顏子之嘆曾子之唯子思之中庸正所謂見知其人聞而知之舍我其誰也須如此說纔無弊而文義亦自曉然矣于于註末引程正叔叙明道之文以見道統之傳越千四百年而後得程氏兩夫子厥惟艱哉朱子去程

子之世百有餘歲其君之相去又甚近則亦無異孟子之于孔子也故余嘗有三統之說以擬堯舜孔孟程朱當未爲過若陽明子直以陸象山接孟氏之傳殊不及程朱則吾不知之矣